प्रेमचन्द के आयाम

प्रेमचन्द के आयाम

सम्पादक

ए. अरविंदाक्षन

राधाकृष्ण प्रकाशन

ISBN : 978-81-8361-082-7

प्रेमचन्द के आयाम

पहला संस्करण : 2006
दूसरा संस्करण : 2016
This book is printed on **Print on Demand** Technology : 2025

मूल्य : ₹995

प्रकाशक
राधाकृष्ण प्रकाशन प्राइवेट लिमिटेड
जी-17, जगतपुरी, दिल्ली-110 051

शाखाएँ : अशोक राजपथ, साइंस कॉलेज के सामने, पटना-800 006
पहली मंजिल, दरबारी बिल्डिंग, महात्मा गांधी मार्ग, प्रयागराज-211 001
1, अनमोल सोराबजी संतुक लेन, धोबी तलाव, मरीन लाइंस, मुम्बई-400 002
वेबसाइट : www.radhakrishnaprakashan.com
ई-मेल : info@radhakrishnaprakashan.com

PREMCHAND KE AAYAM
Edited by A. Arvindhakshan

भूमिका

हिन्दी के पाठक के नाते प्रेमचन्द से अभिभूत होना सहज बात है। लेकिन जब मैं भारतीय साहित्य के पाठक के रूप में प्रेमचन्द को पढ़ता हूँ तो भी वे मुझे अभिभूत करते हैं। इसके कई कारण हैं। प्रमुख कारण यह है कि उनकी रचनात्मकता का भारतीय चित्रपट सदैव गतिशील रहा है। उनमें यह दूरदर्शिता भी रही कि वे भारतीय यथार्थ को उसी समय वैश्विक सन्दर्भ में पहचान सकते थे। यह एक रचनाकार की वह क्षमता है जिसके सहारे वे अपने समय का उल्लंघन करते हैं। प्रेमचन्द अपने समय के भी थे और आनेवाले समय के भी।

प्रायः प्रेमचन्द के पाठक उन्हें यथार्थवाद के प्रवर्तक और किसानी जीवन के चितेरा मानते हैं। सही भी है। यह प्रेमचन्द का एक आयाम है। किन्तु प्रेमचन्द द्वारा प्रवर्तित यथार्थवाद सिर्फ एक साहित्यिक प्रवृत्ति नहीं है। उनका यथार्थवाद भारतीय इतिहास के यथार्थ से उद्भूत एक विराट् पहचान है जिसको सरसरी दृष्टि से देखकर साहित्यिक प्रवृत्ति के रूप में परिभाषित करना इतिहास को अनदेखा करना है। अतः यह आवश्यक है कि उनकी यथार्थ-दृष्टि के मूल में स्थित इतिहास के विस्तृत फलक को देखें और परखें। प्रेमचन्द सम्बन्धी गम्भीर अध्ययन का मूल उद्देश्य यही होना चाहिए जिससे सिर्फ प्रेमचन्द ही पहचाने नहीं जा रहे हैं बल्कि उनका समय भी हमारे लिए मूर्त हो रहा है। इस अर्थ में प्रेमचन्द का आस्वादन समान्तरतः संस्कृति का गम्भीर विश्लेषण भी है।

प्रेमचन्द ने अपनी रचनाओं के माध्यम से एक अतिविस्तृत संसार को रचा है। सम्भवतः इतना विस्तृत संसार हिन्दी में किसी ने नहीं रचा है। यह एक अतिशयोक्तिपरक कथन नहीं है। संख्या की दृष्टि से विपुल साहित्य रचनेवाले हिन्दी में कम नहीं हैं। लेकिन प्रेमचन्द की तरह इतिहासबद्ध गतिशील रचना-भूमि अन्यत्र दुर्लभ है। उनकी रचना-भूमि वह लोक है जिससे प्रेमचन्द पूरी तरह से जुड़े थे। ऐसी एक गहन लोक-दृष्टि के कारण प्रेमचन्द के पास दूरगामी दृष्टि भी सुरक्षित थी कि वे अपनी नज़दीकियों को ही नहीं बल्कि दूरियों को भी देख सकते थे। यह सिर्फ देखना भर नहीं अपितु अनुभव करना है। एक कथाकार इतना कुछ कैसे कर पाते थे? यहाँ पर प्रेमचन्द सम्बन्धी एक स्पृहणीय तथ्य उभर आता है और वह यह है कि प्रेमचन्द सक्रिय और जीवन्त नागरिक रहे हैं। अपने समय को पूरी तरह से जीते हुए और उसे पूरी तरह से पहचानते हुए और उससे प्रतिकृत होते हुए। मसलन उनका नागरिक बोध

(सिविक सेन्स) इतना गहरा था जिसकी धर्मनिरपेक्ष एवं जनतान्त्रिक दृष्टिसम्पन्नता हमारे लिए महत्त्वपूर्ण विरासत है।

सामयिक विषयों पर लिखे गए प्रेमचन्द के निबन्धों एवं सम्पादकीय टिप्पणियों का अध्ययन करते समय इस तथ्य से हमारा परिचय हो जाएगा कि उनकी जीवन्तता देशव्यापी संकटों से जूझने से उत्पन्न प्रतिक्रिया है। भारतीय यथार्थ का संकट दरअसल उनका केन्द्रीय विषय था। उक्त विषय को सम्भवत; इतनी गम्भीरता से रवीन्द्रनाथ ठाकुर ने भी देखा नहीं है। संस्कृति की बात दोनों ने कही है। लेकिन प्रेमचन्द के यहाँ वह शतशः लोकजीवन से उद्‌भूत मानवीय सच्चाई है जिसको उन्होंने महिमामंडित नहीं किया है। मिट्‌टी की सहजता उसकी उर्वरता है तो उससे जुड़े लोगों में उन्होंने उर्वरता देखी। बाह्य जीवन की कुरूपताओं से परे तमाम प्रकार की कमज़ोरियों से परे, गरीबी से उत्पन्न दुर्बलताओं से परे, ऊँचे तबके के लोगों के दबाव में रहते-रहते दयनीय होने या होते जानेवाली स्थितियों से परे और जाति व धर्म की संकीर्णताओं से परे मनुष्य की जो सच्ची स्थिति है, उसकी जो निजता है उसी को प्रेमचन्द अपने लोक में संस्थित कर रहे थे। इस रचनात्मक प्रक्रिया में उनके रचनाकार और उनके विचारक का संतुलित संश्लेषण हुआ है। इसलिए उनकी रचनाओं में उपलब्ध लोक काल्पनिक नहीं है। वह महिमामंडित नहीं है। वह ठोस है। लोक का काल्पनिक होना यथार्थ का निषेध है। प्रेमचन्द के यहाँ लोक पारदर्शी अनुभव संसार है। उसमें हमारा प्रवेश जल्दी हो जाता है। बहिरंगतः प्रेमचन्द द्वारा सृजित लोक आज हमारे अपने समय में अनुकूल दिखाई पड़ सकता है। लेकिन अन्तरंगतः उनका लोक आज भी अनुभव का एक नया दृश्य-पाठ तैयार करता है जो हमारी आस्वादन-क्षमता के लिए चुनौतीपूर्ण है। आस्वादन के नए-नए प्रतिमानों के सम्मुख प्रेमचन्द की रचनाएँ अपरिपक्व सिद्ध नहीं होती हैं। उनके लोक की उर्वरता उनकी उपलब्धि है तो उसी अनुपात में वह हिन्दी कथा-दृष्टि की भी उपलब्धि है। उनकी रचनात्मक सम्भावनाएँ इसी उर्वर-दृष्टि से निरन्तर विकसित होती रहती हैं।

प्रेमचन्द आद्यन्त एक सही मनुष्य हैं। इसलिए मानवीयता का कोई न कोई पक्ष उनकी रचनाओं में प्रक्षेपित मिलता है। उसे उन्होंने आरोपित ढंग से नहीं लिया है। उनकी रग-रग में मनुष्य के प्रति अनुकम्पा और सहानुभूति थी जिसे सरल ढंग से उनका आदर्शवाद कहा गया। जिसे सचमुच जीवन का यथार्थ होना है उसे आदर्श का दर्जा क्यों प्रदान किया गया है, यही आश्चर्य की बात है। हमारी संस्कृति में क्रूरता को स्थान प्राप्त है। वस्तुतः वह संस्कृति की विघटित अवस्था है। जिस संस्कृति में शोषण के लिए स्थान है, जिसे कुछ तथाकथित मर्यादा के प्रतिमानों के तहत मान मिल रहा हो उसमें क्रूरता को क्रूरता के रूप में देखने का दृष्टिकोण नष्ट होता है। शोषण क्रूरता का उदाहरण नहीं है तो और क्या है ? जाति के आधार पर पूरे समाज को बहिष्कृत करनेवाली मान्यता में कौन-सा नागरिकबोध सुरक्षित है ? क्रूरता के कई रूप हमारे समाज में हैं। प्रेमचन्द की इनसानियत इसलिए अकृत्रिम है कि वे क्रूरता के प्रतिरोध

में ही खड़े मिल रहे हैं। मानवीयता को उन्होंने अपना उसूल मान लिया है। उनकी हर रचना में मानवीयता का पक्ष मिलता है जिसको गहन अर्थों में समझने की आवश्यकता है। प्रेमचन्द के लिए मानवीयता आदर्श नहीं बल्कि अपेक्षित मूल्य है।

यह कहने की आवश्यकता नहीं कि प्रेमचन्द की रचनात्मकता को कई कोणों से देखा जा सकता है। स्पष्ट है कि उनकी रचनात्मकता के कई कोण हैं, प्रत्येक कोण के कई आयाम भी हैं। प्रेमचन्द के रचनात्मक आयामों से गुज़रने का मतलब इतिहास के व्यापक फलक से गुज़रना है। अनदेखा किए गए यथार्थ के असंख्य परिपार्श्वों से गुज़रना भी है। इतना अवश्य कहा जा सकता है कि भारतीय साहित्य के माध्यम से भारतीय यथार्थ को पहचानना है तो प्रथमतः प्रेमचन्द का अध्ययन अनिवार्य है।

प्रेमचन्द की विपुल सम्भावनाओं को दृष्टि में रखकर ही इस ग्रन्थ का शीर्षक 'प्रेमचन्द के आयाम' रखा है। यह भी इस ग्रन्थ की विशेषता है कि इसमें भारत के विभिन्न गाँवों, कस्बों, शहरों और महानगरों के लेखकों के आलेख हैं। एक अन्य विशेषता यह भी है कि इसमें हिन्दी के प्रतिष्ठित समीक्षकों के तथा उभरते लेखकों के विचार भी शामिल हैं। इसमें संकलित लेख श्रद्धांजलिपरक नहीं हैं। प्रेमचन्द के बहाने अपने समय का पुनर्मूल्यांकन इन आलेखों का अभीष्ट है।

मेरे लिए आदरणीय और हिन्दी के लब्धप्रतिष्ठित समीक्षकों ने अपने विचार प्रधान लेख प्रदान करके इस ग्रन्थ की गरिमा बढ़ाई है। उनकी उदारता और स्नेह के समक्ष मैं नतशिर हूँ। मेरे कई मित्रों और सहयोगियों का योगदान क्या कम महत्त्वपूर्ण है ? उन सबके असीम प्रेम के सामने मेरे शब्द अधूरे हैं। बन्धुवर श्री अशोक महेश्वरी के प्रति मैं आभारी हूँ कि उन्होंने इस महत्त्वाकांक्षी ग्रन्थ का प्रकाशन-भार उठाकर अपने निस्सीम स्नेह का परिचय दिया है। मानवीयता के लिए अपने को समर्पित सुधीजनों के संघर्ष के लिए यह ग्रन्थ समर्पित है।

31 जुलाई, 2005 **अरविंदाक्षन**

अनुक्रम

भूमिका 5

प्रेमचन्द की परम्परा : प्रेमचन्द की विरासत 13
शिवकुमार मिश्र

प्रेमचन्द और आज का समय 26
संजीव

प्रेमचन्द आज भी लोकप्रिय क्यों ? 30
मैनेजर पांडेय

प्रेमचन्द साहित्य में स्वराज का स्वरूप 38
कुँवरपाल सिंह

प्रेमचन्द की सांस्कृतिक चेतना 50
चन्द्रकान्त बान्दिवडेकर

प्रेमचन्द और समाजवाद 58
कमलकिशोर गोयनका

प्रेमचन्द : अँधेरे का विकल्प 80
सत्यप्रकाश मिश्र

प्रेमचन्द की क्रान्तिकारिता 90
विजेन्द्रनारायण सिंह

प्रेमचन्द की परम्परा का अर्थ 95
गोपेश्वर सिंह

प्रेमचन्द होने का अर्थ 102
शैलेन्द्रकुमार शर्मा

प्रेमचन्द का कथा-साहित्य 108
कमला प्रसाद

प्रेमचन्द की कथा-दृष्टि और अनुभवों का नया आलोक 112
गंगाप्रसाद विमल

हिन्दी कथा-साहित्य का प्रेमचन्दीय परिकल्प 140
सूर्यप्रसाद दीक्षित

प्रेमचन्द की कहानियाँ 143
मधुरेश

प्रेमचन्द के कथा-साहित्य का समाजशास्त्र 160
रवि रंजन

दलित प्रश्न और प्रेमचन्द के आलोचक 180
कात्यायनी

कुपाठ और विरोध के शोर में प्रेमचन्द 196
वीरेन्द्र यादव

प्रेमचन्द और समकालीन दलित-दृष्टि 214
विनोद तिवारी

प्रेमचन्द और स्त्री-प्रश्न 221
शम्भुनाथ

प्रेमचन्द और समकालीन स्त्री-लेखन में निहित विमर्श 235
मृदुला गर्ग

प्रेमचन्द की स्त्री-दृष्टि 241
शशिमुदीराज

प्रेमचन्द-साहित्य में गांधीवाद और प्रगतिवाद 247
रामजी तिवारी

प्रेमचन्द और गांधीवादी दर्शन 258
राजम नटराजम पिल्लै

प्रेमचन्द : जनवादी साहित्य और भाषा की समस्या 266
नमिता सिंह

प्रेमचन्द के कथा-साहित्य में प्रकृति 278
पी.वी. विजयन

प्रेमचन्द की कुछ अल्प चर्चित कहानियाँ 284
प्रभात त्रिपाठी

'निर्मला' का औपन्यासिक महत्त्व 290
सुवास कुमार

'गोदान' की सृजनशीलता *301*
रामबक्ष

गोदान : एक नव-औपनिवेशिक पाठ *306*
पी. रवि

'मन्त्र' का महत्त्व *314*
अखिलेश

प्रेमचन्द की कहानियों का नाट्य-रूपान्तरण *319*
सनत कुमार

प्रेमचन्द के नाटकों को पढ़ते हुए *324*
सुशीला गुप्ता

सौन्दर्य का नया मेयार *331*
श्रीप्रकाश शुक्ल

प्रेमचन्द : भारतीय कथाकार *334*
ए. अरविन्दाक्षन

प्रेमचन्द की परम्परा : प्रेमचन्द की विरासत

शिवकुमार मिश्र

उन्नीसवीं सदी के उत्तरार्द्ध से प्रारम्भ करके बीसवीं सदी के उत्तरार्द्ध के इस चरण तक हिन्दी उपन्यास पूरी एक शताब्दी की यात्रा तय कर चुका है। नवजागरण के आलोक में आविर्भूत हुए वैज्ञानिक और औद्योगिक युग की चुनौतियों से रू-ब-रू होते हुए बीसवीं सदी के प्रांगण में पैर रख जटिल होते हुए सामाजिक जीवन, विघटित होते और उलझ रहे जीवन-मूल्यों और मानवीय सम्बन्धों के समीकरणों से टकराता हुआ आज वह इक्कीसवीं सदी के प्रवेश द्वार तक, उन चुनौतियों के अधिक गहरे दबावों के अहसास के साथ आ पहुँचा है। शायद यह कहने में कोई अतिशयोक्ति न होगी कि हिन्दी उपन्यास की एक शताब्दी की यह रचना-यात्रा अनेक अपेक्षाओं के बावजूद महत्त्वपूर्ण उपलब्धियों का साक्ष्य प्रस्तुत करनेवाली एक सार्थक और शानदार यात्रा रही है। अपने समय के क्रमशः संकुल होते हुए सामाजिक जीवन और जटिल होते हुए मानवसम्बन्धों की अन्तर्विरोधी वास्तविकताओं को उपन्यास की इस लम्बी यात्रा में अन्तरंग और बहिरंग दोनों स्तरों पर छोटे-बड़े खंड-चित्रों में, और महाकाव्यात्मक आयाम पर भी यथार्थ रूप में अभिव्यक्त होते हुए देखा जा सकता है। इस समूची यात्रा के दौर में उपन्यास केवल रचना-दृष्टि के धरातल पर ही नहीं वरन् कला और शिल्प की ज़मीन पर भी क्रमशः सम्पन्न हुआ है, जिसका साक्ष्य 'परीक्षा गुरु' से लेकर उपन्यास रचना के अद्यतन बिन्दु तक रची गई वे कृतियाँ हमें देती हैं, जिनमें अनेक रचनाकारों के रचनात्मक आत्मसंघर्ष एवं बाहरी जीवन की चुनौतियों से साहसपूर्वक उनके टकराने की गाथा अक्षत लिपिबद्ध है।

हिन्दी उपन्यास की विकास-यात्रा की इस लम्बी कालावधि में अनेक बार ऐसे मोड़ आए हैं जब उपन्यास-रचना, दृष्टिकोण, कला और शिल्प, भाषा और अभिव्यक्ति के क्षेत्रों में न केवल नई ज़मीन तोड़ सकी है, बल्कि अपनी उपलब्धियों में गुणात्मक इज़ाफा भी कर सकी है। ऐसे ही एक नए मोड़ का साक्ष्य हमें बीसवीं सदी के प्रारम्भ में मिलता है जब उपन्यास-रचना, दृष्टिकोण, कला, सभी आयामों पर एक नए युग का शंखनाद करती है। कहना चाहिए कि उपन्यास एकाएक वयस्क होकर पहली बार अपने को चरितार्थ करता है, जीवन की व्याख्या, मानव चरित्र का चित्र, सामाजिक यथार्थ की जीवन्त दस्तावेज़ या सामाजिक जीवन की महाकाव्यात्मक अभिव्यक्ति बन सकने का

गौरव पाता है। यह हिन्दी उपन्यास के क्षेत्र में हुआ एक नवीन युग-प्रवर्तन है जिसके पुरोधा बनते हैं प्रेमचन्द। प्रेमचन्द की सर्जना में उपन्यास-रचना सार्थक होती है, अनुभवों और विचारों की एक नई दुनिया में संचरण करती है, अपने चारों ओर की अन्तर्विरोधी वास्तविकता के बीच से नवीन युग-सत्यों का साक्षात्कार करते हुए हमें उनसे रू-ब-रू करती है।

सवाल प्रेमचन्द के युग-प्रवर्तनकारी इस प्रदेय की व्याख्या का है, ताकि प्रेमचन्द प्रवर्तित इस नई और गुणात्मक उठान की दिशाओं से हम परिचित हो सकें, उनके प्रदेय के महत्त्व को समझ सकें और यह देख सकें कि इस प्रवर्तन के फलस्वरूप उपन्यास-रचना के क्षेत्र में जिस नई परम्परा का, प्रेमचन्द-परम्परा का सूत्रपात हुआ, हिन्दी उपन्यास के परिप्रेक्ष्य में उसका मूल्य और महत्त्व क्या है ?

हम यह तो नहीं कहेंगे कि उत्तराधिकार या विरासत के रूप में प्रेमचन्द को अपने पूर्ववर्तियों से कुछ नहीं मिला। उन्नीसवीं सदी के उत्तरार्द्ध के जिस नवजागरण की पृष्ठभूमि में हिन्दी उपन्यास के पहले अंकुर फूटे, उद्भवकालीन इन उपन्यासों में नवजागरण के आलोक का अनुभव किया जा सकता है। विज्ञान-प्रवर्तित औद्योगिक युग की छाया में रचित इन उद्भवकालीन उपन्यासों में नवजागरण के आलोक का अनुभव किया जा सकता है। विज्ञान-प्रवर्तित जिस औद्योगिक युग की छाया में उद्भवकालीन इन उपन्यासों ने रूपाकार पाया उसके अपने निशान भी उनमें हल्के-गाढ़े रूप में विद्यमान हैं। यही वह समय है जब साहित्य और जीवन दोनों में मध्ययुगीन संवेदना आधुनिक युग की संवेदना में संक्रमित होती है और इस संक्रमण के फलस्वरूप उत्पन्न अन्तर्विरोध साहित्य और जीवन, दोनों ही स्तरों पर प्रतिबिम्बित होते हैं। इन उद्भवकालीन उपन्यासों में मध्ययुगीन संवेदना का आधुनिक युग से संवाद और विसंवाद दोनों ही मूर्त हुए हैं। गोकि यह सब इन उपन्यासों में काफी कुछ स्थूल रूप में अभिव्यक्त और मूर्त हुआ है, परन्तु यह सब इस तथ्य का साक्ष्य अवश्य देता है कि हिन्दी के सर्जक-उपन्यासकार प्रारम्भ से ही अपने युग-जीवन और परिवेश के प्रति जागरूक रहे हैं, और उन्होंने अपने ढंग से उन पर प्रतिक्रियाएँ की हैं। उद्भवकालीन सामाजिक उपन्यास की बात छोड़ दी जाए जिनमें इन प्रतिक्रियाओं को सरलता से पढ़ा जा सकता है, तो आरम्भ के वे उपन्यास भी अपने तिलिस्मी और जासूसी कथ्य के नाते जिन्हें विशुद्ध मनोरंजन तथा दिल-बहलाव के खाते में डालकर अब तक समझा और समझाया जाता रहा था, युग जीवन के इस बदले परिदृश्य पर अपने ढंग से टिप्पणी करते हैं और अपने समय के दबाव को अपने में निहित दृष्टिकोण तथा शिल्प दोनों में शामिल करते हैं। बाबू देवकीनन्दन खत्री के उपन्यासों पर चन्द्रबली सिंह के निबन्ध के बाद से लेकर अब तक जो कुछेक विशिष्ट चर्चाएँ हुई हैं, वे हमारे उपर्युक्त कथन का प्रमाण हैं।

बहरहाल, प्रेमचन्द का यही वह उत्तराधिकार है जिसके साहचर्य में वे बीसवीं सदी के पहले चरण में अपनी सर्जनात्मक यात्रा का प्रारम्भ करते हैं। उनके पूर्ववर्ती, जिन्होंने आलोचकों के अनुसार नीतिपरक सामाजिक शिक्षाप्रद उपन्यास लिखे, सब नहीं तो,

उनमें कुछ ऐसे भी थे जिन्होंने नवजागरण के आलोक में अपने समय के समाज, विशेषतः हिन्दू समाज की अनेक सनातन विकृतियों को अपनी आलोचना का केन्द्र बनाया और नवजागरण की चेतना के अनुरूप उस समय को देखते हुए क्रान्तिकारी सुधारों की बात की। नारी-जीवन की समस्याएँ इस सन्दर्भ में उनकी चिन्ता के दायरे में विशेष रूप से आईं। यही नहीं, उन्होंने उपन्यास विधा को एक आधुनिक रूप भी देने की चेष्टा की। इसी के चलते आचार्य शुक्ल ने लाला श्रीनिवासदास के 'परीक्षा गुरु' को हिन्दी का पहला अंग्रेजी ढंग का उपन्यास कहा है। चित्रणगत सपाट शैली के होते हुए भी और दृष्टिगत नीतिवादी रुझानों के बावजूद, इन लेखकों के बीच उसे अपने ढंग से प्रस्तुत भी किया। नगरों के जीवन के अलावा कतिपय लेखकों ने ग्रामीण जीवन को भी अपनी कथाओं का विषय बनाया और भले ही किस्सागोई के अन्दाज में, ग्राम-जीवन के प्रति भी हममें एक रुझान पैदा करने की कोशिश की। उपन्यास को 'प्रेम का विज्ञान' कहनेवाले किशोरीलाल गोस्वामी ने अपने उपन्यासों में चाहे प्रेम को उसके सतही और स्थूल रूप में पेश किया हो, भावनात्मक माने जानेवाले उपन्यास लेखकों ने स्त्री-पुरुष के बीच के प्रेम को उसकी बड़ी आदर्श रेखाओं में, बड़ी भावुकता के साथ पेश किया। प्रेमचन्द के पहले का और उनके आसपास का यही रचना संसार है। कहना न होगा कि अपने पूर्ववर्तियों द्वारा बिखेरी गई प्रकाश-किरणों के आलोक में प्रेमचन्द ने जितना और जो भी रास्ता तय किया उसका अहसास उनकी रचनाएँ हमें कराती हैं। जिन सामाजिक समस्याओं को प्रेमचन्द ने अपने उपन्यासों में गहराई में जाकर उभारा है उनमें से अनेक अपने प्रारम्भिक रूप में उनके पहले के उपन्यासों में अभिव्यक्ति पा चुकी थीं। प्रेमचन्द उन्हें एक महत् प्रदेय का अंग बना सके इसे उनकी साहित्य साधना की गौरवपूर्ण फलश्रुति मानना चाहिए।

गोकि हिन्दी उपन्यास प्रेमचन्द के उपरान्त आधी शताब्दी की यात्रा तय कर चुका है फिर भी प्रेमचन्द उसकी चर्चा के केन्द्र में अभी भी समकालीनों की भाँति जीवित हैं। उनकी समकालीनता और जीवन्तता का साक्ष्य समकालीन रचनाशीलता में उनकी परम्परा की जीवन्त उपस्थिति वे रचनाकार देते हैं जिन्होंने बड़ी शिद्दत से इस परम्परा की रक्षा ही नहीं की, उसका संवर्द्धन भी किया है, प्रेमचन्द के प्रदेय को नए प्रस्थान-बिन्दुओं से जोड़ते हुए नई और सार्थक उपलब्धियों तक पहुँचाया है। प्रेमचन्द हिन्दी के पहले रचनाकार हैं जिनके कृतित्व में उपन्यास एक सम्मानित विधा की हैसियत पाता है, सामाजिक यथार्थ का जीवन्त दस्तावेज़ बनता है, मानव चरित्र की जटिलताओं से रू-ब-रू होता है, मध्यवर्गीय जीवन के महाकाव्य होने के गौरव का अतिक्रमण करता हुआ हिन्दुस्तान के साधारण जनों की, मेहनतकशों की ज़िन्दगी का आख्यान बनकर नई अर्थवत्ता पाता है, भारत के विराट मुक्ति-आन्दोलन का भाष्य बनता है। प्रेमचन्द उपन्यास के क्षेत्र में एक नए रचना-संसार के ही प्रणेता नहीं बनते उस रचना-संसार की सम्यक् समझ का एक नया सौन्दर्यशास्त्र भी हमें देते हैं, महत् रचनाशीलता के ही विधायक बनकर सामने नहीं आते, उस रचनाशीलता से टकराने, उसमें अपने जीवन

की सच्चाई देखने, और उससे आलोक पानेवाले एक विराट् पाठक वर्ग को जन्म भी देते हैं। अन्य तमाम रचनाकारों की भाँति प्रेमचन्द की अहमियत मात्र साहित्य के आलोचकों और साहित्य के रसिकों के बीच ही सीमित नहीं है, प्रेमचन्द जीवित हैं छोटे-छोटे गाँवों से लेकर बड़े-बड़े महानगरों में फैले उन असंख्य पाठकों के बीच, उन संघर्षरत जनों के बीच, जिनके जीवन की एक-एक रेखा को शिद्दत से पहचानते हुए उन्होंने अपनी रचनाओं में उभारा है, जिनके लिए ही उन्होंने लिखा है। साधारण जनों की ज़िन्दगी से प्रेमचन्द का यह रचनात्मक तादात्म्य उनकी बहुत बड़ी सिद्धि, उनकी सर्जना की बहुत बड़ी ताकत है, जो विरले रचनाकारों को ही नसीब होती है।

हम जानते हैं कि साहित्य के क्षेत्र में प्रेमचन्द तफ़रीह के लिए अथवा शौकिया नहीं आए थे। साहित्य का एक प्रधान लक्ष्य मनोरंजन या दिल-बहलाव होता है, यह वे जानते थे। वे यह भी जानते थे और अनुभव कर चुके थे कि इस प्रकार का साहित्य रचकर पाठकों की एक बड़ी जमात का दिल जीता जा सकता है, पैसा और नाम कमाया जा सकता है। 'तिलस्म-होशरुबा' को वे कई बार पढ़ चुके थे, बाबू देवकीनन्दन खत्री की ख्याति से भी परिचित हो चुके थे, परन्तु उन्होंने यह सब न करके, तमाम जोखिम उठाते हुए अपनी सर्जना को कुछ खास दिशाओं की ओर सक्रिय किया, उन दिशाओं की ओर जिन पर चलकर वे ज़िन्दगी की उस गणित को समझ और हल कर सकते थे जो तमाम सवालों को लिए उनके सामने फैली हुई थी, और चन्द्रकान्ता सन्ततियों की दुनिया में इज़ाफ़ा नहीं करना चाहते थे। इसीलिए धन के जाने-माने रास्तों को छोड़कर वे ज़िन्दगी के ऊबड़खाबड़ रास्तों पर चले ताकि उसकी उन हकीकतों से परिचित हों और हमें उनसे परिचित करा सकें जो उस समय की स्थितियों में हमारी और जनता के एक बड़े भाग की नियति बनी हुई थी। इसीलिए उन्होंने 'सेवासदन' लिखा, 'निर्मला' लिखा, 'प्रेमाश्रम', 'ग़बन', 'रंगभूमि', 'कर्मभूमि' और 'गोदान' जैसे उपन्यास लिखे। कहना न होगा कि ये वे उपन्यास हैं जिनमें प्रेमचन्द के समय का समाज और उस समाज के उद्वेलन अपनी पूरी गहराई और पूरे विस्तार में मूर्त हुए हैं, एक सोद्देश्य रचनाशीलता का अंग बनकर समाज और ज़िन्दगी के बुनियादी प्रयोजनों से अभिन्न होकर। ज़िन्दगी के अहम सवालों से जुड़ी एक सार्थक और सोद्देश्य रचनाशीलता, प्रेमचन्द की परम्परा की पहली ज़रूरी पहचान है।

प्रेमचन्द की जिस रचना-यात्रा का उल्लेख हमने अभी किया है, हम कह चुके हैं कि वह सरल-सहज रास्तों की यात्रा नहीं थी। यह ज़िन्दगी के बेहद चक्करदार रास्तों से होकर तय की जानेवाली यात्रा थी, उसके बेहद उलझे समीकरणों और बड़ी बेढब गणित से, चलनेवालों को पस्त कर देनेवाली यात्रा थी। हम इस तरह के रास्तों और इस प्रकार के गणित से हर क्षण रू-ब-रू होते हुए प्रेमचन्द ने जो उसे तय किया उसके क्रम में प्रेमचन्द अपनी रचना और अपनी ज़िन्दगी की आखिरी मंजिल तक पहुँचते हुए वहीं नहीं रह गए थे, जैसे वे इस यात्रा की शुरुआत में थे। ज़िन्दगी की इस गणित ने अपनी चुनौतियों के क्रम में कदम-कदम पर उन्हें माँजा और निखारा—उनकी सोच

और समझ को धार दी, उनके तमाम संस्कारों को बार-बार तराशा और जैसे उनके समूचे रचनाकार और विचारक-मन को खराद पर चढ़ाते हुए अन्त तक उसे आमूलतः बदल कर रख दिया। कम रचनाकार ही अपनी रचनाशीलता के दौर में इस प्रकार 'ग्रो' कर पाते हैं, जैसे प्रेमचन्द कृति-दर-कृति निखरते हुए, अपनी सोच के स्तर पर, जीवन-दृष्टि के स्तर पर, जिसे 'लीप' या छलाँग लेना कहते हैं, उस प्रकार छलाँग लेते हुए, अपने समकालीनों, ख्यात सहधर्मियों की सूचना में गुणात्मक रूप से अलग और विशिष्ट रचना-चिन्तन और सोच की एक नई ज़मीन पर एक बहुत परिपक्व विवेक लिए हुए आ जाते हैं। प्रेमचन्द की इस रचना तथा विचार-यात्रा को हमने अपने एक निबन्ध में, सुधारवाद से आमूल सामाजिक बदलाव तक की यात्रा कहा है। यह अनुभव और विचारों के, संस्कार और विवेक की द्वन्द्वात्मक संगति में सम्पन्न की गई यात्रा है जो उन्हें दोनों स्तरों पर समृद्ध करती है। 'सेवासदन' से लेकर 'गोदान' तक का उनका रचनात्मक परिदृश्य हमें उन सबका साक्ष्य देता है जो हमने इस यात्रा के बारे में ऊपर कहा है। रचनात्मक परिदृश्य ही नहीं विचार के धरातल पर प्रेमचन्द की प्रारम्भिक टिप्पणियाँ एक ओर, उनकी लेखनी से अन्तिम बार लिखा गया 'महाजनी सभ्यता' जैसा निबन्ध दूसरी ओर, यह सब प्रमाण है कि प्रेमचन्द कहाँ से शुरू करके कहाँ पहुँचते हैं। विचारों की ज़मीन पर जहाँ अपने चिन्तन के इस बिन्दु पर पहुँचकर वे बड़ी आस्था और विश्वास से समाजवाद की हिमायत करते हैं वहाँ रचना के धरातल पर तमाम प्रकार के सुधारवादी आदर्शवादी उपक्रमों को छोड़ते हुए ज़िन्दगी के ठेठ साहचर्य में उपजते और निखार जानेवाली यथार्थवादी कला का नमूना, उसका 'मॉडल' पेश करते हैं। 'गोदान' और 'महाजनी सभ्यता' साहित्य एवं कला की नई छवि गढ़नेवालों के लिए, इसके लिए संघर्ष करनेवाली नई पीढ़ी के लिए, प्रेमचन्द की वसीयत हैं।

आदर्शवाद और यथार्थवाद को लेकर प्रेमचन्द के मन में दुविधा जैसी बात कभी नहीं रही। जब उन्होंने 'आदर्शोन्मुख यथार्थवाद' की बात की थी तब भी उनका बल यथार्थवाद पर ही था। यथार्थ के नाम पर उनके अपने समय में जिस प्रकार ज़िन्दगी के कुत्सित, कुरूप और बीभत्स पक्षों को प्रस्तुत किया जा रहा था, जिस प्रकार की एकांगी और अधकचरी समझ प्रचारित हो रही थी, उसी की प्रतिक्रिया में प्रेमचन्द आदर्शोन्मुखता की बात लेकर सामने आए थे, गोकि इसकी बुनियाद में तब भी यथार्थवाद ही था। कालान्तर में इस प्रकार की कोई भी व्याख्या न करते हुए अपनी रचनाओं के साक्ष्य पर उन्होंने यथार्थवाद की कला की बानगी प्रस्तुत की। यह कहना सही न होगा कि एक खास समय तक प्रेमचन्द आदर्शवादी थे और एक खास समय के बाद यथार्थवाद के प्रवक्ता बन गए। यथार्थ उनकी रचनाओं की बुनियाद में शुरू से ही रहा है, प्रारम्भ का उनका सुधारवादी दृष्टिकोण ज़रूर जब-तब उनके इस यथार्थ बोध पर सुधारवाद का लेबिल लगाता रहा है। अन्यथा क्या कारण है कि 'सेवासदन' के दौर में ही प्रेमचन्द 'निर्मला' जैसी कृति की रचना भी करते हैं जिसका आदर्शवाद से कोई नाता नहीं है। अनुभव और विचार की द्वन्द्वात्मक प्रक्रिया में एक सुधारवाद

उनके चिन्तन से अलग होता जाता है और एक समय आता है जब वे समाज की इमारत में किसी भी प्रकार का रंग-रोगन नहीं चाहते, समाज के बुनियादी बदलाव की हिमायत करते हैं, पर आखिर तक कायम रहते हैं। अपने समकालीनों से यही प्रेमचन्द का वैशिष्ट्य है।

प्रेमचन्द-परम्परा का एक अन्य आयाम प्रेमचन्द की 'सेक्यूलर एप्रोच' है, चालू शब्दावली में धर्म-निरपेक्ष दृष्टि है, भारत के इतिहास तथा संस्कृति के प्रति दिलचस्पी रखते हुए, उनसे सबक और प्रेरणा लेते हुए भी प्रेमचन्द पुनरुत्थानवादी नहीं हैं। भारतीय इतिहास तथा संस्कृति के सकारात्मक और नकारात्मक दोनों पहलुओं की उनमें भरपूर समझ है। इन सकारात्मक-नकारात्मक पहलुओं के साथ हिन्दू धर्म और इस्लाम तथा हिन्दू और मुसलमानों का जो रिश्ता रहा है और उनके समय में था, प्रेमचन्द उससे बखूबी परिचित थे। यही कारण है कि वे अपने समूचे रचना-कर्म में कहीं धर्म के संकीर्ण प्रवक्ता बनकर सामने नहीं आए। उल्टे धर्म के रूढ़िवाद पर आधुनिक समय में शायद सबसे ज्यादा प्रहार उन्होंने ही किए हैं। यह उनकी जनवादी सोच का नतीजा है कि धर्म, वर्ण, सम्प्रदाय और नस्ल जैसी, आदमी और आदमी को विभाजित करनेवाली ताकतों से वे समूचे जीवन संघर्ष करते रहे, अपने को खुलेआम, 'न हिन्दू न मुसलमान' घोषित किया। मेरा अपना मानना है कि कबीर के बाद 'सेक्यूलर' दृष्टिवाला प्रेमचन्द-जैसा दूसरा कोई रचनाकार हमारे सामने नहीं आया। यह प्रेमचन्द की 'सेक्यूलर' दृष्टि ही है जिसके चलते हिन्दू-मुस्लिम दोनों रूढ़िवाद उनके यहाँ समान रूप से लांछित होते हैं। उनके द्वारा रचे गए हिन्दू चरित्र जितने मानवीय और अमानवीय हैं उनके मुस्लिम चरित्र भी वैसे ही हैं। उनके अविस्मरणीय चरित्रों में हिन्दू-मुसलमान दोनों ही हैं। 'ईदगाह' के हामिद और उसकी दादी की अविस्मरणीय छवि प्रेमचन्द जैसी 'सेक्यूलर' दृष्टिवाले रचनाकार की कलम से ही उभर सकती थी, और सूरदास जैसे चरित्र को एक महाकाव्यात्मक आयाम पर भी उनके जैसा रचनाकार ही पेश कर सकता था। प्रेमचन्द उन रचनाकारों में हैं जो हिन्दू-मुसलमान कठमुल्ले और ढोंगी जिनके यहाँ अपनी पूरी असलियत में उजागर हुए हैं। साम्प्रदायिक और संकुचित धार्मिक दृष्टिकोण कहीं भी, किसी स्तर पर प्रेमचन्द की रचनाशीलता में प्रवेश नहीं कर पाया है। वह हर स्तर पर एक नितान्त मानवीय और जनवादी सर्जना बनी रह सकी है। हम सब जानते हैं कि प्रेमचन्द उर्दू से हिन्दी की ज़मीन पर आए थे। भाषा के सवाल पर भी, हिन्दी-उर्दू के सवाल पर भी, उनकी सोच कहीं से भी पूर्वग्रहग्रस्त नहीं है। ये दोनों ज़बानें उनके लिए अपनी ज़बानें रही हैं। वे हिन्दी के जितने बड़े रचनाकार हैं, उर्दू अदब में भी उनकी हैसियत वही है। वे जितनी सहजता और प्रामाणिकता से हिन्दू परिवारों की व्यथा-कथा कर सके हैं, उतनी ही सरलता से साधारण मुसलमान परिवारों में प्रवेश कर उनकी ज़िन्दगी के सुख-दुख को चित्रित कर सके हैं। दिल्ली में आयोजित एक संगोष्ठी में वरिष्ठ कथाकार शानी की पीड़ा व्यक्त हुई थी कि मुसलमान और मुसलमान परिवार हिन्दी उपन्यास में आज कहाँ हैं ? आज की बात तो इस सन्दर्भ में अप्रासंगिक होगी,

परन्तु मुसलमान और मुसलमान परिवारों के जीवन को प्रेमचन्द ने अपनी रचनाओं में बराबर प्रस्तुत किया है, अपनी उसी मानवीय संवेदना के साथ, जिसके तहत साधारण हिन्दू परिवार उनके उपन्यासों में आए हैं। सच पूछा जाए तो प्रेमचन्द ने हिन्दू और मुसलमान के रूप में इन परिवारों और लोगों की ज़िन्दगी को उभारा ही नहीं, ये उनकी रचना-दृष्टि के भीतर इन्सानी जीवन का पर्याय बनकर आए हैं, यह और बात है कि उनमें कोई हिन्दू परिवार हो या मुसलमान परिवार। हिन्दू और मुसलमान के रूप में प्रेमचन्द ने यदि चित्रित किया है तो रूढ़िवादियों और कठमुल्लों को, अन्यथा उनके यहाँ ऐसी कोई दृष्टि नहीं है जो सजग होकर हिन्दू-मुसलमान का ध्यान रखते हुए उनकी जीवन गाथा पेश करती है। प्रेमचन्द की यह 'सेक्यूलर' दृष्टि उनके इतिहास तथा संस्कृति सम्बन्धी वस्तुनिष्ठ सोच का प्रतिफल है। उन्होंने हमें भी इतिहास तथा संस्कृति के बारे में वस्तुनिष्ठ होने की सलाह दी है और इतिहास तथा संस्कृति की व्याख्या के सिलसिले में उभरे उन दुष्चक्रों के प्रति सावधान किया है जो उपनिवेशवादियों की अपनी कूटनीति का परिणाम है और जिनके चलते इतिहास को गलत रूप में पेश करते हुए संस्कृति की संकीर्ण व्याख्याएँ करते हुए सदियों से साथ-साथ रहनेवाले आम हिन्दू-मुसलमानों को बाँटा गया है, उनके बीच फिरकापरस्ती की दीवाल खड़ी की गई है। इस सन्दर्भ में उनका 'साम्प्रदायिक और संस्कृति' शीर्षक निबन्ध पठनीय है।

प्रेमचन्द की परम्परा का एक महत्त्वपूर्ण आयाम हमें उनकी सर्जना के जनवादी चरित्र में दिखाई पड़ता है। प्रेमचन्द की सर्जना हर कोण से जनवाद की पक्षधर सर्जना है। जनता के जायज अधिकारों का, उन्होंने मुक्तरूप से समर्थन किया है। वर्ग समाज में मनुष्यता का एक विराट अंश श्रम करने के बावजूद शोषित होता है, जबकि एक छोटा-सा अंश उनके प्रश्न को पेश करता है। प्रेमचन्द ने वर्ग समाज की इस हकीकत को अपनी सर्जना में बड़े विस्तृत फलक पर चित्रित किया है और श्रमजीवी मनुष्यता के पक्ष से सम्मानपूर्वक जी सकने की उसकी लड़ाई में हिस्सेदारी बटाई है। उनकी अपनी लेखकीय संवेदना साधारण जनता के साथ रही है जब कि शोषक सत्ताओं का उन्होंने निर्ममता से पर्दाफाश किया है। यूँ तो प्रेमचन्द बराबर जनता के बड़े हिस्से के दुख और यातना से जुड़े रहे हैं पर अपनी सर्जना में खासतौर से उन्होंने समाज में सर्वाधिक शोषित तीन तबकों को विशेष रूप से उभारा है और वे हैं, किसान, अछूत और नारी। प्रेमचन्द के सारे उपन्यासों में हमें इनके दुर्वह जीवन की ही विवृत्ति दिखाई पड़ती है, इन्हीं की आशाएँ-आकांक्षाएँ, इन्हीं के संघर्ष और स्वप्न उनके यहाँ बहुविध आयामों में मूर्त हुए हैं। ह्रासग्रस्त सामन्तवाद अपनी सारी सड़ाँध के साथ प्रेमचन्द के इन उपन्यासों में उजागर हुआ है। ध्यान देने की बात है कि समाज की यातना-ग्रस्त इस मनुष्यता को अपनी सम्पूर्ण मानवीय सहानुभूति और संवेदना देते हुए भी प्रेमचन्द ने हमसे इनके लिए करुणा या दया की याचना नहीं की है। इसके बजाय इनके जीवन की वास्तविकता को उजागर करते हुए उन्होंने हमारा ध्यान व्यवस्था की उस अमानवीयता के प्रति आकर्षित किया है जिसके चलते अपनी ज़िन्दगी के नरक से इनकी मुक्ति असम्भव है। वे हमारा

ध्यान व्यवस्था को बुनियाद से बदलने के प्रति सोचते हैं, हममें क्षोभ और बेचैनी पैदा करते हैं, हमें झकझोरते और जगाते हैं। वे अपनी समूची सर्जनात्मक शक्ति के साथ इनके साथ खड़े हैं और हमें भी खड़ा करना चाहते हैं। प्रेमचन्द के यहाँ रोमांटिकों के समान समाज के इन वर्गों के प्रति सहानुभूति बौद्धिक नहीं है। वे अपने वर्गीय अवरोधों को लाँघकर इनके साथ एकात्म हुए हैं, और इसीलिए सच्ची जनवादी रचनाशीलता के संवाहक बन सके हैं। साधारण जन के जीवन के साथ प्रेमचन्द का यह एकात्म उनकी सर्जना की असली ताकत है।

प्रेमचन्द जन-प्रतिबद्धता और अपनी जनवादी सोच के तहत ही अपने समय के भारतीय मुक्ति संग्राम को भी देख रहे थे। अपने समय के समाज को बुनियादी तौर पर बदलने की उनकी जो सोच थी, मुक्ति-संग्राम की दिशा उससे भिन्न, मात्र देश को अंग्रेज़ों की राजनीतिक प्रभुता से मुक्ति दिलाने की थी। राजनीतिक स्तर पर मात्र सत्ता के हस्तांतरण को प्रेमचन्द आज़ादी नहीं मानते थे। मात्र साम्राज्यवाद को ही मुख्य शत्रु मानकर देश की सामन्ती-पूँजीवादी ताकतों की साम्राज्यवाद से गठजोड़ को अनदेखा कर, मुक्तिसंग्राम अग्रसर हो यह प्रेमचन्द की अपनी जनवादी सोच के अनुरूप नहीं था। वे साम्राज्यवाद और उसके सहायक देशी सामन्तवाद तथा पूँजीवाद से एक साथ संघर्ष के हिमायती थे। उनका मानना था कि आर्थिक और सामाजिक स्तर पर देश की जनता की मुक्ति के अभाव में महज राजनीतिक स्तर पर उसकी मुक्ति बेमानी है। स्वाधीनता की अपनी इस संश्लिष्ट परिकल्पना को उन्होंने अपनी रचनाओं में और अपने विचारात्मक लेखन में, सम्पादकीय टिप्पणियों में बार-बार प्रस्तुत किया और उसे साकार करने के हेतु संघर्षशील भी हुए। उनकी परिकल्पना की आज़ादी अन्ततः मुक्ति आन्दोलन के बूर्जुआ नेतृत्व के चलते भारतीय जनता को उपलब्ध नहीं हो सकी, इसी का परिणाम है कि आज़ादी के बाद देश की जनता न केवल आर्थिक स्तर पर आज़ादी के पहले के अभिशापों को ढो रही है, सामाजिक स्तर पर अन्याय और अनीति के स्वतन्त्रता-पूर्व के दुष्चक्रों में फँसी है। जो कार्यभार प्रेमचन्द ने अपने जीवनकाल में अपनी सर्जना के लिए संकल्पित किया था वह आज भी ज्यों-का-त्यों बरकरार है, जनता अपनी सही मुक्ति के लिए आज भी संघर्षरत है। प्रेमचन्द और उनकी परम्परा इसी अर्थ में आज भी हमारे लिए प्रासंगिक है, प्रेमचन्द इसी नाते आज भी हमारे लिए गत नहीं हुए, हमारे समकालीन बने हुए हैं। प्रेमचन्द के आकांक्षित कार्यभार को पूरा करने का, उसे आगे बढ़ाने का दायित्व आज हम पर, नई पीढ़ी पर है।

प्रेमचन्द अपने समय के पैमानों पर ही नहीं, हमारे अपने समय के पैमानों पर भी खरी आधुनिक सोच के लेखक हैं। आधुनिकता का नाम जपनेवाले समकालीन दूसरे तमाम लेखक जहाँ आधुनिकता की सतही व्याख्या कर अपने आधुनिक होने का ढोल पीट रहे हैं। किसान और साधारण जन की ज़िन्दगी को मूर्त करनेवाले प्रेमचन्द की सोच उनसे कहीं आगे अपनी आधुनिकता का प्रमाण देती है। आधुनिक वह है जो अपने समय की समस्याओं से, अपने समय की शक्तियों से ही प्रेरणा और ऊर्जा पाता हुआ,

टकराता है, आधुनिक वह है जो अपने समय की कोख से ही वर्तमान की अपनी लड़ाई और भविष्य की अपनी योजना की पूर्ति के लिए उपकरण पाता है। प्रेमचन्द अपने समय की समस्याओं के लिए तथाकथित तमाम बड़े लेखकों की भाँति अतीत में नहीं जाते, अतीत का गौरवगान करते हुए अतीत के ही किसी स्वप्न को हमारे सामने नहीं रखते वरन् अपने समय की समस्याओं का समाधान अपने समय की शक्तियों में ही खोजते हैं। 1918-19 का उनका 'नया ज़माना, पुराना ज़माना' लेख हमारे इस कथन का प्रमाण है जिसमें उन्होंने आनेवाले ज़माने को किसानों और मज़दूरों का ज़माना कहा है और यह भी कहा है कि दुनिया की कोई भी ताकत इसे रोक नहीं सकती। प्रेमचन्द, जाहिर है कि इतिहास या परम्परा के विरोधी नहीं हैं, परन्तु इतिहास या परम्परा उनके लिए वर्तमान का समाधान या उसका स्थानापन्न नहीं है। उन्होंने अतीत को देखते हुए भी शक्ति और ऊर्जा अपने वर्तमान से ही पाई है, वर्तमान की ताकतों को ही उन्होंने भविष्य के जनवादी निर्माण की ताकतों के रूप में पहचाना है। प्रेमचन्द का यह नज़रिया ही उन्हें अपने समय के तमाम दूसरे लेखकों से विशिष्ट बनाता है। उनकी परम्परा को संरक्षित करने और उसे विकसित करने का मतलब उनकी इस सोच को संरक्षित और विकसित करना है।

प्रेमचन्द हिन्दी के पहले उपन्यासकार हैं जिन्होंने अपनी रचना के द्वारा हमें साहित्य और समाज एवं साहित्य और राजनीति के बीच के रिश्ते को समझने में मदद दी है, उसे अपने रचना-कर्म के माध्यम से तय कर दिया है। साहित्य और राजनीति के रिश्तों को लेकर परम्परा से राजनीति के अपने प्रभाव और प्रखरता से घबरानेवाले बहुत से लोग कुछ इस प्रकार की मान्यताओं को लेकर सामने आते रहे हैं गोया राजनीति हमारे सामाजिक जीवन की वस्तु भले हो साहित्य से उसका सम्पर्क साहित्य को और कला की अपनी इयत्ता को खत्म कर देनेवाला हो। साहित्य और कला की पवित्रता और विशुद्धता के प्रति अतिरिक्त रूप से चिन्ताशील ये लोग राजनीति को, साहित्य को दूषित कर देनेवाली चीज़ मानते हैं और साहित्य में सामाजिक जीवन के चित्रण की तो इजाज़त देते हैं, परन्तु हमारे सामाजिक जीवन से अभिन्न राजनीति को साहित्य से कतई दूर रखना चाहते हैं। प्रेमचन्द राजनीति और साहित्य के रिश्ते को बखूबी समझते थे। प्रगतिशील लेखक संघ के अध्यक्ष पद से दिए गए अपने भाषण में उन्होंने राजनीति को साहित्य के पीछे चलनेवाली इकाई कहा था, और साहित्य को राजनीति के आगे चलनेवाली सच्चाई। प्रेमचन्द के इस कथन में जहाँ राजनीति साहित्य से जुदा नहीं है वहाँ साहित्य की अपनी इयत्ता को महत्त्व दिया गया है। अपने साहित्य के माध्यम से प्रेमचन्द ने अपने कथन की सत्यता को साबित भी किया है। हम जानते हैं कि उनके साहित्य में हिन्दुस्तान की राजनीति अपने पूरे विस्तार के साथ मौजूद है। भारत के मुक्ति-संग्राम की उनके अपने समय की इबारत को उनके उपन्यासों और कहानियों के माध्यम से उसकी सम्पूर्णता के साथ पढ़ा जा सकता है परन्तु इसके बावजूद प्रेमचन्द के उपन्यास राजनीति के उपन्यास नहीं बनने पाए, और ना ही प्रेमचन्द राजनीतिक

उपन्यासकार के रूप में ख्यात हुए। राजनीति उनके यहाँ है, परन्तु वह उनकी रचनात्मकता का अभिन्न हिस्सा बनकर आई है, उपन्यास की कलात्मकता के साथ अपनी संगति बिठाते हुए। राजनीति ने इस प्रकार उनकी सर्जनात्मकता को आहत नहीं किया, उसे ऊर्जा प्रदान की है। साहित्य में राजनीति के प्रवेश को कतई इजाज़त न देनेवाले लोगों के लिए प्रेमचन्द के ये उपन्यास अपने इस रूप में भी प्रचार या दोयम दर्जे के हो सकते हैं, जैसा कि कुछेक समीक्षकों ने उनके बारे में कहा भी है, परन्तु वे लोग जो साहित्य में जीवन की वास्तविकता को उसकी सम्पूर्णता में चित्रित किए जाने के हामी हैं, जो राजनीति को आज के युग में आदमी की ज़िन्दगी को बदलनेवाली ताकत के रूप में देखते हैं, उनके लिए प्रेमचन्द के उपन्यास न केवल हमारी राजनीतिक समझ को बढ़ानेवाले हैं साहित्य और राजनीति के रिश्ते को उसके सम्भव रूप में प्रस्तुत करनेवाले भी हैं। साहित्य और राजनीति के रिश्ते को उसके संगत रूप में प्रस्तुत करनेवाले भी हैं। रचनाकारों के लिए ये उपन्यास मिसाल हैं कि राजनीति हो या ज्ञान की कोई दूसरी शाखा, अथवा हमारी ज़िन्दगी से जुड़ी हुई कोई दूसरी ऐसी ही हकीकत, यदि साहित्य और कला के दायरे में उन्हें लाया जाए तो रचनाशीलता के अभिन्न अंग के रूप में लाया जाए, रचना की अपनी ज़रूरत और शर्तों के मुताबिक लाया जाए। ऐसा होने पर ही साहित्य धारदार बन सकता है और राजनीति का अपना असर भी बरकरार रह सकता है। सन्तुलन के विघटनों पर न केवल साहित्य आहत होगा, राजनीति भी बेअसर हो जाएगी। हमारे तमाम रचनाकारों की यह सच्चाई है कि राजनीति और साहित्य के आपसी रिश्तों की अपनी गलत समझ के नाते ही उन्होंने अपनी रचनाशीलता में साहित्य और राजनीति दोनों को ही क्षति पहुँचाई है, और तमाम प्रकार के आरोपों के घेरे में आए हैं। दूसरी तरफ ऐसे रचनाकार भी हैं जिन्होंने इस रिश्ते को सही ढंग से समझते हुए अपनी सर्जना को नए और धारदार तेवर नहीं दिए, राजनीति के अपने असर को भी मनोवांछित तरीके से जन-मानस तक पहुँचाया है। प्रेमचन्द के उपन्यास इस तथ्य के भी साक्षी हैं कि एक निष्ठावान और यथार्थवादी रचनाकार न केवल अपने समय की राजनीति से प्रेरणा लेते हुए अपनी सर्जना को युग की सच्चाई का जीवित दस्तावेज़ बना सकता है, राजनीति के पेशेवर अभ्यासियों को उनके अपने क्षेत्र में नई दिशा भी सुझा सकता है। वह समकालीन राजनीति को चित्रित भर करके छुट्टी नहीं पा लेता, उस पर टिप्पणी भी करता है, उसकी असलियत भी खोलता है और उसे जनता के हित में नियोजित करने के लिए पेशेवर राजनीतिकों पर दबाव भी डाल सकता है। साहित्यकार चल रही राजनीति की सतह पर ही चक्कर नहीं लगाता, वह उसकी सात पर्तों के भीतर भी झाँकता है और उसके लिए नई ज़मीन भी तैयार करता है। हमारे देश की राजनीति में जो कुछ प्रेमचन्द के बाद घटा, प्रेमचन्द की रचनाओं में हमें उसके पूर्व-संकेत मिलते हैं। 'भवन' का देवीदीन खटिक हमारे आज के राष्ट्रनेताओं के बारे में जो कुछ टिप्पणी करता है वह हमारे अपने समय का यथार्थ बनकर हमारे सामने उपस्थित है। साम्राज्यवाद की कूटनीति और उससे देशी सामन्तों और पूँजीपतियों की

साँठ-गाँठ का जो चित्रण प्रेमचन्द ने अपने उपन्यासों में किया है उसे हमारे उस समय के राष्ट्रनेता उस रूप में नहीं भाँप सके थे या उसे जानकर भी अनजान बने हुए थे। उसकी इस अवसरवादिता अथवा अज्ञान का ही परिणाम है कि आज़ादी के बाद वही दुष्चक्र आज भी हमारे अधिकांश राष्ट्रीय जीवन को कसे हुए है जिसकी चेतावनी प्रेमचन्द अपनी कृतियों में बार-बार दे रहे थे। हमारी स्वतन्त्रता आज भी नाममात्र की स्वतन्त्रता बनकर रह गई है। सबकुछ प्रेमचन्द के मुताबिक वही है, अन्तर है तो यह कि पहले जॉन हमारे ऊपर शासन करता था, आज उसकी जगह गोविन्द ने ले ली है। प्रेमचन्द की सर्जना साहित्य और राजनीति के अन्तःसम्बन्धों को ही उनके सही परिप्रेक्ष्य और सही रूप में नहीं उभारती, वह साहित्य में राजनीति के कलात्मक रूपांतरण का सवाल हल करती है।

प्रेमचन्द ने अपने जीवनकाल में जो कुछ लिखा इसका अधिकांश ग्राम-केन्द्रित है। इधर ग्राम-केन्द्रित रचनाशीलता का एक महत्त्वपूर्ण अंश आंचलिकता की एक नई प्रवृत्ति के तथ्य विवेचन का विषय बना है। हम यहाँ ज़ोर देकर इस बात को कहना चाहेंगे कि प्रेमचन्द की परम्परा ग्रामकेन्द्रित तथा साहित्य की परम्परा है, आंचलिक लेखन की परम्परा नहीं। प्रेमचन्द ने गाँवों को केन्द्र बनाकर बहुत कुछ लिखा परन्तु उसके बावजूद वे आंचलिक कथालेखक के रूप में ख्यात नहीं हुए। डॉ. रामविलास शर्मा ने सत्य ही कहा है कि प्रेमचन्द के लेखन में आंचलिकता नहीं, हिन्दुस्तानीपन है। यह हिन्दुस्तानीपन प्रेमचन्द की सर्जना में इसीलिए आ सका है कि उन्होंने अपनी सर्जना में विशिष्ट को नहीं, प्रतिनिधि को केन्द्र में रखा है। आंचलिकता विशिष्ट की संवाहक होती है जबकि यथार्थवाद प्रतिनिधि पर केन्द्रित होता है और इसीलिए प्रेमचन्द यथार्थवाद के लेखक हैं। उनके चरित्र, उनके उपन्यासों की घटनाएँ और स्थितियाँ प्रतिनिधि चरित्र घटनाएँ और प्रतिनिधि स्थितियाँ हैं। उनके चरित्र अपने समूचे वर्ग के प्रतिनिधि हैं, किसी ग्राम या ग्रामांचल के प्रतिनिधि नहीं।

पिछले पृष्ठों में हमने प्रेमचन्द को एक नए सौन्दर्यशास्त्र का प्रणेता कहा था। सवाल है कि प्रेमचन्द का यह नया सौन्दर्यशास्त्र क्या है ? प्रेमचन्द का यह नया सौन्दर्यशास्त्र असाधारणता में नहीं, साधारणता में सौन्दर्य को देखता है। प्रगतिशील लेखक संघ के अध्यक्ष पद से बोलते हुए प्रेमचन्द ने सौन्दर्य की कसौटी को बदलने की बात की थी। सौन्दर्य की यह नई दृष्टि बाहरी सुन्दरता को ही सुन्दरता का पर्याय नहीं मानती, शुक्लजी की तरह कर्म के सौन्दर्य पर भी उतना ही ध्यान देती है। सरदार पूर्णसिंह ने 'मज़दूरी और प्रेम' शीर्षक अपने एक निबन्ध में श्रम के सौन्दर्य की चर्चा की है। प्रेमचन्द का यह नया सौन्दर्यशास्त्र श्रम के इस सौन्दर्य का भी हामी है। पूर्णसिंह ने जिसे आचरण की सभ्यता कहा है यह सौन्दर्य-दृष्टि आचरण के उस सौन्दर्य से भी जुड़ी हुई है। प्रेमचन्द द्वारा रचे-सिरजे चरित्रों पर हम ध्यान दें तो पाएँगे कि उन्होंने अपने उपन्यासों और कहानियों के छोटे माने जानेवाले इन चरित्रों के भीतर महत् सम्भावनाएँ देखीं और उजागर की हैं, उनके छोटेपन के भीतर प्रभूत मात्रा में निहित बड़प्पन को

उजागर किया है। उनके हृदय और मन के भीतर पैठकर वहाँ से उन मानवीय मूल्यों को उभारा है जो हमारी मनुष्यता को सार्थक बनाते हैं। 'मन्त्र' कहानी का बूढ़ा भगत, 'गुल्लीडंडा' कहानी का गया अहीर, रंगभूमि का सूरदास और प्रेमचन्द के ढेरों दूसरे चरित्र इसी कोटि के चरित्र हैं जो हमारी मनुष्यता का प्रतिमान बनते हैं।

प्रेमचन्द का यह नया सौन्दर्यशास्त्र साहित्य के इस पक्ष को भी एक नया अर्थ प्रदान करता है। उसके इस पहलू को हम सादगी के सौन्दर्यशास्त्र के रूप में भी व्याख्यायित कर सकते हैं। हम जानते हैं कि प्रेमचन्द ने अपनी सर्जना को रूप के उन साँचों में ढालने का प्रयास नहीं किया जो परम्परा से साहित्य के अलंकरण के लिए प्रयुक्त होते रहे हैं। कुछ लोगों का कहना है कि प्रेमचन्द अपने साहित्य के रूप पक्ष की ओर से उदासीन रहे हैं। यह उदासी यदि अतिरिक्त रूपारोपण का पर्याय हो तब तो कोई बात नहीं, अन्यथा प्रेमचन्द अपनी रचनाओं के रूप-पक्ष के प्रति उदासीन नहीं हैं। यह ज़रूर है कि उन्होंने वस्तु पर रूप को अनावश्यक महत्त्व नहीं दिया। जिसके पास कहने को ज्यादा नहीं होता या कहने को कोई बड़ी बात नहीं होती वह अपनी इस दरिद्रता को रूप के द्वारा ज़रूर छिपाना चाहता है। परन्तु प्रेमचन्द के यहाँ इससे उल्टा है। उनके यहाँ कहने को इतना कुछ सार्थक और महनीय है कि उसके लिए अनावश्यक रूपसज्जा के फेर में वे नहीं पड़े। वे बड़े सहज ढंग से, अपने उपन्यासों और कहानियों को शुरू कर देते हैं। कहानी की सारी परिभाषाएँ, उसके आदि और अन्त के सारे निर्देश प्रेमचन्द की कहानियों के सामने बचकाने बन जाते हैं। कभी-कभी तो ऐसा लगता है गोया वे परम्परा की दादी-नानी की कहानियाँ कह रहे हों, उनके यहाँ उपन्यास भी सहजता से भी आरम्भ होते हैं और यह सरलता और सहजता उनमें अन्त तक बनी रहती है। सरल भाषा शैली में कहे गए उनके उपन्यास और कहानियाँ फिर भी अपने पाठकों के हृदय और मन को जकड़ लेती हैं। उनके पाठकों का दायरा भी बहुत बड़ा है, आधुनिक कथाकारों में शायद सबसे ज्यादा। उसमें हर आयु और हर वर्ग के लोग शामिल हैं, स्त्री और पुरुष दोनों। उनके उपन्यासों और कहानियों का प्रभाव भी अमिट होता है। उन्हें बार-बार पढ़ने को जी चाहता है। यह जो प्रेमचन्द इस माध्यम से हासिल करते हैं वह साहित्य की रूपसज्जा के प्रति अनथक श्रम करनेवालों को हासिल नहीं हो पाता। सादगी की यह जो कला है वह अपने में बेमिसाल है। कहीं भी अलंकरण नहीं, कहीं भी शब्द और वर्ण का चमत्कार नहीं, उपमाओं और उत्प्रेक्षाओं की कड़ी नहीं, भाषा की सजावट नहीं, फिर भी प्रेमचन्द की कला है कि हमें अपने में बाँध लेती है।

वस्तुतः प्रेमचन्द की यह जो उपलब्धि है वह बड़े कठोर तकाजों के तहत बड़ी कड़ी साधना के दौर में पाई गई उपलब्धि है। इसके लिए प्रेमचन्द को जनजीवन की गहराइयों में, जनता के चित्त में अपने को पचा देना पड़ा है। उनकी जीवन भर की कठोर जन-साधना की यह सिद्धि है। जनता के जीवन से कतई एकात्म के बिना जन-मन की आकांक्षावाली यह पूँजी नहीं मिलती। प्रेमचन्द इसे हासिल कर सके यह उनकी निष्ठा का, उनकी साधना की सफलता का प्रमाण है। कहते हैं कि टेढ़ी लकीर का खींचना

सरल होता है, सीधी लकीर खींचना बेहद मुश्किल। इसी प्रकार गूढ़ दुर्बोध लेखन भी सरल होता है परन्तु सरल-सुबोध लेखन बहुत मुश्किल। सादगी का जो सौन्दर्यशास्त्र अपनी रचनाओं के माध्यम से प्रेमचन्द ने प्रस्तुत किया है वह हर किसी के बूते की बात नहीं। प्रेमचन्द की अपनी परम्परा की यह एक अहम उपलब्धि है, दिशा है। यह प्रेरणा है उन रचनाकारों के लिए जो प्रेमचन्द सरीखी निष्ठा के साथ अपनी सर्जना को जनता के जीवन से जोड़कर सार्थकता और ऊँचाई देना चाहते हैं।

प्रेमचन्द-परम्परा के यही कुछ मुख्य आयाम और यही कुछ दिशाएँ हैं जो हमारे कथा-साहित्य के लिए प्रेमचन्द की विरासत मानी जा सकती हैं। जैसा हमने कहा प्रेमचन्द-परवर्ती रचनाकारों के एक बड़े समाज ने इस विरासत को कृतज्ञ भाव से स्वीकार किया है, अपनी सर्जना में उसे संरक्षित और संवर्द्धित किया है। इस परम्परा से जुड़कर जब कोई रचनाकार प्रेमचन्द से भी बड़ी रचनाशीलता लेकर सामने आएगा, हम मानेंगे कि प्रेमचन्द की परम्परा सार्थक हुई है। हमें उस दिन और उस घड़ी की प्रतीक्षा है।

प्रेमचन्द और आज का समय

संजीव

यद्यपि न तो प्रेमचन्द का समय आज का समय है, न ही उस समय का यथार्थ आज के जटिल यथार्थ को पूरी तरह बिम्बित कर सकता है पर ऐसा क्यों है कि प्रेमचन्द आज और भी शिद्दत से याद आते हैं। हर आम लेखक की तरह प्रेमचन्द की शुरुआत भी उसी राष्ट्रवाद, स्वदेशप्रेम, फुसफुसी भावुकता, मर्यादा और नैतिकता के उच्छ्‌वास, उन्हीं पारम्परिक कथा-कथन के प्रयोगों से होती है, मगर धीरे-धीरे खुद को पुष्ट करते हुए वे जिस तरह खुद का, खुद के काल और बोध का अतिक्रमण करते हुए प्रौढ़ता हासिल करते हैं, वह हमें चकित करता है। इसे हम आज के तीन ज्वलन्त मुद्दों 'स्वराज' नारी-मुक्ति विमर्श और दलित विमर्श के आईने में देखने का प्रयास करेंगे।

प्रेमचन्द की बहुत ही प्रसिद्ध उक्ति है, 'मेरे लिए इससे कोई फर्क नहीं पड़ता कि जॉन की जगह गोविन्द आ जाए...,' यह कोई अचानक की गई टिप्पणी न थी। 'स्वराज' शुरू से ही उनकी चिन्ता के केन्द्र में था। 'हंस' के दूसरे अंक में प्रेमचन्द ने लिखा।

स्वराज से किसका हित होगा ?...

"इसमें कोई शक नहीं कि स्वराज का आन्दोलन गरीबों का आन्दोलन है। गरीबों, मज़दूरों, किसानों की हालत अंग्रेज़ी राज में जितनी खराब है, उतनी और किसी की नहीं, कांग्रेस से कोई उम्मीद नहीं है।

"सभी छोटे-बड़े उन्हीं का खून और मांस खा-खाकर मोटे होते हैं। अगर उन्हें संगठित करने की कोशिश की जाती है तो सरकार, ज़मींदार, सरकारी मुलाजिम और महाजन सभी भन्ना उठते हैं। बोल्शेविज्म का हौवा दिखाकर उस आन्दोलन को जड़ से खोदकर फेंक दिया जाता है। इनकी शक्ति बिखरी हुई है।"

क्या यह आज के प्रसंग में हू-ब-हू सच नहीं है ? बल्कि सच पूछा जाए तो स्थितियाँ और भी बदतर होती गई हैं वरना कोई वंचित जन आज यह न कहता; 'इससे अंग्रेज़ों का शासन ही अच्छा था !'

अपने किसी व्यंग्यात्मक लेख 'डंडाशास्त्र' में उन्होंने लिखा, "अब न कानून की ज़रूरत है, न व्यवस्था की। कौंसिलें, एसेम्बलियाँ सब व्यर्थ, अदालतें और महकमे सब फिजूल... ।"

सरकार ने प्रेस पर 1000 रुपए का जुर्माना कर दिया। चार माह बाद पाँचवाँ अंक निकला 'हंस' का। मुंशीजी ने फिर सवाल उठाया, 'स्वराज-संग्राम में जीत किसकी हो रही है ?...' आगे उन्होंने लिखा, 'जब राज संस्था अपने ही बनाए हुए कानूनों को पैरों तले रौंदना शुरू करे तो उसकी दशा उस पागल की तरह समझनी चाहिए जो आप ही अपनी देह को दाँतों से काटता है, आप ही अपना मांस नोचता है।'

स्वतन्त्रता, स्वराज और स्वदेशी के नाम पर जो भी गुलामी फैली हुई है, उसकी आहट को वे तभी भाँप चुके थे, 'ये हमारे हिन्दुस्तानी यूरोपियन हैं, मुझे तो ये सिर से पाँव तक गुलाम नज़र आते हैं और वेश्या की तरह प्रदर्शन करते हैं।' गोलमेज कॉन्फरेंस के सन्दर्भ में 1931 के अप्रैल में 'हंस' में उन्होंने लिखा स्वराज माँगने का क्या उद्देश्य है ? केवल अधिकार और ओहदे ? देश में आधे आदमी बेरोज़गार हैं, नई दिल्ली बनवाने की धुन है। प्रजा को रोजी-रोटी का ठिकाना नहीं, अधिकारियों को दस-दस हज़ार वेतन चाहिए। सरकार यूँ तो जनता के हित-साधन का राग अलापते नहीं थकती। लेकिन जब परिचय देने का वक्त आता है तो बगलें झाँकने लगती है।'

1932 में 'हंस' पर फिर 1000 रुपए की जमानत। बन्द कर देना पड़ा 'हंस' को।

'हंस' के बाद 1932 में उन्होंने 'जागरण' सँभाला और अपना बौद्धिक हस्तक्षेप जारी रखा।

गांधीजी का स्वराज चार पायों पर टिका वर्ग था जब कि प्रेमचन्द और भगतसिंह का स्वराज वृत्त था। वृत्त भी नहीं गोलक था जिसमें मात्र स्वशासन ही नहीं, आर्थिक, सामाजिक, सांस्कृतिक शोषण से मुक्ति की कामना भी थी, जिसमें एक तरफ सुमन, निर्मला, धनिया, झुनिया, सीलिया जैसी नारियाँ थीं तो दूसरी ओर अछूत और अवर्ण थे। सन् 1932 में उन्होंने 'छुआछूत' पर लिखते हुए इसे 'डायनामाइट' की संज्ञा दी जो समाज के परखचे उड़ा देगा।

वर्णाश्रम धर्म पर उनका एक लेख है जिसके अंश गौरतलब हैं 'हमारे पास वायसराय के पास (भेजे जानेवाला) अंग्रेज़ी में वर्णाश्रम धर्म का एक परचा है जिस पर वाचस्पतियों, चूड़ामणियों के हस्ताक्षर हैं जिसमें अपील की गई है कि अछूतों को मन्दिर को भ्रष्ट करने से रोकें। कुत्तों की तरह दौड़े चले गए वायसराय के पास, अछूत की फसल, पैसा, बेटी, सेवा सब पवित्र हैं, सिर्फ अछूत नहीं। अगर आपके देवता ऐसे निर्बल हैं तो ऐसे देवता को दूर से नमस्कार।'

यह प्रेमचन्द का ही कलेजा था कि जिसने 'मोटेराम शास्त्री', 'सवा सेर गेहूँ', 'सद्गति', 'ठाकुर का कुआँ', 'कफ़न', 'रंगभूमि' और 'गोदान' में ब्राह्मणवाद को पूरी तरह बेनकाब किया, जिसने सूरदास जैसे दलित चरित्र को बुलन्दियाँ नवाज़ते हुए नायकत्व प्रदान किया, जिसने 'गोदान' में एक दलित बाला सीलिया के साथ फँसे एक तिलकधारी पुरोहित मातादीन की धोती खोल दी। 'तुम इसे ब्राह्मणी नहीं बना सके, हम तुम्हें चमार बना सकते हैं।' और सूअर का हाड़ उनके मुँह में ठूँस दिया। प्रकारान्तर से देखें तो 'गोदान' और 'रंगभूमि' ब्राह्मणवाद का विलोम ही रचते हुए नज़र आते हैं।

देखने में ये चीज़ें आज मामूली लग सकती हैं, मगर किसी बड़े अभिप्रेत के बिना यह जोखिम नहीं उठाया जा सकता। दलित आन्दोलन के पुरोधा प्रेमचन्द के अवदान को लाख अस्वीकार करें, उनसे बड़ी लकीर वे आज भी नहीं खींच पाए हैं।

हैरानी की बात यह है कि उस समय ठाकुर श्रीनाथ सिंह ने भी प्रेमचन्द के इस 'कुकृत्य' की आलोचना की थी, आज के कुछ दलित प्रवक्ता भी कर रहे हैं। इसी का विस्तार हम राजनीति में भी देखते हैं जब तथाकथित मनुवादियों और दलित नेतृत्व का महज सत्ताप्राप्ति का नापाक गठजोड़ राजनीति के मंच पर सुखासीन होता है। 'जागरण' और 'हंस' के आखिरी तीनों अंकों में मुंशीजी ने बीभत्स जातिव्यवस्था, सनातन धर्म और ब्राह्मणवाद पर लगातार प्रहार किया।

दलित विमर्श की तरह नारी विमर्श का भी प्रेमचन्द ने अपनी रचनाओं में सूत्रपात किया। सन् 1928 में ही 'दो सखियाँ' लिखकर प्रेमचन्द ने अपनी मंसा स्पष्ट कर दी थी जो विवाह संस्था, स्त्री-पुरुष, पुरुष मानसिकता, आधुनिकता सभी विमर्शों का श्रीगणेश है। पुरुष चरित्रों की तरह ही उनके स्त्री पात्रों का फलक व्यापक है। इस विवर्ण वर्णपट में सुमन, धनिया, सीलिया, निर्मला, जालपा, बूढ़ी काकी, गंगी आदि हैं जो सतह से उठती हैं और उसी तरह जलकर प्रोत्साहन के अभाव में तलछट में गर्क होती हैं, तो दूसरी तरफ मालती जैसी भी हैं जो यह कहती हैं; मुझसे तो मक्की की रोटियाँ न निगली जाएँगी। नारी समाज की पैरोकार तब भी वोट की माँग करती रहीं। तब से देश आज़ाद भी हुआ, देखते-देखते 58 साल बीत गए मगर संसद, विधायिका या चुनाव में स्त्री प्रतिनिधित्व का सवाल आज भी हल नहीं हो पाया है। पर आज के नारी-प्रतिनिधित्व के पैरोकारों और प्रेमचन्द में एक बुनियादी फर्क है। प्रेमचन्द की चिन्ता थी कि वे कौन-सी नारियाँ हैं जिनमें यह चेतना है और वे कौन हैं जिनकी आत्मा तक में अँधेरा भन्ना रहा है। वे कौन-सी नारिया हैं जो इसका लाभ उठाएँगी और वे कौन हैं जो वंचित रहेंगी।

जाहिर है पहले वर्ग में कॉलेज की पढ़ी-लिखी उच्च वर्ग की नारियाँ होंगी, जिनकी प्रतिनिधि विमैन लीग की तेज तर्रार सदस्या 'सरोज' हैं–'पुरुष का दासत्व नहीं, उन्हें बराबरी चाहिए। मेहता जैसे उच्च वर्ग के लोग अपनी तमाम आधुनिकता के प्रदर्शन के बावजूद ऐसी नारियों को हिंसा से दूर, रीतिकालीन नायिका के रूप में देखने के आग्रही हैं, पर यह विमर्श सीलिया, धनिया, झुनिया, रूपा के लिए नहीं है। प्रेमचन्द की 'सरोज' आज बड़ी हो गई है पर उसके तमाम विकास और अन्तर्विरोध वही हैं जिन्हें मुंशीजी ने रेखांकित किया था। तब भी पहले वर्ग में मालती, श्रीमती खन्ना, मिस सुल्तान, सरोज और मीनाक्षी थीं; दूसरे वर्ग में सीलिया, धनिया, दुलारी सहुआइन, पुनिया, नोहरी, चुहिया आदि; आज भी हैं। अलबत्ता धनिया जैसा सशक्त नारी-पात्र आज भी नारी लेखन में दुर्लभ है।

प्रेमचन्द की नज़र उस हर शै पर थी जो भविष्य को प्रभावित करनेवाले थे। अर्थशास्त्रियों पर उनकी टिप्पणी थी, 'यह साम्राज्यवादी विपत्ति, जिससे संसार

त्राहि-त्राहि कर रहा है, किसकी बुलाई हुई है—उन्हीं कुबेर के गुलामों की। संसार इनके भोग का क्षेत्र है—सारी राजव्यवस्था, बड़ी-बड़े सेनाएँ, ये जंगी बेड़े, ये हवाई जहाज के दस्ते, पार्लियामेंट, सेनेट-सिंडिकेट—सब इनके।'

प्रेमचन्द ने आगे कहा, "यह आशा करना कि पूँजीपति किसानों की दीन-दशा से लाभ उठाना छोड़ देंगे, कुत्ते से चमड़ी की रखवाली करने की आशा करना है। इस खूँखार जानवर से अपनी रक्षा के लिए हमें स्वयं सशस्त्र होना पड़ेगा।"

'मंगलसूत्र' में उन्होंने इसे फिर से दुहराया पर अफसोस सशस्त्र होना तो दूर, गोलबन्द होना भी आज एक सपना बनता जा रहा है। प्रेमचन्द को कहीं उनकी प्रारम्भिक दौर की कहानियाँ (यथा जेहाद) का हवाला देकर आज के प्रतिक्रान्तिकारी भी अपना उल्लू सीधा करना चाहते हैं तो दूसरी ओर अतिरेक में कुछ दलित प्रवक्ता बिना सोचे-समझे उन्हें कोसने और 'रंगभूमि' जैसी कृति को जलाने में मशगूल हैं। प्रेमचन्द मानव सभ्यता के कितने बड़े चितेरे थे यह उनके अन्तिम दिनों के एक वक्तव्य से जाना जा सकता है। "राष्ट्रीयता वर्तमान का कोढ़ है, उसी तरह जैसे मध्यकालीन युग का कोढ़ साम्प्रदायिकता थी। अर्थ के प्रश्न को हल कर देना ही राष्ट्रीयता के किले को ध्वंस करना है...हम सम्पत्ति के लिए जीते हैं, उसी के लिए मरते हैं, हम विद्वान बनते हैं सम्पत्ति के लिए, गेरुए वस्त्र धारण करते हैं सम्पत्ति के लिए। घी में आलू मिलाकर हम क्यों बेचते हैं ? दूध में पानी क्यों मिलाते हैं ? वेश्याएँ क्यों बनती हैं और डाके क्यों पड़ते हैं ? एकमात्र कारण सम्पत्ति है। जब तक सम्पत्तिहीन समाज का गठन नहीं होगा, जब तक सम्पत्ति-व्यक्तिवाद का अन्त न होगा, संसार को शान्ति न मिलेगी।"

यह उक्ति भगतसिंह की ऐसी ही उक्ति से कितनी मिलती-जुलती है ! यही नहीं ये स्थापनाएँ खुद उनकी राष्ट्रवाद, स्वदेशप्रेम, फुसफुसी भावुकता, मर्यादा और नैतिकता की पूर्व स्थापनाओं के विरुद्ध खड़ी मिलती हैं और उन्हें तत्कालीन बड़े यूरोपीय लेखक रोमा रोलंड, रिल्के, स्टीफेन स्वाइग के साथ नस्लवादी, राष्ट्रीयतावादी युद्धों के विरोधियों के बीच ला खड़ा करती है, देश-विदेश की स्थितियाँ आज भी रूप बदलकर लगभग वही हैं ! इसे हम प्रेमचन्द जैसे महान साहित्यकारों की भविष्यद्रष्टा-सामर्थ्य कहें या हमारी अपनी गतिरुद्धता ? शायद दोनों ही...!

प्रेमचन्द आज भी लोकप्रिय क्यों ?

मैनेजर पांडेय

प्रेमचन्द आधुनिक हिन्दी और उर्दू कथा-साहित्य की बुनियाद हैं और बुलन्दी भी। उनको भुलाकर बीसवीं सदी के न तो हिन्दी कथा-साहित्य के इतिहास को समझना सम्भव है और न उर्दू कथा-साहित्य के इतिहास को। हिन्दी और उर्दू के कथा-साहित्य की बुनियाद के निर्माण में प्रेमचन्द का सबसे बड़ा योगदान यह है कि उन्होंने उपन्यास और कहानी की 'कर्मभूमि' बदली और दोनों का 'कायाकल्प' भी किया। बीसवीं सदी का हिन्दी और उर्दू का कथा-साहित्य प्रेमचन्द की कथा-दृष्टि की सापेक्षता में विकसित हुआ है; कहीं उससे जुड़कर तो कहीं उससे अलग होते हुए, कहीं उनकी कथाभूमि और कथादृष्टि के दायरों में रहकर तो कहीं नई कथाभूमि और कथा-दृष्टि की तलाश करते हुए।

बीसवीं सदी के भारतीय समाज के इतिहास की सबसे बड़ी घटना है अंग्रेजी राज की गुलामी से मुक्ति के लिए इस देश की जनता का संघर्ष। प्रेमचन्द उस संघर्ष की वास्तविकताओं और सम्भावनाओं के अनन्य कथाकार होने के कारण बीसवीं सदी के प्रतिनिधि कथाकार भी हैं। प्रेमचन्द स्वराज्य को केवल राजनीतिक स्वाधीनता तक सीमित नहीं मानते थे। उन्होंने लिखा है कि 'जिस व्यक्ति के हृदय में गरीबों की दिन-रात गिरती हुई दशा देखकर ज्वाला-सी उठती है—वह किसी ऐसे स्वराज की कल्पना से सन्तुष्ट नहीं हो सकता जिसमें कुछ ऊँचे दर्जे के आदमियों का हित हो और प्रजा की दशा ज्यों-की-त्यों बनी रहे।' इसीलिए उन्होंने कहा था कि 'हमारी लड़ाई केवल अंग्रेज सत्ताधारियों से ही नहीं, हिन्दुस्तान के सत्ताधारियों से भी है।'

प्रेमचन्द के सामने स्वराज्य की नई कल्पनाएँ और धारणाएँ मौजूद थीं। उनमें से स्वराज्य की एक कल्पना गांधी की थी जो उनकी पुस्तक *हिन्द स्वराज* (1990) में मौजूद है। दूसरी कल्पना हिन्दूवासियों की थी जो हिन्द स्वराज को हिन्दू स्वराज बनाना चाहते थे। तीसरी कल्पना क्रान्तिकारियों की थी। प्रेमचन्द की नजर इन सभी कल्पनाओं पर थी, लेकिन उनकी स्वराज्य की कल्पना या धारणा इन तीनों से अलग थी। वे ऐसी स्वाधीनता चाहते थे जो राजनीतिक ही नहीं, सामाजिक और सांस्कृतिक भी हो। वे उपनिवेशवाद से ही नहीं, सामन्ती और पूँजीवादी शोषण, पराधीनता, संकीर्ण राष्ट्रवाद और जाति-व्यवस्था से भी भारतीय समाज की मुक्ति चाहते थे। वे अमीरों का नहीं, गरीबों का, शोषितों और पीड़ितों का, किसानों, मजदूरों, दलितों और स्त्रियों की

स्वाधीनता का पोषक स्वराज्य चाहते थे।

प्रेमचन्द व्यक्ति और कथाकार के रूप में स्वाधीनता आन्दोलन से जुड़े थे। उनके लेखन का लक्ष्य था स्वराज्य। 1930 में बनारसीदास चतुर्वेदी को लिखे एक पत्र में उन्होंने कहा था कि 'मेरी आकांक्षाएँ कुछ नहीं हैं। इस समय सबसे बड़ी आकांक्षा यही है कि हम स्वराज्य-संग्राम में विजयी हों। यह जरूर चाहता हूँ कि दो-चार उच्चकोटि की पुस्तकें लिखूँ, पर उनका उद्देश्य भी स्वराज्य-प्राप्ति ही हो।' उन्होंने कथाकार के रूप में स्वाधीनता आन्दोलन की समग्र प्रक्रिया का चित्रण किया है जिसमें स्वाधीनता आन्दोलन की अनेक अवस्थाएँ प्रकट हुई हैं। वे व्यक्तिगत बलिदान से लेकर जनआन्दोलन तक का चित्रण करते हैं और साथ ही स्वाधीनता आन्दोलन के अन्तर्विरोधों का भी। एक सजग पत्रकार के रूप में *जमाना, हंस* और *जागरण* में छपे लेखों में प्रेमचन्द स्वाधीनता आन्दोलन की गति, शक्ति और असंगतियों का विश्लेषण भी करते दिखाई देते हैं।

फ्रैंज फैनन ने लिखा है कि 'अगर साम्राज्यवाद विरोधी संघर्ष के समय राष्ट्रीय चेतना को सामाजिक चेतना नहीं बनाया जाता तो भविष्य मुक्ति का नहीं, उपनिवेशवाद के बदले हुए रूप का होगा। इसलिए राष्ट्रीय चेतना को सामाजिक और राजनैतिक आवश्यकताओं में रूपान्तरित करते हुए उसे अधिक व्यापक और गहरा अर्थात् वास्तविक रूप में मानवीय बनाना जरूरी है।' प्रेमचन्द ने फ्रैंज फैनन से बहुत पहले इस सच को पहचाना था। इसीलिए उनके उपन्यासों और कहानियों में स्वाधीनता के व्यापक अर्थ की पहचान व्यक्त हुई है और उनमें किसानों, स्त्रियों और दलितों की पराधीनता के जटिल यथार्थ के चित्रण के साथ-साथ उनकी स्वाधीनता की आकांक्षा की अभिव्यक्ति भी है। उनके कथा-साहित्य में जनता के जीवन-संघर्ष का आख्यान है और मुक्ति-संघर्ष का भी।

प्रेमचन्द की राष्ट्रीय चेतना भारतीय समाज में समता चाहती थी। 1934 के एक लेख 'क्या हम वास्तव में राष्ट्रवादी हैं ?' में जाति-व्यवस्था और राष्ट्रवाद को परस्पर विरोधी घोषित करते हुए उन्होंने कहा था कि 'राष्ट्रीयता की पहली शर्त है समाज में साम्यभाव का दृढ़ होना।' वे यह जानते थे कि भारतीय समाज का स्थायी भाव है भेदभाव, इसीलिए उन्होंने अपने कथा-साहित्य में एक ओर भारतीय समाज में व्याप्त भेद-भाव के विभिन्न रूपों और पक्षों का चित्रण किया है तो दूसरी ओर अपने विवेचनात्मक लेखन में उसकी तीखी आलोचना भी की है। उन्होंने दृढ़तापूर्वक यह कहा था कि 'हमारा स्वराज्य केवल विदेशी जुए से अपने को मुक्त करना नहीं है, बल्कि सामाजिक जुए से भी, जो विदेशी शासन से कहीं अधिक घातक है।'

यद्यपि प्रेमचन्द स्वाधीनता आन्दोलन से जुड़े थे, लेकिन उस स्वाधीनता आन्दोलन में जो राष्ट्रवाद सक्रिय था उसे वे सन्देह की नजर से देखते थे। यही कारण है कि प्रेमचन्द अपने उपन्यासों और कहानियों में राष्ट्रवादियों की कथनी और करनी में दूरी, समझौतापरस्ती, ढुलमुलपन, अंग्रेजी राज से साँठ-गाँठ और दिमागी गुलामी को भी सामने लाते हैं। यही नहीं, वे अपने उपन्यासों और कहानियों में आम जनता की ओर से यह

सवाल पूछते हैं कि भारत में आजादी के बाद किसकी कल्पना का स्वराज्य होगा। उनके उपन्यास *ग़बन* का एक पात्र देवीदीन एक राष्ट्रवादी नेता से पूछता है–'साहब, सच बताओ, जब तुम सुराज का नाम लेते हो उसका कौन-सा रूप तुम्हारी आँखों के सामने आता है ? तुम भी बड़ी-बड़ी तलब लोगे, तुम भी अंग्रेजों की तरह बंगलों में रहोगे, पहाड़ों की हवा खाओगे, अंग्रेजी ठाट-बाट बनाए घूमोगे ? इस सुराज से देश का क्या कल्याण होगा ?' देवीदीन का प्रश्न आज भी अनुत्तरित है और उसकी आशंका शत-प्रतिशत सच साबित हुई है।

प्रेमचन्द केवल सत्ता का हस्तानांतरण नहीं, सचमुच का स्वराज्य चाहते थे। उन्होंने 1930 में एक कहानी लिखी थी–'आहुति'। उस कहानी की नायिका कहती है कि 'अगर स्वराज्य आने पर भी सम्पत्ति का यही प्रभुत्व रहे और पढ़ा-लिखा समाज यों ही स्वार्थान्ध बना रहे तो मैं कहूँगी कि ऐसे स्वराज्य का न आना ही अच्छा है। जिन बुराइयों को दूर करने के लिए आज हम प्राणों को हथेली पर लिए हुए हैं, उन्हीं बुराइयों को क्या प्रजा इसलिए सिर चढ़ाएगी कि वे विदेशी नहीं, स्वदेशी हैं। कम-से-कम मेरे लिए तो स्वराज्य का यह अर्थ नहीं है कि जॉन की जगह गोविन्द बैठ जाए, मैं ऐसी व्यवस्था देखना चाहती हूँ जहाँ कम-से-कम विषमता को आश्रय न मिल सके।' यह प्रेमचन्द के स्वराज्य का घोषणापत्र है जो आज भी अधूरा है और केवल आम जनता की आकांक्षा तक सीमित है।

प्रेमचन्द के सामने एक बड़ी समस्या साम्प्रदायिकता भी थी। 'साम्प्रदायिकता और संस्कृति' नामक उनका लेख 1934 में लिखा गया था, लेकिन आज भी वह उतना ही प्रासंगिक है जितना तब था। प्रेमचन्द ने भारतीय समाज में मौजूद साम्प्रदायिकता का रचना और विचार के स्तर पर अपनी ताकत भर लगातार विरोध किया। वे हर तरह की संकीर्णता के विरुद्ध थे, वह चाहे राष्ट्रीयता से जुड़ी हो, धार्मिक हो या साम्प्रदायिक हो। प्रेमचन्द भारत के अकेले ऐसे लेखक हैं जिन्हें इन्सानियत पसन्द हिन्दू और मुसलमान दोनों ही अपना लेखक मानते हैं। यही नहीं, वे हिन्दी और उर्दू की एकता के प्रतीक हैं और प्रमाण भी।

प्रेमचन्द के सामने भारत की सामाजिक समस्याओं में सबसे विकराल समस्या थी जाति-व्यवस्था और उसके भीतर दलितों की पराधीनता का अन्त भी। भारत में जाति-व्यवस्था के विरुद्ध दलितों के जागरण के लिए विचार और आन्दोलन के स्तर पर सर्वाधिक महत्त्वपूर्ण प्रयत्न डॉ. अम्बेडकर ने किया था। प्रेमचन्द की नजर अम्बेडकर के आन्दोलन पर थी। 1927 में अम्बेडकर ने जातिवादी भेद-भाव के विरुद्ध पहला जनान्दोलन खड़ा किया था। प्रेमचन्द के 1927 के बाद के कथा-साहित्य और विवेचनात्मक गद्य में दलित समस्या की उपस्थिति बराबर बनी रही और बढ़ती गई। उन्होंने अम्बेडकर के महान आन्दोलन से प्रेरणा लेकर 'ठाकुर का कुआँ' नाम की

महत्त्वपूर्ण कहानी लिखी। इसके साथ ही 'सद्गति' और 'दूध का दाम' जैसी कहानियों में दलितों के दारुण शोषण और दमन का प्रभावशाली चित्रण किया। *कर्मभूमि* और *गोदान* में दलितों के संघर्ष को प्रेमचन्द ने नया रूप और स्वर दिया। यही नहीं, 1933 में उन्होंने *हंस* के मुखपृष्ठ पर अम्बेडकर का चित्र भी छापा था। दलितों की इस पक्षधरता के कारण ही सवर्णवादी मानसिकता के कुछ आलोचकों ने प्रेमचन्द को 'घृणा का प्रचारक' भी कहा था।

प्रेमचन्द के सामने दलितों की पराधीनता के साथ-साथ भारतीय समाज में स्त्री की पराधीनता का प्रश्न भी था। उनकी रचनाओं में एक ओर स्त्री की पराधीनता का चित्रण है तो दूसरी ओर उसके जागरण और संघर्ष का भी। यह ध्यान देने लायक बात है कि प्रेमचन्द के उपन्यासों और कहानियों के स्त्री-पात्र पुरुषों की तुलना में विचार और व्यवहार के स्तर पर अधिक तेजस्वी, संघर्षशील और साहसी हैं। प्रेमचन्द ने जैसे दलितों की स्वाधीनता के प्रश्न को भारत की स्वाधीनता से जोड़ा था वैसे ही स्त्री की स्वाधीनता को भारतीय समाज की स्वाधीनता से जोड़ा था।

प्रेमचन्द की कथा-दृष्टि की बारीकी को समझने के लिए *कर्मभूमि* उपन्यास की मुन्नी के प्रसंग पर ध्यान देना जरूरी है। मुन्नी नाम की स्त्री के साथ कुछ अंग्रेज सिपाही बलात्कार करते हैं। बाद में कुछ नवयुवक उन्हें मारकर भगाते हैं। मुन्नी अपने घर-परिवार में लौटने के बदले दलितों के बीच रहने लगती है। मौका पाकर वह एक अंग्रेज की हत्या भी करती है। इस पूरे प्रसंग पर ध्यान दिया जाए तो प्रेमचन्द के इतिहास और समाज सम्बन्धी दृष्टिकोण के कई पक्ष सामने आते हैं। 1857 के महाविद्रोह के बाद अंग्रेजों ने बड़े पैमाने पर यह प्रचारित किया था कि भारतीय सिपाहियों ने अंग्रेज महिलाओं के साथ बलात्कार किया। वह प्रचार झूठा था। प्रेमचन्द यह दिखाते हैं कि भारतीय स्त्रियों के साथ अंग्रेज प्रायः ज्यादती और बलात्कार किया करते थे। मुन्नी के अपने घर-परिवार में न लौटने के पीछे हिन्दू समाज की काल्पनिक शुचिता और उससे जुड़ी स्त्री की प्रताड़ना का भय भी था। प्रेमचन्द यह भी कहते प्रतीत होते हैं कि सवर्णों की तुलना में दलितों में सहज स्वतन्त्रता और मनुष्यता अधिक मिलती है।

प्रेमचन्द केवल लेखकों के लेखक नहीं हैं। वे लेखकों से अधिक पाठकों के लेखक हैं। वे विभिन्न पीढ़ियों, वर्गों, समुदायों और भाषाओं के पाठकों के बीच जितने लोकप्रिय हैं उतना बीसवीं सदी का कोई और कवि या कथाकार नहीं है। प्रेमचन्द की लोकप्रियता की तुलना कबीर या तुलसी की लोकप्रियता से की जा सकती है। उनकी लोकप्रियता के कारणों की छानबीन अभी भी बाकी है। प्रेमचन्द अपने समय के भारतीय समाज और जीवन की पूरी व्यापकता तथा गहराई को आत्मसात करनेवाले कथाकार हैं। उनकी लोकप्रियता से यह साबित होता है कि जो लेखक अपने समय और समाज की जटिल समग्रता को जानता-समझता और व्यक्त करता है वही आम जनता के बीच लोकप्रिय होता है। यह कहा जा सकता है कि जो लेखक कालजीवी होता है वही कालजयी भी होता है।

प्रेमचन्द की कथा-रचना का एक महत्त्वपूर्ण पक्ष है कि उन्होंने सामान्यतः भारतीय साहित्य और विशेषतः हिन्दी साहित्य और संस्कृति को बदला है। भारतीय समाज के जो हिस्से, समुदाय और व्यक्ति मुख्यधारा से अलग समाज के हाशिए पर रहने के लिए मजबूर थे वे मुख्यधारा के साहित्य-संसार के भी हाशिए पर रहने के लिए अभिशप्त थे। प्रेमचन्द के कथा-साहित्य में प्रायः समाज के बहिष्कृत, उपेक्षित, अदृश्य और बेजुबान जन को जगह मिली है। उन्हें प्रेमचन्द ने अपने कथा-संसार का नागरिक बनाया है और नायक भी। यही नहीं, प्रेमचन्द ने उन्हें अपने कथा-साहित्य में खलनायक बनाया है जो पहले नायक हुआ करते थे। उन्होंने *रंगभूमि* में जिस 'सूरदास' को नायक बनाया है वह गरीब, अन्धा, भिखमंगा और दलित है, पर साथ ही प्रेमचन्द के शब्दों में उसकी बाह्य दृष्टि बन्द और अन्तर्दृष्टि खुली हुई है। वह अपने अदम्य साहस और संघर्ष के कारण उपन्यास का ही नहीं, अपने समय और समाज का भी नायक बना है। *रंगभूमि* में खलनायक हैं जॉन सेवक और ठाकुर महेन्द्र प्रताप जो समाज में नायक बने घूमते थे। प्रेमचन्द की इस कथा-दृष्टि का विकास *गोदान* में भी दिखाई देता है। साहित्य की संस्कृति के इस परिवर्तन का परिणाम यह भी हुआ कि सामान्य जन भी स्वयं को साहित्य-संसार का हिस्सेदार समझने लगे। प्रेमचन्द की लोकप्रियता का यह भी एक महत्त्वपूर्ण कारण है।

प्रेमचन्द भारतीय लोकमन और लोकमत की जटिलताओं, विसंगतियों और अन्तर्द्वंदों को समग्रता में समझते थे, इसीलिए उनका चित्रण करते हुए उनके परिष्कार के लिए प्रयत्नशील भी थे। भारतीय लोकमत और लोकमन से उनके सम्बन्ध की अभिव्यक्ति उनकी कथा-भाषा और कथा-शिल्प में दिखाई देती है। मुहावरे और कहावतें लोकजीवन की कविताएँ हैं। प्रेमचन्द के कथा-साहित्य में हिन्दी के मुहावरों और कहावतों का जितना प्रयोग है उतना किसी और लेखक के कथा-साहित्य में नहीं मिलता। केवल प्रेमचन्द की कथा-कृतियों के आधार पर हिन्दी के मुहावरों और कहावतों का एक कोश तैयार किया जा सकता है। ये कहावतें और मुहावरे भी साधारण पाठकों को प्रेमचन्द की कथा-कृतियों की ओर आमन्त्रित करते हैं। प्रेमचन्द की कथा कहने की शैली लोककथा के शिल्प में ढली हुई है। वे प्रायः खुद को तटस्थ रखकर या वाचक के साथ एकीकृत होकर कथा कहते हैं जो लोककथा की जानी-पहचानी पद्धति है। इसीलिए लोककथा से परिचित पाठक प्रेमचन्द की कहानियों और उपन्यासों से सहज एकता और तादात्म्य अनुभव करते हैं। यह भी प्रेमचन्द की कथा-कृतियों की लोकप्रियता का एक महत्त्वपूर्ण कारण है।

गाँव की जिन्दगी में पशु-पक्षियों से मनुष्यों का जैसा आत्मीय सम्बन्ध होता है वैसा शहरों में देखने को नहीं मिलता। गाँवों में लोग पशु-पक्षियों को अपने जीवन के सुख-दुख का सहभागी और सहयोगी मानते हैं और उनके साथ पारिवारिक सदस्य जैसा व्यवहार करते

हैं। इस सच को जैसे भक्त कवि सूरदास जानते थे, वैसे ही प्रेमचन्द जानते हैं। उनके कथा-साहित्य में, विशेष रूप से कहानियों में पशु-पक्षियों की उपस्थिति गाँव के जीवन के यथार्थ को समग्रता में व्यक्त करने में सहायक सिद्ध हुई है। 'दो बैलों की कथा' के बैल, 'आत्माराम' का तोता, 'पूस की रात' का झबरा कुत्ता और 'कजाकी' का हिरण एक ओर मनुष्य और मनुष्येतर प्राणियों के बीच गहरे सम्बन्ध के आलंबन हैं तो दूसरी ओर मनुष्य की सहृदयता का प्रमाण भी देते हैं। भारतीय ग्रामीण जीवन की संस्कृति की इस विशेषता की पहचान के कारण भी प्रेमचन्द ग्रामीण पाठकों के बीच लोकप्रिय हैं। यह ध्यान देने की बात है कि प्रेमचन्द की सर्वोत्तम कृति *गोदान* में गाय होरी की आकांक्षा का ऐसा मूर्त्त रूप है जिसके आकर्षण से वह जीवन में ही नहीं, मृत्यु के समय भी मुक्त नहीं हो पाता। भारतीय साहित्य में पशु से मनुष्य के सम्बन्ध की गहराई को चित्रित करनेवाली ऐसी कृति शायद ही कोई और हो !

वैसे तो कहा जाता है कि 'नाम में क्या रखा है', लेकिन भारतीय साहित्य और समाज में नाम प्रायः व्यक्ति की सामाजिक स्थिति के द्योतक होते हैं। अगर हम साहित्य में प्रयुक्त नामों के मनोविज्ञान और समाजशास्त्र पर ध्यान दें तो पाएँगे कि नाम अनेक प्रवृत्तियों के प्रतीक बन जाते हैं। भारतीय साहित्य में *रामायण* और *महाभारत* नामों के मनोविज्ञान और समाजशास्त्र का आधार निर्मित करते दिखाई देते हैं। *रामायण* और *महाभारत* में जिस पक्ष से कवि की सहानुभूति है उस पक्ष के प्रत्येक पात्र का नाम सुन्दर, सुगम, श्रुतिमधुर और अच्छा अर्थ देनेवाला है; जबकि विरोधी पक्ष के नाम कर्कश, कर्णकटु, दुर्बोध और विकर्षक हैं। *रामायण* में एक ओर पुरुषों में राम, लक्ष्मण, भरत, शत्रुघ्न, वशिष्ठ, सुग्रीव, हनुमान और लव-कुश आदि हैं तो दूसरी ओर रावण, कुम्भकर्ण, विभीषण, मेघनाद, खर-दूषण और मारीच आदि हैं। नामों की इस प्रवृत्ति का विस्तार स्त्रियों के नामों में भी दिखाई देता है, जिनमें एक ओर सीता, उर्मिला, मांडवी आदि हैं तो दूसरी ओर मन्दोदरी, ताड़का, सुरसा, त्रिजटा आदि हैं। यहाँ तक कि एक ही पक्ष के जिन पात्रों के साथ कवि की सहानुभूति नहीं है, उनके नाम भी अच्छे नहीं हैं; जैसे कि दशरथ की पत्नियों में एक ओर कौशल्या और सुमित्रा हैं तो दूसरी ओर कैकेयी।

नामों के इस मनोविज्ञान का विस्तार *महाभारत* में भी दिखाई देता है। नामों का मनोविज्ञान और समाजशास्त्र भारतीय समाज की संरचना के साथ जुड़ा हुआ है। प्रायः उच्च वर्ण और उच्च वर्ग के लोगों के नाम श्रेष्ठतासूचक होते हैं, जबकि जाति-व्यवस्था में हीन अवस्था में रहनेवाले लोगों के नाम हीनता के द्योतक होते हैं। प्रेमचन्द नामों के इस मनोविज्ञान और समाजशास्त्र से खूब परिचित थे। इसीलिए उनके कथा-साहित्य में गरीब और छोटी जाति के लोगों में होरी, गोबर, धनिया, झुनिया, सिलिया, झिंगुरी, दुखी, जोखू, हल्कू, घीसू आदि हैं तो दूसरी ओर उच्च वर्ग और वर्ण के राय साहब अमरपाल सिंह, राजा महेन्द्र प्रताप, विनय सिंह, दातादीन, मातादीन, ओंकारनाथ आदि और स्त्रियों में मिस मालती, सोफिया, इन्दु, सुमन, शान्ता, निर्मला आदि पात्र हैं। पात्रों के ये नाम गाँव के लोगों के लिए नितान्त परिचित हैं, इसीलिए प्रेमचन्द के उपन्यासों

और कहानियों से ग्रामीण पाठक तत्काल आत्मीयता अनुभव करते हैं और उनकी कथा को अपनी कथा मानकर पढ़ते और आत्मसात करते हैं।

प्रेमचन्द के लिए साहित्य केवल मनोरंजन का साधन या बौद्धिक ऐयाशी का माध्यम न था। उन्होंने कहा था कि 'साहित्यकार का लक्ष्य केवल महफिल सजाना और मनोरंजन का सामान जुटाना नहीं है। वह देशभक्ति और राजनीति के पीछे चलनेवाली सचाई भी नहीं, बल्कि उनके आगे मशाल दिखाती हुई चलनेवाली सचाई है।' हिन्दी में और किसी के लेखन के लिए यह बात सच हो या न हो, पर प्रेमचन्द के कथा-साहित्य के लिए जरूर सच है।

प्रेमचन्द के इस कथन को हिन्दी में हजारों बार उद्धृत किया गया है, लेकिन उसके निहितार्थ को समझने और उसके अनुरूप व्यवहार करने की कोशिश बहुत कम हुई है। प्रेमचन्द के इस कथन में यह बात छिपी हुई है कि मशाल को खुद जलना पड़ता है, तभी दूसरों को उससे प्रकाश मिलता है। इसका तात्पर्य यह है कि लोभ-लाभ से मुक्त साहित्य-साधना ही मशाल बन सकती है, केवल बौद्धिक व्यायाम या चमत्कार से उपजा साहित्य नहीं। आजकल जो लोग साहित्य की दुनिया में रहकर आत्मसाधन को ही साहित्य-साधना का पर्याय बनाते हैं, वैसे लोगों को ध्यान में रखकर प्रेमचन्द ने दिसम्बर, 1935 के एक पत्र में कहा था, 'जैसे ही मैं किसी आदमी को धनी देखता हूँ, उसकी कला और ज्ञान की सब बातें मेरे लिए बेकार हो जाती हैं। मुझको ऐसा लगने लगता है कि इस आदमी ने उस समाज-व्यवस्था के सामने आत्मसमर्पण कर दिया है जो अमीरों द्वारा गरीबों के शोषण पर टिकी हुई है।' आजकल ऐसे ही लोग कला और ज्ञान की बातें करते और दुकानदारी चलाते दिखाई देते हैं और वे कभी-कभी प्रेमचन्द का भी नाम ले लेते हैं, लेकिन लगता है कि बिना किसी अपराधबोध के !

मुक्तिबोध ने ठीक ही लिखा है कि प्रेमचन्द का कथा-साहित्य अपने पाठकों को समाजोन्मुख बनाता है और आत्मोन्मुख भी। जब वह समाजोन्मुख बनाता है तब अपने समय और समाज की सभ्यता की समीक्षा करने के लिए प्रेरित करता है और जब आत्मोन्मुख बनाता है तो आत्मविश्लेषण और आत्मालोचन की भावना पैदा करता है। आज हम जैसे समय और बौद्धिक वातावरण में जी रहे हैं उसमें एक ओर सभ्यता-समीक्षा की प्रेरणा देनेवाली समाजोन्मुखता कम होती जा रही है तो दूसरी ओर आत्मविश्लेषण और आत्मालोचन की भावना पैदा करनेवाली आत्मोन्मुखता भी दुर्लभ हो रही है। ऐसे समय में प्रेमचन्द और उनके साहित्य को याद करना सामाजिकता के जागरण के एक अक्षय स्रोत को याद करना है।

कलाकार और विचारक प्रेमचन्द के मन में जनता के लिए जितनी सहानुभूति है उतनी ही तीव्र घृणा साम्राज्यवाद और सामन्तवाद के लिए है। आज के समय में पूँजीवाद के भूमंडलीकरण की आँधी और उत्तरआधुनिक बौद्धिकता की बाढ़ के आने से इस देश

के बहुतेरे बुद्धिजीवी, लेखक और पत्रकार स्वदेशी की भावना, जनता से सहानुभूति और अपनी जड़ों की पहचान से मुँह मोड़ते दिखाई देते हैं। ऐसी स्थिति में प्रेमचन्द की रचनाओं को पढ़ना भारतीय होने और बनने की प्रक्रिया में सहायक हो सकता है।

आज प्रेमचन्द के सपनों का भारत तबाह हो रहा है। भूमंडलीकरण के अभियान के कारण प्रेमचन्द के किसान आत्महत्याएँ कर रहे हैं और मजदूर भुखमरी के शिकार हो रहे हैं। साम्प्रदायिकता अपने इतिहास के सबसे अधिक खूँखार रूप में आज भारतीय समाज में फैल रही है। ऐसी स्थिति में प्रेमचन्द का साहित्य भारतीय समाज के आज के संकटों को पहचानने में हमारी मदद करेगा और भविष्य की राह खोजने में सहायक भी होगा। प्रेमचन्द के कथा-साहित्य का मुख्य उद्‌देश्य है–भारतीय समाज और साहित्य में जनतन्त्रीकरण की प्रक्रिया को तेज करना और मजबूत बनाना। आज इक्कीसवीं सदी के आरम्भ में जबकि वह प्रक्रिया दिग्भ्रमित और बिखराव की स्थिति में है, तब जिन कथाकारों और पाठकों की चिन्ता समाज और साहित्य के जनतन्त्रीकरण से जुड़ी है, उनके प्रेरणा स्रोत प्रेमचन्द आज भी हैं और कल भी रहेंगे।

प्रेमचन्द साहित्य में स्वराज का स्वरूप

कुँवरपाल सिंह

उन्नीसवीं शताब्दी में ब्रिटिश साम्राज्यवाद ने विज्ञान और टेक्नोलॉजी का विकास भारत की गरीबी दूर करने के लिए नहीं किया था बल्कि उसका एकमात्र उद्‌देश्य यहाँ के सम्पूर्ण साधनों तथा मानव-शक्ति का अपने हित में भरपूर उपयोग करना था। यह साम्राज्यवादी शोषण का आधुनिक रूप था जो विज्ञान और तकनीकी के विकास के साथ-साथ अधिक जटिल और अमानवीय होता जा रहा था। इसका उद्‌देश्य यहाँ भारतीय-जनजागरण और जनता के बौद्धिक और सांस्कृतिक उत्थान के लिए नहीं बल्कि एक ऐसे भारतीय वर्ग को तैयार करने के लिए था जो साम्राज्यवादी शोषण तन्त्र में सहायक होता।

सन् 1854 के बाद भारत में रेलवे और सड़क परिवहन के बढ़ते प्रयोग ने इस शोषण तन्त्र को नये आयाम प्रदान किए। इन नए साधनों के द्वारा अब भारत का कच्चा माल बहुत शीघ्रता से इंग्लैंड के कारखानों के लिए बन्दरगाहों तक पहुँचाया जा सकता था। इंग्लैंड का बना माल भी भारतीय मंडियों में अब आसानी से उपलब्ध हो सकता था। 19वीं शताब्दी के अन्त में कुल माल का 82 प्रतिशत ब्रिटेन से भारत के बाजारों में आयात होता था तथा 11 प्रतिशत ब्रिटिश साम्राज्य के अन्य हिस्सों से, इस प्रकार भारतीय माल की खपत केवल 7 प्रतिशत ही थी।[1]

प्रथम महायुद्ध से पूर्व तक (1914) भारत के औद्योगिक विकास की गति अत्यन्त धीमी रही और भारतीय उद्योगपति अधिकतर कपड़ा उद्योग तथा कुछ अन्य छोटे-मोटे उद्योगों (कपास और जूट) तक ही सीमित रहे। ब्रिटेन के साथ स्पर्द्धा के लिए अब अमेरिका, जर्मनी और जापान मैदान में थे। अन्य औपनिवेशिक देशों के साथ-साथ भारतीय बाजार में भी अपने माल की खपत के लिए इन सभी साम्राज्यवादी देशों में एक होड़ शुरू हुई जो इनके आपसी अन्तर्विरोधों को जटिल और तीव्र बना रही थी। 1914 ई. तक इस होड़ का परिणाम यह हुआ कि भारतीय बाजार में ब्रिटिश माल की खपत 63 प्रतिशत रह गई।[2] इसी अन्तर्विरोध का परिणाम था कि ये दूसरे देश भारतीय क्रान्तिकारियों को सीमित सहयोग प्रदान कर रहे थे।

ऐतिहासिक और राजनीतिक कारणों ने भारतीय उद्योग धन्धों को प्रथम महायुद्ध के दौरान गति प्रदान की। महायुद्ध के दौरान ब्रिटिश माल का आयात रुक जाने के

कारण भारतीय उद्योगों को बढ़ावा देना ब्रिटिश शासकों की मजबूरी थी। भारतीय उद्योगपतियों ने इस बीच अपनी स्थिति काफी सुदृढ़ की अतः यह गति महायुद्ध के बाद भी जारी रही। 1914 में जहाँ 2874 कारखाने थे और 9,50,275 मजदूर थे वहीं 1921 में कारखानों की संख्या बढ़कर 3,965 हो गई और औद्योगिक मजदूरों की संख्या 12,66,365 हो गई।[3] इसके अतिरिक्त फैक्टरी कानून के अन्तर्गत न आनेवाले छोटे उद्योगों में मजदूरों की संख्या 21 लाख से बढ़कर 26 लाख 81 हजार हो गई।[4] लेकिन इस औद्योगीकरण के साथ भारतीय दस्तकारों और कुटीर उद्योगों का सर्वनाश हो गया जो उद्योगों के मशीनीकरण की स्वाभाविक परिणति थी। परिणामतः देहातों में लाखों लोग बेकारी और भुखमरी का शिकार होने लगे। गाँव अब साम्राज्यवादी और भारतीय उद्योगपति दोनों के सीधे शोषण के शिकार बने। इस शोषणतन्त्र में कच्चा माल पैदा करनेवाले किसानों की स्थिति दयनीय हो गई थी क्योंकि कच्चे माल और तैयार माल की कीमतों में अन्तर लगातार तेजी से बढ़ रहा था। ब्रिटिश उद्योगपतियों के साथ-साथ भारतीय पूँजीपति भी तेजी से मुनाफा बटोर रहे थे जिनमें अधिकतर कपड़ा मिल मालिक थे। टाटा को जहाँ 1915 में 1 लाख 86 हजार 9 सौ पौंड का मुनाफा हुआ वहीं 1920 में 8 लाख 38 हजार 99 पौंड का मुनाफा हुआ।[5]

स्पष्ट है कि देशी और विदेशी पूँजीपति भारतीय मजदूर और किसानों के सम्बन्ध में लगभग एक जैसा ही रुख अपनाए हुए थे। मुनाफा बटोरने में और मजदूरों के शोषण के सम्बन्ध में दोनों ही समान रूप से निर्मम और कठोर थे। इनके अन्तर्विरोध अधिक-से-अधिक बाजार पर कब्जा तथा सरकारी सहयोग की आकांक्षा की वजह से थे। ब्रिटिश साम्राज्यवादी विदेशी पूँजीपतियों और व्यापारियों का अधिक सहयोग देते थे। अतः साम्राज्यवाद से उभर रहे भारतीय पूँजीपति वर्ग का विरोध स्वाभाविक था। इस विरोध को अधिक प्रखर बनाने के लिए भारतीय पूँजीपति वर्ग राष्ट्रीय आन्दोलन का इस्तेमाल अपने हितों के लिए बहुत कौशल के साथ करने के लिए सदैव प्रयत्नशील रहता था।

महायुद्ध के बाद मजदूरों और किसानों तथा ब्रिटिश साम्राज्यवाद के बीच संघर्ष बहुत तीखा होता गया। यह संघर्ष कई स्तरों पर था। एक ओर किसान और मजदूर संगठित होकर ब्रिटिश साम्राज्यवाद का विरोध कर रहे थे, इसके साथ ही मजदूरों और भारतीय पूँजीपतियों के बीच भी संघर्ष तीव्र हुआ। गाँव में किसान जमींदारों के विरुद्ध संघर्ष कर रहे थे। देशी रियासतों की जनता भी युगों के शोषण का जुआ फेंकने को तत्पर थी और विरोध के लिए उठ खड़ी हुई थी। भारतीय पूँजीपति अधिक से अधिक राजनैतिक और आर्थिक अधिकार पाने के लिए ब्रिटिश साम्राज्यवाद का विरोध कर रहे थे। राष्ट्रीय आन्दोलन में हर वर्ग के लोग अपने-अपने वर्ग हितों के अनुरूप इसमें सम्मिलित हो रहे थे। यह संघर्ष होमरूल की माँग, सशस्त्र क्रान्ति द्वारा स्वराज्य प्राप्ति की चेष्टा, विशाल संगठित तथा असंगठित किसानों और मजदूरों के आन्दोलन जैसे विभिन्न रूपों में था।

1918 के बाद जगह-जगह मजदूरों के विभिन्न संगठन बने। 1920 तक पूरे देश में 25 प्रमुख ट्रेड यूनियनें थीं। इन सबका एक केन्द्रीय संगठन 31 अक्टूबर में 1920 आल इंडिया ट्रेड यूनियन कांग्रेस के नाम से स्थापित हुआ जिसमें बहुत दिनों तक नेतृत्व उदारपंथी कांग्रेसजनों का रहा। भारतीय बूर्जुआ वर्ग ने इन सुधारवादी नेताओं के माध्यम से बढ़ते हुए मजदूर आन्दोलन को अपने नियन्त्रण में रखने की कोशिश की। दूसरी ओर अपने दलालों के माध्यम से ब्रिटिश साम्राज्यवाद भी इन मजदूर आन्दोलनों को अपने हितों के लिए इस्तेमाल की कोशिश करता रहा। एक दिलचस्प उदाहरण मद्रास लेबर यूनियन के अध्यक्ष वी.पी. वाडिया का वह तर्क है जो उन्होंने ब्रिटिश शासकों के पक्ष में विन्नी मिल्स के हड़ताली मजदूरों के समक्ष रखा। वाडिया ने कहा, "अगर आप हड़ताल करके मैसर्स विन्नी एंड कम्पनी की जेब पर असर डालने जा रहे हैं तो मैं बुरा न मानूँगा क्योंकि वह बहुत पैसा कमा रहे हैं। लेकिन ऐसा करके आप मित्र राष्ट्रों को नुकसान पहुँचाएँगे। हमारे सिपाही जिनके पहनने के लिए कपड़ा चाहिए, वे असुविधा में पड़ जाएँगे और सिर्फ इसलिए कि मिल से सम्बन्धित कुछ योरोपीय तथा यह सरकार बुरी तरह काम कर रही है, हमें उन लोगों को मुसीबत में डालने का कोई अधिकार नहीं है जो हमारे महाराज के लिए लड़ रहे हैं। इसलिए हमें हड़ताल नहीं करनी चाहिए।[6] यह बड़ी दिलचस्प बात है कि यही वाडिया ब्रिटिश सरकार द्वारा 1919 में मजदूरों के प्रतिनिधि बनाकर इंटरनेशनल लेबर आर्गानाइजेशन की कान्फ्रेंस में वाशिंगटन भेजे गए थे।

लगभग ऐसा ही मन्तव्य भारतीय कांग्रेस के सर्वोच्च नेता महात्मा गांधी ने अप्रैल 1918 में प्रकट किया था। मजदूर आन्दोलनों की बढ़ती हुई शक्ति तथा उनके वर्ग संघर्ष की तीव्रता से घबराकर 1918 में अहमदाबाद में "मजदूर-महाजन" संघ की स्थापना की। वर्ग सहयोग के आधार पर ऐसे संगठन गांधीजी पूरे देश में बनाना चाहते थे। इसका सदस्यता शुल्क मालिक स्वयं मजदूरों के वेतन से काटकर इकट्ठा करते थे और यूनियन को देते थे।[7] वर्तमान भारत का बूर्जुआ वर्ग जिसके हाथ में शासनतन्त्र है, आज मजदूर आन्दोलनों को तोड़ने के लिए जिन तरीकों और हथकंडों का चतुराईपूर्ण इस्तेमाल कर रहा है, उसकी यह शुरुआत थी।

1920-22 में देश में न केवल मजदूरों बल्कि किसानों के विशाल आन्दोलन हुए। दलित शोषित किसान एक शक्ति के रूप में उभरकर आया। ब्रिटिश साम्राज्यवाद के समर्थक पत्र यह चेतावनी दे रहे थे कि भारत क्रान्ति के द्वार पर खड़ा है।[8] लेकिन इस क्रान्तिकारी जनता के पास केवल सुधारवादी नेतृत्व था। गांधीजी सरकार को परेशान करना नहीं चाहते थे। इसीलिए उन्होंने जनता के क्रान्तिकारी और आक्रामक रूप को देखकर अपना आन्दोलन स्थगित कर दिया था और मांटेग्यू—जेम्सफोर्ड सुधारों को लागू करवाने में सरकार के साथ सहयोग का प्रस्ताव कांग्रेस के अधिवेशन में किसी तरह से पास करवा दिया था।[9] कांग्रेसी नेतृत्व द्वारा भारतीय बूर्जुआ वर्ग के हितों की रक्षा, साम्राज्यवादियों के साथ अप्रत्यक्ष सहयोग तथा वर्ग सहयोग की ढुलमुल राजनीति का

परिणाम यह हुआ कि देश में तेजी से उभर रहे साम्राज्यवाद तथा सामन्तवादविरोधी जनआन्दोलन या तो हताशा के गर्त में समाप्त हो गए या साम्प्रदायिक रूप में बदल कर विद्वेष के प्रचारक बन गए। मोपला विद्रोह और अकाली आन्दोलनों की यही परिणति हुई। यही हाल संयुक्त प्रदेश के किसान आन्दोलनों का हुआ। इन आन्दोलनों का नेतृत्व कांग्रेस का कोई बड़ा नेता नहीं, बल्कि स्थानीय लोग कर रहे थे। इन्होंने किसानों का आह्वान किया कि वे उन खेतों को न छोड़ें जो गैर कानूनी ढंग से ले लिए गए हैं। वे सिर्फ निश्चित लगान दें और उसकी रसीद की माँग करें। वे जमींदारों के यहाँ बेगार करने से इनकार करें। तालाबों का पानी निःशुल्क इस्तेमाल करें। अपने मवेशियों को जंगलों और दूसरी खाली जमीनों में चराएँ।"[10]

राष्ट्रीय आन्दोलन का कांग्रेसी नेतृत्व किसानों का साथ नहीं दे रहा था लेकिन अप्रत्यक्ष रूप से जमींदारों के हितों की रक्षा कर रहा था। इस नेतृत्व ने किसानों को सलाह दी कि "किसानों को अपने शत्रुओं के पत्थर जैसे कठोर हृदयों को अपनी दया और प्रेम से जीतना होगा। जमींदारों को कानूनी लगान देने से इनकार करके इन लक्ष्यों को प्राप्त करने का प्रयत्न, या उनका काम करने से इनकार करना अनैतिक समझा जा सकता है।[11] कांग्रेसी नेतृत्व का किसान आन्दोलनों के प्रति यह दृष्टिकोण केवल संयुक्त प्रान्त के किसान आन्दोलनों के प्रति नहीं बल्कि बंगाल, आन्ध्र आदि के किसान आन्दोलनों तथा राजस्थान के आदिवासियों के आन्दोलनों के प्रति भी था। कांग्रेसी नेतृत्व का यह अन्तर्विरोध निरन्तर बढ़ता ही गया। ब्रिटिश साम्राज्यवाद से भारतीय बूर्जुआ वर्ग की संघर्ष और सहयोग की नीति निरन्तर प्रगाढ़ होती गई। 1928-32 के बीच हुए किसान मजदूरों के आन्दोलनों के प्रति क्रान्तिकारियों के लिए दमनकारी नीति के प्रति उनकी साम्राज्यवादियों से मूक सहमति थी। जनआन्दोलनों के निर्णायक बिन्दु पर पहुँचते ही ये नेतृत्व साम्राज्यवादियों से समझौते का रुख अपनाता था और आन्दोलन को स्थगित कर देता था। फलस्वरूप ब्रिटिश शासक भारतीय पूँजीपतियों और सामन्तों की मदद से किसानों, मजदूरों और क्रान्तिकारियों के निर्मम दमन में सफल रहे। राष्ट्रीय मुक्ति आन्दोलन एक क्रान्तिकारी स्वरूप ले, यह न ब्रिटिश शासकों के हित में था और न ही भारतीय बूर्जुआ तथा सामन्त वर्ग के हित में था। यह एक अलिखित समझौता था। फलस्वरूप 1933 के लगभग ब्रिटिश शासकों ने भारतीय पूँजीपतियों को अनेक सुविधाएँ प्रदान कीं।

प्रेमचन्द का रचना-संसार राष्ट्रीय आन्दोलन की इसी पृष्ठभूमि पर आधारित है। राष्ट्रीय आन्दोलन के विभिन्न आयाम, किसानों और मजदूरों के आन्दोलन, जटिल होती हुई आर्थिक और शोषण तंत्र संश्लिष्ट भारतीय व्यवस्था, भारतीय बूर्जुआ वर्ग और सामन्त वर्ग का परस्पर सहयोग और आपसी अंतर्विरोध, पतनशील साम्राज्य-व्यवस्था, दलित वर्ग और नारी-मुक्ति, धर्म, साम्प्रदायिकता तथा भावी भारत का स्वरूप भारतीय साहित्य, संस्कृति और भाषा का रूप ये सब प्रेमचन्द की चिन्ता के विषय हैं। ज्यों-ज्यों उनकी चिन्ताओं का दायरा बढ़ता गया, उनकी दृष्टि लगातार व्यापक होती गई। समाज

और राजनीति के जटिल अन्तःसम्बन्धों पर धीरे-धीरे उनकी पकड़ मजबूत और गहरी होती गई। उनकी चेतना एक विकासशील प्रक्रिया का नमूना है। मूलभूत स्वर समाज के दलित-शोषित जन के प्रति उनकी गहरी सहानुभूति का रहा जिसके माध्यम से वह जटिल राजनीतिक तानों-बानों को और उनके सामाजिक स्वरूप को सही दिशा में विश्लेषित कर पाए। धीरे-धीरे राष्ट्रीय आन्दोलन का, उसके बूर्जुआ नेतृत्व का, तथा विकसित हो रहीं विभिन्न सामाजिक, राजनीतिक शक्तियों का स्वरूप उनके सामने स्पष्ट होता गया। उसके साथ ही साथ क्रमिक विकास की प्रक्रिया, उनके सामने देश के स्वराज्य के भावी स्वरूप को भी स्पष्ट करती रही। इसी ऐतिहासिक विकास क्रम में प्रेमचन्द का साहित्य समझा जा सकता है। और उसका मूल्यांकन किया जा सकता है।

प्रेमचन्द हर राजनीतिक और सामाजिक आन्दोलन के सार्थक पक्ष के समर्थक रहे हैं। इन आन्दोलनों को प्रेमचन्द ने ऐतिहासिक परिप्रेक्ष्य में देखा और परखा है। जब भी इन आन्दोलनों अथवा इनसे जुड़े व्यक्तियों की सार्थक भूमिका समाप्त होती दिखाई दी, प्रेमचन्द नए सार्थक रास्ते की तलाश में आगे निकल आते हैं। 1901 से 1936 के बीच प्रेमचन्द ने एक लम्बी वैचारिक यात्रा तय की है। 'गोदान' को आधुनिक जीवन का महाकाव्य बनाने में उन्हें पैंतीस वर्ष लगे। किसी एक भारतीय लेखक ने इतनी लम्बी निरन्तर ऊर्द्धगामी विकास-यात्रा का परिचय इससे पहले नहीं दिया। भारत में पहली बार प्रेमचन्द ने सामाजिक, आर्थिक और राजनीति के अन्तःसम्बन्धों की जटिलता को अपने साहित्य के माध्यम से जनसाधारण के लिए सुलभ बनाया। इसी विकास-यात्रा के साथ प्रेमचन्द की दृष्टि में स्वराज का स्वरूप भी निरन्तर विकसित होता गया जो अन्त में क्रान्तिकारी जनवादक होता रूप ग्रहण करता गया।

प्रेमचन्द के आरम्भिक लेखन में स्वराज्य की कोई स्पष्ट रूपरेखा नहीं है। उन्होंने धार्मिक अन्धविश्वासों, रूढ़ियों, महन्त, पंडों, पुरोहितों, जनता को भ्रमित करनेवाली धार्मिक संस्थाओं तथा नारी-मुक्ति जैसे विषयों को अपने लेखन का विषय बनाया। इसके साथ ही साथ प्रेमचन्द ने अपने समकालीन लेखकों को अपनी विशिष्टता का परिचय हमेशा दिया। ब्रिटिश साम्राज्यवाद के खिलाफ तथा देशप्रेम की भावना उनके लेखन में आरम्भ से ही रही है। साम्राज्यवाद के सक्रिय विरोध के कारण ही उनकी रचनाएँ जब्त हुईं। आर्यसमाज के सुधारवाद तथा स्वदेशी आन्दोलन में आर्यसमाज की सक्रिय भूमिका ने प्रेमचन्द को प्रभावित किया। जून, 1905 में "जमाना" के एक लेख में उन्होंने कहा, "लाहौर के आर्य समाज मेम्बरों को सिर से पैर तक हिन्दुस्तान की बनी चीजों से सजे हुए देखना सचमुच बहुत दिलचस्प और याद रखने काबिल दृश्य था। हम अपने समाजी भाइयों के देश-प्रेम और कौमी जोश के हमेशा से प्रशंसक रहे हैं। यह लोग उसी सम्मान और धन्यवाद के अधिकारी होंगे जिससे कि वह राष्ट्रीय और सामाजिक सुधारों के लिए हैं।[12]

आर्य समाज की ऐतिहासिक भूमिका धीरे-धीरे समाप्त होती गई और वह देश में

प्रतिक्रियावादी और साम्प्रदायिक राजनीति का भाग बनता गया। जिस दलदल से वह भारतीय समाज को निकालने का दावा करता था, यह संगठन अन्ततः उसी दलदल में फँसता गया। प्रेमचन्द ने 1923 में आर्य समाज की इस बदली हुई प्रतिगामी भूमिका का खुलकर विरोध किया। मुंशी दयानारायण निगम को लिखे गए एक पत्र में उन्होंने स्पष्ट कहा, "लेकिन मलकाना शुद्धि पर एक मुख्तसर-सा मजमून लिख रहा हूँ। मुझे इस तहरीक से सख्त इख्तिलाफ है। तीन बार दिन में भेजूँगा। आर्य समाज वाले भन्नाएँगे। लेकिन मुझे उम्मीद है आप इस मजमून को "जमाना" में जगह देंगे।"[13]

प्रथम महायुद्ध तक भारतीय बूर्जुआ वर्ग की प्रगतिशील और साम्राज्यवाद विरोधी भूमिका का प्रेमचन्द ने समर्थन किया। स्वदेशी आन्दोलन भारतीय उद्योग धन्धों को प्रोत्साहन देने के लिए आरम्भ किया गया था। स्वदेशी को प्रेमचन्द ने स्वराज्य की भावना से जोड़ा। 1905-1906 में प्रेमचन्द को यह चिन्ता थी कि स्वदेशी वस्तुओं का देश में अधिक से अधिक प्रयोग होना चाहिए। विदेशी माल के बहिष्कार से राष्ट्रीयता को बल मिलेगा। इस सम्बन्ध में उन्होंने "जमाना" में कई लेख भी लिखे। उनका विचार था कि बिना स्वदेशी चीजों जैसे रूई, कपड़ा, चीनी आदि के प्रसार के राष्ट्रीय मुक्ति नहीं है।"[14]

भारत की जनता ने इस स्वदेशी आन्दोलन का खुले दिल से समर्थन किया। "ग़बन" के देवीदीन जैसे साधारण जन ने उसी आन्दोलन में अपने दो जवान बेटे चढ़ा दिए।[15] इसके बाद भी यह हौसला रखा कि यदि मेरे और भी बेटे होते तो उन्हें भी देश पर बलिदान कर देता।

भारतीय बूर्जुआ वर्ग के सामने जनमानस के इस त्याग और बलिदान की भावना का केवल व्यापारिक महत्त्व है, यह बात प्रेमचन्द के सामने आगे चलकर स्पष्ट हो गई। गांधी तथा कांग्रेस के अन्य नेता जहाँ इस स्वदेशी आन्दोलन को अन्त तक अपना आधार बनाए रखे, प्रेमचन्द ने साफ-साफ देखा कि इस आन्दोलन से भारतीय पूँजीपति वर्ग का मुनाफा कई गुना बढ़ गया है। साधारण जनता निरन्तर आर्थिक मन्दी, भुखमरी और बेकारी का शिकार बनती जा रही थी। मजदूरी सस्ती हो गई थी। कच्चा माल सस्ता हो गया था। पर कपड़े के दाम ज्यों के त्यों थे। उन्होंने क्षोभ के साथ कहा, "कि वह मिल मालिक तो यही चाहता है कि भारत में कहीं का माल न आने पाए और वह अपनी चीज के मुँहमाँगे दाम खड़े करे। लेकिन यह नीति बहुत दिनों तक नहीं चल सकती, न जनता को हमेशा मुगालते में रखा जा सकता है।"[16]

राष्ट्रीय आन्दोलन में कांग्रेस के नेतृत्व में विभिन्न विचारधाराओं के लोग थे। कांग्रेस ही देश का सबसे बड़ा जनसंगठन था हालाँकि इसके नेतृत्व में अनेक अन्तर्विरोध थे। प्रेमचन्द का साम्राज्यवाद विरोध ही उन्हें कांग्रेस के नजदीक ले गया। लेकिन कांग्रेस के नेतृत्व वर्ग में राजनीतिक और सामाजिक प्रश्नों पर गहरे मतभेद थे। प्रेमचन्द राजनीतिक स्तर पर गर्म दल के साथ थे क्योंकि वह पूर्ण स्वराज्य की बात करते थे। समझौतावादी नरम दल की उन्होंने आलोचना की। उनके मित्र दयानारायण ने लिखा

है, "प्रेमचन्द का राजनैतिक रुझान गर्म दल की ओर था। वे तिलक के हामी थे और मैं गोखले और फिरोजशाह मेहता का हामी था।"[17]

प्रेमचन्द नरमदलीय राजनीति के विरोधी रहे। असहयोग आन्दोलन के दौरान उन्होंने इस राजनीति पर व्यंग्य करते हुए लिखा, "अब ख्याल कीजिए। अभी दो साल पहले यहाँ की राजनीतिक हालत क्या थी। लोग बेजा खुशामद और लच्छेदार बातों को राजनीति का मुख्य अंग समझते थे। यहाँ तक कि मजहबी जलसों और मुशायरों में भी राजभक्ति पर प्रस्ताव करना एक मुख्य कर्तव्य हो गया था। सरकारी नौकरियों के लिए कितनी दौड़धूप, कितनी छीनाछपटी और कितनी गुप्त कार्यवाहियाँ की जाती थीं।"[18]

यह दिलचस्प बात है कि राजनीतिक रूप से तिलक के पूर्ण स्वराज्य के हिमायती प्रेमचन्द, उनके रूढ़िवादी और धार्मिक पुनरुत्थानवादी दृष्टिकोण के विरोधी थे। पूर्ण स्वराज्य की माँग करनेवाले तिलक सामाजिक मूल्यों में विधवा विवाह, स्त्री शिक्षा आदि के समर्थक नहीं थे। प्रेमचन्द ने उनकी इन सामाजिक प्रवृत्तियों का अपने लेख में सदैव विरोध किया। नारी-मुक्ति के प्रेमचन्द सदैव हिमायती रहे। 1907 में छपे उपन्यास "प्रेमा" में प्रेमचन्द ने विधवा विवाह का समर्थन किया है। इस प्रकार इन सामाजिक मूल्यों में वह गोखले की रिफार्म लीग के समर्थक हैं। वे इस रूप में मूर्ति-भंजक हैं, किसी के अन्ध भक्त कभी नहीं रहे।

समझौतावादी नरमदलियों के मुकाबले तथा अव्यावहारिक और अन्तर्विरोधी राजनीतिज्ञ तिलक के मुकाबले गांधीजी प्रेमचन्द को ही नहीं बल्कि देश की समस्त पीड़ित जनता को भी मुक्तिदाता के रूप में दिखाई दिए। भारतीय राजनीति में गांधी ने पहली बार समझौते के साथ संघर्ष की नीति को व्यापक रूप प्रदान किया। उन्होंने कांग्रेस के आन्दोलन को उच्च मध्यम वर्ग के दायरे से निकालकर लाखों किसानों-मजदूरों और निम्न मध्यम वर्ग से जोड़ दिया। राष्ट्रीय आन्दोलन को व्यापक जनआधार प्रदान करने में गांधीजी की ऐतिहासिक भूमिका से कोई इनकार नहीं कर सकता। प्रेमचन्द संघर्षशील गांधी के साथ थे। किसानों की पीड़ा पर मरहम लगानेवाले साम्राज्यवादीविरोधी महात्माजी को वह श्रद्धा की दृष्टि से देखते थे। लेकिन इसका यह अर्थ नहीं है कि वे गांधीवादी थे या गांधी के स्वराज्य की कल्पना प्रेमचन्द के स्वराज्य की कल्पना है। गांधी के व्यक्तित्व से प्रभावित प्रेमचन्द ने अपने उपन्यास 'प्रेमाश्रम' में प्रेमशंकर के चरित्र को प्रस्तुत किया है। वह पहला उपन्यास है जो जमींदारों के शोषण का सम्पूर्ण रूप से चित्रण करता है तथा इस वर्ग द्वारा अन्याय और क्रूरता का कलात्मक विवरण भी देता है। उस समय के किसान आन्दोलन की प्रमुख माँगों जैसे लगानबन्दी, चरागाहों, तालाबों का समाजीकरण तथा बेगारी के विरोध का प्रेमचन्द ने इस उपन्यास में पूरा समर्थन किया है। हालाँकि गांधीजी इस तरह के किसान आन्दोलनों के कभी पक्षधर नहीं रहे। उन्हें सन्देह है कि 'सत्याग्रह' में अन्याय का दमन करने की शक्ति है, यह सिद्धान्त भ्रान्तिपूर्ण सिद्ध हो गया है।[19] यद्यपि उपन्यास का अन्त प्रेमाश्रम बनाकर करते हैं जो गांधी के नैतिकतावादी आदर्श से प्रभावित है।

इसी उपन्यास में प्रेमचन्द किसानों की मुक्ति के लिए सोवियत क्रान्ति की ओर आशापूर्ण दृष्टि डालते हैं। रूस और बल्गारिया में हुई समाजवादी क्रान्तियों की तरह वे भारत में भी किसान मजदूरों के राज्य की आशापूर्ण कल्पना करते हैं।[20] दूसरों की कमाई अर्थात मनुष्य द्वारा मनुष्य के शोषण पर आधारित व्यवस्था का विरोध प्रेमचन्द ने 1920 में लिखे अपने इस पहले राजनैतिक उपन्यास "प्रेमाश्रम" में ही किया है। उन्होंने स्पष्ट कहा कि मेरा यह सिद्धान्त है कि मनुष्य को अपनी कमाई खानी चाहिए। किसी को यह अधिकार नहीं है कि वह दूसरों की कमाई को अपनी जीवनवृत्ति का आधार बनाए।[21]

यह ढूँढ़कर चयन हुए सन्दर्भ नहीं हैं। 'प्रेमाश्रम' के लेखन के दौरान ही प्रेमचन्द ने "नया जमाना-पुराना जमाना" नामक अपना प्रसिद्ध लेख फरवरी 1919 में लिखा था। अपने स्वराज्य की भावी रूपरेखा बड़े स्पष्ट रूप से प्रस्तुत करते हुए उन्होंने उस लेख में कहा "स्वराज्य की बेकार और बेमतलब सदाओं पर तकिया करके बैठने का अब वक्त नहीं क्योंकि आनेवाला अब जनता का है। वह लोग पछताएँगे जो जमाने के कदम से कदम मिलाकर न चलेंगे।"[22]

इसी लेख में एक अन्य जगह उन्होंने कहा, "क्या यह शर्म की बात नहीं है जिस देश में 90 फीसदी आबादी किसानों की हो उस देश में कोई किसान सभा, कोई किसान की भलाई के आन्दोलन का व्यवस्थित प्रयत्न न हो।...आनेवाला जमाना अब किसानों और मजदूरों का है।"[23]

आनेवाले जमाने में किसानों और मजदूरों की मुक्ति का यह स्वप्न प्रेमचन्द का केवल सामयिक आवेश नहीं था बल्कि यह उनका निरन्तर विचार था जो समय के साथ-साथ और प्रगाढ़ तथा अधिक तर्कसंगत होता गया। मई 1934 में प्रेमचन्द ने फिर अपनी इसी आकांक्षा को दुहराया। जब तक कोई काश्तकारों के बीच रहकर काम नहीं करेगा तब तक उनकी स्थिति सुधारी नहीं जा सकती। जरूरत है खुद उनके बीच रहकर उनमें काम करें। लम्बी-लम्बी स्पीचों से किसानों की भलाई सम्भव नहीं। यह पढ़ने-लिखने का काम छोड़कर देहातों में भी काम करने की मेरी इच्छा है।[24]

दृष्टव्य है कि राष्ट्रीय आन्दोलन का बूर्जुआ नेतृत्व मजदूरों और किसानों के लड़ाकू संगठनों का आरम्भ से ही विरोधी रहा था। गांधी ने निर्णायक रूप ले रहे मजदूरों के संघर्षों की निन्दा की तथा उनसे आन्दोलन वापस लेने को कहा था। इसी प्रकार मालाबार के मोपला विद्रोह तथा संयुक्त प्रदेश के किसान विद्रोहों को भी निन्दनीय बताया। चौरीचौरा में दलित किसानों के संगठित विद्रोह की उन्होंने भर्त्सना की तथा नाराज होकर असहयोग आन्दोलन वापस ले लिया। राजपूताना के भील आन्दोलन के चरम बिन्दु पर उन्होंने हस्तक्षेप करके उसे खत्म करवा दिया। निश्चय ही प्रेमचन्द का स्वराज्य, गांधी के रामराज्य की कल्पना से बिल्कुल अलग था। अपने अवास्तविक रामराज्य की आकांक्षा करनेवाले गांधी ट्रस्टीशिप के सिद्धान्त द्वारा एक ऐसे समाज की कल्पना कर रहे थे जिसमें पूँजीपति और जमींदारों के वर्चस्व पर कोई आँच न आए।

शेर और बकरी एक घाट पर पानी पिएँ। किसी भी स्थिति में गांधी पूँजीपतियों से उनकी सम्पत्ति छीनने के हामी नहीं थे। बल्कि उन्होंने तो यहाँ तक कहा कि यदि उन्हें (जमींदारों को) उनकी जायदाद से वंचित करने का प्रयत्न किया जाएगा तो वे उनकी ओर से संघर्ष करेंगे।[25]

प्रेमचन्द ने ठीक इसके विपरीत किसानों और मजदूरों की मुक्ति का मार्ग पूँजीवाद और सामन्तवाद के उन्मूलन में देखा। उन्होंने स्पष्ट कहा कि मैं कम्युनिस्ट हूँ। किन्तु मेरा कम्युनिज्म यही है कि मेरे देश में जमींदार सेठ आदि जो कृषकों के शोषक हैं, न रहें।[26]

प्रेमचन्द सामन्ती व्यवस्था की समाप्ति में ही किसानों की मुक्ति देखते थे। विश्व पटल पर हो रही घटनाएँ उन्हें प्रभावित कर रही थीं और उनकी आकांक्षा को आशा का सम्बल मिल रहा था। अपनी पत्नी के साथ हुए वार्तालाप में उन्होंने कहा, "हाँ, रूस है जहाँ कि बड़ों को मार-मारकर दुरुस्त कर दिया गया। अब वहाँ गरीबों को आनन्द है। शायद यहाँ भी कुछ दिनों बाद रूस जैसा ही हो।"[27] यह वार्तालाप नवम्बर 1928 में हुआ। इसी वार्तालाप के दौरान प्रेमचन्द ने यह भी स्पष्ट किया कि वे हर स्थिति में मजदूरों और काश्तकारों का साथ देंगे।

गांधी के नेतृत्ववाली कांग्रेस की समझौतावादी नीति के फलस्वरूप मिलनेवाले स्वराज्य के भावी स्वरूप के प्रति प्रेमचन्द को अब कोई गलतफहमी नहीं थी। विकसित हो रहे भारतीय बूर्जुआ वर्ग का रूप और उसकी आधारभूत प्रवृत्तियाँ अब स्पष्ट थीं। इसके अतिरिक्त मजदूर तथा किसान आन्दोलनों के प्रति ब्रिटिश साम्राज्यवादियों के ही समान इस बूर्जुआ वर्ग की दमनकारी नीति भी अब स्पष्ट हो चुकी थी। 'ग़बन' के प्रसिद्ध देशभक्त पात्र देवीदीन ने स्पष्ट रूप से एक बड़े कांग्रेसी नेता से कहा था, "तुम सुराज का नाम लेते हो, तो उसका कौन-सा रूप तुम्हारी आँखों के सामने आता है। तुम भी बड़ी-बड़ी तलब लोगे, तुम भी अंग्रेजों की तरह बंगलों में रहोगे, पहाड़ों की हवा खाओगे, अंग्रेजी ठाट-बाट बनाए घूमोगे। इस सुराज से देश का क्या कल्याण होगा...तुम दिन में पाँच बेर खाना खाते हो और वह भी बढ़िया माल। गरीब किसानों को एक जून सूखा चबेना भी नहीं मिलता...अभी तुम्हारा राज नहीं है तब तो तुम भोगविलास पर इतना मरते हो। जब तुम्हारा राज हो जाएगा तब तो तुम गरीबों को पीसकर पी जाओगे।"[28]

स्पष्ट है कि स्वराज्य के इस रूप से प्रेमचन्द सशंकित थे। यह शंका "महाजनी सभ्यता" तक आते-आते उनके पक्के विश्वास में बदल गई थी। वे समझ गए थे कि ऐसा स्वराज खन्ना और राय अमरपाल सिंह के वर्ग हितों की ही रक्षा करेगा। देवीदीन जैसे जनसाधारण से आए देशभक्तों की इस स्वराज्य में वही दुर्दशा होगी जो साम्राज्यवादी शासन में हुई थी। भूधर चौधरी, सलोनी काकी, मुन्नी, धनियाँ, होरी आदि स्वराज के बाद की अँधेरी गलियों में धकेल दिए जाएँगे। उच्च वर्ग की इस देशभक्ति का पर्दाफाश करते हुए मालती के यह उद्गार दृष्टव्य हैं—"लेकिन मैंने केवल एक बार

जेल जाने के सिवा और क्या जनसेवा की है...और सच पूछिए तो उस बार भी मैं अपने मतलब से ही गई थी, जैसे राय साहब और खन्ना गए थे। इसी नई सभ्यता का आधार धन है। विद्या और सेवा और कुल और जाति सब धन के सामने देय हैं।[29]

इसी धन के बलबूते पर बूर्जुआ वर्ग के नेतृत्व में लाया गया स्वराज्य और उस स्वराज में जनप्रतिनिधियों के स्वरूप के बारे में भी प्रेमचन्द को अब कोई गलतफहमी नहीं रह गई थी। जनप्रतिनिधियों की सरकार के जिस चुनाव का आधार धन हो वहाँ कोई जनसाधारण चुनाव की वैतरणी पार नहीं कर सकता। उन्होंने कहा कि जिसे हम डेमोक्रेसी कहते हैं वह व्यवहार में बड़े-बड़े व्यापारियों और जमींदारों का राज है और कुछ नहीं। चुनाव में वही बाजी ले जाता है जिसके पास रुपए हैं। रुपए के जोर से उसके लिए सभी सुविधाएँ तैयार हो जाती हैं।[30]

आज के सन्दर्भ में इस कथन पर टिप्पणी की कोई आवश्यकता नहीं है। धन के आधार पर टिके हुए जनतन्त्र से प्रेमचन्द ने अपनी असहमति प्रकट की और जनसाधारण को इस पूँजीवादी जनतन्त्र से अधिक आशा रखने के लिए चेतावनी भी दी। प्रेमचन्द के लिए स्वराज का अर्थ केवल राजनैतिक स्वाधीनता नहीं था। वे जनसाधारण की आर्थिक, सामाजिक और राजनैतिक मुक्ति की आकांक्षा करते थे। व्यक्तियों को बदलने से किसी बड़े परिवर्तन की आशा नहीं की जा सकती है। साम्राज्यवाद से भारत को शीघ्र मुक्ति मिलेगी। प्रेमचन्द के ऐतिहासिकबोध और घटनाक्रम के सही विश्लेषण ने उन्हें इसके प्रति आश्वस्त कर दिया था। लेकिन ब्रिटिश शासन के बाद भारत की भावी रूपरेखा के प्रश्न पर वह अधिक चिन्तित थे। उन्हें भय था कि स्वराज की गंगा को पूँजीपति और जमींदार आजादी के बाद भी केवल अपने हित-साधन में प्रयोग करेंगे। त्याग और बलिदान करनेवाले श्रमिक किसान तट से ही प्यासे लौट जाएँगे। "जॉन के स्थान पर गोविन्द को बैठा देने से ही स्वराज नहीं आ जाएगा। जिन बुराइयों को दूर करने के लिए आज हम प्राण हथेली पर लिए हुए हैं, उन्हीं बुराइयों को क्या प्रजा इसलिए सिर चढ़ाएगी कि हम विदेशी नहीं, स्वदेशी हैं।" ऐसा उन्होंने स्पष्ट कहा था।[31]

प्रेमचन्द के अपने स्वराज की कल्पना में किसी भी प्रकार की सामाजिक, राजनीतिक और आर्थिक विषमता का कोई स्थान नहीं है। उनका स्वराज शोषणरहित समाज के रूप में है। अपने प्रसिद्ध और अन्तिम लेख "महाजनी सभ्यता" में उन्होंने कहा कि "धन्य है वह समता जो मालदारी और व्यक्तिगत सम्पत्ति का अन्त कर रही है और जल्दी या देर से दुनिया उसका पदानुकरण अवश्य करेगी। यह समता अमुक देश की समाज-रचना अथवा धर्म मजहब से मेल नहीं खाती या उस वातावरण के अनुकूल नहीं है। यह तर्क नितान्त असंगत है। जो शासन विधान और समाजव्यवस्था एक देश के लिए कल्याणकारी है वह दूसरे देशों के लिए भी हितकर होगी। हाँ, महाजनी सभ्यता और गुर्गे अपनी शक्ति भर उसका विरोध करेंगे, उसके बारे में भ्रमजनक बातों का प्रचार करेंगे, जनसाधारण को बहकाएँगे, उनकी आँखों में धूल झोंकेंगे। पर जो सत्य

है एक दिन उसी की विजय होगी और अवश्य होगी।"[32]

इस शोषणविहीन स्वराज के स्वप्न को साकार करने के लिए प्रेमचन्द हाथ पर हाथ धरकर बैठने के लिए नहीं कहते। केवल स्वप्न देखने और बात करने से ही इस स्वराज की आकांक्षा पूरी नहीं होती। महाजनी सभ्यता के पैने दाँतों और नाखूनों से वह भली-भाँति परिचित थे। उससे लड़ने के लिए उचित तैयारी और रणनीति की आवश्यकता को उन्होंने उस समय भी महसूस किया था। उन्होंने मृत्यु शय्या से आह्वान किया था—"मनुष्यों में मनुष्य बनना पड़ेगा। दरिन्दों के बीच में उनसे लड़ने के लिए हथियार बाँधना पड़ेगा। उनके पंजों का शिकार बनना देवतापन नहीं चाहता।"[33]

प्रेमचन्द की यह वसीयत, यह स्वप्न आज पूरा करने के लिए भागीरथ प्रयास करने की आवश्यकता है।

सन्दर्भ

1. रजनी पामदत्त—आज का भारत, पृ. 161, (1977)
2. वही, पृ. 161
3. अयोध्या सिंह—भारत का मुक्ति संग्राम, पृ. 369 (1978)
4. सी.पी.एन. वकील—एस.के. मुरंजन—करेंसी एंड प्राइसेज इन इंडिया, पृ. 188, 1937, लंदन 3
5. अयोध्या सिंह—भारत का मुक्ति-संग्राम, पृ. 397
6. रजनी पामदत्त—इंडिया टूडे, पृ. 407
7. अयोध्या सिंह—भारत का मुक्ति-संग्राम, पृ. 397
8. टाइम्स ऑफ इंडिया, 18 अप्रैल, 1919
9. अयोध्या सिंह—भारत का मुक्ति-संग्राम, पृ. 415
10. द इंडियन डेली न्यूज, 10 मार्च, 1922
11. अयोध्या सिंह—भारत का मुक्ति-संग्राम, पृ. 428
12. विविध प्रसंग-1 पृ. 19, 1962
13. सं. अमृत राय—चिट्ठी पत्री-1 : पृ. 132, 1962
14. विविध प्रसंग-1, पृ. 18
15. ग़बन, पृ. 170, 1961
16. विविध प्रसंग-3, पृ. 165
17. प्रेमचन्द की बातें—जमाना, प्रेमचन्द अंक—1937
18. विविध प्रसंग—2, पृ. 23
19. प्रेमाश्रम, पृ. 227
20. वही, पृ. 43
21. वही पृ. 164
22. विविध प्रसंग-1, पृ. 269
23. वही, पृ. 263
24. प्रेमचन्द घर में—शिवरानी देवी प्रेमचन्द, पृ. 172

25. निर्मल कुमार बोस–सेलेक्शन फ्राम गांधी, पृ. 88, 1948
26. मराठी साहित्यकार टीकेकर के साथ वार्ता–प्रेमचन्द : एक अध्ययन, डॉ. राजेश्वर गुरू, पृ. 101
27. प्रेमचन्द घर में, पृ. 110
28. ग़बन, पृ.
29. गोदान पृ. 137, 1974
30. वही, पृ.
31. आहुति : हंस, नवम्बर, 1930
32. महाजनी सभ्यता–प्रेमचन्द स्मृति, पृ. 264
33. मंगलसूत्र और अन्य रचनाएँ, पृ. 390

प्रेमचन्द की सांस्कृतिक चेतना

चन्द्रकान्त बांदिवडेकर

किसी भी महान लेखक की जड़ें समाज की सांस्कृतिक धरोहर में गहराई से जमी होती हैं। अपनी प्रतिभा से नवनिर्माण करते समय जितनी शक्तिमत्ता के साथ वह इन सांस्कृतिक उत्सों से जीवन शक्ति खींच लेगा उसी अनुपात में महानता का आयाम उसके कृतित्व में जुड़ता जाएगा। यह सांस्कृतिक धरोहर लेखक के राजनैतिक विचारों, सामाजिक मान्यताओं और अन्य वैचारिक सरणियों से अधिक शक्तिशाली एवं अधिक स्थायी होती है और उसके लेखन की सामाजिक उपयोगिता एवं चिरकालिकता का सम्बन्ध सांस्कृतिक चेतना से अधिक होता है। इस सांस्कृतिक धरोहर का कितना हिस्सा स्थितिशील होता है और कितना गतिशील, यह एक विवाद्य प्रश्न है जिसमें फिलहाल उलझने का कोई कारण नहीं है। लेकिन यह निःसंदिग्ध रूप में कहा जा सकता है कि संस्कृति केवल वर्षों की परम्पराओं से अर्जित स्थायी कोष ही नहीं है, वह निरन्तर बाहर की स्थितियों से प्रभावित होकर परिवर्तित भी होती रहती है। इस सांस्कृतिक धरोहर पर आघात करने एवं उसे परिवर्तित होने के लिए बाध्य करने में जैसा हाथ बाह्य भौतिक परिवेश का होता है वैसा ही सांस्कृतिक चेतना से सम्पन्न कलाकारों का होता है। बल्कि कलाकारों का प्रदेय अधिक सूक्ष्म, अधिक आन्तरिक इसलिए अधिक स्थायी और रचनात्मक होता है। इसी कारण सांस्कृतिक प्रदेय की ओर मोटी बुद्धि के समाज-नेताओं का ध्यान कम जाता है। वस्तुतः बाह्य परिवेश की परिवर्तनशीलता की मानवीय जीवन की सापेक्षता में सार्थकता या निरर्थकता का, सार्थकता की मूल्यवत्ता का और औचित्य का एक सही और महत्त्वपूर्ण मानदंड कलाकारों की चेतना की प्रतिक्रिया है। सांस्कृतिक समुच्चय एवं धरोहर को अगर वर्षों के जमे प्रवाहहीन जलाशय की भाँति सड़ने नहीं देना है तो बाह्य परिवेश के बदलाव के आघातों और कलाकारों की मानसिकता के आन्तरिक आघातों से उसको सतत स्पन्दनशील रखना जरूरी हो जाता है। कलाकार अगर संस्कृति से बहुत लेता है तो उसे बहुत कुछ दे भी जाता है। यह 'डाइनेमिज्म' जिस कलाकार की कृतियों में बड़े पैमाने पर परिलक्षित होगा उस कलाकार में उतनी ही महान होने की सम्भावनाएँ होती हैं। स्थिति और गति का एक जटिल सम्बन्ध संस्कृति में दिखता है वैसा ही कलाकार में भी दिखता है। इस जटिल सम्बन्ध को देखना और उसकी मूल्यवत्ता को आँकना एक महत्त्वपूर्ण और रोचक कार्य है।

बाहृय परिवेश का कलाकार के मन पर पड़ा प्रभाव, कलाकार की संवेदनात्मक प्रतिक्रिया का स्वरूप, उसमें अन्तर्निहित जीवन-दृष्टि और मूल्यबोध का प्रारूप तथा कलाकार की संवेदना का कुल कलात्मक प्रवृत्तियों पर और उनके माध्यम से समाज की चेतना पर पड़े प्रभाव का आकलन ही कलाकार की सांस्कृतिक चेतना को समझना है। अन्य कलाकारों की अपेक्षा साहित्यकार सांस्कृतिक धरोहर से अनेक स्तरों पर जुड़ा हुआ होता है अतः उसका दायित्व भी अधिक होता है। वह विशुद्ध संवेदना क्षेत्र में ही नहीं कार्य करता, उसका सम्बन्ध कल्पना और चिन्तन से होता है, अनुभव और ज्ञान से होता है, उससे अधिक स्थूल स्तर पर सामाजिक-राजनैतिक विचारों से होता है। उपन्यासकार की यह संपृक्ति अधिक व्यामिश्र होती है।

प्रेमचन्द का महत्त्वपूर्ण वैशिष्ट्य यह रहा कि वे एक सर्वसमावेशी (इन्क्लूजिव) लेखक थे और दूसरा वैशिष्ट्य यह रहा कि वे अपने आस-पास के सामान्य जन-जीवन से हार्दिकतापूर्वक जुड़े हुए कलाकार थे। इसके कारण एक ओर वे अपने कथा-साहित्य में जीवन के बाहृय परिवेश को अधिक विस्तार में समाविष्ट करते गए और परिवेश के आघातों को कलात्मक रूप देते गए। यह समावेशन प्रक्रिया उनके स्वभाव का ही एक सहज अंग थी, दूसरी ओर व्यक्ति और समाज के स्वस्थ सम्बन्धों का सहज रसायन उनके व्यक्तित्व में हुआ था और किसी प्रकार वे इन दोनों के बीच अत्यधिक द्वन्द्वात्मक सम्बन्ध नहीं देखते थे बल्कि आन्तरिक एकात्मता और परस्परपूरकता ही देखते थे। परिणामतः उनके साहित्य में जो आदर्शपरक मूल्य-दृष्टि आई है, समाजपरक प्रतिबद्धता है, नैतिक आग्रह प्रकट हुआ है, वह आरोपित नहीं है, वह उनकी गहन सांस्कृतिक चेतना का ही अनिवार्य प्रकटीकरण है, यही कारण है कि उनके लेखन में शिव और सौन्दर्य, सत्य और सौन्दर्य, सत्य और शिव सहजरूप में समन्वित हुए हैं। वहाँ अन्तिम सम्भावित रूप में किसी प्रकार की संघर्ष की स्थिति नहीं है, एकान्तिकता का आग्रह नहीं है।

कलाकार ममेतर के साथ संवाद सम्बन्ध से जुड़ा हुआ है या विरोध सम्बन्ध से यह एक महत्त्वपूर्ण मूलभूत प्रश्न सांस्कृतिक चेतना के स्वरूप का आकलन करते समय आरम्भ में ही उठाना आवश्यक है। भारतीय वैदिक संस्कृति व्यक्ति और समष्टि, व्यक्ति और प्रकृति, व्यक्ति और व्यवहार में एक सहज संवादपूर्ण सम्बन्ध के स्वीकार पर बल देती थी। संस्कृति उत्तम कृति ही नहीं है (सम्यक् कृतिः) वह संघ या समुदाय की कृति (संइति एकीमूय कृतिः) है। यह वैदिक संस्कृति का मूल तत्त्व है। दूसरा दुःखवादी परम्परा जीवन को क्षणिक, दुखमय और सारतत्त्वहीन मानती थी जो बौद्ध दर्शन की भित्ति पर खड़ी थी और अन्ततः जीवन से विरक्ति का ही आदेश देती थी। प्रेमचन्द निःसन्देह पहली परम्परा के संवाहक थे क्योंकि उन पर आर्य समाज का अत्यधिक प्रभाव पड़ा हुआ परिलक्षित होता है। यह बात निःसंदिग्ध स्पष्ट है कि प्रेमचन्द ने अपने समस्त साहित्य में अधिकांशतः जीवन के दुख के विविध रूपों को व्यक्त किया लेकिन जीवन में परिव्याप्त दुख को कलाकार के नाते व्यक्त करना एक बात है और समस्त जीवन को दुखमय मानकर विरक्ति में शरण लेना नितान्त दूसरी बात है। प्रेमचन्द उन

यथार्थवादी कलाकारों में नहीं थे जो जीवन की विकृत स्थितियों, कुरूपताओं, विद्रूपों को अपरिवर्तनीय मानते हों। प्रेमचन्द का परिवर्तन का आग्रह एवं आशावाद प्रारम्भ में प्रत्यक्ष घटनाओं और चरित्रों के स्पष्ट मोड़ों से ठोस रूप में व्यक्त होता है और बाद के साहित्य में वह केवल अभीप्सित के रूप में ध्वनित होता है। लेकिन क्या है के साथ 'ऐसा ही होता है 'या' ऐसा ही है' का स्वर उनके साहित्य में नहीं गूँजता बल्कि 'जो है वह नहीं होना चाहिए' का स्वर गूँजता है। परिणामतः 'कुछ दूसरा होना चाहिए अधिक श्रेय, अधिक इष्ट' यह स्वर भी सहज रूप में उनके साहित्य में गुंजायमान है। 'गोदान' का होरी अन्तिम सामान्य-सी आकांक्षा के पूर्ण होने से पहले ही दम तोड़ देता है, यह यथार्थ का वर्तमान ट्रैजिक रूप उभर जाता है परन्तु उसकी असमय मृत्यु और जीवनघाती स्थितियों के चित्रण में साहूकारों, जमींदारों एवं गाँव को चूसनेवाले नागर जीवन का जो चित्र है उसके प्रति प्रखर व्यंग्यात्मक जो दृष्टि सामर्थ्यशाली रूप में व्यक्त हुई है वही पाठक के मन में बदलाव की प्रेरणा और आकांक्षा उत्पन्न करती है, और यह बदलाव किन शक्तियों के विरोध में होगा इसको भी स्पष्ट करती है। यही वह 'क्या होना चाहिए', 'होने की दिशा क्या है' का ध्वनन है। 'कफ़न' का उग्र यथार्थ माधो और घीसू के अलगाव की प्रवृत्ति को या जीवन विनाश की स्थिति को चिरंतन सत्य के रूप में व्यक्त नहीं करता बल्कि उनके आस-पास 'कफ़न' देनेवाले मनुष्य की सदाशयता में घीसू के विश्वास को व्यंजित कर प्रेमचन्द मनुष्य के प्रति अपनी आस्था का प्रमाण सुरक्षित रखते हैं। दातादीन 'गोदान' की आशा में होरी के शव के सामने खड़ा है तो मातादीन सिलिया के साथ गृहस्थी जमाकर प्रसन्न है। सोना जीवन की लालसाएँ पूर्ण करने से परितोष में जी रही है, रूपा भी वयस्क व्यक्ति से ब्याह कर अप्रसन्न नहीं है और होरी का दामाद राजनैतिक संघटन के लिए प्रतिबद्ध है। मालती अपना तितली रूप त्यागकर सेवाव्रत के लिए विवाह के सुरक्षित कवच को इनकार कर चुकी है। प्रमुख चरित्रों की ट्रेजिडी के साथ उनकी व्यंग्यात्मक दृष्टि को देखा जाए तो जीवन के सम्बन्ध में प्रेमचन्द के विश्वास और आशा के स्वर को पकड़ने में कठिनाई नहीं होती। प्रेमचन्द इसीलिए जीवन में परिव्याप्त दुख की विराटता को देखकर भी उससे पलायन करने का निराशावादी या जीवन के सारतः दुखमय होने का विरक्तिपूर्ण मार्ग अपनाने का संकेत नहीं देते, अँधेरे से प्रकाश की ओर या दुख से आनन्द की ओर यात्रा करते समय किस राजनैतिक विचारधारा को अपनाया जाए, यह प्रश्न बाद में आता है अतः विचारधारा या 'आइडिऑलॉजी' सांस्कृतिक चेतना के बाद की बात है। चूँकि यह बाद की बात है, प्रेमचन्द उसके बारे में आग्रही नहीं हैं। शायद कलाकार का यही मूल धर्म है।

ममेतर के साथ प्रेमचन्द कर्तव्य भाव से या केवल उपयोगितावादी व्यावहारिक दृष्टि से जुड़े हुए नहीं थे। इस आरोप ने प्रेमचन्द के मूल्यांकन में काफी गड़बड़ियाँ उत्पन्न की हैं। प्रेमचन्द ममेतर के साथ प्रेम-भाव से जुड़े थे। यह प्रेम-भाव वैयक्तिक वासना से नितान्त अलग चीज थी। यह मानना कि व्यक्तित्व में धार और रगड़ वासना की अतृप्ति से आती है, फ्रायड के विचारों का अतिरेकी प्रभाव है। जब कि फ्रायड भी आज

समग्रतः स्वीकृत नहीं है। प्रेमचन्द ममेतर के साथ प्रेम-भाव से जुड़ने में मानवीय जीवन की सार्थकता स्वीकार करते थे। यह बात बहुत दूर तक जाती है। केवल वासना से लगाव जीवन की केवल यौवन दशा को ही सम्पूर्ण जीवन मानने का आग्रह करती है और इसमें भी उत्कटता या तीव्रता केवल शारीरिक संवेदनों तक सीमित रह जाती है। फिर इसमें आत्मकेन्द्रितता, अलगाव और अतृप्ति की स्थितियाँ जीवन के सम्यक् बोध से भावना को खींचकर उसकी दृष्टि को संकीर्ण करती है। सौभाग्य से प्रेमचन्द का रास्ता दूसरा था। उपयोगितावाद साधनों के प्रति अविवेकपूर्ण दृष्टि को स्वीकार करने में नहीं हिचकता। सम्बन्धों में एक प्रकार की स्नेहहीन शुष्कता पैदा होती है और दूसरे मनुष्य को महज साधन के रूप में इस्तेमाल करने की प्रवृत्ति भी बढ़ जाती है। प्रेमचन्द का समस्त साहित्य इसके विरोध में ही आवाज उठाता है। 'रंगभूमि' के अन्धे अकिंचन सूरदास में जीवन को एक खेल के रूप में स्वीकार करने की जो प्रवृत्ति उत्पन्न हुई है वह अपने शत्रु के प्रति भी मत्सर या विद्वेष से रहित है और अपनी हार को सहज स्वीकार करने की उदारता इसी से पैदा हुई है। 'गोदान' में होरी न केवल पुनिया के लिए अथक परिश्रम करता है बल्कि वह अपने अपराधी भाई हीरा के प्रति भी क्षमाशील है। प्रेमचन्द के समस्त चरित्रों में कठिन स्थितियों में संघर्ष की नहीं स्नेह की मानवीय भावना उछालें मारकर संकीर्णता की दीवारों को तोड़ती-फोड़ती है। उनकी प्रायः समस्त कहानियों में संघर्ष और तोड़फोड़ का नहीं, मानवीय प्रेम का स्वर प्रबल है। संघर्ष इस प्रेममय परिणति का अंग बनकर आता है। असल में प्रेमचन्द में यह प्रेमभाव इतना प्रबल है कि कहीं-कहीं वह भावुकता में भी परिणत होता है। वर्षों की दुश्मनी भूलकर गले लगनेवाले लोगों का चित्रण करते समय इस प्रकार की स्थिति देखी जा सकती है। 'रंगभूमि' जैसी महान रचना में भी विनय और सोफिया के प्रेम-भाव के आविष्कार को यह भावुकता कहीं त्रुटिपूर्ण करती है।

इसी प्रेम-भाव के कारण प्रेमचन्द अन्त तक गृहस्थधर्मी कलाकार रहे। उनके गृहस्थधर्म ने वासना की सीमित परितृप्ति स्वीकार की लेकिन उसकी असंयत अभिव्यक्ति को कभी स्वीकृति नहीं दी। फिराक गोरखपुरी जैसे महान रचनाकार ने प्रेमचन्द की प्रशंसा करते हुए उनकी एक कमी को लक्षित किया है। वह कमी याने प्रेमचन्द का प्रेमभाव को उत्कट रूप में व्यक्त न कर पाना। परन्तु प्रेमचन्द के साहित्य की साक्ष्य इससे अलग तथ्य उद्घाटित करती है। गृहस्थ के नाते ही उन्होंने बहू-सास, पिता-पुत्री, पति-पत्नी, भाई-भाई इत्यादि रिश्तों के बीच के भारतीय स्नेह-सम्बन्धों को अभिव्यक्ति दी। 'बड़े घर की बेटी' अगर घर नहीं तोड़ती तो उसमें प्रेमचन्द की प्रगतिशील दृष्टि की खोट नहीं है। बल्कि पारम्परिक भारतीय संस्कृति में उत्पन्न नारी संस्कार का यथार्थ है यह भूलना नहीं चाहिए। 'पंच परमेश्वर' में पंच न्यायपरकता को नितान्त सामयिक दृष्टि से देखकर उसे आदर्शवाद का भटकाव कहना ठीक नहीं। वस्तुतः प्रेमचन्द के सामने वह 'मनुष्य' था जो वर्षों के भारतीय संस्कारों से जीवन को अनुशिक्षित कर जी रहा था और जिसकी स्वार्थ की प्रवृत्ति को समय पर खोटने की

क्षमता पंच को परमेश्वर सदृश माननेवाली भारतीय जनता में थी। भारतीय मानस पर अंकित परमेश्वर का गहरा प्रभाव प्रेमचन्द के लिए अज्ञात न था, यद्यपि ईश्वर के अस्तित्व के बारे में वे स्वयं संशयशील थे। भारतीय मानस की गहराई में उतरकर प्रेमचन्द ने प्रेम पर आधारित गृहस्थ धर्म में जीनेवाले भारतीय मनुष्य का यथार्थ चित्र अंकित किया है। अगर हम आज उसमें सरलीकरण देखते हैं, आदर्श का भटकाव देखते हैं तो वह हमारे आधुनिक शिक्षित मन के आग्रह का आरोपण है। यह सही है कि आज राजनैतिक गँदलेपन ने और यन्त्र सभ्यता की सुविधाभोगी प्रवृत्ति ने भारत के प्रेमचन्दकालीन मनुष्य को काफी बदल दिया है। यहाँ फिर वही प्रश्न खड़ा होता है–परिवर्तनशील यथार्थ में साहित्य की चिरन्तनता का–लेकिन फिलहाल हम उसे यहाँ छोड़ दे रहे हैं। मुद्दे की बात यही है कि गृहस्थधर्मी प्रेमचन्द ने अपने समय के मनुष्य का यथार्थ देखा था जिसके जीवन में प्रेम को अत्यधिक महत्त्व था। हिन्दू-मुसलमान एकता को लेकर जो चित्रण 'कायाकल्प' जैसे उपन्यास में हुआ है उसमें आज हम भावुकता का अंश देख सकते हैं। लेकिन राष्ट्रीयता की भावना से उत्सर्ग करनेवाले युवकों, वृद्धों, स्त्रियों, बालकों के उस विशाल समूह को मद्देनजर रखा जाए तो उसका औचित्य भी ध्यान में आ सकता है। उत्सर्ग और त्याग प्रेमचन्द के लिए 'प्रेम' का ही एक दूसरा पहलू था। उनके साहित्य में आरम्भ से लेकर अन्त तक राष्ट्रीय एवं सामाजिक वेदी पर बलिदान करनेवालों की परम्परा मिलती है। जरा गहराई से देखा जाए तो वहाँ केवल 'कर्तव्य का शुष्क बोध नहीं है बल्कि कर्तव्य' और 'प्रेम' एकाकार हो गए हैं। यही कारण है कि वहाँ समर्पण में भावावेग का एक प्रचंड प्रपात मुखर हो उठता है। 'रंगभूमि' एवं 'कर्मभूमि' के समर्पितों की कुरबानियों का नजारा जरा गौर से देखा जाए तो यही साक्ष्य मिलेगा। प्रेमचन्द के समस्त साहित्य में अन्तःप्रवाहित सेवाभाव के मूल में भी कर्तव्य और प्रेम के समन्वय का सुखद रूप मिलेगा। प्रेमचन्द के पात्र जब अपने को विराटता से जोड़ते हैं, वैयक्तिक आत्मीयता और अपनत्व को ठोस सार्वजनीन स्तर देते हैं तब सेवावृत्ति में आन्तरिकता के साथ प्रेम की तरलता का बोध होता है। शरतबाबू के 'शेष प्रश्न' में एक व्यक्ति है जो निष्काम कर्मयोगी है और जिसकी अथक सेवा और बलिदानी सक्रियता के सामने नायिका कमल भी पराजित अनुभव करती है। प्रेमचन्द का सेवाभाव इस कोटि का नहीं है। उसमें प्रेम की उमंग है।

प्रेमचन्द ने भारतीय परम्पराओं में या कहिए सांस्कृतिक धरोहर में उत्पन्न दूषितताओं का विरोध किया। वर्ण और जाति के आधार पर सामाजिक शोषण की अविरत परम्परा का जो पर्दाफाश प्रेमचन्द ने किया उसको अब यहाँ अलग से विवेचित करने की जरूरत नहीं रही। 1911 में प्रेमचन्द ने इसके विरोध में 'दोनों तरफ से' कहानी में आवाज उठाई थी। उसके बाद यह विरोध का स्वर प्रबल ही होता गया। लेकिन इस वर्ण-जाति व्यवस्था का जहर समाज को तोड़ेगा, ऐसा भय उन्होंने कभी व्यक्त नहीं किया। उन्हें भारतीय सामंजस्यवादी प्रवृत्ति और सहिष्णुता पर विश्वास था। सिलिया चमारिन और मातादीन का स्नेहबन्धन इस सन्दर्भ में महत्त्वपूर्ण है। प्रेमचन्द ने भारतीय

संस्कृति की लम्बी परम्परा में उत्पन्न एक महत्त्वपूर्ण दोष का भी प्रबल विरोध किया। वह दोष है नारी-सम्बन्धी दूषित दृष्टि का। फिलहाल हम इस विवाद में नहीं जाना चाहते हैं कि वह दोष वैदिक संस्कृति में था या नहीं। अगर नहीं था तो क्या वह बौद्ध संस्कृति के प्रभाव का परिणाम है जिसे सन्त मत ने बढ़ावा दिया ? इसमें दो मत नहीं हैं कि प्रेमचन्द के समय और आज भी यह हमारी मानसिकता का एक अविभाज्य अंग बन गया था। प्रेमचन्द ने नारी-शोषण का भी विरोध किया है और नारी-मुक्ति का आग्रह भी किया है। नारी-मुक्ति का एक रूप राष्ट्रीय या सामाजिक कार्य में समर्पित नारियों के रूप में दिखता है, दूसरा रूप आत्मनिर्भर होने के लिए संकल्पशील नारियों में दिखता है। मालती-मेहता के प्रणय के अन्तिम रूप की ओर कम ध्यान दिया जाता है जिसमें मालती प्रणय को स्वीकार करके भी विवाह बन्धन में बँध जाने से इनकार करती है। यह वह समय था जब रसेल के स्त्री-पुरुष सम्बन्धों में उदारवादी विचारों का विरल आगमन भारत में हुआ था। प्रेमचन्द के इस सम्बन्ध में विचारों का सार यह दिखता है कि वे व्यक्ति की मुक्ति के समर्थक, जिसमें नारी-मुक्ति भी शामिल है, ये व्यष्टि और समष्टि (यथास्थितिवादी समष्टि नहीं, प्रगतिशील मूल्यों को स्वीकृति देनेवाली) के परस्पर पूरक सम्बन्धों के ही हिमायती थे। व्यक्ति की सामाजिक चेतना को वे महत्त्वपूर्ण मूल्य मानते थे अतः अति वैयक्तिक अराजकतावादी प्रवृत्तियों का संयम आवश्यक समझते थे। प्रेमचन्द व्यक्ति की स्वतन्त्रता को स्वस्थ सामाजिक चेतना से संपृक्त देखना चाहते थे। एक तरह से व्यक्ति की स्वतन्त्रता और सामाजिक उन्नयन के बीच वे विरोध भाव नहीं, संवाद और परस्परपूरकता ही देखते थे।

प्रेमचन्द ने जीवन में सौन्दर्य के महत्त्व को अस्वीकार नहीं किया लेकिन सौन्दर्य को शिव के विरोध में या नितान्त स्वतन्त्र रूप में भी उन्होंने नहीं देखा। साहित्य को अगर वे उपयोगितावादी कसौटी पर कसने के लिए तैयार थे तो वे यह भी जानते थे कि अपने विशुद्ध रूप में कलावाद कोई बुरा उद्‌देश्य नहीं है। इस सन्दर्भ में प्रेमचन्द और गोर्की के विचारों में अद्‌भुत साम्य है। देशकाल की विशिष्ट स्थिति में गोर्की मानता था कि साहित्यकार को पैम्फ्लेट के रूप में ही प्रचार का काम करना चाहिए और मानव की शोषण मुक्त अवस्था में वह सौन्दर्योन्मुख साहित्य का अभिनन्दन करने को तैयार था। प्रेमचन्द ने साहित्य पर उपयोगितावाद का भार अगर रखा तो वह आपातकाल की स्थिति थी। वस्तुतः गोर्की और प्रेमचन्द दोनों के विचारों में कुछ एकांगिता थी जो सौभाग्य से उनके प्रत्यक्ष सर्जनात्मक कृतित्व ने दूर कर थी। पैम्फलेट के रूप में लिखा 'मदर' उपन्यास और सामाजिक चेतना से उत्प्रेरित 'गोदान' अगर श्रेष्ठ सौन्दर्यपूर्ण रचनाएँ बन जाती हैं तो कोई कारण नहीं है कि सौन्दर्य और सामाजिक उद्‌देश्यवाद को विरोधी ही माना जाए। यहाँ प्रश्न लेखक की प्रतिभा की क्षमता का है, उसके विराट कलाकार व्यक्तित्व का है। एक तरह से यह भी कहा जा सकता है कि जब कोई सृजनधर्मी साहित्यकार कलम का उपयोग तलवार की भाँति करता है तो वह असल में तलवार का काम कलम से नहीं लेता है, तलवार उठाने के पीछे जो मानसिकता होती

है उसी को प्रचोदित करना चाहता है—यह कलाकार का असली क्षेत्र है।

यहाँ तक प्रेमचन्द के संवेदना, भावना, चिन्तन इत्यादि से जुड़े सांस्कृतिक मूल प्रारूपों का स्वरूप हमने देखा। अब थोड़ा-सा प्रेमचन्द की सांस्कृतिक संवेदना और सभ्यता के बीच के सम्बन्ध की पड़ताल करना आवश्यक है।

प्रेमचन्द जिस सभ्यता में सक्रिय थे वह संक्रमण काल था। विज्ञान का प्रभाव बढ़ रहा था और हमारे जीवन में वैज्ञानिक उपकरणों ने सुख की सम्भावना के सपने अधिक पैदा किए थे। यन्त्र जीवन को गति दे रहा था, कुछ सीमित लोगों के जीवन में सुविधाओं को ला रहा था परन्तु अधिकांश भारतीय जनता को शोषण का शिकार होना पड़ रहा था। नगर बढ़ते जा रहे थे और ग्राम्य जीवन की संस्कृति को चरते जा रहे थे। पूँजीवाद के बढ़ते चरणों का स्वागत करनेवाला मध्यवर्ग स्थापित हो रहा था। प्रेमचन्द ने एक संवेदनशील चिन्तक कलाकार के नाते इस प्रक्रिया में निहित मानवीय जीवन के कष्ट को एवं मानवीय मूल्यों की अवनति को देखा ही नहीं था, उसकी कटुता को भोगा भी था। परिणामतः उनके साहित्य में उपुर्यक्त विवेचित सांस्कृतिक लगावों और सभ्यता के बढ़ते विकराल रूपों के बीच एक टकराहट पैदा हुई। इसका बहुत ही स्पष्ट रूप 'रंगभूमि' और 'गोदान' में देखा जा सकता है। लेकिन 'प्रेमाश्रम', 'ग़बन', 'कर्मभूमि' इत्यादि उपन्यासों में भी यह टकराहट परिलक्षित होती है। भौतिक परिस्थितियों के साथ बदलती मानसिकता के तथ्य को प्रेमचन्द ने स्वीकार अवश्य किया लेकिन उन्होंने इसमें ऐतिहासिक विकास ही विकास को देखने से इनकार किया। प्रेमचन्द यह नहीं मानते थे कि भौतिक परिवेश के बदलाव का परिणाम मानवीय उन्नति की दिशा में ही होता है। यह पता लगाना मुश्किल है कि उन्होंने इतिहास-सम्बन्धी अपने सोच को वैज्ञानिक अध्ययन का सोद्‌देश्य आधार कहाँ तक दिया था लेकिन एक कलाकार की अन्तर्दृष्टि का पता लगाना मुश्किल नहीं है। यह अन्तर्दृष्टि उनके कथात्मक साहित्य में प्रचुरता से प्राप्त होती है।

प्रेमचन्द ग्राम्य जीवन की सादगी और सरलता के समर्थक थे और नगर सभ्यता का आक्रमण गाँव जीवन की संस्कृति के लिए वे हानिकर समझते थे। यह स्थिति अन्त तक रही। यन्त्र की मनुष्य के स्नेह को और अन्य उदात्त मानवीय मूल्यों को खत्म कर देनेवाली गति को प्रेमचन्द स्वीकार नहीं कर सकते थे। प्रेमचन्द 'आधुनिकता' जैसी बौद्धिक परिचर्चा में कभी नहीं पड़े लेकिन मनुष्य को उसकी जमीन से उखाड़ देनेवाली जीवन के मूल उत्सों से काटनेवाली भौतिक सुविधा और प्रचंड गति को वे कभी नहीं स्वीकारते, इतना सहज समझ में आ जाता है। प्रेमचन्द को मानवीय श्रम में भी अटूट श्रद्धा थी और शरीर श्रम से मनुष्य को अलगाकर उसे खोखला कर देनेवाली सभ्यता से उनको कोई लगाव नहीं था। श्रम से कतराकर तुरन्त सुविधा और दैहिक सुख पहुँचानेवाली 'यन्त्र' सभ्यता उन्हें घातक लग रही थी। हो सकता है कि इसमें गांधीजी के प्रभाव का अधिक हाथ था। लेकिन इसमें सन्देह नहीं कि इस प्रभाव को प्रेमचन्द अन्त तक नहीं छोड़ सके। क्योंकि इनका स्वत्व इसी में स्थिर था। वे शोषणमुक्त

समानता पर आधारित समाज-रचना के पक्षधर थे परन्तु उनका समाज कृषि संस्कृति के मानवीय मूल्यों को सुरक्षित रखनेवाला समाज था। यह कहाँ तक उचित है, कहाँ तक ऐतिहासिक बोध से संगतिपूर्ण है, कहाँ तक प्रगतिशील है, इस पर विवाद हो सकता है परन्तु प्रेमचन्द की सांस्कृतिक चेतना का यही रूप था। असल में बढ़ते वैज्ञानिक तकनीकी प्रभावों, प्रकृति तथा मनुष्य के मानस से सतत विरोध करनेवाली गति को तथा प्रदूषण के विभिन्न रूपों को देखने पर और युद्ध साधनों की बढ़ती पैदाइश को ध्यान में रखने पर पुनः इस प्रगति, वैज्ञानिक गति में विश्वास, आधुनिकता बोध इत्यादि बातों का पुनर्विचार करने की स्थिति में मानव जाति आई है और दिन-ब-दिन निःशेष होती जानेवाली प्राकृतिक सम्पदा का भयावह बोध मनुष्य को अविवेकी दौड़ से रोकने पर तुला हुआ है, इस स्थिति में प्रेमचन्द के दृष्टिकोण का महत्त्व पुनः प्रतिष्ठित होता है। प्रेमचन्द आज की वैज्ञानिक अन्ध प्रगति के संकट से पूर्णतः परिचित थे ऐसा तो नहीं कहा जा सकता लेकिन कलाकार की सूक्ष्मान्वेषिणी भविष्यभेदिनी दृष्टि से उन्होंने इस संकट की छायाओं को देखा अवश्य था। जीवन्तता को ही खत्म करनेवाली जीवन प्रणालियों, जीवन के उपादानों और व्यवस्था के नीति-निरपेक्ष एवं अमानवीय आक्रमण को प्रेमचन्द का शिवत्व प्रेमी कलाकार कैसे सह सकता था ?

प्रेमचन्द ने गोचर जीवन और उसके स्वरूप पर अधिक ध्यान केन्द्रित किया था। जीवन को संचालित करनेवाली परा-शक्ति या परमेश्वर इत्यादि के बारे में प्रेमचन्द विशेष सैद्धान्तिक धरातल पर नहीं सोचते। उनके चरित्र ईश्वरविषयक चर्चा करते हों, उसका नाम-जप करते हों, भजन गाते हों तो वह एक चरित्र को प्रस्तुत करने का नाटकीय ढंग है। प्रेमचन्द ने इन बातों में विशेष लगाव नहीं दर्शाया। हाँ, वे दिन-ब-दिन ऐसी किसी शक्ति के अस्तित्व के बारे में निराश ही हो चले थे। परन्तु विवाद के लिए यह मान भी लिया जाए कि वे नास्तिक थे तो भी इससे उनके जीवनविषयक विचारों पर कोई अन्यथा प्रभाव नहीं पड़ता। प्रेमचन्द मनुष्य में ही ईश्वर की उपस्थिति देखते थे और उन सारी निष्पत्तियों को वे स्वीकार कर चलते थे जो एक आस्तिक व्यक्ति मानवीय जीवन में आस्थाशील होकर मानना चाहता है। असल में मानव और उसके कर्तृत्व पर उनकी अपराजेय आस्था थी यही उनके लिए ईश्वर का पर्याय था।

प्रेमचन्द और समाजवाद

डॉ. कमलकिशोर गोयनका

प्रेमचन्द के मार्क्सवाद और कम्युनिस्ट आन्दोलन के विचार-दर्शन को लेकर पिछले कई दशकों से हिन्दी आलोचना में चर्चा और विवेचन होता रहा है, लेकिन यह विवेचन प्रायः हिन्दी के कम्युनिस्ट आलोचकों, लेखकों एवं कम्युनिस्ट नेताओं की ओर से ही हुआ है। स्वाभाविक था, कम्युनिस्ट लेखकों ने इस चर्चा-विवेचन का उपयोग उन्हें मार्क्सवादी लेखक सिद्ध करके किया। इसके लिए उन्हें यह भी लिखना पड़ा कि अपने अन्तिम वर्षों में प्रेमचन्द का गांधीवाद से मोह-भंग हो गया और इसके बाद वे मार्क्सवाद की ओर उन्मुख हो गए थे। इस व्याख्या से प्रेमचन्द का हित तो नहीं हुआ, लेकिन हिन्दी के मार्क्सवादी आलोचक और लेखक कई दशकों तक हिन्दी साहित्य के रंगमंच पर मज़बूती के साथ बैठकर प्रगतिशील लेखक संघ, जनवादी लेखक संघ आदि राजनीतिक संघों को पूरे देश में फैलाने में सफल हुए तथा इस बात को भी हिन्दी साहित्य के प्रेमियों के मन में स्थापित करने में लगभग सफल हुए कि प्रेमचन्द मार्क्सवादी लेखक बन गए थे। इस प्रतिपादन के बावजूद हिन्दी के प्रायः सभी मार्क्सवादी आलोचक और लेखक यह मानते हैं कि प्रेमचन्द ने मार्क्सवाद का अध्ययन पूर्ण रूप से नहीं किया था और वे उससे पूर्णतः अवगत नहीं थे। डॉ. रामविलास शर्मा ने सन् 1941 में प्रकाशित अपनी पुस्तक 'प्रेमचन्द' में लिखा था, "उनकी कृतियों से यह नहीं जान पड़ता कि उन्होंने समाजवाद का शास्त्रवत् अध्ययन किया था या समाजवादी सिद्धान्तों के अनुसार रचे गए साहित्य के अनुसार अपना साहित्य भी गढ़ने की चेष्टा की थी।"[1] यही बात लगभग 40 वर्ष के बाद मार्क्सवादी आलोचक डॉ. शिवकुमार मिश्र ने अपनी पुस्तक 'प्रेमचन्द : विरासत का सवाल' में लिखी है। वे लिखते हैं कि मार्क्स का नाम प्रेमचन्द ने कहीं नहीं लिया है, मार्क्सवादी दर्शन का ज़िक्र भी उन्होंने नहीं किया है, कदाचित मार्क्सवादी दर्शन को उसके सुसंगत रूप में जानने-पहचानने का सुयोग उस युग के दूसरे तमाम बुद्धिजीवियों की भाँति उन्हें भी नहीं मिला था।[2]

हिन्दी के मार्क्सवादी आलोचकों के ये निष्कर्ष उपलब्ध तथ्यों के विपरीत हैं। प्रेमचन्द ने 'मार्क्स' का उल्लेख अपने लेख 'इस्लामी सभ्यता'[3] में करते हुए लिखा है कि कार्ल मार्क्स और रूसो को जिन सिद्धान्तों का श्रेय दिया जा रहा है, वास्तव में उनका जन्मदाता अरब के मरुस्थल का उम्मी मुहम्मद था जिसने इस्लाम धर्म को जन्म दिया।

प्रेमचन्द के इस कथन से हमारे कम्युनिस्ट लेखक सम्भवतः सहमत नहीं होंगे लेकिन इस प्रमाण को वे अस्वीकार नहीं कर सकते कि सन् 1925 में वे 'कार्ल मार्क्स' का उल्लेख कर रहे थे और वे उसके सिद्धान्तों से परिचित थे। 'स्वदेश', 18 मार्च, 1928 को अपने लेख 'राज्यवाद और साम्राज्यवाद' में प्रेमचन्द ने लिखा, "साम्यवाद से ऐसी ही लम्बी-चौड़ी आशाएँ बाँधी गई थीं मगर अनुभव यह ही रहा है कि साम्यवाद केवल पूँजीपतियों पर मजूदरों की विजय का आन्दोलन है। न्याय के अन्याय पर, सत्य के मिथ्या पर विजय पाने का नाम नहीं। वह सारी विषमता, सारा अन्याय, सारी स्वार्थपरता, जो पूँजीवाद के नाम से प्रसिद्ध है, साम्यवाद के रूप में आकर अणु मात्र भी कम नहीं होती, बल्कि उससे और भी भयंकर हो जाने की सम्भावना है।"

वे ज़ार, मुसोलिनी, हिटलर, स्टालिन, लेनिन, चर्चिल, आदि की चर्चा 'जागरण' और 'हंस' में लिखी अपनी सम्पादकीय टिप्पणियों में बार-बार करते हैं तथा कुछ स्थानों पर तो वे मार्क्सवादी शब्दावली का प्रयोग करते रहे हैं। उनके पत्रों एवं लेखों में 'बोल्शेविस्ट उसूल' (पत्र, 21 दिसम्बर, 1919), 'रक्तमय अशान्ति' ('मर्यादा', बैशाख, सम्वत् 1979), 'क्रान्ति' ('हंस', जून, 1931), 'रूस धर्म को अफ़ीम का नशा कहता है' ('हंस', अक्टूबर, 1932), 'शान्तिमय क्रान्ति' ('हंस', अक्टूबर-नवम्बर, 1932) 'ज़ार-सत्ता' ('जागरण', 20 फरवरी, 1933), 'वर्गवाद' ('जागरण', 17 अप्रैल, 1933), 'कम्युनिज़्म और फासिज़्म' ('जागरण', 21 अगस्त, 1933), 'सोशलिज़्म' ('जागरण', 9 अक्टूबर, 1933), 'वर्ग संग्राम का भीषण रूप' ('जागरण', 10 अप्रैल, 1933), 'समाजवादी डिक्टेटरशिप' ('जागरण', 15 जनवरी, 1934), 'सर्वहारा वर्ग' ('पत्र', इन्द्रनाथ मदान को, 26 दिसम्बर, 1934), आदि शब्दों एवं वाक्यों का यत्र-तत्र प्रयोग मिलता है जिससे स्पष्ट है कि वे मार्क्सवाद तथा रूस में हुई बोल्शेविक क्रान्ति से पूर्णतः अवगत थे। प्रेमचन्द के कुछ लेख भी रूस की स्थिति, साम्यवाद और महाजनी सभ्यता आदि के युगीन सन्दर्भों पर आधारित हैं। ये लेख हैं—'पुराना ज़माना : नया ज़माना' ('ज़माना' उर्दू पत्रिका, फरवरी, 1919), 'रूस और जर्मनी की सन्धि' ('मर्यादा', अप्रैल, 1922), 'रूस का भाग्य-विधाता' ('जागरण', 31 अक्टूबर, 1932) 'सोवियत रूस की उन्नति' ('जागरण', 28 नवम्बर, 1932) 'रूसी साहित्य और हिन्दी' ('हंस', मई, 1933), 'भारत—1983 में' ('जागरण', 21 अगस्त, 1933), 'भावी महासमर', ('जागरण', 22 मई, 1933), 'रूस में समाचार-पत्रों की उन्नति' ('जागरण', 21 अगस्त, 1933), 'कांग्रेस और सोशलिज़्म' ('जागरण', 9 अक्टूबर, 1933), 'श्री जवाहरलाल नेहरू का व्याख्यान' ('जागरण', 20 नवम्बर, 1933), 'समाजवाद का आतंक' ('जागरण', 15 जनवरी, 1934), 'रूस और जापान में तनाव' ('जागरण', 19 फरवरी, 1934), 'रूस का नैतिक उत्थान' ('जागरण', 26 फरवरी, 1934), 'रूस में धर्म-विरोधी आन्दोलन' ('जागरण', 19 मार्च, 1934), 'रूस में पूँजीवाद', ('जागरण', 23 अप्रैल, 1934), 'रूसी कहानियाँ' ('हंस', मार्च, 1935), 'साम्यवाद का बिगुल' ('हंस', जून, 1936), 'महाजनी सभ्यता' ('हंस', सितम्बर, 1936) आदि।

ये सभी सन्दर्भ, लेखादि इसके प्रमाण हैं कि प्रेमचन्द कार्ल मार्क्स, मार्क्सवाद, लेनिन की बोल्शेविक खूनी क्रान्ति, ज़ार की सत्ता और कम्युनिस्ट सत्ता तथा उसके क्रिया-कलापों एवं विचार-दर्शन से पूर्णतः परिचित थे। वे अपने समय के सबसे अधिक अध्ययनशील हिन्दी लेखक थे। उन्होंने अंग्रेजी भाषा के माध्यम से योरप, रूस आदि का साहित्य पढ़ा था और ज्ञान-विज्ञान तथा विश्व-राजनीति के सम्बन्ध में जो पुस्तकें भारत में आ रही थीं, वे उनसे सीधे सम्पर्क में थे। इसके भी प्रमाण उपलब्ध हैं कि उन्होंने समाजवाद पर कई पुस्तकें पढ़ी थीं तथा उस समय के प्रतिष्ठित समाजवादियों–सम्पूर्णानन्द, आचार्य नरेन्द्र देव आदि से उनके गहरे सम्बन्ध थे। वैसे भी, रूस की खूनी क्रान्ति (सन् 1917) से काफी पहले 'समाजवाद' की चर्चा सारे विश्व में आरम्भ हो चुकी थी। यहाँ तक कि स्वामी विवेकानन्द भी इससे अछूते नहीं रहे। विवेकानन्द जब इंग्लैंड में थे तब उनसे अनेक समाजवादी और प्रजातन्त्रवादी नेता मिलने आए थे [4] और उन्होंने 'समाजवाद' की आवश्यकता पर लंदन में सन् 1896 में कहा था, "यहाँ इंग्लैंड में यही प्रकट हो रहा है कि समाजवाद अथवा जनता द्वारा शासन-सा कोई स्वरूप, उसे आप चाहे जिस नाम से पुकारें, उभरता आ रहा है। लोग निश्चय ही यह चाहेंगे कि उनकी पार्थिव आवश्यकताओं की पूर्ति हो, वे कम काम करें, उनका शोषण न हो, युद्ध न हो और भोजन आदि मिले।"[5] विवेकानन्द ने समाजवाद की परिभाषा देते हुए कहा कि जो समाज के आधिपत्य के लिए व्यक्तिगत स्वतन्त्रता का त्याग चाहता है, वह सिद्धान्त समाजवाद कहलाता है और जो व्यक्ति के पक्ष का समर्थन करता है, वह व्यक्तिवाद कहलाता है।[6] वे अपने व्याख्यानों में भारत के 'सामाजिक साम्यवाद' की चर्चा करते हैं और 'सार्वभौम साम्यवाद' की भी, परन्तु उनका दृढ़ मत है कि साम्यवादी सिद्धान्तों का आधार आध्यात्मिक ही होना चाहिए।[7] उनका मत था कि कोई भी समाजवादी सभ्यता, जो धर्म पर अथवा मनुष्य के भीतर के शुभ पर आधारित न हो, स्थायी नहीं हो सकती, लेकिन धर्म इस समस्या की जड़ तक पहुँच सकता है।[8]

महात्मा गांधी भी अपने समय में समाजवाद और साम्यवाद पर विचार करने से बच नहीं पाए। समाजवाद उस काल खंड में स्वराज्य और स्वाधीनता के साथ महत्त्वपूर्ण विषय था जिसके कारण साधारण जनता को न्यायपूर्ण समानता और शोषण-मुक्त व्यवस्था मिलने की सम्भावना उत्पन्न हो गई थी। अतः महात्मा गांधी को भी समाजवाद और साम्यवाद पर विचार करना आवश्यक था। गांधी 'समाजवाद' को मानते हैं और उसे स्पष्ट करते हुए कहते हैं कि समाजवाद का यह अर्थ है कि लोग स्वावलम्बी बनें। ऐसा होने पर ही उनका लूटा जाना बन्द हो सकेगा।[9] उनका मत है कि 'ईशोपनिषद्' के पहले मन्त्र में ही समाजवाद ही नहीं साम्यवाद विद्यमान है।[10] इसलिए वे 'पाश्चात्य समाजवाद या साम्यवाद' को उचित नहीं मानते क्योंकि उसमें हिंसा का रंग चढ़ा हुआ है।[11] वे समाजवाद को स्पष्ट करते हैं और कहते हैं कि कारखानों का या तो राष्ट्रीयकरण कर दिया जाए या उन्हें राज्य के स्वामित्व में रखा जाए। वे मानव-हित के लिए चलाए जाएँ, लोभ के लिए नहीं; तथा धन की आपाधापी बन्द हो एवं मजदूरों का जीवन

सुधरे।[12] लेकिन गांधी रूसी ढंग के समाजवाद को स्वीकार नहीं करते। वे स्पष्ट कहते हैं कि रूसी ढंग का जबरदस्ती थोपा गया समाजवाद भारत को कभी स्वीकार नहीं होगा। मैं 'अहिंसक साम्यवाद' में आस्था रखता हूँ।[13] गांधी के विचार में 'अहिंसा' और 'रचनात्मक कार्यक्रम' उसके मूल में हैं। गांधी 'शोषण' के विरुद्ध हैं[14] तथा 'वर्ग-युद्ध' के विरोधी हैं'[15], पूँजीपति एवं मज़दूर दोनों को चाहते हैं[16], स्वराज्य के लिए 'आर्थिक स्वतन्त्रता' चाहते हैं[17] और कहते हैं कि साम्यवादी दल के अस्तित्व में आने से पहले ही कांग्रेस श्रमिकों और कृषकों के लिए स्वराज्य की कल्पना कर चुकी थी।[18] फिर भी वे मानते हैं कि कम्युनिस्टों से उनका झगड़ा नहीं है, मतभेद है।[19] वे कई बार समाजवादियों से अपने अन्तर को स्पष्ट करते हैं। गांधी मानते हैं कि सब सम्पत्ति प्रजा की है—'सबै भूमि गोपाल की', लेकिन समाजवादियों से घृणा और हिंसा से राज-सत्ता पर नियन्त्रण तथा समानता को बलपूर्वक लागू करने के वे समर्थक नहीं हैं।[20] वे कहते हैं कि आप देश को अपने विचारों का अनुगामी बनाने के लिए हिंसा का पथ ग्रहण कर सकते हैं, परन्तु आप कितने लोगों को मारेंगे ? करोड़ों का विनाश तो नहीं कर सकते जबकि आज आप मुट्ठी-भर से अधिक नहीं हैं।[21] वे स्पष्ट देखते हैं और कहते हैं कि समाजवादी और साम्यवादी अपने विचारों एवं सिद्धान्तों का अपने जीवन में आचरण नहीं करते। आप साम्यवादी होने का दावा करते हैं, परन्तु साम्यवादी जीवन व्यतीत करते दिखाई नहीं देते।

गांधी कहते हैं कि यदि साम्यवाद में हमारी श्रद्धा है, तो हम कम-से-कम अपनी निजी जायदाद तो समाज को अर्पण कर दें। एक भी कौड़ी जब तक कोई रखेगा, तब तक वह समाजवादी नहीं है।[22] गांधी आचरण पर बल देते हैं और उसे अहिंसा का मार्ग कहते हैं। इस कारण वे स्वयं को सबसे बड़ा कम्युनिस्ट[23] होने का दावा करते हैं। वे इसी आधार पर जवाहरलाल नेहरू के समाजवाद से स्वयं को थोड़ा अलग मानते हैं। नेहरू परिणाम पर जोर देते हैं और अहिंसा के अतिरिक्त अन्य साधनों से भी समाजवाद लाना चाहते हैं, परन्तु गांधी अहिंसा के सिद्धान्त से टस-से-मस नहीं होते।[24] गांधी मानते हैं कि उनका जो भारतीय समाजवाद है, वह एक दिवा-स्वप्न है, वैसे ही जैसे समाजवादियों का एक नई व्यवस्था के बनाने का है, लेकिन वे भी एक नए ढंग की व्यवस्था बनाना चाहते हैं जो विश्व को अचम्भे में डाल देगी।[25] उनका समाजवाद या साम्यवाद अहिंसा तथा श्रम व पूँजी और जमींदार व रैयत के सामंजस्यपूर्ण सहयोग पर आधारित है।[26] गांधी इसकी सम्भावना स्वतन्त्र भारत में देखते हैं और मानते हैं कि तब अमीरों और गरीबों के पास बराबर की सत्ता होगी, लेकिन यदि स्वेच्छा से सम्पत्ति का त्याग नहीं किया जाता और जो सत्ता सम्पत्ति से प्राप्त होती है, उसे खुशी-खुशी नहीं छोड़ा जाता तथा सम्पत्ति का उपयोग मिल-जुलकर, सबकी भलाई के लिए नहीं किया जाता तो निश्चय ही इस देश में खूनी क्रान्ति आएगी।[27]

प्रेमचन्द समाजवाद को लेकर विवेकानन्द, गांधी, बोल्शेविक क्रान्ति तथा अपने युग की आवश्यकताओं से प्रभावित थे और वे समाजवाद का अपना दर्शन विकसित कर

रहे थे। भारत में उस समय स्वराज्य की लड़ाई शुरू हो चुकी थी। इस लड़ाई का आधार विदेशी दासता से मुक्ति का संकल्प तो था ही, साथ ही समता एवं न्याय पर आधारित समाज की रचना का स्वप्न भी जुड़ा हुआ था। इस प्रकार समाजवाद भी उस युग की प्रमुख माँग थी। इसी कारण बोल्शेविक क्रान्ति और गांधी के आविर्भाव से पहले ही प्रेमचन्द की दिशा शोषण-मुक्त समाज के निर्माण की थी। उनके इस चिन्तन को विवेकानन्द, गांधी और मार्क्स के अनुयायियों ने दृढ़ आधार दे दिया और वे अपने लेखों के साथ अपने उपन्यासों एवं कहानियों में अपने समाजवादी-दर्शन को रूप देते रहे। उनके लेखों में समाजवाद का चिन्तन पक्ष तथा सर्जनात्मक कृतियों में भारतीय समाजवाद तथा भारतीय समाजवादियों व कम्युनिस्टों के चरित्र का उद्घाटन किया गया है। प्रेमचन्द ने समाजवाद की परिभाषा में कहा है कि समाजवाद यही तो कहता है कि मनुष्य मात्र को समान भाव से शिक्षित होने और काम करने का अवसर दिया जाए, सभी काम बराबर समझे जाएँ, सभी समान रूप से प्रेम और शान्ति के साथ रहकर जीवन व्यतीत करें। इससे ऊँचा और पवित्र मानव संस्कृति का उद्देश्य और क्या हो सकता है।[28] उन्होंने एक अन्य स्थान पर लिखा कि आज राज्य का आधारस्तम्भ है समता। उसका अर्थ है, प्रजातन्त्र के लिए समान अवसर, समान सुविधा और समान सत्ता की व्यवस्था करना, और जो राज्य इस सत्य को स्वीकार नहीं करता, वह बहुत दिन टिक नहीं सकता।[29] प्रेमचन्द मानते हैं कि बीसवीं सदी सोशलिज्म की सदी है जो सम्भव है आगे चलकर कम्युनिज़्म का रूप धारण कर ले। भारत जैसे देश में जहाँ आबादी का बड़ा हिस्सा गरीबों का है, जिनमें पढ़े-अनपढ़े सब तरह के मजूर हैं, सोशलिज़्म के सिवा उनका आदर्श हो ही क्या सकता है।[30] इस दृष्टि से विवेकानन्द, गांधी और प्रेमचन्द एक ही लक्ष्य के पथिक बन जाते हैं।

प्रेमचन्द के समाजवादी-दर्शन में हमें वे मुसोलिनी, हिटलर, स्टालिन जैसे तानाशाहों का समर्थन करते हुए मिलते हैं। वे कहते हैं कि मुसोलिनी, हिटलर तथा स्टालिन राष्ट्र के सच्चे सेवक हैं और यही उनकी सबसे बड़ी शक्ति है। राष्ट्र उनकी सम्पत्ति नहीं है और न राष्ट्र का धन उनके भोग के लिए है। इनकी डिक्टेटरशिप चन्द रोज है, या स्थायी पर इसमें सन्देह नहीं कि इस वक़्त वे डिमोक्रेसी से कहीं उपयोगी हो रही है।[31] वे इसे 'समाजवाद का आतंक' भी कहते हैं तथा यह मानने लगते हैं कि यह डिक्टेटरशिप का युग है।[32] एक स्थान पर प्रेमचन्द मानते हैं कि सोवियत का आदर्श कम्युनिस्ट पार्टी या डिक्टेटरशिप नहीं है। यह अस्थायी है। उसका आदर्श एक ऐसा साम्यवाद है जिसमें आदमी स्वार्थ से नहीं, केवल समाज के हित के लिए बगैर दबाव के जिएगा और मरेगा, जब सभी मनुष्य होंगे, ऊँच-नीच या शासक और शासित का भेदभाव मिट जाएगा।[33]

प्रेमचन्द का डिक्टेटरशिप का यह समर्थन स्थायी न रह सका। मुसोलिनी, हिटलर तथा स्टालिन के शासन-तन्त्र में वे जो प्रजा का हित देख रहे थे, वे उनके जीवन-काल में ही धराशायी हो गया। यदि वे जीवित रहते और दूसरा विश्व-युद्ध देखते तो उन्हें

अवश्य ही वे मानव के भयंकर शत्रु के रूप में पहचानते। 'हिटलर की तानाशाही' शीर्षक से तो उन्होंने 'हंस' के मई, 1934 के अंक में सम्पादकीय लिखा और उसके अत्याचारों पर टिप्पणी की। रूस के स्टालिन के बारे में उन्होंने 'हंस' के मई, 1933 के अंक में लिखा कि रूस का साम्राज्यवाद से कोई सम्बन्ध नहीं है[34], लेकिन अपने इस मत का स्वयं खंडन करते हुए 22 मई, 1933 को अर्थात् उसी महीने 'जागरण' में 'भावी महासमर' सम्पादकीय में उन्होंने लिखा कि साम्राज्य-विरोधी रूस भी चाहता है कि ज़माना सोवियत हो जाए। उसे विचार का साम्राज्य चाहिए। इसी प्रकार वे लेनिन और स्टालिन के रूस के बारे में समझते थे कि वहाँ पूँजीवाद समाप्त हो गया है, परंतु 23 अप्रैल, 1934 की उनकी टिप्पणी में यह स्वीकार किया कि वे भ्रम में थे। उन्होंने लिखा, "हम समझ रहे थे कि कम-से-कम एक ऐसा देश है, जिसने पूँजीवाद पर विजय पाई है और अपने देश में एक नई समाज-व्यवस्था कायम कर दी है, लेकिन मालूम होता है कि हम भ्रम में थे।[35] अपने सन् 1921 में लिखे लेख 'स्वराज्य के फ़ायदे' में उन्होंने आशा व्यक्त की थी कि बोल्शेविज़्म का कोई सुधरा रूप आगे बच रहेगा, लेकिन वे अपने जीवन के अन्तिम वर्षों में देख रहे थे कि रूस का स्टालिन और उसकी कम्युनिस्ट व्यवस्था हिटलर की तरह ही व्यवहार कर रही थी। वे जिस 'फ़ासिज़्म और नाज़िज़्म' को समाजवाद के रूप में समझ रहे थे, वे उनके समय में ही अपना असली चेहरा दिखाने लगे थे और इस तरह उनके भ्रम टूट रहे थे। वे समझ रहे थे कि 'कम्युनिज़्म और फ़ासिज़्म' जिस रूप में विकसित हो रहे हैं, उससे वे प्रजा-हित के अपने उद्देश्य से भटक जाएँगे और तब उनकी सत्ता भी समाप्त हो जाएगी। उन्होंने रूस में कम्युनिस्ट शासन के समाप्त होने की भविष्यवाणी करते हुए 'जागरण', 21 अगस्त, 1933 को लिखा, "कम्युनिज़्म और फासिज़्म का आधिपत्य इसलिए नहीं है कि उनके पीछे सैनिक शक्ति है, बल्कि इसलिए कि वे प्रजा-हित को ही अपना आधार बनाए हुए हैं। ज्योंही वे इस आदर्श से गिर जाएँगे, जनता फिर चंचल हो जाएगी और फिर किसी दूसरी तरह इस समस्या का हल करने की चेष्टा करेगी।"[36] बीसवीं शताब्दी के अन्तिम दशक में रूस में कम्युनिस्ट शासन के पतन की घटना को देखते हुए उनकी भविष्य-दृष्टि की प्रशंसा करनी पड़ेगी। वे देख रहे थे कि राजनीति के नए सिद्धान्तों पर चलकर विश्व में नए राष्ट्र बन रहे थे तथा वे बलवान और संगठित भी हो रहे थे, किन्तु उन्हें सन्देह था कि इससे संसार में सुख और शान्ति में वृद्धि होगी।[37]

प्रेमचन्द के समाजवाद-दर्शन पर विवेकानन्द और गांधी का प्रभाव स्पष्ट रूप से दिखाई देता है। वे एक स्थान पर तो विवेकानन्द की ही शब्दावली में समाजवाद का सम्बन्ध वेदान्त के एकात्मवाद से जोड़ते हुए लिखते हैं, "यहाँ तो वेदान्त के एकात्मवाद ने पहले ही समाजवाद के लिए मैदान साफ़ कर दिया है। हमें उस एकात्मवाद को केवल व्यवहार में लाना है। जब सभी मनुष्यों में एक ही आत्मा का निवास है, तो छोटे-बड़े, अमीर-गरीब का भेद क्यों ?"[38] प्रेमचन्द, विवेकानन्द और गांधी के इस विचार से सहमत हैं कि योरप के समाजवाद के स्थान पर भारतीय समाजवाद हो, जिस पर 'भारतीयता'

की छाप हो, जिसमें स्वार्थ और लूट प्रधान न हो, नीति और धर्म प्रधान हो।[39] विवेकानन्द और गांधी का दर्शन भी 'नीति और धर्म' पर ही स्थित है। इसी कारण प्रेमचन्द अपने समाजवादी दर्शन में मार्क्स और लेनिन की हिंसक क्रान्ति, वर्ग-संघर्ष, भूमि पर राज्य का अधिकार, मजदूरों की प्रमुखता और हड़ताल आदि को स्वीकार नहीं करते। प्रेमचन्द 'हंस' के जून, 1931 में लिखते हैं, "महात्मा गांधी क्रान्ति नहीं चाहते और न क्रान्ति से आज तक किसी जाति का उद्धार हुआ है। महात्मा गांधी ने हमें जो मार्ग बतलाया, उससे क्रान्ति की भीषणता के बिना ही क्रान्ति के लाभ प्राप्त हो सकते हैं।"[40] वे सर्वत्र हिंसक क्रान्ति का विरोध करते हैं और 'द्वेषमय हिंसा' करना तथा उसकी सराहना करना दोनों को 'धर्म-विरुद्ध' मानते हैं।[41] वे संघर्ष को पशुता का तथा सहयोग को मानवता का लक्षण मानते हैं[42] और इसीलिए वे वर्ग-संघर्ष को स्वीकार नहीं करते। प्रेमचन्द ने इन्द्रनाथ मदान को 26 दिसम्बर, 1934 को पत्र में लिखा था कि मेरा आदर्श समाज वह है जिसमें सबको समान अवसर मिले। विकास को छोड़कर और किस जरिए से हम इस मंजिल पर पहुँच सकते हैं। लोगों का चरित्र ही निर्णायक तत्त्व है। कोई समाज-व्यवस्था नहीं पनप सकती जब तक कि हम व्यक्तिशः उन्नत न हों। कहना सन्देहास्पद है कि क्रान्ति से हम कहाँ पहुँचेंगे। यह हो सकता है कि हम उसके जरिए और भी बुरी डिक्टेटरशिप पर पहुँचें जिसमें रंच मात्र व्यक्ति-स्वाधीनता न हो। मैं रंग-ढंग सब बदल देना चाहता हूँ पर ध्वंस नहीं चाहता।[43] इन विचारों के मूल में महात्मा गांधी की अहिंसा, सहयोग, हृदय-परिवर्तन, ट्रस्टीशिप, व्यक्ति स्वातन्त्र्य आदि का सीधा प्रभाव है, बल्कि यह कहना उचित होगा कि गांधी के इन विचारों के कारण वे मार्क्सवाद का भारतीकरण कर पाए। प्रेमचन्द इस प्रभाव के कारण महात्मा गांधी को सोशलिज़्म और कम्युनिज़्म से भी आगे बढ़ा हुआ मानते थे, क्योंकि वे उनके विचार में 'अपरिग्रहवादी' थे।[44] गांधी स्वयं को कम्युनिस्ट कहते थे और प्रेमचन्द ने भी एक बार स्वयं को कम्युनिस्ट कहा था, परन्तु गांधी कार्ल मार्क्स के अर्थ में स्वयं को कम्युनिस्ट नहीं मानते थे, वैसे ही प्रेमचन्द भी शास्त्रीय अर्थ में कम्युनिस्ट या समाजवादी नहीं थे। प्रेमचन्द ने एक इन्टरव्यू में कहा था, "मैं कम्युनिस्ट हूँ, मगर मेरा कम्युनिज़्म बिल्कुल भिन्न प्रकार का है। ×××हमारे समाज में जमींदार, साहूकार, यह किसान का शोषण करनेवाला समाज बिल्कुल रहेगा ही नहीं।"[45]

प्रेमचन्द इस इन्टरव्यू में रूसी, इंग्लैंड तथा गांधी के कम्युनिज़्म को स्वीकार न करके अपने कम्युनिज़्म को स्पष्ट करते हैं। इस प्रकार प्रेमचन्द मार्क्स की नकल नहीं करते, लेकिन शोषण से मुक्ति की उनकी नीति को स्वीकार करते हैं, परन्तु गांधी से अनेक विचारों को लेते हैं और अपना समाजवाद निर्मित करते हैं। वे कांग्रेस और गांधी के साथ हैं, क्योंकि समाजवाद उनका आदर्श है। वे जवाहरलाल नेहरू के भी समर्थक हैं, परन्तु वे गांधी और नेहरू में गांधी को सर्वोच्च मानते हैं, क्योंकि गांधी विचार और आचरण दोनों में समाजवादी हैं, जबकि प्रेमचन्द के अनुसार नेहरू विचार से सोशलिस्ट हैं, व्यवहार से नहीं।[46]

प्रेमचन्द के उपन्यासों और कहानियों में समाजवाद और साम्यवाद का एक दूसरा रूप मिलता है। उन्होंने अपने लेखों, पत्रों, इन्टरव्युओं आदि में समाजवाद का अपना सैद्धान्तिक रूप प्रस्तुत किया और उस युग के समाजवादी-दर्शन के गुणावगुणों के विवेचन के उपरान्त अपना भारतीय समाजवाद का रूप तैयार किया, लेकिन सर्जनात्मक साहित्य में उन्हें जीवन में आए समाजवादी सत्यों का उद्घाटन करना था। वे देख रहे थे कि जवाहरलाल नेहरू जैसे सोशलिस्ट कांग्रेसी विचार से समाजवादी थे, व्यवहार में नहीं और महात्मा गांधी भी बार-बार कहते कि बलपूर्वक सभी को समान बनाने से अच्छा यह है कि हम स्वयं समानता के सिद्धान्तों का अपने आचरण में प्रयोग करें। हम अपनी निजी सम्पत्ति समाज को दान कर दें। भारत के साम्यवादी स्वयं को साम्यवादी कहते हैं पर साम्यवादी जीवन व्यतीत करते नहीं दिखाई देते, क्योंकि वहाँ एक-एक के आचरण की कोई योजना नहीं है।[47] प्रेमचन्द की दृष्टि भी यही है। वे देखना चाहते हैं तथा पाठकों को दिखाना चाहते हैं कि जो लोग भारत में समाजवाद तथा साम्यवाद लाना चाहते हैं, वे स्वयं समाजवाद को कैसे जी रहे थे। स्वाभाविक था, इसके लिए चरित्रों का निर्माण करना था और यह उपन्यास, कहानी और नाटक में ही सम्भव था। सन् 1917 में बोल्शेविक क्रान्ति और सन् 1919 में 'बोल्शेविक उसूलों के क़ायल' होने का उल्लेख करने के बाद प्रेमचन्द सन् 1920 से सन् 1936 तक की कहानियों और उपन्यासों में भारतीय कम्युनिस्टों के चिन्तन और व्यवहार का बड़ी यथार्थता के साथ चित्रण करते रहे। उनकी ऐसी कहानियों में–'पशु से मनुष्य' ('प्रभा', फरवरी, 1920), 'ब्रह्म का स्वाँग' ('प्रभा', मई, 1920), 'हार की जीत' ('मर्यादा', मई, 1922), 'दो सखियाँ', ('माधुरी', फरवरी-मई, 1928), 'क़ैदी' ('हंस', जुलाई, 1933) तथा 'पंडित मोटेराम की डायरी' ('जागरण', जुलाई, 1934) आदि उल्लेखनीय हैं तथा उपन्यासों में, जिनमें समाजवाद और भारतीय साम्यवादियों का चित्रण हुआ है, उनमें 'प्रेमाश्रम' (जनवरी, 1922), 'रंगभूमि' (फरवरी, 1925) तथा 'गोदान' (जून, 1936) विशेष रूप से उल्लेखनीय हैं। प्रेमचन्द ने सन् 1923 में 'संग्राम' नाटक लिखा जिसमें समाजवादी चिन्तन का उल्लेख है तथा इसी वर्ष टाल्स्टाय की कहानियों का अनुवाद 'टाल्स्टाय की कहानियाँ' भी प्रकाशित हुआ।

प्रेमचन्द के सर्जनात्मक साहित्य में महात्मा गांधी और मार्क्स के दर्शन का प्रभाव लगभग एक ही समय पर पड़ता है। सन् 1919 में गांधी ने असहयोग आन्दोलन शुरू किया था और इसी वर्ष प्रेमचन्द ने बोल्शेविक उसूलों के क़ायल होने की बात लिखी थी। इसके तुरन्त बाद उनकी कहानियों और उपन्यासों में इन दोनों का ही प्रभाव आना आरम्भ हो गया, परन्तु इन प्रभावों में जहाँ महात्मा गांधी के चिन्तन-बिन्दुओं का प्रभाव निरन्तर बढ़ता जाता है, और समाधान के लिए भी वे गांधी की ओर जाते हैं, वहाँ वे मार्क्सवाद से शोषण-मुक्ति और किसान-मजदूर के शासन का विचार तो लेते हैं लेकिन समाधान और किसी अनुकूल निर्णय के लिए वे मार्क्स या लेनिन की ओर नहीं देखते। यही कारण है कि उनके सम्पूर्ण साहित्य में एक भी ऐसा पात्र नहीं है जो मार्क्सवादी

दर्शन का प्रतिरूप बन सके या समग्रता में उसे प्रस्तुत कर सके। इस दृष्टि से 'रंगभूमि' (1925) का नायक सूरदास ऐसा पात्र है जो गांधी-दर्शन का प्रतिरूप है और उनके अहिंसा सिद्धान्त, धर्म एवं न्याय की लड़ाई, विदेशी सत्ता से असहयोग, औद्योगीकरण का विरोध एवं कृषि जीवन का समर्थन, विचार और आचरण में समानता आदि को जीवन में उतारता है। यह एक प्रकार से मार्क्सवाद पर गांधीवाद की विजय का ही प्रतीक है।

प्रेमचन्द के सर्जनात्मक साहित्य में, यदि समाजवाद को जन-सेवा का आधार माना जाए, तो दो प्रकार के चरित्र मिलते हैं। एक, जो समाजवाद एवं साम्यवाद के विचारों के बिना भी जनता की निःस्वार्थ भाव से सेवा करते हैं; तथा दूसरे वे, जो समाजवाद और साम्यवाद के विचारों के समर्थक हैं लेकिन आचरण में वे सामन्तवाद और पूँजीवाद के अनुयायी हैं। पहले प्रकार के पात्रों में 'पशु से मनुष्य' (फरवरी, 1920) कहानी का प्रेमशंकर, 'ब्रह्म का स्वाँग' (मई, 1920) कहानी की वृन्दा, 'प्रेमाश्रम' (1922) उपन्यास का प्रेमशंकर तथा 'रंगभूमि' (1925) उपन्यास का नायक सूरदास उल्लेखनीय हैं जो समाजवाद के नारे के बिना भी मानवीयता का नया आदर्श प्रस्तुत करते हैं। प्रेमशंकर उनका ऐसा पात्र है जो 'पशु से मनुष्य' तथा 'प्रेमाश्रम' में समान रूप से मिलता है तथा उसकी चरित्र-रचना भी लगभग समान है। दोनों रचनाओं का प्रेमशंकर अमेरिका से कृषि-विज्ञान का अध्ययन करके लौटता है। उनका कोई पात्र रूस जाकर लौटकर नहीं आता। प्रेमशंकर कृषि और बागवानी को आजीविका का साधन बनाते हैं। कुछ लोग उनके साथ काम करते हैं, पर कोई मालिक नहीं, मज़दूर नहीं। बस वे मुखिया हैं और अन्य साथियों की तरह ही रहते हैं। वे इस 'सहकारिता' से छोटे-बड़े तथा मोटे-पतले का भेद मिटाकर वर्गों में होनेवाले संग्राम को मिटाना चाहते हैं, क्योंकि वे मानते हैं कि 'सहकारिता' ही इस भीषण संग्राम के संकट से मुक्त कर सकती है, पर वे स्वयं को 'सोशलिस्ट' नहीं मानते। प्रेमशंकर कहते हैं, "मैं 'सोशलिस्ट' या 'डिमोक्रेट' कुछ नहीं हूँ। मैं केवल न्याय और धर्म का दीन सेवक हूँ। मैं निःस्वार्थ सेवा को विद्या से श्रेष्ठ मानता हूँ।"[48] इस प्रकार बोल्शेविक क्रान्ति के बाद जन्मे पात्र प्रेमशंकर भी मार्क्स से प्रेरणा नहीं लेता, बल्कि गांधी के 'न्याय और धर्म' के सिद्धान्त से समतामूलक समाज की रचना में प्रवृत्त होता है। 'प्रेमाश्रम' उपन्यास का पात्र प्रेमशंकर लेखक के समाजवादी-दर्शन को विकसित करता है और उसे भारतीय रूप देता है। इस उपन्यास में जो खलनायक ज्ञानशंकर है वह साम्यवाद की रूपरेखा बताता है, परन्तु प्रेमशंकर 'साम्यवाद' की चर्चा और प्रेरणा के बिना[49] ही 'रामराज'[50] की स्थापना करता है। प्रेमचन्द के अनुसार ज्ञानशंकर अपनी असमर्थता के कारण 'साम्यवादी' बन जाता है, लेकिन उसका नशा जल्दी दूर हो जाता है। ज्ञानशंकर आगे चलकर साम्यवाद की कलई खोलते हुए कहता है, "सिद्धान्त रूप से हम चाहे इसकी कितनी ही प्रशंसा करें पर उसका व्यवहार में लाना असम्भव है। मैं यूरोप के कितने ही साम्यवादियों को जानता हूँ जो अमीरों की भाँति रहते हैं, मोटरों पर सैर करते हैं और साल में छह महीने इटली

या फ्रांस में विहार किया करते हैं।"[51] यह साम्यवादियों का वह रूप है जो ज्ञानशंकर देख रहे थे, लेकिन अपने भाई प्रेमशंकर का व्यावहारिक साम्यवाद देखकर वह आश्चर्य करता है[52] कि यह सम्भव कैसे हो पाया। प्रेमशंकर का साम्यवाद इसलिए सम्भव हो पाया क्योंकि वे रूस से नहीं भारत के जीवन-मूल्यों और यहाँ की जमीन की आवश्यकतानुसार उसकी रचना करते हैं। प्रेमशंकर 'सन्तोषमय, निष्काम और निःस्पृह जीवन' जीते हैं जिससे 'शान्ति और सहृदयता' उत्पन्न होती है। वे 'प्रेमाश्रम' की स्थापना करते हैं जो सारल्य, सन्तोष और सुविचार की तपोभूमि थी। यहाँ न ईर्ष्या का सन्ताप था, न लोभ का उत्साह, न तृष्णा का प्रकोप। यहाँ धन की पूजा न होती थी और न दीनता पैरों-तले कुचली जाती थी। यहाँ सब एक-दूसरे के सेवक, एक-दूसरे के मित्र और हितैषी थे।[53] यही प्रेमशंकर का 'रामराज' है और प्रेमचन्द का अंग्रेजी दासता का प्रस्तुत विकल्प। तुलसीदास ने भी मुगलों की दासता के विकल्प के रूप में 'राम-राज्य' का प्रारूप प्रस्तुत किया था। प्रेमचन्द का यह 'रामराज' रूस से नहीं, भारत की आत्मा से निकलता है। 'प्रेमाश्रम' का जमींदार मायाशंकर इस 'रामराज' को और विकसित करता है। वह अपनी प्रजा को स्वतन्त्र कर देता है और किसानों को उनकी भूमि का स्वामी बना देता है एवं शोषण के सभी दरवाज़े बन्द कर देता है। यह गांधी के हृदय-परिवर्तन और ट्रस्टीशिप का प्रभाव है, परन्तु प्रेमचन्द इसे अपने समाजवाद का अंग बना लेते हैं। मायाशंकर एक बड़ा कार्य और करता है। वह रूसी कम्युनिज़्म के इस सिद्धान्त को स्वीकार नहीं करता कि भूमि राज्य की सम्पत्ति है। वह इस धारणा का प्रतिवाद करते हुए कहता है, "भूमि या तो ईश्वर की है जिसने इसकी सृष्टि की या किसान की जो ईश्वरीय इच्छा के अनुसार उसका उपयोग करता है।"[54] इस प्रकार प्रेमचन्द अपने प्रेमशंकर और मायाशंकर पात्र से भारतीय समाजवाद का प्रारूप निर्मित करते हैं। यह भारतीय मूल्यों तथा भारतीय जीवन-दृष्टि पर आधारित है, न कि रूसी क्रान्ति पर। 'प्रेमाश्रम' के पात्र बलराज की इस उक्ति से कि 'रूस' और 'बलगारी' में काश्तकारों का राज है, यह उपन्यास रूसी क्रान्ति या मार्क्सवादी चेतना का उपन्यास नहीं बन जाता। हमारे मार्क्सवादी आलोचक यही गलती करते हैं कि एक उल्लेख मात्र को उपन्यास का प्रतिपाद्य बना देते हैं और उसके वास्तविक प्रतिपाद्य को, उसकी आत्मा और मूल संवेदना को ओझल कर देते हैं। इस आलोचनात्मक छल से प्रेमचन्द मार्क्सवादी लेखक नहीं बन सकते।

प्रेमचन्द की एक कहानी है 'ब्रह्म का स्वाँग'। इसमें एक नारी पात्र है वृन्दा और उसका पति जिसका नाम 'पुरुष' है। वृन्दा 'स्त्री' के नाम से कहानी में आती है। यह कहानी विवेकानन्द के अद्वैतवाद और प्रेमचन्द के वेदान्तीय एकात्मवाद[55] पर आधारित है। प्रेमचन्द विवेकानन्द के शब्दों में कहते हैं कि पश्चिम के समाजवाद की प्रगति देखकर ही सोशल लीग ने यह नतीजा निकाला है कि समाजवाद विध्वंसात्मक है, लेकिन क्या यह जरूरी है कि योरोप के समाजवाद ने जिस नीति को अपनाया, उसे भारत भी अपनाए। योरोप में जैसी परिस्थिति थी वैसी भारत में नहीं है। यहाँ तो वेदान्त के

एकात्मवाद ने पहले ही से समाजवाद के लिए मैदान साफ़ कर दिया है। हमें उस एकात्मवाद को केवल व्यवहार में लाना है। जब सभी मनुष्यों में एक ही आत्मा का निवास है, तो छोटे-बड़े, अमीर-गरीब का भेद क्यों ?[56] प्रेमचन्द इसी अद्वैतवाद को 'ब्रह्म का स्वाँग' कहानी की नायिका वृन्दा के माध्यम से चित्रित करते हैं। वह इस एकात्मवाद को व्यवहार में उतारती है। उसका पति उसे समझाता है कि हम सब एक ही पिता की सन्तान हैं। हम सब एक हैं। ऊँच-नीच का भेद करना अन्याय है। वृन्दा इस 'अमृत-वाणी' को सुनकर इसे व्यावहारिक रूप देती है और धोबिन के सिर में तेल लगाकर तथा महरी के साथ बैठकर बर्तन धुलवाती है। वह समझती है कि इनकी आत्मा में भी उसी के समान ईश्वर की ज्योति है। उसका पति इससे दुखी होता है कि उसकी पत्नी साम्य के सिद्धान्त को व्यवहार में लाती है। वह मानता है कि हम साम्यवाद की प्रशंसा करेंगे, उसके पक्ष में तर्क देंगे परन्तु उसे व्यवहार में लाना असम्भव है। वृन्दा इसके बाद भी वैसा ही व्यवहार करती है। वह नीच स्त्रियों को भद्र स्त्रियों के साथ बिठा देती है और कंगले-भिखारियों को घर की सारी पूरी-मिठाइयाँ बाँट देती है। पति उसकी भर्त्सना करता है और कहता है कि ईश्वर यदि चाहता तो प्राणिमात्र को समान सुख देता और ऊँच-नीच की भेदरहित सामाजिक व्यवस्था बनाता। यह व्यवस्था उसकी आज्ञा से ही चल रही है, अतः ये बेसिर-पैर की बातें, अर्थात् एकात्मवाद की मूर्खता बन्द करो। वृन्दा सोचती है, हम स्वार्थ के लिए ब्रह्म का भी स्वाँग बनाते हैं, लेकिन वह निराश नहीं होती। उसे विश्वास है, शीघ्र ही यह अन्धकार नष्ट होगा और ब्रह्म ज्योति चमकेगी।[57] इस कहानी में प्रेमचन्द वृन्दा के साथ हैं। वह जिस रूप में अद्वैतवाद को व्यावहारिक बनाती है, वे उसका समर्थन करते हैं, लेकिन वे उसके पति के साम्यवादी छल को, सिद्धान्त और व्यवहार के अन्तर को बड़े व्यंग्यात्मक रूप में अभिव्यक्त करते हैं।

प्रेमचन्द प्रेमशंकर और वृन्दा जैसे पात्रों के साथ हैं जो मार्क्सवाद को पढ़े बिना उसका पालन करते हैं। इस प्रकार के पात्र प्रायः अशिक्षित, निर्धन और ग्रामीण परिवेश वाले हैं। प्रेमशंकर इसके अपवाद हैं। 'रंगभूमि' का सूरदास भिक्षुक है, अन्धा है पर जनता का सेवक है, त्यागी है और सबका कल्याण चाहता है। वह अहिंसा का अनुयायी है और औद्योगीकरण का विरोधी है। वह कर्मशील है और गीता के कर्मयोग को जीवन में उतारता है। प्रेमचन्द मानते हैं कि भगवान कृष्ण का कर्मयोग स्वार्थ-मुक्त करके परमार्थ की ओर ले जाता है तथा भ्रातृ-भाव की सृष्टि करता है।[58] 'प्रेमाश्रम' का प्रेमशंकर भी कर्मवादी है, लेकिन यह कर्मवाद रूस से नहीं आया है। यह दुखद स्थिति है कि ऐसे पात्रों की संख्या अधिक नहीं है, सम्भवतः इसलिए भी कि प्रेमशंकर, वृन्दा, सूरदास जैसे पात्र समाज में कम ही होते हैं और साथ ही इसलिए भी कि हिन्दुस्तानी कम्युनिस्ट उन जैसा जीवन जीना नहीं चाहते। इसी कारण 'प्रेमाश्रम' का ज्ञानशंकर साम्यवादियों पर व्यंग्य करता है और वृन्दा का पति उसे उसके वेदान्तीय एकत्व को व्यवहार में लाने पर फटकार लगाता है। 'रंगभूमि' का प्रभुसेवक भी इसी प्रकार का साम्यवादी है और राजा का बेटा विनय भी। प्रभुसेवक के चरित्र के बारे में तथा उनके

साम्यवादी स्वरूप के बारे में प्रेमचन्द 'रंगभूमि' में लिखते हैं, "प्रभुसेवक और कितने ही विलास-भोगियों की भाँति सिद्धान्त रूप से जनवाद के कायल थे। जिन परिस्थितियों में उनका लालन-पालन हुआ था, जिन संस्कारों से उनका मानसिक और आत्मिक विकास हुआ था, उनसे मुक्त हो जाने के लिए जिस नैतिक साहस की, उद्दंडता की जरूरत है, उससे वह रहित थे। वह विचार-क्षेत्र में त्याग के भावों को स्थान देकर प्रसन्न होते थे और उस पर गर्व करते थे। उन्हें शायद कभी सूझा ही न था कि इन भावों को व्यवहार रूप में भी लाया जा सकता है। वह इतने संयमशील न थे कि अपनी विलासिता को उन भावों पर बलिदान कर देते। साम्यवाद उनके लिए मनोरंजन का एक विषय था और बस।"[59] इसी प्रकार 'रंगभूमि' का विनय भी राजकुमार होते हुए भी साम्यवादी है, लेकिन वह अपने स्वार्थ को छोड़ नहीं पाता। प्रेमचन्द उसके बारे में लिखते हैं, "गाड़ी में बैठते ही उनका साम्यवाद स्वार्थ का रूप धारण कर लेता है।"[60] इन भद्र समाज के पात्रों का सामन्तीय संस्कार साम्यवादी होने पर भी समाप्त नहीं होता। प्रेमचन्द इस यथार्थता से परिचित हैं। विनय अपनी गोली से आत्म-हत्या करता है, लेकिन सूरदास पुलिस की गोली से मरता है और शहीद हो जाता है। विनय अपने सामन्तीय संस्कारों के कारण सूरदास जैसी गौरवपूर्ण मृत्यु से वंचित रहता है। जनसेवक और साम्यवादी में यही अन्तर है।

प्रेमचन्द की कुछ अन्य कहानियों और उपन्यास में भी ऐसे ही छद्‌म साम्यवादी मिलते हैं। वे अपनी व्यंग्य की धार से इनके दोहरे चरित्र को उद्‌घाटित करते चलते हैं। 'हार की जीत' (मई, 1922) कहानी में प्रो. हरिदास भाटिया साम्यवादी हैं और साम्यवाद पर एक पुस्तक लिख रहे हैं। वे 'सिद्धान्तों के भक्त' थे लेकिन उन्हें व्यवहार में लाना उचित न समझते थे। इसी कारण वे 'धन की अवहेलना' नहीं कर सकते थे। वे अपनी पुत्री लज्जावती के लिए धनी और तालुकेदार शारदाचरण को वर के रूप में चुनते हैं, परन्तु लज्जावती उससे कहती है कि कॉलेज की शीतल छाया में पला हुआ तुम्हारा साम्यवाद बहुत दिनों तक सांसारिक जीवन की लू और लपट को न सह सकेगा।[61] 'दो सखियाँ' (फरवरी-मई, 1928) कहानी का विनोद भी साम्यवादी है। उसे राजाओं से चिढ़ है। वह मानता है कि समाज की सारी व्यवस्था, सारा संगठन सम्पत्ति-रक्षा के आधार पर हुआ है।[62] यह ऐसा साम्यवादी है जो विवाह को अनावश्यक मानता है और स्त्री-पुरुष दोनों को स्वाधीन बनाना चाहता है। वह उन्मुक्त काम का उपासक है, परन्तु जब वह अपनी पत्नी को परपुरुष के साथ देखता है तो उसका सारा साम्यवाद बह जाता है और आत्महत्या की चेष्टा करता है। इस कहानी का अन्त साम्यवादी सिद्धान्तों से न होकर आत्म-समर्पण, सेवा-भाव, सहृदयता और आत्मीयता जैसे भारतीय जीवन-मूल्यों से होता है। 'पंडित मोटेराम की डायरी' (जुलाई, 1934) कहानी में भी मोटेराम के द्वारा साम्यवाद का मजाक उड़ाया गया है, जबकि मोटेराम जैसे ब्राह्मण भी प्रेमचन्द के व्यंग्य-बाणों से बच नहीं पाए हैं। 'क़ैदी' (जुलाई, 1933) कहानी तो रूसी शासक ज़ार के विरुद्ध लेनिन और उसके कामरेडों की हिंसक क्रान्ति

पर आधारित है, पर यहाँ भी प्रेमचन्द रूसी कम्युनिस्टों के स्वार्थी, धोखेबाज तथा क्रान्ति के झूठे संकल्पों का सत्य उद्घाटित करते हैं तथा यह भी निष्कर्ष देते हैं कि हिंसा से नहीं, मनुष्य अहिंसा, प्रेम और समर्पण से ही बदला जा सकता है। प्रेमचन्द हिन्दुस्तानी ही नहीं रूसी कम्युनिस्टों को भी पहचान रहे थे। वे तो निजी सुख और विलास के लिए साथी कामरेड के साथ गद्दारी कर रहे थे और उसके विरुद्ध अदालत में झूठी गवाही दे रहे थे। ऐसी स्थिति में हिन्दुस्तानी कम्युनिस्ट अपने रूसी कम्युनिस्ट गुरुओं से भिन्न कैसे हो सकते थे ?

यहाँ 'गोदान' में प्रस्तुत हिन्दुस्तानी कम्युनिस्टों के चरित्र का विवेचन भी आवश्यक है, क्योंकि हिन्दुस्तान के कम्युनिस्ट आलोचक मानते हैं कि 'गोदान' एक मार्क्सवादी कृति है। रूस में कम्युनिस्टों के शासन के दौरान वर्षों तक 'प्रगति प्रकाशन, मास्को' में कार्य करनेवाले मदनलाल 'मधु' ने लिखा है कि 'गोदान' के रचना के समय प्रेमचन्द ने 'वर्ग-संघर्ष' के सत्य को स्वीकार कर लिया था।[63]

डॉ. शिवकुमार मिश्र का मत है कि 1931 के बाद प्रेमचन्द मार्क्स अथवा समाजवाद के नए यथार्थ, विशेष बुद्धिवादिता और मानसिकता से जुड़ गए थे। इस कारण 'गोदान' में 'क्रान्तिकारी पक्षधरता' तथा 'यथार्थवादी कला का उत्कर्ष' मिलता है। उन्हें अब गांधीवाद नहीं 'मार्क्स या समाजवाद' अधिक प्रासंगिक प्रतीत होता है।[64] डॉ. शिवकुमार मिश्र जैसे अनेक मार्क्सवादी आलोचक 'गोदान' को समग्रता में पढ़े बिना ही ऐसे निष्कर्ष निकाल लेते हैं। डॉ. नामवर सिंह ने अपने एक भाषण में कहा था कि कहानीकार (रचनाकार) का विश्वास मत करो, कहानी (रचना) का विश्वास करो।[65] लेकिन सत्य इसके विपरीत है। ये मार्क्सवादी विद्वान कई बार प्रेमचन्द पर विश्वास करते हैं और कई बार उपन्यास या कहानी पर और वह भी उस अंश पर जिसे ये विद्वान मार्क्सवाद की स्थापना के लिए उपयुक्त समझते हैं। इनके समीक्षा-शास्त्र की एक विशेषता यह भी है कि ये समीक्षक रचना में विद्यमान मार्क्सवाद के विरोधी वक्तव्यों और प्रसंगों को नहीं देखते और चाहते हैं कि अमार्क्सवादी समीक्षक भी उन्हें नहीं देखें या उनका उल्लेख करें। 'गोदान' का प्रमाण ही यहाँ लेते हैं। 'गोदान' अधिकांश मार्क्सवादी समीक्षकों की दृष्टि में मार्क्सवादी रचना है, लेकिन इसमें मार्क्सवाद और हिन्दुस्तानी कम्युनिस्टों की जो कटु आलोचना है, उसे ये मार्क्सवादी समीक्षक नहीं देखते। 'गोदान' में प्रो. मेहता एक ऐसे पात्र हैं जिनके विचारों की उपेक्षा नहीं की जा सकती। डॉ. रामविलास शर्मा (विख्यात मार्क्सवादी समीक्षक) ने अपनी पुस्तक 'प्रेमचन्द और उनका युग' में लिखा है कि प्रो. मेहता प्रेमचन्द के विचारों के प्रतीक हैं तथा होरी उनकी परिश्रम करने की दृढ़ इच्छा-शक्ति का। डॉ. रामविलास शर्मा ने लिखा है कि यदि प्रो. मेहता और होरी को जोड़ दिया जाए तो जो व्यक्ति बनेगा, वह बहुत कुछ प्रेमचन्द से मिलता-जुलता होगा।[66] अब यदि 'गोदान' में प्रो. मेहता साम्यवाद तथा हिन्दुस्तानी कम्युनिस्टों की आलोचना करते हैं तथा उन पर व्यंग्य करते हैं तब भी ये कम्युनिस्ट समीक्षक उसका उल्लेख भी नहीं करते। यहाँ तक कि डॉ. रामविलास शर्मा भी प्रो. मेहता को प्रेमचन्द

की विचार-सन्तान मानने पर भी प्रो. मेहता के इस पक्ष को पाठकों के सामने नहीं लाते। मार्क्सवादी समीक्षक प्रो. प्रकाशचन्द्र गुप्त भी यही मानते हैं कि मेहता प्रेमचन्द के विचारों के प्रतीक हैं।[67]

प्रो. मेहता प्रकृति के पुजारी हैं। वर्तमान उनके लिए सबकुछ है। ईश्वर जीवन, क्रीड़ा, चहक और प्रेम में है। मातृत्व महान गौरव का पद है। नारी-हृदय धरती के समान है, धैर्यवान, शान्तिपूर्ण और सहिष्णु। नारी 'वफ़ा और त्याग' की मूर्ति है। मनुष्य के लिए क्षमा, त्याग और अहिंसा जीवन के उच्चतम आदर्श हैं और नारी ने इस आदर्श को प्राप्त कर लिया है। संसार में सबसे बड़ा अधिकार सेवा और त्याग से मिलते हैं। सच्चा आनन्द, सच्ची शान्ति केवल सेवा-व्रत में है। सेवा ही अधिकार का स्रोत है, वही शक्ति का उद्गम है। धन-संग्रह से उन्हें प्रेम नहीं है। मेहता स्वयं को 'पक्का आदर्शवादी' कहता है, किन्तु दूसरे स्थान पर वह स्वयं को 'आइडियलिस्ट' और 'मेरीरियलिस्ट' दोनों ही बताता है। वह 'समता' को अप्राकृतिक मानता है और ओंकारनाथ को उत्तर देते हुए कहता है कि बुद्ध, प्लेटो और ईसा सभी समता के प्रवर्तक थे, पर समता स्थायी नहीं बन सकी।[68] प्रो. मेहता अपने इन्हीं विचारों के कारण साम्यवाद के समता-सिद्धान्त पर सीधी चोट करते हुए कहता है, "धन को आप किसी अन्याय से बराबर फैला सकते हैं, लेकिन बुद्धि को, चरित्र को और रूप को, प्रतिभा को और बल को बराबर फैलाना तो आपकी शक्ति के बाहर है। छोटे-बड़े का भेद केवल धन से ही तो नहीं होता।"[69] वह मनुष्य जाति की इस विभिन्नता को सिद्धान्त का रूप देते हुए यहाँ तक कहता है कि मैं इस सिद्धान्त का समर्थक हूँ कि संसार में छोटे-बड़े हमेशा रहेंगे और उन्हें हमेशा रहना चाहिए। इसे मिटाने की चेष्टा करना मानव-जाति के सर्वनाश का कारण होगा।[70] प्रो. मेहता यह तर्क इसलिए देता है क्योंकि वह समता को अप्राकृतिक मानता है। प्रकृति में जो कुछ है वही स्थायी है। प्रो. मेहता हिन्दुस्तानी कम्युनिस्ट और रूसी कम्युनिज़्म पर भी गहरी चोट करता है। वह अपने समय के कम्युनिस्टों को देखता है और पाता है कि उनके विचारों और आचरण में घोर अन्तर है। वह रायसाहब की बैठक में होनेवाले वाद-विवाद में कहता है, "मुझे उन लोगों से ज़रा भी हमदर्दी नहीं है जो बातें तो करते हैं कम्युनिस्टों की-सी, मगर जीवन रईसों का सा, उतना ही विलासमय, उतना ही स्वार्थ से भरा हुआ।"[71] प्रो. मेहता इससे भी कठोर शब्दों में हिन्दुस्तानी कम्युनिस्टों पर व्यंग्य करते हुए उनके नकली साम्यवादी चेहरे को उजागर करते हुए कहता है, "मैं तो केवल इतना जानता हूँ, हम या तो साम्यवादी हैं या नहीं। हैं तो व्यवहार करें, नहीं हैं तो बकना छोड़ दें। मैं नकली ज़िन्दगी का विरोधी हूँ।"[72] वह रूस के साम्यवाद पर भी चोट करता है और इसे अस्वीकार करता है कि राजकर्मचारियों के मिल-मालिक बन जाने से सामाजिक विषमता समाप्त हो गई है। वह कहता है, "आप रूस की मिसाल देंगे। वहाँ इसके सिवाय और क्या है कि मिल के मालिक ने राजकर्मचारियों का रूप ले लिया है।"[73]

इस विवेचन से कई महत्त्वपूर्ण निष्कर्ष सामने आते हैं। प्रेमचन्द के साहित्यिक

रंगमंच पर आने से पूर्व ही देश-विदेश में समाजवाद का विवेचन-विश्लेषण शुरू हो गया था। यहाँ तक कि हिन्दू संन्यासी विवेकानन्द भी नई सदी में समाजवाद की आवश्यकता अनुभव कर रहे थे और राष्ट्र-नायक गांधी भी समाजवाद की अनिवार्यता की स्थापना करते हुए उसे हिन्दू धर्म के जीवन-मूल्यों और मानवीयता के साथ संयुक्त करके राष्ट्र के सम्मुख प्रस्तुत कर रहे थे। विवेकानन्द ने समाजवाद को धर्म और अध्यात्म से जोड़ा और गांधी ने भी उसे धर्म एवं नीति का आधार दिया। इन दोनों विचारकों ने हिन्दू धर्म की नींव पर समाजवाद को परिभाषित किया, लेकिन कार्ल मार्क्स का समाजवाद या साम्यवाद धर्म को अफ़ीम मानता था और उसमें हिन्दू जीवन के मानवीय मूल्यों–अहिंसा, सेवा, त्याग, हृदय-परिवर्तन, संस्कारों एवं दुष्प्रवृत्तियों का परिष्कार, साधन की पवित्रता, वाणी एवं आचरण की एकता, व्यक्तिगत स्वतन्त्रता, सहकारिता, परमार्थ और समष्टिवाद आदि के लिए कोई स्थान नहीं था। फिर भी इस 'पश्चिमी समाजवाद' का साहित्य भारत में आ रहा था और जवाहरलाल नेहरू, सम्पूर्णानन्द, आचार्य नरेन्द्र देव जैसे नेता समाजवाद की ओर उन्मुख हो रहे थे। प्रेमचन्द समाजवाद की इन विभिन्न धाराओं को चौराहे पर खड़े होकर देख रहे थे और वे देशी एवं विदेशी समाजवाद के आदर्शों एवं मूल्यों को समझने की चेष्टा कर रहे थे। प्रेमचन्द ने विवेकानन्द, गांधी और मार्क्स को पढ़ा था। विवेकानन्द पर तो उन्होंने लेख लिखा था। गांधी के साथ तो वे असहयोग आन्दोलन से ही थे। मार्क्स की प्रेरणा से रूस में हुई बोल्शेविक क्रान्ति की चर्चा भी वे लगभग इसी समय से कर रहे थे। जो मार्क्सवादी समीक्षक यह मानते हैं कि प्रेमचन्द को मार्क्सवाद का अधूरा ज्ञान था, वे भ्रम में हैं। सम्भवतः वे इसे सिद्ध इसलिए करते हैं क्योंकि वे मानते हैं कि उनके साहित्य में साम्यवाद का शास्त्रीय चित्रण नहीं मिलता। इसका कारण वे उनकी अज्ञानता को मानते हैं, न कि उनकी असहमति और अस्वीकृति को, लेकिन सत्य इसके विपरीत है। उन्होंने सन् 1925 में मार्क्स का उल्लेख किया और उसके सिद्धान्तों का श्रेय हज़रत मुहम्मद को दिया। उनके साहित्य में मार्क्सवाद की शब्दावली भरी पड़ी है और रूस के कम्युनिज़्म पर वे यदा-कदा लिखते रहे हैं। उन्हें रूस का कम्युनिज़्म कुछ क्षणों के लिए मोहित करता है, परन्तु शीघ्र ही उनका भ्रम टूटता है और वे स्टालिन आदि की प्रशंसा करते-करते रूसी कम्युनिज़्म के समाप्त होने तक की भविष्यवाणी करते हैं। वे कम्युनिज़्म से शोषण से मुक्ति और समता का विचार लेते हैं, यद्यपि ये विचार भी उन्हें विवेकानन्द, गांधी और अपने युग से मिलते हैं, परन्तु साम्यवाद इन विचारों को और पुष्ट करता है। फिर भी वे मार्क्स और रूसी कम्युनिज़्म के अर्थ में कम्युनिस्ट नहीं बन पाते हैं। वे कहते हैं कि मैं कम्युनिस्ट हूँ पर मेरा कम्युनिज़्म रूस, गांधी आदि से भिन्न प्रकार का है। वे रूस का कम्युनिज़्म देख रहे थे जहाँ पूँजीवाद और साम्राज्यवाद कायम था। वे हिन्दुस्तान के कम्युनिस्टों और समाजवादियों को भी देख रहे थे जो जवाहरलाल नेहरू के समान विचारों से समाजवादी थे, व्यवहार और आचरण से नहीं। वे मानते थे कि विलासमय जीवन जीनेवाले ये हिन्दुस्तानी कम्युनिस्ट कभी समाजवाद की स्थापना नहीं कर पाएँगे।

इस कारण प्रेमचन्द इन हिन्दुस्तानी कम्युनिस्टों की कटु आलोचना करते हैं और उन्हें अपने व्यंग्य का शिकार बनाते हैं। अतः प्रेमचन्द का समाजवाद निश्चय ही मार्क्स का समाजवाद नहीं है। मार्क्सवादी समीक्षक डॉ. रामविलास शर्मा भी यह स्वीकार करते हैं कि प्रेमचन्द का जन्म सर्वहारा वर्ग में नहीं हुआ था, न उन्होंने सर्वहारा वर्ग के क्रान्ति-दर्शन मार्क्सवाद को पूरी तरह अपनाया था और न उन्होंने कुटीर उद्योगों के स्थान पर मशीनी उद्योग को महत्त्व दिया और न स्वाधीनता आन्दोलन एवं समाजवाद के निर्माण में मजदूर वर्ग की भूमिका को ही स्वीकार किया।[74] डॉ. शर्मा के ये विचार ही प्रेमचन्द के समाजवाद को मार्क्सवादी मुखौटा पहनाने की कुचेष्टा को धराशायी कर देते हैं।

प्रेमचन्द का समाजवाद भारतीय था। भारतीयता और भारतीय जीवन-मूल्य, जो हिन्दू संस्कृति की देन हैं, उनके समाजवाद के अंग हैं, अतः डॉ. रामविलास शर्मा के इस विचार में कोई संगति नहीं है कि वे समाजवादी आदर्श के लिए 'राष्ट्रवाद' और किसी हद तक 'कथित भारतीयता' को भी छोड़ने के लिए तैयार थे।[75] इस निष्कर्ष के लिए वे कोई प्रमाण नहीं दे पाए। यह मार्क्सवादियों की कमजोरी है कि वे बिना प्रमाण के फतवेबाज़ी करते हैं और विचारों एवं धारणाओं को उलटने-पलटने और बदलने को भी उचित मानते हैं।[76] डॉ. नामवर सिंह ऐसा करते रहे हैं, अतः इसे वे सिद्धान्त बना देते हैं। प्रेमचन्द जन्म-शताब्दी के अवसर पर हैदराबाद में आयोजित एक गोष्ठी में मेरी उपस्थिति में उन्होंने कहा था कि होरी एक हिन्दू किसान है और यह होरी ही प्रेमचन्द है। मैंने तत्काल खड़े होकर इस नए चिन्तन का जब समर्थन किया तो वेणु गोपाल ने मंच पर आकर धमकते हुए कहा कि डॉ. नामवर सिंह बताएँ कि वे गोयनका के करीब आए हैं या गोयनका उनके करीब। डॉ. नामवर सिंह इसी शताब्दी के अवसर पर 'हरिश्चन्द्र सभा' की विचार-गोष्ठी में इसके विपरीत मत व्यक्त करते हुए कहते हैं कि यदि प्रेमचन्द को होरी माना और समझा गया तो मेरा सारा भाषण व्यर्थ हो जाएगा।[77] यह विचारों और धारणाओं का वैसा परिवर्तन नहीं है, जैसा 'कला प्रयोजन' के इन्टरव्यू में उन्होंने कहा है। यह अवसर और श्रोताओं के अनुकूल और 'वाही-वाही' लूटने की चालाकी है। विचार और धारणा का वास्तविक परिवर्तन तो डॉ. रामविलास शर्मा ने किया था जब उन्होंने आर्यों को इस देश का मूल निवासी घोषित किया, लेकिन उनका यह वैचारिक परिवर्तन डॉ. नामवर सिंह और उनके चेलों को स्वीकार नहीं हुआ। डॉ. नामवर सिंह ने अभी 'आलोचना' का एक अंक रामविलास शर्मा को अर्पित करते उनके इस वैचारिक परिवर्तन को घोर हिन्दूवादी, भगवाकरण का प्रतिरूप बताया। डॉ. नामवर सिंह स्वयं अपनी धारणाओं, विचारों का परिवर्तन करें तो यह साहित्य-नीति के अनुकूल है, लेकिन यदि डॉ. रामविलास शर्मा करें तो वे राष्ट्रीय स्वयंसेवक संघ के सदस्य हो जाते हैं। प्रेमचन्द के सम्बन्ध में भी वामपंथी इसी नीति पर चलते रहे हैं।

प्रेमचन्द भारतीय थे और अपने युग के भारतीय पुनर्जागरण के संवाहक थे। वे पश्चिमी संस्कृति और विदेशी विचार से भारत को बचाना चाहते थे। इसी कारण उन्होंने

सन् 1926 में 'प्रेम-द्वादशी' की भूमिका में लिखा था कि वे अपने कथा-साहित्य में 'भारतीय आत्मा' को सुरक्षित रखना चाहते हैं। प्रेमचन्द का यह विचार उनके साहित्य का केन्द्रीय विचार है और यही उनके विचारों का मूलाधार है। प्रेमचन्द महात्मा गांधी के समान यह समझते थे कि भारत में वही जीवन-दृष्टि फलीभूत और स्वीकार्य हो सकती है जो भारत की सनातन दृष्टि से मेल खाती हो। प्रेमचन्द निश्चय ही इतिहास, धर्म, परम्परा आदि के उन तत्त्वों के विरोधी थे जिन्होंने मनुष्य-मनुष्य में भेदभाव, असमानता के साथ शोषण और दमन का चक्र चलाया हुआ है। हिन्दू धर्म के आडम्बर, अस्पृश्यता, भेदभाव, कर्महीनता आदि के वे घोर आलोचक थे, परन्तु इससे वे हिन्दू जीवन-दृष्टि और उसके सनातन मानवीय पक्ष के भी आलोचक नहीं हो जाते। विवेकानन्द और गांधी ने भी हिन्दू धर्म की बुराइयों की कटु आलोचना की लेकिन बीसवीं शताब्दी की नई चेतना के अनुकूल जो विचार-दृष्टि एवं मानवीय मूल्य हिन्दू धर्म की सनातन दृष्टि में थे, वे उन्होंने स्वीकार किए और उनके आधार पर ही उन्होंने भारत की मुक्ति और विकास का दर्शन प्रस्तुत किया। इस प्रकार विवेकानन्द, गांधी और प्रेमचन्द लगभग एक ही प्रकार से भारत की सनातन धारणाओं और जीवन-दर्शन के प्रवक्ता और संवाहक थे। प्रेमचन्द जिस 'भारतीय आत्मा' को सुरक्षित रखने का संकल्प ले रहे थे, उससे पूर्व स्वामी विवेकानन्द, अरविन्द, स्वामी दयानन्द, गांधी आदि अनेक भारतीय विचारक उसी भारतीय आत्मा, रमेशचन्द्र शाह के शब्दों में 'आत्म-बिम्ब' को आविष्कृत करने का प्रयत्न कर रहे थे।

प्रेमचन्द की इस 'भारतीय आत्मा' में पुरातन भारत के 'सत्यं, शिवं सुन्दरं' के साथ धर्म के मानवीय मूल्य और आध्यात्मिक चेतना का योगदान है। उनके अप्रैल, 1936 के 'प्रगतिशील लेखक संघ' के प्रथम अधिवेशन में दिए गए अध्यक्षीय व्याख्यान तक में ये विचार प्रमुखता से मिलते हैं। 'हंस' के अप्रैल, 1932 में छपे लेख 'जीवन में साहित्य का स्थान' में उन्होंने लिखा कि जीवन और साहित्य का उद्देश्य आनन्द है और सच्चा आनन्द 'सुन्दर और सत्य' से मिलता है। उनके अनुसार भारतीय साहित्य का आदर्श 'त्याग और उत्सर्ग' में है, 'भोग' और 'अधिकार' में नहीं और इन आदर्शों की सृष्टि 'व्यास और बाल्मीकि' ने की है। भारत राष्ट्र की ये 'सबसे मूल्यवान सम्पत्ति है।'[78] हिन्दू धर्म में सत्य, नीति, त्याग, सेवा, परोपकार, प्रेम, सहिष्णुता, बलिदान, परमार्थ आदि जो मानवीय मूल्य हैं, प्रेमचन्द के जीवन-भर उनकी आत्मा के अंग बन रहे। उन्होंने 'श्रीकृष्ण और भावी जगत' शीर्षक लेख लिखा जो 'कल्याण' के अगस्त, 1931 के अंक में छपा था। इस लेख में उन्होंने 'धर्म' के सम्बन्ध में लिखा था, "भारत की संस्कृति धर्म की भित्ति पर खड़ी की गई है। हमारे समाज और राज्य की सम्पूर्ण व्यवस्था धर्म पर अवलम्बित थी, लेकिन पाश्चात्य देशों में धर्म को जीवन से पृथक् रखा गया, जिसका फल यह हुआ कि आज संसार में जीवन-संग्राम ने प्रचंड रूप धारण कर रखा है, और यह ईश्वरहीन सभ्यता किसी संक्रामक रोग की भाँति फैलती जा रही है। जातियों और राष्ट्रों में अविश्वास है, आपस में संघर्ष। स्वामी और मजूर, अमीर और गरीब में भीषण

युद्ध हो रहा है। ×××ईश्वरहीन उद्योग में शान्ति कहाँ। ×××ऐसे समय में संसार के उद्धार का एक ही उपाय है और वह है कर्मयोग। ×××हिंसामय जनतन्त्र और हिंसामय एकतन्त्र में विशेष अन्तर नहीं है। आधिभौतिकवाद के धर्महीन तत्त्वों से संसार का उद्धार न होगा। उसमें आध्यात्मिकता की स्फूर्ति डालनी होगी। ×××समष्टिवाद और बोल्शेविज्म उसके (योरप) वह नए आविष्कार हैं जिनसे वह संसार में युगान्तर कर देना चाहता है। उनके समाज का आदर्श इसके आगे और जा ही नहीं सकता था, किन्तु अध्यात्मवादी भारत इससे सन्तुष्ट होनेवाला नहीं। वह अपने परलोक को ऐहिक स्वार्थ पर बलिदान नहीं कर सकता। वह अध्यात्मवाद से भटककर दूर जा पड़ा था जिसके फलस्वरूप उसे एक हजार वर्ष तक गुलामी करनी पड़ी। अब की वह चेतेगा तो संसार को भी अपने साथ जगा देगा और उस व्यापक भ्रातृभाव की स्थापना करेगा जो संसार के सुख और शान्ति का एकमात्र साधन है। अब की इस जागृति में ऊँच-नीच, छोटे-बड़े का भेद मिट जाएगा। समस्त संसार में अहिंसा और प्रेम का जयघोष सुनाई देगा और भगवान कृष्ण कर्मयोग के जन्मदाता के रूप में संसार के उद्धारकर्ता होंगे।"

प्रेमचन्द 'प्रगतिशील लेखक संघ' के अधिवेशन में दिए गए व्याख्यान में भी इसी भाव-भूमि एवं चिन्तन-बिन्दुओं की स्थापना करते हैं। वे सत्य, सुन्दर एवं शिव की प्रवृत्तियों की चर्चा करते हैं और लगभग बारह स्थानों पर 'आध्यात्मिक तृप्ति', 'आध्यात्मिक और नैतिक सभ्यता', 'आध्यात्मिक आनन्द', 'आध्यात्मिक भोजन', 'आध्यात्मिक सामंजस्य', 'आध्यात्मिक सुख', 'आध्यात्मिक बन्धन', 'भक्ति, वैराग्य, अध्यात्म', 'आध्यात्मिक उच्चता', 'आध्यात्मिक और भागवत सभ्यता' आदि की विभिन्न सन्दर्भों और प्रश्नों की व्याख्या में शब्दों का प्रयोग करके यह स्थापित कर देते हैं कि उनका साहित्य तथा समाजवाद का दर्शन हिन्दू धर्म एवं अध्यात्म की मूल आत्मा पर ही स्थापित है। इस व्याख्यान में मार्क्स, मार्क्सवाद और उसकी शब्दावली किसी की भी चर्चा नहीं हैं। यहाँ तक कि 'बन्धुत्व और समता' की स्थापना के लिए उन्होंने महात्मा बुद्ध, हज़रत ईसा तथा हज़रत मुहम्मद आदि धर्म-प्रवर्तकों का तो उल्लेख किया तथा उन्हें श्रेय भी दिया, किन्तु यहाँ भी उन्होंने मार्क्स का उल्लेख तक नहीं किया।[79] मार्क्सवादी आलोचक डॉ. रामविलास शर्मा ने भी सन् 1941 में प्रकाशित पुस्तक 'प्रेमचन्द' में स्वीकार किया था कि उनके साहित्य-चिन्तन पर 'भारतीयता' का प्रभाव है।[80] प्रेमचन्द की भारतीय समाजवाद की रूप-संरचना में 'प्रगतिशील लेखक संघ' के व्याख्यान में व्यक्त विचारों को भी हमें ध्यान में रखना होगा। इस व्याख्यान में भी अध्यात्म, नैतिकता और संस्कृति की मानवीय धारणाएँ, मूल्य, आचार-विचार, संस्कार और आस्थाओं को संयुक्त करके जो साहित्य-दर्शन दिया गया है वह उनके भारतीय समाजवाद की रूप-रचना में महत्त्वपूर्ण हिस्सेदारी करता है। अब तो मार्क्सवादी लेखक भी प्रेमचन्द के 'यूटोपियाई आदर्शवाद' के साथ धर्म और संस्कृति की अनिवार्यता को स्वीकार कर रहे हैं।[81] इन मार्क्सवादियों ने देखा कि जो रूस का 'वैज्ञानिक समाजवाद' था वह तो नष्ट हो गया किन्तु प्रेमचन्द का 'आदर्शोन्मुख यथार्थवाद' आज भी प्रासंगिक

बना हुआ है। ओमप्रकाश ग्रेवाल इसी कारण अब समाजवाद में धर्म, संस्कृति और नैतिकता के संयोग के साथ विचार, संस्कार, मूल्य, व्यक्ति की अस्मिता, आस्था, जनतन्त्र आदि को आवश्यक मानते हैं,[82] लेकिन डॉ. शिवकुमार मिश्र जैसे मार्क्सवादी अभी 'मार्क्सवादी विवेक' से ही सब कुछ देखना चाहते हैं।[83] मार्क्सवादी विवेक ईसाई और इस्लाम के समान एकाधिकारवादी विचार है जो अपने अनुयायियों का समाज बनाता है, लेकिन प्रेमचन्द का विवेक भारतीय था जो अनुयायी नहीं बल्कि बेहतर मनुष्य और उसके समाज की संरचना के लिए भारतीय समाजवाद की कल्पना कर रहा था। हिंसक क्रान्ति से न तो संस्कृति बदलती है और न समाजवाद के 'मार्क्सवादी यूटोपिया' को स्थायी बनाया जा सकता है। प्रेमचन्द अपने 'भारतीय विवेक' से इसे समझ रहे थे और यहाँ के धर्म, अध्यात्म, अहिंसा, सत्य, सुन्दर, शिव, न्याय, नैतिकता आदि के समन्वित रूप पर समाजवाद का स्वरूप निर्मित कर रहे थे। वे स्वतन्त्रता और समाजवाद के लिए 'न्याय और सत्य' के लिए ही लड़ रहे थे और वे इसे 'न्याय और सत्य ही के हथियारों' से लड़ना चाहते थे।[84] प्रेमचन्द ने 'सत्य के मेरे प्रयोग' और 'डिस्कवरी ऑफ इंडिया' या 'कैपिटल' जैसी पुस्तकें नहीं लिखीं, परन्तु वे हिन्दू संस्कृति की सनातन मानवीय धारणाओं और मूल्यों के साथ युग-जीवन के ज्वलन्त प्रश्नों को साथ रखकर अपने समाजवाद का प्रारूप प्रस्तुत कर रहे थे। अपने इस 'भारतीय समाजवाद' का स्पष्टीकरण देते हुए उन्होंने 'हंस' के अप्रैल, 1932 के अंक में स्पष्ट रूप से लिखा था, "कांग्रेस ही एक ऐसी संस्था है, जो वास्तविक रूप में जनसत्ता चाहती है; जो जात-पाँत के झगड़ों से अलग रहकर राष्ट्र के उद्धार का प्रयत्न करती है; जो दरिद्र किसानों के हित को सबसे ऊपर रखती है; विभिन्नता में एकता उत्पन्न करके राष्ट्र को बलवान बनाना चाहती है; जिसका मुख्य सिद्धान्त यह है, कि देश का शासन, देश के हित के लिए हो, हम अपने ही देश में दलित और अपमानित न रहें, हममें यह व्यापक बेकारी न रहे, हमारी जनता पशुओं की भाँति जीवन न व्यतीत करे। हम वह स्वराज्य चाहते हैं, जिसमें हमें राष्ट्र की इच्छानुसार परिवर्तन और सुधार करने का अधिकार हो, जिसमें हमारे ही धन से पलनेवाले कर्मचारी हमीं को कुत्ता न समझें, जिसमें हम अपनी संस्कृति का निर्माण आप कर सकें। हम वह स्वराज्य चाहते हैं, जिसमें हम भी उसी तरह रह सकें, जैसे फ्रांस या इंग्लैंड (यहाँ वे रूस का उल्लेख नहीं करते–गोयनका) में लोग रहते हैं। इसके साथ ही हम उन बुराइयों से भी बचना चाहते हैं, जिसमें अन्य अधिकांश राष्ट्र पड़े हुए हैं। हम पश्चिमी सभ्यता की कृत्रिमताओं को मिटाकर उस पर भारतीयता की छाप लगाना चाहते हैं। हम वह स्वराज्य चाहते हैं, जिसमें स्वार्थ और लूट प्रधान न हो, नीति और धर्म प्रधान हो।"[85]

प्रेमचन्द ने स्वराज्य, समाजवाद और धर्म को संयुक्त करके अपने समाजवाद का रूप प्रस्तुत किया। वे हिन्दू के लिए स्पष्ट कहते हैं कि जो समाजवाद का समर्थक नहीं, है, वह हिन्दू नहीं है।[86] इस विचारधारा पर विवेकानन्द और गांधी का प्रभाव है। उनके इस 'भारतीय समाजवाद' पर मार्क्स के प्रभाव को देखना और सिद्ध करना राजनीतिक

छल-कपट है। प्रेमचन्द की त्रासदी यह है कि उन्हें अब तक उस रूप में प्रस्तुत किया गया, जो वे नहीं थे। प्रेमचन्द की दूसरी त्रासदी यह है कि वे भारत की स्वतन्त्रता और कांग्रेसी समाजवाद का चरित्र नहीं देख सके और पहले ही संसार से विदा हो गए। महात्मा गांधी ने तो स्वतन्त्रता देखी, परन्तु उनके समाजवाद की कल्पना उनके जीवन-काल में ही छिन्न-भिन्न हो गई। प्रेमचन्द यदि गांधी के समान स्वतन्त्रता-प्राप्ति के बाद जीवित रहते तो वे भी अपने 'भारतीय समाजवाद' के महल को ढहता हुआ देख लेते। आज कम्युनिस्ट लेखक 'रूसी समाजवाद' का विकल्प तलाश कर रहे हैं, लेकिन प्रेमचन्द के 'भारतीय समाजवाद' का कोई विकल्प नहीं है। भारत में जब भी समाजवाद आएगा, जो निश्चय ही एक दिन आएगा, वह विवेकानन्द, गांधी और प्रेमचन्द का 'भारतीय समाजवाद' ही होगा। मार्क्स यदि भारत में पैदा हो तो उसे भी भारतीयता के इसी मार्ग पर चलना होगा। भारत की जनता ऐसी ही है। मानवीयता उसकी संस्कृति है, फिर भी कोई भी नया विचार भारतीय बनकर ही जीवन का अंग बन सकता है।

सन्दर्भ

1. 'प्रेमचन्द', सरस्वती प्रेस, बनारस कैंट, प्रथम सं. 1941, पृ. 109
2. 'प्रेमचन्द : विरासत का सवाल', प्रथम सं. 1981, पृ. 64
3. 'प्रताप' साप्ताहिक, दिसम्बर, 1925 का विशेषांक, बाद में 'इंडिया टुडे' साहित्य वार्षिकी, 1995, पृ. 24-26 पर पुनः प्रकाशित।
4. 'विवेकानन्द साहित्य', खंड 1, पृ. 347
5. वही, खंड-4, पृ. 243
6. वही, खंड-7, पृ. 357
7. वही खंड-4, पृ. 252
8. वही, खंड-4, पृ. 243
9. 'गांधी वाङ्मय,' खंड-59, पृ. 238
10. वही, खंड-64, पृ. 426
11. वही, खंड-58, पृ. 227
12. वही, खंड-25, पृ. 269
13. वही, खंड-64, पृ. 348
14. वही, खंड-69, पृ. 410
15. वही, खंड-58, पृ. 227
16. वही, खंड-58, पृ. 123
17. वही, खंड-64, पृ. 216
18. वही, खंड-45, पृ. 317
19. वही, खंड-58, पृ. 123
20. वही, खंड-83, पृ. 31

21. वही, खंड-45, पृ. 316
22. वही, खंड-62, पृ. 245
23. वही, खंड-83, पृ. 32
24. वही, खंड-64, पृ. 348
25. वही, खंड-73, पृ. 19
26. वही, खंड-58, पृ. 259
27. वही, खंड-75, पृ.174
28. 'जागरण', 11 दिसम्बर, 1933
29. वही, 25 सितम्बर, 1933
30. वही, 9 अक्टूबर, 1933
31. वही, 18 सितम्बर, 1933
32. वही, 15 जनवरी, 1934
33. वही, 23 अप्रैल, 1934
34. 'विविध प्रसंग'-2, पृ. 308
35. वही, पृ. 342
36. वही, पृ. 198
37. 'हंस', अक्टूबर-नवम्बर, 1932
38. 'जागरण', 11 दिसम्बर, 1933
39. 'हंस', अप्रैल, 1932
40. 'विविध-प्रसंग'-2, पृ. 78
41. 'हंस', सितम्बर, 1931, संकलित, 'विविध-प्रसंग'-2, पृ. 83
42. 'जागरण', 3 अप्रैल, 1933
43. 'चिट्ठी-पत्री'-2, पृ. 237
44. 'जागरण', 9 अक्टूबर, 1933
45. 'प्रेमचन्द' का अप्राप्य साहित्य, खंड-1, पृ. 314
46. 'जागरण', 9 अक्टूबर, 1933
47. 'गांधी वाङ्मय', खंड-45, पृ. 316, खंड-66, पृ. 473, खंड-62, पृ. 245
48. 'पशु से मनुष्य' कहानी से, 'मानसरोवर'-8, पृ. 101
49. 'प्रेमाश्रम' पृ. 390
50. वही, पृ. 410
51. वही, पृ. 390
52. वही, पृ. 140
53. वही, पृ. 353 तथा 389
54. वही, पृ. 403
55. 'जागरण', 11 दिसम्बर, 1933, 'विविध-प्रसंग'-2, पृ. 224 पर संकलित
56. वही, पृ. 223-24
57. 'मानसरोवर', खंड-8 में संकलित
58. 'श्रीकृष्ण और भावी जगत' लेख से, 'कल्याण', अगस्त, 1931 के 'कृष्णांक' में प्रकाशित
59. 'रंगभूमि', पृ. 411
60. वही, पृ. 437

61. 'मानसरोवर'-8 में संकलित 'हार की जीत' कहानी से
62. 'मानसरोवर'-4 में संकलित 'दो सखियाँ' कहानी से
63. 'गोर्की और प्रेमचन्द : दो अमर प्रतिभाएँ', प्रगति प्रकाशन, मास्को, 1980, पृ. 290
64. 'प्रेमचन्द : विरासत का सवाल', पृ. 67, 70, 169, 171
65. 'प्रेमचन्द : विविध आयाम', सं. डॉ. दिनेशप्रसाद सिंह, में संकलित उनके भाषण से, पृ. 22
66. 'प्रेमचन्द और उनका युग', चौथा संस्करण, पृ. 106
67. 'गोदान-विमर्श', सं. महेन्द्र भटनागर में संकलित लेख से, पृ. 31
68. 'गोदान', पृ. 188-90, 274, 135, 140, 152-58
69. वही, पृ. 54-55
70. 'गोदान', पृ. 54
71. वही, पृ. 52
72. वही, पृ. 52
73. वही, पृ. 55
74. 'प्रेमचन्द और उनका युग', चौथा संस्करण, पृ. 106, 109, 165, 203
75. वही, पृ. 110
76. डॉ. नामवर सिंह की भेंटवार्ता से, 'कला-प्रयोजन', 25 जुलाई-सितम्बर, 2001, पृ. 21
77. 'प्रेमचन्द : विविध आयाम', सं. डॉ. दिनेश प्रसाद सिंह में संकलित डॉ. नामवर सिंह के व्याख्यान से, पृ. 30
78. 'साहित्य का उद्देश्य', पृ. 34-35
79. विविध-प्रसंग-3, पृ. 141-43
80. 'प्रेमचन्द, प्रथम संस्करण' 1941, पृ. 1 एवं 11
81. देखिए, कथन, 2003, मासिक पत्रिका में रमेश उपाध्याय, पूरनचन्द जोशी आदि के वक्तव्य
82. 'कथन', 2003, मासिक पत्रिका, पृ. 68-71
83. 'कसौटी'-5 मासिक पत्रिका, पृ. 151-57
84. 'समर-यात्रा' में नायक का कथन
85. 'विविध प्रसंग'-2, पृ. 91
86. 'जागरण', 11 दिसम्बर, 1933 में प्रकाशित लेख 'हिन्दू सोशल लीग का फ़तवा' से, देखिए 'विविध-प्रसंग'-2, पृ. 224

प्रेमचन्द : अँधेरे का विकल्प

सत्यप्रकाश मिश्र

प्रेमचन्द का महत्त्व ही इसमें है कि उनका रचनात्मक जगत विकासशील है, स्थिर नहीं, जबकि प्रेमचन्द के पूर्व के उपन्यासों की दुनिया देश और काल की दृष्टि से रहित दुनिया है। बालकृष्ण भट्ट, श्रीनिवासदास, श्रद्धाराम फिल्लौरी और देवकीनन्दन खत्री के उपन्यासों का जगत अनैतिहासिक और आदर्शीकृत है। कल्पना, जादू, तिलिस्म, स्वप्न और आवेग उसके तत्त्व हैं। उसके अभिसमय पंचतन्त्रीय और वायवीय हैं। प्रेमचन्द ने अपनी रचनाओं में इन रूपाकारों का प्रयोग अवश्य किया, परन्तु प्रारम्भ से ही वह 'देवस्थान के रहस्य' के उद्‌घाटन में लग गए। 'मंगलाचरण' में संकलित रचनाओं की दुनिया मनुष्यों की दुनिया में बदल जाती है। इसके बदलते ही प्रेमचन्द की रचनाओं का काल और देश भी बदल जाता है। 'निर्मला' में मनुष्य और उसका संसार 'परिवार से सम्बद्ध समाज' के माध्यम से क्रमशः फैलता जाता है। प्रारम्भिक रचनाओं का समस्याग्रस्त मनुष्य क्रमशः 'सामाजिकता' को पहचानने लगता है। वस्तुओं का यह बढ़ता हुआ दायरा उन्हें अन्ततः उस मूल समस्या तक पहुँचाता है, जहाँ देवत्व की उत्पत्ति जड़त्व से होती हुई प्रतीत होती है। इसीलिए प्रेमचन्द प्रारम्भ से ही देवत्वकरण और वस्तुकरण से मनुष्य को मुक्त करने का प्रयास करते हैं। उनका समग्र साहित्य इन दोनों से मुक्ति का विकल्प प्रस्तुत करता है।

प्रेमचन्द से पहले निबन्ध और कविता, दोनों में सामाजिक जीवन की विभिन्न धार्मिक कुरीतियाँ और अंग्रेजों की लूट, कर्मचारियों की घूसखोरी, भूख, महामारी और करों के भार से पिसती हुई भारतीय जनता हिन्दी निबन्धकारों का मुख्य विषय था। इन रचनाकारों को हिन्दी भाषी समाज के लिए रचनाकार का ही नहीं वस्तुतः 'राजनीति के आगे चलनेवाली मशाल' का कार्य करना पड़ा था। विश्व में पूँजीवाद के प्रचार-प्रसार के साथ-ही-साथ उपनिवेशवाद की उसाँसों का जहाँ एक ओर जोर था, वहीं दूसरी ओर औपनिवेशिक शोषण से मुक्ति का संघर्ष भी। रूस में जारशाही के खिलाफ संघर्ष सफलता के अन्तिम दौर में पहुँच चुका था। अनेक भाषाओं की महत्त्वपूर्ण रचनाएँ अंग्रेजी के माध्यम से भारत में पढ़ी और पढ़ाई जा रही थीं। महावीरप्रसाद द्विवेदी स्वयं अनेक समाजशास्त्रीय विषयों पर लेख और अनुवाद 'सरस्वती' में छाप रहे थे। वस्तुतः उस समय साहित्य-सृजन समाज के प्रति बदलाव की दृष्टि रखनेवाला ही नहीं, बल्कि

कई विषयों को साहित्य में समेटनेवाला था। उस समय साहित्य समग्र चेतना थी, विशिष्ट चेतना नहीं। प्रेमचन्द इसी समग्र चेतना के रचनाकार थे, छायावाद-जैसी विशिष्ट चेतना के नहीं। यह भी ध्यान देने की बात है कि उन दिनों साहित्यिक पत्रिकाओं को साहित्यिक और सामाजिक चेतना के परिष्कार का कार्य एक साथ करना पड़ रहा था। पूँजीवादी विचार-तन्त्र का स्वरूप निर्मित हो रहा था। भारतेन्दु नई चेतना के नाटक रचना ही नहीं, बल्कि उस पर अमल करना भी साहित्य का उद्‌देश्य मानते थे। यह समग्र अभिव्यक्ति उस काल के निबन्धों में दिखाई पड़ती है। प्रेमचन्द ने उपन्यासों की परम्परा में द्विवेदी-युगीन निबन्ध चेतना को आत्मसात करके ही उपन्यास लिखे। उनके उपन्यासों में बालकृष्ण भट्‌ट, प्रतापनारायण मिश्र और महावीरप्रसाद द्विवेदी की वर्णनात्मकता का आभ्यन्तरीकृत बाह्‌य रूप पाया जाता है। वस्तुतः प्रेमचन्द द्विवेदी युग की ही मुख्य देन है। साहित्य की परिभाषा प्रेमचन्द के दिमाग में वही है, जो बालकृष्ण भट्‌ट, मैथिलीशरण गुप्त और द्विवेदीजी के दिमाग में थी। उपन्यासों और कहानियों पर लिखे गए प्रेमचन्द के निबन्ध तथा 'विविध प्रसंग'-भाग 2 और 3, 'साहित्य का उद्‌देश्य' और 'चिट्‌ठी-पत्री' में छपे हरिहरनाथ आदि को लिखे पत्रों से यह स्पष्ट पता चलता है कि प्रेमचन्द छायावादी या प्रयोगवादी रचनाकारों की भाँति साहित्य को 'ईश्वर' या जादू का पर्यायवाची नहीं मानते थे। वे उसे 'समाजीकृत मनुष्य' के समग्र जीवन के उद्‌घाटन के साथ ही साथ, उस स्थिति के कारण को बदलने का माध्यम भी मानते थे। स्वतन्त्रता-संघर्ष के उस काल में सब कुछ को देश की स्वतन्त्रता के लिए सजग रूप से साधन बनाया नहीं गया था, बल्कि औपनिवेशिक संस्कृति के दबाव से वह सब स्वतः ही हो गया था; क्योंकि लोग उसके पहले ही वैसा सोच रहे थे। इसीलिए प्रेमचन्द के साहित्य को द्विवेदी-युग, स्वतन्त्रता संघर्ष और प्रतिउपनिवेशीकरण की इच्छा से अलग हटाकर, समझा ही नहीं जा सकता। "कुल मिलाकर वह जीवन और साहित्य के बारे में उसी बुद्धिवादी और उपयोगितावादी दृष्टि से सोचते हैं, जो द्विवेदी-युग की विशेषता है। उनका साहित्य-रचनाकाल तब शुरू होता है, जब भारतेन्दु-युग समाप्ति पर है। द्विवेदी-युग में उनकी कला क्रमशः पुष्ट होती है। वह छायावादीकाल में रहस्यवाद की हवा से प्रभावित न होकर, अपनी रंगभूमि में जमे रहते हैं।" ('महावीरप्रसाद द्विवेदी और हिन्दी नवजागरण', पृ. 359)।

प्रेमचन्द की द्विवेदीयुगीन यह संवेदना जिन तत्त्वों से निर्मित हुई थी, वे छायावादी अतीतोन्मुखता और 'शब्द-संस्कृति' से भिन्न तत्त्व थे। दयानन्द, रामकृष्ण, विवेकानन्द, राजा राममोहन राय, रवीन्द्रनाथ और महात्मा गांधी आदि के संयुक्त प्रभाव में विकसित जिस दृष्टि का प्रसार भिन्न-भिन्न रूपों में मैथिलीशरण गुप्त से लेकर प्रसाद, पन्त और निराला तक में मिलता है, उससे भी प्रेमचन्द की संवेदना 'सेवासदन' और 'रंगभूमि' के काल में बहुत अधिक प्रभावित नहीं लगती है। इसलिए प्रेमचन्द की संवेदना अपने समय के निबन्धकारों की संवेदना से भी प्रभावित है। 'विविध प्रसंग'-भाग 2 और 3 में संकलित प्रेमचन्द की टिप्पणियाँ उन्हें भारतेन्दु और महावीरप्रसाद द्विवेदी से ही जोड़ती

हैं, जिसमें 'बम्बई मिल मजदूरों की हड़ताल' से लेकर किसान-समस्या के समाधान के लिए कर्जे की वसूली तक का उल्लेख है। बंगाल के अकाल और मेरठ-षड्यन्त्र तक पर विशेष टिप्पणियाँ हैं। वस्तुतः वे उस समय के जीवित स्पन्दन से सम्बद्ध थे।

निरन्तर विकसित होते मध्यवर्ग और पतनोन्मुख सामन्तवाद के जिस उषाकाल में प्रेमचन्द ने रचना का कार्य प्रारम्भ किया, उसमें सामाजिक पतनोन्मुखता और सुधारवाद आपस में जुड़े सत्य थे। 1922 में प्रेमचन्द के अनुसार 'सुधार-सुधार के घोर विवाद से सारा वायुमंडल निनादित हो रहा था।' सुधारवाद वस्तुतः गोधूलि की आवाज है और यह आवाज प्रेमचन्द में भी है और उसी समय की कांग्रेस पार्टी में माड्रेट्स की भी थी। प्रेमचन्द ने 'निर्मला' और 'सेवासदन' की इस समस्या को 'अर्थाभाव' और धार्मिकता के दबाव से जोड़कर उसके इकलौतेपन की व्यापकता प्रदान करके मूल समस्या की ओर उन्मुख कर दिया है। धीरे-धीरे उनके उपन्यासों में सामन्ती व्यवस्था के इस सर्वग्रासी संस्थान 'धर्म' और महाजनी सभ्यता के अर्थ के दोहरे परिणामों और प्रवृत्तियों का दायरा बढ़ाता हुआ नगर से गाँव और गाँव से नगर की ओर फैलता गया। 'हिन्दू समाज के वीभत्स दृश्य' में उन्होंने धर्म के कारण होनेवाले शोषण का ही नहीं, भारतीय समाज के एक वर्ग की चेतना के विलयन का जो चित्र प्रस्तुत किया है, वही 'कर्मभूमि' के मन्दिर-प्रवेश और 'गोदान'' के होरी की दिनचर्या में दिखाई पड़ता है। वे रचना के स्तर पर यथार्थ के इस कठोर सत्य से संघर्ष करते हैं, जिसे देवत्व और जड़त्व के रूप में माना जाता है (चन्द्रेश्वर कर्ण का लेख)। होरी की ट्रेजेडी ही यही है कि 'उसकी निरीहता जड़ता की हद तक पहुँच गई है'–'गोदान' की मूल संवेदना देवत्व के जड़त्व (धर्मकारण) और जड़त्व के देवत्व (अर्थ) से मुक्ति की है। इस चिन्ता का केन्द्र मनुष्य है। इस अर्थ में मानुष-सत्य ही उनकी रचना का नाभिक सिद्ध होता है। प्रारम्भिक रचनाओं में वे इस निष्कर्ष पर इस रूप में नहीं पहुँचे थे।

प्रेमचन्द का रचनात्मक लेखन गोधूलि से प्रारम्भ होकर आधी रात को समाप्त होता है। 'निर्मला' और 'गोदान' में अँधेरे की खोज नहीं; बल्कि उसकी पहचान है। अँधेरे से मुक्ति की छटपटाहट और रोशनियों का प्रयोग भी वे करते हैं। 'गोदान' में 'होरी की ट्रेजेडी' उस अँधेरे को घना करती है, जो प्रेमचन्द की मनोभूमि के भीतर पड़ी हुई दरार को दिखाने के साथ-ही-साथ गोबर के पुत्र मंगल पर केन्द्रित उनकी आशा-किरण का भी संकेत करती है। 'निर्मला' का लेखक 'गोदान' में अपनी आस्थाओं और विसंगतियों सहित चूर-चूर हो जाता है, जड़वादी मेहता और मालती आदि सभी दर्शक हैं, सिद्धान्तवादी हैं। अँधेरे को प्रकाश से भर देने का साहस उनमें नहीं है, क्योंकि उनके 'मानव सम्बन्धों' और विचारों में अलगाव है। 'लघुमानव के बहाने नई कविता पर एक बहस' में विजयदेव नारायण साही ने प्रेमचन्द के द्वारा अँधेरे को देखने के संकल्प को प्रसाद आदि रचनाकारों से अधिक महत्त्वपूर्ण माना है। अँधेरे को देखने का साहस परवर्ती रचनाकारों–उदाहरण के लिए मुक्तिबोध में है, अज्ञेय में नहीं। मुक्तिबोध भी प्रेमचन्द की ही भाँति अँधेरे में बदहवास से भटकते हुए काल की अखंडता के माध्यम

से मनुष्य की चिरंतन समस्या को हल करना चाहते हैं। वे भी अन्धकार से खड़े होकर ही प्रकाश की तलाश करते हैं और प्रेमचन्द भी। यही कारण है कि प्रेमचन्द काल के 'एक रेखीय गतिमान' स्वरूप को महत्त्व देते हैं। उनके लिए वर्तमान फेंका हुआ नहीं है, जैसा कि 'मैला आँचल' और 'रागदरबारी' में है–ठहरे हुए जल की भाँति ठहरा हुआ। प्रेमचन्द 'फेंके हुए काल' की ओर तो संकेत करते हैं, परन्तु निरन्तर प्रवाहित काल पर ही ध्यान देते हैं, बल्कि पल-प्रतिपल सर्जित-काल को पकड़ना चाहते हैं। इस पकड़ने के क्रम में वे 'मानवीकृत पदार्थों' और 'पदार्थीकृत मनुष्यों' के बजाय मनुष्य और समाज के बदलते रिश्तों को ध्यान में रखते हैं। यथार्थ की अमानवीयता सामने पड़ी हुई इस रूप में दिखाई पड़ती है कि प्रत्यक्ष यथार्थ को ही बदलने की दृष्टि प्रमुख हो जाती है, जिसे मैंने समग्र चेतना कहा है।

प्रेमचन्द की सत्याग्रही आस्था 'गोदान' में मुझे पहली बार विखंडित होती प्रतीत होती है। 'गोदान' के अँधेरे में प्रेमचन्द गांधी को मुक्तिबोध की भाँति ही देखते हैं। प्रेमचन्द के हृदय की यह फाँक आदर्श और यथार्थ के उनके बनाए हुए 'पूर्ण' के विखंडन के कारण है। उनकी मनोभूमि में 'मनुष्य का उन्नयन', 'मानव-चरित्र पर प्रकाश डालना', 'उनके रहस्यों को खोलना' और 'पॉजिटिव चरित्र' उपन्यास के मूल तत्त्व और विशेषताओं के रूप में विद्यमान थे, जिसके परिणामस्वरूप सोद्देश्यता और यथार्थता मिलकर एक घोल बन गए हैं। 'आइडियल' को सजीव बनाने के लिए रियलिज्म के उपयोग के रूप में विकसित नवजागरणकालीन दृष्टि, जिसका आधार उन्होंने मानव-चरित्र और आदर्शोन्मुख यथार्थवादिता के रूप में महात्मा गांधी से प्राप्त किया था, ढहती प्रतीत होती है। 'रंगभूमि' के जनसेवक, 'कर्मभूमि' के मनीराम और 'ग़बन' के रतन और 'गोदान' के खन्ना एक समूह-चरित्र हैं, जो विकासमान पूँजीवाद के चरित्र को उद्घाटित करते हैं। मनीराम की इच्छा खन्ना में यथार्थ के रूप में है, परन्तु दोनों ही अन्ततः देशी पूँजीपति की भाँति साम्राज्यवादी पूँजीपतियों द्वारा समाप्त होते हैं। इनकी आदतें और प्रवृत्तियाँ औपन्यासिक कला की दृष्टि से अधिक महत्त्वपूर्ण हैं, क्योंकि अर्थ के अतिरिक्त वे अन्य किसी भी मूल्य को नहीं मानते हैं। ये मूल्यहीनता के चरम प्रतीक 'नई सभ्यता' के उद्वाहक हैं, जिसका आधार धन है जिसे प्रेमचन्द ने बाद में भारतीय ऐतिहासिक और सांस्कृतिक परिस्थिति के तर्क से पूँजीवादी नहीं 'महाजनी सभ्यता' नाम दिया, जो 'सामन्ती और पूँजीवादी' शोषण के तरीकों और बुराइयों के मिश्रण से विकसित हुई थी (गिरिराज किशोर और शम्भुनाथ का लेख)। जिसमें वस्तुओं के कम दाम और अधिक मात्रा में उत्पादन का तर्क नहीं, बल्कि कम उत्पादन अधिक मुनाफा कमाने का तर्क निहित था। 'गोदान' महाजनी सभ्यता के प्रारम्भिक चरण का दस्तावेज है। उसकी वस्तु-संरचना के मूल में 'महाजनी सभ्यता' की दृष्टि निहित है। होरी उसी के मूल्यों का शिकार है। धर्म और सूद के पंजों से हलाल किए गए होरी और उसकी सन्तान गोबर में अन्तर है। होरी विश्वस्त मूल्यों, रूढ़ियों और वस्तुओं का दोहरा शिकार है। गोबर, जो श्रमिक और शहरी दोनों है, होरी के धर्म के द्वारा खाए

जाने को स्वीकार करता है। वह धर्म और ब्याज की महाजनी सभ्यता को, जिसके दातादीन और पटेश्वरी सभी अंग हैं, चुनौती भी देता है।

प्रेमचन्द के कथा-साहित्य में समाज की विभिन्न रूढ़ियों और सामाजिक आचरणों द्वारा किए जानेवाले शोषण का स्वरूप निरन्तर बदलते हुए समाज के साथ बदलता रहता है। उनके कथा-साहित्य की दुनिया 'सामाजिक अनुबन्ध' के संशोधन से बदलती हुई अनुबन्ध-मात्र के परिवर्तन की चेतनावाली दुनिया हो जाती है। प्रारम्भिक कथाओं और उपन्यासों के भीतर की बेबसी और यातनापूर्ण स्थिति का साक्षीभाव परवर्ती उपन्यासों, विशेष रूप से 'रंगभूमि', 'कर्मभूमि', 'कायाकल्प', 'प्रेमाश्रम' और 'गोदान' में कर्म के द्वारा यथार्थ को बदल डालने के अपराजेय संकल्प में बदल जाता है। इसलिए प्रेमचन्द का उपन्यास-नायक सामाजिक दृष्टि से समस्या खड़ी करनेवाला नायक है, लेकिन गोदान का नायक प्रश्नचिह्न लगता है 'गोदान' की सोच, रचनाकर्म और स्वतन्त्रता संघर्ष के स्वरूप, चिन्तन और मूल्यवत्ता पर अपनी मृत्यु के द्वारा।

वस्तुतः प्रेमचन्द पाठक की अँगुली पकड़कर अपने साथ ले चलते हैं। संरचनात्मकता की दृष्टि से उनकी भाषा ही ऐसी है कि वह पाठक को सुस्ताने का अवसर नहीं देती है। कथा भाषा की दृष्टि से (डॉ. शीतांशु का लेख) गोदान की भाषिक संरचना पर विशेष प्रकाश डालता है। उनके उपन्यासों और कहानियों की दुनिया में सुस्ताने का अवसर है ही नहीं। वे उस अँधेरे की ओर संकेत नहीं करना चाहते, बल्कि ले चलकर दिखाना चाहते हैं कि यह है जिन्दगी और यह है इससे उबरने का तरीका। साथ चलनेवाले पाठक को क्लैसिकल तरीके से उस जिन्दगी की निरीहता और विवशता का कारण भी बताते हैं। 'प्रेमाश्रम', 'कर्मभूमि' और 'ग़बन' उपन्यासों में 'उद्घाटन' की प्रधानता होती गई है और उससे मुक्ति के तरीके के प्रति अविश्वास क्रमशः बढ़ता गया है, क्योंकि उपन्यासों के द्वारा वे जिस सामाजिक संकुल (सोशल कॉम्पलेक्स) का स्वरूप और विकल्प प्रस्तुत करते हैं, उन दोनों में अन्तर्विरोध संरचनात्मक स्तर पर बना रहता है। जैसे 'प्रेमाश्रम' के 'किसान संघर्ष' और 'कर्मभूमि' की 'लगानबन्दी' का कोई रिश्ता उपन्यास के अन्त में 'प्रेमाश्रम' और 'हृदय-परिवर्तन' द्वारा जुड़ता नहीं है, क्योंकि उपन्यास के भीतर का प्रबल यथार्थ जिस रूप में सारतत्व का अंग बनता है, उस रूप में उसका बाहरी कलेवर छिछला हो जाता है। 'प्रेमाश्रम' और 'कर्मभूमि' उपन्यासों की संरचनात्मक वास्तविकता और उपन्यासों के निष्कर्षात्मक सम्प्रेक्षण में व्यापक विरोधाभास है। उपन्यासों के अन्त में ऐसा लगता है कि जो संघर्ष था, उसका इस परिणति से किसी प्रकार का रिश्ता नहीं है। इसके सामाजिक कारण भी हैं, परन्तु एक कारण खुद प्रेमचन्द की रचनाशीलता के मूल में विद्यमान रचना करने के पूर्व की घटनात्मक सोद्देश्यता का प्रारूप (मॉडल) है। इस स्थिति का संकेत राजेन्द्र कुमार और मार्कंडेय ने अपने लेख में किया भी है।

उपन्यास में किसानों के जीवन की वास्तविकता और जड़ता के हद तक पहुँची हुई विभीषिका को प्रेमचन्द दृश्य के रूप में प्रस्तुत करते हैं, जो उपन्यास के पूर्वनिश्चित

प्रारूप और उसके संरचनात्मक प्रारूप के सारतत्व को बदल देते हैं, जिससे इस प्रकार के अन्तर्विरोध का हल भिन्न हो जाता है (डॉ. रामस्वरूप चतुर्वेदी और परमानन्द श्रीवास्तव का लेख)। वस्तुओं की स्वायत्तता का दबाव इस प्रकार से प्रारूप का विरोधी हो जाता है, फलतः उसका हल दोनों ही उपन्यासों में 'संरचनात्मक विरोधों' के रूप में किया गया है, जिसे अनुरूपों के समन्वय के बजाय प्रतिरूपों का समन्वय ही कहा जा सकता है। प्रेमचन्द के प्रारम्भिक उपन्यासों में इस प्रकार का स्वरूप नहीं मिलता है; क्योंकि वहाँ उपन्यास के भीतर की दुनिया एकोन्मुखी और प्रारूपित है। इसके अलावा रचनाकार को समाज में महात्मा गांधी आदि नेताओं द्वारा प्रस्तुत किए जानेवाले हल के प्रति आस्था जिस रचनात्मक सोद्देश्यता का रूप ग्रहण करती है, दिखाई पड़नेवाले यथार्थ की कठोरता उसे महात्मा गांधी से भिन्न दिशा में ले जाती है और वे 'कर्मभूमि', 'प्रेमाश्रम' और 'गोदान' में एक वामपंथी कम्युनिस्ट पात्र भी रखने लगते हैं। यह अन्तर्विरोध प्रेमचन्द की रचना में ही नहीं उनके वक्तव्यों और टिप्पणियों में भी विद्यमान है। जैसे 'पुराना ज़माना : नया ज़माना' (1919 ई.) के लेख में प्रेमचन्द पुरानी सभ्यता के मूल्यों की आवश्यकता और रूस की क्रान्ति से उत्पन्न आशावाद से समाजवाद की आवश्यकता को एक साथ महसूस करते हैं। स्वराज्य का तात्पर्य वे आर्थिक स्वराज्य मानते हैं, लेकिन 'आर्थिक स्वराज्य' की यह अवधारणा आज की आर्थिक आजादी का पर्याय नहीं है, क्योंकि 24 अप्रैल, 1932 को 'फेडरेशन ऑफ आल इंडिया चैम्बर्स ऑफ कॉमर्स एंड इंडस्ट्रीज' ने भी सर्वसम्मति से आर्थिक स्वराज्य की माँग का प्रस्ताव पारित किया था जिसके मूल में अंग्रेजों द्वारा किए जानेवाले शोषण से आम जनता की मुक्ति का भाव नहीं था, बल्कि राष्ट्रीय पूँजीपति वर्ग का स्वार्थ ही था। 'कर्मभूमि' और 'प्रेमाश्रम' में भी डॉ. शान्तिलाल और बलराज प्रभुशंकर आदि के विचार उपन्यास में तैरते हैं, वे उस संरचना के अंग नहीं हैं, क्योंकि यदि ये विचार औपन्यासिक प्रारूप के अंग होते तो प्रेमचन्द के उपन्यासों की प्रकृति भाषिक पारदर्शिता के बावजूद 'समस्यात्मक चरित्रों' अथवा 'पॉजिटिव हीरो' वाली होती, जो स्वतन्त्रता-संघर्ष में सामाजिक परिवर्तन करनेवाली चेतनावाले नेता के अभाव के कारण नहीं है। क्योंकि एक दृष्टि से जो चरित्र वर्गगत सीमाओं में अंग्रेजी हुकूमत की दृष्टि से समस्याप्रधान लगते हैं दूसरी दृष्टि से वही चरित्र 'प्रेमाश्रम' और 'कर्मभूमि' में अपना स्वरूप स्थिर नहीं रख पाते हैं।

प्रारम्भ में उनके उपन्यासों के सामाजिक सम्बन्धों में विशेष परिवर्तन बहुत कम दिखाए गए हैं, अपने वर्ग से असन्तोष का भाव अवश्य पाया जाता है। प्रारम्भिक कहानियों और उपन्यासों में पाया जानेवाला यह भाव असन्तोष के जिन कारणों का संकेत करता है, उनके मूल में प्रेमचन्द धर्म और अर्थ दो ही कारणों को महसूस कराते हैं। प्रारम्भ में उनका संकेत धर्म की ही ओर था (डॉ. पुष्पपाल सिंह का लेख)। 'देवस्थान का रहस्य' से धर्म के संश्लिष्ट स्वरूप का भारतीय चेतना पर 'परिवार संस्थान' तक फैले हुए प्रभाव का वर्णन क्रमशः प्रेमचन्द में बढ़ता गया है। 'हिन्दू समाज के वीभत्स

दृश्य'-1 और 2 में किया गया संकेत उनकी इस चेतना को ही प्रमाणित करता है। 'सेवासदन' के प्रारम्भ में धर्म और अर्थ दोनों का संकेत भी वे सुमन के विवाह के प्रसंग में करते हैं, परन्तु इस असन्तोष के सामाजिक कारणों का चित्र और उसकी जड़ों के भीतरी फैलाव को वह 'गोदान' में ही उघाड़ पाते हैं। निर्मला, सुमन यदि समस्या उत्पन्न करनेवाले चरित्र हैं, तो एक विशेष वर्ग के असन्तोष के कारण, क्योंकि उनकी चेतना उन्हें अपनी स्थिति के सामाजिक कारण से जोड़ती है। परन्तु 'प्रेमाश्रम', 'कर्मभूमि', 'रंगभूमि' और 'कायाकल्प' की समस्या एक बदलते हुए समाज से उत्पन्न होकर क्रमशः राष्ट्रीय स्वतन्त्रता के बृहत्तर लक्ष्य से जुड़नेवाली प्रतीत होती है। यद्यपि 'कर्मभूमि' का देश नाराज लोगों का देश नहीं, बल्कि उलट-फेर और रद्दोबदल चाहनेवालों का देश है। घटनाओं का संरचनात्मक स्वरूप भले ही एक हो, वे कई रूपों और विस्तृत क्षेत्रों में एक उबाल और लक्ष्योन्मुखता का संकेत करती है। चरित्र यदि समस्यात्मक है भी, तो स्थिर और परम्परावादी समाज की दृष्टि से या औपनिवेशिक दृष्टि से—क्योंकि समस्या का सम्बन्ध स्थिर मूल्यवत्ता से है (मार्कंडेय का लेख)। परन्तु कठिनाई यह है कि इन उपन्यासों में अभिव्यक्ति का स्वरूप सामाजिक सन्तुलन की प्रेमचन्द की जीवन-दृष्टि से बाधित होता है। 'ऑइडियल को सदा सामने रखने' के कारण कभी रचना के भीतरी समाज के तार्किक दबाव और आदर्श के बीच एक प्रकार का असन्तुलित समझौता पाया जाने लगता है जो 'सेवासदन' और 'गोदान' के बीच के उपन्यासों में पाया जाता है। मूल्य-दृष्टि और वास्तविकता के बीच का यह द्वन्द्व 'गोदान' में इसीलिए महत्त्वपूर्ण हो जाता है, क्योंकि वहाँ होरी और रायसाहब, खन्ना, मिर्जा खुरशेद और मेहता के व्यवहार-सम्बन्ध और बोलचाल से मूल्यदृष्टियों की टकराहट और मिथ्या चेतना का हल्का आभास मिलता है।

इस उपन्यास में प्रेमचन्द पात्र-सम्बन्धों और वस्तु-सम्बन्धों के द्वारा प्रत्यक्ष यथार्थ की भयावहता के औपन्यासिक सृजन के दबाव से परिचालित निष्कर्ष पर पहुँचते हैं और उपन्यासों में व्याख्या और टिप्पणी के द्वारा उस यथार्थ के कारण और विकल्प का संकेत भी करते हैं। होरी की वर्गगत पारिवारिकता का सामाजिक सम्बन्ध बृहत्तर दुनिया के भीतर के जिस समूह का यथार्थ प्रस्तुत करता है, जो अधिकतर घटनाओं के माध्यम से मूर्त्तरूप में ही व्यक्त किया गया है। उसके सामने प्रजातन्त्र के सभी संस्थान निरर्थक और बेकार लगने लगते हैं। वह यथार्थ आदर्श प्रजातन्त्र के प्रतीक इंग्लैंड के और उसकी उपनिवेशी भारतीय जनता की प्रजातान्त्रिक दृष्टि का विसंगत स्वरूप पूँजीवादी मूल्यों को निरर्थक तो सिद्ध करता है, मिर्जा खुरशेद और मेहता दोनों ही संसद, वोट और डेमोक्रेसी के मूल्यों को निरर्थक कहते हैं—परन्तु उपन्यास इन मूल्यों की वास्तविकता उस रूप में प्रमाणित नहीं कर पाता, जिस रूप में होरी ग्रामीण व्यवस्था की जर्जरता पर हर मूल्य को कसता है।

महिलाओं के वोट में हिस्सा लेने, खन्ना की फैक्ट्री की हड़ताल आदि के प्रसंग मूल्य-दृष्टियों के संघर्ष मात्र का ही संकेत करते हैं। यथार्थ का दबाव यानी होरी का

पूरा जीवन 'कफ़न' कहानी की भाँति मेहता के पूरे वर्ग के समझौते को और हिन्दुस्तान के भविष्य में बननेवाले सम्बन्धों के प्रारम्भिक स्वरूप की पहचान कराकर यथार्थ के सन्दर्भ में ही मेहता के आदर्श को हर प्रकार से निरर्थक बहस में बदल देता है, क्योंकि वह यथार्थ किसी भी प्रकार के बहस की नहीं, बल्कि परिवर्तन की माँग करता है। इसलिए 'गोदान' में प्रेमचन्द का विश्वास अपने दोनों ही प्रकार के मूल्य-सन्तुलनों पर टूटता है। प्रारम्भिक मूल्य-व्यवस्था अमूर्त रूप से मानव के वास्तविक कल्याण और मानवीय व्यवहार के रूप में तो प्रेमचन्द में सदैव रही है, क्योंकि वे एक प्रकार के मानववाद से प्रभावित भी रहे हैं। गांधी और मार्क्स को एक साथ फेंटने का जो उल्लेख रामस्वरूप चतुर्वेदी ने अपने लेख में किया है उसका सन्दर्भ मानववाद ही है। साही ने अपने लेख में 'मनुष्य धर्म' की चर्चा और डॉ. नवल किशोर ने मानवात्मा की नैतिक आवाज का उल्लेख किया है।

राष्ट्रीय स्वतन्त्रता और व्यापक मानवहित के उद्देश्यों से परिचालित प्रेमचन्द अपनी रचनाओं में क्रमशः वास्तविक स्वतन्त्रता के लक्ष्य की ओर बढ़ते गए हैं। 'रंगभूमि' का विद्रोह विकसित होते हुए पूँजीवाद के खिलाफ संघर्ष है, जिसमें मशीनों और औद्योगिक व्यवस्था की दुनिया का विरोध है परन्तु जो गांधी-रस्किन कृच्छतावाद से प्रभावित है।

उपन्यासों में सलोनी, गूदड़, पयाग, धनिया, सोना, भोला, हीरा, दातादीन, सिलिया, होरी आदि का आना मात्र ही सामाजिक जीवन के बदलते सम्बन्धों का संकेत है। मधुकर सिंह और सोहन शर्मा ने अपने लेखों में संयमित आक्रोश के साथ इसका विश्लेषण किया है कि सम्बन्ध चेतना के बदलाव के प्रमाण और परिणाम क्या हैं।

'निर्मला' और 'सेवासदन' के पात्र 'रंगभूमि', 'कर्मभूमि' और 'प्रेमाश्रम' में भिन्न दुनिया के अंग बन जाते हैं और 'गोदान' में 'निर्मला' और 'सेवासदन' के काल का समाज बिल्कुल उलट जाता है। प्रारम्भ का समूह बदलकर होरी आदि की दुनिया का समाज हो जाता है। फलतः कथा का रेखीय स्वरूप शिल्प की दृष्टि से अनुरूपों के सामंजस्य के स्थान पर विपरीतों के सामंजस्य पर केन्द्रित हो जाता है। एक ही सामाजिक संकुल के भीतर स्वतः पूर्ण दो भिन्न विश्वों के आधार पर प्रेमचन्द 'रंगभूमि', 'कर्मभूमि', 'प्रेमाश्रम', 'कायाकल्प' और 'गोदान' में 'प्रयोगमूल्यता' और 'जीवित अनुभव' यानी उपयोगिता और विचारधारा के क्लासकीय सम्बन्धों को सामाजिक परिवर्तन के कारण नई वस्तुओं की आवश्यकता से उत्पन्न विनिमय-मूल्यों और सिद्धान्तों के सन्दर्भ में प्रस्तुत करते हैं। फलतः वस्तु और चेतना का प्रारम्भिक उपन्यासों में पाया जानेवाला रिश्ता 'गोदान' में बहुत बड़ी मात्रा में बदल जाता है।

वस्तु और चेतना में आपसी सम्बन्ध जितना ही बिखरा हुआ होता है, रचना में उतने ही प्रकार की कृत्रिमता पैदा होती है और रचना में यह जितना ही संग्रथित होता है, रचना की प्रभावात्मकता उतना ही बढ़ती है। 'गोदान' में होरी से सम्बद्ध कथा को मेहता और गोबर निरन्तर विश्लेषित करके 'जड़त्व' की स्थिति से मुक्ति का संकेत करते

हैं। 'आदर्श संसार बनाकर उसमें आदर्श जीवन का पालन करने' और 'यथार्थ की अगम्य, दुर्बोध और अप्राकृतिक स्थिति के प्रति नकार का भाव' रखने को प्रेमचन्द गाँव वालों के देवता दिखाई पड़ने का कारण मानते हैं। मेहता कहता है कि गाँव वालों की "निरीहता जड़ता के हद तक पहुँच गई है, जिसे कठोर आघात ही कर्मण्य बना सकता है। उनकी आत्मा जैसे सब ओर से निराश होकर अब अन्दर ही टाँगें तोड़कर बैठ गई है। उसमें अपने जीवन की चेतना ही जैसे लुप्त हो गई है।" ('गोदान', पृ. 294) चेतना-विलयन का यह अनुभव पूरी रचना को बाँध नहीं पाता है। वह पूरे यथार्थ पर एक टिप्पणी की भाँति प्रतीत होता है। वर्तमान से प्राप्त अनुभव में इतिहास को जोड़ने के लिए वर्तमान की समझ के आधार पर अतीत की व्याख्या आवश्यक होती है। रचनाकार के रूप में प्रेमचन्द की यही विशिष्टता है। वस्तुतः मेहता ही नहीं, प्रेमचन्द भी वर्तमान में ही विश्वास करते हैं, जिसका तर्क ही उन्हें प्रत्यक्ष यथार्थ के वर्णन की ओर ढकेलता है। और यही कारण है कि वे वर्षों से व्यवस्था के कारण शोषित और धर्म के द्वारा सन्तुष्ट किए जानेवाले लोगों की चेतना के विलियन और अर्थ के कारण उत्पन्न मूल्यहीनता और पैशाचिकता ('कर्मभूमि' और 'मंगलसूत्र') खन्ना टाइप निराशा का वे संकेत करते हैं। यद्यपि रचनाओं में पुरानी विचारधारा के शोषण का जैसा आश्चर्यजनक प्रस्तुतीकरण 'रंगभूमि' से लेकर 'गोदान' तक में मिलता है, उससे पूर्ण मुक्ति का संकेत भी वे 'गोदान' में करते हैं। पुरानी सभ्यता के आधार धर्म और नई सभ्यता के आधार धन ('गोदान', पृ. 137) के नए रिश्तों का भी संकेत वे रायसाहब, खन्ना और मेहता आदि के माध्यमों से करते हैं। 'सभ्यता का रहस्य' कहानी में इसी नई सभ्यता का वे पर्दाफाश करते हैं, छल और प्रपंच ही जिसके मूल्य हैं।

सन् 33 के आस-पास वे बारम्बार साम्यवाद की ओर देखते हैं। 16 अक्टूबर, 1933 को वे कहते हैं कि "जो नीति धनवानों और गरीबों के खून पर मोटा करती है, उसका जितना जल्दी अन्त हो जाए, उतना ही अच्छा। अमीर गरीब को चूसकर ही अमीर बनता है।" (विविध प्रसंग-2) 'कांग्रेस और सोशलिज्म' में वे 'बीसवीं सदी सोशलिज्म की सदी है, जो सम्भव है आगे चलकर कम्युनिज्म का रूप धारण कर ले' (विविध प्रसंग-2) कहते हुए अपनी रचनाओं, विशेषकर 'गोदान' में आमूल-चूल परिवर्तन की बात करते हैं। 'जड़ता के हद तक पहुँची हुई निरीहता' मेहता को यह विश्वास दिलाती है कि "जड़ पर जब तक कुल्हाड़े न चलेंगे, पत्तियाँ तोड़ने से कोई नतीजा नहीं। जब तक समाज की व्यवस्था ऊपर से नीचे तक बदल न डाली जाए इस तरह की मंडली से कोई फायदा नहीं।" ('गोदान', 311-12) 'गोदान' का अन्त इस सत्य को अर्थ ही देता है, क्योंकि वह वेदना को घनीभूत करने के साथ ही साथ मेहता और खुरशेद के निष्कर्षों को दार्शनिक और अघायी बहस सिद्ध कर देता है। प्रेमचन्द की यह चेतना उसकी वस्तु को संशोधित करती है, इसका प्रमाण तो स्वयं 'गोदान' ही है। 'गोदान' का प्रतीक पूरे उपन्यास को अर्थ देता है। और यह अर्थ पूरे समाज के स्वरूप को नष्टप्राय और भयावह ही सिद्ध करता चलता है (डॉ. शीतांशु, पृ. 45)। एक दृष्टि से देखने पर 'गोदान'

आधुनिक उपन्यास की शुरुआत करता है। इस पुस्तक में कुछ लेखों से यह स्पष्ट हो जाएगा कि संरचना, पात्र कल्पना, समाजार्थिक दृष्टि और भाषा के प्रयोग के प्रति सजगता किस्सागोई और वर्णन की द्वन्द्वात्मक संहति 'गोदान' को कितना अर्थपूर्ण उपन्यास बनाती है। 'गोदान' अपनी पूरी बनावट में जनबोध और उपन्यासबोध के संयोग का प्रतिमान है।

'गोदान' और 'मंगलसूत्र' दोनों को एक साथ रखकर देखने पर उनके मन के भीतर के इस विश्वास को पकड़ा जा सकता है कि इस समाज की वर्तमान अवस्था के कारण धर्म और धन ही हैं। प्रेमचन्द कबीर के बाद पहले रचनाकार हैं, जिन्होंने साहित्य में हमें यह जानकारी नहीं दी बल्कि दिखाया, बोध कराया और कलावस्तु के द्वारा पाठक को ही–ग्रहीता को ही ग्रहण करने को बाध्य किया। प्रेमचन्द की प्रत्येक रचना, रचना के जगत को बदलने की दृष्टि देती है और यही उसकी सोद्देश्यता है। वह हमारी संवेदना को रचना में पात्रों और स्थितियों से जोड़ती है। अमानवीयता और क्रूरता के प्रति ही नहीं, उसके कारण की ओर संकेत करती है। उपन्यास यदि प्रत्यक्ष के कारण का ही नहीं कारणों और प्रत्यक्षों के इतिहास का संकेत करते हुए वर्तमान में अंगुली पकड़कर प्रमाणित करे, तो वह यथार्थवादी होते हुए भी क्लैसिकल रचना होगी, क्योंकि वह हमें अँधेरे से बचाकर नहीं, उसके बीच से वहाँ ले चलेगी। प्रेमचन्द इसी दृष्टि से अप्रतिम रचनाकार हैं कि बाद का हिन्दी साहित्य पुस्तकों की आँखों से जगत को देखने लगा। उसका संकेत-विज्ञान हर प्रकार से आयातित है। यह यथार्थ का लेखक न होकर भ्रमात्मक चेतना के कारण भ्रान्तिपूर्ण यथार्थ का लेखक है। प्रेमचन्द की वस्तु-सम्पूर्णता और औपनिवेशिक दबाव से मुक्त व्यापकता उसमें नहीं मिलती है। प्रेमचन्द के बाद का हिन्दी उपन्यास अपनी वस्तु-सम्पूर्णता की दृष्टि से बाद में आंचलिक हो गया, चाहे वह 'लाल टीन की छत' हो या 'मैला आँचल'। वह अँधेरे में घुसने का साहस नहीं करता है, केवल बताता है कि वहाँ अँधेरा है–बस।

प्रेमचन्द की क्रान्तिकारिता

विजेन्द्रनारायण सिंह

प्रत्येक लेखक किसी न किसी वर्ग से सम्बन्ध रखता है और उस वर्ग के सम्बन्धों के आधार पर अपनी वर्गचेतना का अतिक्रमण करता है तब वह सच्चाईपूर्वक अपने समाज के मिजाज और उसमें विकसित मानवीय सम्बन्धों का प्रामाणिक चित्रण कर पाता है। मध्यवर्ग में पैदा होकर भी उनके आदर्शवाद को स्वायत्त कर और उसके कमीनेपन को समझकर प्रेमचन्द की रचनात्मक प्रतिभा उसकी सीमाओं का अतिक्रमण कर जाती है। प्रेमचन्द बहुत ही बेमुरव्वत होकर इस वर्ग को भारतीय समाज का अग्रदूत मानने से इनकार कर देते हैं। यही वह बिन्दु है जहाँ उनके गल्प की क्रान्तिकारिता स्पष्ट हो जाती है।

पुराने विलास जर्जर सामन्त समाज की मृत्यु हो चुकी थी। सर्वहारा अतिशोषण के कारण जाहिल बन गया था। मध्यवर्ग कमीना और नपुंसक था। यह पैदाइश शोषक वर्ग था जो न तो रोटी बेचता था और न रोटी पकाता था वरन् रोटी खाता था। इस वर्ग के सम्बन्ध में प्रेमचन्द ने लिखा है इन महान पुरुषों में से प्रत्येक व्यक्ति सैकड़ों नहीं हज़ारों-लाखों की जीविका हड़प जाते हैं और फिर भी उन्हें जाति का भक्त बनने का दावा है। पैदा दूसरे करें, पसीना दूसरे बहाएँ, खाना और मूँछों पर ताव देना इसका काम है। मैं समस्त शिक्षित समुदाय को केवल निकम्मा ही नहीं, अनर्थकारी भी समझता हूँ। प्रेमचन्द इसलिए इस वर्ग को सम्पूर्ण रूप से तिरस्कृत कर देते हैं। तब उनकी आशाओं और आकर्षण का केन्द्र क्या है ? प्रेमचन्द भारतीय व्यवस्था के अग्रिम दस्ते के रूप में किसान की ओर देखते हैं। प्रेमचन्द स्वयं निम्न मध्यवर्ग में पैदा हुए थे और एक डाक मुंशी के बेटे थे। लेकिन उनका मन एक किसान का मन था। अमृतराय ने लिखा है कि पैदा जरूर खेतिहर के घर नहीं हुए लेकिन मन का साँचा वही है। कैसी भी कड़ी धरती हो वह उसे फोड़े बिना नहीं रह सकता। इस किसान का सम्बन्ध मिट्टी और उसकी सोंधी गंध से होता है। प्रातःकाल उठते हुए सूरज को नमस्कार कर वह खेतों में घुसता है और हर शस्य की फुनगी को चूमता है। भारतीय मर्यादा का वह नाविक है। इसलिए बुनियादी तौर पर ईमानदार होता है। वह किसी का गला नहीं घोंट सकता, किसी का छीनता-झपटता नहीं है। उसके लिए झूठे स्वार्थ की अपेक्षा मूल्यों और मर्यादाओं का अधिक महत्त्व है। इसलिए प्रेमचन्द इस वर्ग पर भरोसा करते हैं और परिणामस्वरूप अपनी वर्गीय सीमा का अतिक्रमण कर जाते हैं।

इस सदी में भारतीय किसानों की निर्धनता की कविता और गल्प तो अनेक कवियों और उपन्यासकारों ने लिखे किन्तु उनकी बेमिसाल निर्धनता और विवशता का जैसा चित्र दिनकर की कविताओं और प्रेमचन्द के कथा-साहित्य में मिलता है वैसा अन्यत्र कहीं नहीं। भारतीय जनता के शोषण और तज्जन्य निर्धनता को प्रेमचन्द ने अपने गल्प का मुख्य प्रतिपाद्य बनाया है। इस निर्धनता ने भारतीय किसान के सत्व का अपहरण कर लिया है। 'गोदान' में होरी की निर्धनता का वर्णन करते हुए प्रेमचन्द ने लिखा है कि आँखों में आँजने तक को भी नहीं था। किसान भारतीय व्यवस्था में सबसे छोटा आदमी होता है। होरी बहुत ही छोटा आदमी है, उसकी लालसा भी बहुत छोटी है। गोदान का पहला दृश्य है। होरी की छोटी लालसा की तस्वीर पेश करते हुए प्रेमचन्द लिखते हैं–'होरी कदम बढ़ाए चला जाता था। पगडंडी के दोनों ओर ऊख के पौधों की लहराती हुई हरियाली देखकर उसने मन में घटका–"भगवान कहीं से बरखा कर दे और डाँडी भी सुभीते से रहे तो एक गाय जरूर लेगा। देशी गायें तो न दूध दें न उनके बछड़े ही किसी काम के हों। बहुत हुआ तो तेली के कोल्हू में चलें। वह पछाईं गाय लेगा। उसकी खूब सेवा करेगा। कुछ नहीं तो चार-पाँच सेर दूध होगा। गोबर दूध के लिए तरस-तरसकर रह जाता है। इस उमिर में न खाया-पिया तो कब खाएगा। साल भर भी दूध पी ले तो देखने लायक हो जाए। बछड़े भी अच्छे बैल निकलेंगे। दो सौ से कम की गोई न होगी ? फिर गऊ से ही तो द्वार की शोभा है। सबेरे-सबेरे गऊ के दर्शन हो जाएँ तो क्या कहना। न जाने कब यह साध पूरी होगी। कब वह शुभ दिन आएगा।" और होरी की इतनी छोटी लालसा भी जीवन भर पसीना बहाकर पूरी नहीं होती। मृत्यु की बेला में यह अतृप्त लालसा फल-प्राप्ति का रूप धारण कर लेती है। मरते हुए होरी की स्मृति में यह फन्तासियाँ उभरती हैं–फिर एक गाय का चित्र सामने आया बिल्कुल कामधेनु-सी, उसने उसका दूध दुहा और मंगल को पिला रहा था कि एक देवी बन गई। और अन्त में धनिया यन्त्र की भाँति उठती है, सुतली बेचकर जो बीस आने इकट्ठे किए हैं उसे दातादीन के हाथ में रखकर कहती है–"महाशय, घर में गाय न बछिया न पैसा। यही पैसा है, यही इनका गोदान है।" शायद ही संसार के साहित्य में अन्यत्र कहीं भग्न मनोरथ की ऐसी तस्वीर पेश की गई हो। प्रेमचन्द के गल्प में निर्धनता का यह राक्षस चारों तरफ मुँह बाए खड़ा है। 'पूस की रात' का नायक हलकू जाड़े की रात के माहौल को झेलते-झेलते जब परास्त हो जाता है तब थोड़ी-सी ऊष्मा प्राप्त करने की लालसा से बेचैन होकर खेत की पहरेदारी से गाफिल हो जाता है और ढोर उसके खेत चर जाते हैं। ढोर किसान का खेत चरे और किसान जानते हुए भी बेखबर बन जाए यह विवशताजन्य पराजय की हद है। पूस की रात की ठंडक से अधिक बढ़कर उस व्यवस्था का माहौल है जिसने इस कहानी के नायक को जबरदस्त जकड़ लिया है। निर्धनता की यह बेकस तस्वीर है जो न तो चार्ल डिकेंस में और न मैक्सिम गोर्की के गल्पों में प्राप्त होती है।

प्रेमचन्द का गल्प इस निर्धनता के स्रोतों की ओर भी संकेत करता है। उसका गल्प

तत्कालीन भारतीय समाज का प्रामाणिक समाजशास्त्र है। शोषण के यन्त्र हैं ब्रिटिश साम्राज्यवाद, भारतीय सामन्तवाद, तथा महाजन वर्ग और पुरोहित। शोषण के लिए इन चारों ने साँठ-गाँठ कर ली है। शोषण का पात्र है केवल किसान। इस शोषण का प्रामाणिक विवरण प्रस्तुत करते हुए गोदान का एक पात्र कहता है–"थाना-पुलिस, कचहरी अदालत सब है हमारी रक्षा के लिए। लेकिन रक्षा कोई नहीं करता। चारों तरफ लूट है। जो गरीब है बेकस है, उसकी गरदन काटने के लिए सभी तैयार रहते हैं...यहाँ तो जो किसान है वह सबका गरम चारा है। पटवारी को नजराना और दस्तूरी न दो तो गाँव में रहना मुश्किल। ज़मींदार के चपरासी और कारिन्दा का पेट न भरे तो निबाह न हो। थानेदार और कांसिटिबिल तो जैसे उसके दामाद हैं। जब उसका दौरा गाँव में हो जाए तो किसानों का धरम है कि उनका आदर-सत्कार करें, नज़र नियार्न दें नहीं एक रिपोर्ट में गाँव का गाँव बंध जाए। कभी कानूनगो आते हैं, कभी तहसीलदार, कभी डिप्टी, कभी कलक्टर, कभी कमिश्नर, किसान को उनके सामने हाथ बाँधे हाज़िर रहना चाहिए। उनके लिए रसद, चारे, अंडे, मुर्गी, दूध-घी का इन्तजाम करना चाहिए।" और इस शोषण ने किसान के सब्र का अपहरण कर लिया और भारतीय समाज को स्पन्दनहीन बना दिया है। गोबर जब शहर से घर लौटता तो वह देखता है कि सारे गाँव में–'ऐसा एक आदमी भी नहीं जिसकी रोनी सूरत न हो मानो उनके प्राणों की जगह वेदना ही बैठी उन्हें कठपुतलियों की तरह नचा रही हो। चलते-फिरते थे, काम करते थे, पिसते थे, घुटते थे, इसलिए कि पिसना और घुटना उनकी तकदीर में लिखा था। जीवन में न कोई आशा है न कोई उमंग है जैसे उनके जीवन के स्रोत सूख गए हों और सारी हरियाली झुलसा गई हो। जेठ के दिन हैं, अभी तक खलिहानों में अनाज मौजूद है मगर किसी के चेहरे पर खुशी नहीं है। बहुत कुछ तो खलिहान में ही बुलाकर महाजनों और कारिन्दों की भेंट हो चुका है और जो कुछ बचा है, वह भी दूसरों का है। उसमें उन्हें कोई रास्ता नहीं सूझता। उनकी सारी चेतनाएँ शिथिल हो गई हैं। द्वार पर मानो कूड़ा जमा है, दुर्गन्ध उठ रही है मगर उनकी नाक में न गन्ध है न आँखों में ज्योति। सुबो-शाम द्वार पर गीदड़ रोने लगते हैं मगर किसी को गम नहीं। सामने जो कुछ मोटा-झोटा आ जाता है, वह खा लेते हैं, उसी तरह जैसे इंजन कोयला खा लेता है। उनके बैल चूनी-चोकर के बगैर नाद में मुँह नहीं डालते मगर उन्हें केवल पेट में कुछ डालने को चाहिए। स्वाद से उन्हें कोई प्रयोजन नहीं। उनकी रसना मर चुकी है। उनके जीवन में स्वाद का लोप हो गया है। उनसे धेले-धेले के लिए बेईमानी करवा लो, मुट्ठी भर अनाज के लिए लाठियाँ चलवा लो। पतन की वह इन्तहा है जब आदमी शर्म और इज्जत को भी भूल जाता है।'

यही वह पृष्ठभूमि है जिसमें काश्तकार अन्ततः बेदखल हो जाता है और सर्वहारा में रूपान्तरित हो जाता है। सर्वहारा में रूपान्तरित किसान अमानवीय और जाहिल बन जाता है। कफ़न इसी अमानुष्य की कहानी है। ऐसी कहानी जो अपनी खौफनाक दहशत से अप्रभावित-सी लगती है लेकिन एक पुरानी सूक्ति है–'सत्य गल्प से अधिक अजनबी

होता है और कफ़न का अजनबीपन गल्प नहीं वरन सत्य है। प्रेमचन्द *गोदान* के यथार्थवादी मार्गों से होते हुए *कफ़न* के सत्य तक पहुँचा है। *गोदान* यदि सत्य का वाहक है तो *कफ़न* स्वभाव का गल्प न होकर खाँटी सत्य है। 'बड़े घर की बेटी', 'पंच परमेश्वर' और 'नमक का दारोगा' जैसी आदर्शवादी और भावुकताप्रधान कहानियों का रचयिता *कफ़न* तक की यात्रा कर सका यह प्रेमचन्द की रचनात्मक प्रतिभा के विकास का अद्भुत प्रयास है।

प्रेमचन्द जब अपने गल्प को सत्य में रूपान्तरित कर रहे थे तब भारतीय समाज व्यवस्था में जो स्पन्दन, चहल-पहल और उथल-पुथल हो रही थी उसमें विद्रोह की चिनगारियाँ तो थीं किन्तु क्रान्तिकारी परिस्थितियाँ उत्पन्न नहीं हुई थीं। इसीलिए प्रेमचन्द के लिए क्रान्ति का ब्लूप्रिन्ट पेश करना सम्भव नहीं था। बड़े से बड़ा लेखक भी अपनी व्यवस्था और समाज के दायरे में ही रहता है। लेकिन स्पष्ट ही पुराने पुरोहित और सामन्त तथा नए साम्राज्यवाद और महाजनी सभ्यता के प्रति प्रेमचन्द के मन में गहरी घृणा की भावना है। यह घृणा ही प्रेमचन्द की रचनात्मकता का स्रोत है। महाजनी सभ्यता की शव-परीक्षा करते हुए प्रौढ़ प्रेमचन्द ने अपने एक निबन्ध में लिखा कि धन-लोभ ने मानव भावों को पूर्णरूप से अपने अधीन कर लिया है। कुलीनता और शराफत, गुण और कमर की कसौटी पैसा और केवल पैसा है, जिसके पास पैसा है वह देवतास्वरूप है। क्यों न हो, साहित्य संगीत कला सभी धन की देहली पर माथा टेकनेवाले हैं। यह हवा इतनी जहरीली हो गई है कि इसमें जीवित रहना कठिन होता जा रहा है। डॉक्टर और हकीम है कि बिना लम्बी फीस लिए बात नहीं करता, वकील और बैरिस्टर है कि वह मिनटों को अशर्फियों में तौलता है। मौलवी साहब और पंडितजी भी पैसेवालों के बिना पैसे के गुलाम हैं। अखबार उन्हीं के राग अलापते हैं। इस पैसे ने आदमी के दिलो दिमाग पर ऐसा कब्जा जमा लिया है कि उसके राज्य पर किसी ओर से भी आक्रमण करना कठिन दिखाई देता है। वह दया और स्नेह, सच्चाई और सौजन्य का पुतला मनुष्य दया, ममताशून्य, जड़यन्त्र बनकर रह गया है। महाजनी सभ्यता के असली चेहरे को बेनकाब करने में प्रेमचन्द की यह साध बेमिसाल है।

शोषण के इस महामन्त्र के विरोध में प्रेमचन्द में असन्तोष जन्म लेता है और यह असन्तोष धीरे-धीरे विद्रोह की चिनगारियों में भी रूपान्तरित हो जाता है। *गोदान* के गोबर के व्यक्तित्व में इन चिनगारियों के दर्शन होते हैं। गोबर कहता है कि दादा का ही कलेजा है कि यह सब सहते हैं, मुझसे तो एक दिन न सहा जाए। इसी प्रकार रामसेवक सहते भी कहते हैं—संसार में गौ बनने से काम नहीं चलता जितना दबो उतना ही लोग दबाते हैं। भगवान् न करे, कोई बेइमानी करो। यह बड़ा पाप है, लेकिन हक और न्याय के लिए भी लड़ना उससे भी बड़ा पाप है। और प्रेमचन्द इस पाप को स्वीकारते नहीं हैं। दबैल किसान के विद्रोह की अन्योक्ति-गाथा है 'दो बैलों की कथा'। प्रेमचन्द के ये दोनों बैल हीरा और मोती भारतीय किसान के प्रतीक हैं और इन दोनों बैलों के विद्रोह के द्वारा प्रेमचन्द होरी के सीधेपन से बाहर निकलकर किसान की मुक्ति के मार्ग की

ओर संकेत करते हैं। प्रेमचन्द लिखते हैं–बैल कभी-कभी मारता है, कभी अड़ियल बैल भी देखने में आ जाते हैं और भी कई रीतियों से वह अपना असन्तोष प्रकट कर देता है। प्रेमचन्द के ये दोनों बैल हमारे गल्प की परम्परा में अद्‌भुत हैं। बकौल राजेन्द्र यादव के बकरी, ऊँट, कुत्ते, चूहे, छिपकली-घूस, तिलचट्टे, हाथी, घोड़े, रीछ, भेड़िए, केंचुए–प्रेमचन्द के बैलों के बाद हिन्दी का चिड़ियाघर काफी समृद्ध हुआ है। किन्तु प्रेमचन्द के ये वृषभ-युग्म आज भी अद्वितीय हैं। प्रेमचन्द का गुणीभूत व्यंग्य इस कहानी में यह है कि बैल पूरे मर नहीं गए हैं, ये अत्याचारी से लड़ सकते हैं। लेकिन प्रेमचन्द गधों में कोई चिनगारी नहीं देखते। गधे के शील-गुण का निरूपण करते हुए उन्होंने लिखा है–आदमी को परले दर्जे का बेवकूफ कहना चाहते हैं तो उसे गधा कहते हैं। गधा सचमुच बेवकूफ है, या उसके सीधेपन, उसकी निरापद सहिष्णुता ने उसे यह पदवी दे दी है, इसका निश्चय नहीं किया जा सकता ? गाय सींग मारती है, ब्याई हुई गाय तो अनायास ही सिंहनी का रूप धारण कर लेती है। कुत्ता भी बहुत गरीब जानवर है लेकिन कभी-कभी उसे भी क्रोध आ ही जाता है किन्तु गधे को कभी क्रोध करते नहीं सुना न देखा। जितना चाहो गरीब को मारो, चाहे जैसी खराब सड़ी हुई घास सामने डाल दो, उसके चेहरे पर कभी असन्तोष की छाया भी न दिखाई देगी। बैशाख में चाहे एकाध बार कुलेल कर लेता हो, पर हमने तो उसे कभी खुश होते नहीं देखा। उसके चेहरे पर एक विषाद स्थायी रूप से छाया रहता है। सुख-दुख, हानि-लाभ किसी भी दशा में उसे बदलते नहीं देखा। ऋषियों-मुनियों के जितने गुण हैं वे सभी उसमें पराकाष्ठा को पहुँच गए हैं पर आदमी उसे बेवकूफ कहता है और प्रेमचन्द के इन दो बैलों ने जब कांजीहौस के अन्य जानवरों के साथ गधों को भी स्वाधीन करना चाहा तो गधों ने स्वाधीनता की अपेक्षा वहीं पड़े रहना बेहतर समझा। ये गधे किसकी ओर संकेत करते हैं ? क्या कफ़न के जाहिल सर्वहारा नायकों की ओर ? क्या हिन्दी के आलोचक इस प्रस्ताव पर विचार करेंगे ? प्रेमचन्द के समय सामाजिक परिस्थितियाँ ऐसी नहीं थीं कि वे गदहे दुलत्ती झाड़ते, ऐसी स्थितियाँ तो बाद में विकसित हुईं और हिन्दी के गदहे भी दुलत्ती झाड़ने लगे। प्रेमचन्द के ये दोनों बैल अपने नेह-छोह, अपनी मुहब्बत, अपने मुखत, अपने विद्रोह, अपनी मैत्री, अपनी नेकी सब में भारतीय किसान का पूर्ण प्रतिनिधित्व करते हैं।

जैसे जहाज का पंछी फिर लौटकर जहाज पर ही आ जाता है उसी प्रकार प्रेमचन्द भी अपने सारे ममत्व को लेकर भारतीय किसान के जीवन, उसकी मर्यादा, उसके मूल्य और उसकी बेमिसाल निर्धनता का गल्प बार-बार लिखते हैं। उनका गल्प उनकी अजस्र करुणा से रचनात्मक गरिमा प्राप्त कर सका है। भारतीय वर्ग-व्यवस्था के ऊपरी पत्ते को बेधकर वे गहराई में प्रवेश करते हैं और भारतीय किसान के जीवन की बूँद-बूँद करुणा को निचोड़कर गल्प को सत्य में रूपान्तरित कर देते हैं। अपनी वर्गीय सीमाओं का अतिक्रमण कर वे सचमुच क्रान्तिकारी उद्‌भावनाओं की ओर उन्मुख होते हैं। उनकी क्रान्तिकारिता ऐसे ही सन्दर्भों में निहित है।

प्रेमचन्द की परम्परा का अर्थ

गोपेश्वर सिंह

प्रेमचन्द अपने जीवन-काल में ही कथा-सम्राट की उपाधि से सम्मानित हो चुके थे। हिन्दी कथा-साहित्य में उनके प्रति यह सम्मान-भाव उनके निधन के बाद भी बना रहा और आज भी बना हुआ है। हालाँकि बीच-बीच में इस सम्मान-भाव के ग्राफ में उतार-चढ़ाव आते रहे। कथाकारों ने कभी उनकी परम्परा को नकारा तो कभी शक्ति-स्रोत के रूप में स्वीकार भी किया। लेकिन सन् 70 के बाद आई कहानीकारों की नई जमात के बीच प्रेमचन्द के नाम का जैसा शोर हुआ, वैसा पहले नहीं हुआ था। इसके मूल में भारतीय राजनीति में घटित होनेवाली वे घटनाएँ थीं, जिनमें युवा पीढ़ी के लिए नया आकर्षण था। इस बीच लेखकों की जो नई पीढ़ी आई, उसका एक पाँव साहित्य में और दूसरा राजनीति में था। उस राजनीति में जो नक्सलबाड़ी से किसान-विद्रोह के रूप में उठी थी तथा गुजरात के नवनिर्माण आन्दोलन एवं बिहार के छात्र-आन्दोलन के रूप में निरंकुश सत्ता को टक्कर दे रही थी। स्वतन्त्र भारत में यह पहला अवसर था, जब लेखक साहित्य और राजनीति में एक-सी परिवर्तनकारी चेतना से सक्रिय थे। ऐसे में प्रेमचन्द की याद आना स्वाभाविक था, क्योंकि प्रेमचन्द जिस राष्ट्रीय आन्दोलन की उपज थे, वह दौर भी लेखकों के लिए साहित्य और राजनीति में एक-सी चेतना से सक्रिय होने का था। यह चेतना भारतीय जनता की मुक्ति के विराट् प्रश्न से जुड़ी थी।

सन् 70 के आस-पास कहानीकारों की नई जमात में प्रेमचन्द के बेहद लोकप्रिय हो उठने के पीछे सामाजिक जीवन की वे वस्तुगत सच्चाइयाँ थीं, जिनसे प्रेमचन्द पूरे मन और ईमान से जीवनपर्यन्त टकराते रहे थे। वही सच्चाइयाँ नए रूप में खड़ी थीं। यह अलग बात है कि सन्दर्भ दूसरा था। प्रेमचन्द से प्रेरणा और शक्ति लेकर नए कहानीकारों ने अपने वक्त और अवाम को जो स्वर दिया, उसी का परिणाम थीं–'सुधीर घोषाल' (काशीनाथ सिंह), 'अपराध' (संजीव), 'बलैतमाखून भगत' (विजयकान्त), 'नई अदालत' (बिजेन्द्र अनिल), 'टेपचू' (उदय प्रकाश) जैसी कहानियाँ जिनसे हिन्दी कहानी की धारा में गुणात्मक बदलाव आया। क्रान्ति की 'पॉजिटिव दिशा' का संकेत करने वाली इन कहानियों ने कहानी का नया वातावरण रचा। कहानी में ऐसे नायक का जन्म हुआ, जो परिस्थितियों से जूझता और जीतता सर्वहारा था।

लेकिन कुछ ही वर्षों में नक्सलबाड़ी की विद्रोह-धारा कई उपधाराओं में बँट गई। अलग-अलग गुट और संगठन बने। एक-दूसरे पर आरोप-प्रत्यारोप लगे। एक-दूसरे को प्रतिक्रान्तिकारी कहा जाने लगा। गुजरात आन्दोलन और बिहार आन्दोलन के गर्भ से पैदा हुई नई सरकार अपने अन्तर्विरोधों के कारण साल-डेढ़ साल में ही लड़खड़ा गई। परिवर्तन की मशाल थामे नौजवान या तो भटक गए या मोहभंग से उदासीन हो गए। नौवें दशक की सामाजिक और राजनीतिक जीवन की शुरुआत एक तटस्थ और मौन वातावरण के साथ हुई।

इस नई परिस्थिति में सचेत कथाकारों ने अपने को टटोला। सँभलने की कोशिश की। कथा की बनी-बनाई रफ्तार लड़खड़ाई, लेकिन वे जीवन की गति और लय को पकड़ने की कोशिश में निरन्तर लगे रहे। लेकिन ज्यादातर लेखक अचेत बने रहे। नए समय-सन्दर्भ से आँख मूँदकर वे 'पुरानी लाइन' पर चलते रहे। 'क्रान्ति के लिए उठे कदम' कहानी में उठे ही रहे और 'क्रान्ति के लिए जली मशाल' कहानी में जलती ही रही। यह सिलसिला कुछ इस तरह चला कि जनवाद के नाम पर सपाट ढंग की यथार्थवादी कहानी लिखनेवाले कहानीकारों की बड़ी जमात पैदा हो गई और कहानियों का ढेर लगने लगा। 'सुधीर घोषाल' और 'अपराध' जैसी कहानियों से कहानी के कुछ नुस्खे ईजाद किए गए और जनवाद के नाम पर थोक भाव से कहानियाँ लिखी जाने लगीं। यथार्थ को धारदार बनाने की जो कोशिश इस बीच हुई, उससे कहानी की धारा और कुन्द होती गई। अमूर्तन का विरोध करते हुए, जो 'पॉजिटिव' चरित्र और कथानक रचे गए, वे इतने मूर्त थे कि कहानी का आकर्षण ही समाप्त हो गया। कहानी सरल ढंग से लिखी गई ताकि आम जन के काम आ सके। लेकिन आम जन के लिए लिखी कहानी आम जन के बीच लोकप्रिय नहीं हो सकी। सरल और सहज ढँग से लिखी कहानी की पठनीयता निरन्तर घटती रही। आम जन के लिए लिखी इस कहानी की भाषा इतनी आम होती गई कि अखबारी भाषा से उसका अन्तर मिट गया। कहानी का नायक वह भाषा बोलने लगा जो 'पॉलिटिकल एक्टिविस्ट' की भाषा थी। संक्षेप में यह कि कहानी को रचनात्मक बनाने की हर कोशिश रचनात्मक स्पर्श के अभाव का आभास देने लगी।

यह सब प्रेमचन्द की परम्परा के नाम पर हुआ। प्रेमचन्द का नाम इस बीच लिखी जानेवाली कहानी के समर्थकों और विरोधियों दोनों ने खूब लिया। जो इस कहानी के समर्थक थे, उनके लिए प्रेमचन्द की परम्परा गाय की वह पूँछ हो गई, जिसे पकड़कर वे कहानी की वैतरणी पार करना चाहते थे। जो इस कहानी को एक सिरे से नकारना चाहते थे, उनके लिए प्रेमचन्द की परम्परा एक लाठी थी, जिससे वे समकालीन रचनाशीलता को पीट रहे थे। प्रेमचन्द इस बीच जिस रूप में और जिस सीमा तक इस्तेमाल की वस्तु बने, उस तरह पहले न बने थे। वे रचनात्मक प्रेरणास्रोत से अधिक उपयोगी माल हो उठे।

ऐसा इसलिए हुआ कि हमने इस बीच प्रेमचन्द की परम्परा का अर्थ जानने-समझने

की कोशिश नहीं की। हम उन प्रश्नों से लगातार बचते रहे जो प्रेमचन्द के बाद के कथा-साहित्य से प्रेमचन्द के सन्दर्भ में पैदा होते हैं। हम उन प्रश्नों का भी ईमानदारी पूर्वक सामना नहीं कर सके जो प्रेमचन्द के साथ-साहित्य की सीमाओं से पैदा होते हैं। हिन्दी कथालोचना के उन प्रतिमानों से भी हम नहीं लड़ सके जो प्रेमचन्द के कथा-साहित्य के आधार पर विकसित होकर आज के सन्दर्भ में रूढ़ि हो गए हैं। प्रेमचन्द के नाम पर पैदा हुई उन धारणाओं से भी हमने मुक्ति की चेष्टा नहीं की, जो परवर्ती कथा-साहित्य की पहचान में बाधक बनती रही हैं। यही कारण है कि 'प्रेमचन्द की परम्परा' का अर्थ बहुत सीमित और रूढ़ हो गया है और वह परम्परा विकास के लिए शक्ति न होकर पाँव की बेड़ी बन गई है।

प्रेमचन्दोत्तर कथा-साहित्य के सन्दर्भ में प्रेमचन्द की परम्परा का क्या अर्थ है ? इस प्रश्न के कुछ बने-बनाए उत्तर की जगह मेरे सामने कुछ ऐसे प्रश्न और मुद्दे खड़े हैं, जिन पर, मैं समझता हूँ, विचार करने की जरूरत है। वे प्रश्न और मुद्दे इस तरह हैं–

1. परम्परा शब्द के उच्चारण के साथ ही अतीत की लम्बी दूरी तय कर हम तक आती एक लम्बी विचार-शृंखला की ध्वनि आती है। प्रेमचन्द की परम्परा की जब हम चर्चा करते हैं, तब हम उन्हें प्रासंगिक बनाने की कोशिश में लगे होते हैं। लेकिन प्रासंगिकता का प्रश्न ही तब पैदा होता है, जब प्रेमचन्दकालीन वस्तुस्थितियों और आज में भिन्नता दिखाई दे। प्रेमचन्द ने जिस तबाह समाज और व्यक्ति को अपने साहित्य का आधार बनाया, वह लगभग आज भी वैसा ही है। मनुष्य की मुक्ति के जिन प्रश्नों से उलझते रहे, वे आज भी सुलझे नहीं हैं। इस अर्थ में प्रेमचन्द हमारे समकालीन हैं। और जब वे समकालीन हैं तो यह आवश्यक है कि आज का कथा-साहित्य हमारे समय के सच के उस पहलू का उद्घाटन करे, जो प्रेमचन्द नहीं कर सके। मानव-नियति की उस विडम्बना को दिग्दर्शित कराना आज के कथा-साहित्य का मुख्य काम है, जहाँ प्रेमचन्द की दृष्टि न जा सकी। कहीं ऐसा तो नहीं है कि प्रेमचन्द की परम्परा के नाम पर हम लीक पीट रहे हैं ?

2. प्रेमचन्द और प्रगतिशील आन्दोलन एवं प्रगतिशीलता की अवधारणा को लेकर कई समस्याएँ हैं। हिन्दी में प्रगतिशील आन्दोलन के प्रारम्भ से ही घोषित रूप में दावा किया जाने लगा कि हमीं प्रेमचन्द की परम्परा के सही संवाहक हैं। प्रगतिशील लेखकों ने जैनेंद्र-अज्ञेय आदि कथाकारों को प्रेमचन्द से भिन्न परम्परा का लेखक घोषित किया और उस परम्परा को भिन्न कथा-धारा घोषित करते हुए उसे पतनशील मूल्यों का वाहक बताया। प्रगतिशील लेखकों के बीच यह आम धारणा विकसित हुई कि सामाजिक अन्याय के विरोध में लिखा गया साहित्य तो प्रगतिशील यानी प्रेमचन्द की परम्परा में है और मनुष्य के भीतरी संकट अथवा जीवन की दूसरी समस्याओं पर आधारित साहित्य गैर-प्रगतिशील। बहुत जोर देकर तो नहीं, लेकिन दबे स्वर में यह धारणा भी विकसित हुई कि गाँव, किसान-मज़दूर से सम्बन्धित कथा-साहित्य प्रेमचन्द की परम्परा में है और शहर, शहरी मध्यवर्ग तथा नागरिक जीवन की विसंगतियों को लेकर लिखा गया साहित्य

जैनेंद्र-अज्ञेय की परम्परा में यानी कलावादी। आज विचार कर देखने की जरूरत है कि प्रेमचन्द की परम्परा के नाम पर इस तरह के विभाजन का औचित्य क्या है; और साथ ही 'प्रगतिशीलता' को प्रेमचन्द की परम्परा का पर्याय मान बैठने के पीछे जो कोशिश है, वह किस हद तक सही है ?

3. अज्ञेय, निर्मल वर्मा आदि कथाकारों पर गैर-प्रगतिशीलता का आरोप कथ्य से अधिक उनकी कथा-भाषा को आधार बनाकर लगाया गया। काव्यात्मक गद्य तथा गद्य में सांगीतिक ध्वनि की उपस्थिति को रूपवादी आग्रह और इस तथाकथित रूपवादी आग्रह को गैर-प्रगतिशील घोषित कर दिया गया। अपने कथ्य के अनुरूप प्रेमचन्द ने अपनी भाषा की तलाश की और अपने उपन्यासों-कहानियों के अनुरूप अज्ञेय-निर्मल ने भी। 'गोदान' की भाषा में 'शेखर : एक जीवनी' की रचना सम्भव नहीं। इसके ठीक विपरीत अज्ञेय की कथा-भाषा में 'गोदान' की भी रचना नहीं हो सकती। इसी तरह 'कफ़न' की भाषा में 'परिन्दे' की मृत्यु हो जाएगी और 'परिन्दे' की भाषा में कफ़न अभिधा में कफ़न हो जाएगा। रामविलास शर्मा की हिन्दी जाति की अवधारणा के साथ ही हिन्दी के जातीय गद्य का प्रश्न पैदा हुआ। कुछ लोगों ने प्रेमचन्द के गद्य को हिन्दी की जातीय परम्परा का गद्य बतलाते हुए अज्ञेय-निर्मल के गद्य को विजातीय परम्परा का गद्य बतलाया। इन दोनों भाषा-शैलियों को एक-दूसरी की विरोधी बतलाने की प्रवृत्ति कहाँ तक सही है ? 'हिन्दी जाति का गद्य' का कोई सीमित अर्थ है या उसकी व्यापक अवधारणा है ? 'शेखर...' हो या 'परिन्दे' इन रचनाओं को प्रेमचन्द की परम्परा में न रखने के पीछे जो तर्क हैं, क्या उन पर आज पुनर्विचार की जरूरत नहीं है ?

4. प्रेमचन्द ने कायदे से प्रेम की कोई कहानी नहीं लिखी। और नहीं लिखी तो प्रगतिशील-जनवादी कथाकारों ने भी प्रेमचन्द की परम्परा के विकास के नाम पर प्रेम कहानियों से अपने को लगभग अलग ही रखा। और नक्सलवादी आन्दोलन से प्रभावित नए जनवादी कथाकारों ने तो प्रेम-कहानी को कथा-साहित्य से एक तरह से बहिष्कृत ही कर दिया। इस बीच श्रेष्ठ प्रेम-कहानियाँ उन्हीं कथाकारों ने लिखीं, जिन्हें गैर-प्रगतिशील कहा गया। वह चाहे रेणु हों या निर्मल वर्मा या कोई और। इस दृष्टि से विचार कर देखने की जरूरत है कि प्रेमचन्द की परम्परा का विकास किसने किया, उसे विस्तारित किसने किया और कौन लकीर के फकीर बने रहे।

5. प्रेमचन्द के कथा-साहित्य का विकास दिखलाते हुए आलोचकों ने उन पर आर्यसमाज, गांधीवाद और मार्क्सवाद का प्रभाव देखा है। उनके परवर्ती साहित्य को अनिवार्यतः गांधीवाद से मोहभंग का साहित्य माना गया है। उनके पत्रों, लेखों तथा शिवरानी देवी के साथ बातचीत को आधार बनाकर यह बतलाने की कोशिश की गई है कि वे मार्क्सवाद से जुड़ रहे थे। अधूरे उपन्यास–'मंगलसूत्र' के आधार पर कुछ लोग उन्हें असली मार्क्सवादी सिद्ध करते हैं, क्योंकि दरिन्दों के खिलाफ हथियार उठाने की बात वहाँ की गई है। ध्यान देने की बात यह है कि कांग्रेसी राजनीति से प्रेमचन्द का मोहभंग भले हुआ हो, गांधी के रचनात्मक कार्यों से वे जीवन-भर प्रभावित रहे और

अपने साहित्य में उसे सदा स्वर देते रहे। हरिजन समस्या हो या विधवा-विवाह की समस्या, मनुष्य की कोई नैतिक समस्या हो या साम्प्रदायिक सौहार्द की समस्या, वे गांधी की तरह आजादी के महान लक्ष्य को देनेवाले रचनात्मक कार्यों में साहित्य के जरिए सदा लगे रहे। गुलाम भारत में गांधी राजनीति के रचनात्मक कार्यकर्त्ता हैं तो प्रेमचन्द साहित्य के। गांधी अपनी सक्रिय पहलकदमी से रचनात्मक कार्यों के जरिए समाज-सुधार का काम कर रहे थे तो उसके समानान्तर अपने कथा-साहित्य के जरिए प्रेमचन्द भी समाज-सुधार की दिशा में वही रचनात्मक भूमिका निभा रहे थे। दोनों अपने रचनात्मक कार्यों के जरिए जीवन-भर एक ही लक्ष्य के लिए संघर्ष करते रहे। वह लक्ष्य था मनुष्य की सम्पूर्ण मुक्ति का। वैसे भी कुछ आलोचकों ने गांधी और प्रेमचन्द को 'गुरुभाई' कहा है। दोनों तात्सताय से प्रभावित जो थे। प्रेमचन्द के अग्रलेखों और टिप्पणियों को भी इस सन्दर्भ में देखने की जरूरत है।

6. प्रेमचन्द की कहानियों का विस्तार जीवन के बहुत सारे क्षेत्रों तक है। बेमेल विवाह से उत्पन्न परिस्थिति हो या कुरूप और अनपढ़ पत्नी के मिल जाने पर शिक्षित पति की मनोदशा, नारियों के आभूषण प्रेम के चलते उत्पन्न गृह-कलह हो या सास-पतोहू के झगड़े में घुट-घुटकर मरते बेटे और पति का नारकीय जीवन, फ़सलों के मारे जाने पर निराश किसान-जीवन हो या पशु-पक्षियों से किसान का आत्मीय लगाव, प्रेमचन्द अपनी कहानी को जीवन के कई क्षेत्रों तक ले जाते हैं। प्रेमचन्द की परम्परा पर बात करनेवाले 'सद्गति', 'ठाकुर का कुआँ', 'सवा सेर गेहूँ', 'पूस की रात', 'कफ़न' जैसी कहानियों की चर्चा अक्सर करते हैं, लेकिन 'गृहनीति' जैसी कहानी की चर्चा कम करते हैं या नहीं करते हैं, जिसमें सास-पतोहू के झगड़े से नरक बन चुके घर की कथा कही गई है। 'जय बजरंग बली' के अन्दाज़ में प्रेमचन्द का नाम लेकर कहानी के अखाड़े में उतरनेवाले इधर के कहानीकारों ने ज्यादातर राजनीतिक प्रतिबद्धता की ही कहानियाँ लिखीं। परिणामतः समकालीन कहानी में जीवन के विभिन्न रूप-रंग गायब हैं और एकरसता से कहानी स्वादहीन होती गई है।

7. प्रेमचन्द के बाद उनकी परम्परा में जिन लेखकों का नाम दर्ज हुआ, उनमें नागार्जुन एक महत्त्वपूर्ण नाम है। नागार्जुन और रेणु के कथा-साहित्य की चर्चा के क्रम में नागार्जुन के साहित्य को यथार्थपरक और रेणु के यथार्थ को रूमानियत से भरा कहा गया है। कहा जाता है कि नागार्जुन ने वस्तुपरक ढंग से गाँव को उठाया है, जबकि रेणु ने लोक-चेतना के नाम पर जनता के बीच प्रचलित अन्धविश्वासों को भी अपनाया। लेकिन आलोचकों की इन स्थापनाओं के बावजूद रेणु का कथा-साहित्य जनता के बीच अधिक लोकप्रिय हुआ और अधिक समादृत भी। वस्तुपरकता बनाम रूमानियत को ध्यान में रखें तो नागार्जुन रेणु की तुलना में प्रेमचन्द के ज्यादा करीब हैं और ऐसा ही प्रगतिशील आलोचकों ने माना भी। रेणु के मूल्यांकन में आलोचना के प्रगतिशील औज़ारों की सीमाएँ स्पष्ट हैं। आज विचार कर देखने की जरूरत है कि वे सीमाएँ प्रेमचन्द की परम्परा के अनुकूल हैं या प्रतिकूल ?

8. प्रेमचन्द ने हिन्दी कथा-साहित्य को तिलिस्म और सस्ती रूमानी प्रेम-कहानियों की दुनिया से निकालकर उसे सामाजिक प्रतिष्ठा दिलाई। प्रेमचन्द के पूर्व उपन्यास भला घर में पढ़ा जानेवाला साहित्यिक विधा नहीं था। प्रेमचन्द ने उसे भले लोगों का साहित्य बनाया। उस समय शिष्ट भाषा, शिष्ट संवाद और शिष्ट कथ्य उपन्यास की सामाजिक स्वीकृति के लिए अनिवार्य थे। प्रेमचन्द के बाद 'आधा गाँव' और 'राग दरबारी' जैसे उपन्यासों में गाँव की सच्चाई अधिक बेलाग ढंग और नंगे रूप में आई। यशपाल के नारी-प्रसंगों की रामविलास शर्मा ने जमकर आलोचना की। कृष्णा सोबती और मृदुला गर्ग के कुछ उपन्यासों में प्रणय क्षेत्र के कुछ वर्जित प्रसंगों का चित्रण देखकर काफ़ी बवाल मचा। प्रश्न है कि ऐसे प्रयासों को प्रेमचन्द की परम्परा में देखने का नजरिया क्या होना चाहिए ? आज उपन्यास के प्रति जनता में प्रेमचन्दकालीन मानसिकता नहीं है। श्लीलता और अश्लीलता की रूढ़िवादी सामाजिक मानसिकता खत्म हो चुकी है। और जब खत्म हो चुकी है तो कथा-साहित्य में भी अश्लीलता के मुद्दे को नए सिरे से परिभाषित करने की जरूरत है। कथा-साहित्य में अश्लीलता के प्रश्न पर हम आज भी वहीं खड़े हैं, जहाँ उग्र के कथा-लेखन का विरोध करते हुए बनारसीदास चतुर्वेदी खड़े थे।

9. इधर की कहानियों में एक विशेष ढंग का अन्त दिखाई देता है। उसे 'पॉजिटिव' अन्त कहा जा सकता है। उस अन्त के साथ एक निर्णय होता है। निर्णय के रूप में एक विशेष सन्देश। इस सन्देश में व्यवस्था-विरोधी स्वर प्रमुख होता है। प्रेमचन्द में देखने की चीज़ यह है कि उनकी यात्रा 'पंच परमेश्वर' तथा 'सेवासदन' से शुरू होकर 'कफ़न' एवं 'गोदान' तक पहुँची थी। 'पंच परमेश्वर' हो या 'सेवासदन', प्रेमचन्द के पास एक स्पष्ट निर्णय था। उनके पास समस्याओं के समाधान का एक सरल रास्ता था। लेकिन जैसे-जैसे वे समाज की जटिलता के भीतर प्रवेश करते गए, उनकी कहानियों में 'समाधान' देने की प्रवृत्ति घटती गई। 'कफ़न' और 'गोदान' में यह प्रवृत्ति एक सिरे से गायब है। प्रेमचन्द की परम्परा की दुहाई देनेवाले इधर के कथाकारों ने इस तथ्य को नज़रअन्दाज़ कर दिया है। यह अजीब विडम्बना है कि समाज की जटिलता की वैज्ञानिक व्याख्या करनेवाले कथाकारों ने अपनी रचनाओं में एक सरल और सुगम रास्ता खोज लिया है। यथार्थ लेखन के नाम पर 'सत्य कथाओं' का आभास देनेवाली कहानियाँ लिखी जा रही हैं। डॉ. रामविलास शर्मा ने अपने एक निबन्ध 'प्रेमचन्द और यथार्थवाद' में लिखा है—"प्रेमचन्द का यथार्थवाद जितना गहरा हुआ, उनकी कला भी उतनी ही निखरी। उनकी कहानियाँ और उपन्यास अधिक सजीव और कलापूर्ण बने। उनकी शुरू की कहानियाँ पढ़ने पर कभी-कभी ऐसा लगता है कि कहानी का मनचाहा अन्त करने के लिए वह घटनाओं को तोड़ता-मरोड़ता है। ये कमजोरियाँ दूर हो गईं और उनकी श्रेष्ठ कहानियों में आवश्यक सामग्री का उचित उपयोग और चरित्र-चित्रण में सुन्दर कौशल दिखाई देता है।"

मुझे लगता है कि डॉ. शर्मा के इस कथन में प्रेमचन्द की परम्परा का अर्थ छिपा

है। इसमें गतिशीलता की ओर संकेत है। यथार्थ के सतही रूप की जगह गहरे में धँसने की बात की गई है। यथार्थवाद के गहरा होने के साथ रचनाओं के कलापूर्ण और सजीव बनने की बात है। घटनाओं के मनचाहे अन्त के लिए कथानक को तोड़ने-मरोड़ने को अच्छा नहीं माना गया है।

आज के सन्दर्भ में प्रेमचन्द की परम्परा की बात करते हुए क्या ये मुद्दे—ये प्रश्न हमारे सामने हैं ?

प्रेमचन्द होने का अर्थ

शैलेन्द्रकुमार शर्मा

वैसे तो किस्से-कहानियों, कथा-गाथाओं के प्रति मनुष्य की दिलचस्पी सहस्राब्दियों पूर्व से रही है, लेकिन उपन्यास या नॉवेल के रूप में उनका विकास पिछली दो शताब्दियों की महत्त्वपूर्ण उपलब्धि रही है। समूचे विश्व-साहित्य में इस विधा ने अपनी एक खास जगह बना ली है, जिसके मुख्य कारण हैं–लोक-चेतना का उदय, प्रजातन्त्र के प्रति गहरा रुझान और साहित्य के साथ जीवन की प्रखर अन्तर्क्रिया। भारतीय सन्दर्भ में भी उपन्यास की विकास-यात्रा इन्हीं कारकों की मौजूदगी को प्रत्यक्ष करती है। जहाँ तक हिन्दी एवं उर्दू साहित्य का प्रश्न है, महान् कथाकार प्रेमचन्द के आगमन के बगैर उपन्यास और कहानी की यात्रा के सर्वाधिक महत्त्वपूर्ण युग का मंगलाचरण सम्भव नहीं था। प्रेमचन्द के होने का एक अर्थ सीमित और संकीर्ण पथ पर गतिशील उपन्यास-धारा को व्यापक और वैविध्यपूर्ण बनाने में साफ़ नज़र आता है।

प्रेमचन्द के पहले के उपन्यास तीन वर्गों–सामाजिक, ऐतिहासिक और घटनात्मक–में विभक्त थे। सामाजिक उपन्यासों में समाज-सुधारों के प्रचार और उपदेशात्मकता का स्वर मुखरित हो रहा था, तो ऐतिहासिक उपन्यासों में इतिहास के सत्य की खोज और प्रकाशन का लक्ष्य केन्द्र में था। तीसरी धारा मनोरंजन और कुतूहल को ही सबकुछ माने जाने का साक्ष्य दे रही थी। प्रेमचन्द का महत्त्व इन तीनों धाराओं के बीच कोरे मनोरंजन और कोरी उपदेशात्मकता से कथा-साहित्य को ऊपर उठाने में दिखाई देता है। उपन्यास और कहानी को वे न सिर्फ जीवन के करीब लाए, वरन् युग जीवन की अभिव्यक्ति और उसमें सार्थक हस्तक्षेप का माध्यम भी इन विधाओं को बनाने में कामयाब रहे। सही अर्थों में उन्होंने हिन्दी और उर्दू कथा-साहित्य को वयस्क बनाया। ऐसा करते हुए उन्होंने इन दोनों के पाठक वर्ग को भी नए संस्कारों और सुरुचि से समृद्ध बनाया, उन्हें युग की जरूरत के अनुसार सोते से जगाया।

साहित्य को प्रेमचन्द 'जीवन की आलोचना' के रूप में परिभाषित करने के पक्षधर हैं। वे अपने उपन्यास और कहानियों को जीवन की व्याख्या-आलोचना का माध्यम बनाते हैं, न कि किसी 'मनमाने तिलिस्म' को बाँधकर मनोरंजन करने का और न 'व्यक्तिवाद का रंग' चढ़ाकर सौन्दर्य और वासनाओं को तृप्त करने का। प्रेमचन्द स्वयं इस परिवर्तन पर सचेत होकर विचार करते हैं–"हमने जिस युग को अभी पार किया

है, उसे जीवन से कोई मतलब न था। हमारे साहित्यकार कल्पना की सृष्टि खड़ी कर उसमें मनमाने तिलिस्म बाँधा करते थे। कहीं फ़िसानये–अजायब की दास्तान थी, कहीं बोस्ताने-ख्याल की और कहीं चन्द्रकान्ता सन्तति की। इन आख्यानों का उद्‌देश्य केवल मनोरंजन था और हमारे अद्‌भुत रस-प्रेम की तृप्ति। साहित्य का जीवन से कोई लगाव है, यह कल्पनातीत था। कहानी कहानी है, जीवन जीवन, दो परस्परविरोधी वस्तुएँ समझी जाती थीं।" जीवन से साहित्य के इस अलगाव का उन्होंने निरन्तर प्रतिकार किया–एक सचेत सर्जक के रूप में और एक गम्भीर विचारक के रूप में भी। अपने युग के अनुरूप उनकी कथा-यात्रा आदर्शोन्मुखी लेखन से शुरू होती है, जो अन्ततः यथार्थोन्मुख लेखन में पर्यवसित होती है। 'सेवासदन' से लेकर 'गोदान' तक और 'पंच परमेश्वर' से लेकर 'कफ़न' तक की यात्रा में प्रेमचन्द जीवन से साहित्य के अलगाव को लगातार कम करते नज़र आते हैं। प्रेमचन्द होने का एक अर्थ जीवन और साहित्य, विचार और सर्जना के द्वैत को समाप्त करने में भी है।

प्रेमचन्द ने 'कला कला के लिए' और 'कला जीवन के उत्थान के लिए' के द्वन्द्व को भारतीय सन्दर्भ में न सिर्फ पहली बार वैचारिक स्तर पर उठाया, उसे अपने रचनाकर्म के जरिए व्यंजित भी किया। वे यह स्वीकार करने में नहीं हिचकते हैं कि 'कला कला के लिए' का समय वह होता है जब देश सम्पन्न और सुखी हो, किन्तु उनके सामने तो अनेक अन्तर्बाह्य विसंगतियों से घिरे भारत का पीड़ादायी बिम्ब था। वे 'कला कला के लिए' के सिद्धान्त को साहित्य का उच्चादर्श मानते हैं, लेकिन युग-जीवन के यथार्थ से वे कैसे विमुख हो सकते थे ? इसीलिए वे जीवन के उत्थान और परिष्कार के लिए साहित्य और कला की भूमिका को नए सिरे से तलाशते हैं। इसीलिए वे अपनी सृजन-यात्रा के आखिरी पड़ाव तक आते-आते सपाट आदर्शोन्मुखता से मुक्त हो गए और अपने ध्येय या लक्ष्य की तलाश में एक यथार्थोन्मुखी रचनाकार के रूप में उभरे। उनके समूचे लेखन की प्रेरणा जगत् गति का व्यापना है। वे स्वयं लिखते हैं–"जिन्हें जगत् गति नहीं व्यापती वे जासूसी, तिलिस्मी चीज़ें लिखा करते हैं।" प्रेमचन्द के इस नए नज़रिए के लेखन की प्रतिक्रिया न सिर्फ उनके दौर में हुई, वरन् किसी न किसी रूप में आज भी जारी है। इस नए ढंग के लेखन का आगाज़ 'सेवासदन' (1918) से हुआ था और चरम बिन्दु पर उनकी महान् कृति 'गोदान' (1936) का आगमन हुआ। इस अठारह साला सफ़र में प्रेमचन्द न सिर्फ़ एक गतिशील सर्जक और चिन्तक के रूप में दिखाई देते हैं, अनेक समकालीनों और परवर्ती रचनाकारों पर भी उनका व्यापक प्रभाव पड़ा। एकसाथ कई पीढ़ियों के कथाकारों पर तो उनका प्रभाव है ही, अन्य विधाओं में सृजन करनेवाले रचनाकार भी उनके प्रभाव और महत्त्व को स्वीकार करते हैं। मुक्तिबोध ने जीवन से साहित्य में प्रवेश की दिशा में अपनी माँ के दाय की चर्चा करते हुए एक लेख लिखा है–'मेरी माँ ने मुझे प्रेमचन्द का भक्त बनाया', जिसमें उन्होंने स्मरण किया है कि जब उनकी माँ प्रेमचन्द की कृतियाँ पढ़तीं तो आँसू छलछला आते थे। वे लिखते हैं–"मैं अपनी भावना में प्रेमचन्द को माँ से अलग नहीं कर सकता। माँ

सामाजिक उत्पीड़न में परम्परावादी थीं, किन्तु धन एवं वैभवजन्य संस्कृति के आधार पर ऊँच-नीच तिरस्कार करती थीं।" इस अर्थ में मुक्तिबोध जैसे अनेक रचनाकार अपनी वैचारिक निर्मिति में प्रेमचन्द की विरासत से जुड़े हैं।

हिन्दी जगत् में साहित्यिक रुचि के बदलाव में प्रेमचन्द की बहुत बड़ी भूमिका रही है। उन्होंने साहित्य को मनबहलाव के साधन से ऊपर उठाकर जीवन की समस्याओं पर विचार करने और उन्हें हल करने का माध्यम बनाया था। साहित्य की इस नई भूमिका को रेखांकित करते हुए स्वयं उन्होंने कहा है–"जिस साहित्य से हमारी सुरुचि न जागे, आध्यात्मिक और मानसिक तृप्ति न मिले, हममें शक्ति और गति न पैदा हो, हमारा सौन्दर्य-प्रेम न जागृत हो–जो हममें सच्चा संकल्प और कठिनाइयों पर विजय पाने की सच्ची दृढ़ता न उत्पन्न करे, वह आज हमारे लिए बेकार है, वह साहित्य कहाने का अधिकारी नहीं।" प्रेमचन्द साहित्य की सामाजिक उपयोगिता के प्रबल आग्रही हैं। उनके समकालीन आलोचक नन्ददुलारे वाजपेयी ने उन पर 'प्रोपेगेंडा शक्ति' का आरोप लगाया था, तब प्रेमचन्द ने बड़ी स्पष्टता से अपना पक्ष रखा–"साहित्य का जन्म उपयोगिता की भावना का ऋणी है। जो चतुर कलाकार है, वह उपयोगिता को गुप्त रखने में सफल होता है, जो इतना चतुर नहीं है, वह उपदेशक बन जाता है और अपनी हँसी उड़वाता है।" और "जिस वाणी, पुस्तक या लेख में उपयोगिता का तत्त्व नहीं है, वह साहित्य नहीं, कुछ भी नहीं।" वे समस्त रुचिगत, मानसिक तथा आध्यात्मिक आनन्द में उपयोगिता का पहलू उपस्थित मानते हैं। उनके अनुसार साहित्य का सरोकार सामाजिक जीवन से है, वैयक्तिक जीवन से नहीं। उन्होंने साहित्य की प्रयोजनीयता को अपने ढंग से आकलित किया है–"हमारी कसौटी पर वही साहित्य खरा उतरेगा, जिसमें उच्च चिन्तन हो, स्वाधीनता का भाव हो, सौन्दर्य का सार हो, सृजन की आत्मा हो, जीवन की सच्चाइयों का प्रकाश हो–जो हममें गति और संघर्ष और बेचैनी पैदा करे, सुलाये नहीं क्योंकि अब और सोना मृत्यु का लक्षण है।" (साहित्य का उद्देश्य) प्रेमचन्द की दृष्टि अपने समय और समाज से जुड़ी विसंगतियों और चिन्ताओं पर केन्द्रित थी। इसीलिए वे पाठकों में बदलाव की बेचैनी पैदा करने के लिए यथार्थ-चित्रण की ओर झुके, जिस पर प्रोपेगेंडा का आरोप भी लगा। खुद प्रेमचन्द को भी इस बात का अहसास था कि उनकी अपनी रचनाओं में कभी-कभी सोद्देश्यता आरोपित रूप में आई है। उन्होंने वाजपेयीजी जैसे आलोचकों को तर्कपूर्ण ढंग से जवाब दिया है–"सभी लेखक कोई न कोई प्रोपेगेंडा करते हैं–सामाजिक, नैतिक या बौद्धिक। अगर प्रोपेगेंडा न हो तो संसार में साहित्य की जरूरत न रहे, जो प्रोपेगेंडा नहीं कर सकता, वह विचारशून्य है और उसे कलम हाथ में लेने का कोई अधिकार नहीं।" (विविध प्रसंग, खंड-3) जाहिर है प्रेमचन्द लेखक की वैचारिकता की अभिव्यक्ति को जरूरी मानते हैं और उन्हें प्रोपेगेंडा जैसे बदनाम शब्द से भी कोई ऐतराज नहीं है–"आज का विचारोत्पादक, बलदायक, स्वास्थ्यवर्द्धक साहित्य प्रोपेगेंडा के सिवा न कुछ है, न हो सकता है, न होना चाहिए।" वे साहित्य और विशुद्ध प्रोपेगेंडा के अन्तर को आकलित करते हुए प्रकारान्तर से सौन्दर्य

एवं रसजन्य आनन्द को भी साहित्य के अन्य प्रयोजनों के रूप में स्वीकृति देते हैं, "(प्रोपेगेंडा) रसविहीन होने के कारण आनन्द की वस्तु नहीं। लेकिन यदि कोई चतुर कलाकार उसमें सौन्दर्य और रस भर सके, तो वह प्रोपेगेंडा की चीज़ न होकर सद्साहित्य की वस्तु बन जाती है।" (साहित्य का उद्देश्य) जाहिर है प्रेमचन्द होने का अर्थ साहित्य को जगत् और समाज की सापेक्षता में स्वीकार करना है। इसी मूल्य-दृष्टि से सम्पृक्त होकर प्रेमचन्द ने अपने कथा-साहित्य से सामाजिक परिवर्तन की ज़मीन तैयार की थी, जो आज और अधिक काम्य और प्रासंगिक हो गई है।

प्रेमचन्द ने अपने ढंग से सौन्दर्य की कसौटी को भी बदलने की कोशिश की, क्योंकि वे मानते हैं कि उनके समय तक चली आ रही सौन्दर्य की कसौटी सामन्ती या रीतिवादी थी, संकीर्ण थी। वे लिखते हैं, "अभी तक यह कसौटी अमीरी और विलासिता के ढंग की थी। हमारा कलाकार अमीरों का पल्ल पकड़े रहना चाहता था, उन्हीं की क़द्रदानी पर उसका अस्तित्व अवलम्बित था और उन्हीं के सुख-दुख, आशा-निराशा, प्रतियोगिता और प्रतिद्वन्द्विता की व्याख्या कला का उद्देश्य था। उसकी निगाह अन्तःपुर और बंगलों की ओर उठती थी। झोंपड़े और खँडहर उसके ध्यान के अधिकारी न थे। उन्हें वह मनुष्यता की परिधि के बाहर समझता था।" (साहित्य का उद्देश्य) प्रेमचन्द ने सौन्दर्य की निरपेक्षता को अस्वीकार किया है। वे उसके प्रतिमानों को स्थिर नहीं, गतिशील मानते हैं। वे लिखते हैं, "सौन्दर्य भी और पदार्थों की तरह स्वरूपस्थ और निरपेक्ष नहीं, उसकी स्थिति भी सापेक्ष है।" प्रेमचन्द की सौन्दर्य-मीमांसा में उनकी मूल्यदृष्टि बराबर बनी रहती है। वे 'मुरझाए हुए होंठों' और 'कुम्हलाए गालों' के आँसुओं में त्याग, श्रद्धा और कष्ट-सहिष्णुता के दर्शन कराते हैं। ग्रामवासी की देहाती वेशभूषा और तौर-तरीकों पर हँसनेवालों को उसके भी मनुष्य होने, उसका भी हृदय होने और उसमें भी आकांक्षाओं के होने की याद दिलाते हैं। वे कला को दुनिया से किनाराकशी करने के बजाय जीवन-संग्राम की ओर उन्मुख करना चाहते हैं। उन्होंने लिखा है "कला नाम था और अब भी है–संकुचित रूप-पूजा का, शब्द-योजना का, भाव-निबन्ध का। उसके लिए कोई आदर्श नहीं है, जीवन का कोई ऊँचा उद्देश्य नहीं है–भक्ति, वैराग्य, अध्यात्म और दुनिया से किनाराकशी उसकी सबसे ऊँची कल्पनाएँ हैं। हमारे उस कलाकार के विचार से जीवन का चरम लक्ष्य यही है। उसकी दृष्टि अभी इतनी व्यापक नहीं कि जीवन-संग्राम में सौन्दर्य का परमोत्कर्ष देखे। उपवास और नग्नता में भी सौन्दर्य का अस्तित्व संभव है, इसे कदाचित वह स्वीकार नहीं करता। उसके लिए सौन्दर्य सुन्दर स्त्री में है–उस बच्चों वाली गरीब रूप-रहित स्त्री में नहीं जो बच्चे को खेत की मेंड़ पर सुलाए पसीना बहा रही है।" स्पष्ट है कि प्रेमचन्द होने का एक अर्थ एक नए ढंग के सौन्दर्यशास्त्र की आधारशिला रखने में है। यह उन शोषित, पीड़ित और उपेक्षितों को केन्द्र में लाता है, जो सहस्राब्दियों से परिधि या उसके बाहर थे।

प्रेमचन्द समाज के साथ रचनाकार के रिश्तों को बराबर ध्यान में रखते हैं। यही वजह है कि उनकी रचनाओं में न सिर्फ समाज के विविध वर्गों के हास-अश्रु, सुख-दुःख,

मानवीय-अमानवीय चेहरों का आकलन हुआ है, वरन् उनके पीछे के कारणों की भी गहरी पड़ताल हुई है। फिर प्रेमचन्द कहीं सीधे तौर पर तो कहीं संकेतों के जरिए उन वर्गों का दिशा-दर्शन भी करते हैं। प्रेमचन्द शोषित-वंचितों के दर्द को अभिव्यक्ति देने में सतत प्रतिबद्ध रहे, किन्तु उन्होंने 'कफ़न' जैसी कहानी भी लिखी, जो वंचितों के अमानुषिक हो जाने की त्रासदी को व्यक्त करती है। इस कहानी को लेकर हिन्दी आलोचना में तो विवाद उभरे ही, कई आन्दोलनधर्मियों ने इस पर कीचड़ भी उछाला। जबकि इस कहानी का सही पाठ इंगित करता है कि प्रेमचन्द घीसू-माधव के अमानुषिक हो जाने के पीछे दमन और शोषण का लम्बा और अंतहीन सिलसिला दिखा रहे हैं, यथार्थ के पीछे के यथार्थ को प्रत्यक्ष कर रहे हैं। 'कफ़न' जैसी स्थितियाँ आज भी मौजूद हैं और घीसू-माधव भी आज कई वर्गों और रूपों में मौजूद हैं। इस तरह के तमाम चेहरे जब तक रहेंगे, प्रेमचन्द होने का अर्थ और प्रासंगिकता बराबर बनी रहेगी। प्रेमचन्द इस तरह के चरित्रों को रूपायित कर उनका मखौल नहीं उड़ाते हैं, वरन् गहरी संवेदनशीलता और सहानुभूति के साथ उनके पीछे छुपे यथार्थ को परत-दर-परत खोलते चलते हैं। इतना ही नहीं, समाज के प्रति एक जिम्मेदार रचनाकार के रूप में वे बदलाव के सूत्र भी देते चलते हैं। एक कथाकार के रूप में तो उन्होंने यह काम किया ही है, पत्रकार, विचारक और निबन्धकार के रूप में भी अपनी स्पष्ट क्रियाशीलता दर्शायी है। उन्होंने भारतीय समाज और धर्मों में फैले कई अन्धविश्वासों, कुरीतियों और पाखंडों पर अपनी कलम चलाई थी। विशेष तौर पर धर्मान्ध और जातिभेद के विरुद्ध उन्होंने कई टिप्पणियाँ लिखीं, जो सामयिक संदर्भों में अत्यन्त महत्त्वपूर्ण हैं। 1934 में प्रकाशित एक टिप्पणी में उन्होंने जातिभेद को लेकर सरकार की भी अच्छी-खासी खबर ली है—"सरकार भेदभाव मिटाने में सहायता क्या देगी, उसे तो उसके स्थायी रखने में जैसे कोई विशेष आनन्द आता है। स्कूल में लड़के का नाम लिखाने जाएँ तो तुरन्त उसकी जात लिखवानी पड़ेगी, जहाँ हिन्दू नाम आया वहाँ उसकी जात अनिवार्य रूप से आ जाती है। जनगणना में तो हमारे बड़े-बड़े सिविलियन समाजशास्त्र के पंडित जातियों में नई-नई खोज करके लुकी-छिपी जातियों का आविष्कार करके अपना नाम अमर कर लेते हैं। हिन्दू खुद जातिभेद का जितना भक्त है, सरकार इस बात से उससे कोस भर आगे बढ़ी हुई है और हमारा तो कहना की क्या, हम तो पहले कायस्थ या ब्राह्मण या वैश्य हैं, पीछे आदमी।" इसी तरह प्रेमचन्द ने साम्प्रदायिक उन्माद को समाज की 'कोढ़' के रूप में प्रतीकित किया है, तो ग्रहण स्नान, अस्पृश्यता जैसे कई पाखंडों से मुक्ति की भी अलख जगाई।

गहरे सामाजिक सरोकारों से सम्पृक्त होने के कारण ही प्रेमचन्द ने 'आशुबुद्धि और तेज़ कलम' को साहित्य-रचना के लिए पर्याप्त समझ लेनेवाले साहित्यकारों को सचेत किया है, जिसके कारण उनके समय में ही नहीं, आज भी कई रूपों में साहित्यिक अवनति जारी है। वे लिखते हैं—"हमें अपने साहित्य का मानदंड ऊँचा करना होगा, जिसमें वह समाज की अधिक मूल्यवान सेवा कर सके, जिसमें समाज में उसे वह पद

मिले, जिसका वह अधिकारी है; जिसमें वह जीवन के प्रत्येक विभाग की आलोचना-विवेचना कर सके।" खुद प्रेमचन्द ऐसा करते हुए एक ओर कबीर की परम्परा को नए तेवर देते हैं तो दूसरी ओर तुलसी की विरासत से जुड़कर 'होरी' जैसे कई आदर्श चरित्र भी गढ़ते हैं। उनका 'होरी' तो हमारे युग का राम है, जो तमाम तरह के दबावों और संघर्षों के बावजूद मानवीयता के पथ से लेशभर भी नहीं डिगता है।

होरी और अन्य चरित्रों को गढ़ते हुए प्रेमचन्द भारतीय परम्परा से प्राप्त संस्कारों और मानव-मूल्यों के प्रति गहरी निष्ठा दर्शाते हैं। इसके साथ ही वे अद्वैत वेदान्त की महिमा को भी स्वीकार करते हैं, जो सबमें एक और अखंड सत्ता को स्वीकार करता है। अद्वैत के महान् जीवन-दर्शन के बावजूद जब वे भारतीय समाज के यथार्थ को देखते हैं, तब उन्हें क्षोभ होता है। आर्य समाज के विचारों ने भी प्रेमचन्द की निर्मिति में योग दिया है। फिर वे तिलक-गांधी की वैचारिक आँधी में भी बहे, जिसकी अनुगूँज 'सेवासदन,' 'प्रेमाश्रम', 'प्रतिज्ञा' और 'ग़बन' में स्पष्ट सुनाई देती है। गांधी के हृदय-परिवर्तन के विचार ने तो उन्हें विशेषतः आन्दोलित किया था। हृदय के धरातल पर वे जहाँ गांधी दर्शन से जुड़ते हैं, वहीं बुद्धि के स्तर पर मार्क्स के साम्य दर्शन और उसके वर्गीय उपकरणों ने भी उन्हें प्रभावित किया था, जिसकी अभिव्यक्ति 'रंगभूमि' और 'कर्मभूमि' के साथ ही कई कहानियों और 'महाजनी सभ्यता' जैसे निबन्धों में हुई है। वे स्थिर नहीं, गतिशील सर्जक और चिन्तक हैं, इसलिए 'गोदान' तक आते-आते वे अलग-अलग चिन्तनधाराओं को समन्वित करते हुए अपना रास्ता तैयार करते हैं। 'गोदान' में भारतीय आस्थावादी दृष्टि के साथ गांधी-चिन्तन और मार्क्सवाद की जैविक अन्तर्क्रिया हुई है। सही अर्थों में प्रेमचन्द न 'ये' वादी हैं और न 'वो' वादी– वे तो मानवता के पक्ष में खड़े एक निर्भय रचनाकार हैं। मानवता के पक्ष में जो भी, जहाँ भी खड़ा होगा प्रेमचन्द उसके साथ हैं। यही वजह है कि पिछले दिनों नजरिए के फ़र्क से प्रेमचन्द के कई रूप खंडित-मंडित किए जाते रहे हैं, किन्तु किसी भी महान् रचनाकार की तरह प्रेमचन्द एक और अखंड बने रहते हैं। उनके सृजन और चिन्तन में किसी मत या वाद विशेष की स्पष्ट या आभासी छाप दिखाई भी देती है तो वह बगैर किसी आरोपित या एजेंडेनुमा सैद्धान्तिकता के आई है। वरन् वह तो उनके गहरे जीवनानुभव और संवेदना के साथ एकरस होकर आई है। यह विडम्बना ही है कि प्रेमचन्द को आज अलग-अलग मत-वाद और पूर्वाग्रहों की चाबियों से चलनेवाला खिलौना बनाया जा रहा है। वस्तुतः वे आगे-आगे पथ-प्रदर्शित करनेवाली मशाल की तरह हैं। बकौल प्रेमचन्द, "साहित्यकार का लक्ष्य केवल महफिल सजाना और मनोरंजन का सामान जुटाना नहीं है–उसका दरजा इतना न गिराइए। वह देश-भक्ति और राजनीति के पीछे चलनेवाली सचाई भी नहीं, बल्कि उनके आगे मशाल दिखाती हुई चलनेवाली सचाई है।" प्रेमचन्द होने के इस सच्चे अर्थ को आज फिर से पहचानने की जरूरत है।

प्रेमचन्द का कथा-साहित्य

डॉ. कमला प्रसाद

प्रेमचन्द के पूर्व कथा-साहित्य के नाम पर पंचतन्त्र, वृहत्कथा और जातक कथाएँ हैं, जिनमें बिल्ली, चूहे और शेर के बहाने उपदेश और नीतियाँ हैं, सहस्त्र रजनी चरित्र और आलिफ़लैला की गाथाएँ हैं, जिनमें—राजा-रानी, शहजादा-शहजादी, जिन्द, भूत-प्रेत और परियों के काल्पनिक-जासूसी वृत्तान्त हैं। इन सबमें नीतियाँ और कहानियाँ तो हैं, आदमी नदारत। आदमी की हालत और ग्रहण क्षमता को पहचाने बगैर आदर्शों के लगभग भाषण जैसे सिलसिले कथा-साहित्य में चलते रहे। परिणाम यह होता रहा कि रचना आदमी से बाहर की कोई रहस्य लोक की दुनिया समझी गई। रचना का कर्त्ता देवदूत है, तभी तो वह ऐसी बातें लिखता है, जिनका जमीन से कोई रिश्ता नहीं है।

प्रेमचन्द ने पहली बार पाठक के इस भ्रम को तोड़ा। उनका पूरा लेखन बीसवीं शताब्दी के पूर्वार्ध के आदमी के बारे में है। किसानों की ज़िन्दगी का कोना-कोना उनकी आँख के सामने था। ज़मीदारों, रायबहादुरों, साहूकारों तथा सरकारी अधिकारियों का मारा, दीन-हीन, रोज मृत्यु से जूझता अपनी अटूट जिजीविषा लिये, श्रमजीवी गरीब किसान उनकी संवेदना के रेशे-रेशे में बुन गया था। धरती की बंजरता के टकराकर मौसम के मर्मांतक प्रहारों के बीच किसान की सूखी हुई जिन्दगी और मखमली गद्दियों से आदेशों को जीते लोगों का अन्तर प्रेमचन्द ने आँखों से देखा था। प्रेमचन्द और कांग्रेस का जन्म प्रायः एक ही दशक में हुआ, इसलिए जनान्दोलन की विकास-यात्रा का असर प्रेमचन्द की मानसिक संरचना में हुआ। गाँवों की रूढ़ियाँ, गुलामी, जड़ता, कायरता और शोषण के नए-नए पैंतरे एक ओर और इनके खिलाफ़ सुगबुगाते नए स्वप्नों का मर्म दूसरी ओर स्वतन्त्रता के लिए जान हथेली पर लिए घूमते क्रान्तिकारी और अहिंसक आन्दोलन के अगुआ-नेताओं के प्रभाव से तपी सच्चाई के लिए छटपटाते किसान को भी प्रेमचन्द देख रहे थे। देश की राजनीति में किसान की दिलचस्पी इतिहास की महत्त्वपूर्ण घटना थी। अछूतों को मालूम हुआ था, कि वे भी मनुष्य हैं, विधवाएँ समझ सकीं कि अन्याय ईश्वर ने नहीं समर्थ आदमी के द्वारा हुआ है, कर्जदार ने सरकारी कर्मचारियों और भूमि स्वामियों के साथ अंग्रेज़ों की मिलीभगत आँखों से देखी। घीसू, माधव, होरी, धनिया का यह देश—प्रेमचन्द का मानसिक देश बन गया। मानसिक कोश के इस कथ्य को रचना में उतारने के लिए उन्हें अपने देश का कथा-साहित्य अपर्याप्त

लगा, इसलिए उन्होंने ईश्वर की कथाओं से मुक्त टाल्स्टाय, चेखव, तुर्गनेव, हेनरी और मोपाँसा का जीता-जागता कथा-साहित्य पढ़ा। इस साहित्य से उन्होंने केवल यह सीखा कि हिन्दी का कथा-लेखन भारतीय मनुष्य की ज़िन्दगी के क़रीब कैसे आ सकता है ? प्रेमचन्द ने ज़िन्दगी के दिन निरर्थकता में नहीं गँवाए। लेखन का होश सँभालते ही उन्होंने 1901 में 'श्यामा' उपन्यास लिखा। उनका पहला कहानी संग्रह 'सोज़े वतन' 1909 में निकला। दोनों रचनाएँ सरकारी आक्रोश का शिकार हुईं। सरकारी आक्रोश से साहसपूर्वक टकराकर लेखक का जनता के बीच रिश्ता लगातार गहराता गया। इसी गहरे रिश्ते का प्रभाव है—उनकी *ईदगाह, कजानी, जुलूस, कफ़न, पूस की रात, बूढ़ी काकी, रानी सारंधा, राजा हरदौल, गुल्ली डंडा, रामलीला, बड़े भाई साहब, सवा सेर गेहूँ, सद्‌गति* और *मन्त्र* जैसी सैकड़ों कहानियाँ तथा *प्रेमाश्रम, निर्मला, कर्मभूमि, सेवासदन, ग़बन, गोदान* एवं *मंगलसूत्र* जैसे अनेक उपन्यास।

प्रेमचन्द के कथा-साहित्य में केन्द्रीय तत्त्व है—जनता में शामिल उनका अनुभव। अनुभव के पूर्व उनकी दृष्टि गरीब आदमी के पक्ष में अपना मार्ग तय कर चुकी थी। इसीलिए वे जब अपनी निगाह जनता के किसी हिस्से में फेंकते थे, तो यह समझ जाते थे कि अन्याय किधर है। अन्याय को मिटाने के लिए उनकी बेचैनी उन्हें सुधार के तमाम रास्तों की ओर ले गई। आर्य समाज, हिन्दू समाज, और सर्वोदयी गांधीवाद की मूल आत्मा के अनुसार उन्होंने जनता को रास्ते दिखाते हुए कथा-साहित्य की रचना की। जब उन्होंने जिस सुधार पर विश्वास किया, उसी के अनुरूप रचना तैयार की, जैसे ही उसकी अपूर्णता महसूस की, उसे छोड़ दिया। आत्ममोह उन्हें कभी नहीं हुआ, इसीलिए आत्मसंघर्ष की प्रक्रिया जारी रही। 'कर्मभूमि' में उन्होंने साम्प्रदायिक और वर्गीय-संघर्ष का समाधान दिया—हृदय-परिवर्तन की गांधीवादी जीवन-दृष्टि का। जबकि 'गोदान' में उन्होंने उसे अधूरा जीवन-दर्शन घोषित कर दिया। उन्होंने पाया कि व्यावहारिक दुनिया में हजार कोशिशों के बावजूद दिल नहीं बदलता। महाजनी सभ्यता ने दिल बदलने के नाटक का आविष्कार कर उसे भी शोषण का औजार बना दिया है। प्रेमचन्द की ज़िन्दगी के केवल दो काम थे—जनता के बीच अनुभवों का चयन और उसका रचनात्मक समान्तरण। वे अनुभवों को ठहराने के पक्ष में नहीं थे। रोज-रोज, धारावाहिक लिखते थे। रचना उनकी पूर्णकालिक क्रिया थी। कागज, कलम और जनता इन्हीं से उनका ऐन्द्रिय सम्बन्ध था। वे लेखक थे, परन्तु लेखकीय आभिजात्य से दूर। मध्यवर्गीय महत्त्वाकांक्षा के शिकार नहीं हुए। वे इसलिए लिखते थे क्योंकि सच्चाई को सामने ला सकें। सच्चाई को प्रकाशित करने के दूसरे माध्यम जब समर्थ-सार्थक नहीं जान पड़े, तब उन्होंने रचना का पल्ला पकड़ा। उन्होंने वर्गों के अन्तर्विरोध तो पहचाने ही, परिवार तथा व्यक्तियों की विभाजित मानसिक उलझनों को भी झाँका। वे देखते हैं कि ऊपर से होरी रूपी गरीब किसान कितना निरीह और अकेला है। अमीरी और गरीबी के भेद के कारण ही वह रायबहादुर, झींगुरी, नोखेराम, पटेश्वरी, दातादीन से अलग है। भाई से बँटवारा, पुत्र का शहर भाग जाना—इन सबका कारण अर्थ। पति-पत्नी के बीच झगड़े का

चरित्र-कारण धनाभाव। भाग्य और धर्म के हमले, कुल, गोत्र और कानून के हमले। अन्ततः बचा हुआ कंकाल होरी। यह करामात–सामन्तवाद-पूँजीवाद की। लेखक की निगाह यहीं नहीं रुकी। वह देखता है कि वे क्या कारण हैं जो इतने अमानवीय विभाजन के बावजूद धनिया, हीरा, गोबर, झुनिया, सोना को जोड़ते हैं। परस्पर एक-दूसरे को माफ़ करते हैं, जान देते हैं–उन्हीं के लिए जीते हैं। होरी के संकट का कारण क्या है–गोबर-झुनिया के प्रेम-सम्बन्ध, हीरा की हत्या को छिपाना, पुत्री का विवाह और उसके सुखद भविष्य की कल्पना। परिवार के बाहर वह पंडितों, पुरोहितों तथा रायबहादुर से क्यों जुड़ा है–भीतर के मनुष्य की ताक़त के कारण। जाता है–गाँव की लगान चुकाने की असमर्थता की एवज में समय की मुल्तवी के लिए और लौटता है–रायबहादुर का प्रवक्ता बनकर। रायबहादुर अपनी परेशानियाँ तथा आर्थिक समस्याओं का होना उसके सामने रोते हैं, तो उसका दिल दहल जाता है। होरी का दिल दहलता है–इसलिए कि उसके पास आदमी का दिल है। रायबहादुर का दिल नाटक करता है, जबकि होरी का दिल यथार्थ है। यही दिल का यथार्थ है, जो होरी को आत्महत्या से बचाता है, उसे जीने की ताक़त देता है, संघर्ष की क्षमता भी। प्रेमचन्द दोनों स्थितियाँ पहचानते हैं। आदमी-आदमी से क्यों अलग है, आदमी-आदमी से क्यों जुड़ा है।

विभाजन का कारण रायबहादुर का दिल है–नाटक वाला और जोड़ का कारण–होरी का दिल है, नितान्त मानवीय। प्रेमचन्द समझ गए थे कि दुनिया में जब भी मानवीय जोड़ कायम होगा–होरी के दिल के बल पर। दोनों का इन बातों में संयोग है कि प्रेमचन्द ने जब 'गोदान' की रचना की, उन्हीं दिनों प्रगतिशील लेखक संघ के सक्रिय सदस्य बने–अर्थात् मुक्ति के सभी रास्तों से गुजरकर अन्ततः मार्क्सवादी जीवन-दर्शन के प्रति रुझान बढ़ा। 'गोदान' तक आते-आते उन्हें मालूम हो चुका था कि आर्थिक विभाजन ही तमाम समस्याओं का कारण है, चाहे वे वर्ण-समस्या, अछूत समस्या, साम्प्रदायिक कलह या अनमेल विवाह, व्यभिचार, भ्रष्टाचार जो भी हो। मानवीय सम्बन्धों की विकृति का कारण यही रोग है। होरी जैसे किसानों की संगठित लड़ाई का सपना वे देखने लगे थे। 'कफ़न' कहानी के 'घीसू' और 'माधव' को प्रेमचन्द ने अमीरों के सामने जवाबी हमले की तैयारी के रूप में पेश किया है। दोनों पात्रों का काइयाँपन–व्यवस्था को अँगूठा दिखाता है। व्यवस्था की इज्जत, लज्जा और सहानुभूति के साजिश भरे तन्त्र की खिल्ली उड़ाते हुए वे लोग संघर्ष के लिए तैयार हो जाते हैं। वे व्यंग्य की मुद्रा अपना लेते हैं–जैसे वे ह्रास-शील पूँजीवादी ढाँचे को तोड़ने की सामर्थ्य प्राप्त कर चुके हों। प्रेमचन्द मृत्यु के पूर्व 'मंगलसूत्र' पूरा कर रहे थे। अधूरी उपलब्ध रचना का नायक देवकुमार गहरे आत्ममंथन के बीच वर्ग-संघर्ष की अनिवार्यता तक पहुँचता है। निर्णय लेता है कि बाकी रास्ते सधी हुई चालाकी का जवाब नहीं बन सकते।

प्रेमचन्द की कथा-यात्रा का सहकारी तत्त्व रहा है–जनसम्पर्क। जनता को खुली आँख और आत्मीय मनोभाव से जाँचते, परखते, मुक्ति के उपलब्ध और जमाने में सक्रिय रास्तों की पड़ताल में डूबते-जहाँ पहुँचे। और जिस तरह उन्होंने रचा–वही उनकी

प्रगतिशीतला है। हिन्दी और उर्दू के कथा-लेखन के जनक बनते हुए–जनता के साहित्य के कर्त्ता बनकर उन्होंने देश में नई संभावना को जन्म दिया था। इक्कीसवीं शताब्दी के आरम्भ के अवसर पर हिन्दी के लेखकों के सामने कई प्रश्न खड़े हैं। उनको देखना है कि प्रेमचन्द जैसा भारतीय किसानों का हमदर्द, व्यापक अनुभवों का लेखक क्यों नहीं हो रहा है। प्रकाशन की बेहतर सुविधाओं तथा अपेक्षाकृत कम लेखकीय खतरों के बावजूद यदि कमजोरी है तो क्या वह कमजोरी लेखकीय आस्था की नहीं है ? इसमें कहाँ सन्देह है कि समकालीन कथाकार मध्यवर्गीय कुंठाओं में फँसा है। जहाँ लेखक मुक्त है–वहाँ वह व्यापक जन-चेतना का अंग नहीं बन पाया। वह हल्की-फुल्की आजादी को शर्त मान बैठा। प्रेमचन्द ने अन्तिम समय में जो निष्कर्ष दिए थे, कला की जो कारगर, प्रभावशाली और सुन्दर दुनिया उन्होंने सौंपी थी–उसे लेकर आगे बढ़ने का काम शेष है। आज की यह तिथि रचनाकार के गहरे आत्मालोचन की तिथि है।

प्रेमचन्द की कथा-दृष्टि और अनुभवों का नया आलोक

गंगाप्रसाद विमल

प्रेमचन्द ने अपनी कहानियों में जीवन के विराट् फलक को उतारा था और उनका प्रेक्ष्य-बिन्दु मनुष्य का वह रूप था जो अपने समसामयिक संघर्षमय जीवन की पीड़ाओं को वहन करता था। दरअसल देखा जाए तो अपनी महीन बुनावट के कारण प्रेमचन्द की कुछ कहानियाँ 'मानवीय त्रासदी' का इतिहास लगती हैं। *परन्तु उनमें भारतीय जनजीवन की जागृति और सांस्कृतिक उत्थान के नए अनुभव भी जुड़े हुए हैं, इसलिए उसमें जीवन का एक आशावादी स्वर भी मुखरित होता है।* इनकी आरम्भिक कहानियाँ ही नहीं, बल्कि बहुत सारी बाद की कहानियाँ आदर्शवादी स्वर की अतिवादिता से ग्रस्त हैं। इसलिए सभी कहानियों को 'मानवीय त्रासदी' के इतिहास से नहीं जोड़ा जा सकता। खासतौर पर उन कहानियों को, जिनमें उपदेश का स्वर सतही और आरोपित लगता है। प्रेमचन्द की 254 से अधिक कहानियों में से बहुत कम कहानियाँ ऐसी हैं, जो कहानी के मानक के नए स्तर का निर्माण करती हैं—परन्तु इसका अर्थ यह कदापि नहीं कि शेष कहानियाँ इसी आधार पर महत्त्वहीन हैं। कम कहानियाँ कहानी की गुणात्मक परम्परा की अभिवृद्धि करती हैं तो शेष कहानियाँ अपने कुछेक महत्त्वपूर्ण पहलुओं को प्रकट कर चर्चा का विषय बनती हैं। इतना अवश्य कहा जा सकता है कि एक रचनाकार और कहानीकार के रूप में जो कहानियाँ प्रेमचन्द के रचना-व्यक्तित्व-बिम्ब का निर्माण करती हैं, उनकी संख्या ज्यादा नहीं है। प्रेमचन्द की कहानी-रचना की शुरुआत, उपन्यास-रचना की अवधि के समानान्तर है। आरम्भ में उन्होंने उर्दू में कहानियाँ लिखीं, परन्तु बाद में उनकी रचनाएँ, उपन्यास और कहानियाँ हिन्दी में लिखी गई हैं, ऐसा उन्होंने अनेक बार स्वयं ही माना है।

प्रेमचन्द की कहानियों का 'देश' मध्यकालीन इतिहास के भ्रम से, 'रानी सारंधा' और 'राजा हरदौल'—जैसी कहानियों से लेकर समसामयिक किसान-मजदूर के यथार्थ परिवेश तक फैला हुआ है। उसमें मानवीय गरिमा के तत्त्व हैं तो एक सहज व्यंग्य भी है, जो सामाजिक 'अनर्गल' पर प्रहार करता है, किसान-मजदूरों के बीच रहनेवाला एक सहानुभूतिमूलक हृदय भी है तो स्त्रियों की सामाजिक जाग्रति की चेतना भी। परन्तु क्रमानुसार प्रेमचन्द की रचनाओं में एकसूत्रता नहीं है, अर्थात् अतिवादी आदर्श की जैसी कहानियाँ उन्होंने आरम्भ में लिखी थीं, कुछ-कुछ वैसी ही छाप की कहानियाँ बाद में

भी लिखी मिलती हैं। समीक्षकों ने सुविधा के लिए, प्रेमचन्द की कहानियों को विषय की दृष्टि से, कालक्रम की दृष्टि से, भाषा की दृष्टि से, शैली की दृष्टि से वर्गीकृत किया है। हमें लगता है कि इस तरह के वर्गीकरण कहानी के रचनात्मक मूल्यांकन के लिए अधूरे हैं क्योंकि उनके द्वारा कहानियों के रूप-विकास का अध्ययन तो सम्भव है, परन्तु उनसे कहानियों के उस अलग गुणवाची स्तर की समीक्षा नहीं की जा सकती, जो प्रेमचन्द में एक जगह, एक शिल्प या एक काल या एक भाषा संयोजना में नहीं है बल्कि प्रेमचन्द के पूरे रचनाकाल में वे कहीं शिखर की मानिन्द अन्य कहानियों से अलग-अलग खड़ी हैं। वैचारिक दृष्टि से प्रेमचन्द की कहानियों का एक सुविधावाची वर्गीकरण सम्भव है क्योंकि प्रेमचन्द की आरम्भिक कहानियों में मध्यकालीन महानता का जो प्रभामंडल जीवित है वह उनकी मध्यवर्ती कहानियों में नहीं है। मध्यकालीन महानता की जगह उनकी मध्यवर्ती कहानियों में सेवा, त्याग, आत्माभिमान की सहज और यथार्थ-पोषित आवृत्तियाँ मिलती हैं। उनकी उत्तरवर्ती कहानियाँ यानी बाद की कहानियों में समसामयिकता की छाप, यथार्थ का नया संवेदन और वैचारिक दृढ़ता मिलती है जो कतिपय अन्य आधारों पर भी उनकी प्रारम्भिक और मध्यवर्ती कहानियों से अलग है। वैचारिक दृष्टि के इस वर्गीकरण में यह मान लेने की सम्भावना नहीं है कि उनकी आरम्भिक कहानियों का विचार-क्षेत्र उत्तरवर्ती कहानियों में बिल्कुल नहीं आया, क्योंकि जैसा हमने कहा उनकी कहानियों के अध्ययन के लिए यह सुविधा का वर्गीकरण है और यह (पूरी सम्भावना) मानकर चलना बेहतर है कि अधिकांश कहानियों में उनके विचारों की अन्तर्धाराएँ अपना नियत अर्थ बदलकर मिलती चलती हैं।

रचनात्मकता, वैचारिक प्रभाव, संवेदना आदि की एकसूत्रता के साथ-साथ एक वर्गीकरण 'प्रेमचन्द के रचना-संसार' को तथ्य मानकर भी किया जा सकता है तथा उस वर्गीकरण को मनुष्य की विविध मुद्राओं या मनुष्य के बिम्ब के विविध स्थापनों के आधार पर विभाजित किया जा सकता है, किन्तु कोई ऐसा वर्गीकरण विषय, शिल्प आदि दृष्टियों के 'समीकरणों' के साथ सम्भव नहीं है। इसमें सन्देह नहीं है कि प्रेमचन्द की 'कथा' का मूल स्वर उनके रचना-संसार के पूरे फलक में विद्यमान है। कहानी के मूल स्वर के प्रभाव के आधार पर भी उनकी कहानियों के आरम्भिक भाग, मध्यवर्ती भाग और उत्तरवर्ती भाग बनते हैं–इन विभाजनों के अन्तर्गत भाषा, शिल्प, सामाजिक मूल्य-व्यवस्था आदि का अध्ययन कदाचित अलग ढंग का विवेचन प्रस्तुत कर सकता है।

प्रेमचन्द की कहानियों का संसार साधारण ग्रामीण, चमार, धोबी, राजा, नवाब, बादशाह, देवी, चालाक स्त्री, दफ्तरी, कारिन्दा, कान्स्टेबिल, अध्यापक, अंग्रेज, पंडित, मजदूर का विश्वसनीय और अविश्वसनीय संसार है, उसमें साधारण अनुभव भी हैं, विशिष्ट चमत्कारी अनुभव भी। इसलिए उसके मूल में सब तरह के व्यक्तियों के 'रोल' का जो मूलभाव है उसकी परिणति एकत्व या समानत्व में होती है। अर्थात् कहानियों के संसार की सारी गतिविधियाँ जिन केन्द्रों द्वारा संचालित होती हैं उन केन्द्रों के लक्ष्य

का 'मूल स्वर' समान है। *कहा जाए तो प्रेमचन्द की कहानियों का मूल स्वर मनुष्यता का सही स्थापन है। उसमें धर्मरूढ़ियों के विरोध में उठनेवाली आवाज भी है, सत्याग्रह का आवेश भी है, विपरीत परिस्थितियों का स्वीकार भी है तथा मुक्ति की कामना भी है। निरन्तर संघर्षरत भारतीय समाज का ऐतिहासिक बिम्ब उन कहानियों के द्वारा बिम्बित होता है।* भारतीय समाज में छोटे और बड़े (आर्थिक स्तर पर भिन्न वर्गों) का जो सह-अस्तित्व दूर से दिखाई देता है, वह एक तरह की मजबूरी का समझौता है, बड़े व्यक्तियों के चरित्रों को सामने रखकर प्रेमचन्द ने उस समझौते या स्वार्थ के समझौते को 'एक्सपोज़' भी किया है, और अपनी व्यंग्य-शैली के माध्यम से उस पर कठोर प्रहार भी किए हैं। बड़े की जगह या महान की जगह साधारण की जहाँ-जहाँ यथार्थपरक स्थापना की है, वहाँ प्रेमचन्द ने अपनी कथादृष्टि को एक नया आभास दिया है। वस्तुतः इन्हीं बिन्दुओं के आधार पर प्रेमचन्द की कहानियों के मूल स्वर या प्रेमचन्द की 'कथादृष्टि' को समझा जा सकता है।

प्रेमचन्द ने सबसे पहले अपनी कहानियों में ऐतिहासिक परिवृत्त वाली कुछेक कहानियों, 'रानी सारंधा', 'राजा हरदौल', 'मर्यादा की वेदी', 'धोखा' आदि को छोड़ जिन कहानियों में साधारण लोगों जुम्मन, अलगू, बंशीधर, घीसू आदि साधारण या मामूली लोगों को चित्रित किया है, वहाँ उन्होंने कथा-चरित्रों की एक नई परम्परा का सूत्रपात किया, ऐसी कहानियों में कहीं भी प्रेमचन्द ने मामूली किस्म के कथा-प्रसंग या अन्तर्कथाएँ नहीं ली हैं। इसकी जगह पर प्रेमचन्द ने कहीं उच्चादर्श या ऐसे प्रसंग लिए हैं जो कथा-प्रवाह में अपनी उपयोगिता सिद्ध करने में समर्थ हैं। प्रेमचन्द ने 'औसत' के प्रतिनिधि की कहानियाँ लिखी हैं, किन्तु एक रचनाकार के रूप में प्रेमचन्द की बौद्धिक और रचनात्मक चेतना तथा सक्षमता कहीं ज्यादा थी। देखा जाए तो प्रेमचन्द को कहानीकार के रूप में जो स्थान मिला है, उसका कारण वह बौद्धिक और रचनात्मक चेतना है जो कहानियों में हल्के-से संकेत छोड़ देती है। प्रेमचन्द महान् उपन्यासकार थे, किन्तु वे ज्यादा महान् कहानीकार थे। ('प्रेमचन्द'—डॉक्टर मदान) यह बात बहुत पहले स्वीकार कर ली गई थी।

'महान्' कहानी के सर्जक प्रेमचन्द की आरम्भिक कहानियाँ महानता के प्रभामंडल से आक्रान्त हैं तथा वे एक खास किस्म की मूल्यवादिता का आभास देती हैं। यह मूल्यवादिता मध्यकालीन मनोवृत्ति के छोर से जुड़ी हुई है तो दूसरी ओर यह सांस्कृतिक पुनर्जागरण की चेतना से भी जुड़ी हुई है। बीसवीं सदी के आरम्भ में सांस्कृतिक पुनर्जागरण और सुधारवाद की जो प्रबल लहर भारत में परिव्याप्त हुई थी वह नैतिक और आचरणवादी मूल्यों को स्वीकारती थी। इस सन्दर्भ में प्रेमचन्द की आरम्भिक कहानियाँ अपने ऐतिहासिक या वातावरणजन्य परिप्रेक्ष्य में आचरणवादी मूल्यों का संवाहन करती हैं। अपने समय के सुधारवादी आन्दोलनों के प्रभाव के फलस्वरूप उत्पन्न 'मूल्य-चेतना' समसामयिक 'जन-चेतना' के भीतरी हिस्से का प्रतिनिधित्व भी करती थी, क्योंकि उस समय का 'युग सत्य' इस 'सिरे' से भी जुड़ा हुआ था। प्रेमचन्द की कहानियाँ

और कहानी की रचना-प्रक्रिया के अनेक उदाहरण इस बात का सबूत हैं कि प्रेमचन्द ने युग के सत्य के साथ-साथ मूल्य-चेतना को भी अभिव्यक्ति दी है। युग-सत्य और मूल्य-चेतना के दोनों बिन्दु काल-विशेष का विशेष सन्दर्भ बनकर सामने आते हैं। 'मर्यादा की वेदी' जैसी कहानियाँ अपनी सांकेतिक अन्विति में इन दोनों सत्यों का वहन भी करती हैं।

प्रश्न यह उठता है कि प्रेमचन्द ने अतीत के सांस्कृतिक प्रभाव और समसामयिक चेतना के तत्त्वों को एक ऐसे 'सन्धि-स्थल' में एकीकृत कर कौन-सा विशिष्ट 'अनुभव' देना चाहा था ? क्या वह अनुभव मात्र 'द्वन्द्व' का था जो विपरीत स्थितियों में केवल एक 'द्वन्द्वात्मक' समानता उपस्थित करता है या प्रेमचन्द इन दोनों स्थितियों में से 'मानव-नियति' के किसी रास्ते की तलाश जैसे अनुभव की खोज कर रहे थे। परन्तु यह निर्णयात्मक रूप में नहीं माना जा सकता कि प्रेमचन्द ने इन सब बातों से इतर केवल 'यथातथ्य' के प्रकाशन के लिए कहानियों में इस तरह की 'सन्धि' प्रस्तुत की थी। यह इसलिए नहीं माना जा सकता क्योंकि इसके लिए कोई स्वीकार्य तर्क सामने नहीं है। *क्या सीधे-सीधे यह नहीं माना जा सकता कि प्रेमचन्द 'मनुष्य' की विविध तस्वीरें प्रस्तुत कर अपनी रचनात्मकता द्वारा अपने समसामयिक क्रूर और निर्मम समाज से लड़ाई लड़ रहे थे ? प्रेमचन्द का 'व्यक्तिगत' अनुभव गाँव के उस 'लोक' का था, जिसमें शोषण की चक्की में पिसते हुए मनुष्य को भविष्य की चेतना नहीं थी, वह गहरे में कहीं ईश्वरीय न्याय जैसे वायवी आत्मतोष से सन्तुष्ट और पराजित था। प्रेमचन्द ने इस अनुभव के समय के सत्य को कलात्मक कुशलता से मिलाया। प्रेमचन्द ने धीरे-धीरे आ रही 'चेतना' के महीन तन्तुओं को एकसूत्र कर उस विराट् परिवर्तन की परिकल्पना की थी, जिसे हमारे समाज में आज रूप मिला है। वह चाहे जैसा हो, उसमें 'मानवीय चेतना' के वे तमाम परिदृश्य शामिल हैं जिनके लिए बीच के वर्षों में भारतीय जन-मानस को भयानक लड़ाई लड़नी पड़ी थी।*

प्रयोजनवादी दृष्टि, दृष्टान्तवादी शैली और नीतिवादी उपदेशों से भरी पड़ी प्रेमचन्द की कहानियों में भारतीय जन-मानस की लड़ाई के सूत्र कैसे मिल सकते हैं ?—यह एक सवाल भी उठ सकता है, परन्तु यह साफ है कि प्रेमचन्द के 'प्रयोजन' और पुरानी कहानियों के दृष्टान्तवादी स्वरूप में मौलिक अन्तर है। प्रेमचन्द की कहानियों में नीतिशास्त्र और साहित्यशास्त्र का लक्ष्य एक ही है, केवल उपदेश की विधि में अन्तर है, और यह अन्तर बाद में जाकर दो अलग विधानों की तुलनात्मक दूरी भी प्रस्तुत करता है। वस्तुतः यह विधि कलात्मक विधान है जो नीतिशास्त्र के मनोरंजकतम उपदेश को नीरस और साहित्यशास्त्र के सामान्य कथन को कलात्मक नाटकीयता से रुचिपूर्ण बना देता है। परन्तु यह सवाल बीच में ही रह जाता है कि नीतिवादी दृष्टि और साहित्य की कलावादी दृष्टि का अन्तर क्या समसामयिक समस्याओं या यथार्थ या चेतना की लड़ाई में कहीं एकसूत्रता से बँधा हुआ है कि नहीं ? प्रेमचन्द की कहानी 'पंच परमेश्वर' लें तो उसमें पूरा परिवेश 'नीतिवादी' सत्यनिष्ठा की सिद्धि से सम्पन्न है, परन्तु उसमें

समसामयिक जीवन की झाँकी समग्र सचाई के साथ भी सामने आती है। उस कहानी में दो भिन्न कहानियाँ अपने अलग-अलग धरातलों पर स्पष्ट होती जाती हैं। कहीं भी उनमें कोई ऐसा तत्त्व नहीं है जो दोनों के अलगाव या दोनों के अन्तर्सम्बन्धों-सम्बन्धी शंकाएँ पुष्ट करे। ऐसी स्थिति में दोनों की कलात्मक सन्धि वहाँ सर्वथा अलग तरह की सृष्टि करती है। यह सृष्टि उद्‌देश्य की सिद्धि की कलात्मक सृष्टि है। प्रेमचन्द साहित्य को सोद्‌देश्य मानते थे, परन्तु उनकी सोद्‌देश्य दृष्टि पुरानी नीतिवादी दृष्टि से सर्वथा भिन्न है, क्योंकि उनका लक्ष्य एकमात्र मानवीय अनुभवों की 'वकालत' करना था।

कहानियों में प्रेमचन्द ने अपने समसामयिक जीवन की झलक अपने इस पक्ष मनुष्य की वकालत की सिद्धि के लिए दी है और थोड़ी दूर तक इस 'वकालत' की परिव्याप्ति की परीक्षा की जाए तो हम पाएँगे कि प्रेमचन्द 'मध्यकाल' से न केवल वैचारिक रूप से मुक्त होना चाहते थे, अपितु वे उसके शैलीगत प्रभाव से भी मुक्त होना चाहते थे। सवाल उठ सकता है कि क्या इसमें प्रेमचन्द सफल रहे हैं ? सफलता की यह तलाश कहानियों के माध्यम से ही समझी या जानी जा सकती है। *प्रेमचन्द का समग्र रचना-कर्म अनेक स्तरों पर 'आजादी' की लड़ाई से जुड़ा हुआ है, वह 'मुक्ति' से सम्बद्ध होने के कारण विशेष प्रयोजन या उद्‌देश्य की झलक भी देता है।* इस उद्‌देश्य की प्राप्ति के लिए प्रेमचन्द ने कतिपय स्थानों पर अपने अनुमान भी दिए हैं। लम्बी कहानियों और उपन्यासों में यह अनुमान ज्यादा स्पष्ट होकर सामने आया है।

साधारणत्व की स्थापना का तरीका, जो प्रेमचन्द ने अपनाया है, विशेष प्रतीत होता है। एक तो वह पूर्ववर्ती प्रभावों के कारण वैसा बन पड़ा है, क्योंकि पूर्ववर्ती साहित्य-रचनाओं में जैसी आरम्भ, चरम या अन्त की परिसीमाएँ मिलती हैं, प्रेमचन्द ने उन्हीं को स्वीकार किया। दूसरे, प्रेमचन्द ने कला के चमत्कार द्वारा उन्हें विशेषता से मंडित किया है। कहानियों में स्थान का वैशिष्ट्य (हिमालय, अच्छे बागीचे आदि), पात्रों का वैशिष्ट्य (वकील साहब, समाज-सुधारक, साधु आदि), स्थिति का वैशिष्ट्य (जो कमोबेश सभी कहानियों में मिलता है) और यहाँ तक कि झूठ पर सत्य या ईमानदारी की विजय के अनेक उदाहरण इस बात की पुष्टि करते हैं कि दूर से लगनेवाले साधारणत्व के मूल में कहानियों का स्वर विशेष या विशेषीकृत 'आत्मा' से मंडित है। सदाचार की महिमा या महानता के आदर्शों की गरिमा का प्रसंग तो पहले ही 'मूल्यों' की विशेषता का आभास देते हैं। चाहे प्रेमचन्द की सभी कहानियाँ 'मूल्यों के आदर्श' की कहानियाँ नहीं हैं, तब भी प्रेमचन्द की कलाशैली उन्हें उस आभास से मुक्त करने में सहायक नहीं है। उनकी वे शिखर कहानियाँ, जो 'कफ़न' के समकक्ष रखी जा सकती हैं, उनमें भी अन्तिम 'व्यंग्यस्वर' सचाई की विजय जैसा प्रतीत होता है। इससे जिस 'विरोधाभास' का अनुमान होता है, वस्तुतः वह विरोधाभास नहीं है, बल्कि सृजनात्मकता का अधूरापन है।

सृजनात्मकता के इस अधूरेपन की शुरुआत 'विचारों के आरोपण' के प्रसंग से होती है। विचारों की जिस निष्ठा की चर्चा हमने प्रसंगवश संकेत रूप में पहले की थी,

वह निष्ठा प्रेमचन्द ने औपन्यासिक परिवेश में सुरक्षित की है, किन्तु कहानियों में वह निष्ठा उतनी प्रभावशाली नहीं है। हालाँकि वैचारिक दृष्टि से प्रेमचन्द अपने समय के ऐसे कथाकार हैं, जिन्होंने 'कहानी' और समग्र 'कथा' (कथा-साहित्य) को सबसे अधिक दृढ़ वैचारिक धरातल दिया था। परन्तु वह 'वैचारिक रूप' जहाँ स्वाभाविक बनकर आया है, 'समय-सत्य' की अनुकूलता के साथ आया है, वहाँ उसकी खास कलात्मक 'उपलब्धि' पहचानी जाती है। साथ ही उस स्वाभाविक वैचारिक संस्पर्श की उपयोगिता भी स्पष्ट हो जाती है। उन कहानियों में जहाँ 'विचार' का आरोपण दिखाई देता है, यह अन्तर स्पष्ट नजर आता है। कई कहानियों में जहाँ विचार या विचार-प्रधान कथावृत्त है, वहाँ मूल उद्देश्य का आभास मिलते ही 'विचार' के आरोपण का भी अनुमान हो जाता है। 'सुजान भगत' नामक कहानी में सुजान भगत को मामूली से असाधारण कोटि के साधु (सज्जन) के अनुरूप प्रस्तुत करने के उपरान्त प्रेमचन्द जब 'भिक्षुक' के प्रसंग में सुजान भगत द्वारा पुत्र और पत्नी के अकर्मण्य स्वभाव के बारे में कहलवाते हैं तब श्रम का महत्त्व प्रतिपादन लक्ष्य जान पड़ता है। बल्कि श्रम का महत्त्व प्रतिपादित करने के लिए मानसिक संकट की बुनावट करनी पड़ी है—ऐसा लगता है। 'सुजान भगत' कहानी में विचार का आरोपण दो स्तरों पर खोजा जा सकता है, एक स्तर तो उसमें निहित महानता की झाँकी है तथा दूसरा स्तर मानवीय मूल्यों की वह सिद्धि है जो कहानी में मिलती है। 'महानता' को परिलक्षित करनेवाली चारों स्थितियों में यह स्पष्ट हो जाता है कि कथा की सारी बुनावट का लक्ष्य क्या है ? पहली स्थिति यह है कि सुजान भगत अपनी मेहनत से ऐसे स्तर पर पहुँच गए हैं जहाँ कम लोग पहुँचते हैं, दूसरी स्थिति सुजान भगत की दानवीरता के प्रसंग में गति पाती है, तीसरी स्थिति सुजान भगत की अथक कर्मण्यता है और चौथी स्थिति में इन सबके समन्वय से 'देवत्व' की उपस्थिति है जो कहानी का मूल लक्ष्य है।

प्रत्येक कहानी में आरोपण की प्रक्रिया एक-सी नहीं हो सकती। परन्तु प्रेमचन्द की ऐसी कहानियाँ, जिनमें देवत्व या देवगुण की उपस्थिति लक्ष्य है—प्रक्रिया एक-सी दिखाई देती है। अपनी कहानियों में प्रेमचन्द जिन उद्देश्यों को लेकर चलते हैं, उन उद्देश्यों की सार्थकता को उन्होंने विशिष्ट मूल स्थापना, संगति और प्रभाव के सन्दर्भ में रखा है। ऐसी स्थिति में कहानी में आरोपण की हर शक्ल स्पष्ट होती दिखाई देती है। 'सुजान भगत' में आरम्भिक वाक्य इसके प्रमाण हैं। परन्तु कलात्मक कुशलता से प्रेमचन्द आरोपण के अभाव को मिटाने का प्रयास भी करते दीखते हैं और कलात्मकता की सृष्टि का सबसे अच्छा साधन वातावरण और स्थानीयता है जिसका उपयोग उन्होंने किया है।

प्रेमचन्द की आरम्भिक कहानियाँ अपनी कुछ विचित्रताओं के कारण अलग-सी लगती हैं। एक तो आरम्भिक कहानियों की विषय-भूमि पतनशील सामन्तीय वर्गों के जीवनक्रम को केन्द्र बनाकर, अद्‌भुत घटनाचक्रों के साथ सामने आती है, तथा दूसरी ओर विषय के 'आयाम' बहुत ही सीमित मानवीय आवेगों की सिद्धि दिखाने के रूप में सामने आते हैं। प्रेमचन्द ने 'मानवीय विजय' के लिए जिस चमत्कारी ढंग से साधन

अपनाए हैं, वे कहीं-कहीं बेहद अविश्वसनीय लगते हैं तथा कहीं-कहीं उनमें बहुत बारीक रूमानी भाव-संसार दिखाई देता है। इन विचित्रताओं के साथ-साथ इन कहानियों का कथाफलक इतना बड़ा है कि इन्हें 'औपन्यासिक फलक' की कहानियाँ कहना ज्यादा संगत लगता है। 'रानी सारंधा', 'राजा हरदौल', 'मर्यादा की वेदी', 'पाप का अग्निकुंड' आदि कहानियों के लम्बे कथानक उपन्यासों के 'कथाफलक' के विस्तार की तरह रची गई कहानियाँ लगती हैं। इन लम्बे कथानकों में प्रेमचन्द ने 'वर्णन' की गतिमयता रखी है, किन्तु वह 'संयोजना-विहीन फैले हुए' कथानकों का भ्रम देकर रह जाती है। अनावश्यक विस्तार और वर्णनात्मक नीरसता के तत्त्व इन कहानियों में मिल जाते हैं। 'राजा हरदौल' नामक कहानी का आधार 'ऐतिहासिक वातावरण' है। इसमें सहजता होते हुए भी नाटकीय अंश इतने अधिक हैं कि कहानी के हर मोड़ पर एक नाटकीय घटना स्थान लेकर आगे बढ़ती है। राजा हरदौल का कादिर खाँ को हराना और बाद में रानी के व्यवहार से राजा जुझारसिंह की ईर्ष्या का बढ़ना–ऐसे मोड़ हैं जहाँ से अपने अन्त की ओर पहुँचती हुई कहानी के बारे में पहले ही अनुमान हो जाता है कि इसके अन्त में क्या नियत है ? मानवीय आत्म-स्वीकार के रूप में अन्त में जाकर कहानी पूरे विस्तार के प्रति बनी-बनाई दिलचस्पी खत्म कर एक निर्णय का भाव दे देती है। देखा जाए तो इस तरह की लम्बी कहानियों में प्रेमचन्द अन्त के निर्णय की सिद्धि के लिए ही सारी संयोजना करते होंगे ऐसा भ्रम होता है। किन्तु लम्बे कथानकोंवाली इन कहानियों में सम्भावनाहीनता विद्यमान है, इसलिए इस तरह का भ्रम सोचने की प्रक्रिया को प्रेरित करता है।

'मर्यादा की वेदी' कहानी भी समसामयिक परिवेश की कहानी न होकर एक सामन्तीय परिवार से सम्बद्ध कहानी है। राजकुमारी प्रभा मंदार के राजकुमार से प्रेम करती है। दोनों के विवाह की स्वीकृति के फलस्वरूप वैवाहिक आयोजन की तैयारियाँ होती हैं, किन्तु बीच में चित्तौड़ के राजा राजकुमारी प्रभा का अपहरण करके ले जाते हैं। राजकुमारी प्रभा का मन चित्तौड़ में नहीं लगता और उदास-सी रहती है। वहीं राजमहल में एक दिन मंदार-राजकुमार आता है और वह प्रभा से चलने का आग्रह करता है, किन्तु राजकुमारी प्रभा यह कहकर अस्वीकार कर देती है कि अब उसके लिए यह राजमहल और राणा ही सबकुछ हैं। राजकुमारी प्रभा और राजकुमार के वाद-विवाद में राजकुमार राजकुमारी पर प्रहार करना चाहता है कि इतने में नाटकीय ढंग से राणा का घटना-स्थल पर आगमन होता है और वह राजकुमार पर प्रहार करता है, किन्तु प्रहार राजकुमारी प्रभा पर होता है और उसकी मृत्यु हो जाती है। इसके बाद राजकुमार भी आत्महत्या कर लेता है तथा उन दोनों के खून की धाराओं के मिलने के प्रसंग को प्रेमचन्द अतिरिक्त 'देवत्व' में आरोपित कर देते हैं। वस्तुतः इस तरह के लम्बे कथानक केवल 'देवत्व' या उसी के समकक्ष अतिमानवीय आदर्श की स्थापना की सिद्धि के लिए रचे गए हैं। इस आदर्श प्रेम को अन्त में निबन्धात्मक भाषा में प्रेमचन्द प्रस्तुत करते हैं–वस्तुतः इस तरह का आरोपण और जीवनहीन भाषा का निर्णयात्मक पक्ष दोनों

कहानी को कहानी बनने से रोकते हैं। "प्रेमचन्द के रहस्य निराले हैं। अभी एक क्षण हुआ राजकुमार प्रभा पर तलवार लेकर झपटा था, उसके खून का प्यासा था। ईर्ष्या की अग्नि उसके हृदय में दहक रही थी, वह रुधिर की धारा से शान्त हो गई। कुछ देर तक वह अचेत बैठा रहा। फिर उठा, और उसने तलवार उठाकर जोर से अपनी छाती में चुभो ली। फिर रक्त की फुहार निकली, दोनों धाराएँ मिल गईं और उनमें कोई भेद नहीं रहा। प्रभा उसके साथ चलने पर राजी न थी। किन्तु वे प्रेम के बन्धन न तोड़ सके। दोनों उस घर से ही नहीं, संसार से एक साथ सिधारे।" उक्त उदाहरण से यह स्पष्ट हो जाता है कि प्रेमचन्द किस तरह अपनी पूरी कथा के विधान को पग-पग पर 'स्पष्टीकरण' से पढ़ देते थे। वस्तुतः यह स्पष्टीकरण आरोपण की एक प्रक्रिया है–परोक्ष प्रक्रिया; किन्तु स्पष्टीकरण के कलात्मक साधन द्वारा प्रेमचन्द जो कहना चाहते हैं, वह उस कहने से भिन्न है, जो परवर्ती कहानियों में मिलता है।

'पाप का अग्निकुंड' हो या 'नमक का दारोगा'–परिवेश की भिन्नता के साथ भी इन कहानियों का 'रचना-शिल्प' और वस्तु-विधान एक-सा है। कतिपय उत्तरवर्ती कहानियों में भी 'रचना-शिल्प' का यह आरम्भिक अंश मिल जाता है। इस दृष्टि से उनकी कहानियों में एकरसता भी है। जैसा हमने पहले कहा है, ऐसी कहानियाँ बहुत कम हैं जो एकरसता से अलग हैं। या प्रेमचन्द की सभी कहानियों की अगली कड़ियाँ हैं। अधिकांश कहानियों में यह एकरसता नीरसता का पर्याय बन जाती है। दरअसल ऐसी कहानियों की चर्चा की उपयोगिता शून्य है, परन्तु प्रेमचन्द के अध्ययन के सिलसिले में उनका अपना महत्त्व है।

अधिकांश आलोचक प्रेमचन्द की रचना-शक्ति के प्रति अपना सन्देह व्यक्त करते रहे हैं। डॉ. रामविलास शर्मा कहानीकार प्रेमचन्द से अधिक महत्त्व उपन्यासकार प्रेमचन्द का मानते हैं, जबकि डॉ. इन्द्रनाथ मदान 'प्रेमचन्द के कहानीकार' रूप को ज्यादा महत्त्व का मानते हैं। डॉ. रामविलास शर्मा प्रेमचन्द की कहानियों को "कला, विषय-वस्तु के लिहाज़ से, काफ़ी ऊँचे-नीचे स्तरों की" मानते हैं और बताते हैं कि "उनकी अच्छी और बुरी कहानियों के बीच एक बड़ा फ़ासला है।" दरअसल प्रेमचन्द की कहानियों के बीच सचमुच कलात्मक गठन और कहानी में विषयगत संकेन्द्रण का अभाव है। उसका मूल कारण चाहे जो हो, कहानियों में वर्णित अनुभव की 'एकरसता' भी है।

आरम्भिक कहानियों में अनुभवों के दो क्षितिज साफ-साफ नज़र आते हैं। एक अनुभव-क्षितिज मानवेतर और मानवीय मूल्यों, आवेगों के स्थापन से जुड़ा हुआ है और दूसरा इनके बीच भी सामाजिक समस्याओं के संस्पर्श में समसामयिक जीवन से जुड़ा हुआ है। पहला अनुभव 'आरोपित' अधिक है और दूसरा अनुभव आरोप के समानान्तर सहज और यथार्थ का भी है। 'पंच परमेश्वर' और 'बड़े घर की बेटी' आदि कहानियाँ अनुभव की दूसरे कोटि की कहानियाँ हैं, जिनमें सामाजिक सूत्र 'यथार्थ' के सन्दर्भ का अंश बनकर आते हैं।

'पंच परमेश्वर' भी लम्बी कहानी है और इसमें वर्णनात्मक प्रवृत्ति अपने चरण पर

है, किन्तु सामयिक परिवेश के कारण इसमें 'विविधता' का आभास मिल जाता है। 'पंच परमेश्वर' में एक साथ अनेक अन्तर्कथाएँ चलती हैं। ये अन्तर्कथाएँ 'वस्तु-संयोजन' की एक अलग दृष्टि का भी आभास देती हैं। 'पंच परमेश्वर' की चर्चा करते हुए अपनी पुस्तक 'हिन्दी कहानियों' की शिल्प-विधि के विकास में डॉ. लक्ष्मीनारायण लाल ने कहानी में कथानक के दस मोड़ों की बात कही है। वस्तुतः ये मोड़ कथानक के उतने नहीं हैं जितने कि नाटकीय ढंग से दृश्यान्तर के हैं। हर दृश्य या स्थिति में परिवर्तन नाटकीय ढंग से होता है और हर कथा-कोण अपना सूत्र, मूल, कहानी और अन्तर्कथाओं के साथ जोड़े रहता है। दरअसल 'पंच परमेश्वर' में पहली बार प्रेमचन्द जीवन की कुछ जीवन्त समस्याओं को लेकर आगे आए थे। 'पंच परमेश्वर' का सारा विधान समस्याओं के अन्तर्वृत्त से अलग-अलग कथा-कोणों में विभक्त है। आरम्भिक कहानियों में विवरण की सपाटता में नाटकीय अन्विति के साथ-साथ अलग-अलग कथा-कोणों की उपस्थिति कहानी के 'विस्तृत फलक' को 'नीरस' भी बना देती है, किन्तु 'पंच परमेश्वर' में वह 'विस्तृत फलक' होने पर भी नीरस नहीं है। जुम्मन और अलगू की मूल कथा में खाला की जायदाद, अलगू का सत्य-भाषण, जुम्मन और अलगू में वैमनस्य, बैल के लेन-देन का प्रसंग और अन्त में सुखद पुनर्मिलन का निर्णय ही वे कथाकोण हैं जिनके बीच सहज कहानी चलती है और एक असहज मूल्यारोपण उभरता है। प्रेमचन्द 'कृत्रिम स्वाभाविकता' के लिए पंचायतों के वातावरण की सृष्टि तो करते हैं, किन्तु उससे 'विश्वसनीयता' के लिए वह 'कलात्मक सुघड़ता' नहीं रख पाते जिनकी वजह से उत्तरवर्ती कहानियाँ विशिष्ट हो जाती हैं, क्योंकि वहाँ 'विश्वसनीयता' के लिए वातावरण में एक आधिकारिक सचाई का भ्रम कलात्मक सुघड़ता के साथ बना रहता है।

लम्बे कथानकों की परम्परा में आनेवाली कहानियों में 'बड़े घर की बेटी' अपेक्षाकृत अन्य कहानियों से ज़्यादा जीवन्त कथानक पर आधारित है। इसमें संयुक्त परिवार की समस्याएँ ही नहीं हैं बल्कि समस्याओं के वृत्त की भीतरी अन्तर्समस्याएँ भी हैं। 'बड़े घर की बेटी' में आरोपण की प्रक्रिया समग्रतः खंडित नहीं मिलती, किन्तु वह अत्यन्त शिथिल ढंग से वैचारिक और मूल्य विधान के आरोपण की क्रिया के रूप में धुँधली-सी विद्यमान है। इस कहानी में कथानक और कथाशिल्प के मूल बिन्दुओं में एक बात यह स्पष्ट होती है कि प्रेमचन्द अपने पिछले लम्बे कथानकोंवाली कहानियों की भावभूमि से बाहर आए हैं। कहा जाए तो प्रेमचन्द ने अपनी ही कहानियों की रूढ़ि से बाहर आकर, कथारूढ़ि से प्रयाण किया है। इस कहानी में 'ऐतिहासिक भ्रम' बनाए रखने के लिए कहानीकार ने वातावरण की उस तरह की सर्जना नहीं की है जिस तरह पहली लम्बी कहानियों में की है। चाहे इसमें 'आरोपण' की प्रक्रिया पिछली कहानियों जैसी लगती है, तब भी अपनी वस्तु-नवीनता के कारण यह असली लगती है।

'बड़े घर की बेटी' में संयुक्त परिवार के सामन्तीय ढाँचे के टूटने का चित्र है। प्रेमचन्द ने जिस समय साहित्य-रचनाएँ की थीं, उस समय संयुक्त परिवार का यह द्वन्द्व टूटती हुई सामन्तीय व्यवस्था के रूप में उभरने लग गया था। यह स्थिति प्रेमचन्द के

समय का सन्दर्भ है। यह अलग बात है कि कहानी के अन्त में प्रेमचन्द अतिवादी आदर्श की विजय दिखलाकर 'हृदय-परिवर्तन' और उदात्त भाव की गंगा बहा देते हैं, किन्तु भारतीय परिवारों की इस प्रतिनिधि सांकेतिक कथा में अपने समय के बदलाव के तत्त्व अवश्य मिलते हैं। 'संयुक्त परिवार' में दरारें पड़ना आर्थिक कारणों से कुछ-कुछ ही नहीं बल्कि पूरी तरह सम्भव हैं, किन्तु यहाँ हम देखते हैं कि श्रीकंठ सिंह और लालबिहारी सिंह की जो भ्रातृत्वपूर्ण मैत्री हो जाती है उसके पीछे भी संयुक्त परिवारों के उत्पादन के मूलस्रोत की आर्थिक एकता है।

स्वाभाविक है कि यह आर्थिक एकता का बिन्दु परिवार को टूटने से बचाने में समर्थ है। यहाँ प्रेमचन्द ने उसे जिस कौशल से सामाजिक-पारिवारिक-नैतिक मूल्यों के उदात्त पक्ष से जोड़ना चाहा है, उसमें कोई कलात्मक गड़बड़ का बिखराव अवश्य है। इस कहानी में जिन अन्तर्समस्याओं की ओर हमने इशारा किया था उनमें आर्थिक आधार के एक होने के साथ-साथ पारिवारिक एकता के कुछ अन्य तत्त्व भी आधार रूप में लिए जा सकते हैं। 'बड़े घर की बेटी' में विवरणात्मक परिवेश 'यथार्थ' की शर्त को पुष्ट करता है। शायद इसीलिए 'बड़े घर की बेटी' अन्य कहानियों की अपेक्षा ज्यादा यथार्थ या समय-सन्दर्भ से जुड़ी लगती है। 'आनन्दी' का रूपांकन प्रेमचन्द की प्रयोजन की सिद्धि तो करता है, किन्तु यह भी 'यथार्थ' के ज़्यादा निकट है। इतना स्पष्ट हो जाता है कि समसामयिक समस्याओं के कथावृत्तों में प्रेमचन्द ने आनन्दी जैसे चरित्र (बड़े घर की बेटी के प्रसंग में) अवश्य अन्य स्त्री-चरित्रों के विकास के लिए रचे हैं। 'अमावस्या की रात्रि', 'ममता' आदि अनेक कहानियाँ प्रेमचन्द की पूर्ववर्ती कहानियों में से ऐसी कहानियाँ हैं जो अपने साथ अनेक विशेषताएँ लिए हुए हैं।

आरम्भिक कहानियों के उक्त विवेचन से यह स्पष्ट होता है कि प्रेमचन्द की आरम्भिक कहानियों के दो वर्ग हैं। पहला वर्ग वह है जिसमें ऐसी कहानियाँ आती हैं जिनका परिवेश सामन्तीय है तथा जिनका उद्देश्य अति-मानवीय चमत्कार या परम्परागत मानव-मूल्यों की स्थापना है, जबकि दूसरे वर्ग में वे कहानियाँ आती हैं जो अपने समय के सन्दर्भ से जुड़ी हुई कहानियाँ हैं। सभी कहानियों को लें तो ऐसा एक सामान्य वर्गीकरण सम्भव है, क्योंकि यथार्थवादी कहानियों में तत्कालीन सामाजिक चर्चाएँ और समस्याएँ हैं जबकि आदर्शवादी कहानियाँ एकदम अलग-अलग लगती हैं तथा उनकी उपयोगिता लेखक के व्यक्तित्व यानी रचना-व्यक्तित्व को समझने में सहयोगी है।

उन्हीं कहानियों की ज़्यादा चर्चा प्रेमचन्द के कहानीकार के सन्दर्भ में की गई है जिन्हें पहले ही शिखर कहानियाँ मान लिया गया है। इस आधार पर कोई निर्णय ले लेना प्रेमचन्द के साथ न्याय करना नहीं होगा। यह कार्य असंगत तो है कि कुछ कहानियों के आधार पर सामान्यीकृत निर्णय दे दिए जाएँ, साथ में अन्यायपूर्ण भी है। साहित्यिक मूल्यांकन के लिए समग्र साहित्य-रचना के परिप्रेक्ष्य में एक धारणा बना लेना उचित नहीं है, किन्तु यह भी अनुचित है कि एक कहानी के आधार पर ही लेखक की

अन्य रचनाओं का विवेचन किया जाए। कृति के सम्बन्ध में निर्णय लेने से पहले कृतिकार की पूरी विचार-दृष्टि को जानना आवश्यक है, क्योंकि तभी कोई विचारपूर्ण बात सामने आ सकती है। एक कहानी या समग्र कहानी—दोनों मूल्यांकन में उतने सक्षम सहयोगी तत्त्व नहीं हैं जितना कि कालक्रम के सर्वेक्षण के आधार पर कुछेक कहानियाँ मूल्यांकन में सहयोगी हैं। हालाँकि प्रत्येक कहानी का अपना अलग रचना-विधान होता है, अतः कुछ कहानियों के आधार पर एक सामूहिक निर्णय की परिकल्पना अवश्य की जा सकती है। उदाहरण के लिए प्रेमचन्द की कहानियों में परम्परा का अंश एक अलग कोण से उपस्थित होता है। परम्परा का यह अंश सदैव नए प्रयोगों के बीच अजनबी लगता है, इसीलिए उसकी पहचान हो जाती है।

प्रेमचन्द की कहानियों में परम्परा का अंश सबसे पहले प्रस्तुतीकरण के विधान में से छनकर सामने आ जाता है। वह आरम्भिक वाक्यों, चरित्र के महिमामय रूप के स्थापन, आदर्श स्थितियों तथा आध्यात्मिक विश्वासों के रूप में उपस्थिति देता है। प्रसाद की कहानियाँ लें तो उनमें एक वायवी तनाव, एक कृत्रिम इतिहास और एक पलायनवादी वृत्ति सदैव मिलेगी। हर कहानी अलग किस्म की होने पर भी अपने समय के उस 'यथार्थ' से अलग नहीं रहती और इसीलिए कई अंशों में उनमें एक-सा 'विचारारोपण', एक-सा परम्परा-निर्वाह होते हुए भी यथार्थ का संस्पर्श भी होता है। प्रेमचन्द के समकालीन प्रसाद ने अपनी कहानियों में रोमांटिक तत्त्व की अधिकता से उन्हें 'अपने समय' की कहानी होने के भ्रम से दूर कर दिया था। *प्रसाद की अधिकांश कहानियाँ 'ममता' आदि में रोमानी और इतिहास-भ्रम के वातावरण के कारण, एक ख़ास क़िस्म का भावुक, उदास अवसाद घिरा रहता है, जिस पर अपने क़िस्म का मूल्यारोपण प्रसाद करते हैं, जबकि प्रेमचन्द की कहानियाँ रूमानी, ऐतिहासिक होते हुए भी अपने समय के संघर्ष से कहीं-न-कहीं जुड़ी जरूर रहती हैं। समग्र रूप से परम्परा का अंश और समय के संघर्ष के दो तत्त्व प्रेमचन्द की कहानियों में अनेक रूपों में मिलते हैं।* कहीं वे छिपे हुए व्यंग्य के रूप में हैं तो कहीं उनमें सीधे-सीधे ये दोनों बातें मिलती हैं।

जयशंकर प्रसाद और प्रेमचन्द की तुलना की उपयोगिता का बिन्दु केवल यही है कि हम यह आसानी से जान लेते हैं कि दोनों कथाकारों ने अपने अतीत, अपनी परम्पराओं और रूढ़ियों का कहानियों में किस तरह प्रयोग किया है। यह जानने की सुविधा तुलना के अतिरिक्त अन्य आधारों में भी उपलब्ध हो सकती है, किन्तु प्रसाद और प्रेमचन्द की कहानियों की तुलना से सम्भवतः हम कहानियों में वर्णित संसार के बारे में ज़्यादा नज़दीकी से जान सकते हैं। यहाँ हम विस्तार में जाकर कहानियों की तुलना नहीं करेंगे, केवल उन प्रभावों का ज़िक्र करेंगे जो उपयोगी हैं। प्रसाद ने 'पुरस्कार', 'ममता' या इसी तरह की अन्य कहानियों में जिस तरह का रूमानी वातावरण प्रस्तुत किया है, प्रेमचन्द ने वह अपनी कहानियों में उस ढंग से प्रस्तुत नहीं किया। इसका मूल कारण और चाहे जो हो, यह साफ़ है कि प्रसाद और प्रेमचन्द की जीवन-दृष्टि

में बहुत अन्तर था। *प्रसाद अतीत की गौरवमय झाँकी दिखाकर परम्परा के मूल की उपयोगिता और उसके महत्त्व का प्रतिपादन करते हैं, जबकि प्रेमचन्द 'परम्परा' का उपयोग 'मानव-मूल्य' के मानवीय कोण को प्रस्तुत करने के लिए करते हैं।* कई प्रसंगों में प्रेमचन्द 'परम्परा' का उपयोग 'परम्परा' पर आघात करने के लिए भी करते हैं। प्रेमचन्द की शिखर कहानी 'कफ़न' इस सन्दर्भ में देखी जा सकती है। 'कफ़न' में कफ़न के लिए तो लोग जी खोलकर पैसा दे देते हैं किन्तु 'मृत्यु के संघर्ष' के दौरान कोई भी 'जीवन-रक्षा' के प्रति उत्साही नहीं है। इसमें व्यक्तिनिष्ठ स्वभाव और परम्परागत दानशीलता दोनों पक्षों पर व्यंग्यात्मक प्रहार किया गया है। जयशंकर प्रसाद की कहानी 'ममता' में भी अन्त में जाकर एक क्रूर व्यंग्य सामने ज़रूर आता है, उसकी उपयोगिता का क्षेत्र एकदम दूसरा है।

प्रेमचन्द की सभी कहानियों को लेकर जो सामान्य या सामान्यीकृत निर्णय लिए जा सकते हैं, प्रसाद की कहानियों को लेकर वैसे निर्णय बहुत आसानी से लिए जा सकते हैं। उसका मूल कारण यह है कि *प्रसाद अपने दृष्टिकोण में प्रेमचन्द की तरह परिवर्तनशील नहीं रहे हैं। परन्तु प्रेमचन्द कितने परिवर्तनशील रहे हैं, उनकी कहानियों की अपेक्षा उपन्यास इसका उत्तर जल्दी दे सकते हैं। कहानियों में 'एकरूपता' और 'आवृत्तियाँ' इतनी अधिक हैं कि उनसे यह भी लग सकता है कि प्रेमचन्द ने कई स्थलों पर 'रिट्रीट' भी किया है।*

हिन्दी की आरम्भिक कहानियों या 'कथा-प्रवृत्तियों' से प्रेमचन्द की आरम्भिक कहानियाँ कहाँ तक अलग हैं ? यह एक ऐसा प्रश्न है जो प्रेमचन्द को तिलिस्म, एय्यारी और चमत्कारपूर्ण 'कथात्मकता' की प्रवृत्ति से जोड़ देता है। प्रेमचन्द का उपन्यास 'कायाकल्प' इस सन्दर्भ में ऐसी कथात्मक प्रवृत्ति के अनुसरण का प्रथम उदाहरण अवश्य है, किन्तु उपन्यासों की चर्चा में हम प्रेमचन्द द्वारा रचित इस समानान्तर 'फ़न्तासी' (परिकल्पित गल्प) के बारे में अलग से कहेंगे, जो कि इसे ऐसे उदाहरण के रूप में लेने के विरोध में भी आ जाता है। दरअसल प्रेमचन्द की 'शाप' कहानी सबसे प्रबल उदाहरण है। इस कहानी का पूरा 'कथा-विधान' उस 'कथात्मक प्रवृत्ति' का है जिसे आगे 'परिवर्तन का मोड़' हम कभी नहीं मान सकते। वस्तुतः यह 'परिवर्तन' का साक्ष्य न होकर पूर्ववर्ती 'कथा-प्रवृत्ति' का अनुकरण है।

'शाप' कहानी में "पशु-पक्षियों के घोंसले में रात काटने"-जैसी अनहोनी बात। रानी के पति के शेर बनने की बातें केवल विचित्र ही नहीं हैं बल्कि 'तिलिस्मी-एय्यारी' कथाओं के चमत्कारपूर्ण अविश्वसनीय 'कथा-मंडल' से जुड़ी हुई, एकदम ह्रासशील कथावृत्ति की कहानी है। आगे चलकर हम इस आधार पर प्रेमचन्द के कहानीकार पर कुछ चर्चा, दूसरे प्रसंग में करेंगे। यहाँ हमारा उद्देश्य केवल प्रेमचन्द द्वारा किए गए 'अतीत' के उपयोग के आधारों को देखना है। यहाँ इसी आधार पर एक सन्देह यह भी उठता है कि क्या अन्य कहानियों में कहीं सांकेतिक ढंग से प्रेमचन्द ने कुछ ऐसे वातावरण की सृष्टि तो नहीं की जो उनकी कहानियों को उनकी आरम्भिक कहानियों

के इसी वर्ग (यानी चमत्कारपूर्ण कहानी-वर्ग) से जोड़ती हों ? परन्तु यह सन्देह निर्मूल जान पड़ता है क्योंकि 'पंच परमेश्वर' और 'बड़े घर की बेटी' जैसी कहानियों में प्रेमचन्द ने दूसरी तरह के यथार्थ के संस्पर्श से विश्वसनीय आधार 'वृत्त' लिए हैं।

यह कहा जा सकता है कि प्रेमचन्द की आरम्भिक कहानियाँ उर्दू की रचनाशीलता से प्रभावित रही हैं। स्वयं प्रेमचन्द ने आरम्भ में उर्दू में लिखा है। फ़ारसी या अरब देशों के साहित्य की परम्परागत छाप चाहे प्रेमचन्द पर सीधी न पड़ी हो, किन्तु वह अप्रकट रूप से उर्दू से होकर उनकी कहानियों और अन्य कथाकृतियों (उपन्यासों) पर पड़ी है। प्रभाव की अनेक दिशाएँ इस सिलसिले में देखी जा सकती हैं। प्रेमचन्द पर अपने समय के सुधारवादी आन्दोलनों का प्रभाव तो पड़ा ही, उन पर अतीत की सांस्कृतिक गरिमा, पूर्ववर्ती रचनाओं का 'अप्रत्यक्ष' प्रभाव भी पड़ा है, जिसकी रेखाएँ उनकी उत्तरवर्ती रचनाओं तक में झलकती हैं।

अपनी तरफ़ से प्रेमचन्द पर पड़े इन प्रभावों का 'स्पष्टीकरण' देना ख़तरनाक काम है, क्योंकि स्वयं प्रेमचन्द ने इसके बारे में कभी स्पष्ट रूप से कुछ नहीं कहा है। परन्तु इतना ज़रूर लगता है कि जाने-अनजाने प्रयुक्त इन प्रभावों के पीछे, जो प्रेमचन्द को अ-आधुनिक सिद्ध करने में सहयोगी हैं, अवश्य उनका कोई छिपा हुआ उद्देश्य रहा होगा। हो सकता है कि इन प्रभावों का हू-ब-हू चित्रण कर प्रेमचन्द इनकी अर्थहीनता के निर्णय पर पहुँचना चाहते हों। इस सम्बन्ध में स्पष्ट रूप से कहना चाहे सम्भव नहीं है, रचनाओं में वर्णित प्रभाव के माध्यम से कुछ अनुमान निकल सकते हैं। शिल्प की दृष्टि से ऐसे प्रयोग, कथाओं में अविश्वसनीय चमत्कार का प्रयोग, ललितगल्प (फैंटेसी-परिकल्पित कथा) जैसा रोचक तत्त्व अवश्य दे देते हैं। प्रेमचन्द ने अयथार्थ के जितने 'टुकड़े' कहानियों के बीच में रखे हैं वे अगर प्रतीकों के रूप में या आस्थाओं के जड़ चिह्नों के रूप में लिए जाएँ तो प्रेमचन्द की सभी कहानियों के अपने अर्थ बदल जाएँगे। इसका अर्थ यह है कि प्रेमचन्द कथा की सपाटता के माध्यम से जो कहना चाहते हैं, वह कथा के कथाभास से कहीं दूर छिपा हुआ अर्थपुंज है जिसे प्रतीकों की कुंजी से ही समझा जा सकता है। इस तरह का अनुमान लगाना सम्भव है। इससे जिस तरह के निर्णय या निर्णयों के पास पहुँचा जा सकता है वे कहानियों में नए अर्थों और अर्थ-सन्दर्भों की प्रतीतियों का दरवाज़ा खोलते हैं। लेकिन इस भ्रम या निर्णय से बच निकलने की गुंजाइश कम है कि मूल रूप से ऐसे प्रकरण, जिन पर हम तथाकथित परिकल्पित अर्थ-व्यंजनाएँ करते हैं या परिकल्पित प्रतीकों की उपयोगिता मानते हैं अयथार्थ के प्रकरण हैं। यह कहकर प्रेमचन्द का अवमूल्यन नहीं होता, अपितु प्रेमचन्द के बारे में सही धारणा बनने का यह एक मार्ग बन जाता है। परिकल्पित प्रतीकों के रास्ते जिस प्रकार की धारणा बनती है वह कहानियों के नए स्वभाव की खोज करने में सक्षम है तथा उसका अपने तरह का महत्त्व है। वह कथानक या वस्तु-चेतना को शिल्प के आधार पर देखने की एक कोशिश कही जा सकती है।

शिल्प, यानी कथावृत्त या कथा-प्रारूप को विशिष्ट अनुकूलता में प्रस्तुत करने की

विधि को यथार्थ और अयथार्थ दोनों में एकमेक कर प्रेमचन्द ने अपने समय की चुनौतियों को विविध रंगों या शेड्स में प्रस्तुत किया था और शायद यह उनके लिए अनिवार्य भी था कि एक ख़ास तरह के अयथार्थ से यथार्थ के प्रारूप की तीव्रता को व्यंजित किया जाए। परन्तु इसका एक दूसरा पहलू भी है। कहीं-कहीं प्रेमचन्द यथार्थ की चुनौतियों से अलग-थलग जिस सृष्टि को रूपायित करते हैं वह उस समय के 'पराजय-बोध' का मृष्ट रूप 'पलायनवाद' भी है। कहानियों और उपन्यासों में एक मूलभूत अन्तर यह भी है कि उपन्यास में गहरे नैराश्य से चित्रित स्थलों में संघर्ष का आशावादी स्वर भी है, किन्तु कहानियों में वह यथार्थ से पलायन की शक्ल ग्रहण कर दूसरी ही तरह का भाव देता है।

कहानियों में वैचारिक परिवेश ऊपरी लगते हुए भी एक तरह की गहराई को तो जन्म दे देता है, किन्तु उसके निर्वाह में 'जल्दबाजी' जैसा भाव भी लगता है। इसीलिए जब हम उसे 'पलायन' से जोड़ते हैं तो वह जल्दी-जल्दी निर्णयों पर पहुँचने जैसे अंशों को लेकर जोड़ते हैं। यह आकस्मिक संयोग नहीं है कि प्रेमचन्द के समकालीन साहित्य-जगत् में कविता में 'पलायन' का स्वर विद्रोह की भित्ति पर खड़ा होता है तथा साधारणतत्व के प्रतिस्थापन के विद्रोह से शुरुआत होकर प्रेमचन्द 'रानी सारंधा', 'राजा हरदौल' या 'राजहठ' जैसी इतिहास के भ्रम से मढ़ी हुई कहानियाँ भी देते हैं, जिन कहानियों में वैचारिक निष्कर्ष मध्ययुगीन विचार-चेतना के हैं। मध्ययुगीन विचार-चेतना से जुड़े होने के कारण वे 'व्यवस्था' के प्रति सन्तोष के आभास से पूरी तरह मुक्त नहीं हैं। जिस तरह का अन्तर्द्वन्द्व इन कहानियों में प्राप्त है वह अन्तर्द्वन्द्व 'कौतूहलवर्धकता' का साधन बनता है। इसलिए प्रामाणिक ऐतिहासिकता न होते हुए, बनावटीपन के भीतर चलनेवाले कथारूप का लक्ष्य कुछ और प्रतीत होता है। *सीधे-सीधे प्रेमचन्द पर यह आरोप लगाना कठिन है कि प्रेमचन्द मनोरंजनवादी हैं, किन्तु उनकी आरम्भिक कहानियाँ इस आरोप से मुक्त नहीं हैं।*

आरम्भिक कहानियों को लेकर जिस 'प्रतीकधर्मी' स्वभाव का हमने अनुमान लगाया था, देखा जाए तो उस अनुमान को भी हम मनोरंजनवादी लक्ष्य से अलग नहीं कर सकते। यह अवश्य कहा जा सकता है कि मनोरंजनवादी कौतूहल से इतर यदि ये प्रतीक किसी भी प्रकार के वैयक्तिक 'प्रतीक' हैं या उनका वैयक्तिक स्वभाव है, तो प्रेमचन्द की आरम्भिक कहानियाँ पुनर्मूल्यांकन की सम्भावनाओं से सम्पृक्त अवश्य हैं। तब आदमी का शेर हो जाना, या वनस्पति-जगत् के वर्णनों का मानवीकृत रूप कबीर की उलटबाँसियों की तरह दृश्य यथार्थ के अर्थ को प्रेरित करने की क्षमताओं से मुक्त है—ऐसा मानना पड़ेगा, किन्तु शैली की सपाटता का साक्ष्य इन्हें आरोपित प्रक्रिया का अंग मानने को बाध्य करता है।

इस प्रसंग में प्रेमचन्द की कहानियों की 'कलात्मक परख' अनिवार्य जान पड़ती है, *क्योंकि आरम्भिक कहानियाँ अपनी सपाटता के कारण कलाहीन कच्चा माल ज्यादा लगती हैं*। उत्तरवर्ती कहानियों में भी बहुत कम ऐसी कहानियाँ हैं जिनकी अपनी

कलात्मक पहचान है। चाहे यह भी सच है कि हर कहानी का अपना कला-विधान होता है और समग्र समानताओं के बावजूद हर कहानी अपना अलग कला-इतिहास बनाती है। पर प्रेमचन्द की कहानियों के सिलसिले में कला की बात करते हुए उपरोक्त सच्चाई को सन्देह की निगाह से देखना होगा। प्रेमचन्द की कहानियाँ ही नहीं, समग्र कथा-साहित्य को कला के प्रसंग में या कला-अध्ययन के प्रसंग में, सन्देह की निगाह से देखने की गुंजाइश ज़्यादा है।

कथाकार के 'रचना-मानस' को जानने के लिए जहाँ कला का पक्ष अनिवार्य माना जाना चाहिए, वहाँ पहले उसके वैचारिक परिप्रेक्ष्य को जानने की आवश्यकता मानी जाती है। वैचारिक परिप्रेक्ष्य ऐसी अनेक सुविधाएँ जुटाता है जिससे हम कहानी की बाहरी और भीतरी बनावट जान सकते हैं। इस दृष्टि से 'वैचारिक परिप्रेक्ष्य' ही दोनों तरह की उपयोगिताएँ सामने लाने में सहयोगी हैं। उससे हम कला-दृष्टि तो जानते ही हैं, कला-दृष्टि के निहित प्रयोजन की दिशाएँ भी जान सकते हैं। दूसरे शब्दों में और संक्षेप में, कहें तो हम वैचारिक परिप्रेक्ष्य से 'कलात्मक सार्थकता' के सिरे को भी पकड़ सकते हैं। प्रेमचन्द की कहानियों में कलात्मक दृष्टि से विवेचन की सुविधा वैचारिक परिप्रेक्ष्य के साथ भी प्राप्त की जा सकती है। लम्बे कथानकोंवाली आरम्भिक कहानियों में जो 'सपाटता' है वह उस 'वस्तु-चेतना' की अनुकूलता को प्रस्तुत करने की वजह भी हो सकती है, किन्तु वह 'सपाटता' निहित वैचारिक दृष्टि की सार्थकता का भी कारण है। इससे हम यह जान सकते हैं कि वैचारिक दृष्टि और प्रयोजन में एक ख़ास क़िस्म का अन्तर भी है।

कहानी कहने की जो प्रवृत्ति प्रेमचन्द में है उसका एक रूप यह है कि प्रेमचन्द प्रत्येक कहानी के आरम्भ में जो पंक्तियाँ परिचयात्मक या सूचनात्मक उद्‌देश्य की पूर्ति के लिए लिखते हैं, वे पंक्तियाँ वस्तुतः कहानी के अन्तर्जगत में प्रवेश करने की 'रागात्मक सीढ़ियाँ' हैं और उस प्रवृत्ति का दूसरा रूप कलात्मक 'सपाटता' की वजह से एकरूप या एकरस हो जाने का भी है। *दरअसल प्रेमचन्द जैसे कहानीकार के लिए किसी तरह का कलात्मक 'अतिवादी आग्रह' हो ही नहीं सकता था, क्योंकि प्रेमचन्द 'कला' का प्रयोग 'उपयोगिता' के मानक पर कर रहे थे।* एक दूसरे प्रसंग में किन्तु कला के ही पक्ष को लेकर, सांकेतिक ढंग से, प्रेमचन्द ने यह कहा भी है कि "शृंगारिक मनोभाव मानव जीवन का एक अंग मात्र है और जिस साहित्य का अधिकांश इसी से सम्बन्ध रखता हो, वह उस जाति और युग के लिए गर्व करने की वस्तु नहीं हो सकता, न उसकी सुरुचि का प्रमाण हो सकता है।" स्वाभाविक ही है कि अपने इस कथन की व्यंजना में प्रेमचन्द जिस दूसरे क्षितिज (गर्व करने या सुरुचि के प्रमाण की वस्तु के रूप में) की ओर संकेत करते हैं वह सार्थकता से जुड़ा हुआ 'कला और साहित्य' का एक सिरा है।

प्रत्येक कहानी की अपनी रूपवादी परिधि होती है, किन्तु एक रचनाकार की सभी कहानियों में जो कला-दृष्टि उभरती है, वह जीवन-दृष्टि के समानान्तर होती है। यह

जीवन-दृष्टि 'विचार-दृष्टि' की पर्याय भी मानी जा सकती है। इस तरह यदि हम सामान्यीकृत निष्कर्ष पर पहुँचें तो यह मान सकते हैं कि हर कहानी में वैचारिक परिप्रेक्ष्य की एक सार्थकता भी होती है। परन्तु यह भी सर्वमान्य है कि हर कहानी लेखक के रचना-मानस को व्यक्त करते हुए, उस 'पहचान' की पात्र नहीं बन जाती जिसे कोई 'विरल' रचना ही प्रस्तुत करने में समर्थ होती है। इसलिए 'विरल' रचना एक ऐसा 'मानक' भी है जो अन्य कथाओं के अन्तर्सम्बन्धों को स्पष्ट करती है।

कहानी के बारे में प्रेमचन्द के विचार, प्रेमचन्द की अपनी कहानियों की 'पहचान' के बारे में सहयोगी हो सकते हैं। प्रेमचन्द ने कहानियों के बारे में अनेक बातें कही हैं। उनसे जो सूत्र रूप में तथ्य मिलते हैं उनके अनुसार कहानी या गल्प मात्र मनोरंजन नहीं है। वह सामाजिक स्थिति से परिचय देनेवाला साधन भी है। प्रेमचन्द की मध्यवर्ती कहानियाँ ली जाएँ तो हम पाएँगे कि उनमें से 'शंखनाद', 'शिकारी राजकुमार', 'बौड़म', 'दफ्तरी' आदि कहानियों में सामाजिक स्थिति का परिचय अवश्य मिलता है, किन्तु वह कहीं अस्पष्ट रूप में अवतरित है, कहीं व्यंग्य में तथा कहीं-कहीं खुले उभरे रूप में, लेकिन उसमें मनोरंजन का तत्त्व कलात्मक दृष्टि से विलुप्त नहीं है। वैचारिक दृष्टि से उसमें 'मूल्य स्थापन' है; किन्तु कलात्मक दृष्टि से चमत्कार की प्रवृत्ति का पूरी तरह प्रलोप नहीं है।

प्रमुख घटनाओं या समसामयिक प्रवृत्तियों को प्रेमचन्द ने अपनी 'किस्सागो' प्रवृत्ति से जो कलात्मक बाना पहनाया है, अगर उसमें प्रयोजनबद्धता का अंश हटा दिया जाए तो वे कहानियाँ 'कहने की तमीज़' का उदाहरण बन जाती हैं। चेखव या मोपाँसा की कहानियों में जो कहने की सहजता है, प्रेमचन्द में भी वैसी ही सहजता कुछ कहानियों में मिलती है, किन्तु प्रेमचन्द में चमत्कार का अंश ज्यादा है, इसीलिए उनकी कहानियाँ हर दूसरी कहानी की 'सीरीज़' बन गई हैं।

समसामयिक जीवन में व्याप्त अन्धविश्वास, सुधारवादी उत्साह और आज़ादी के संघर्ष की जो तस्वीर प्रेमचन्द ने प्रस्तुत की है, उससे कहा जा सकता है कि वे तस्वीरें अपनी अपूर्णता में भी सांकेतिकता या व्यंजना में ठीक हैं, किन्तु उनमें 'सृजनात्मकता' की जो बाधा दिखाई देती है वह उन तस्वीरों को 'अधूरी तस्वीरें' बना देती है। यह सृजनात्मकता का अधूरापन, 'कलात्मक' और वैचारिक दृष्टि का भी अधूरापन है। यह एकदम अलग बात है कि एक सच्चे रचनाकार की भाँति प्रेमचन्द अपने समय के सभी परिदृश्यों से परिचित ही नहीं बल्कि उनमें क्रियाशील भी लगते हैं। देखा जाए तो प्रेमचन्द के 'रचनामानस' का जो परिचय उनकी कहानियाँ देती हैं, वह अधूरा और अपूर्ण है, क्योंकि कहानी के 'रूपविधान' की सीमा के अन्तर्गत प्रेमचन्द उसे पूरी तरह प्रक्षेपित नहीं कर सके।

यह सच है कि प्रेमचन्द ने अपनी समसामयिक जीवन की प्रभाव-दिशाओं का पूरा-पूरा उपयोग अपनी मध्यवर्ती कहानियों में किया है। दरअसल यही वह सच्चाई है जिसके अनुसार कोई सजग लेखक अपने समय से बचकर नहीं निकल सकता।

आरम्भिक कहानियों में अवश्य यह लगता है कि प्रेमचन्द अपने समय से बचकर निकलने का रास्ता खोज रहे हैं। एक तो बचकर निकलने की प्रवृत्ति प्रेमचन्द के समकालीन कवियों में मिलती है, दूसरे साहित्य को एकदम कुलीन और सामन्तीय बनाने की जो प्रवृत्ति है, वह परम्पराओं की धारा से चली आती है। मध्यवर्ती कहानियों में प्रेमचन्द की कम कहानियाँ ऐसी हैं जिन्हें लेकर कोई इस तरह का भ्रम खड़ा किया जा सके जिससे उन पर बचने का आरोप लगाया जाए। प्रेमचन्द के सामने अपने युग की तस्वीर तो थी ही, देशी-विदेशी साहित्य की विपुल राशि थी तथा जिनमें मनोरंजन और शृंगारिकता के अतिवादी छोर भी दिखाई देते थे—एक सजग रचनाकार की तरह प्रेमचन्द ने अपनी 'साहित्य-रचना' का जो रास्ता पकड़ा वह मनोरंजनवादी नहीं था बल्कि दूसरे ही स्तर पर सामाजिक संस्कारों में जागरूकता के सूत्र को पकड़कर कहानी के उद्‌देश्य को या कहानी में उद्‌देश्य के रास्ते को प्रेमचन्द ने स्वीकार किया। *भारतीय सामाजिक संस्कार की कहानियाँ लिखकर प्रेमचन्द कहानी में भारतीयता के पहले संस्थापक भी कहे जा सकते हैं। इसलिए भी कि प्रेमचन्द ने अपनी कहानियों में, बड़े और छोटे दोनों तरह के फलकों (कैनवॉस) पर भारतीय जीवन को उतारा। समसामयिक भारतीय राजनीति के अंश, भारतीय समाज का अर्थशास्त्र, भारतीय समाज में नई किस्म की जागरूकता के अंश प्रेमचन्द की अनेक कहानियों में अवतरित हुए हैं।*

प्रेमचन्द का विचार-संसार, जैसा हमने पहले कहा है, जीवन-दृष्टि और कला-दृष्टि का परिचय देनेवाला माध्यम है। साथ ही वह जीवन-दृष्टि और कला-दृष्टि को संस्कार भी देता है। अपनी कहानियों में, चाहे वे पंचायत के वातावरण से जुड़ी हों, या अत्याचार से या संयुक्त परिवार के टूटने से, प्रेमचन्द ने जो विचार प्रस्तुत किया है या जो विचार-दृष्टि दी है, उसका प्रभा-मंडल विभिन्न प्रभावों से निर्मित हुआ है। सुधारवादी दृष्टि भारतीय सांस्कृतिक धारा के पुनरुत्थानवादियों से, सामाजिक संरचना में परिवर्तन मार्क्सवादी विचारधारा से, भारतीय मुक्ति-संग्राम की जन-चेतना का वैचारिक परिदृश्य गांधी से तथा अन्यान्य स्रोतों से वैचारिक आधार लेकर प्रेमचन्द ने अपने समय की एक 'सामाजिक प्रतिबद्धता' की नींव डाली थी। वह मूल्यों में आचार-व्यवहार के मूल्यों से लेकर आध्यात्मिक विश्वासों के मूल्यों को समाहित करनेवाली 'प्रतिबद्धता' कही जा सकती है। अनेक प्रभावों के फलस्वरूप भी इन विचारों की समग्र अन्विति को 'प्रेमचन्द' का ही नाम दिया जा सकता है, यद्यपि इस सारे वैचारिक प्रसंग में गांधीजी और गांधीवाद की उपेक्षा नहीं की जा सकती। अपने पत्रों, सम्पादकीयों, पात्रों और रचनाओं में अपनी उपस्थिति के माध्यम से प्रेमचन्द ने गांधीवादी विचार-दृष्टि से सहमति भी प्रकट की है तथा असहमति भी। गांधीवादी विचार-दृष्टि को रचनात्मक भी माना है, तथा उससे आगे प्रजातान्त्रिक विचार-दृष्टि की परिकल्पनाएँ भी दी हैं। कुल मिलाकर संक्षेप में यह कहा जा सकता है कि *प्रेमचन्द का विचार-बोध और सौन्दर्य-बोध उनके वैचारिक आधारों पर निर्मित होता है तथा कथा के विविध रंगों में वह रूपायित होकर अपनी सफलता और असफलता के खुले मौके भी छोड़ता है।* प्रेमचन्द के पात्रों की

भाषा, उनका स्वभाव, उनकी मुद्राएँ, उनकी आर्थिक स्थिति न केवल प्रेमचन्द नामक व्यक्ति की स्थिति है बल्कि सामान्य रूप से वह भारतीय समाज की स्थिति है—उस समाज की जिससे एक दृष्टि का अनुमान पाकर सजग लेखक के रूप में प्रेमचन्द ने अपने 'समय' को चित्रित किया है। प्रेमचन्द ने स्वयं स्वीकार भी किया है कि साहित्य अपने काल का प्रतिबिम्ब होता है। काल की इस परिसीमा में प्रेमचन्द-कालीन भारत के वैचारिक द्वन्द्व को भली-भाँति समझा जा सकता है।

कहानियों में जीवन के द्वन्द्व को उस सम्पूर्णता में व्यक्त नहीं किया जा सकता जिसकी सुविधा बड़े फलकवाले उपन्यासों में उपलब्ध है, क्योंकि कहानियों के 'रूपाकार' की सीमा अत्यन्त छोटी होती है। उसमें लेखक ऐसे प्रसंगों का चयन करता है जिसमें सम्पूर्णता को बिम्बित करने की क्षमता और सम्भावना होती है। इस आधार पर प्रेमचन्द की मध्यवर्ती कहानियाँ विशेष रूप से ली जा सकती हैं। उनमें न केवल छोटे कथानक हैं, बल्कि उनमें नाटकीयता, समस्याओं के प्रति नई दृष्टि, वैचारिक दृढ़ता, समसामयिक प्रभाव तथा मानवीय भाव-प्रसंग आए हैं।

आरम्भिक लम्बी कहानियों की जगह छोटी कहानियाँ और उपदेश तथा आदर्श की जगह समस्याओं की नई दृष्टि ने प्रेमचन्द की मध्यवर्ती कहानियों को उल्लेखनीय बनाया है। 'प्रेमपूर्णिमा', 'प्रेमप्रसून' और 'प्रेमचतुर्थी' की कहानियाँ इस सन्दर्भ में देखी जा सकती हैं। अलग से देखें तो 'स्त्री-पुरुष', 'माता का हृदय', 'मैकू', 'मुक्तिमार्ग', 'डिक्री के रुपए', 'वज्रपात', 'शतरंज के खिलाड़ी' 'बूढ़ी काकी' आदि कहानियों में आरम्भिक कहानियों-जैसे चमत्कार का सीधापन नहीं है। 'डिक्री के रुपए' नामक कहानी लें तो वह बाहर से आदर्शवादी ढंग की कहानी लगती है। उसमें कथाकार के कुछ दोष भी देखे जा सकते हैं, किन्तु अपनी व्यंजना में, कलात्मकता की समान अनुरूपता न होते हुए भी यह कहानी अलग प्रतीत होती है। इस कहानी में समसामयिक देशी राज्यों की स्थिति और सामाजिक स्थिति का यथार्थवादी रूप मिलता है। रियासतों में किस तरह न्यायहीनता है, नरेश या राजकुँवर किस तरह अत्याचार करते हैं, तथा इस सबके बीच सरकारी खोजबीन किस क़िस्म से कार्यरत है, इन पहलुओं को स्पष्ट करती हुई यह कहानी देशी राज्यों की मनमानी स्थिति पर करारा प्रहार करती है। देशी रियासतें आज़ादी की लड़ाई में किस तरह से बाधक रही हैं, इसकी व्याख्या करने की आवश्यकता नहीं है, परन्तु आज़ादी और रियासतों के नरेशों का मनमाना दबाव उस समय के सामाजिक तनाव के दो महत्त्वपूर्ण पक्ष रहे हैं। आर्थिक, सांस्कृतिक आधारों पर अन्य सामयिक दबाव भी इन दो पक्षों की अन्तर्धाराओं में प्रवाहित होकर तनाव की तीव्रता के पक्ष भी बन गए थे।

मध्यवर्ती कहानियों में प्रेमचन्द ने 'विषयगत' विविधता दी है। उनमें अनेक तरह के कथावृत्त हैं तथा एक ही कहानी में 'अन्तर्कथाओं' के अन्तर्प्रसंग भी हैं जो मूलकथा के साथ-साथ दूसरी भावभूमियों को भी छूते हैं। मध्यवर्ती कहानियों में कुछ कहानियाँ ऐसी भी हैं जो अन्धविश्वासों पर प्रहार करती हैं तथा उनकी निष्प्रयोजनता के माध्यम

से अपनी उद्‌देश्यात्मकता को उपस्थित करती हैं। 'नागपूजा', 'प्रारब्ध', 'पूर्व संस्कार' आदि ऐसी ही कहानियाँ हैं। देखा जाए तो ऐसी कहानियों में छिपा हुआ भाव 'परम्परा' के जड़त्व पर प्रहार करता है तथा उसके खोखलेपन को प्रदर्शित कर उसकी अर्थहीनता को व्यंजित करता है। कलात्मक उद्‌देश्य की झाँकी भी इन कहानियों में यथावसर मिल जाती है। ऐसी कहानियों को प्रेमचन्द की आरम्भिक कहानियों के साथ नहीं जोड़ा जा सकता चाहे इनमें वातावरण और प्रक्षेपित विचाराग्रह की थोड़ी-सी समानता भी मिल जाती है। एक स्तर पर अगर इनमें समानता की झलक है तो दूसरे अनेक स्तरों पर ये कहानियाँ अपनी विविधता के कारण अलग प्रतीति देती हैं।

कुछ कहानियाँ में ऐतिहासिक परिवेश भी है, किन्तु ऐतिहासिक परिवेश वस्तु के प्रयोजन के संयोग का सहायक है। यद्यपि सभी मध्यवर्ती कहानियाँ अलग नहीं हैं, किन्तु जो महत्त्वपूर्ण कहानियाँ हैं उनमें इस अलगाव के बिन्दु स्पष्ट दीख जाते हैं। *'शतरंज के खिलाड़ी' मध्यवर्ती कहानियों में एक महत्त्वपूर्ण कहानी है। इसमें 'ऐतिहासिक परिवेश' बाधक तत्त्व नहीं प्रतीत होता, अपितु वह समसामयिक मृष्ट और स्वार्थान्ध विचार 'तटस्थता' पर करारा व्यंग्य प्रतीत होता है। ऐतिहासिक वातावरण होते हुए भी यह कहानी 'वर्तमान' की कहानी है।* 'संघर्ष' का प्रतीकधर्मी वृत्त जो इसके समानान्तर चलता है यह स्पष्ट कर देता है कि 'शतरंज के खिलाड़ी' कहानी की अन्तर्धाराएँ इतिहास, राजनीति, सामाजिक, आर्थिक, सामन्तीय, विलासप्रियता, पराजय और पलायन के बिन्दुओं को छूकर चलती हैं। *अपने स्पष्ट और दृश्य व्यंग्य के माध्यम से एक साथ प्रेमचन्द ने उस 'वर्ग' की भी पोल खोली है जिसका कार्य-क्षेत्र अत्यन्त सीमित हो गया है और वह भारत के संघर्षमय जीवन के इतिवृत्त से हटकर निष्क्रिय होकर 'तर्कहीन', 'आधारहीन' लड़ाई में व्यस्त है।*

'शतरंज के खिलाड़ी' कहानी में अनेक आयाम और स्तर हैं, जिनके कारण यह कहानी विशिष्ट कहानियों और शिखर कहानियों की गणना में आती है। दरअसल इसका व्यंग्य केवल उन लोगों पर नहीं है जो अभी भी सामन्तीय व्यवस्था के छद्‌म दम्भ में रह रहे हैं बल्कि इसके व्यंग्य के भी अनेक स्तर हैं। डॉक्टर रामविलास शर्मा ने कहा है कि "'शतरंज के खिलाड़ी' में वह 'कला कला के लिए' का खूब मज़ाक उड़ाते हैं। मिर्ज़ा और मीर उन लोगों में हैं जिनके लिए अपना मनोरंजन ही सबकुछ है, देश भाड़ में जाए, उन्हें इससे मतलब नहीं है। इसीलिए इस कहानी का व्यंग्य इतना तीखा है।" व्यंग्य के एक आयाम की झलक उपरोक्त कथन में मिलती है, किन्तु पहली ही पंक्ति में डॉ. रामविलास शर्मा ने जो बात कही है, देखा जाए तो 'शतरंज के खिलाड़ी' कला की दृष्टि से, कहानी-कला की दृष्टि से सुथरी हुई कहानी है तथा उसमें संवादों की 'इकानामी' और बनावट की खूबसूरती अन्य कहानियों से अलग और विशिष्ट रूपों में विद्यमान है। ह्रासशील सामन्तीय व्यवस्था का प्रतीक इस विशिष्टता को 'कलारूप' के स्तर पर प्रतिष्ठित करता है।

यह कहना कि मध्यवर्ती कहानियों में प्रेमचन्द केवल उद्‌देश्य की स्थापना पर बल

देते हैं, प्रेमचन्द की पूरी कलादृष्टि की उपेक्षा करना होगा। इस सन्दर्भ में भी 'शतरंज के खिलाड़ी' की विशिष्ट भूमिका है, क्योंकि वह यह बताती है, कि एक वर्ग के बुरे स्वभाव में कितना कुछ बुरा और 'औपचारिक' है। 'औपचारिक' शब्द हमने यहाँ जान-बूझकर प्रयुक्त किया है, क्योंकि रागात्मक अन्विति होते हुए इसमें खेल का प्रसंग बाहर से बनावटी और अन्दर से एकदम सच्चा लगता है। *मध्यवर्ती कहानियों की इस शिखर कहानी में 'कथा-परम्परा' के नयेपन का सूत्रपात होता है।* प्रेमचन्द एक परम्परावादी कहानीकार की तरह कहानी की शुरूआत ज़रूर करते हैं, किन्तु वह 'शुरुआत' इस कहानी की कला का एक अभिन्न अंग भी है, क्योंकि कहानी को उसी रूप में प्रस्तुत किया जाना, लेखक की उपस्थिति के आभास के साथ प्रस्तुत किया जाना–पाठक के प्रति सम्बोधन है–जो कि शैली का नया प्रयोग है। "लखनऊ विलासिता के रंग में डूबा हुआ था। छोटे-बड़े, अमीर-गरीब सभी विलासिता में डूबे हुए थे। कोई नृत्य और गान की मजलिस सजाता था तो कोई अफ़ीम की पीनक के मजे लेता था।" वस्तुतः इस तरह का परिचयात्मक विवरण पाठक को सीधे-सपाट ढंग से उस रागात्मक अन्विति से बाँधता है, जिसके सूत्रों से यह कहानी भरी पड़ी है। 'शतरंज के खिलाड़ी' में संवादों के भीतर भी जो व्यंग्य-धारा बहती है, उसके प्रयोजन भी प्रेमचन्द ने स्पष्ट किए हैं। मिरजा का उत्तर देते हुए मीर कहता है, "क्या ! घास आपके अब्बाजान छीलते होंगे, यहाँ तो पीढ़ियों से शतरंज खेलते चले आ रहे हैं।"

मिरज़ा–"अजी जाइए भी, ग़ाज़िउद्दीन हैदर के यहाँ बावर्ची का काम करते-करते उम्र गुजर गई, आज रईस बनने चले हैं। रईस बनना कुछ दिल्लगी नहीं है।"

मीर–"क्यों अपने बुजुर्गों के मुँह में कालिख लगाते हो–वे ही बावर्ची का काम करते आए होंगे। यहाँ तो हमेशा बादशाह के दस्तरख्वान पर खाना खाते चले आए हैं।" यह वार्तालाप खेल के बीच का वह हिस्सा है जिसमें दोनों पात्र अपने 'दम्भ' से पीड़ित, एक-दूसरे को वाग्जाल में नीचा दिखाना चाहते हैं, फिर भी वे सबसे अलग और निस्संग दिखाई देते हैं। मीर साहब बोले–अंग्रेजी फौज आ रही है, खुदा ख़ैर करे।

मिरज़ा–आने दीजिए, क़िश्त बचाइए। लो यह क़िश्त।

मीर–ज़रा देखना चाहिए, यहीं आड़ में खड़े हो जाएँ।

मिरज़ा–देख लीजिएगा, जल्दी क्या है, फिर क़िश्त।

अर्थात् यह निस्संगता स्वाभाविक रूप से पतनशील, सामन्तीय और अभिजात परिवार की उस वृत्ति को स्पष्ट करती है, जिस वृत्ति ने अभिजात के एक बड़े वर्ग को गलत तरह की धारणाओं के बीच रहने दिया है। जैसा हम मानते हैं, 'शतरंज के खिलाड़ी' आत्मतोष, संघर्षहीनता और असामाजिक तत्त्वों पर प्रहार है। वह अनेक स्तरों पर अपनी अर्थक्षमताओं से प्रभावित करती है। यह बात नहीं कि 'शतरंज के खिलाड़ी' निर्दोष 'कहानी' है, किन्तु वह अपने लक्ष्य में सीधे-सीधे बहुत जल्दी बिना किसी अस्पष्टता के पहुँच जाती है। उसमें किसी तरह का उलझाव या कलात्मक दूरी नहीं है।

'शंखनाद' इसी अवधि की एक ऐसी कहानी है जिसमें 'मूल्य-स्थापन' ही मूल लक्ष्य

है, किन्तु वह एक सामाजिक समस्या की ओर आकर्षित कर विषमता के पक्ष को उजागर करती है। इसमें वैचारिक दृष्टि से 'हृदय-परिवर्तन' का दर्शन तथा पारिवारिक सन्दर्भों में यथार्थ के एक पक्ष का परिचय मिलता है। वह पक्ष निश्चयात्मक पक्ष है जो पूरे मूल्य-विधान के बारे में पहले ही अनुमान लगा लेता है। इस प्रकार 'शान्ति', 'नैराश्य-लीला', 'शिकारी राजकुमार', 'लाल फीता', 'बैंक का दिवाला', 'नागपूजा', 'प्रारब्ध', 'पूर्व संस्कार', 'बौड़म', 'महातीर्थ', 'सेवामार्ग', 'ज्वालामुखी', 'आत्माराम', 'गरीब की हाय', आदि अनेक कहानियाँ हैं, जिनसे अनेक तरह की सामाजिक समस्याओं को केन्द्र बनाकर समाज के 'वर्तमान का चित्र' प्रस्तुत किया गया है।

आरम्भिक और मध्यवर्गीय कहानियों में अनेक चरित्र आए हैं। वे अनेक व्यवसायों, अनेक वर्गों, अनेक श्रेणियों और अनेक भौगोलिक विशिष्टताओं के पात्र हैं। पुरुष पात्रों में श्रीकंठसिंह, बंशीधर, शर्माजी, जुम्मन, अलगू आदि ऐसे पात्र हैं जो आरम्भिक कहानियों में आए हैं तथा चमार, धोबी, माली, पंडित, नवाब, बादशाह, कारिन्दा, दफ्तरी, कांस्टेबिल, अध्यापक आदि व्यवसायों के पात्र उत्तरवर्ती कहानियों में भी आए हैं। आनन्दी, गोदावरी, खाला, राजनन्दिनी, गिरजा, माँ, प्रभा आदि जैसे नारी-पात्रों की सर्जना कर प्रेमचन्द ने नारी और पुरुष पात्रों की एक अलग किन्तु सच दुनिया स्थापित की है। कुछ पात्रों की सर्जना प्रेमचन्द ने राजनीतिक विचारधारा के प्रतिनिधियों के रूप में की है, किन्तु उसका मूल लक्ष्य ख़ास प्रयोजन की सिद्धि है। ऐसे अधिकांश पात्र प्रतीकधर्मी स्वभाव के हैं। उनका दृश्य जगत् उस 'प्रतीक' के अर्थपुंज को वहन करते हुए कहानी में 'मानव-विश्वास' का नया क्षितिज क़ायम करता है। कहानियों में प्रतीकधार्मिता कविताओं जैसी नहीं हो सकती। परन्तु सामयिक दबावों के फलस्वरूप कहानी की प्रतीकधर्मिता भी तीव्र है। कविता में प्रतीक 'अर्थान्तरण' के साथ-साथ सज्जात्मक परिवेश में भी उपयोगी ठहरता है, किन्तु कहानियों में प्रतीकधर्मिता अर्थों के अनेक स्तर खोलती है। प्रेमचन्द की एक ही शीर्षक से लिखी गई दो कहानियों 'मन्त्र' को लेकर देखें तो 'प्रतीकधर्मिता' का अर्थ हमारे लिए बहुत आसान हो जाएगा। उस प्रकार की 'प्रतीकधर्मिता', जो कहानी के रूप-विधान में हस्तक्षेप तो नहीं करती किन्तु कहानी के 'रूपाकार में परिवर्तन कर डालती है। 'मन्त्र' नामक दोनों कहानियों में, अपनी अनुकूलता के अंश अवश्य हैं, किन्तु दोनों की मूल भावभूमियों में अन्तर ज़रूर है। पहली कहानी 'मन्त्र' में एक सुधारवादी आदमी की कहानी द्वारा यह बताया गया है कि मनुष्य को परिवर्तन या हृदय-परिवर्तन का सही अवसर अनायास ही नहीं मिलता। उसमें आत्मीयता का अंश उस अनिवार्यता का अंश बन जाता है जो बाद में सभी प्रभाव-दिशाओं को स्वीकार कर लेती है। दूसरी कहानी 'मन्त्र' में डाक्टर और मन्त्र जाननेवाले ओझा जैसे आदमी के माध्यम से प्रेमचन्द ने मानवीय व्यवहार का एक दृष्टान्तवादी रूप प्रस्तुत किया है। दोनों अपने शीर्षकों के व्यंग्यार्थ में प्रतीकधर्मी हैं। देखा जाए तो शीर्षक की अपनी अलग कथा है जो दृश्यकथाओं के साथ-साथ चलती है।

कहानियों और उपन्यासों के मूल कथा-स्रोत एक से होते हैं, लेकिन अपने रूपाकार

के अतिरिक्त भी उनमें बहुत बड़ा अलगाव होता है। वह अलगाव उनके रूपाकार की सीमाओं में अभिव्यक्ति का उतना नहीं होता जितना कि उस वैचारिक स्थिति का होता है जो वैचारिक स्थिति उनके लक्ष्यों को भिन्न कर डालती है। प्रेमचन्द की आरम्भिक कहानियाँ, लम्बे कथानकों वाली कहानियाँ, औपन्यासिक वृत्ति की कहानियाँ हैं—कुछ मध्यवर्ती कहानियों में यह 'औपन्यासिकता' दृष्टान्तवादी पद्धति तथा उद्देश्य के रूपों में प्रतिफलित होती है। इस दृष्टि से प्रेमचन्द की परवर्ती कहानियाँ भिन्न हैं, वे अपने स्वरूप में तो भिन्न हैं ही, उनमें अभिव्यक्ति और वैचारिक प्रक्षेपण भी भिन्न किस्म का है।

विकास-काल की या मध्यवर्ती कहानियों जैसी नाटकीय अन्विति चाहे परवर्ती कहानियों में बनी रहती हो, किन्तु उनमें कथा या कहानी 'काव्यरस' की सर्जना करती है। एक तो उन कहानियों का शिल्प दूसरे क़िस्म का है दूसरे वे कहानियाँ अपने रूप-विधान के कसाव में इतनी अलग हैं कि कुछ कहानियाँ अनायास ही प्रेमचन्द की शिखर कहानियाँ बन जाती हैं। पिछली जिन दो कथाओं का हमने उल्लेख किया, उन दोनों 'मन्त्र' शीर्षक कहानियों को यदि 'दो कब्रें', 'अलग्योझा' आदि कहानियों की तुलना में रख दिया जाए तो अन्तर स्वतः स्पष्ट हो जाएगा। परवर्ती कहानियों में अन्धविश्वास की जगह विश्वसनीयता का नया आधार तथा आरोपित यथार्थ की जगह नए सामाजिक संस्कार का यथार्थ मिलता है। इन कहानियों में 'आत्मकथात्मकता', 'संस्मरणात्मकता', आत्मीयता आदि ऐसे तत्त्व हैं जो इन्हें मनुष्य के अनुभवों के बहुत नज़दीक की कथाएँ बना देते हैं। प्रेमचन्द ने ऐतिहासिक, राष्ट्रीय भावना से ओत-प्रोत, 'अछूतोद्धार', 'समाज-सुधार', 'सामाजिक-समस्याओं के वृत्त', अन्धविश्वास-विरोध आदि की कहानियों के साथ-साथ ऐसी सहज, अकृत्रिम कहानियाँ भी लिखी हैं जिनमें 'मनुष्य' अपने सही रूप में स्थापित होता है। 'यह मेरी मातृभूमि है', 'हार की जीत', 'शाप', 'बौड़म', 'दुराशा', 'कुसुम', 'गुल्ली-डंडा', 'घास वाली', 'मिस पद्मा', 'तीतर', 'नया विवाह', 'दिल की रानी', 'ईदगाह', 'दो कब्रें', 'अलग्योझा', 'नशा', 'जादू', 'मनोवृत्ति', 'कफ़न', और 'पूस की रात' जैसी कहानियों में प्रेमचन्द की कहानियों की पिछली रूढ़ि (फार्मूला) कहीं-न-कहीं टूटती ज़रूर है। इन कहानियों में नाटकीय रूपान्तरण, सहजता, विश्वसनीयता, यथार्थ का साक्षात, तटस्थता और सचाई (मानवीय सचाई) के रूप झलकते हैं। इन कहानियों में पहली कहानियों जैसी सपाटता और उद्देश्यपरकता के दर्शन कम होते हैं। *प्रेमचन्द की परवर्ती कहानियों में 'मनोवृत्ति', 'मिस पद्मा', 'पूस की रात' और 'कफ़न' ऐसी कहानियाँ हैं जिनका रूप-विधान कतिपय आधारों पर बदला हुआ है। वह बदला हुआ रूप-विधान प्रेमचन्द की कहानियों का एक महत्त्वपूर्ण पड़ाव है।*

अपनी उपन्यास-कथाओं की भाँति कहानियों में प्रेमचन्द ने 'मध्यवर्ग' और निम्नवर्ग को लेकर कहानियाँ रची हैं। अधिकांश कहानियाँ उद्देश्यवादी कहानियाँ हैं। उनमें सामाजिक, पारिवारिक कथाएँ हैं तथा वे कहानियाँ जीवन के विविध विषयों को

छूती हैं। उदाहरण के लिए, कहानियों में स्वाधीनता की लड़ाई, संयुक्त परिवार में विघटन, जातीय एकता, किसानों की समस्या, अछूतोद्धार, विधवा समस्या, देशी रियासतों की समस्याएँ, औद्योगीकरण, साम्प्रदायिक द्वेष आदि अनेक ऐसे कोण हैं जिनके अन्तर्गत प्रेमचन्द की सभी कहानियों के विषय लिए जा सकते हैं। परवर्ती कहानियों में विषय की विविधता भी मिलती है और कलात्मक गहराई भी। उनमें मानवीय ईमानदारी का रूप भी झलकता है। स्वयं प्रेमचन्द मानवीय रूप में कितने साफ़ और दृढ़ थे—इसके अनेक उदाहरण उनके जीवन-प्रसंगों में मिलते हैं। अमृतराय ने 'कलम के सिपाही' में एक प्रसंग में लिखा है कि प्रेमचन्द जब अपनी लड़की की शादी कर रहे थे तो उन्होंने कन्यादान करने से इनकार कर दिया था। सिद्धान्ततः प्रेमचन्द ऐसे किसी ढकोसले में विश्वास नहीं करते थे। इनकार करने की कोई समस्या या पारिवारिक कारण उनके पास नहीं था, बल्कि वे इस तरह की जड़ रूढ़ि को अस्वीकार करते थे और उसके लिए शुरुआत चाहे अपने परिवार से हो, इसकी उन्हें परवाह नहीं थी। अस्वीकृति का यह आरम्भिक स्तर प्रेमचन्द की उत्तरवर्ती कहानियों में यत्र-तत्र मिलता है। प्रेमचन्द की आरम्भिक कहानी 'त्याग का प्रेम' देखी जाए तो हम पाएँगे कि उस कहानी के अन्त में प्रेमचन्द ने 'आदर्श' तक को अस्वीकार किया था। उस कहानी का नायक पलायनवादी है। यह सत्य, जो कि उनकी विचार-दृष्टि के अनुकूल नहीं था, उनकी कलम से, उसी ईमानदारी के साथ, अपने वैचारिक परिवेश के अस्वीकार के साथ सामने आया है। आत्म-अस्वीकृति के अनेक प्रसंग कहानियों में और प्रेमचन्द की चिट्ठी-पत्री तक में देखे जा सकते हैं।

उत्तरवर्ती कहानियों में प्रेमचन्द का वैचारिक हस्तक्षेप कम है। परन्तु इन कहानियों में वे सिर्फ़ ब्यौरा दे रहे हों ऐसी बात नहीं है। तटस्थ होते हुए भी प्रेमचन्द 'कफ़न' या 'पूस की रात' में उसे सारे अनुभव-संसार के भागीदार प्रतीत होते हैं। सामाजिक दृष्टि का अस्वीकार भी इन कहानियों में मिलता है, किन्तु वह ज्यादा स्पष्ट नहीं है, इसलिए सिर्फ़ 'सामाजिक विधान' की अर्थहीनता के ही चित्र नहीं हैं बल्कि वह अपने समाज की मूल असंगति के प्रति असन्तोष का चित्र है।

'कफ़न' कहानी में माधो और घीसू एक नियत सामाजिक विधान के लिए चुनौती बनकर सामने आते हैं। वस्तुतः ये पात्र इसी दुनिया के पात्र हैं तथा वे विसंगत के व्यंग्य के 'प्रतीक पात्र' हैं। वास्तव में वे इसी सामाजिक विधान की विषमता की देन हैं। यथार्थ का रूप उस कथा का दृश्य-संसार नहीं है, अपितु वह निर्मम सत्य है जिसके द्वारा यह स्पष्ट होता है कि एक समाज में काम करनेवाले भूख की मार से दंडित होते हैं तो उसी में कुछ भी काम न करनेवाले, निष्क्रिय लोग 'लाभांश' प्राप्त करते हैं। इस व्यंग्य की अपनी एक अलग कथा चलती है, जो परिकल्पित न होकर विश्वसनीय वृत्त प्राप्त करती है। वह कथा उस मानवीय अनुभव की है, जो घीसू और माधो के वार्तालाप, उन्मुक्तता और सच्चाई के बीच रचना पाता है। कफ़न के बाहरी अर्थ से लगता है कि जैसे प्रेमचन्द अपने वैचारिक रूप से हटकर किसी दूसरे वैचारिक क्षेत्र में प्रवेश कर रहे हों, किन्तु अपने

निहितार्थ में 'कफ़न' में प्रेमचन्द बिना किसी लेखकीय हस्तक्षेप के, बहुत की आसान तरीके से सामाजिक संस्कार को बदलते हुए रूप को व्यंजित करते हैं। मूल लक्ष्य इस कहानी में सामाजिक दृष्टि द्वारा एक नई सामाजिकता (समष्टि-कल्याण) के निर्माण का है, किन्तु इसके साथ ही यह कहानी नई मानसिकता है।

'कुसुम' शीर्षक कहानी में कुसुम का क्रान्तिकारी रूप यथार्थ चित्रण है, तो 'मिस पद्मा' में मिस पद्मा की पराजय का यथार्थ चित्रण मिलता है। इन दोनों कहानियों में सामाजिकता या बदला हुआ सामाजिक संस्कार भी एक मानसिकता को जन्म देता है। वह मानसिकता 'कफ़न' या 'पूस की रात' की तुलना में नहीं आती किन्तु वह 'स्वाधीन' रहने की मनोवृत्ति के व्यापक संदर्भ को व्यंजित करती है।

'मनोवृत्ति' नामक कहानी इन कहानियों से बिलकुल अलग है। 'मनोवृत्ति' के मूल 'थीम' के मौलिक होने पर सन्देह किया जा सकता है, क्योंकि इसी तरह की एक विदेशी कहानी भी मिलती है, किन्तु दोनों कहानियों के मूल लक्ष्य, वातावरण, व्यंग्य और शैलीगत हावभाव में बड़ा अन्तर है। समानता का केवल एक बिन्दु है और वह यह है कि दोनों कहानियाँ परिकल्पित-सी हैं। 'मनोवृत्ति' को देखें तो उसमें कथा का केन्द्र एक सुन्दरी बाला है जो एक बाग की बेंच पर सोई हुई है। उस जगह से गुजरनेवाला व्यक्ति अपनी मनोवृत्ति के अनुसार उसके बारे में धारणा बनाता है, किन्तु वह उन तमाम धारणाओं से पृथक् निकलती है। यह शुद्धतः परिकल्पित गल्प (फेंटेसी) हैं, किन्तु प्रेमचन्द की ऐसी कहानियों में है जो अपने रूप-विधान की वजह से एकदम अलग किस्म की है। इस कहानी में एक तो वह नीतिक-धार्मिक उद्देश्य का सपाटपन नहीं है, दूसरे इसमें विषयगत एकरसता नहीं है। अपने रूप-विधान के अलगाव के कारण 'मनोवृत्ति' कहानी की कुछ कमियाँ उसके महत्त्व में बाधा नहीं बनती हैं।

उत्तरवर्ती कहानियों में प्रेमचन्द उस अयथार्थ से काफी सीमा तक अलग रहे हैं जिसने उनकी प्रारम्भिक कहानियों को आच्छादित किया हुआ है, अपितु इन कहानियों में अनुभवों का एक नया लोक, एक नया आलोक भी मिलता है। यह तो नहीं कहा जा सकता कि हर उत्तरवर्ती कहानी अपनी रूढ़ि से प्रमाण है, किन्तु परवर्ती कहानियों की सूची में अधिकांश कहानियाँ ऐसी हैं जो उनकी पूर्ववर्ती कहानियों की रूढ़ि से प्रमाण लगती हैं।

प्रेमचन्द की पूर्ववर्ती कहानियों की अपेक्षा उत्तरवर्ती कहानियों के संसार का सन्दर्भ, अपने समय का सन्दर्भ है। *यों तो प्रेमचन्द की अधिकांश कहानियों का संसार हमारा परिचित और आत्मीय संसार है, किन्तु बाद की कहानियों में बदलती हुई सामाजिकता के संस्कार जिस 'मानसिकता' की प्रक्रिया का बोध कराते हैं, वह हमारे ज़्यादा नज़दीक है।* इन परिचित कथावृत्तों में यथार्थ की दृष्टि का फलक विकसित होता है, यही नहीं वे मानवीय अनुभवों के दस्तावेज़ के रूप में, अपने समय-सन्दर्भ संरक्षित कर एक इतिहास-बोध भी विकसित करती हैं। कहानियाँ चाहे दो बैलों की हो या सैलानी बन्दर हो या बाद की कहानी 'पूस की रात'–उनमें मानवीय अनुभवों का एक अनुक्रम,

वैचारिक दृष्टि-विकास का अनुक्रम अबाध रूप में मिलता है। इसका अर्थ यह हुआ कि प्रेमचन्द की परवर्ती कहानियाँ विषय और अनुभव की दृष्टि से ही भिन्न नहीं हैं बल्कि वे वैचारिक दृष्टि, शिल्प और नए सामाजिक संस्कार की विकसित दृष्टि भी हैं। उनमें परम्परा, कथाप्रवृत्ति के मूलस्वर तो किसी-न-किसी रूप में अधिकांश कहानियों में विद्यमान रहते हैं, किन्तु वैचारिक दृष्टि का विकास उन्हें आधुनिक कहानियों की पूर्व-परम्पराओं के रूप में स्थापित करता है।

प्रेमचन्द की कहानियों पर पड़े प्रभावों को, उनके समसामयिक जीवन के प्रभावों के रूप में ही देखना चाहिए। 'मुक्ति मार्ग' या 'सुजान भगत' या 'कफ़न' में प्रभाव की अलग-अलग दृष्टियाँ दिखाई देती हैं। वे 'आदर्श और यथार्थ' जैसे पारिभाषिक शब्दों के प्रभाव नहीं हैं बल्कि वे 'जीवन' के प्रभाव हैं। अर्थात् उस समसामयिक जीवन की अन्य कार्यविधाओं पर जैसे प्रभाव पड़े, वे कहानी-रचना पर भी पड़े हैं। 'कफ़न' में, 'पूस की रात' में या 'मनोवृत्ति' जैसी कहानियों में भीतरी रागात्मक संसार की जो उपस्थिति मिलती है, वह मात्र 'व्यंग्यार्थ' नहीं है बल्कि वह कला में संग्रथित मानव-अनुभव का एक नया आयाम है। गांधीजी तथा अन्य युग-धाराओं के प्रभाव प्रेमचन्द की प्रारम्भिक और मध्यवर्ती कहानियों में देखे जा सकते हैं; बाद की कहानियों में 'प्रभाव' की दिशाएँ बदली हुई लगती हैं। तब उन बाद की कहानियों में प्रभाव रागबोध (सेन्सिबिलिटी) के स्तर का प्रभाव बनकर कथा का अभिन्न अंग प्रतीत होता है, जबकि पूर्ववर्ती कहानियों में विचार का या युग-धाराओं का प्रभाव साफ़-साफ़ बाहर से आरोपित दीखता है। प्रारम्भिक कहानियों में देश-भक्ति, भावुकतापूर्ण, ऐतिहासिक वातावरण-प्रधान, परिकल्पित सत्यों की कहानियाँ सीधे-सीधे विचार और मानवीय मूल्यों के स्थापन का दृष्टान्त बनकर आती हैं। इनकी तुलना में मध्यवर्ती कहानियों में सामाजिक जीवन की कथाओं में 'वस्तु-चेतना' का नया संसार वर्णित होता है, जबकि परवर्ती कहानियों में मानवीय अनुभवों की यथार्थवादी अभिव्यक्ति की कहानियाँ अधिक हैं। *कुल मिलाकर प्रभाव की दृष्टि से प्रेमचन्द की कहानियों को दो ही वर्गों में रखा जा सकता है, पहले वर्ग में आदर्श जीवन के मूल्य-स्थापन से लेकर भावुकतापूर्ण सामाजिक कहानियाँ आती हैं, जिन पर गांधी, परम्परा और समसामयिक जीवन का प्रभाव साफ़-साफ़ पड़ा है। दूसरे वर्ग में वे कहानियाँ आती हैं जो प्रभावमुक्त तो नहीं हैं किन्तु वे 'प्रभावों' की अर्थाभिव्यंजना उस तरह नहीं करतीं जिस तरह पहले वर्गों की कहानियों में मिलती है। प्रभावों की चर्चा करते हुए एक समीक्षक ने कहा है कि प्रेमचन्द की कहानियों पर हितोपदेश, जातक, कथा-सरित्सागर आदि का प्रभाव है—विदेशी प्रभाव नहीं। उनकी पहले वर्ग की कहानियों के बारे में यह सच हो सकता है, किन्तु बाद की कहानियाँ निश्चित ही बाहरी प्रभावों से मुक्त नहीं हैं। कहा जा सकता है कि ये बाहरी प्रभाव अपने समय की रचनात्मकता के अंग हैं।*

'व्यंग्य' प्रेमचन्द की कहानियों का अभिन्न अंग है। उन्होंने 'लोक-जीवन' की अनेक विसंगतियों पर प्रहार करने के लिए व्यंग्य का आधार तो लिया ही है, साथ ही

वह व्यंग्य निश्छल हँसी और मनोरंजन भी प्रक्षेपित करता है। बाद की कहानियों में 'व्यंग्य' की समानान्तर कथा मनुष्य की बदलती हुई सामाजिकता भी प्रस्तुत करती है। 'नमक का दारोगा', 'दिल की रानी' जैसी पहले की कहानियों में व्यंग्य जिस सपाटता से उभरता है, उस जैसा व्यंग्य 'मनोवृत्ति' आदि कहानियों में नहीं है। वहाँ व्यंग्य की उपस्थिति भिन्न है। *व्यंग्य के साथ-साथ प्रेमचन्द की कहानियों का एक और पक्ष अत्यन्त प्रबल है और वह पक्ष है उन कहानियों में साधारण चित्रात्मक क्षमता।* वे अमीर और गरीब के चित्र तो हैं ही साथ ही, व्यवसाय, स्वभाव, कार्य-दिशाओं आदि के चित्र भी हैं, किन्तु ये सब बातें प्रेमचन्द की कहानियों का वह बिम्बधर्मी वातावरण पुष्ट करती हैं जिसमें ग्राम-समाज की या नगर-समाज की छोटी-छोटी बातों, छोटे-छोटे दृश्यों के बिम्ब भरे पड़े हैं। *प्रेमचन्द के उपन्यास अगर प्रतीकधर्मी हैं तो उनकी कहानियाँ बिम्बधर्मी हैं–इसमें सन्देह नहीं है। उनके 'बिम्ब' स्थानीय भाषा के मुहावरों में अपने गुणधर्मी चरित्र को अधिक चित्रात्मक बनाते हैं। प्रेमचन्द की भाषा इस दृष्टि से ऐसी भाषा है जो लोक-जीवन को लोक-रंगों में तो चित्रित करती ही है, वह मनुष्य के अन्तरतम में उसे स्थापित भी कर देती है। प्रेमचन्द की भाषा वह सक्षम वाहक है जिसमें गंभीर विचारणा भी साधारण जीवन के प्रसंगों के संदर्भ में आसानी से प्रवाहित होकर दूसरों तक पहुँचती है। भाषा की पद्धति, प्रेमचन्द की अपनी पद्धति है। समीक्षकों ने कहा भी है कि उन कथाओं में 'ग्रामीण कथाओं' का-सा रस मिलता है।*

'लोकरस' की कहानियों को प्रस्तुत करने की भी पद्धति प्रेमचन्द में दूसरी ही तरह की मिलती है। यह पद्धति परम्परागत कहानियों से प्रेमचन्द में आई है। पुरानी कथाओं में जिस तरह वर्तमान को संदर्भ देने के लिए 'भूतकाल' की उपक्रियाओं का प्रयोग होता था, वैसा ही प्रेमचन्द में मिलता है। 'जैसे वाजिद अलीशाह का समय था', 'एक कुरमी किसान था', 'मुसलमानों को स्पेन देश पर राज्य करते कई शताब्दियाँ बीत चुकी थीं', 'ईरान और यूनान में घोर संग्राम हो रहा था,' आदि प्रसंगों में हम देखते हैं कि कहानियाँ प्रस्तुत करने का यह अपना तरीका 'कथातत्त्व' को कौतूहलवर्धक बनाने की पुरानी परम्परा से जुड़ा है। पुरानी कहानियों में 'एक राजा था' इस तरह की व्यवस्था का बदला हुआ रूप प्रेमचन्द में मिलता है। उन कहानियों पर भी वही छाप महसूस की जा सकती है, जहाँ, 'वर्तमान' की उपक्रियाएँ हैं 'बाज़ आदमी अपनी स्त्री से इसलिए नाराज़ रहते हैं...' या जहाँ कहीं काल की उपक्रिया भूतकालिक है और वर्तमानकालिक अनुभवबोध वहाँ वर्तमान होता है, उन कहानियों पर भी पद्धति-विशेष की पुरानी छाप देखी जा सकती है, जैसे–"आखिर वही हुआ जिसकी आशंका थी...।" विषय की दृष्टि से या क्षेत्र-विशेष की दृष्टि से भिन्नता होने पर भी प्रेमचन्द की कहानियों के प्रस्तुतीकरण की पद्धति में समानता है। उनकी कहानियों में 'लोकरस' का प्रवाह सम्भवतः इसी कारण मिलता है।

नगर या ग्रामीण क्षेत्रों की कहानियों को अलग-अगल परिवेश की कहानी के रूप में देखा जाता है, किन्तु प्रेमचन्द की कहानियों में 'नगर' भी 'क्षेत्र' या 'नगरांचल' के

रूप में आया है। नगर या ग्राम इकाइयों की सांस्कृतिक चेतना एक-सी है, केवल सांस्कृतिक भेद अगर उपलब्ध है तो वह वर्गों में है। इसके लिए वर्गीय चरित्रों को देखा जा सकता है। उनमें नगर और ग्रामसमाजों के रूप में अलगाव नहीं मिलता, अपितु आर्थिक आधारों पर उन चरित्रों की सामाजिक चर्याएँ भिन्न हैं। सामाजिक चर्याओं के भिन्न होने के कारण उनकी सांस्कृतिक चेतना में भी एक भिन्नता है। गाँव का ज़मींदार या बनिया शहर के सत्ताधारी क्रूर बाबूवर्ग, रायसाहब और पूँजीपति के समान ही है– गाँव का किसान और शहर के मजदूर की सांस्कृतिक चेतना में समानता मिलती है। प्रेमचन्द ने क्षेत्रों के आधार पर या कथा के कथात्मक परिवेश के आधार पर कहानियों में समस्याओं के संघर्ष की एकरूपता तो प्रस्तुत की है, किन्तु उन्होंने 'कथाओं' को चरित्रों की विशेषताएँ दी हैं। इसीलिए अनेक समीक्षकों को प्रेमचन्द की कहानियों को चरित्र, वर्गीय चरित्रों की कहानी कहना पड़ा है। वे चरित्र सामाजिक-सांस्कृतिक स्वभावों, सामाजिक चर्याओं के अनुसार भिन्न हैं। प्रेमचन्द की कहानियों में अनेक तरह के चरित्र हैं। चरित्र-धारणा की परम्परागत सृष्टि भी उनमें मिलती है। अच्छे-दुष्ट, बड़े-नीच, अमीर-गरीब, स्त्री-पुरुष, किसान-मज़दूर, व्यवसायों से सम्बद्ध चरित्रों की अवतारणा विविधता की व्यंजक तो है, किन्तु 'परम्परागत' चरित्रों के रूप में उनके वर्गों-स्वभावों-व्यवसायों को रेखांकित करती है।

प्रेमचन्द-युगीन समाज की झलक कहानियों में उतने खुले पैमाने पर चाहे नहीं मिलती, तब भी कुछ कहानियों को लिया जाए तो कहा जा सकता है कि उन कहानियों के द्वारा प्रेमचन्द ने ज्यादा स्पष्टता से अपने 'सामाजिक प्रारूप' का चित्रण किया है। 'कुसुम', 'सोहाग का शव', 'शान्ति', 'दो सखियाँ' आदि कहानियों में प्रेमचन्द ने 'समानाधिकार' की चर्चा द्वारा अपने समय की नारी-जागृति का स्पष्टतम रूप प्रस्तुत किया है। प्राचीन सामन्तीय संस्कृति नारी को 'दास' के रूप में देखने की दृष्टि में बदलकर जिस रूप में सृष्ट हुई हैं, उसे प्रेमचन्द ने अपनी कहानियों के व्यंग्य से समानाधिकार के 'थीम' में प्रस्तुत किया है। यह 'सामाजिक चेतना' के विकसित रूप के चित्रण का एक ही पक्ष है। इससे पूर्व हम 'सामाजिक संस्कारों' के नयेपन में भी 'सामाजिक चेतना' के अनेक पक्षों के बारे में कह चुके हैं। यहाँ 'सृजन-प्रक्रिया' के सन्दर्भ में दूसरा आनुमानिक अध्ययन किया जा सकता है। प्रेमचन्द का वैचारिक आग्रह और 'मूल्य-स्थापन' का आग्रह सामाजिक उत्थान को लक्ष्य मानकर चलता है। यदि इस तथ्य का विश्लेषण किया जाए तो हम पाएँगे कि वे आग्रह रचना को मोड़ देने के लिए नहीं हैं, अपितु रचना में उनकी उपस्थिति को उन अनुभवों के साथ जोड़ा जाए जो सामाजिक समस्याओं के रूप में विद्यमान हैं इस तरह का हस्तक्षेप प्रेमचन्द की 'रचना-प्रक्रिया' का चेतन हस्तक्षेप है, कहीं-कहीं वह 'कलात्मक' विन्यास को खत्म कर डालता है, कहीं उस पर हावी हो जाता है तथा कहीं उसे कला की संगति में ही स्थापित कर देता है। 'मन्त्र' कहानी को लिया जाए तो उसमें नागरिक और ग्रामीण संस्कृति की तुलना नहीं है, जैसा कि कुछ समीक्षकों ने मान लिया है, अपितु उसमें एक मानवीय

अनुभव के बीच विचारधारा और सुधारवादी आवेग का हस्तक्षेप है। सृजन-प्रक्रिया के सन्दर्भ में यह एक सामान्य उदाहरण है। वस्तुतः सृजन-प्रक्रिया का स्वरूप उपन्यासों और कहानियों की तुलना से ज़्यादा स्पष्ट हो सकता है। कहानियों में प्रक्रिया जितनी अवरुद्ध है, उतनी उपन्यासों में नहीं है। कहानियों में संवेदना का क्षितिज दूसरे कारणों से संकीर्ण है, उपन्यासों में वह व्यापक ज़रूर है किन्तु वहाँ बड़े फलकों के गुंजलक में पूरी तरह उभरता नहीं है।

प्रेमचन्द की कहानियों की सृजनात्मक रूढ़ि कहानियों के रूप-विधान की है, अनुभवों के स्तर पर वह नए संसार को संवेदित करती है। यद्यपि अनेक स्तरों पर विचार आदि के आग्रह उसे 'एकरसता' के आभास से भर देते हैं, किन्तु अनुभवों का नया संसार, नए सामाजिक संस्कार के रागबोध को ध्वनित करने में असक्षम नहीं रहता। परवर्ती कहानियों में अपने उपदेश या उद्देश्य की सिद्धि की जगह, व्यापक मानवीय यथार्थ का जो आधार प्रेमचन्द ने दिया है, वह 'रूप-विधान' का अलगाव तो स्पष्ट करता ही है, वह उस अनुभव की असाधारणता को ध्वनित करता है जो सिद्धान्त, आग्रह आदि से परे है। 'कफ़न' या 'पूस की रात' अगर समाज-व्यवस्था पर व्यंग्य है तो वह व्यंग्य बाद में है, पहले वह सहज-मानवीय अनुभव है, वह नए अनुभव-संसार का व्यंग्य भी है। प्रेमचन्द की कुछ कहानियाँ अनेक स्तरों पर मानवीय अनुभवों की संगति देनेवाली कहानियाँ हैं, उनमें सृजनात्मकता की नई दृष्टि तो है ही, मानवीय अनुभवों की परिवर्तित संवेदना भी है। अपनी ही कथा-रूढ़ि से प्रयाण करती हुई ये कुछ कहानियाँ प्रेमचन्द की कथा-परम्परा की 'मानक' बन जाती हैं।

हिन्दी कथा-साहित्य का प्रेमचन्दीय परिकल्प

सूर्यप्रसाद दीक्षित

हिन्दी कथा-साहित्य में प्रेमचन्द का ऐतिहासिक योगदान रहा है। वे जन्मना साहित्य-साधक और समाज-सुधारक थे। उन्होंने स्नातक स्तर तक शिक्षा प्राप्त करके कुछ समय तक अध्यापन किया, कुछ दिनों राजकीय सेवा भी की, किन्तु कालान्तर में गांधीजी के असहयोग आन्दोलन से प्रेरित होकर सरकारी सेवा छोड़ दी और फिर आजीवन स्वतन्त्र लेखन ही किया। प्रेमचन्द मूलतः उर्दू के लेखक थे। उनका 'सोज़ेवतन' नामक कथा संग्रह शासन द्वारा जब्त कर लिया गया था। 1916 में 'पंच परमेश्वर' के साथ वे हिन्दी में उतरे और उन्होंने कुल मिलाकर लगभग 300 कहानियाँ हिन्दी को दीं जो 'मानसरोवर' के आठ भागों में प्रकाशित हैं। उपन्यास के क्षेत्र में प्रेमचन्द ने नई क्रान्ति की। उन्होंने जासूसी और तिलिस्मी कथाओं से अलग उपन्यास को समाजशास्त्र का रूप दिया और अपने कथा-लेखन के माध्यम से भारतीय मध्य, निम्न वर्ग, मुख्यतः ग्रामीण व्यवस्था और कृषक संस्कृति का यथार्थ उजागर किया। *सेवासदन, निर्मला, वरदान, कायाकल्प, रंगभूमि, कर्मभूमि, ग़बन, गोदान, मंगलसूत्र* आदि उनके चर्चित उपन्यास हैं। उन्होंने ताल्सताय, दास्तोवस्की, गाल्सवर्दी, चेखव आदि की कई कथा-कृतियों के अनुवाद भी किए। प्रेमचन्द ने 'मर्यादा', 'माधुरी', 'जागरण' और 'हंस' नामक कथाप्रधान पत्रिकाओं का सफल संपादन किया तथा 'कुछ विचार', 'चिट्ठीपत्री', 'साहित्य का उद्देश्य' जैसी कृतियों द्वारा कथा-लेखन की विभिन्न सामाजिक, सांस्कृतिक, राजनीतिक और आर्थिक समस्याओं पर विचार भी किया।

प्रेमचन्द ने साहित्य को सुधार-आन्दोलन का माध्यम बनाया। वे शुद्ध प्रतिबद्ध लेखक थे। उन पर आर्य समाज, गांधीवाद और मार्क्सवाद का मिला-जुला प्रभाव था। परिणामस्वरूप उन्होंने विधवाओं, वेश्याओं के उद्धार की पहल की। किसान आन्दोलन को उन्होंने नया स्वर दिया, दलितों का भरसक नेतृत्व किया और दहेज, घूस तथा सामाजिक अंधविश्वासों के विरुद्ध आवाज उठाई। गांधीवाद पर आस्था होने के कारण प्रेमचन्द ने हृदय-परिवर्तन और 'ट्रस्टीशिप' पर जोर दिया तथा 'आदर्शोन्मुख यथार्थवाद' की स्थापना की। मार्क्सवाद के प्रभाववश, साथ ही क्रान्तिकारियों से प्रेरित होकर उन्होंने कहीं-कहीं रक्त क्रान्ति का समर्थन किया तथा आर्थिक समानता की गुहार लगाई। अपने पूरे लेखन में प्रेमचन्द ने 'महाजनी सभ्यता' अथवा सुविधाभोगी वर्ग के उपभोक्तावादी

दर्शन का विरोध किया।

प्रेमचन्द वर्ग चेतस कथाकार हैं। मध्यवर्गीय पटवारी परिवार से सम्बद्ध होकर भी वे आजीवन कृषकों के मसीहा बने रहे। उनके कथा-साहित्य का केन्द्र बिन्दु है–ग्रामीण बोध। उन्होंने सूक्ष्म पर्यवेक्षण के सहारे राजाओं तथा जमींदारों की विलासलीला और उनसे पीड़ित किसानों-मजदूरों की व्यथा-कथा प्रस्तुत की है। 'सेवासदन' का महन्त रामदास गरीब चैतू के प्राण ले लेता है। 'कायाकल्प' का राजा कमलानन्द गरीबों पर हन्टर बरसाता है। रानी गायत्री देवी जब-तब रणचंडी बन जाती है। 'कर्मभूमि' का आशाराम गिरि किसानों की जमीन 'ठाकुर जी' के नाम हड़प लेता है। 'गोदान' में राय साहब बातों से बड़े आदर्शवादी हैं, लेकिन बेगार लेने में बड़े क्रूर हैं। भोगविलास और वैभव प्रदर्शन में खोए हुए इस वर्ग पर प्रेमचन्द ने खुलकर प्रहार किया है। वे किसानों को इनके विरुद्ध एकजुट होने के प्रेरित करते रहे हैं। 'ज़माना' के 1920 के अंकों में वे सामूहिक हड़ताल का प्रस्ताव करते हैं। वे मानते रहे हैं कि जमींदारों, महाजनों, धार्मिक महन्तों और सरकारी अधिकारियों का यह चौखटा ही शोषण का मूल हेतु है। प्रेमचन्द ने इनकी समस्याओं को विभिन्न कोणों से देखा-परखा था। सबका समाधान वे नहीं दे पाए। उस समय समाधान दे सकना सम्भव ही नहीं था। प्रेमचन्द जानते थे कि जमींदारी उन्मूलन से पुराने सामन्त हट जाएँगे, पर नवसामन्तवाद छा जाएगा। यह 'ग़बन' के एक पात्र देवीदीन के मुँह से उन्होंने कहलवाया है। आजादी को लेकर भी वे बहुत आश्वस्त नहीं थे। गांधीवादी हृदय-परिवर्तन और जनवादी मोह भंग, दोनों का मिला-जुला रूप प्रेमचन्द में दिखाई देता है। वे जहाँ एक ओर सुमन, निर्मला, जालपा आदि के सहारे विधवा-समस्या का आदर्श प्रदर्शित करते हैं, वहीं विलासिनी देवप्रिया का कटु यथार्थ भी। एक ओर वे प्रेमशंकर, अमरकान्त, मनोहर, बलराज जैसे आदर्शवादी पात्र गढ़ते हैं तो दूसरी ओर होरी और 'कर्मभूमि' के सूरा जैसे जीवन्त यथार्थ चरित्र भी। सूरा के माध्यम से उन्होंने संघर्षरत भारतीयों की खिलाड़ी-भावना का संदेश दिया है। प्रेमचन्द का सूरदास शक्तिहीन प्राणी था, फिर भी अन्याय नहीं सहता था। होरी जीवन भर दुःख भोगता रहा, फिर भी उसने अपनी मर्यादा नहीं छोड़ी। इनकी फलश्रुति दो रूपों में दिखाई गई है। 'कर्मभूमि' में जानसेवक सिगरेट का कारखाना खोलने के लिए ग्रामीणें की जमीन जिस प्रकार हड़प लेता है, उसी प्रकार की लूट आज विद्यमान है, भू-माफिया अमला के रूप में। इस सबका एकमात्र समाधान है–सत्याग्रह। न 'गोदान' जैसा मोह भंग और न साम्यवादी रक्तरंजित क्रान्ति। 'रंगभूमि' का सूरदास संघर्ष करता हुआ मारा जाता है और एक नई जन-चेतना के रूप में वही पुनः जन्म लेता है। एक गँवार भिखारी सिगरेट कारखाने का विरोध करता हुआ कहता है कि इससे पर्यावरण-प्रदूषण होगा और भ्रष्टाचार बढ़ेगा। औद्योगीकरण के जोश में पहले इस तर्क को आधुनिकता-विरोधी माना गया था, किन्तु आज प्रदूषण पीड़ित मानव-समाज इसे ही मुक्ति-मन्त्र मान रहा है। 'गोदान' में शोषण का समाधान छिपा है–'गोबर' के वक्तव्य में। महाजनी सभ्यता का समाधान है–मालती के हृदय-परिवर्तन में। समाधान

है—होरी और मेहता के एकीकरण में तथा चक्रधर, मनोहर, अमरकान्त जैसे चरित्रों में।

आदर्शों और समाधानों से ऊबकर शायद अपने लेखन की रोचकता तथा ताजगी की रक्षा के लिए प्रेमचन्द ने बीच-बीच में रोमांटिक यथार्थ के प्रयोग भी किए हैं। उनकी कहानियाँ 'सद्गति', 'कफ़न' और 'पूस की रात' इसी अति साहसिक सनसनीखेज वृत्ति से प्रेरित हैं। उसमें यथार्थ कम, यथार्थ का रोमांस अधिक है। कुछ-कुछ बाजार और फैशन का प्रभाव भी है। प्रेमचन्द का प्रभावी यथार्थ प्रकट हुआ है—'सवा सेर गेहूँ', 'ठाकुर का कुआँ', 'बूढ़ी काकी' आदि कहानियों में। इसमें कटु सत्य तो है, लेकिन पापबोध नहीं है। विमानवीकरण प्रेमचन्द का उद्देश्य नहीं रहा है। अस्तु, इन्हें अपवाद ही मानना चाहिए।

प्रेमचन्द का वैशिष्ट्य यह है कि उन्होंने पात्रों के 'टाइप' नहीं बनाए हैं। उन्होंने न तो पात्रों पर अपना प्रक्षेपण किया है और नहीं अपने द्वारा देखे किसी व्यक्ति का प्रतिरूपण किया है। उनके पात्र भिन्न-भिन्न प्रकार के संचित अनुभवों से निर्मित हुए हैं। लेखक ने उनके श्वेत-श्याम दोनों पक्ष दिखाए हैं। किसानों और मजदूरों के हिमायती होकर भी प्रेमचन्द ने उनके दोष-दर्शन में कोई कसर नहीं रखी। यह न्याय-निष्ठा प्रेमचन्द की अपनी देन है। इसी प्रकार की अनासक्ति विचारधाराओं के प्रति दिखाई गई है। कुछ ऐसी ही उदासीनता कला-करतब के प्रति है। प्रेमचन्द ने पश्चिमी 'फिक्शन' को चौपाल कथाओं से जोड़कर उनका हिन्दीकरण किया और यह सिद्ध कर दिया कि रचना की पठनीयता बढ़ती है—विषयवस्तु की उपयोगिता के सहारे, न कि बाजारूवृत्ति के द्वारा। प्रेमचन्द की सर्वोपरि देन तो है उपन्यास को 'शास्त्र' बना देने में। पहले यह गरिमा काव्य को प्राप्त थी। प्रेमचन्द के कारण उपन्यासों को महाकाव्य की प्रतिष्ठा प्राप्त हुई। उन्होंने प्रेम, सौन्दर्य और बाह्य प्रकृति को अधिक महत्त्व नहीं दिया, मानव-मन के सूक्ष्म रहस्यों के उद्घाटन में अधिक शक्ति व्यय नहीं की और शिल्पगत फैशन की ज्यादा परवाह भी नहीं की। तथ्य यह है कि उन्होंने उपन्यास को बुद्धिजीवी और श्रमजीवी वर्ग का सेतु बनाया। वे स्वयं जीवन भर 'कलम के मज़दूर' रहे या 'कलम के सिपाही' बने रहे। वस्तुतः प्रेमचन्द सोद्देश्य साहित्य-लेखन और सामाजिक पुनर्रचना के प्रतीक हैं।

प्रेमचन्द की कहानियाँ

मधुरेश

प्रेमचन्द की कहानियों पर 'सोज़ेवतन' से बात शुरू करने का अपना खास औचित्य है। वस्तुतः पाँच कहानियों का यही वह संकलन था, सन् 1909 में जिसके प्रकाशन के बाद 'प्रेमचन्द' का प्रादुर्भाव सम्भव होता है। इन कहानियों के प्रकाशन के सन्दर्भ में आज ऐसी कोई जिज्ञासा स्वाभाविक ही मानी जानी चाहिए कि आखिर किस कारण तत्कालीन ब्रिटिश सरकार ने इन्हें खतरनाक समझा था, इनके आधार पर प्रेमचन्द पर 'सिडीशन' का आरोप लगाया गया था और उनकी अदम मौजूदगी में उनके संग्रह की सारी प्रतियों को आग के सुपुर्द करते हुए सम्बद्ध अधिकारी ने उन्हें चेतावनी दी थी कि आगे वह ऐसा कुछ भी करने की जुरअत न करें। उन्हें इस बात के लिए खैर मनाने की सलाह भी दी गई थी कि वह ब्रिटिश अमलदारी में हैं नहीं तो इस जुर्म के लिए उनके हाथ कलम कर लिए जा सकते थे।...'सोज़ेवतन' की पाँच में से चार कहानियाँ तत्कालीन राष्ट्रीय चेतना के नए उभार को एक सीमा तक रेखांकित अवश्य करती हैं लेकिन अपने युग के ऐतिहासिक और समाजशास्त्रीय सन्दर्भों को लेकर उनका कोई आग्रह नहीं है। सन् 1908 में तिलक की गिरफ्तारी और उसके परिणामस्वरूप बम्बई के मजदूरों की आम हड़ताल जैसी घटनाओं का कोई संकेत इन कहानियों में नहीं है। ठोस राजनीतिक सन्दर्भों से अपने को बचाकर ये कहानियाँ एक भावना के स्तर पर देश और राष्ट्र-प्रेम को प्रोत्साहित करने की कोशिश का परिणाम हैं। इन कहानियों को पढ़कर उनके देश और काल का या तो कोई बोध होता ही नहीं या यदि होता भी है तो बड़ा अस्पष्ट और धुँधला सा। इन्हें पढ़कर इतना स्पष्ट अवश्य हो जाता है कि न तो इनका 'देश' वह भारत है और न ही इनका 'काल' वह काल है जिसमें वे लिखी गई हैं। यदि इनमें लेखक के अपने देश और काल कहीं उपस्थित हैं तो बहुत झीने रूप में, एक भावना के स्तर पर, देशभक्ति की एक ऐसी प्रबल भावना जो उठकर और धीरे-धीरे बढ़कर पूरे देश को अपनी ज़द में लेती जा रही थी...।

'सोज़ेवतन' की पाँच कहानियों में से चार–'दुनिया का सबसे अनमोल रतन', 'शेख मख़ूमर', 'यही मेरा वतन है', 'सांसारिक प्रेम और देश-प्रेम'–भावनात्मक स्तर पर राष्ट्रीय चेतना से अनुप्राणित हैं और दूसरी सारी सांसारिक चीजों की अपेक्षा देशभक्ति के जज्बे को असाधारण गौरव एवं गरिमा देने की दिशा में संतरण करती दिखाई देती हैं। 'दुनिया

का सबसे अनमोल रतन' में शिशु के प्रति वत्सलता और पति के प्रति सारे समर्पण एवं निष्ठा के मुकाबले अपने देश पर कुर्बान हो जाने की भावना को ही सर्वोपरि ठहराया गया है। दिलफ़िग़ार की प्रेमिका मलका दिलफ़रेब जंगलों-बियाबानों में भटकने के बाद लाए गए वत्सलता के आँसू और अपने पति के साथ सती हुई स्त्री की भस्म को महत्त्व देती अवश्य है लेकिन वह इनसे भी ज्यादा अनमोल रतन लाने के लिए दिलफ़िग़ार को उत्तेजित करती है और इस तरह तीसरी बार वह जो चीजें लेकर लौटता है, वह एक भारतीय वीर सिपाही के सीने से निकलते हुए खून की बूँद है जिसने अपने देश–भारत–की स्वतन्त्रता की वेदी पर अपने को न्यौछावर कर दिया है। जब दिलफ़िग़ार उस सिपाही के जख़्म पर कपड़े का फाहा रखने की कोशिश करता है तो अपने सीने के घाव से उस चीथड़े को निकालते हुए वह कहता है–"क्या तूने यह मरहम रख दिया ? खून निकलने दे, इसे रोकने से क्या फायदा ? क्या मैं अपने ही देश में गुलामी करने के लिए जिन्दा रहूँ ? नहीं, ऐसी जिन्दगी से मर जाना अच्छा। इससे अच्छी मौत मुमकिन नहीं।" इसी वीर के खून की बूँद को मलका दिलफरेब दुनिया का सबसे अनमोल रतन मानकर हमेशा के लिए दिलफ़िग़ार की लौंडी बन जाती है। उसकी रत्नजड़ित मंजूषा से जो तख्ती निकलती है, उस पर सुनहरे अक्षरों में लिखा हुआ था–'खून का वह आख़िरी क़तरा जो वतन की हिफ़ाजत में गिरे दुनिया की सबसे अनमोल चीज है।...'

'शेख़ मख़मूर' का मसऊद देशभक्ति, त्याग और जातीय एकता का प्रतीक है। कई मौक़े आते हैं जब उस जैसा दिलेर आदमी कुछ भी कर सकता है लेकिन वह एक गैरमामूली ज़ब्त से काम लेता है ताकि आपसी फ़साद और खून-खराबे से बचा जा सके। सरदार नमकखोर के आगे वह अपनी तलवार रख देता है–जो उसे उसके पिता से विरसे में मिली थी–जबकि स्वयं उसके साथी ही उसके इस ज़ब्त से नाखुश होने लगते हैं। इसी तरह सल्तनत के अपने दावे को बचाकर वह शेर अफ़गान को अपनी मलिका मान लेता है ताकि सद्यःप्राप्त स्वतन्त्रता फिर खतरे में न पड़ जाए। अन्ततः अपने धैर्य, दिलेरी और त्याग के कारण ही वह अपना खोया हुआ राज्य वापस पाने में सफल होता है।...'यही मेरा वतन है' का नायक लम्बे अरसे बाद अमरीका से अपने देश–हिन्दुस्तान–को लौटता है अपना वर्षों से जमा हुआ रोजगार और परिवार को कहीं छोड़कर। यहाँ लेखक आसानी से अपने नायक को गदर पार्टी से सम्बद्ध या उससे प्रभावित उन क्रान्तिकारियों से जोड़ सकता था जो देश की स्वतन्त्रता के प्रयत्नों के सिलसिले में अमरीका में प्रवासी बने हुए थे। लेकिन इन सम्भावनाओं के उपयोग का कोई आग्रह लेखक नहीं दिखाता है। अपने देश की मिट्टी का आकर्षण बड़े भावुकतापूर्ण ढंग से उसे अपनी ओर खींचता है और अपने रोजगार एवं परिवार की चिन्ता किए बिना ही वह अपने देश में रुक जाता है ताकि वह अन्तिम समय अपने देश की मिट्टी में मिल सके। यहाँ लेखक देशभक्ति को धार्मिक समझी जानेवाली कुछ चीजों से जोड़कर अपनी सोच को धुँधला जाने के लिए छोड़ देता है। राम-नाम और गंगा का सामीप्य ही उसके लिए जैसे देश का पर्याय बनकर रह जाता है। अपने निजी

परिवेश और परिवार से कटने का कोई दुख ही वैसे उसे नहीं है। इन सारी चीजों को लेकर कहीं कोई दर्द उसके मन में कभी नहीं उभरता और अपने बेहद सपाट, सरलीकृत और तनावहीन निर्णय की घोषणा वह इन शब्दों में करता है–"मेरे लड़के और मेरी बीबी मुझे बार-बार बुलाते हैं मगर अब मैं यह गंगा का किनारा और यह प्यारा देश छोड़कर वहाँ नहीं जा सकता। मैं अपनी मिट्टी गंगाजी को सौंपूँगा। अब दुनिया की कोई इच्छा, कोई आकांक्षा मुझे यहाँ से हटा नहीं सकती क्योंकि यह मेरा प्यारा देश मेरी प्यारी मातृभूमि है और मेरी लालसा है कि मैं अपने देश में मरूँ।" 'सांसारिक प्रेम और देश-प्रेम' अपने शीर्षक के अनुरूप सांसारिक प्रेम पर देश-प्रेम की महत्ता प्रतिपादन करती है। यह इटली के प्रसिद्ध देशभक्त मेजिनी के जीवन और संघर्षों को केन्द्र बनाकर लिखी गई कहानी है जिसमें मेजिनी की देशभक्ति, संघर्षशीलता और त्याग-भावना को बड़े भावविह्वल ढंग से उद्घाटित करने की कोशिश की गई है। इटली, इंग्लैंड और स्विट्जरलैंड के सारे जरूरी ब्यौरे लेखक यूँ ही अनायास जुटा लेता है क्योंकि लेखक का आग्रह कहानी के परिवेश को लेकर इतना नहीं है जितना कि चरित्र और उसमें भी एक केन्द्रीय भाव–देश-प्रेम–को लेकर है। संग्रह की और दूसरी कहानियों की तरह यह कहानी भी देश-प्रेम की काफी कुछ अमूर्त भावना को एक आकार देने की कोशिश का परिणाम है। अपने स्वरूप में ये कहानियाँ क्रान्तिकारी भले न हों, वास्तविक अर्थों में इन्हें राजनीतिक कहानियाँ कहना भी मुश्किल है, लेकिन एक भावुकतापूर्ण देश-प्रेम की भावना उनके पोर-पोर में रसी-बसी है और सम्भवतः इसी कारण अपने प्रकाशित होते समय वे खतरनाक भी समझी गईं। इन कहानियों से और चाहे कुछ हुआ हो या न हुआ हो, प्रेमचन्द की भावी दिशा और भूमिका का संकेत अवश्य मिल सका था। धुँधली और किसी कदर आवेगपूर्ण होने पर भी यह कहानी को राष्ट्रीय और जातीय सवालों से जोड़ने की एक ऐतिहासिक शुरुआत अवश्य थी...।

प्रेमचन्द की शुरू की कहानियाँ चरित्र पर जोर देते हुए भी मूल रूप से घटना-बहुल कहानियाँ हैं जिनमें कभी-कभी तो एक साथ इतनी घटनाओं का ढेर लगा दिया जाता है जो आज ही नहीं, उस समय भी एक अच्छे-खासे उपन्यास के लिए भी कुछ ज्यादा ही मानी जानी चाहिए। इन कहानियों में संयोग और असाधारण रूप से सरलीकृत ढंग से हृदय-परिवर्तन को लेकर भी उनका आग्रह आसानी से देखा जा सकता है। प्रायः इन सभी कहानियों की बुनावट में कहीं ऐसा चरित्र केन्द्र में है तो कहीं कोई ऐसी घटना जिसका उपयोग लेखक हृदय-परिवर्तन या किसी आदर्श के लिए उपयोग करता दिखाई देता है। 'मिलाप' में नानक चन्द, जो एक धनी पिता का पुत्र है, अपने पड़ोस की एक विधवा युवती ललिता को लेकर भाग जाता है। लांछन और समाज के भय के कारण बाद में उसके पिता स्वयं ही उसे वापस आने को मना लिख देते हैं, और नियमित रूप से उसे खर्चा भेजते रहते हैं। उसके ललिता से एक पुत्री भी हो जाती है और वे लोग कई वर्ष तक इसी प्रकार रहते हैं। फिर एक दिन अपने पिता की मृत्यु की खबर पाकर वह ललिता और अपनी पुत्री कमला को वैसे ही बेसहारा छोड़कर कलकत्ता से अपने

घर बनारस भाग आता है। नदी के किनारे अपने खून से भीगे कपड़े छोड़ आने के कारण पुलिस उसे मृत समझकर ललिता को वैसी ही सूचना दे देती है। बनारस आकर मित्रों की संगत में उसका नया जीवन शुरू होता है। एक के बाद एक तीन बार उसकी शादी होती है और पत्नियाँ मर जाती हैं। अन्तिम पत्नी के एक बच्चा भी होता है लेकिन वे दोनों ही चल बसते हैं। मानसिक अकेलापन और निराशा की स्थिति में उसे फिर ललिता और कमला का ख़्याल आता है। अपनी विशिष्ट हिन्दू मानसिकता के कारण वह यह भी सोचता है कि यह जो कुछ हुआ है, वह निर्दोष ललिता के प्रति किए गए उसके बुरे व्यवहार का परिणाम है। अतः वह कलकत्ता पहुँचकर ललिता का पता लगाता है और ललिता उसे वहीं मिल भी जाती है जहाँ वह उसे दस-बारह वर्ष पहले छोड़कर गया था। अपने किए पर पश्चात्ताप करता हुआ वह उसे अपने साथ लाकर सुख से रहने लगता है। 'नेकी' में घटित घटनाएँ बीस से भी अधिक वर्षों में फैली हुई हैं। जिस हीरामणि को कभी बचपन में एक देवदूत की तरह अचानक पहुँचकर तखतसिंह ने डूबने से बचाया था, वही हीरामणि अनजाने में उसका ज़मींदार बनकर, उसके कल्पित घमंड के कारण उस पर मनमाने जुल्म करता है। वास्तविकता का पता लग जाने पर भी तखतसिंह उसे कुछ न बताकर करुण स्थितियों में वीरता से मर जाना पसन्द करता है। बाद में जब हीरामणि को यह पता चलता है कि तखतसिंह की नेकी और त्याग के बदले वह उसकी स्मृति में एक शिवाला, पक्का कुआँ और धर्मशाला बनवाकर अपने किए का प्रायश्चित्त करता है। 'पुत्रप्रेम', 'प्रतिशोध' और 'सिर्फ़ एक आवाज़' जैसी कहानियाँ इसी प्रकार के संयोगों और प्रायश्चित्त तथा हृदय-परिवर्तन को आधार बनाकर लिखी हुई कहानियाँ हैं। 'सिर्फ़ एक आवाज' में लेखक तथाकथित बुद्धिजीवियों के मुकाबले अज्ञानी ठाकुर को कहीं अधिक विश्वसनीय समझता है जो अपने अन्तःकरण के निर्देश को भावुकता समझकर टालने की कोशिश न करके अपनी कथनी और करनी की एकता पर बल देता है। 'देवी' में एक स्त्री एक अन्धे भिखारी को दस रुपए का नोट भीख में देने के कारण सहज ही कौतूहल और आदर का पात्र बन जाती है। बाद में मालूम होता है कि वह एक विधवा है और वह नोट उसे पड़ा मिला था इसलिए वह उसे भिखारी को दे देती है। उसके उस त्याग पर घटना का वर्णनकर्ता–लेखक–उसे 'देवी' कहकर उसके प्रति समादर प्रकट करता है। यह वस्तुतः इस रूढ़िवादी हिन्दू सोच का समर्थन है जो पड़े हुए धन के उपयोग को लेकर भाँति-भाँति के भय दिखाती है और उसे दान देकर त्याग का गौरव हासिल करने की ख़ुशफ़हमी में मुब्तिला रहती है। इस वर्ग की कहानियों में भी 'अंधेर' किंचित् भिन्न प्रकार की कहानी है। इसमें लेखक यह दिखाने की कोशिश करता है कि गाँव में अशिक्षा और आपसी फूट का लाभ मुखिया और पुलिस के लोग उठाते हैं। नेता और पुलिस के वर्तमान समीकरण की पूर्व कल्पना की दृष्टि से इस कहानी का महत्त्व आज कुछ ज्यादा ही माना जाना चाहिए। धर्म की वास्तविकता का उद्घाटन भी लेखक इस कहानी में करता दिखाई देता है। अपढ़ और अशिक्षित होते हुए भी गोपाल वास्तविकता को समझने लगा है। उसी पर आक्रमण होता है और

उसे बचाने के लिए उसी की पत्नी को पुलिस को पुजापा चढ़ाना पड़ता है। दारोगा के लिए दिए गए पचास रुपयों में से आधे रास्ते में ही मुखिया अपनी अंटी में रख लेता है। जब वह गोपाल को विश्वास दिलाने की कोशिश करता है कि सत्यनारायण की कृपा से ही वह आज पुलिस के चंगुल से बचा है तो किंचित् आक्रोश में गोपाल कहता भी है–'सत्यनारायण की महिमा नहीं, यह अंधेर है... ।' हिन्दू और मुसलमान दोनों ही धर्म का इस्तेमाल कैसे अपने-अपने ढंग से अपने स्वार्थ के लिए करते हैं, इसके संकेत कहानी की बुनावट में जगह-जगह पर मिलते हैं। दारोगा नकबे व सहारत के बड़े पाबन्द हैं और पाँचों वक्त की नमाज पढ़ते हैं, तीसों रोजे रखते हैं, ईदों में धूमधाम से कुरबानियाँ देते हैं। लेकिन वह इतने बुद्धिमान भी हैं कि अपने धर्म को कहीं भी अपने पेशे पर हावी नहीं होने देते हैं... । 'दारोगाजी निहायत कारगुजार अफसर थे, गालियों में बात करते थे। सुबह को चारपाई से उठते ही गालियों का वजीफा पढ़ते थे। मेहतर ने आकर फरियाद की–हजूर, अंडे नहीं हैं, दारोगाजी हंटर लेकर दौड़े और उस गरीब का भरकुस निकाल दिया। सारे गाँव में हलचल पड़ी हुई थी... ।' वे रोजे-नमाज और किसानों की निर्मम लूट एवं अत्याचार की दो नावों पर एक साथ सवारी की कला में कमाल हासिल कर चुके हैं। इसी तरह गोपाल को पीटने और पुजापा चढ़ाने के बावजूद मुखिया और दूसरे लोग उसे सत्यनारायण की कथा के लिए भी उकसाते हैं–यह अलग बात है कि वास्तविकता से परिचित हो जाने के कारण वह उनके षड्यन्त्र का शिकार नहीं होता है। 'अमृत' में लेखक प्रेम को अमृत का पर्याय मानता है जो जीवन की पूर्णता के लिए अनिवार्य है। 'होली की छुट्टी' में प्रेमचन्द का अपना निजी रंग ही यहाँ दिखाई देता है। उनके निजी जीवन के बहुत-से अनुभव भी इस कहानी में बड़े आकर्षक ढंग से बुने गए हैं। स्कूल का माहौल और अध्यापक का अभिशप्त जीवन, काम और अनुशासन के नाम पर हेडमास्टर द्वारा अध्यापक को परेशान करने की मनोवृत्ति और सबसे अधिक गुड़ के प्रति प्रेमचन्द की अपनी असाधारण कमजोरी। इन सारी बातों का वर्णन इस कहानी में बड़े आकर्षक ढंग से हुआ है। वैसे चरित्र–बिल जैक्सन–इस कहानी के केन्द्र में भी है और उसी आदर्शवादी तर्ज़ पर किसानों की उनकी सेवा का आदर्श भी यहाँ मौजूद है लेकिन वह आकस्मिक हृदय-परिवर्तन से नितान्त भिन्न प्रकार की चीज है। किसानों की सेवा का जो व्रत उन्होंने लिया है, यह उनके फौजी जीवन के अनुभव और अंग्रेजों की जनविरोधी पक्षतापूर्ण नीतियों की ही जैसे एक सक्रिय प्रतिक्रिया हो। सिर्फ प्रायश्चित्त ही नहीं, बल्कि उसके बाद एक सार्थक कर्म की भूमिका को कहानी के केन्द्र में रखकर लेखक अपनी सोच में परिवर्तन और विकास का संकेत देने लगता है... ।

अपनी सरकारी नौकरी के सिलसिले में, महोवा प्रवास के दौरान प्रेमचन्द ने उस क्षेत्र के इतिहास और लोककथाओं के तत्त्वों के आधार पर जिन कहानियों की रचना की, उससे कई बातें साफ होती हैं। प्रेमचन्द इतिहास के विद्यार्थी थे और इस विषय में उनकी गहरी दिलचस्पी थी। उस समय तक वर्ग-संघर्ष की दृष्टि से भारतीय इतिहास की व्याख्या भले ही आगे आनेवाले युग की चीज हो लेकिन इतिहास की पुनरुत्थानवादी

भूमिका की सीमाएँ उनके आगे पर्याप्त स्पष्ट थीं। राजपूती आन-बान के उस युग को वह बड़े निःशंक भाव से 'अँधेरा युग' कहते हैं, जबकि आपसी फूट और वैर की एक भयानक बाढ़ मुल्क में आ पहुँची थी। 'रानी सारंधा', 'राजा हरदौल', 'मर्यादा की वेदी', 'पाप का अग्निकुंड' और 'आल्हा' आदि कहानियों में जहाँ यह तत्कालीन इतिहास के इन वीर नायक-नायिकाओं के व्यक्तिगत शौर्य, साहस और त्याग की प्रशंसा करते हैं वहीं वह उनके जन-विरोधी सामन्ती मूल्यों, अदूरदर्शी नीतियों और झूठी आन-बान के नाम पर आपसी कलह और फूट की भर्त्सना भी करते हैं। एक लेखक के रूप में वह इस कोशिश में भी लगे दिखाई देते हैं कि अपने इन वीर नायक-नायिकाओं के व्यक्तिगत चारित्रिक गुणों का उपयोग वह अपने राष्ट्रीय सन्दर्भों में कर सकें। आल्हा-ऊदल जब एक षड्यन्त्र के कारण रूठकर महोवा से कन्नौज चले जाते हैं और पृथ्वीराज के आक्रमण के अवसर पर रानी के सन्देश पर भी व्यक्तिगत अपमान के कारण आने को मना कर देते हैं तो उनकी माँ उन्हें मातृभूमि की रक्षा का उलाहना देती है—यही कि उनकी मातृभूमि कन्नौज नहीं, महोवा है और वह इस समय संकट में है। इस उलाहने का असर भी होता है। 'राजहठ' में कुँवर इन्दरमल नई रोशनी और शिक्षा के प्रभाव से अपने पिता देवमल की सामन्ती ऐंठ, विलासिता और रख-रखाव का विरोध करता है और रियासत में निर्मम शोषण की शिकार जनता का पक्ष लेता है। अपनी इन कहानियों में प्रेमचन्द इस ओर भी सचेत दिखाई देते हैं कि वह इतिहास के सबक पर साधारण ढंग से टिप्पणी कर सकें और गलतियों की पुनरावृत्ति से देश को बचा सकें। 'आल्हा' का पृथ्वीराज एक वीर पुरुष है जो ग़ाफिल हालत में पशु पर भी हमला करना अनैतिक समझता है। महोवा पर हमला करने के बाद वह राजा परमार को बाक़ायदा एक महीने का समय तैयारी के लिए देता है। लेकिन शहाबुद्दीन गौरी के मामले में उसके यही निकम्मे आदर्श स्वयं उसके और पूरे देश के पतन का कारण भी बनते हैं। 'राजा हरदौल' में बड़े भाई जुझारसिंह की अनुपस्थिति में शत्रुओं को परास्त करने में दिखाया गया उसका सारा शौर्य चन्द सामन्ती सनकों के आगे व्यर्थ हो जाता है। उसकी पत्नी से अपने भाई की निजी तलवार लेकर उसका उपयोग कर लेना, जुझारसिंह के लौटने पर नंगे पाँव भागकर उसके चरण-स्पर्श के लिए दौड़ने में प्रमाद, या संयोगवश भाभी की भूल से भोजन के समय खाने की थाली जुझारसिंह के बदले उसके आगे परोस दी जाने से जुझारसिंह अपने छोटे भाई को लेकर कितनी ही शंकाओं का शिकार हो जाता है। इन शंकाओं के मार्जन के लिए वह स्वयं अपनी पत्नी द्वारा हरदौल को गुप्त रीति से विष देकर मारने का प्रस्ताव करता है। दासी से सारा भेद मालूम हो जाने पर भी हरदौल विषयुक्त पान का बीड़ा खाकर आत्म-दाह करके व्यक्तिगत शौर्य और बलिदान का एक अभूतपूर्व उदाहरण प्रस्तुत करता है। लेखक उन सामन्ती मूल्यों को लेकर पर्याप्त कटुता से काम लेता है जो हरदौल की मृत्यु के लिए जिम्मेदार हैं। इसी तरह 'रानी सारंधा' में भी एक ओर यदि लेखक राजा चम्पतराय और रानी सारंधा के व्यक्तिगत शौर्य और बलिदान का अंकन सराहनापूर्ण ढंग से करता है तो दूसरी ओर

उन कुरीतियों, अकारण ज़िद और छोटी-छोटी सनकों की भर्त्सना भी करता है जो उनका विनाश करके प्रकारान्तर से पूरी जाति और देश को कमजोर करती रहने का कारण बनती हैं। भाषा की जिस सादगी और प्रभाव के लिए प्रेमचन्द जनकाव्य 'आल्हा' की प्रशंसा करते हैं, अप्रत्यक्ष रूप से जैसे वह स्वयं अपने भाषिक और अभिव्यक्ति सम्बन्धी आदर्शों की ओर संकेत कर देते हैं–'बयान करने का तर्ज़ ऐसा सादा और दिलचस्प और ज़बान आम है कि उसके समझने में जरा भी दिक्कत नहीं होती। वर्णन और भावों की सादगी कथा के सौन्दर्य का प्राण है।'

प्रेमचन्द मनुष्य की सद्प्रवृत्तियों में गहरी आस्था रखनेवाले लेखक हैं। दूसरे दौर की उनकी कहानियाँ, जो मोटे रूप में सन् '20 तक चलता है, रुक-रुककर उनके इसी विश्वास को प्रकट करती हैं कि आत्यन्तिक रूप से मनुष्य कभी बुरा नहीं होता और न ही उसके सुधार और विकास की सम्भावनाएँ कभी निःशेष होती हैं। ऐसा नहीं है कि वह आदमी की क्षुद्रताओं को नहीं देखते लेकिन उन पर अपने को केन्द्रित न करके उनकी एक झलक मात्र देकर आगे बढ़ जाते हैं। इसीलिए उनकी इन कहानियों का रचना-संसार अधिकांश में छल-छद्म से मुक्त भोले, निश्चल और आस्थावान लोगों का संसार है। अगर किसी कारणवश उनमें से कुछ लोग कभी बहकते भी हैं तो फिर जल्दी ही वे अपनी ग़लती स्वीकार करके, एक गहरे पश्चात्ताप की भावना के साथ ठीक रास्ते पर आ जाते हैं। इस सबके लिए एक लेखक की हैसियत से जहाँ मानवीय सद्प्रवृत्तियों में उनकी आस्था जिम्मेदार है वहीं गांधीवाद का हृदय-परिवर्तन वाला सिद्धान्त भी उन्हें इस दिशा में गहराई से प्रभावित करता दिखाई देता है। वैसे हृदय-परिवर्तन को आधार बनाकर लिखी गई कहानियाँ उनकी कहानियों के परवर्ती दौर में भी आसानी से मिल जाती हैं लेकिन वहाँ उनकी संख्या के अनुपात में एक गुणात्मक अन्तर भी अवश्य दिखाई देता है।

गांधीवादी सिद्धान्तों और आचरण के प्रति अपने गहरे विश्वास के कारण ही प्रेमचन्द कहानी में यथार्थवाद को अपर्याप्त मानकर टिप्पणी करते हैं–'उसमें कल्पना की मात्रा कम, अनुभूतियों की मात्रा अधिक होती है, बल्कि अनुभूतियाँ ही रचनाशील भावना से अनुरंजित होकर कहानी बन जाती हैं, यह समझना भूल होगी कि कहानी जीवन का यथार्थ चित्र है।' इसके बाद थोड़ा आगे चलकर वह जो लिखते हैं उससे स्पष्ट हो जाता है कि यथार्थवाद को वह यथातथ्यता एवं प्रकृतिवाद से अलग करके नहीं देख पा रहे हैं और इस मामले में अभी उनकी दृष्टि बहुत साफ नहीं है। 'और अगर हम यथार्थ को हू-ब-हू खींचकर रख दें तो उसमें कला कहाँ है। कला केवल यथार्थ की नक़ल का नाम नहीं है। कला दीखती तो यथार्थ है पर यथार्थ होती नहीं। उसकी खूबी, यही है कि यथार्थ मालूम हो। उसका मापदंड जीवन के मापदंड से अलग है।' यही कारण है कि इस काल की अधिकांश कहानियों में हमें पात्र और उनका परिवेश तो यथार्थ दिखाई देता है लेकिन इन पात्रों का आचरण और उसे प्रभावित करनेवाली सोच अपने

मूल रूप में यथार्थ-विरोधी ही हैं–कोई चाहे तो रिवाज के मुताबिक उसे 'आदर्शवादी' भी कह सकता है।

इसी दौर की उनकी प्रतिनिधि कहानियों में 'बड़े घर की बेटी', 'नमक का दारोगा', 'दुर्गा का मन्दिर', 'सज्जनता का दंड', 'पंच परमेश्वर' और 'मृत्यु के पीछे' आदि को लिया जा सकता है। 'बड़े घर की बेटी' में प्रेमचन्द इस बात को महसूस करते दिखाई देते हैं कि संयुक्त परिवार प्रथा के प्रति उनके गहरे मोह के बावजूद उसको लम्बे समय तक जिलाए रखना मुश्किल है। श्रीकंठ के पिता और ससुर दोनों ही जमींदार हैं लेकिन सामन्ती रख-रखाव और आचार के कारण हालत खस्ता हो चुकी है। श्रीकंठ के अपने यहाँ जिस दरवाजे पर कभी हाथी झूमता था वहाँ अब एक मरियल-सी भैंस बँधी है जिसके खिलाने-पिलाने की चिन्ता से मुक्त लोग उसके पंजर में दूध काढ़ने को हर वक्त उतावले रहते हैं। उसके ससुर की सात बेटियाँ हैं और उनमें से तीन की शादी में उनका आर्थिक ढाँचा बुरी तरह चरमरा गया है और वह कर्ज़ में डूबे हुए हैं। श्रीकंठ बी.ए. करके भी संयुक्त परिवार प्रथा की वकालत और गाँव में होनेवाले धार्मिक उत्सवों-आयोजनों में गहरी रुचि रखता है। अपनी पत्नी आनन्दी से अपने छोटे भाई लालबिहारी की उद्दंडता की बात सुनकर, दाल में डाले जानेवाले घी को लेकर कहा-सुनी और उसके मैके को लेकर ताने-तिश्ने के बाद वह खड़ाऊँ उठाकर मार देता है, वह आगबबूला हो जाता है और संयुक्त परिवार को लेकर उसका सारा उत्साह इस एक ही चोट में ढहने लगता है। इस अनहोनी स्थिति का तमाशा देखने के लिए, किसी-न-किसी बहाने, आस-पड़ोस के लोग जुड़ने लगते हैं। जगहँसाई से बचने के लिए पिता होशियारी से काम लेते हैं। लेकिन अपनी ज़िद और क्रोध में श्रीकंठ विनम्रता के उनके बदले हुए पैंतरे को जैसे समझना ही नहीं चाहता। इस सारे अभाव को सह्य बनाने के लिए प्रेमचन्द जिन स्थितियों की कल्पना करते हैं वे कैसी भी जटिलता से मुक्त हैं और मानवीय सद्प्रवृत्तियों में विश्वासवाले उनके आरोपित आदर्श की देन हैं। लालबिहारी गुस्से में भले ही कुछ कह और कर बैठा हो लेकिन श्रीकंठ के लिए उसके मन में गहरा आदर है–पिता से भी ज्यादा। उसके सामने न तो वह कभी बोलता है और न ही खाट पर बैठता है–पान और हुक्के की तो बात अलग है। श्रीकंठ उसे बहुत चाहते हैं। जब भी इलाहाबाद से लौटते हैं, उसके लिए कुछ न कुछ लेकर आते हैं। पिछली बार मुगदरों की जोड़ी लाए थे। एक बार नागपंचमी पर उसके कुश्ती जीतने पर पूरे पाँच रुपए के पैसे लुटाए थे। और स्वयं आनन्दी भी गुस्से में आकर पति से कुछ कहने के लिए पछता रही है–अपनी जीभ को आग लगने की बात कहती हुई वह अपनी मूर्खता को कोसती है। लालबिहारी के रोने और क्षमा माँगने से उसका रहा-सहा क्रोध भी जाता रहता है और वह स्वयं ही श्रीकंठ से उसे अन्दर बुला लेने को कहती है–'अब श्रीकंठ का हृदय भी पिघला। उन्होंने बाहर आकर लालबिहारी को गले लगा लिया। दोनों भाई खूब फूट-फूटकर रोए। लालबिहारी ने सिसकते हुए कहा–भैया, अब कभी मत कहना कि तुम्हारा मुँह न देखूँगा। इसके सिवा आप जो भी दंड देंगे, मैं सहर्ष स्वीकार करूँगा।'

श्रीकंठ ने काँपते हुए स्वर में कहा–'लल्लू ! इन बातों को भूल जाओ। ईश्वर चाहेगा, तो फिर ऐसा अवसर न आएगा।' दोनों भाइयों को इस तरह भरत-मिलाप की मुद्रा में देखकर उनके पिता बेनीमाधव सिंह भी पुलकित हो उठते हैं और आनन्दी की प्रशंसा करते हुए गद्गद भाव से कहते हैं कि ये बड़े घर की बेटियाँ ऐसी ही होती हैं। बिगड़ता हुआ काम बना लेती हैं।...इस कहानी में एक कल्पित आदर्शवादी परिणति और निष्कर्ष के लिए प्रेमचन्द जो पद्धति अपनाते हैं वस्तुतः वह यथार्थवाद के विरोध में ठहरती है और इसी कारण लालबिहारी के चारित्रिक अन्तर्विरोध उभरकर सामने आ जाते हैं। या तो उसका पहला आचरण गलत है या फिर दूसरा। भैया श्रीकंठ को अपने पिता से भी ज्यादा आदर देनेवाला लालबिहारी एक मामूली-सी बात पर उन्हीं की पत्नी के साथ इस कदर उद्दंड भी हो सकता है, यह बात कहानी में कल्पित स्थितियों के विरोध में बैठती है। दरअसल यह सारी आदर्शवादी टीप-टाप संयुक्त परिवार प्रथा की ढहती हुई दीवारों की रोकथाम के लिए ही की गई है जो एक तरह से पूँजीवादी समाज के बढ़ते हुए प्रभाव को अनदेखा करके, इतिहास और समय के विरुद्ध, अपने निजी मोह को वरीयता देने का परिणाम है।

मानवीय सद्प्रवृत्तियों को प्रेमचन्द प्रायः ही एक ढाल की तरह इस्तेमाल करते दिखाई देते हैं और नेकी तथा ईमानदारी की हर लांछना-प्रताड़ना को उसी पर रोकते हैं। 'नमक का दारोगा' में मुंशी बंशीधर पंडित अलोपीदीन से चालीस हजार रुपए की घूस का प्रस्ताव भी दृढ़तापूर्वक ठुकरा देते हैं। वह यह जानते हैं कि अलोपीदीन इस क्षेत्र में बहुत असरदार आदमी हैं और जल्दी ही उन्हें असर का प्रमाण भी मिल जाता है। एक सप्ताह बीतते न बीतते वह मुअत्तिल कर दिए जाते हैं। लेकिन प्रेमचन्द की कहानी इस मुअत्तली पर ही खत्म नहीं हो जाती है। उसमें अलोपीदीन मुंशी बंशीधर से हारकर भी अपनी सद्प्रवृत्ति का परिचत देते हैं और एक दिन बंशीधर के यहाँ आकर ऊँचा वेतन और अन्य सुविधाएँ देकर उन्हें अपनी ज़मींदारी का मैनेजर नियुक्त कर देते हैं। वह यह स्वीकार करते हैं कि वह उनकी कर्तव्यनिष्ठा के आगे पानी-पानी हो गए हैं और बंशीधर द्वारा उनके इस प्रस्ताव को ठुकरा देने से उन्हें चोट पहुँचेगी। 'बंशीधर की आँखें डबडबा आईं। हृदय के संकुचित पात्र में इतना अहसान न समा सका। एक बार फिर पंडितजी की ओर भक्ति और श्रद्धा की दृष्टि से देखा और काँपते हुए हाथ से मैनेजरी के कागज पर हस्ताक्षर कर दिए।' लेकिन सवाल यह है कि सद्प्रवृत्तियों के प्रति यह आत्यन्तिक आग्रह वर्ग चरित्र के प्रति क्या लेखक की दृष्टि को धुँधलाता नहीं है ? अलोपीदीन आज की भाषा में, एक समाज-विरोधी तत्त्व है : चोरी, भ्रष्टाचार और काला धन जिनके व्यवसाय के खास अंग हैं। ज़ाहिरा तौर पर रिश्वत में चालीस हजार रुपए कोई ऐसा ही आदमी दे सकता है। लेकिन प्रेमचन्द का सद्प्रवृत्तियों वाला यह आग्रह उन्हें भी, एक ईमानदार और कर्त्तव्यनिष्ठ व्यक्ति की भक्ति और श्रद्धा के दायरे में खींच लाता है। इसी तरह 'सज्जनता का दंड' में डिस्ट्रिक्ट इंजीनियर सरदार शिव सिंह की ईमानदारी से काम करने का सिला उनकी बदली और तनज़्ज़ुली के रूप में

मिलता है। लेकिन इस कहानी में आरोपित सद्प्रवृत्तियों वाला कोई सैद्धान्तिक आग्रह नहीं है। इसके विपरीत व्यंग्य की प्रच्छन्न अन्तर्धारा इसमें सदैव विद्यमान रहती है जो स्थितियों को सही परिप्रेक्ष्य देती है।

'पंच परमेश्वर' इस भावुकता और भोले विश्वास को प्रकट करती है कि पंच की जबान पर ईश्वर का वास होता है–पंच न किसी का दुश्मन होता है और न दोस्त। जब खाला जुम्मन को पंचायत की धमकी देती है तो जुम्मन खुश होता है–'जिस तरह कोई शिकारी हिरन को जाल की तरफ देखकर मन ही मन हँसता है।'...इससे पंचायत में अपनी स्थिति का विश्वास जुम्मन में प्रकट होता है। अलगू चौधरी से जुम्मन की दोस्ती के बावजूद खाला उसे ही अपना पंच बनाती है। पहले जुम्मन के विरोध में अलगू का फैसला और बाद में अलगू के पक्ष में जुम्मन का फैसला, जिसका संयोग उसे जल्दी ही मिल जाता है, वस्तुतः लेखक की इस निष्कर्षात्मक टिप्पणी को ही उदाहृत करते हैं–'अपने उत्तरदायित्व का ज्ञान बहुधा हमारे संकुचित व्यवहारों का सुधारक होता है। जब हम राह भूलकर भटकने लगते हैं, तब यही ज्ञान हमारा विश्वसनीय पथ-प्रदर्शक बन जाता है।' लेकिन पूँजीवादी व्यवस्था के दबावों और जटिलताओं के परिप्रेक्ष्य में स्थिति का ऐसा कोई सरलीकृत निष्कर्ष व्यर्थ ही नहीं, गलत भी साबित होता है। सम्भवतः इसीलिए रांगेय राघव इसी शीर्षक से कहानी लिखकर भिन्न और विरोधी निष्कर्षों की ओर जाते दिखाई देते हैं। 'दुर्गा का मन्दिर' और 'आत्माराम' जैसी कहानियाँ भी अकारण संयोगों, निश्चित विश्वासों, भावुक सद्प्रवृत्तियों और हृदय-परिवर्तन के सिद्धान्त पर आधारित कहानियाँ हैं जो वैचारिकता की दृष्टि से प्रेमचन्द की कमज़ोर कहानियों की श्रेणी में ही आती हैं।

इसी दौर की कहानियों में 'मृत्यु के पीछे' कई कारणों से महत्त्वपूर्ण कहानी कही जा सकती है। लगता है जैसे 'मृत्यु के पीछे' के ईश्वरचन्द्र के रूप में प्रेमचन्द अपनी ही व्यथा-कथा लिख रहे हों। ईश्वरचन्द्र एक राष्ट्रभक्त और कर्तव्यनिष्ठ पत्रकार हैं जो विपरीत और विरोधी स्थितियों में भी अपनी निष्ठा की ज्योति बुझने नहीं देते हैं। कठिन आर्थिक संघर्ष के बावजूद वह अपने पत्र 'गौरव' को उसके नाम के अनुरूप ही निकालते रहते हैं–बहुत कुछ एक तरह की जिद और नशे की हालत में, वकालत को लात मारकर वह इस ओर आए हैं जिसका सबसे अधिक विरोध स्वयं उनकी पत्नी मानकी की ओर से होता है। वह उनसे पूछती है–'बता दो, कोई उच्च शिक्षा प्राप्त मनुष्य कभी इस पेशे में आया हो। जिसे कुछ नहीं सूझती, जिसके पास न कोई सनद है, न कोई डिग्री, वह पत्र निकाल बैठता है और भूखों मरने की अपेक्षा रूखी रोटियों पर ही सन्तोष करता है...किसी को क्या पड़ी है कि जीवन की महत्त्वाकांक्षाओं को खाक में मिलाकर त्याग और विराग में उम्र काटे ? हाँ, जिनको सनक सवार हो गया हो, उनकी बात निराली है।' यह छोटी-सी कहानी ईश्वरचन्द्र के पत्रकारिता से सम्बन्धित जीवन के प्रायः तीन दशकों को समेटकर चलती है जिससे फिर यह अहसास होता है कि प्रेमचन्द अपने निजी जीवन की आस्था और निष्ठा को ही जैसे ईश्वरचन्द के माध्यम से व्यक्त कर रहे हों।

ईश्वरचन्द्र के आगे भी पत्रकारिता का केवल एक ही उद्‌देश्य है कि उसके माध्यम से वह जातीय और राष्ट्रीय महत्त्व के सन्दर्भों से जुड़ सकें। ईश्वरचन्द्र अपने को मजदूर वर्ग का हामी मानते हैं और उनके हितों से जुड़कर चलने में ही अपनी पत्रकारिता की सार्थकता देखते हैं। बुढ़ापे की आमद उनके संघर्ष को धीमा कर देती है लेकिन मन में उनके अब भी वही हौसला कायम है। उनकी हार्दिक इच्छा है कि उनका बड़ा लड़का कृष्णचन्द्र उनके साथ शामिल हो जाए और उनके काम को अपने नए खून से नया रंग देने में उनकी मदद करे, कृष्णचन्द्र की रुचि भी इस ओर है। लेकिन अपनी पत्नी के कारण उसे इस ओर लाने की हिम्मत नहीं होती। वैसे 'मृत्यु के पीछे' में भी मानकी का हृदय-परिवर्तन दिखाया गया है, पति की मृत्यु के बाद वह उनका राष्ट्रीय स्तर पर सम्मान देखकर अपनी भूल स्वीकारती है और कृष्णचन्द्र को अधूरा काम आगे बढ़ाने के लिए प्रोत्साहित करती है, लेकिन उसमें घटित यह परिवर्तन लेखक के सैद्धान्तिक आग्रह और इच्छा का परिणाम न होकर वास्तविक स्थितियों का ही स्वाभाविक प्रतिफलन है। ईश्वरचन्द्र के प्रति सम्मान-प्रदर्शन की अतिरंजनाओं को बचाकर कहानी को कदाचित् और भी प्रभावशाली बनाया जा सकता था...।

'हंस' के आत्मकथा अंक में प्रकाशित अपनी संक्षिप्त आत्मकथा 'जीवनसार' में प्रेमचन्द ने इस तथ्य का उल्लेख किया है कि कहानियाँ लिखने की शुरुआत उन्होंने सन् 1907 में की जबकि उपन्यास वह पहले से लिखते रहे थे। प्रेमचन्द की आरम्भिक और हिन्दी-उर्दू पत्रिकाओं में लिखी हुई कहानियों को दो भागों में संकलित करते हुए अमृतराय ने पर्याप्त खोजबीन के बाद उनकी कहानियों की संख्या 'गुप्तधन' के दोनों खंडों में संकलित 56 कहानियों सहित, 266 निर्धारित की है। उन्होंने यह अनुमान भी प्रकट किया है कि अभी भी तीस-चालीस कहानियाँ और मिलनी चाहिए जो पत्र-पत्रिकाओं में दबी पड़ी हैं और तत्कालीन पत्रों की सम्पूर्ण फाइलें उपलब्ध न होने के कारण वे प्रकाश में नहीं आ पा रही हैं। यदि अमृतराय के इस अनुमान को सत्य माना जाए तो प्रेमचन्द द्वारा लिखी हुई कहानियों की संख्या सहज ही तीन सौ के आस-पास पहुँच जाती है। उपन्यासों और पत्रकारिता के साथ ही रोजमर्रा की साधारण ज़िन्दगी की सारी व्यस्तताओं एवं जिम्मेदारियों के बीच तीन दशकों में इतनी बड़ी संख्या में कहानियों का लिखा जाना ही इस बात का प्रमाण है कि यह एक पूरी तरह से समर्पित लेखक की एकान्त साधना का प्रतिफल है। अमृतराय ने इस वस्तुस्थिति पर टिप्पणी करते हुए लिखा है–'उनका लिखना अवकाश को भरने के लिए नहीं है, उन्हें लिखने के लिए अवकाश पैदा करना पड़ता था और वह उसी तरह पैदा होता था कि उन्होंने अपनी जिन्दगी से और सब बातें काटकर निकाल फेंकी थीं और एकान्त भाव से साहित्य-रचना में लग गए थे। यह एक गृहस्थ योगी की, साधक की, भक्त की निर्मम कृच्छ साधना थी। साहित्य को किसी महान व्यावहारिक लक्ष्य से जोड़ना उनके सम्पूर्ण जीवन की उपलब्धि और आन्तरिक विवशता थी।'...ऐसी स्थिति में इस बात पर आश्चर्य नहीं होना चाहिए कि रचनात्मकता की दृष्टि से प्रेमचन्द की कहानियाँ प्रायः

ही दो विषम स्तरों की अनुभूति छोड़ती हैं और कमोबेश उनके लेखन के हर दौर में उनकी अच्छी और बुरी कहानियाँ एकसाथ मिल जाती हैं। वैचारिकता की दृष्टि से प्रेमचन्द की कहानियाँ यदि सामाजिक सोद्देश्यता, साम्प्रदायिक सद्भाव, जातीय एकता और राष्ट्रीय चेतना के प्रसार के लिए एक उदाहरण का काम देती हैं तो वहीं कुछ ऐसी कहानियाँ भी अवश्य मिल जाती हैं जो उनके सारे प्रगतिशील चिन्तन पर प्रश्नचिन्ह लगा देती हैं और उनके लेखन की मूलधारा से एकदम अलग-थलग पड़ जाती हैं। उनकी ऐसी कहानियों में 'मूठ', 'नाग-पूजा' और 'भूत' आदि, उनके उपन्यास 'कायाकल्प' की ही भाँति, पारलौकिकता में उनके विश्वास का संकेत छोड़ती दिखाई देती हैं। 'मन्त्र' में वह साम्प्रदायिक सद्भाव के मोर्चे पर जीवन भर सन्नद्ध भाव से लड़ते रहने की बात भुलाकर, सनातन हिन्दू धर्म की विजय पर प्रसन्न होकर साम्प्रदायिक विद्वेष की सरहद में चले जाते दिखाई देते हैं। इसी तरह 'शान्ति' और 'दो सखियाँ' आदि कहानियों में वह बड़े यान्त्रिक ढंग से ऐसे निष्कर्ष निकालते दिखाई देते हैं कि जो उन्हें स्त्रियों की आधुनिक अंग्रेज़ी शिक्षा के विरोध में खड़ा कर देते हैं जबकि सच्चाई यह है कि अपने पूरे लेखन में वह सामाजिक धार्मिक रूढ़ियों और अशिक्षा को ही स्त्रियों और दलित वर्ग की दुर्दशा का मूल कारण मानकर गहरी संचित घृणा और अदम्य उत्साह के साथ इनके खिलाफ मोर्चा बाँधे रहे हैं।...इसीलिए उचित यही है कि प्रेमचन्द की परवर्ती दौर की कुछ पूर्वचर्चित और महत्त्वपूर्ण कहानियों को लेकर आज के परिवर्तित सन्दर्भों में उनकी उपलब्धियों और सार्थकता की खोज की जाए।...

प्रेमचन्द ने 'सोज़ेवतन' से कहानी को जातीय और राष्ट्रीय सवालों से जोड़ने की जिस परम्परा का सूत्रपात किया था, उसका ही सुविकसित रूप हमें उनकी 'आहुति', 'जुलूस', 'समर-यात्रा' और 'सत्याग्रह' आदि कहानियों में दिखाई देता है। उनकी सुप्रसिद्ध कहानी 'शतरंज के खिलाड़ी' को भी मैं इसी वर्ग में रखने की सिफारिश करूँगा। पहली चारों कहानियाँ यदि राष्ट्रीय आन्दोलन के प्लावनकारी वेग का संकेत देती हैं तो 'शतरंज के खिलाड़ी' उस चेतना और वेग के बाधक तत्त्वों की ओर संकेत करती हैं। जहाँ देश की सामान्य जनता आजादी के लिए अपना सब कुछ होम कर देने को कृतसंकल्प थी, वहीं इसी देश में अमीरों, ज़मीदारों और रियासतों के राजा-महाराजाओं का एक ऐसा वर्ग भी था जो कभी सक्रिय होकर और कभी निष्क्रिय रहकर इस राष्ट्रीय उभार को दबाने और कुचलने में ब्रिटिश साम्राज्य की मदद कर रहा था। 'शतरंज के खिलाड़ी' के मिर्ज़ा सज्जाद अली और मीर रोशन अली इसी वर्ग के वास्तविक प्रतिनिधि हैं जो देश के सवालों, समस्याओं और परिवर्तनों से किसी किस्म का कोई सरोकार न रखकर अपनी पुश्तैनी जायदाद के सहारे पलने और ऐश करने के लिए बच रहे हैं—'संसार में क्या हो रहा है इसकी किसी को खबर न थी...' उनकी विलासी-प्रवृत्ति और राष्ट्रीय चिन्ता के प्रति असंलग्नता के भाव पर यह टिप्पणी बहुत कुछ ग्रीक नाटकों के कोरस का काम करती है—'जब हमारे रईसों का यह हाल है तो मुल्क का खुदा ही हाफिज़ है।' किन्हीं अज्ञात कारणों से मीर रोशन अली की बेगम

नहीं चाहती कि वह चौबीसों घंटे शतरंज के नाम पर घर पर ही अड्डा जमाए रहें। अतः इस सिर-दर्द से छुट्टी पाने के लिए वह बादशाही फौज का एक सिपाही भिजवाकर मीर की तल्वी का षड्यन्त्र रचती है। उस सिपाही को देखते ही मीर की आत्मा काँप उठती है और अगले दिन उससे बचने के लिए मिर्ज़ा के सुझाव पर, वह गोमती के पास कहीं वीराने में शतरंज का नक्शा जमाना शुरू कर देते हैं। ब्रिटिश सेना के लखनऊ में प्रवेश और वाजिद अली शाह की गिरफ्तारी से जिन लोगों को रत्तीभर फर्क नहीं पड़ता और इस सबसे एकदम बेपरवाह रहते हुए एक बेहद मामूली स्वार्थ के लिए, शतरंज की एक बाजी की मामूली-सी हार-जीत को लेकर, तलवारें खींच लेते हैं और वीर योद्धाओं की तरह एक-दूसरे को जख्मी करके मर जाते हैं। जातीय और राष्ट्रीय महत्त्व के सवालों से बेखबर रहकर, अपने छोटे-छोटे हितों और स्वार्थों को सब कुछ समझ लेनेवाली स्थिति और कौम पर इससे ज्यादा सटीक व्यंग्य की कल्पना मुश्किल है। 'आहुति' का आनन्द भी प्रायः इसी ज़हनियत का आदमी है, फ़र्क बस इतना है कि वह कांग्रेस के काम में इसलिए थोड़ी-बहुत दिलचस्पी लेने लगता है क्योंकि रूपमणि, जो एक प्रबुद्ध और आधुनिक युवती होने के साथ ही उसकी सहपाठिनी भी है, इस आन्दोलन में दिलचस्पी लेती रही है। इस आनन्द के मुकाबले विशम्भर एक गरीब राष्ट्रभक्त छात्र है जो रानीगंज में एक सभा को सम्बोधित करते हुए पकड़ा जाता है और उसे दो वर्ष की सजा हो जाती है। रूपमणि आनन्द की जोखिम से बचनेवाली बूर्जुआ प्रवृत्ति के मुकाबले विशम्भर के त्याग और कर्मठता से आकृष्ट होती है और उससे प्रेरणा लेकर पूरी तरह से अपने को आन्दोलन की धारा में छोड़ देती है। वास्तविक स्वराज्य की अवधारणा पर टिप्पणी करते हुए कहती है, 'अगर स्वराज्य आने पर भी सम्पत्ति का यही प्रभुत्व रहे और पढ़ा-लिखा समाज यों ही स्वार्थांध बना रहे, तो मैं कहूँगी, ऐसे स्वराज्य का न आना ही अच्छा। अंग्रेजी महाजनों की धन-लोलुपता और शिक्षितों का स्वहित ही आज हमें पीछे डाल रहा है। जिन बुराइयों को दूर करने के लिए आज हम प्राणों को हथेली पर लिए हुए हैं, उन्हीं बुराइयों को क्या प्रजा इसलिए सिर चढ़ाएगी कि वे विदेशी नहीं स्वदेशी हैं ? कम-से-कम मेरे लिए तो स्वराज्य का यह अर्थ नहीं है कि जॉन की जगह गोविन्द बैठ जाए। मैं समाज की ऐसी व्यवस्था देखना चाहती हूँ जहाँ कम-से-कम विषमता को आश्रय मिल सके।' 'समर यात्रा' और 'जुलूस' में प्रेमचन्द राष्ट्रीय आन्दोलन में आम जनता के उत्साह को अंकित करते हैं। इन कहानियों का रचना-संसार 'सोज़ेवतन' की कहानियों की तरह अमूर्त न होकर एकदम ठोस और यथार्थ संसार है जो महात्मा गांधी के नेतृत्व में, शताब्दी के तीसरे दशक में अपूर्व निष्ठा और आत्मविश्वास के साथ इस राष्ट्रीय आन्दोलन से जुड़ रहा था। प्रेमचन्द अभी भी महात्मा गांधी के प्रभाव से मुक्त नहीं हैं लेकिन इन कहानियों में वह उस प्रभाव की विधायक भूमिका को ही अधिकांश में अंकित करते हैं। हृदय-परिवर्तन और राजनीति में तथाकथित धार्मिक तालमेल के बदले यह एक अभूतपूर्व विशाल जनजागृति को ही इन कहानियों के केन्द्र में रखकर चलते हैं। 'समर यात्रा' की बूढ़ी नोहरी दोपहरी की धूप

की तरह काँपकर दारोगा की ले-दे करती है। कोदई एक नेता के वर्ग के साथ अपनी गिरफ्तारी देता है। आगे के लिए नोहरी के निर्देशानुसार बाकायदा जत्था बनता है और बालेंटियर की सूची तैयार की जाती है जिसमें हिन्दू भी हैं और मुसलमान भी। इस व्यापक जन-जागृति के फलस्वरूप परिवर्तित मानसिकता पर टिप्पणी करते हुए लेखक लिखता है–'ज्यों ही पराधीनता का आतंक दिल से निकल गया, आपको स्वराज्य मिल गया। भय ही पराधीनता है, निर्भयता ही स्वराज्य है... ।' जुलूस का नेतृत्व बूढ़े इब्राहीम खाँ के हाथ में है। जुलूस पर हुए लाठीचार्ज के फलस्वरूप वह बुरी तरह जख्मी हो जाते हैं और वसीयत करते हैं कि उनकी लाश को गंगा में नहलाकर दफ़न किया जाए। राष्ट्रीय आन्दोलन के सन्दर्भ में जातीय एकता और साम्प्रदायिक सद्भाव प्रेमचन्द की इन कहानियों की एक खास विशेषता है। कभी-कभी अपने विदेशी आकाओं को खुश करने. के लिए हमारे ही भाई-बन्धु जो सरकारी यन्त्र का एक हिस्सा थे, इस आन्दोलन को कुचलने में कुछ ज्यादा ही उत्साह से काम लेते थे। लेकिन प्रेमचन्द इस तथ्य की ओर जब-तब संकेत करते हैं कि उनसे हमारी कोई शत्रुता नहीं है। कभी आन्तरिक पश्चात्तापवश और कभी किसी बाह्य प्रेरणा से ये लोग 'जुलूस' के दारोगा बीरबलसिंह की तरह अपना रास्ता बदल भी लेते हैं। 'सत्याग्रह' में लेखक यह दिखाने की कोशिश करता है कि इस जन-आन्दोलन के असाधारण उभार से भयभीत होकर ब्रिटिश सरकार किस प्रकार धार्मिक भावनाओं की आड़ में इस आन्दोलन को असफल करने और दबाने का षड्यन्त्र रचा करती थी।

भारतीय ग्राम्य-जीवन का अंकन प्रेमचन्द के लिए आन्दोलन या नारा नहीं था। प्रेमचन्द इस बात को अच्छी तरह समझते थे कि अपनी सारी सादगी, सहजता और स्वेच्छा के बावजूद ध्वंसप्राय सामन्ती-व्यवस्था और नवागत पूँजीवाद के दोहरे दबाव के फलस्वरूप भारतीय किसान की नियति को बदल पाने के लिए एक महत और निर्णायक संघर्ष अपेक्षित है। तीसरे दशक का अन्त होते-होते देश की राजनीति और अपनी समाज-रचना की पहचान का वह एक बेहतर और वयस्क परिचय देने लगते हैं। 'गृहदाह' और 'अलग्योझा' जैसी कहानियों में संयुक्त परिवार प्रथा के प्रति उनका मोह अलबत्ता अभी भी किसी हद तक बना रहता दिखाई देता है, लेकिन इसके साथ ही पीड़ित और वंचित वर्ग के अभिशप्त जीवन, उन पर होनेवाले अत्याचार, बेगार और उनके निर्मम शोषण के बड़े यथार्थ और आत्मीय और प्रामाणिक चित्र इस दौर की कहानियों में सहज ही देखे जा सकते हैं। कठोर मेहनत के बावजूद किसान गरीब, अभिशप्त और फटेहाल हैं क्योंकि जमींदार, कारिन्दे, पुलिस और धर्म के ठेकेदार सबके सब जोंक की तरह चिपटकर दृश्य-अदृश्य रूप में उनका खून चूस रहे हैं। अपने निबन्ध 'महाजनी सभ्यता' में इसी स्थिति पर टिप्पणी करते हुए वह लिखते हैं–'मनुष्य समाज दो भागों में बंट गया है। बड़ा हिस्सा मरने और खपनेवालों का है, और बहुत ही छोटा हिस्सा उन लोगों का, जो अपनी शक्ति और प्रभाव से बड़े समुदाय को अपने बस में किए हुए हैं। उन्हें इस बड़े भाग के साथ किसी तरह की हमदर्दी नहीं, जरा भी

रू-रियायत नहीं। उसका अस्तित्व केवल इसलिए है कि अपने मालिकों के लिए पसीना बहाए, खून गिराए और एक दिन चुपचाप इस दुनिया से विदा हो जाए।' स्थिति कितनी भीषण और विषम हो चुकी है, इसका संकेत वह बड़े पुरदर्द ढंग से करते हैं।–'वह हवा इतनी जहरीली हो गई है कि इसमें जीवित रहना कठिन होता जा रहा है...' शोषण को अपना अधिकार मानकर चलनेवाली इस व्यवस्था से मुक्ति का उपाय केवल एक है–इस समूची व्यवस्था का विनाश और एक वैकल्पिक व्यवस्था का निर्माण...' एक नई सभ्यता का सूर्य सुदूर पश्चिम में उदय हो रहा है जिसने उस नाटकीय महाजनवाद या पूँजीवाद की जड़ खोदकर फेंक दी है।'

घोषणा और अत्याचार पर आधारित इस व्यवस्था का भयावह रूप 'सवा सेर गेहूँ', 'सद्गति', 'ठाकुर का कुआँ', 'पूस की रात' और 'क़फन' जैसी कहानियों में देखा जा सकता है। 'सवा सेर गेहूँ' में शंकर विप्र से लिए गए सवा सेर गेहूँ के बदले, जो वह द्वार पर आए साधु के अतिथि-सत्कार के लिए लेता है, जीवन-भर गुलामी का पट्टा अपने गले में डाल लेता है। खलिहानी में डेढ़ पसेरी गेहूँ देकर अपने को चुकता समझ चुका था कि सात वर्ष बाद उससे उन सवा सेर गेहूँ का तकादा किया जाता है। साल भर पेट काटकर 60 रुपए देने के बाद भी उसकी ओर 120 रुपए बाकी निकलते हैं। यह निर्मम शोषण उसके मन में, एक किसान से मजदूर बन गए आदमी के मन में श्रम के प्रति निराशा और घृणा का भाव पैदा करता है...'जब सिर पर ऋण का बोझ ही लदता है तो क्या मन भर का और क्या सवा मन का। उसका उत्साह क्षीण हो गया, मेहनत से घृणा हो गई। आशा उत्साह की जननी है। आशा में तेज है, बल है, जीवन है। आशा ही संसार की संचालक है। शंकर आशाहीन होकर उदासीन हो गया। वे जरूरतें जिनको उसने साल तक टाल रखा था, अब द्वार खड़ी रहनेवाली भिखारिनी थीं, बल्कि छाती पर सवार होनेवाली पिशाचनियाँ थीं जो अपनी भेंट के बिना जान नहीं छोड़तीं।' बीस वर्ष तक गुलामी करने के बाद जब शंकर मरता है तो भी सवा सेर गेहूँ के कर्ज़ में 100 रुपए उसके सिर पर सवार थे जिसके भुगतान के लिए उसके जवान बेटे की गर्दन पकड़ी जाती है। कहानी के अन्त में प्रेमचन्द इस ओर भी अपने पाठकों को संकेत कर देते हैं कि यह कोई कपोल-कल्पित कहानी नहीं है–एक सत्य घटना है। ऐसे शंकरों और ऐसे विप्रों से दुनिया खाली नहीं है...'सद्गति' का दुक्खी चमार अपने नाम से भी दुखी ही है जो ईश्वर भक्त पंडित घासीराम से साइत पूछने जाता है तो उनकी गाय को घास डालने से लेकर भूसा ढोने और लकड़ी काटने तक सब कुछ भूखे ही मरते रहकर सद्गति को प्राप्त होता है। सारी सेवा के बावजूद ये लोग नीच, कमीन और अस्पृश्य हैं जो मजबूरी में ठाकुर के कुएँ का एक लोटा पानी भी भर लेने के हकदार नहीं हैं। शेर से भी भयानक मुँहवाले ठाकुर को देखते ही गंगी के हाथ से रस्सी छूट जाती है और घड़ा धड़ाम से हिलकोरे की आवाजें छोड़ता हुआ पानी में सरक जाता है। बदहवासी में वह घर पहुँचकर देखती है कि जोखू लोटा मुँह से लगाए वही मैला-गन्दा और बदबूदार पानी पी रहा है।...'पूस की रात' में जब तारे भी ठिठुरते हुए मालूम होते

हैं, हल्कू अपने खेत के किनारे ऊख के पत्तों की एक छतरी के नीचे बाँस के खटोले पर अपनी पुरानी गाढ़े और चादर ओढ़े काँप रहा होता है। अपने कुत्ते जबरा को अपने शरीर से सटाकर वह उस सेंक को एक नियामत की तरह भोगता है। सब कुछ करके भी कुछ न हो पाने की निरुपायता उसे अकर्मण्य बना देती है। वह नील गायों से खेत को बरबाद होते देखता रहता है और कुछ नहीं कहता है। सुबह खेत की दशा देखकर हल्कू और उसकी पत्नी मुन्नी की प्रतिक्रिया अलग-अलग होती है। मुन्नी इस बात को लेकर दुखी है कि अब मजूरी करके मालगुजारी भरनी पड़ेगी। लेकिन हल्कू स्थिति को लेकर प्रसन्न भी है–अब रात की ठंड में यहाँ सोना तो न पड़ेगा।

प्रेमचन्द की कहानी 'कफ़न' का आरम्भ इस प्रकार होता है–'झोंपड़े के द्वार पर बाप और बेटा दोनों एक बुझे हुए अलाव के सामने चुपचाप बैठे हुए हैं और अन्दर बेटे की जवान बीवी बुधिया प्रसव-वेदना से पछाड़ खा रही थी। रह-रहकर उसके मुँह से ऐसी दिल हिला देनेवाली आवाज निकलती थी कि दोनों कलेजा थाम लेते थे। जाड़ों की रात थी। प्रकृति सन्नाटे में डूबी हुई। सारा गाँव अन्धकार में लय हो गया था।' जब घीसू निःसंग भाव से कहता है कि वह बचेगी नहीं तो माधव चिढ़कर उत्तर देता है मरना है तो जल्दी ही क्यों नहीं मर जाती–देखकर भी वह क्या कर लेगा। लगता है जैसे कहानी के शुरू में ही, बड़े सांकेतिक ढंग से, प्रेमचन्द बुझ चुके अलाव के द्वारा पारिवारिक सद्‌भाव और ऊष्मा के चुक जाने की ओर इशारा कर रहे हैं और आँच का अन्धकार में लय हो जाना मानो पूँजीवादी व्यवस्था का ही प्रगाढ़ होता हुआ अँधेरा है जो सारे मानवीय मूल्यों, सद्‌भाव और आत्मीयता को रौंदता हुआ निर्णय भाव से बढ़ता जा रहा है। इस औरत ने घर को एक व्यवस्था दी थी, पिसाई करके या घास छीलकर वह इन दोनों बेगैरतों की दोजख भरती रही है। और आज ये दोनों इस इन्तजार में हैं कि वह मर जाए, तो आराम से सोएँ। आकाशवृत्ति पर जिन्दा रहनेवाले बाप-बेटे के लिए भुने हुए आलुओं की कीमत उस मरती हुई औरत से ज्यादा है। उनमें से कोई भी इस डर से उसे नहीं देखने जाना चाहता कि उसके जाने पर दूसरा आदमी सारे आलू खा जाएगा। हलक और तालू जल जाने की चिन्ता किए बिना जिस तेजी से वे गर्म आलू खा रहे हैं, उससे उनकी मारक गरीबी का अनुमान सहज ही हो जाता है। घीसू को बीस साल पहले हुई ठाकुर की बारात याद आती है–उसके बाद वैसा पेट भर खाना नहीं मिला। 'कफ़न' एक ऐसी सामाजिक व्यवस्था की कहानी है जो श्रम के प्रति आदमी में हतोत्साह पैदा करती है क्योंकि उस श्रम की सार्थकता उसे नहीं दिखाई देती है। बीस साल तक यह व्यवस्था आदमी को भर पेट भोजन के बिना रखती है, इसलिए आश्चर्य नहीं कि अपने परिवार के ही एक सदस्य के मरने-जीने से ज्यादा चिन्ता उन्हें अपने पेट भरने की होती है। औरत के मर जाने पर कफ़न का चन्दा हाथ में आने पर उनकी नीयत बदलने लगती है। हल्के से कफ़न की बात पर दोनों एकमत हो जाते हैं–'लाश उठते-उठते रात हो जाएगी। रात को क़फन कौन देखता है ?' और फिर उस हल्के कफ़न को लिए बिना ही वे लोग उस कफ़न के चन्दे को –शराब, पूड़ियों, चटनी, पापड़

और कलेजियों पर खर्च कर देते हैं। अपने भोजन की तृप्ति से ही वे दोनों मृतक की सद्‌गति की कल्पना कर लेते हैं। अपनी उम्र के अनुरूप घीसू ज्यादा समझदार है। उसे मालूम है कि लोग कफ़न की व्यवस्था करेंगे–भले ही इस बार रुपया उनके हाथ में न आवे। नशे की हालत में माधव जब पत्नी के अथाह दुख भोगने की सोचकर रोने लगता है तो घीसू उसे चुप कराता है–हमारे परम्परागत ज्ञान के सहारे कि मरकर वह मुक्त हो गई है और इस जंजाल से छूट गई है। नशे में नाचते-गाते, उछलते-कूदते, सब ओर से बेखबर और मदमस्त, वे वहीं गिरकर ढेर हो जाते हैं !...

विचारों की दृष्टि से भी प्रेमचन्द के अन्तिम दौर की कहानियाँ 'कश्मीरी सेब' और 'मनोवृत्ति' आदि एक निश्चित परिवर्तन का संकेत देती हैं। वे एक ऐसे लेखक का उदाहरण हैं जो परिवर्तन की आकांक्षाओं का सम्पूर्ण प्रतिफलन अपनी रचनाओं में उपस्थित नहीं कर सका। हर बड़े और महत्त्वपूर्ण लेखक की तरह प्रेमचन्द ने भी उतार-चढ़ाव के अनेक दौर देखे हैं। विवरण-बाहुल्य और गहराई के अभाव का वास्ता देकर उनका विरोध करनेवालों का अभाव कभी नहीं रहा। लेकिन देश के दो दशकों–सन् 1916 से सन् 1936 तक–के सामाजिक-राजनीतिक प्रसंगों और घटनाक्रमों, जनसंघर्ष और सामाजिक परिवर्तन की आकांक्षा के प्रामाणिक और विश्वसनीय अंकन की दृष्टि से प्रेमचन्द से बेहतर कोई दूसरा माध्यम नहीं है। यह अकारण नहीं है कि सामाजिक परिवर्तन की आकांक्षा रखनेवाले हर पीढ़ी के लेखक उनसे जुड़कर गहरा सुख और गौरव अनुभव करते रहे हैं।

प्रेमचन्द के कथा-साहित्य का समाजशास्त्र

रवि रंजन

"उनकी आशा उथली नहीं है। उसके नीचे परिस्थिति की भयंकरता का पूरा ज्ञान है। उन्होंने यथार्थ की निष्ठुरता को तिल-भर भी घटाकर चित्रित नहीं किया। बीसवीं शताब्दी की अमानुषिकता की कठोर कहानी उन्होंने पूरी-पूरी कह दी है।"

—डॉ. रामविलास शर्मा : प्रेमचन्द और उनका युग

यह विदित है कि उन्नीसवीं शताब्दी में एक स्वतन्त्र अनुशासन के तौर पर साहित्य के समाजशास्त्रीय अध्ययन की शुरुआत हुई और उन्नीसवीं सदी के मध्य तक आते-आते इपोलित अडोल्फ तेन (1823-93) के माध्यम से उसको वैज्ञानिकता प्राप्त हुई। तेन से बहुत पहले फ्रांस में साहित्य के समाजशास्त्रीय अध्ययन का बीज-वपन मादाम स्तेल (1766-1817) ने अपनी पुस्तक 'सामाजिक संस्थाओं से साहित्य के सम्बन्ध पर विचार' (1800 ई.) के द्वारा कर दिया था, जिसका इस्तेमाल तेन ने अपने तईं किया। उन्होंने साहित्य के समाजशास्त्रीय अध्ययन के लिए प्रजाति, परिवेश एवं क्षण या युग के बीच क्रिया-प्रतिक्रिया से निष्पन्न उस विशिष्ट मानसिक संरचना के विश्लेषण पर बल दिया था, जिससे किसी युग-विशेष का एक केन्द्रीय बौद्धिक ढाँचा निर्मित होता है और तद्‌युगीन श्रेष्ठ कलाकृतियों के द्वारा अभिव्यक्ति प्राप्त करता है। दूसरे शब्दों में तेन ने प्रजाति, परिवेश एवं युग के अपने त्रिक सिद्धान्त के द्वारा विधेयवादी पद्धति से साहित्य के सामाजिक मूलाधार की खोज करने का प्रयास किया। रवीन्द्रनाथ ने लिखा है कि साहित्य मन्दिर की भित्ति पृथ्वी के गहन अन्तर्देश में गड़ी होती है और उसका शिखर मेघों को भेदकर आकाश में उठता है। तात्पर्य यह कि साहित्यकार सामाजिक तथ्यों के आधार पर ही अपनी कल्पना के झरोखे एवं मेहराब निर्मित करता है।

ग़ौरतलब है कि मार्क्सवाद से साहित्य के समाजशास्त्र का सम्बन्ध अत्यन्त जटिल रहा है। कुछ मार्क्सवादियों ने तो साहित्य को समाजशास्त्र से यह कहकर बचाने पर बल दिया है कि समाजशास्त्र उस तन्त्र की सेवा करता है, जो कला और साहित्य के विकास की संभावना को खत्म करता है। इसलिए ऐसे अनुशासन की पद्धति का साहित्य के विश्लेषण में इस्तेमाल करना घातक होगा। प्रसंगात् टेरी इग्लटन लिखते हैं कि "मार्क्सवादी आलोचना 'साहित्य का समाजशास्त्र'-भर नहीं है। उसका उद्‌देश्य साहित्यिक कृति की अधिक पूर्णता के साथ व्याख्या करना है, जिसमें उसके रूप, शैली

और अर्थ के प्रति अधिक संवेदनशील सावधानी होती है। वह कृति की कालबद्धता ही नहीं, उसकी कालातीतता की भी व्याख्या करती है। उसकी मौलिकता साहित्य की ऐतिहासिक समझ में नहीं, बल्कि क्रान्तिकारी समझ में है।" किन्तु, मार्क्सवादी आलोचकों में विद्वानों का एक बड़ा तबका मार्क्सवाद एवं साहित्य के समाजशास्त्र में सामंजस्य स्थापित करने का पक्षधर भी रहा है। स्तेल एवं तेन आदि के द्वारा निर्मित व विकसित विधेयवादी समाजशास्त्र की मूल्यनिरपेक्षता एवं कलाकृतियों के सौन्दर्यबोधात्मक पहलू को नज़रअन्दाज कर देने की प्रवृत्ति का खंडन करते हुए जेने उल्फ ने अपनी पुस्तक 'सौन्दर्यशास्त्र और कला का समाजशास्त्र' (1983) में मार्क्स एवं तमाम मार्क्सवादी आलोचकों के अवदान को समाजशास्त्रीय अध्ययन की परिधि में ही शुमार किया है। उन्होंने लिखा है, "मैं नहीं मानती कि हमें समाजशास्त्र का उपयोग करते हुए किसी तरह का संकोच करने, क्षमा माँगने या अपराध महसूस करने की ज़रूरत है। उसका उपयोग करने मात्र से हम उनके साथ नहीं हो जाते, जो सतही, सीमित और भ्रामक समाजशास्त्र के समर्थक हैं। ऐतिहासिक भौतिकवाद समाज के अनुशीलन का सिद्धान्त है और मैं उसी अर्थ में समाजशास्त्र को स्वीकार करती हूँ।" ऐतिहासिक भौतिकवाद और मार्क्सवादी साहित्यालोचन से सम्बद्ध विविध धारणाओं का कला के समाजशास्त्र के संदर्भ में इस्तेमाल करने का एक हद तक सफल प्रयास करते हुए जेने उल्फ ने प्रकारान्तर से ऐसे समाजशास्त्र के निर्माण की संभावना पर विचार किया है, जिसके तहत बुर्जुआ सौन्दर्यशास्त्र की भाववादी सीमाओं के साथ-साथ समाजशास्त्रीयता के अतिरिक्त आग्रह के चलते पैदा होनेवाले सरलीकरणों से बचना भी सम्भव हो सके। कहना न होगा कि मार्क्स-एंगेल्स के बीज विचारों के मद्देनज़र आगे चलकर जार्ज लुकाच, गोल्डमान, रेमंड विलियम्स, लियो लावेंथल आदि के द्वारा मार्क्सवादी आलोचना का जो स्वरूप निर्मित एवं विकसित हुआ, उसमें वर्गचेतना एवं वर्गसंघर्ष के साथ-साथ साहित्य के सौन्दर्यबोधात्मक वैशिष्ट्य के विवेचन-विश्लेषण की भी पूरी गुंजाइश है। सन् 1848 में प्रकाशित 'कम्युनिस्ट घोषणापत्र' में मार्क्स ने लिखा था कि मनुष्य जाति का सारा इतिहास वर्गसंघर्ष का इतिहास है। ऐसे में स्पष्ट ही वर्गचेतना को केन्द्र में रखकर ही साहित्य के सामाजिक मूलाधारों की तलाश सम्भव है।

उपर्युक्त विमर्श के आलोक में प्रेमचन्द के कथा-साहित्य के समाजशास्त्र पर विचार करने के दरम्यान ध्यान रखना ज़रूरी है कि यह काम विधेयवादी समाजशास्त्रीय दृष्टि या पद्धति के बजाय भारतीय समाज के विभिन्न संस्तरों में मौजूद वर्गचेतना के मद्देनज़र ही किया जा सकता है। इस दृष्टि से कथाकार प्रेमचन्द का अध्ययन करने पर उनमें विकास के कई सोपान दिखाई देते हैं। कहने की ज़रूरत नहीं कि किसी साहित्यकार के विकास का अध्ययन पाठक से एक खास तरह के संवेदनशील चौकन्नापन की माँग करता है। कथाकार प्रेमचन्द पर यदि हम वर्गचेतना की दृष्टि से विचार करें, तो एक-एक कर सारे वर्गों के चरित्र का खुलासा उनकी प्रतिभा के विकास के क्रम में वहाँ होता दिखाई देगा। अपनी रचनाशीलता के आरम्भिक चरण में जहाँ सामन्त वर्ग को उन्होंने

केन्द्र में रखा था, वहीं आगे चलकर उनके कथा-साहित्य के केन्द्र में मध्यवर्ग आ जाता है। स्पष्ट ही उनकी अन्तिम चरण की रचनाओं के केन्द्र में समाज के सर्वाधिक दबे-कुचले तबके के लोग हैं।

'बड़े घर की बेटी' सम्भवतः प्रेमचन्द की हिन्दी में रचित पहली कहानी है, जो सन् 1910-11 ई. में प्रकाशित हुई थी। इसमें एक सामन्ती संयुक्त परिवार व्यवस्था में उत्पन्न होनेवाले विक्षोभ को उजागर करने के बावजूद कहानीकार की मुख्य चिन्ता इस व्यवस्था को बचाए रखने की है। वस्तुतः यह कहानी सामन्ती जीवन से निष्पन्न एक ऐसे श्रेष्ठ मूल्य का प्रतिपादन करती है, जिसके तहत सामंती समाज में संयुक्त परिवार की रसमयता सामने आती है। कहानी में वर्णित श्रीकंठ सिंह एवं लालबिहारी सिंह के बीच पारिवारिक कलह के चलते उत्पन्न बँटवारे की नौबत को श्रीकंठ सिंह की पत्नी आनन्दी अपनी सहिष्णुता एवं सदाशयता से टाल देती है और कहानी का सुखद अन्त संयुक्त परिवार व्यवस्था के पक्ष में होता है।

इससे लगता है कि प्रेमचन्द आरम्भ में सामन्ती जीवन-मूल्य के उज्ज्वल पक्ष को लेकर चले थे। इस प्रसंग में महत्त्वपूर्ण बात यह है कि उनके अन्तिम चरण में लिखित 'महाजनी सभ्यता' निबन्ध में भी सामन्ती जीवन के सकारात्मक पहलुओं का उल्लेख मिलता है : "जागीरदारी सभ्यता में बलवान् भुजाएँ और मज़बूत कलेजा जीवन की आवश्यकता में परिगणित थे...मनुष्य के अच्छे भाव लुप्त नहीं हो गए थे। जागीरदार अगर दुश्मन के खून से अपनी प्यास बुझाता था, तो अकसर अपने किसी मित्र या उपकारक के लिए जान की बाज़ी भी लगा देता था। बादशाह अगर अपने हुक्म को क़ानून समझता था और उसकी अवज्ञा को कदापि सहन न कर सकता था, तो प्रजापालन भी करता था, न्यायशील भी होता था। दूसरे के देश पर चढ़ाई वह या तो किसी अपमान-अपकार का बदला फेरने के लिए करता था या अपनी आन-बान, रोब-दाब क़ायम रखने के लिए या फिर देश-विजय और राज्य-विस्तार की वीरोचित महत्त्वाकांक्षा से प्रेरित होता था। उसकी विजय का उद्देश्य प्रजा का ख़ून चूसना कदापि न होता था। कारण यह कि राजा और सम्राट जनसाधारण को अपने स्वार्थसाधन और धन शोषण की भट्ठी का ईंधन न समझते थे, किन्तु उनके दुःख-सुख में शरीक़ होते थे और उनके गुण की क़द्र करते थे।"

प्रेमचन्द ने आरम्भिक चरण में ऐसी अनेक कहानियाँ लिखीं, जिनका सम्बन्ध सामन्ती समाज के सकारात्मक जीवन-मूल्यों से है, पर थोड़े ही दिनों में उन्हें सामन्त वर्ग के पतनशील वर्गीय चरित्र का एहसास हो गया। उन्हें लगने लगा कि चूँकि तद्‌युगीन भारतीय सामन्त वर्ग के श्रेष्ठ जीवन-मूल्यों का क्षय हो गया है, इसलिए वह देश में अवाँगार्द के अग्रिम दस्ते के रूप में कोई सकारात्मक रोल अदा करने में असमर्थ है। इसी वजह से आगे चलकर उन्होंने भारतीय सामन्त वर्ग के पतन की कहानी लिखनी शुरू की। 'शतरंज के खिलाड़ी' इसी वर्ग के पतन की कहानी है। यह विचित्र बात है कि व्यापार के बहाने छोटी संख्या में हिन्दुस्तान में आकर अंग्रेज धीरे-धीरे कलकत्ते से

लेकर पेशावर तक पर अपना अधिकार जमा लेते हैं और जो लोग हिन्दुस्तान के इतिहास का सामान्य ज्ञान भी रखते हैं, उन्हें बताने की ज़रूरत नहीं है कि यहाँ टीपू सुल्तान को छोड़कर और किसी ने क़ायदे से अंग्रेजों के विरुद्ध जंग नहीं लड़ी। 'शतरंज के खिलाड़ी' कहानी में भारत में अंग्रेज़ी राज की स्थापना के सामाजिक आधार की तलाश यहाँ के पतनशील सामंतवाद में की गई है। इसमें कहानीकार ने तद्‌युगीन सामन्तों की विलासिता के परिवेश का नग्न चित्रण करते दिखाया है कि किस प्रकार लखनऊ ऐय्याशी के रंग में आकंठ डूबा हुआ था। अवध के छोटे-बड़े सभी सामन्त इस रंग में सराबोर थे और ज़िन्दगी के तमाम पहलुओं में नैतिक चेतना व संघर्ष के बजाय केवल आमोद-प्रमोद का प्राधान्य था। शासन में, साहित्य-क्षेत्र में, सामाजिक अवस्था में, कला-कौशल में, उद्योग-धंधे में, आहार-व्यवहार में—सर्वत्र विलासिता व्याप्त हो रही थी। राजकर्मचारी विषय-वासना में, कविगण प्रेम और विरह के वर्णन में, कारीगर कलाबत्तू और चिकन बनाने में तथा व्यवसायी इत्र, मिस्सी और उबटन का रोज़गार करने में व्यस्त थे। इसी विलासिता के परिवेश में भारत में अंग्रेज़ी राज की स्थापना हुई। तुलनात्मक दृष्टि से विचार करने पर स्पष्ट होता है कि रीतिकालीन कवि पद्‌माकर के *'गुलगुली गिलमे गलीचा, गुणीजन हैं/चाँदनी है, चिक है चिरागन की माला है'* जैसे छन्द में भारतीय सामन्तों की जिस विलासिता का चित्रण है, वह 'शतरंज के खिलाड़ी' कहानी में वर्णित परिवेश से काफी हद तक मेल खाता है। पद्‌माकर का निधन सन् 1833 में हुआ था और तब तक भारत में अंग्रेज़ी राज की नींव पड़ चुकी थी। ग़ौरतलब है कि जब लार्ड क्लाइव और डलडौजी के बीच भारत की प्रभुसत्ता के लिए संघर्ष चल रहा था, तब बिहारीलाल नायिकाओं की विविध अदाओं को अपने दोहों में पिरो रहे थे और जब पलासी के युद्ध में देश की प्रभुसत्ता को धक्का लग रहा था, तब मतिराम अपने रसिक छन्द लिख रहे थे। प्रेमचन्द ने 'शतरंज के खिलाड़ी' कहानी में तद्‌युगीन भारतीय सामन्त वर्ग की क्षयिष्णुता को पूरी तरह बेनक़ाब किया है और यहीं से उनका कथाकार एक दूसरा मोड़ लेता है।

प्रेमचन्द उस समय लिख रहे थे, जब भारत में अंग्रेज़ी राज की स्थापना के बाद कुछ कल-कारखाने खड़े किए जा रहे थे, जिसके चलते एक मज़दूर वर्ग का उदय हो गया था। किन्तु, उन्होंने इस वर्ग के बजाय अंग्रेज़ी शिक्षा प्राप्त कर निकलनेवाले तद्‌युगीन मध्यवर्ग को अपनी रचनाओं से ज़्यादा तरजीह दी। सम्भवतः उन्हें ऐसा लग रहा था कि यह शिक्षित वर्ग भारतीय समाज के विकास में कुछ महत्त्वपूर्ण योगदान कर सकता है। उन्नीसवीं सदी के मध्य में अपने यहाँ उत्पन्न इस मध्यवर्ग का बात-व्यवहार एक ऐसे नए आदर्शवाद से परिचालित था, जो विवेकानन्द के व्याख्यानों में, रवीन्द्रनाथ की कविताओं में तथा तिलक के गीता-भाष्य में प्रकट हुआ था। एक पौराणिक आख्यान के सहारे भारतेन्दु ने इसी वर्ग के आदर्श को अपने 'सत्य हरिश्चन्द्र' नाटक में अभिव्यक्ति दी है, जिसमें मनुष्य की सत्यनिष्ठा एवं श्रेष्ठ मूल्यों पर आचरित यथार्थ बनाने पर बल दिया गया है। ग़ौरतलब है कि भारतेन्दु का सत्य हरिश्चन्द्र ही प्रेमचन्द

की 'नमक का दारोगा' कहानी में मुंशी बंशीधर के रूप में पुनर्जन्म लेता है, जो बहुत सारे प्रलोभन दिए जाने के बावजूद किंचित भी डिगता नहीं है। मध्यवर्ग के इसी आदर्शवाद से प्रभावित होकर प्रेमचन्द ने 'सेवासदन' एवं 'निर्मला' जैसे उपन्यासों की रचना की। किन्तु, भारतीय मध्यवर्ग छिन्नमूल तो था ही, वह अंग्रेज़ी राज की परजीवी प्रवृत्ति से पैदा हुआ था। चूँकि इस वर्ग के एक बड़े तबके का विकास ख़ुद की मेहनत के बजाय दूसरों की कीमत पर हुआ था, इसलिए इसका भीतरी रूप मानवीय सार से रहित था। इसका खुलासा 'नमक का दारोगा' कहानी के नायक बंशीधर के पिता के चरित्र से होता है। बेटे को व्यावहारिकता के नाम पर बेईमानी का पाठ पढ़ाते हुए वह कहता है कि मासिक वेतन तो पूर्णमासी का चाँद है, जो एक दिन दिखाई देता है और घटते-घटते लुप्त हो जाता है, जबकि ऊपरी आमदनी बहता हुआ स्रोत है, जिससे सदा प्यास बुझती है। वेतन मनुष्य देता है, इसी से उसमें वृद्धि नहीं होती। ऊपरी आमदनी ईश्वर देता है, इसी से उसमें बरक़त होती है। मध्यवर्ग के इस असली रूप का जैसे-जैसे विकास होता गया, तद्‌युगीन रचनाकारों ने उसकी पहचान करनी शुरू की और उस युग की तमाम साहित्यिक कृतियों में मध्यवर्ग की इस राक्षसी वृत्ति की शिनाख्त मिलती है। कवि धूमिल के शब्दों में यह वर्ग न रोटी बेलता है, न ही पकाता है। वह केवल रोटी से खेलता है। चूँकि प्रेमचन्द का कथा-साहित्य अपने समय के सर्वाधिक प्रामाणिक दस्तावेजों में से एक है, इसलिए वहाँ हम इस मध्यवर्ग को भी बेनक़ाब हुआ देख सकते हैं। हजारीप्रसाद द्विवेदी ने लिखा है कि "प्रेमचन्द के साथ मेड़ों पर गाते हुए किसान को, अन्तःपुर में मान किए प्रियतमा को, कोठे पर बैठी हुई वार-वनिता को, रोटी के लिए ललकते हुए भिखमंगे को, कूट परामर्श में लीन गोयन्दों को, ईर्ष्यालु अफ़सरों को, दुर्बल हृदय बैंकरों को, साहसपरायणा चमारिन को, ढोंगी पंडितों को, फरेबी पटवारी को देखा जा सकता है। उससे अधिक सफ़ाई के साथ दिखा सकनेवाले परिदर्शक को हिन्दी-उर्दू की दुनिया अब तक नहीं जानती।" स्पष्ट ही उस समय के सामाजिक-आर्थिक परिवेश को जितने साफ़ ढंग से प्रेमचन्द की कहानियों के माध्यम से देखा और समझा जा सकता है, उतने साफ़ ढंग से उसे न तो किसी इतिहासकार के वर्णन के और न ही किसी समाजशास्त्री के विश्लेषण से समझा जा सकता है। इसलिए यह कहना ज़्यादती न होगी कि यदि समाजशास्त्रीय दृष्टि से साहित्य अपने समय का एक दस्तावेज़ है, तो प्रेमचन्द के कथा-साहित्य से बढ़कर उसका कोई प्रामाणिक रूप कम से कम सन् 1937 तक की हिन्दी साहित्य की परम्परा में नहीं दिखलाई पड़ता है।

कहना न होगा कि मध्यवर्ग के चरित्र को प्रेमचन्द धीरे-धीरे समझते हैं और इससे उनकी कथा-दृष्टि का भी विकास होता है। आरम्भ में उन्होंने मध्यवर्ग के सत्य हरिश्चन्द्रीय आदर्शवाद को देखा। पर आगे चलकर जब वे इस वर्ग के दोहरे चरित्र को बेनक़ाब करने के लिए क़लम उठाते हैं, तो 'सेवासदन', 'निर्मला' एवं 'ग़बन' जैसे उपन्यासों तथा 'नशा', 'मन्त्र' एवं 'बेटों वाली विधवा' जैसी कहानियों की रचना करते हैं। 'सेवासदन' की सुमन को वेश्या बनना पड़ता है। 'नरक का मार्ग' कहानी में वृद्ध

पुरुष से विवाहित तथा बाद में विधवा हो जाने पर वेश्या बन जानेवाली स्त्री की पीड़ा का वर्णन है। 'निर्मला' में दहेज की समस्या के चलते युवती निर्मला का विवाह एक ऐसे वृद्ध से कर दिया जाता है, जिसके बेटे की उम्र निर्मला के लिए अपेक्षित वर की उम्र से ज़्यादा या उसके बराबर हो सकती थी। वस्तुतः निर्मला की सारी त्रासदी के मूल में मध्यवर्गीय परजीविता मौजूद है। उस ज़माने में इस उपन्यास को जो अपार लोकप्रियता मिली, उसकी सबसे बड़ी वजह यह थी कि प्रेमचन्द हिन्दी के पहले कथाकार थे, जिन्होंने वर्ग चरित्र के गहरे विश्लेषण के माध्यम से मध्यवर्ग की अमानुषिकता को इतने साफ़ तौर पर प्रस्तुत किया था। असल में प्रेमचन्द की रचनाशीलता के इस दौर में अंग्रेज़ी शिक्षा इस मुल्क में जड़ जमा चुकी थी और इस शिक्षा को प्राप्त कर जो लोग निकल रहे थे, उनमें से ज़्यादातर व्यक्तिवादी थे। स्पष्ट ही हमारे साहित्य में व्यक्तिवाद का आविर्भाव इसी मध्यवर्ग के अभ्युदय के साथ होता है, क्योंकि अंग्रेजी शिक्षा ने संयुक्त परिवार को विघटित कर दिया। सन् 1929 में अंग्रेज़ों ने जब 'लर्निंग एक्ट' पारित किया, तो इसके तहत शिक्षित व्यक्ति के उपार्जन पर पूरे परिवार का कोई अधिकार न रहा। सम्पत्तिविषयक इस क़ानूनी बदलाव के चलते बहुत ज़ोर-शोर से भारतीय समाज में व्यक्तिवाद पनपा। प्रेमचन्द के कथा-साहित्य में जगह-जगह इस व्यक्तिवाद को रेखांकित किया गया है। उन्नीसवीं सदी में फ्रांस में जिस प्रकार बालजक ने अपने उपन्यासों में तद्‌युगीन मध्यवर्ग के चरित्र की निकृष्टता का बेलाग चित्रण प्रस्तुत किया, उसी प्रकार भारतीय मध्यवर्ग के चरित्र को बेलौसपन के साथ प्रेमचन्द अपने आख्यानों में वर्णित करते हैं। 'सेवासदन' में कुँवर अनिरुद्ध सिंह का कथन है—"हमारे शिक्षित भाइयों की ही बदौलत दालमंडी आबाद है, चौक में चहल-पहल है, चकलों में रौनक है।"

'नशा' कहानी का नायक जब अपने ज़मींदार दोस्त के घर आकर कुछ दिनों तक रहता है, तो बहुत जल्दी ही उस पर ज़मींदारी का नशा सवार हो जाता है और अन्ततः वह बद्‌तमीज़ी की हद पार कर जाता है। इसी तरह 'मन्त्र' कहानी में डॉ. चड्ढा को मानवीय संवेदना से शून्य दिखाया गया है। वह मृत्यु के मुख में जाते हुए सर्पदंश से बेहोश रोगी को देखने व उसका उपचार करने के बजाय अपनी दिनचर्या के अनुसार गोल्फ खेलने चला जाता है और परिणामतः किसान का पुत्र मर जाता है। इसके ठीक विपरीत उसी किसान की भगतई के प्रयास से डॉक्टर का मृतप्राय बेटा जी उठता है। 'बेटों वाली विधवा' कहानी में पिता के निधन के बाद सगी बहन के विवाह को लेकर चारों शिक्षित भाइयों का जो नज़रिया है और अन्ततः अपनी माँ के साथ जो उनका व्यवहार है, वह अमानुषिकता की पराकाष्ठा है। कालान्तर में प्रेमचन्द को इस सुविधाभोगी वर्ग की अमानुषिकता के साथ-साथ उसकी कायरता का भी अन्दाज़ा हुआ। 'गोदान' के आरम्भ में जिस धनुष-यज्ञ प्रसंग का ज़िक्र आया है, उसमें पठान वेशधारी मेहता के आक्रामक रवैये का मुक़ाबला करने का नैतिक साहस केवल होरी के पास है। इससे प्रेमचन्द की अंग्रेज़ी राज में उत्पन्न तथाकथित भद्रजनों के बारे में उस धारणा

का खुलासा होता है, जिसके तहत भद्रजन का प्रेम जितना निर्जीव होता है, उतना ही दुर्बल भी, क्योंकि उसमें कोई सामर्थ्य ही नहीं है।

ऐसी स्थिति में प्रेमचन्द के सामने सवाल यह था कि किस वर्ग को समाज के अग्रिम दस्ते के तौर पर पेश किया जाए। 'पशु से मनुष्य' कहानी में उन्होंने मध्यवर्ग के बारे में लिखा कि "इन महान पुरुषों में से प्रत्येक व्यक्ति सैकड़ों नहीं, हज़ारों-लाखों की जीविका हड़प जाते हैं और फिर भी उन्हें जाति के भक्त बनने का दावा है। पैदा दूसरे करें, पसीना दूसरे बहाएँ—खाना और मूँछों पर ताव देना इनका काम है। मैं समस्त शिक्षित समुदाय को निकम्मा ही नहीं, अनर्थकारी भी समझता हूँ।" प्रेमचन्द के इस जीवन दर्शन पर टिप्पणी करते हुए हजारीप्रसाद द्विवेदी कहते हैं कि "जो संस्कृतियों और सम्पदाओं से लद नहीं गए हैं, जो अशिक्षित और निर्धन हैं, जो गँवार और जाहिल हैं, वे उन लोगों की अपेक्षा अधिक आत्मबल रखते हैं और अधिक न्याय के प्रति सम्मान दिखाते हैं, जो शिक्षित हैं, जो सुसंस्कृत हैं, जो सम्पन्न हैं, जो चतुर हैं, जो दुनियादार हैं।" कहने का तात्पर्य यह कि जो पढ़ा-लिखा नहीं है, वह अपेक्षाकृत बेहतर मनुष्य है और जो लोग बहुत पढ़-लिख जाते हैं, उनकी मनुष्यता चुक जाती है। इसलिए स्वभावतः प्रेमचन्द भारतीय समाज में परिवर्तन के लिए पहल कर सकने की उम्मीद किसान वर्ग से करते हैं। इस दौर में उन्हें लगता है कि इस वर्ग का सम्बन्ध अपनी माटी की सोंधी गंध से है और यह बुनियादी तौर पर ईमानदार है। भारतीय जीवन के मूल्य व मर्यादा के केन्द्र में यही वर्ग है। उसका जीवन प्रकृति से सम्बद्ध है। सूर्योदय से सूर्यास्त तक वह श्रम करता है, पसीना बहाता है। बावजूद इसके, किसान भारतीय समाज का सर्वाधिक असंगठित एवं विपन्न वर्ग है। इस वर्ग की विपन्नता एवं निर्धनता का जो आख्यान हिन्दी-उर्दू में प्रेमचन्द ने लिखा है, वह मार्मिकता की दृष्टि से अप्रतिम है। किस प्रकार अंग्रेज़ी राज ने भारतीय सामन्तों के साथ साँठ-गाँठ करके किसानों का सबकुछ चूस लिया था, पर उस विपन्नता के बीच भी किसान कैसे जी रहा था, इसकी बेमिसाल तस्वीर प्रेमचन्द ने अपने कथा-साहित्य में पेश की है। 'कर्मभूमि' का अमरकान्त जब एक दिन गोधूलि की वेला में सकीना से मिलने उसके घर आता है, तब वह कमरे के भीतर से ही उससे एक घंटा इंतज़ार करने को कहती है। असलियत यह थी कि सकीना ने पेबन्दों लगी अपनी एकमात्र फटी-पुरानी साड़ी धोकर सूखने के लिए डाल दी थी और वह घर के अन्दर निर्वसन थी। कहने की ज़रूरत नहीं कि डिकेन्स या गोर्की तक के साहित्य में निर्धनता का यह रूप हमें नहीं मिलता। गोर्की के सुप्रसिद्ध 'माँ' उपन्यास में जारशाही के शिकार मज़दूरों की निर्धनता का वर्णन ज़रूर मिलता है, पर वहाँ ऐसा कोई घर नहीं है, जिसमें चाय का प्याला न खनकता हो। ब्रिटिश उपनिवेशवाद वाले दौर में भारत के ग़रीब किसानों की दुर्दशा की तुलना रूसी किसानों-मज़दूरों से नहीं हो सकती। इसी प्रकार 'गोदान' में महाजनों के कर्ज़ से दबा होरी का परिवार कई दिनों से फाके पर है। जब वह गन्ना के एवज में मिल से पैसे लेकर बाहर निकलता है, तो झिंगुरी सिंह, नोखेराम आदि महाजन उससे वहीं पाई-पाई धरवा लेते हैं। होरी जब घर

लौटता है, तो सब उसे आशान्वित होकर देखते हैं। जब वह धनिया से असलियत बयान करता है, तब उसके बाद प्रेमचन्द ने धनिया के ओठों पर आई हुई करुण मुस्कान का जो वर्णन किया है, उसे शब्दों में बाँधना मुश्किल है, "होरी घर पहुँचा, तो रूपा पानी लेकर दौड़ी, सोना चिलम भर लाई, धनिया ने चबेना और नमक लाकर रख दिया और सभी आशा-भरी आँखों से उसकी ओर ताकने लगीं। झुनिया भी चौखट पर आ खड़ी हुई थी। होरी उदास बैठा था। कैसे मुँह-हाथ धोए, कैसे चबेना खाए। ऐसा लज्जित और ग्लानित था, मानो हत्या करके आया हो। धनिया ने पूछा–कितने की तौल हुई ? 'एक सौ बीस मिले, पर सब वहीं लुट गए, धेला भी न बचा।' धनिया सिर से पाँव तक भस्म हो उठी। मन में ऐसा उद्वेग उठा कि अपना मुँह नोंच ले। बोली–तुम जैसा घामड़ आदमी भगवान ने क्यों रचा, कहीं मिलते तो उनसे पूछती। तुम्हारे साथ सारी ज़िन्दगी तलख हो गई, भगवान मौत भी नहीं देते कि जंजाल से जान छूटे। उठाकर सारे रुपये बहनोइयों को दे दिए।...हल में क्या मुझे जोतोगे या आप जुतोगे ? पूस की यह ठंड और किसी की देह पर लत्ता नहीं। ले जाओ सबको नदी में डुबा दो। सिसक-सिसककर मरने से तो एक दिन मर जाना फिर भी अच्छा है। कब तक पुआल में घुसकर रात काटेंगे और पुआल में घुस भी लें, तो पुआल खाकर रहा तो न जाएगा। यह कहते-कहते वह मुस्करा पड़ी। इतनी देर में उसकी समझ में यह बात आने लगी कि महाजन जब सिर पर सवार हो जाए और अपने हाथ में रुपये हों और महाजन जानता हो कि इसके पास रुपये हैं, तो आसामी कैसे अपनी जान बचा सकता है।"

स्पष्ट ही सामन्ती एवं उभरते हुए पूँजीवादी शोषण के विविध रूपों से त्रस्त किसान की उस ज़माने में कोई खास अहमियत नहीं हुआ करती थी। औपनिवेशिक किसान की दुर्दशा को प्रेमचन्द ने होरी के माध्यम से चित्रित किया है। होरी एक छोटा किसान है। आरम्भ में जबकि वह बिल्कुल दरिद्र नहीं हो गया था, उसकी पाँच बीघे की जोत थी। एक दिन खेत की ओर जाते हुए वह जो दिवास्वप्न देखता है, उसकी लालसा का वर्णन 'गोदान' के आरम्भ में प्रेमचन्द ने इस प्रकार किया है, "होरी क़दम बढ़ाए जाता था। पगडंडी के दोनों ओर ऊख के पौधों की लहराती हुई हरियाली देखकर उसने मन में कहा–भगवान कहीं से गौं से बरखा कर दें और डाँड़ी भी सुभीते से रहे, तो एक गाय ज़रूर लेगा। देशी गायें तो न दूध दें, न उनके बछवे ही किसी काम के हों। बहुत हुआ तो तेली के कोल्हू में चलें। नहीं, वह पछाईं गाय लेगा। उसकी ख़ूब सेवा करेगा। कुछ नहीं तो चार-पाँच सेर दूध होगा। गोबर दूध के लिए तरस-तरसकर रह जाता है। इस उमिर में न खाया-पिया, तो फिर कब खाएगा ? साल-भर भी दूध पी ले, तो देखने लायक हो जाए, बछवे भी अच्छे बैल निकलेंगे। दो सौ से कम की गोंई न होगी। फिर, गऊ से ही तो द्वार की सोभा है। सबेरे-सबेरे गऊ के दर्शन हो जाएँ, तो क्या कहना ? न जाने कब यह साध पूरी होगी, कब वह शुभ दिन आएगा।" इस प्रसंग के द्वारा प्रेमचन्द बतलाते हैं कि कितनी छोटी-छोटी इच्छाएँ औपनिवेशिक भारतीय किसान का सबसे बड़ा सपना थीं। उनके ही शब्दों में 'बैंक-सूद से चैन करने या ज़मीन खरीदने

या महल बनवाने की विशाल आकांक्षाएँ उसके नन्हें-से हृदय में कैसे समातीं।' 'गोदान' के अन्त में जब लू से झुलसकर होरी प्राण त्याग रहा है, तो ये सारी स्मृतियाँ फिर से जग जाती हैं, "उसकी आँखें बन्द हो गईं और जीवन की सारी स्मृतियाँ सजीव हो-होकर हृदय-पट पर आने लगीं, लेकिन बेक्रम, आगे की पीछे, पीछे की आगे स्वप्न-चित्रों की भाँति बेमेल, विकृत और असम्बद्ध। वह सुखद बालपन आया, जब वह गुल्लियाँ खेलता था और माँ की गोद में सोता था। फिर देखा, जैसे गोबर आया है और उसके पैरों पर गिर रहा है। फिर दृश्य बदला, धनिया दुलहिन बनी हुई, लाल चुँदरी पहने उसको भोजन करा रही थी। फिर एक गाय का चित्र सामने आया, बिलकुल कामधेनु-सी। उसने उसका दूध दुहा और मंगल को पिला रहा था कि गाय एक देवी बन गई और... ।"

औपनिवेशिक भारत में लगातार निस्तेज होते जा रहे गाँवों का वर्णन प्रेमचन्द ने इस क़दर किया है कि उसे देखकर डर लगता है। 'वरदान' की नायिका बिरजन मझगाँव से जो पत्र लिखती है उससे मालूम पड़ता है कि तद्‌युगीन भारत के गाँव किस हद तक दरिद्रता, भुखमरी और जहालत के शिकार थे : "टूटे-फूटे फूस के झोंपड़े, मिट्टी की दीवारें, घरों के सामने कूड़े-करकट के बड़े ढेर, कीचड़ में लिपटी हुई भैंसें, दुर्बल गायें–जी चाहता है कि कहीं चली जाऊँ। आदमियों को देखो तो उनकी शोचनीय दशा है। हड्डियाँ निकली हुई हैं।...किसी के शरीर पर एक बेफटा वस्त्र नहीं है और कैसे भाग्यहीन कि रात-दिन पसीना बहाने पर भी कभी भरपेट रोटियाँ नहीं मिलतीं।" 'गोदान' में गोबर जब लखनऊ से लौटकर गाँव आता है, तो उस प्रसंग में उन्होंने विस्तार के साथ गाँव की डरावनी दशा का वर्णन किया है। गाँव में "ऐसा एक आदमी भी नहीं, जिसकी रोनी सूरत न हो...जीवन में न कोई आशा है, न कोई उमंग, जैसे उनके जीवन के सोते सूख गए हों, और सारी हरियाली मुरझा गई हो। जेठ के दिन हैं, अभी तक खलिहानों में अनाज मौजूद हैं, मगर किसी के चेहरे पर खुशी नहीं है। बहुत कुछ तो खलिहान में ही तुलकर महाजनों और कारिन्दों की भेंट हो चुका है और जो कुछ बचा है, वह भी दूसरों का है। भविष्य अन्धकार की भाँति उनके सामने है।...द्वार पर मनों कूड़ा जमा है, दुर्गन्ध उड़ रही है, मगर उनकी नाक में न गन्ध है, न आँखों में ज्योति। सरेशाम द्वार पर गीदड़ रोने लगते हैं, मगर किसी को ग़म नहीं।...उनकी रसना मर चुकी है। उनके जीवन में स्वाद का लोप हो गया है। उनसे धेले-धेले के लिए बेईमानी करवा लो, मुट्ठी-भर अनाज के लिए लाठियाँ चलवा लो। पतन की वह इन्तहा है, जब आदमी शर्म और इज्ज़त को भी भूल जाता है।" एक अन्य प्रसंग में 'गोदान' में ही किसानों की दुर्दशा के मद्‌देनज़र रामसेवक कहता है कि "थाना-पुलिस, कचहरी-अदालत सब हैं हमारी रक्षा के लिए, लेकिन रक्षा कोई नहीं करता। चारों तरफ लूट है। जो ग़रीब है, बेकस है, उसकी गर्दन काटने के लिए सभी तैयार हैं।...यहाँ तो जो किसान है, वह सबका नर्म चारा है। पटवारी को नज़राना और दस्तूरी न दें, तो गाँव में रहना मुश्किल है। ज़मींदार के चपरासी और कारिन्दा का पेट न भरें, तो निर्वाह न हो। थानेदार और कान्स्टेबिल तो जैसे उसके दामाद हों। जब कभी

गाँव में उनका दौरा हो जाए, तो किसानों का धर्म है उनका आदर-सत्कार करना।" कहना न होगा कि अंग्रेज़ी राज के इस चतुर्दिक शोषण तन्त्र ने भारतीय गाँव को तबाह कर दिया था और इसी तबाही के चलते किसान धीरे-धीरे बेदखल होकर मज़दूर बन जाने के लिए बाध्य होता जा रहा था। 'गोदान' का होरी पाँच बीघे का जोतदार था पर अपने जीवन के अन्तिम चरण में वह सर्वहारा बनने के लिए अभिशप्त हो जाता है। 'कफ़न' इसी सर्वहारा वर्ग के अमानवीकरण की कहानी है। 'गोदान' के होरी और 'कफ़न' के घीसू-माधव में गहरा सम्बन्ध है। होरी में श्रम के प्रति जहाँ गहरा लगाव दिखाई देता है, वहाँ घीसू-माधव में श्रम के प्रति अलगाव की भावना है, जिसकी वजह बयान करते हुए कहा गया है कि जिस समाज में हाड़तोड़ मेहनत करनेवालों की हालत घीसू-माधव से बेहतर न हो, उसमें ऐसी मनोवृत्ति का पैदा हो जाना कोई आश्चर्य की बात नहीं है। इस मनोवृत्ति के पैदा होने के मूल में निहित मनोसामाजिक एवं आर्थिक पहलुओं को परत दर परत खोलते हुए '1844 की आर्थिक एवं दार्शनिक पांडुलिपि' में मार्क्स लिखते हैं कि "मनुष्य का अपने श्रम से अलगाव क्यों होता है ? सबसे पहले तो इसलिए कि वह श्रम मज़दूर के लिए एक बिलकुल बाहरी चीज़ है, अर्थात् वह उसके सारभूत, निसर्ग-सिद्ध अस्तित्व का अंग नहीं है, इसलिए अपने काम में वह अपने को पाता नहीं खोता है, इसलिए उसको उसमें आन्तरिक सुख का नहीं, दुःख का अनुभव होता है, वह काम उसकी शारीरिक और मानसिक शक्तियों को विकसित नहीं करता, उल्टे उसके शरीर को कष्ट पहुँचाता है और उसके मानस को नष्ट कर देता है। इसलिए मज़दूर को अपने होने की अनुभूति तभी होती है, जब वह काम नहीं कर रहा होता, जब काम कर रहा होता है, तब उसे अपने होने का एहसास नहीं होता, एक बेगानापन या अजनबीपन-सा मालूम होता है। जी, बहुत खुश-खुश-सा रहता है, जब वह काम नहीं कर रहा होता और उखड़ा-उखड़ा जबकि वह काम कर रहा होता है। इसलिए यही कहना ठीक होगा कि उसका श्रम स्वेच्छा से किया गया श्रम नहीं, विवशता से किया गया श्रम है। परिणामतः उसको लगता है कि वह अपने सामान्य जैविक या पशुवत् आचरण–खाने-पीने, बच्चा पैदा करने में ही स्वतन्त्र है...और अपने मानवीय आचरण में किसी जानवर से ज़्यादा कुछ नहीं। यह ठीक है कि खाना, पीना, बच्चे पैदा करना आदि भी नितान्त मानवीय क्रियाएँ हैं, लेकिन जब उन्हें मानव क्रियाशीलता के दूसरे रूपों से अलग करके अन्तिम और एकमात्र लक्ष्य बना दिया जाता है, तब वो निरी पशुवत क्रियाएँ रह जाती हैं।" स्मरणीय है कि 'गोदान' के होरी के भीतर श्रम से अलगाव नहीं है। वह कहता है कि "मजूरी करना कोई पाप नहीं है। मजूर बन जाए, तो किसान हो जाता है। किसान बिगड़ जाए तो मजूर हो जाता है।" उसकी कामना है कि "भगवान उसे कुकर्म से बचाए रखें और वह कुछ नहीं चाहता।" जैसे ही उसे पता चलता है कि एक ठेकेदार ने सड़क के लिए गाँव के ऊसर में कंकड़ की खुदाई शुरू की है, वह चट-पट वहाँ जा पहुँचता है और आठ आने रोज़ पर खुदाई का काम करने लगता है। प्रेमचन्द लिखते हैं कि, "दिन भर लू और धूप में काम करने के बाद वह घर आता, तो बिल्कुल

मरा हुआ, अवसाद का नाम नहीं। उसी उत्साह से दूसरे दिन काम करने जाता। रात को भी खाना खाकर डिब्बी के सामने बैठ जाता और सुतली कातता। कहीं बारह-एक बजे सोने जाता।" किन्तु इस हाड़तोड़ परिश्रम की परिणति होरी के लिए अन्ततः जानलेवा साबित हुई : "होरी कंकड़ के झौवे उठा-उठाकर खदान से सड़क तक लाता था और गाड़ी पर लादता था। जब दोपहर की छुट्टी हुई, तो वह बेदम हो गया था। ऐसी थकान उसे कभी न हुई थी। उसके पाँव तक न उठते थे। देह भीतर से झुलसी जा रही थी।...प्यास के मारे कंठ सूखा जाता है।...होरी ने उठकर एक लोटा पानी खींचकर पिया...उसे कै हो गई और चेहरे पर मुर्दनी-सी छा गई।...उसे फिर कै हुई और हाथ-पाँव ठंडे होने लगे। उसी मज़दूर ने फिर पुकारा–दोपहरी ढल गई होरी, चलो झौवा उठाओ। होरी कुछ न बोला। उसके प्राण तो न जाने किस-किस लोक में उड़ रहे थे। उसकी देह जल रही थी, हाथ-पाँव ठंडे हो रहे थे। लू लग गई थी।...मुख कान्तिहीन हो गया था।" इस प्रकार अन्ततः वह गाय की लालसा मन में लिए हुए मृत्यु के मुख में समा जाता है। यह ठीक ही कहा गया है कि इस उपन्यास में धनिया द्वारा सुतली बेचकर जमा किए गए बीस आने पैसे से जो 'गो-दान' कराया गया है, वह वस्तुतः सुधारवाद के प्रति प्रेमचन्द की बची-खुची आस्था का भी गो-दान है।

कथाकार प्रेमचन्द के इसी बदले हुए रचनात्मक मानस की सृष्टि घीसू और माधव हैं, जिनके मन में मेहनत, सामाजिक मर्यादा आदि के प्रति ज़रा-सा भी लगाव नहीं है। उस ज़माने में प्रेमचन्द के मन में अंग्रेज़ी राज के साथ-साथ सामन्ती-पुरोहिती समाजार्थिक व्यवस्था के प्रति जो घोर घृणा का भाव था, उसकी अभिव्यक्ति उनकी तद्‌युगीन रचनाओं में हुई है। अपने समय में महाजनी सभ्यता की धीमी पदचाप को वे बख़ूबी सुन रहे थे और इसके चलते तद्‌युगीन मनुष्य के शील व चेतना में जो स्खलन पैदा हो रहा था, उसका निरूपण करते हुए वे लिखते हैं कि "महाजनी सभ्यता में सारे कामों की गरज़ महज़ पैसा होती है। किसी देश पर राज किया जाता है, तो इसलिए कि महाजनों, पूँजीपतियों को ज़्यादा से ज़्यादा नफ़ा हो। इस दृष्टि से मानो आज दुनिया में महाजनों का ही राज्य है। मनुष्य समाज दो भागों में बँट गया है। बड़ा हिस्सा तो मरने और खपनेवालों का है...उसका अस्तित्व केवल इसलिए है कि अपने मालिकों के लिए पसीना बहाए, खून गिराए और एक दिन चुपचाप इस दुनिया से विदा हो जाए। अधिक दुःख की बात तो यह है कि शासक वर्ग के विचार और सिद्धान्त शासित वर्ग के भीतर भी समा गए हैं, जिसका फल यह हुआ है कि हर आदमी अपने को शिकारी समझता है और उसका शिकार है समाज।...धन-लोभ ने मानव भावों को पूर्ण रूप से अपने अधीन कर लिया है। कुलीनता और शराफ़त, गुण और कमाल की कसौटी पैसा और केवल पैसा है। जिसके पास पैसा है, वह देवतास्वरूप है, उसका अन्तःकरण कितना ही काला क्यों न हो। साहित्य, संगीत और कला सभी धन की देहली पर माथा टेकनेवालों में हैं। यह हवा इतनी ज़हरीली हो गई है कि इसमें जीवित रहना कठिन होता जा रहा है।" आज जबकि अपने देश में ही नहीं, बल्कि कमोबेश पूरी दुनिया में एक

नई महाजनी सभ्यता का अभ्युदय हो चुका है, जिसका आधार औद्योगिक पूँजी के बजाय वित्तीय पूँजी है, तो ऐसे में ज़हरीलेपन के अनुपात में जो इज़ाफा हुआ है, उसका अन्दाजा लगाना मुश्किल नहीं है। प्रेमचन्द अपने समय में शिद्दत के साथ यह महसूस कर रहे थे कि "इस पैसे ने आदमी के दिलोदिमाग़ पर इतना कब्ज़ा जमा लिया है कि...वह दया और स्नेह, सच्चाई और सौजन्य का पुतला मनुष्य दया-ममताशून्य जड़यन्त्र बनकर रह गया है।" कहना न होगा कि तब से लेकर अब तक कुछेक अपवादों को छोड़कर भारतीय समाज की हालत बद से बदतर हुई है।

यह सही है कि प्रेमचन्द गोबर में क्रान्ति की चिनगारी फूटती दिखलाते हैं। 'गोदान' का गोबर एक सीमा तक 'प्रेमाश्रम' के बलराज की तरह है। किन्तु बलराज से भिन्न वह अन्ततः किसान ही बना नहीं रहता। सच तो यह है कि बलराज की तुलना में उसका चरित्र कई मायने में बहुत जटिल है। भले ही लखनऊ में रहते हुए 'उसने राजनैतिक जलसों के पीछे खड़े होकर भाषण सुने हैं और उनसे अंग-अंग में बिंधा है। उसने सुना है और समझा है कि अपना भाग्य खुद बनाना होगा, अपनी बुद्धि और साहस से इन आफ़तों पर विजय पाना होगा। कोई देवता, कोई गुप्त शक्ति उनकी मदद करने न आएगी।...वह नम्र और उद्योगशील हो गया है' तथा स्वार्थ और लोभ के वश में होने से वह बचना चाहता है, पर साथ ही उपन्यासकार ने उसके व्यक्तित्व में निहित उस अन्तर्विरोध को भी उजागर किया है, जिसके तहत शहर में छोटा-मोटा धन्धा करके कुछ पैसे जमा कर लेने के बाद सूदख़ोरी का विरोधी-गोबर खुद सूद पर पैसा लगाता है। 'बूढ़ी काकी' कहानी में प्रेमचन्द ने लिखा है कि "सन्तोष-सेतु जब टूट जाता है, तब इच्छा का बहाव अपरिमित हो जाता है।" कहने का तात्पर्य यह कि गोबर की क्रान्तिकारिता के बावजूद हम एक हद तक उसके व्यक्तित्व में 'सन्तोष-सेतु' को जब-तब टूटता हुआ देखते हैं। बावजूद इसके ऐसा लगता है कि प्रेमचन्द को किसानों में विद्रोह करने की क्षमता पर थोड़ा विश्वास ज़रूर था।

'दो बैलों की कथा' प्रेमचन्द की रचनाशीलता के अन्तिम चरण की कहानी है, जो वस्तुतः एक रूपक कथा है। इसमें वे बतलाते हैं कि बैल कभी-कभी मारता भी है और अन्य कई तरह से अपना असन्तोष प्रकट करता है। हिन्दी में पहली बार किसी पशु को लेकर रचित इस जीवन्त कहानी पर टिप्पणी करते हुए राजेन्द्र यादव ने लिखा है कि हिन्दी कथा-साहित्य में बकरी, तेंदुए, ऊँट, कुत्ते, चूहे, छिपकिली, सूँस, तिलचट्टे, हाथी, घोड़े, गैंडे, रीछ, भेड़िए, आदि सब आए और प्रेमचन्द के बाद हिन्दी का चिड़ियाखाना काफी समृद्ध हुआ, पर प्रेमचन्द के हीरा और मोती जैसे दो बैलों का कोई जवाब नहीं है। ज़ाहिर है कि बैल का सीधा सम्बन्ध किसान जीवन से है और कहानीकार ने उनमें क्रान्ति की चिंगारी को रेखांकित किया है, जिसका सम्बन्ध कहीं न कहीं किसानों के हृदय में पनप रही विद्रोह-भावना से है। बैलों की तुलना में यदि इस कहानी में आए गधे को देखें तो प्रेमचन्द की उस टिप्पणी की व्यंजना स्पष्ट हो जाती है, जिसमें कहा गया है कि ऋषि-मुनियों के सारे गुण गधे में मिल जाते हैं। इस

प्रकार यह कहना अयुक्तियुक्त न होगा कि कालान्तर में प्रेमचन्द अपने कथा-साहित्य में वर्गीय आधार का विकास करते हैं। वे सामन्त वर्ग से मध्यवर्ग और मध्यवर्ग से किसान वर्ग तक को केन्द्र में रखकर रचना करते हुए चुक नहीं जाते। दूसरे शब्दों में उनकी अपनी विकास-यात्रा का अन्तिम पड़ाव किसान वर्ग नहीं है। चीन की सर्वहारा सांस्कृतिक क्रान्ति के दौरान एक लोकप्रिय नारे में कहा गया है कि "चीज़ों को बदलने के लिए चीज़ों को जानो, चीज़ों के बदलने की प्रक्रिया से खुद को बदल डालो।" बीसवीं सदी में कवि जयशंकर प्रसाद एवं निराला के समानान्तर कथा-साहित्य के क्षेत्र में रचनारत प्रेमचन्द हिन्दी के ऐसे लेखक हैं, जो अपनी रचना-यात्रा के अन्तिम चरण तक विकसनशील रहे। अपने रचनात्मक उपक्रम के अन्तिम चरण में किसान वर्ग से भी उनका मोहभंग होता है। 'गोदान' में प्रो. मेहता किसानों के बारे में कहते हैं कि देश में कुछ भी हो, क्रान्ति ही क्यों न आ जाए, इनसे कोई मतलब नहीं। उनकी आत्मा जैसे चारों ओर से निराश होकर अपने अन्दर टाँगें तोड़कर बैठ गई है। इतना ही नहीं, 'गोदान' के होरी का भी मानना है कि "जब दूसरे के पाँवोंतले अपनी गर्दन दबी हुई है, तो उन पाँवों को सहलाने में ही कुशल है।"

वस्तुतः प्रेमचन्द के समग्र कथा-साहित्य में 'प्रेमाश्रम' के मनोहर एवं बलराज सदृश दो किसानों में वास्तविक विद्रोह की चिनगारियाँ दिखलाई पड़ती हैं। इस उपन्यास में गौसखाँ द्वारा बेदख़ली की धमकी दिए जाने पर मनोहर का जवाब है कि "बेदख़ली की धमकी दूसरों को दें, यहाँ हमारे खेतों के मेड़ पर कोई आया, तो उसके बाल-बच्चे उसके नाम को रोएँगे।" इसी प्रकार गाँव में हाकिम के आने पर जब देर से पहुँचे बलराज को दो सिपाही पकड़कर बाँधने की कोशिश करते हैं, तो उसका पिता मनोहर, "बाज की तरह टूटकर बलराज के पास पहुँचा और दोनों कांस्टेबिलों को धक्का देकर बोला–छोड़ दो, नहीं तो अच्छा न होगा। इतना कहते-कहते उसकी ज़बान बन्द हो गई और आँखों से आँसू निकल पड़े।" मनोहर का पुत्र बलराज भी पिता के समान ही विद्रोही है। पुरानी पीढ़ी के दूसरे किसानों द्वारा धीरज से सबकुछ बर्दाश्त करने की सलाह को ठुकराता हुआ वह कहता है कि "तुम तो दो-चार दिन के मेहमान हो, जो कुछ पड़ेगी वह तो हमारे सिर पड़ेगी (यानी नौजवानों के सिर)। ज़मींदार कोई बादशाह नहीं है कि चाहे जितनी ज़बर्दस्ती करें और हम मुँह न खोलें। इस ज़माने में तो बादशाहों को भी इतना अख्तियार नहीं, ज़मींदार किस गिनती में हैं।" किन्तु इन विद्रोही किसानों की मौजूदगी के बावजूद इस सच से मुँह मोड़ना असम्भव है कि प्रेमचन्द के ज़्यादातर किसान पात्र भीरू हैं। वे अपनी तकदीर का रोना रोते हैं। भारतीय किसानों के वर्ग चरित्र का विश्लेषण करने पर प्रतीत होता है कि तद्‌युगीन किसान सामन्ती-पुरोहिती व्यवस्था से नाभिनालबद्ध था। एक ओर जहाँ वह सामन्त वर्ग को तरज़ीह देता था, वहीं दूसरी ओर धर्म के क्षेत्र में पुरोहिती व्यवस्था का भी पोषक था तथा कुल मिलाकर वह धार्मिक एवं पौराणिक संस्कारों का वाहक था। 'सवा सेर गेहूँ' कहानी का नायक अपने महाजन के खिलाफ केवल इस वजह से आवाज नहीं उठा पाता है, क्योंकि महाजन ब्राह्मण है, जो

उसे शाप दे सकता है। 'गोदान' में भी ब्राह्मण महाजन पंडित दातादीन से होरी अपने संस्कारों के चलते भयभीत दिखाया गया है। प्रेमचन्द ने लिखा है कि होरी के पेट में धर्म की क्रान्ति मची हुई थी। भोला के बैल खोलने पर होरी धर्म की बात करता है और ध्यान सिंह के यहाँ आरती में रखने के लिए पैसा न होने पर उसे बुरा लगता है। यह और कुछ नहीं, बल्कि किसान वर्ग में अन्तर्निहित संस्कारगत दुर्बलता है, जिसके चलते उसका क्रान्तिकारी होना एक हद तक असम्भव है। किसान अपने पेशे के कारण स्वभावतः डरपोक होता है। मनोविज्ञान जैसे जटिल विषय को रोचक शैली में आसानी से समझाने में माहिर भारतीय लेखक एवं विचारक सुधीर कक्कड़ ने लिखा है कि, "अधिकांश भारतीयों के लिए समाज का मतलब अपने परिवार या समुदाय के जीवित सदस्यों से ही नहीं होता, बल्कि उसमें 'पितर' और 'पुरखे' भी शामिल हैं।" कहने की ज़रूरत नहीं कि किसान वर्ग में यह धारणा ज़्यादा बद्धमूल रूप से विद्यमान होती है। 'मुक्तिमार्ग' कहानी में एक किसान एवं गड़ेरिया के बीच झगड़े का वर्णन करते हुए किसान की बुनियादी स्वभावगत दुर्बलता की मीमांसा प्रेमचन्द इन शब्दों में करते हैं : "केले को काटना भी उतना आसान नहीं, जितना किसान से बदला लेना आसान है। उसकी सारी कमाई खेतों या खलिहानों में रहती है। कितनी ही दैविक और भौतिक आपदाओं के बाद कहीं अनाज घर में आता है और जो कहीं इन आपदाओं के साथ विद्रोह ने भी सन्धि कर ली, तो बेचारा किसान कहीं का नहीं रहता।" 'कर्मभूमि' का पात्र प्रयाग कहता है, "खेती की झंझट में न पड़ना भैया ! चाहे खेत में कुछ हो या न हो, लगान ज़रूर दो। कभी ओला-पाला, कभी-सूखा बुरा। उस पर अगर खलिहान में आग लग गई या बैल मर गया, तो सबकुछ स्वाहा... ।" वस्तुतः यह किसान के वर्ग चरित्र का विश्लेषण है, जो व्यावहारिकता की भूमि पर आधारित है। सच तो यह है कि किसान में निम्नपूँजीवादी रुझान बद्धमूल होता है। 'कम्युनिस्ट घोषणा-पत्र' में मार्क्स ने भी किसान को 'पेट्टीबुर्जुआ' वर्ग के अन्तर्गत ही रखा है : "निम्न मध्यम वर्ग के लोग–छोटे कारखानेदार, दुकानदार, दस्तकार और किसान ये सब मध्यम वर्ग के अंश के रूप में अपने अस्तित्व को नष्ट होने से बचाने के लिए पूँजीपति वर्ग से लोहा लेते हैं। इसलिए वे क्रान्तिकारी नहीं, रूढ़िवादी हैं। इतना ही नहीं, चूँकि वे इतिहास के चक्र को पीछे की ओर घुमाने की कोशिश करते हैं, इसलिए वे प्रतिगामी हैं।" अपने इसी घोषणा-पत्र में एक अन्य सन्दर्भ में मार्क्स-एंगेल्स ने लिखा है कि "पादरी और ज़मींदार का चोली-दामन का साथ रहा है।" भारत के संदर्भ में हम इसे पुरोहिती-सामन्ती गठजोड़ के रूप में देखते हैं, जो छोटे किसानों के जीवन-मूल्यों को भी प्रभावित करता रहा है। स्मरणीय है कि "हर युग के प्रभुत्वशील विचार सदा उसके शासक वर्ग के ही विचार रहे हैं।" इसलिए छोटे किसानों के जीवन-मूल्य प्रायः उन्हीं विश्वासों एवं रूढ़ियों से आक्रान्त होते हैं, जिन्हें हम जमींदारों के यहाँ पाते हैं। यह सही है कि लेनिन ने 'जनतान्त्रिक क्रान्ति के दो पैतरे' निबन्ध में किसानों को बुर्जुआ मानने के बावजूद रणनीति की दृष्टि से उन्हें क्रान्ति के लिए चलाए जा रहे विभिन्न अभियानों में साथ

लेकर चलने की पेशकश की थी और माओ ने भी पूँजीवाद के विरुद्ध अपने संघर्ष में किसानों को सहयोगी बनाया था, पर यह भी आपद्धर्म के रूप में लिया गया रणनीतिक निर्णय था। इन क्रान्तिकारी पुरोधाओं को यह भली-भाँति विदित था कि किसान और उजरती मज़दूर में वर्ग-विरोध का सम्बन्ध होता है तथा किसान की भूमिका प्रायः प्रतिक्रियावाद से परिचालित होती है। बावजूद इसके किसानों को परिवर्तन की प्रक्रिया से जोड़ना तद्‌युगीन रूस व चीन की समाजार्थिक स्थिति के मद्‌देनजर एक प्रकार की बाध्यता थी। यह बाध्यता जिस हद तक क्रान्तिकारियों की थी, उसी हद तक शब्दकर्मियों के सामने भी थी। 'कम्युनिस्ट घोषणा-पत्र' में उल्लेख किया गया है कि "फ्रांस जैसे देशों में, जहाँ आधी से कहीं अधिक आबादी किसानों की है, यह स्वाभाविक था कि जो लेखक पूँजीपति वर्ग के ख़िलाफ सर्वहारा वर्ग का साथ देते थे, वे पूँजीवादी शासन-व्यवस्था की अपनी आलोचना में किसानों और निम्न पूँजीपतियों के मानदंड का प्रयोग करते और मज़दूर वर्ग के समर्थन में इन्हीं मध्यम वर्गों के दृष्टिकोण से आवाज़ उठाते।" प्रकारान्तर से तद्‌युगीन भारतीय समाज में कथाकार प्रेमचन्द भी यही रोल अदा कर रहे थे, पर उन्हें अच्छी तरह पता चल गया था कि किसानों से क्रान्ति की आशा नहीं की जा सकती। किसानों के बारे में माओत्से तुंग ने सही लिखा है कि "उनका रवैया ढुलमुल होता है। वे सोचते हैं कि क्रान्ति से उन्हें बहुत लाभ नहीं होगा।" इसलिए यदि प्रेमचन्द का मध्य-किसान होरी ज़मींदार के तलवे के नीचे धर्म और मर्यादा का बोझ ढोते हुए मर जाता है, तो यह अस्वाभाविक नहीं है। यही प्रेमचन्द के वस्तुविन्यास का अन्तर्विरोध भी है। कथाकार जिसके पक्ष में खड़ा है, उसकी जड़ ही कमज़ोर है। इसीलिए 'गोदान' की त्रासदी घटित होती है। प्रेमचन्द की महानता इस बात में है कि उन्होंने तद्‌युगीन भारतीय किसानों की विपन्नता की पीड़ा को अपनी कथाकृतियों में पिरो दिया। सच तो यह है कि कथाकार प्रेमचन्द के वस्तुविन्यास का अन्तर्विरोध प्रकारान्तर से भारतीय समाजार्थिक संरचना का अन्तर्विरोध है।

दीगर बात यह कि प्रेमचन्द के कथा-साहित्य में आए ज़्यादातर किसान सवर्ण संस्कार से आक्रान्त हैं। इस पुरोहिती संस्कार के विरुद्ध कथाकार प्रेमचन्द के यहाँ पहली अभिव्यक्ति 'कर्मभूमि' में मिलती है। अमरकान्त जब समाज में अस्पृश्य मानी जानेवाली जाति के एक सदस्य गूदड़ के साथ किसानों की लगान से मुक्ति का प्रस्ताव लेकर महंत जी से मिलने जाता है, तो "संध्या का समय था। महंत जी एक सोने की कुर्सी पर बैठे हुए थे, जिस पर मखमली गद्‌दा था। उनके इर्द-गिर्द भीड़ लगी हुई थी, जिसमें महिलाओं की संख्या ही अधिक थी। पुरुष दूसरी ओर बैठे थे। महंत जी पूरे छह फीट के विशालकाय, सौम्य पुरुष थे। ...भक्त लोग जाकर उनके चरणों को आँखों से लगाते थे...कहीं बड़ी-बड़ी कड़ाहियों में पूरियाँ-कचौड़ियाँ बन रही हैं, कहीं भाँति-भाँति की शाक-भाजी चढ़ी है, कहीं दूध उबल रहा है, कहीं मलाई निकाली जा रही है।" वहाँ अमरकान्त एवं गूदड़ से कहा जाता है कि वे तीन घंटे बाद आएँ, क्योंकि यह आरती का समय है। जब ठीक आरती के समय अन्दर दर्शन के लिए भीड़ उमड़ती है तो गूदड़

कहता है : "अब देखो भगवान की आरती हो रही है और हम भीतर नहीं जा सकते। यहाँ के पंडों-पुजारियों के चरित्र सुनो, तो दाँतों तले उँगली दबा लो पर वे यहाँ के मालिक हैं और हम भीतर कदम नहीं रख सकते।" इस उपन्यास में विस्तार के साथ किसानों के भयानक दमन का ज़िक्र है, जिसके बाद शहर में सत्याग्रह होता है और अन्ततः उन दिनों अस्पृश्य माने जानेवाले लोगों का मन्दिर में प्रवेश सम्भव होता है।

किन्तु 'सवा सेर गेहूँ' कहानी का नायक शंकर या 'गोदान' का होरी पुरोहिती व्यवस्था के धर्म का अतिक्रमण नहीं कर पाता। इस व्यवस्था से आक्रान्त होने के चलते शंकर जीवन-भर ऋण नहीं चुका पाता और अन्ततः बंधुआ मज़दूर बनकर रह जाता है तथा होरी तीस रुपये का कर्ज़ की ब्याज सहित रक़म दो सौ रुपये चुकाते-चुकाते सर्वहारा हो जाता है। ये पात्र समाज के जिस तबके से आते हैं, उसके मद्देनज़र उनके विद्रोही होने की कल्पना असम्भव है।

भारतीय समाज-व्यवस्था और खास तौर से हिन्दू समाज का मूलाधार वर्ण-व्यवस्था रही है, जो आज भी कमोबेश सत्य है। दूसरे शब्दों में हमारे समाज में पहले स्थान पर वर्ण है, फिर वर्ग है। वर्ण की रचना में धन के बजाय धर्म का आधार ज्यादा महत्त्वपूर्ण होता है। डॉ. अम्बेडकर ने ठीक ही हिन्दू वर्ण-व्यवस्था की तुलना एक ऐसी बहुमंजिली गगनचुम्बी इमारत से की है, जिसमें नीचे से ऊपर और ऊपर से नीचे आवाजाही के लिए सीढ़ियाँ नदारद हैं। किन्तु, स्मरणीय है कि दलितों में जो अस्पृश्य तबका है, वह चातुर्वर्ण्य व्यवस्था के बाहर है और वह पुरोहिती व्यवस्था का सर्वाधिक दंश झेलने के बावजूद उसकी रूढ़ियों, परम्पराओं एवं विश्वासों से आक्रान्त नहीं है। भारतीय सन्दर्भ में यही तबका असली सर्वहारा है, जिसके पास खोने के लिए कुछ भी नहीं है। जिन मानसिक व भौतिक तापों को इस तबके के लोग सहस्राब्दियों से झेलते रहे, उसके मद्देनज़र क्रान्ति की वास्तविक ऊर्जा की सम्भावना केवल इन्हीं में हो सकती है। भारत के इस अस्पृश्य सर्वहारा के पास धन, धर्म, रूढ़ियों, विश्वासों आदि का अभाव है, इसलिए यह प्रदत्त सामाजिक व्यवस्था को झकझोर सकता है। प्रेमचन्द के साहित्य में आए अस्पृश्य पात्र बड़े जोरदार एवं धारदार हैं। स्मरणीय है कि 'कर्मभूमि' के सारे किसान-पात्र रैदासी हैं। उनमें बूढ़ी सलोनी भी है, जिसे हाकिम जब लगान वसूल करने के दरम्यान हंटर से मारता है, तो वह सरेआम उसके मुँह पर थूक देती है। 'गोदान' में भी पंडित मातादीन के मुँह में हड्डी ठूँसनेवाले पात्र अस्पृश्य जाति के ही हैं। प्रेमचन्द के शब्दों में मातादीन "सिलिया का तन और मन दोनों लेकर भी बदले में कुछ न देना चाहता था। ....उसे वह दिन याद आए—और अभी दो साल भी तो नहीं हुए—जब यही मातादीन उसके तलवे सहलाता था, जब उसने जनऊ हाथ में लेकर कहा था—सिलिया, जब तक दम में दम है, तुझे ब्याहता की तरह रखूँगा...।" मातादीन ने जब सेर-भर अनाज सहुआइन को गुलाबी रंग के एवज में दे देने पर सिलिया को अपमानित किया, तो "उसी वक़्त उसकी माँ, बाप, दोनों भाई और कई अन्य चमारों ने न जाने किधर से आकर मातादीन को घेर लिया।" सिलिया की माँ उससे कहती है कि "जब ब्राह्मण

के साथ रहती है, तो ब्राह्मण की तरह रह। सारी बिरादरी की नाक कटवाकर भी चमारिन ही बनना था, तो यहाँ क्या घी का लोंदा लेने आई थी।" सिलिया का साठ वर्षीय पिता हरखू झिंगुरी सिंह से कहता है कि "झगड़ा कुछ नहीं है ठाकुर, हम आज या तो मातादीन को चमार बनाके छोड़ेंगे या उनका और अपना रकत एक कर देंगे।...तुम हमें ब्राह्मण नहीं बना सकते, मुदा हम तुम्हें चमार बना सकते हैं।" प्रेमचन्द लिखते हैं कि कैसे हरखू के ललकारने पर "दो चमारों ने लपककर मातादीन के हाथ पकड़ लिए, तीसरे ने झपटकर उसका जनेऊ तोड़ डाला और इसके पहले कि मातादीन और झिंगुरी सिंह अपनी-अपनी लाठी सँभाल सकें, दो चमारों ने मातादीन के मुँह में एक बड़ी-सी हड्डी का टुकड़ा डाल दिया। मातादीन ने दाँत जकड़ लिए, फिर भी वह घिनौनी वस्तु उनके ओठों में तो लग ही गई। उन्हें मतली हुई और मुँह आप-से-आप खुल गया और हड्डी कंठ तक जा पहुँची। इतने में खलिहान के सारे आदमी जमा हो गए, पर आश्चर्य यह कि कोई धर्म के लुटेरों से मुजाहिम न हुआ।"

स्मरणीय है कि सज्जाद ज़हीर उर्फ बन्ने भाई को लिखे अपने एक पत्र में प्रेमचन्द ने बनारस को 'रूढ़िवाद की राजधानी' करार दिया था और जीवन-भर वे भारतीय समाज में व्याप्त रूढ़िवाद के विरुद्ध खड्गहस्त रहे।

'कफ़न' कहानी के नायक भी अस्पृश्य तबके के हैं और वे जिस धर्म का मखौल उड़ाते हैं, वह ब्राह्मण धर्म है। स्पष्ट ही इस कहानी का नायक कोई किसान कदापि नहीं हो सकता था। इस प्रकार अस्पृश्य की स्वाधीन चेतना का वर्गीय आधार उनके व्यावसायिक वैशिष्ट्य के चलते किसानों की तुलना में सामन्ती जीवन-मूल्यों से हटकर है। दलित समुदाय के लोग अपने पेशे की वजह से किसानों की अपेक्षा स्वतन्त्र होते हैं। वे कभी भूख से नहीं मरते और समाज के ऊपरी तबके को हरदम इनकी ज़रूरत तो होती है। इसलिए अनेक सन्दर्भों में सामन्त वर्ग के लोग इन पर निर्भर रहते हैं। मध्यकाल के सन्दर्भ में इतिहासकार कुँवर मुहम्मद अशरफ ने लिखा है कि कुछ मायने में चमार और घरेलू नौकर—बढ़ई, सुनार, लोहार, कुम्हार, धोबी और भंगी इत्यादि अपेक्षाकृत सम्पन्न रहते थे, क्योंकि उन पर पशुओं और उनके पुरोहितों का बोझ नहीं रहता था। उनका तिरस्कृत एकाकीपन उन्हें बाहरी हस्तक्षेप से एक प्रकार से सुरक्षा प्रदान करता था। सम्भवतः इसी कारण मध्यकाल में दलित समुदाय के बीच से कबीर, रैदास आदि विद्रोही कवि पैदा हो सके, जो हमारे ज़माने में दलित साहित्य के प्रेरणास्रोत माने जाते हैं।

कथाकार प्रेमचन्द को अपने समय के भारतीय समाज की वर्गीय संरचना की गहरी समझ थी। वे जानते थे कि सवर्ण बहुत हद तक अवर्णों पर निर्भर हैं। 'दूध का दाम' कहानी में उन्होंने लिखा है कि 'अब बड़े-बड़े शहरों में दाइयाँ, नर्सें और महिला डॉक्टर सभी हैं, पर देहातों में जच्चेखाने पर भंगियों का ही प्रभुत्व होता है।' यह आकस्मिक नहीं कि प्रेमचन्द के कथा-साहित्य का सर्वाधिक विद्रोही नायक 'रंगभूमि' का सूरदास भी दलित ही है, जो एक ताक़तवर पूँजीपति जॉन सेवक के छक्के छुड़ा देता है। वह

बड़े जीवट का आदमी है। प्रेमचन्द के शब्दों में उसकी सबसे बड़ी खासियत यह है कि "अन्याय देखकर उससे न रहा जाता था, अनीति उसके लिए असह्य थी।" सन् 1923 में एक चिट्ठी में प्रेमचन्द ने लिखा था कि "खेल के मैदान में वही शख़्स तारीफ़ का मुस्तहक़ होता है, जो जीत से फूलता नहीं, हार से रोता नहीं, जीते तब भी खेलता है, हारे तब भी खेलता है। ...हमारा काम तो सिर्फ़ खेलना है, ख़ूब दिल लगाकर खेलना, ख़ूब जी तोड़कर खेलना, अपने को हार से इस तरह बचाना, गोया हम कोनैन (इहलोक-परलोक) की दौलत खो बैठेंगे, लेकिन हारने के बाद, पटखनी खाने के बाद, गर्दन झाड़कर खड़े हो जाना चाहिए और फिर ख़म ठोककर हरीफ़ से कहना चाहिए कि एक बार और।"

प्रेमचन्द का यही जीवन दर्शन 'रंगभूमि' के सूरदास के चरित्र में पैबस्त है। जॉन सेवक उसकी पुश्तैनी ज़मीन खरीदकर या ज़बर्दस्ती हड़पकर वहाँ सिगरेट का कारखाना खड़ा करना चाहता है। वह सूरदास से धमकी भरे लहज़े में कहता है कि "अब व्यापार का राज्य है, और जो इस राज्य को स्वीकार न करे, उसको तारों का निशाना मारनेवाली तोपें हैं।" किन्तु सूरदास उसकी एक नहीं सुनता। इलाके के लोगों में उसका बड़ा आदर है, जिन्हें साथ लेकर वह अन्त-अन्त तक जॉन सेवक से जूझता है। अंग्रेज़ी राज की पुलिस की गोली से घायल सूरदास कहता है–"हम हारे तो क्या, मैदान से भागे तो नहीं, रोये तो नहीं, धाँधली तो नहीं की। फिर खेलेंगे, ज़रा दम ले लेने दो, हार-हारकर तुम्हीं से खेलना सीखेंगे और एक-न-एक दिन हमारी जीत होगी, अवश्य होगी।" इतना ही नहीं, इस अन्धे भिखारी नायक को अपनी हार की वजह का भी पूरा अन्दाजा है। उसको एहसास है कि 'खिलाड़ियों को मिलाकर नहीं खेलने' के चलते ही अंग्रेज़ी राज के प्रतिनिधि क्लार्क एवं पूँजीपति जॉन सेवक से जनता हार गई है।

झोंपड़ी उजाड़ और जला दिए जाने के बाद मिठुआ से सूरदार की जो बातचीत होती है, उससे उसके जीवट का सही पता चलता है :

"मिठुआ - दादा, अब हम रहेंगे कहाँ ?
सूरदास - दूसरा घर बनाएँगे।
मिठुआ - और जो कोई फिर आग लगा दे ?
सूरदास - तो फिर बनाएँगे।
मिठुआ - और फिर लगा दे ?
सूरदास - तो हम फिर बनाएँगे।
मिठुआ - और जो कोई हज़ार बार लगा दे ?
सूरदास - तो हम हज़ार बार बनाएँगे।

❒❒

मिठुआ - और जो कोई सौ लाख बार लगा दे ?
सूरदास - तो हम भी सौ लाख बार बनाएँगे।"

कहना न होगा कि यह एक दलित की जीवनी-शक्ति का प्रकटीकरण है, जिसके

माध्यम से भारत का सारा इतिहास बोल रहा है। इस देश को न जाने कितनी बार उजाड़ने, लूटने की कोशिशें हुईं, फिर भी यह देश बार-बार उठकर खड़ा होता रहा है।

'रंगभूमि' के सूरदास की जिजीविषा 'गोदान' के होरी में नहीं है। प्रेमचन्द ने दिखाया है कि किसान तरह-तरह की यंत्रणा झेलने के बावजूद उस क़दर लड़ नहीं सकता जैसे कि एक दलित लड़ता है, विद्रोह करता है। असलियत तो यह है कि होरी जाने-अनजाने उसी व्यवस्था का समर्थक या हिस्सा है, जो उसे चबा जाने के लिए आतुर रहती है। इसके विपरीत घीसू-माधव कहते हैं कि जो धर्म जीवितों को भूखा मारे और मरे हुए को नया कफ़न दे, वह अमानवीय और परित्याज्य है। दलित वर्ग की इसी क्रान्तिकारी भूमिका के मद्देनज़र प्रेमचन्द उनसे रोटी और बेटी का सम्बन्ध क़ायम करने की पहल करते हैं, क्योंकि इसके बग़ैर वर्ण-व्यवस्था नष्ट नहीं हो सकती है। 'दूध का दाम' कहानी एवं 'कर्मभूमि' उपन्यास इस दृष्टि से उनकी उल्लेखनीय रचनाएँ हैं। 'सौभाग्य के कोड़े' कहानी का अस्पृश्य नायक संगीतज्ञ बन जाने के बाद एक ब्राह्मण कन्या से विवाह करता है। वस्तुतः प्रेमचन्द का कथा-साहित्य दलित और शोषित वर्ग का पहला दिवास्वप्न है, जिसमें सवर्णों के धर्म के पाखंड को बेनक़ाब किया गया है। उनकी कृतियों में ब्राह्मणवाद के प्रति तीव्र घृणा को कलात्मक रूप में अभिव्यक्ति मिली है। 'सद्गति' ऐसी ही कलात्मक कहानी है, जिस पर सत्यजीत रे ने प्रसिद्ध फ़िल्म बनाई है। दूसरे शब्दों में कहें, तो अपने संस्कार एवं अनुभव के बीच सम्भावित द्वन्द्व के बावजूद कथाकार प्रेमचन्द का मुख्य निशाना वह पुरोहिती-सामन्ती गठजोड़ है, जिसे ध्वस्त किए बग़ैर हमारे देश व समाज का कायाकल्प असम्भव है और इस दिशा में कोई भी ठोस व सार्थक पहलक़दमी किसान के बजाय केवल वही वर्ग कर सकता है, जो वर्णेतर है, दलित है।

विचित्र बात है कि प्रेमचन्द की एक सौ पच्चीसवीं जयंती के मौक़े पर उनके कथा-साहित्य पर और ख़ास तौर से 'रंगभूमि' को लेकर 'दलित साहित्य अकादमी' के झंडे तले विरोध प्रदर्शन हुए हैं और यह कहते हुए गहरी आपत्तियाँ दर्ज करायी गई हैं कि "प्रेमचन्द इन शूद्रों के जातीय नाम लेकर इनकी ज़ुबान भी गन्दी बताते हैं और गन्दगी में लिप्त मानते हैं। वे मानते हैं कि शूद्र में गन्दी आदतें होती हैं, वे गन्दा काम करते हैं, यानी शूद्र गन्दा काम अपनी आदत के कारण करता है।" प्रेमचन्द के कथा-साहित्य के पुनर्पाठ की माँग करते हुए मुद्राराक्षस ने सवाल उठाया है कि "क्या स्थिति बनती, अगर कफ़न के पैसे से दारू और पूड़ी खाने-पीनेवाले शूद्र नहीं ब्राह्मण बाप-बेटे होते ?" यह स्थिति प्रेमचन्द को स्वीकार्य नहीं हो सकती थी। बहू के कफ़न की दारू वे ब्राह्मण बाप को नहीं पिला सकते थे, क्योंकि प्रेमचन्द की मानसिकता के अनुसार हिन्दू दो तरह के रहे हैं–शुद्ध पवित्र सवर्ण और अशुद्ध गन्दे शूद्र।" कहना न होगा कि आलोचना के समाजशास्त्र पर पुस्तक लिखनेवाले लेखक की कथाकार प्रेमचन्द को लेकर यह टिप्पणी साहित्य के बारे में यान्त्रिक ही नहीं, बल्कि एक नकारात्मक, सतही एवं फूहड़ समाजशास्त्रीय समझ का परिचायक है, जिसकी ओर इशारा करते हुए

कमला प्रसाद ने सही लिखा है कि 'रंगभूमि' की प्रतियाँ जलाने, राष्ट्रपति से पुस्तक पर प्रतिबन्ध लगाने और प्रकाशकों को गिरफ़्तार करने की माँग से आक्रोश की अभिव्यक्ति के बजाय आक्रोश की राजनीति प्रकट हुई है। राजनीति के सूत्र स्वयं दलितों के हाथ में नहीं हैं। अब मुद्राराक्षस को कौन समझाए कि 'कफ़न' एक लिहाज से दुनिया की एक ऐसी अनन्य कहानी है जिसमें प्रेमचन्द ने अमानवीयता की हदों की ओर धकेले जा रहे सर्वहारा वर्ग की तीन पीढ़ियों की नियति को दर्शाया है। घीसू पहली पीढ़ी का नुमाइन्दा है, जिसने किसी ठाकुर की बारात में अपनी जिंदगी में एक बार भरपेट सुस्वादु भोजन पाया था। दूसरी पीढ़ी का प्रतिनिधि है माधव, जो ऐसे भोजन की केवल कल्पना ही कर सकता था और उसे पहली बार भरपेट भोजन पत्नी के कफ़न के पैसे से ही मिल पाता है। बुधिया के गर्भ में पल रही सन्तान सर्वहारा वर्ग की तीसरी पीढ़ी है, जो बग़ैर दुनिया देखे अकाल कवलित हो जाती है। वस्तुतः प्रेमचन्द अपनी कृतियों में जातिसूचक शब्दों के प्रयोग से उन जातियों का अपमान नहीं करते, वरन् यथार्थ का चित्र दिखाकर पुरोहिती-सामन्ती अमानुषिक गठजोड़ के प्रति पाठक के भीतर घृणा उपजाते हैं। इतना ही नहीं, वे यथासमय सामाजिक परिवर्तन के लिए हथियार उठाना भी नाजायज़ नहीं मानते। उनके अन्तिम और अधूरे उपन्यास 'मंगलसूत्र' का देवकुमार इसी रचना-दृष्टि से निर्मित चरित्र है। 'मंगलसूत्र' में उनका स्पष्ट कथन है : "इन पूँजीपतियों और ठेकेदारों से ग़रीबों के हितों की रक्षा की बात सोचना वैसा ही है जैसे कुत्तों से मांस की रखवाली करवाना। एक न एक दिन हमें इनके विरुद्ध सशस्त्र गोलबन्द होना ही पड़ेगा।"

पूरनचन्द्र जोशी ने सही लिखा है कि "प्रेमचन्द के उपन्यास और उनकी कहानियों का महत्त्व केवल औपनिवेशिक और अर्द्ध-सामन्ती हिन्दुस्तान के सामाजिक यथार्थ को प्रतिबिम्बित-भर कर देने पर ही नहीं टिका हुआ है, बल्कि यह महत्त्व प्रेमचन्द के उपन्यासों के क्रान्तिकारी चरित्र के कारण है, जिसे उन्होंने आलोचनात्मक यथार्थवाद के परिपक्व दौर से गुज़रकर अपनी साहित्यिक रचनाओं में हासिल किया था। इसी महत्त्व के कारण उन्हें हिन्दुस्तान में सामाजिक आलोचना के रूप में कथा और उपन्यास-साहित्य के जन्मदाता का दर्जा मिला है। औपनिवेशिक और अर्द्ध-सामन्ती समाज-व्यवस्था के प्रति उपन्यास के माध्यम से उभरनेवाली प्रेमचन्द की प्रखर आलोचना-दृष्टि ने ही उन्हें सिर्फ़ हिन्दी साहित्य का ही नहीं, बल्कि समूचे भारतीय साहित्य का, और साहित्य का ही नहीं, बल्कि भारतीय इतिहास का एक युगनिर्माता व्यक्तित्व बनाया।"

दलित प्रश्न और प्रेमचन्द के आलोचक

कात्यायनी

राजनीति और साहित्य के क्षेत्र में दलित प्रश्न को लेकर विचार और बहस का आज जो घनघोर अविराम क्रम जारी है, उसमें परम्परा के पुनर्मूल्यांकन का प्रश्न आना ही था। लेकिन क्षोभ की बात यह है कि सारी बहस बेहद सतही धरातल पर हो रही है और तर्क की वस्तुपरकता की जगह पूर्वाग्रही भावावेश का घटाटोप-सा छाया हुआ है। दलित-हितों के कुछ नए चौंक-चमत्कारवादी, गैर-दलित मसीहाओं के धुमगज्जर और कुछ पराजित-मन नवमार्क्सवादियों के, अतीत की "गलतियों" को लेकर "पाप स्वीकृति" की भावना से ओत-प्रोत हो जाने तथा दलितों का हृदय जीतने के लिए वैचारिक प्रश्नों और ऐतिहासिक तथ्यों को दरकिनार कर (मार्क्सवाद और अम्बेडकरवाद के) विचित्र विचारधारात्मक समन्वयवादी खिचड़ी पकाने में मशगूल हो जाने के चलते स्थिति थोड़ी और जटिल हो गई है, संजीदगी और चिंता के साथ सोचने-विचारने के माहौल में थोड़ी और गिरावट आ गई है, कूपमंडूकता और अविचारी-दुर्विचारी सतहीपन थोड़ा और बढ़ गया है।

हम समझते हैं कि इस बहस को थोड़ी और गहराई में ले जाने की ज़रूरत है। ख़ासकर जो दलित बुद्धिजीवी सच्चे अर्थों में दलित-मुक्ति और जाति के स्थायी उन्मूलन की किसी परियोजना को लेकर चिन्तित हैं, जिनकी चिन्ता शहरी मध्यवर्गीय परजीवियों के समाज में कामचलाऊ सामाजिक सम्मान पा लेने मात्र की नहीं है, जिनकी प्रतिबद्धता पाँच प्रतिशत दलित मध्यवर्ग के प्रति नहीं, बल्कि 95 प्रतिशत दलित सर्वहारा-अर्द्धसर्वहारा के प्रति है, उन्हें वर्तमान के साथ ही अतीत के प्रति भी एक द्वन्द्वात्मक वस्तुपरक रुख अपनाना होगा और परम्परा एवं विरासत के सर्वनिषेधी अनैतिहासिक मूल्यांकन से बचना होगा। दागिस्तानी लोक कवि **अबू तालिब** ('मेरा दागिस्तान' में रसूल हमज़ातोव द्वारा उद्धृत) के शब्दों में, *'यदि तुम अतीत पर पिस्तौल से गोली चलाओगे तो भविष्य तुम पर तोप से गोले बरसाएगा।'* निरे क्रोध और भावोच्छ्वासों से या अम्बेडकरवाद की दुहाई-मात्र देते हुए 'भोगे हुए यथार्थ' के यथातथ्य चित्रण भर से न तो किसी तरह की दलित-मुक्ति-परियोजना प्रकट होती है, न ही उस पर सोचने का कोई पूर्वाधार तैयार हो पाता है।

प्रेमचन्द फिर विवादों के घेरे में हैं। साहित्य में दलितों की रहनुमाई का दम

भरनेवाली एक संस्था *'रंगभूमि'* पर दलितों की भावनाओं को आहत करने का आरोप लगाते हुए उसे जलाने की घोषणा की ही थी कि **मुद्राराक्षस** ने अपने सुपरिचित बड़बोले अन्दाज़ में फतवा दे डाला कि *"रंगभूमि का जैसा विरोध किया जा रहा है, उससे ज्यादा बड़े पैमाने पर किया जाना चाहिए"* ('हिन्दुस्तान', लखनऊ, 1 अगस्त, 2004) यही नहीं, इसी वर्ष प्रेमचन्द जयन्ती पर लखनऊ में आयोजित एक गोष्ठी में और फिर *'राष्ट्रीय सहारा'* (8 अगस्त, 2004) में प्रकाशित अपनी एक टिप्पणी में उन्होंने प्रेमचन्द को न सिर्फ दलित विरोधी तथा वर्णाश्रम व्यवस्था और बालिका विवाह का समर्थक, बल्कि नाज़ीवाद का भी समर्थक सिद्ध कर डाला। अपने प्रयोजन को सिद्ध करने के लिए उन्होंने जितने सस्ते और शातिराने ढंग से प्रेमचन्द की कुछ तात्कालिक टिप्पणियों के हवाले सन्दर्भों से काटकर दिए, वह शर्मनाक है और निन्दनीय भी। लेकिन ज़रूरत इस बात की है कि 'रंगभूमि'-दहन के दुस्साहस और मुद्राराक्षसी बड़बोलेपन की ताजा सनसनीखेज घटनाओं की पृष्ठभूमि में जाया जाए और यह देखा जाए कि दलित प्रश्न को लेकर किस तरह कुछ दलितवादी लेखक प्रेमचन्द को पहले से ही कटघरे में खड़ा करते रहे हैं।

प्रेमचन्द की कालजयी यथार्थवादी कहानियों की चाहे कोई भी सूची बनाई जाए, उसमें *'कफ़न'*, *'सद्गति'* और *'ठाकुर का कुआँ'*—दलितों के जीवन के दाहक-मारक यथार्थ की ये तीन कहानियाँ अवश्य ही शामिल होंगी। कतिपय दलित लेखक इन्हीं तीन कहानियों पर सर्वाधिक आपत्ति प्रकट करते रहे हैं। कुछ आपत्तियाँ मात्र यह कहने तक सीमित नहीं हैं कि प्रेमचन्द दलित जीवन के कई पहलुओं से अपरिचित थे, या, दया और सहानुभूति से वे आगे नहीं जा पाते, लेकिन कुछ ने तो उन्हें सवर्णवादी और दलित-विरोधी तक घोषित कर डाला। कुछ ने उन्हें गांधीवादी बताते हुए उनके विचारों को उनके बोध एवं धारणा की सीमा बताया और यह घोषणा की कि अम्बेडकरवादी चिन्तन को आधार बनाए बिना दलित जीवन के यथार्थ को समझना और प्रस्तुत करना असम्भव है, या कि सिर्फ एक दलित ही अपनी "स्वानुभूति" के आधार पर दलित जीवन के यथार्थ का प्रामाणिक चित्रण कर सकता है। इन मसलों पर एक बार फिर सिलसिलेवार विचार करने की ज़रूरत है। यह ज़रूरत सर्वोपरि तौर पर इसलिए है कि दलित मुक्ति के प्रश्न पर सिर्फ दलितों का ही सर्वाधिकार सुरक्षित नहीं हो सकता, क्योंकि यह समूची उत्पीड़ित-शोषित भारतीय जनता की मुक्ति का एक बुनियादी और अनिवार्य प्रश्न है। दलित मुक्ति परियोजना जन-मुक्ति की किसी व्यापक परियोजना के एक अंग के रूप में ही सार्थक हो सकती है और जन-मुक्ति की कोई भी परियोजना दलित-मुक्ति के प्रश्न को एजेंडे पर लिए बिना अधूरी और अव्यावहारिक ही रहेगी। साथ ही, उपरोक्त मसलों पर सिलसिलेवार विचार की ज़रूरत इसलिए भी है कि यथार्थवाद की अवधारणा की नानाविध भ्रामक और सतही समझों का विश्लेषण और उनकी

आलोचना आज बेहद ज़रूरी है। दलित बुद्धिजीवियों को नाराज़ कर देने की भय-ग्रन्थि से पीड़ित और दलित जनों को साथ लेने की सोच से विचारधारात्मक-सैद्धान्तिक मसलों पर भी लीपापोती करनेवाले या 'नरो वा कुंजरो' की भाषा बोलनेवाले मार्क्सवादियों ने भी यथार्थवाद की वैज्ञानिक अवधारणा पर तरह-तरह से कुत्सित समाजशास्त्रीय और उत्तरआधुनिक विखंडनवादी विचारों की कालिख पोतने की कोशिश की है।

'कफ़न' कहानी पर दलित लेखकों का एक बड़ा हिस्सा यह आरोप लगाता रहा है कि घीसू और माधव–इन दो दलित चरित्रों को कामचोर, निठल्ला और हृदयहीन दिखाकर प्रेमचन्द ने दलित जीवन के प्रति एकांगी, अपमानजनक और अयथार्थवादी रुख अपनाया है, कि ऐसा करके उन्होंने अपनी सवर्णवादी मानसिकता का परिचय दिया है...आदि-आदि ! क्या सचमुच इस कहानी में प्रेमचन्द ने दलितों के प्रति अपमानजनक रवैया अपनाया है ? क्या उनका मकसद यह दिखलाना था कि दलित होते ही ऐसे हैं ? क्या कहानी का उद्देश्य घीसू और माधव को प्रतिनिधि दलित चरित्र के रूप में प्रस्तुत करना है ?

यदि इस आरोप को सच माना जाए तो यह भी मानना पड़ेगा कि **मक्सिम गोर्की** ने अपनी अधिकांश कहानियों और उपन्यासों में सर्वहारा वर्ग को पर्याप्त लांछित-अपमानित किया है। उनकी कई कहानियों, उपन्यासों और नाटकों में लम्पट-आवारा-पियक्कड़-कामचोर सर्वहारा चरित्र बहुतायत में देखने को मिलते हैं। स्वयं उन्हीं के शब्दों में, *"मुझको लम्पट और आवारागर्द आम प्रथा से हटे हुए लोग प्रतीत होते थे। वे लोगों की रीति से भिन्न थे क्योंकि जाति की हानि तथा अपने वर्ग से निष्कासन के कारण उन्होंने अपनी पुरानी पृष्ठभूमि के सर्वाधिक विशिष्ट गुणों का विसर्जन कर दिया था।"* ('मैंने लिखना कैसे सीखा')। विमानवीकृत (डीह्युमनाइज़्ड) और लम्पट सर्वहारा चरित्रों का सृजन करते हुए गोर्की के प्रहार का निशाना सर्वहारा वर्ग नहीं, बल्कि अमानवीय (इनह्यूमन) शोषण की वह सामाजिक प्रणाली थी जो शोषितों से मानवीय जीवन की न्यूनतम शर्तें तक छीन लेती थीं और नतीज़तन उनके बीच से ऐसे विमानवीकृत, लम्पट चरित्र सामने आते थे जिनकी चेतना विघटित हो चुकी होती थी।

इस बात को समझने के लिए हमें **कार्ल मार्क्स** की कुछ बुनियादी दार्शनिक प्रस्थापनाओं तक वापस लौटना होगा। यह चर्चा लम्बी होने के कारण थोड़ी असुविधाजनक हो सकती है, लेकिन फिर भी यह नितान्त आवश्यक है। *'पवित्र परिवार'* नामक अपनी सुप्रसिद्ध कृति में मार्क्स ने लिखा था कि समाजवादी लेखक जब निजी सम्पत्ति के नाश की विश्व-ऐतिहासिक भूमिका सर्वहारा वर्ग की बताते हैं तो वे ऐसा सर्वहारा वर्ग को देवता मानने के चलते नहीं करते, बल्कि बात इसके उलट है। वह लिखते हैं, *"चूँकि पूर्ण रूप से गठित सर्वहारा वर्ग में सभी मानवीय चीज़ों से, मानवीय चीज़ों के* ***आभास*** *तक से पृथक्करण लगभग पूरा हो गया है; चूँकि सर्वहारा वर्ग के जीवन की अवस्थाओं में आज के समाज के जीवन की तमाम अवस्थाओं का अमानवीय रूप में समाहार है; चूँकि सर्वहारा में मनुष्य अपने को खो बैठा है, परन्तु साथ ही उसने इस*

खोने की सैद्धान्तिक चेतना हासिल ही नहीं की है, अपितु वह तात्कालिक, अब दूर न की जा सकनेवाली, अब छुपाई न जा सकनेवाली, सर्वथा अपरिहार्य **आवश्यकता-अनिवार्यता** *की व्यावहारिक* **अभिव्यक्ति**–*के जरिए इस अमानवीयता के विरुद्ध सीधे विद्रोह करने के लिए विवश है, तो इससे यह अर्थ निकलता है कि सर्वहारा अपने को स्वतन्त्र कर सकता है तथा उसे ऐसा करना होगा। परन्तु वह अपने जीवन की अवस्थाओं का उन्मूलन किए बिना ऐसा नहीं कर सकता।"* ('पवित्र परिवार')। मार्क्स के अनुसार, जो मानवीय आत्मपार्थक्य सम्पत्तिशाली वर्गों के चैन का और अपने अस्तित्व एवं शक्ति के आभास का सबब होता है, उसी में *"सर्वहारा वर्ग अपने को नष्ट हुआ देखता है और उसमें अपनी शक्तिहीनता तथा अमानवीय अस्तित्व की वास्तविकता देखता है।"* यथार्थ चित्रण के प्रति मार्क्स का यह दृष्टिकोण सामाजिक क्रान्ति और उसके वाहक वर्गों के प्रति भाववादी दृष्टिकोण के निषेध का परिचायक था, यह **गेटे** और **हेगेल** तक के *"सौन्दर्यपरक दौर"* के अन्त का, *"कुरूप"* क्रान्ति द्वारा *"सुन्दर"* क्रान्ति की जगह ले लेने का (जैसाकि मार्क्स इसे कहना पसन्द करते थे) द्योतक था।

उन्नीसवीं शताब्दी के पाँचवें दशक में **एजेन सू** का प्रसिद्ध उपन्यास *'दि मिस्ट्रीज़ ऑफ पेरिस'* की काफ़ी चर्चा थी। वामपंथी हेगेलवादी **सेलिगा** ने उपन्यास में प्रस्तुत सामाजिक समस्याओं के पाखंडपूर्ण नैतिक समाधानों की खूब प्रशंसा की थी। 'पवित्र परिवार' पुस्तक में मार्क्स और एंगेल्स ने कल्पनावादी (भाववादी) सौन्दर्यशास्त्र की आलोचना प्रस्तुत करते हुए इस उपन्यास की विस्तार से चर्चा की है। उपन्यास में **एजेन** सू ने अच्छे और बुरे के द्वन्द्व को आभिजात्य और ईमानदारी की अमूर्त स्थापना के प्रति अतिरिक्त आग्रह जताकर हल करने की कोशिश की थी। मूर्त को अमूर्त के अधीन करते हुए **एजेन सू** ने पात्रों की रचना इस तरह से की थी, मानो वे मात्र इस या उस विचार अथवा लेखकीय मन्तव्यों के प्रतिपादन मात्र के लिए बने हों। मार्क्स कुरूप सामाजिक ढाँचे की अमानवीय परिस्थितियों के विमानवीकारी (डीह्यूमनाइजिंग) प्रभावों के चित्रण के साथ ही जीवन्त शक्तियों और चरित्रों के स्वतः विकास के पक्ष में थे। उन्होंने सू के भाववादी नज़रिए की आलोचना करते हुए यह स्पष्ट किया कि *"दुनिया की जो अवस्था"* व्यक्ति को अन्धी सामाजिक शक्तियों का महज़ एक पुर्जा बनाकर छोड़ देती है, वह **हेगेल** के सौन्दर्यशास्त्र में वर्णित *"दुनिया की महाकाव्यात्मक अवस्था"* के सीधे विरोध में होती है। एजेन सू की अमूर्त आदर्शीकृत स्थापनाओं के उलट, मार्क्स ने ईमानदारी और सामाजिक रूप से "मान्य" सद्गुणों के खिलाफ़ अपनी आलोचना में उन चरित्रों का पक्ष लिया जो ऐसे गुणों के खिलाफ़ खड़े थे और सभ्य दुनिया के अनधिकृत पक्ष का प्रतिनिधित्व करते थे। 'दि मिस्ट्रीज़ ऑफ पेरिस' में विभिन्न किस्म के जिन लम्पट सर्वहाराओं को चित्रित किया गया था, मार्क्स ने उनकी "विघटित चेतना" में पूँजीवाद का मानवद्रोही चरित्र और उसके विमानवीकारी प्रभावों को लक्षित किया। **मिखाइल लिफ्शित्ज़** के शब्दों में, *"...मार्क्स को एक महान वर्ग के इन पतित प्रतिनिधियों में भी ऐसे गुण दिखाई पड़े जो पूँजीवादी सम्बन्धों को उबाऊ नीरसता की*

अपेक्षा कहीं ज्यादा ही कलाकार का ध्यान आकृष्ट कर सकते हैं।" ('कार्ल मार्क्स का कला दर्शन')। मार्क्स का विचार था कि सर्वहारा वर्ग *"मानवता का कोई ऐसा समूह नहीं है जो यान्त्रिक ढंग से समाज के भार के नीचे दबा हुआ है, बल्कि यह ऐसा समूह है जो समाज के विघटन से पैदा हुआ है, और इसलिए यह अन्ततः एक ऐसी शक्ति बन जाता है, जो मौजूदा समाज के अस्तित्व की समस्त मानवीय परिस्थितियों का निषेध करता है।"*

अपनी प्रसिद्ध पुस्तक *'फेनामेनालोजी ऑफ माइंड'* में *"विघटित चेतना"* का विश्लेषण करते हुए **हेगेल** ने उन सामाजिक समूहों पर विचार किया है जो सामाजिक प्रगति के निषेधात्मक पहलुओं का प्रतिनिधित्व करते हैं। इन समूहों में गरीबी, पारिवारिक जीवन एवं आत्मिक मूल्यों का विघटन और भद्र समाज के नैतिक मूल्यों के प्रति घृणा का भाव ख़ास तौर पर देखने को मिलता है। ये समाज-बहिष्कृत लोग अपने अस्तित्व के "अमानवीय" स्वरूप और सामाजिक सम्बन्धों के अन्तरविरोधों को पहचानते हैं और वहाँ तक अधिकृत समाज से ऊपर उठ जाते हैं, जबकि अधिकृत समाज आभिजात्य और ईमानदारी के आड़ में सिर्फ़ अपने स्वार्थ की सिद्धि में लगा रहता है। **दिदेरो** के लघु उपन्यास *'रामो का भतीजा'* के नायक की हेगेल ने इसी रूप में व्याख्या की थी और मार्क्स का भी उसके बारे में वही विचार था। हेगेल के अनुसार, *"विघटित चेतना"* जब खुद को पुरानी विश्वव्यवस्था के विघटन के उपज के रूप में पहचानने लगती है, तब वह अपने विरोधी में बदल जाती है। यह सारे सामाजिक सम्बन्धों के छद्म और झूठ को समझने लगती है और *"क्रुद्ध चेतना"* बन जाती है। लेकिन चूँकि भाववादी द्वन्द्ववाद गति का विराम से, स्थायित्व का संगठनहीनता से और सामान्य सापेक्षता का सामान्य बोध से सामंजस्य स्थापित करता है, चूँकि वह अन्तरविरोधों के सतत् विकास में नहीं, बल्कि क्रान्तिकारी प्रक्रिया के ठहराव में विरोधों की एकता का दर्शन करता है, इसलिए हेगेल का मानना था कि *"क्रुद्ध चेतना"* की क्रान्ति और आतंक-राज्य के रूप में अभिव्यक्ति के बाद *"नैतिकता"* का राज्य आ जाएगा, जिसमें *"आत्मसजग आत्मा"* प्रबोधनकाल के अन्तरविरोध हल कर देगी। इसके विपरीत, मार्क्स का भौतिकवादी द्वन्द्ववाद *"क्रुद्ध चेतना"* से क्रान्तिकारी चेतना की ओर संक्रमण की प्रक्रिया को प्रस्तुत करता है। वह बताता है कि सामाजिक अन्तरविरोधों का विकास निम्न श्रेणी के लोगों को स्वतः एक ऐसी क्रान्तिकारी रचनात्मक शक्ति में बदल डालता है जो *"मौजूदा समाज के अस्तित्व की समस्त अमानवीय परिस्थितियों का निषेध करता है।"* और फिर दुनिया के क्रान्तिकारी पुनर्निर्माण की प्रक्रिया में मेहनतकश स्वयं अपनी प्रकृति का भी पुनर्निर्माण करते हैं।

उन्नीसवीं शताब्दी के अन्तिम दशक में लिखी गई मक्सिम गोर्की की बहुतेरी कहानियों के निम्नवर्गीय चरित्र "विघटित चेतना" वाले लम्पट सर्वहारा चरित्र हैं। 'वे तीन' उपन्यास 'तलछट' नाटक के सर्वहारा चरित्र और कुछ अन्य कहानियों के सर्वहारा पात्र "क्रुद्ध चेतना" वाले प्रतिनिधि पात्र हैं, जबकि 'दुश्मन' नाटक के ड्राइवर **नील** और

"माँ" के **पावेल व्लासोव** के रूप में हम "क्रुद्ध चेतना" को क्रान्तिकारी चेतना में रूपान्तरित होते देख सकते हैं।

विमानवीकरण और "विघटित चेतना" के बारे में मार्क्सवादी अवधारणा पर यह विस्तृत चर्चा शायद प्रसंगातर प्रतीत हुई हो, पर 'कफ़न' के विश्लेषण के लिए इसके विस्तार में जाने की मजबूरी थी। 'कफ़न' के मुख्य पात्र घीसू और माधव अर्द्धसामन्ती समाज के सबसे निचले पायदान के पात्र हैं—वे पूँजीवादी समाज के सर्वहारा के पूर्वज वर्ग के सदस्य हैं। दारुण ग़रीबी, पारिवारिक मूल्यों का विघटन और जातिगत अपमान उनकी ऐसी नियति है, जिससे छुटकारा उन्हें दूर-दूर तक नहीं दीखता। जिस समाज में हाड़तोड़ मेहनत के बाद भी दो जून का भोजन नसीब नहीं और अपमान से किसी भी हाल में छुटकारा नहीं, उस समाज में काम बिना किए जीने और अपमान झेलने की आदत डालकर वे अधिकृत समाज की सारी मान्यताओं और रागात्मकता का निषेध प्रस्तुत करते हैं। उनका जीवन ही मानो सामाजिक-नैतिक नियमों की वस्तुगत, नकारात्मक आलोचना है।

कहानी का यह हिस्सा ख़ासतौर पर घीसू और माधव की जीवन स्थितियों और आत्मिक जगत को स्पष्ट कर देता है, *"जिस समाज में रात-दिन मेहनत करनेवालों की हालत उनकी हालत से बहुत कुछ अच्छी न थी और किसानों के मुकाबले वे लोग जो किसानों की दुर्बलताओं से लाभ उठाना जानते थे, कहीं ज्यादा सम्पन्न थे, वहाँ इस तरह की मनोवृत्ति का पैदा हो जाना कोई अचरज की बात न थी। हम तो कहेंगे, घीसू किसानों से कहीं ज्यादा विचारवान था, जो किसानों के विचारशून्य समूह में शामिल होने के बदले बैठकबाजों की कुत्सित मंडली में जा मिला था। हाँ, उसमें यह शक्ति न थी कि बैठकबाजों के नियम और नीति का पालन करता। इसलिए जहाँ उसकी मंडली के अन्य लोग गाँव के सरगना और मुखिया बने हुए थे, उस पर सारा गाँव उँगली उठाता था। फिर भी उसे यह तसकीन तो थी ही कि अगर वह फटेहाल है तो कम-से-कम उसे किसानों की-सी जी-तोड़ मेहनत तो नहीं करनी पड़ती और उसकी सरलता और निरीहता से दूसरे लोग बेजा फ़ायदा नहीं उठाते !"*

समाज-बहिष्कृत घीसू और माधव अपने अस्तित्व के "अमानवीय" स्वरूप और सामाजिक सम्बन्धों के अन्तरविरोधों को पहचानते हैं और अपनी "आकाशवृत्ति" के जरिए हाड़तोड़ मेहनत करके भी कुछ न पाने की स्थिति का निषेध करते हुए अधिकृत समाज से ऊपर उठ गए हैं। घीसू और माधव समूचे दलित मेहनतकश समाज के प्रतिनिधि या 'टाइप' चरित्र नहीं हैं। वे विमानवीयकरण की उस प्रक्रिया के प्रतिनिधि उदाहरण हैं जिसके मूल में गाँवों की प्राक्पूँजीवादी सामाजिक-आर्थिक संरचना में शताब्दियों से, बल्कि यूँ कहें कि सहस्राब्दियों से जारी दलितों के बर्बर शोषण-उत्पीड़न की प्रक्रिया की परिणति है। घीसू और माधव "विघटित चेतना" के प्रतिनिधि उदाहरण हैं। उनकी चेतना यूरोप के उन लम्पट सर्वहाराओं की "क्रुद्ध चेतना" की अवस्था तक भी अभी विकसित नहीं हुई है, जिनका व्यापक अस्तित्व, मध्ययुग के अन्त के बाद, और

सेक्युलर जागरूक सर्वहारा के उदय के पहले वहाँ देखने को मिलता है। भारतीय ग्राम समुदायों में सहस्राब्दियों जारी दलित-उत्पीड़न को देखते हुए विमानवीकरण की इस विशिष्ट भारतीय परिघटना को सहज ही समझा जा सकता है। "विघटित चेतना" और विमानवीकरण की प्रक्रिया को घीसू-माधव जैसे प्रतिनिधि चरित्रों के जरिए दर्शाते हुए प्रेमचन्द ने वास्तव में समाज की उस अवस्था की ऐतिहासिक आलोचना प्रस्तुत की है जो व्यक्ति को अन्धी सामाजिक शक्तियों का महज एक पुर्जा बनाकर छोड़ देती है, उसके व्यक्तित्व में मानवीय लगनेवाले हर तत्त्व को विनाश के बिन्दु तक पहुँचा देती है और उससे मानव होने की बुनियादी शर्तों तक को छीन लेती है। लेकिन प्रेमचन्द द्वारा प्रस्तुत सामाजिक व्यवस्था की आलोचना को कतिपय दलित लेखकों द्वारा समूचे दलित समाज की आलोचना या उसका अपमान समझ बैठना अनायास नहीं है।

प्रेमचन्द के आलोचक ये दलित लेखक वास्तव में सामाजिक परिघटनाओं के कारण-कार्य-सम्बन्धों की पड़ताल करने के बजाय सिर्फ सतह के यथार्थ को ही पकड़ने के अभ्यासी हैं। इनका यथार्थवाद कहीं-कहीं यदि यथार्थवाद लगता भी है तो वह दरअसल "भोगे हुए यथार्थ" का संकीर्ण अनुभववाद है या फिर प्रकृतवाद है। 'दि मिस्ट्रीज़ ऑफ पेरिस' के विचारधारात्मक आधार और नवहेगेलपंथियों के भाववाद की संरचना की आश्चर्यजनक समानता का उल्लेख करते हुए मार्क्स ने कल्पनावादी (भाववादी) पद्धति और पूँजीवादी रोमांटिक पद्धति में इस समानता की चर्चा की थी कि *"...असल में ये दोनों ही वास्तविक मनुष्यों को अमूर्त दृष्टिकोणों में बदल देते हैं।"* वह एजेन सू पर यह आरोप लगाते हैं कि *"उसने पात्रों को यूँ गढ़ा है, मानो वे अपने विचारों, अपनी क्रियाओं के सचेतन प्रेरकों और उन लेखकीय इरादों का प्रतिपादन करने के लिए ही बने हैं, जिनके कारण लेखक उन्हें इस या उस तरीक़े से कार्रवाई करता हुआ दिखाता है।"* हिन्दी के अधिकांश दलित लेखकों की रचनाओं के बारे में ठीक यही बात कही जा सकती है, जो मार्क्स ने एजेन सू के बारे में कही है। उनके पात्र लेखकीय विचारों के यान्त्रिक प्रवक्ता मात्र होते हैं और इसी मानसिकता से जब वे प्रेमचन्द के लेखन को देखते हैं तो 'कफ़न' में उन्हें सामाजिक व्यवस्था की आलोचना के बजाय समूचे दलित समुदाय का अपमान दिखाई देता है तथा 'सद्गति' और 'ठाकुर का कुआँ' में भी उन्हें प्रेमचन्द के समय के ग्रामीण समाज के निर्मम, घृणास्पद यथार्थ की जगह दलितों के प्रति प्रेमचन्द की सवर्णवादी मानसिकता झाँकती नज़र आती है।

यह अपेक्षा करना कि 'ठाकुर का कुआँ' के दलित पात्रों को प्रेमचन्द कहानी के दायरे के भीतर कुएँ से पानी भरने के सवाल पर महाड़ सत्याग्रह जैसा कोई आन्दोलन संगठित करते हुए दिखाते, या 'सद्गति' के दलित पात्रों को दुक्खी की लाश न उठाने जैसे निष्क्रिय प्रतिरोध से कुछ आगे बढ़कर मुखर प्रतिरोध करता हुआ दिखाते, यथार्थवाद की हत्या से कम कुछ भी नहीं होता। यह तत्कालीन यथार्थ के भाववादी-कल्पनावादी-रोमांटिक चित्रण से अधिक कुछ भी नहीं होता। प्रसंगवश, यह भी याद दिला देना यहाँ ज़रूरी है कि महाड़ सत्याग्रह भी अपने समय के दलित-प्रतिरोध

की एक प्रतिनिधि घटना नहीं बल्कि एक प्रतीक-घटना था। दरअसल अपनी निम्न पूँजीवादी नकली क्रान्तिकारिता के चलते कल्पनावादी (भाववादी) पद्धति या पूँजीवादी रोमांटिक पद्धति का सहारा लेकर जो दलित मध्यवर्गीय लेखक हूबहू एजेन सू की तरह मनुष्यों को अमूर्त दृष्टिकोणों में बदल देते हैं और अपने पात्रों को यूँ गढ़ते हैं, मानो वे लेखकीय इरादों के प्रतिपादन के लिए ही बने हों, वे प्रेमचन्द से भी ऐसा ही करने की अपेक्षा करते हैं और ऐसा न होने पर उनके ऊपर दलित-विरोधी या सवर्णवादी या गांधीवादी करुणावादी होने का ठप्पा लगा देते हैं। जो लेखक रचना के दायरे के भीतर ही घटनाओं को उनकी भावी तार्किक परिणति तक या किसी किस्म के सुकूनतलब काल्पनिक समाधान तक पहुँचा देते हैं, उनके आशावाद के खोल के भीतर गहन पराजय-बोध और पलायन की वृत्ति छिपी होती है। या फिर यह एक निम्नपूँजीवादी रोमांटिक प्रवृत्ति होती है, जिसकी परिणति अन्ततः पराजय-बोध और पलायन में ही होनी होती है। सत्तर के दशक में हिन्दी कथा-साहित्य की वाम धारा काफी हद तक इस रोमांटिक और यूटोपियन आशावादी अतिरेक को झेल चुकी है। आज दलित-साहित्य इसका शिकार है।

जनता का साहित्य अनिवार्यतः प्रयोजनमुखी होता है, लेकिन अत्यधिक प्रयोजनमूलकता भी यथार्थवाद का निषेध ही करती है। इस विषय पर **मिन्ना काउत्स्की** को लिखे गए अपने पत्र में **एंगेल्स** ने लिखा है, *"...प्रयोजन को स्वयं परिस्थिति तथा कार्यकलाप में अपने को व्यक्त करना चाहिए, विशेष रूप से लक्षित किए बिना, और लेखक अपने द्वारा वर्णित सामाजिक टकरावों का भावी ऐतिहासिक समाधान पाठक के सामने तैयारशुदा रूप में प्रस्तुत करने के लिए कर्त्तव्यबद्ध नहीं है। साथ ही इतना और कहना भी ज़रूरी है कि हमारे यहाँ विद्यमान अवस्थाओं के अन्तर्गत उपन्यास अधिकतर बुर्जुआ मंडलियों के पाठकों को सम्बोधित किए जाते हैं, जो प्रत्यक्ष रूप से हमारी नहीं हैं। इसलिए समाजवादी प्रयोजनमूलक उपन्यास, मेरी दृष्टि में, उस समय अपने ध्येय की पूर्णतया पूर्ति करता है जब वह वास्तविक सम्बन्धों का सच्चा चित्रण कर इन सम्बन्धों के स्वरूप के बारे में हावी रहनेवाले प्रचलित भ्रमों को मिटा देता है, बुर्जुआ दुनिया के आशावाद को झकझोर देता है तथा अस्तित्वमान के आधार की शाश्वतता के बारे में शंका का समावेश करता है—भले ही लेखक ने इसके बारे में कोई निश्चित समाधान प्रस्तुत न किया हो, भले ही उसने कभी-कभी कोई पक्ष तक न लिया हो।"* (मिन्ना काउत्स्की के नाम एंगेल्स का पत्र, 26 नवम्बर, 1885)।

कई दलित लेखक दलित-जीवन विषयक प्रेमचन्द के लेखन की आलोचना इस आधार पर करते हैं कि अपने राजनीतिक-सामाजिक विचारों में प्रेमचन्द गांधीवादी थे, न कि अम्बेडकरवादी, इसलिए वे दलित जीवन के यथार्थ के वास्तविक चित्रण में सर्वथा अक्षम थे।

यह अपने आपमें एक प्रत्यक्षवादी (पॉजिटिविस्ट) दार्शनिक तर्क है। यदि ऐसा ही होता तो विचारों में राजतन्त्रवादी **बाल्ज़ाक** पूँजीवादी समाज की निर्मम आलोचना के साथ ही, अपनी कृतियों में, अपने प्रिय अभिजातों के पतन की अपरिहार्यता को चित्रित नहीं कर पाते, न ही वह अपने कटुतम राजनीतिक विरोधी जनतन्त्रवादी पात्रों को जनसाधारण के वास्तविक नायकों के रूप में प्रस्तुत कर पाते। एंगेल्स ने **मार्गरेट हार्कनेस** को लिखे गए अपने पत्र (अप्रैल, 1888) में अपनी वर्ग सहानुभूतियों और राजनीतिक पूर्वाग्रहों के विरुद्ध खड़े होने की इस परिघटना को *"यथार्थवाद की सबसे महती विजयों में से एक"* बताया है। वैरभावों से युक्त समाज में कला के वर्ग-स्वरूप पर गहन विचार प्रस्तुत करते हुए मार्क्स और एंगेल्स ने यह स्पष्ट किया था कि जिन बड़े लेखकों ने अपनी वर्ग-स्थिति और विचारों के बावजूद जीवन का वास्तविक चित्रण प्रस्तुत किया, निस्सन्देह उनके ऊपर सत्तारूढ़ वर्गों के हितों एवं विचारों का दबाव पड़ता था और इस नाते उन्हें अपनी कृतियों में गम्भीर रियायतें भी देनी पड़ती थीं लेकिन उनकी कृतियों के अभिलाक्षणिक अन्तरविरोध उनकी मात्र व्यक्तिगत मनोवैज्ञानिक स्थिति के ही नहीं बल्कि सामाजिक जीवन के वास्तविक अन्तरविरोधों के भी विचारधारात्मक प्रतिबिम्ब होते थे।

फिर यह देखने का सवाल बचा रह जाता है कि अपने इन अन्तरविरोधों के बावजूद **शेक्सपियर, गेटे** और **बाल्ज़ाक** जैसे महान लेखक शोषण की पूँजीवादी प्रणाली की बुराइयों की प्रचंड कलात्मक शक्ति के साथ आलोचना करने में सफल कैसे हो सके ? इसके कारणों की तलाश हमें मार्क्स की इस सुप्रसिद्ध स्थापना तक ले जाती है कि, *"पूँजीवादी उत्पादन आत्मिक उत्पादन के कुछ रूपों से, उदाहरण के लिए कला तथा काव्य से शत्रुता रखता है।"* ('बेशी मूल्य के सिद्धान्त')। इसकी व्याख्या करते हुए **क्रिलोव** लिखते हैं, "...शोषण की पूँजीवादी प्रणाली का स्वरूप ही उन मानवतावादी आदर्शों के गहन अन्तरविरोध में निहित है, जो सच्चे कलाकारों को प्रेरणा दिया करते हैं। कलाकार में अपने आदर्शों तथा पूँजीवादी यथार्थ के अन्तरविरोध के बारे में जितनी ही अधिक चेतना होती है, पूँजीवादी सम्बन्धों की अमानवीयता के प्रति उसका विरोध भरा स्वर (उसका वर्ग मूल चाहे कुछ भी हो) उतना ही अधिक तीव्र तथा स्पष्ट होता है। कला के प्रति बुर्जुआ समाज की शत्रुता बुर्जुआ साहित्य तक में इस या उस रूप में पूँजीवाद की आलोचना को जन्म देती है, उसमें पूँजीवादी यथार्थ का नाटकीय त्रासदीपूर्ण टकरावों से भरे यथार्थ के रूप में चित्रण किया जाता है ('साहित्य और कला' : मार्क्स-एंगेल्स की भूमिका)।

दलित लेखकों द्वारा राजनीतिक विचारों के आधार पर की जानेवाली प्रेमचन्द की उपरोक्त आलोचना की अवैज्ञानिकता की चर्चा करने के साथ ही, इस तथ्यगत भूल का भी उल्लेख ज़रूरी है कि प्रेमचन्द एक गांधीवादी थे। प्रेमचन्द की जिन रचनाओं पर गांधीवादी भाववादी मानवतावाद का सर्वाधिक सघन प्रभाव बताया जाता है, वे असहयोग आन्दोलन और राष्ट्रीय राजनीतिक पटल पर गांधी के नेतृत्व की स्थापना से

पहले लिखी जा चुकी थीं। गांधीवाद और अम्बेडकरवाद की विकास-प्रक्रिया के साथ-साथ प्रेमचन्द की चिन्तन-प्रक्रिया विकसित हुई थी और अपने आखिरी दौर तक कई मायनों में वह इनका अतिक्रमण कर चुके थे। 1934 में *'जागरण'* में दलित प्रसंग पर लिखे गए अपने अन्तिम लेख में वह वर्णव्यवस्था और धार्मिक पाखंड की जड़ खोदने को राष्ट्रीयता की पहली शर्त बताते हैं और न केवल विदेशी जुए से बल्कि विदेशी शासन से भी अधिक घातक ब्राह्मणवादी पाखंड के जुए से मुक्ति को स्वराज्य का उद्देश्य बताते हैं। 1936 में लिखित उनका लेख *'महाजनी सभ्यता'* पूँजीवादी वर्ग-वैषम्य पर चोट करता हुआ वर्ग से वर्ग तक की उनकी विचार-यात्रा को दर्शाता है। प्रेमचन्द के चिन्तन का अन्तर्निहित अन्तरविरोध यह था कि किसानों की जागृति और राष्ट्रीय आन्दोलन में गांधी की नेतृत्वकारी भूमिका से अभिभूत होते हुए भी वे वर्गीय सोच और वैज्ञानिक चिन्तन के पक्षधर थे और वह पक्षधरता क्रमशः ज्यादा से ज्यादा मुखर और विचारसम्मत होती चली गई थी। वर्णाश्रम और सनातन धर्म के प्रति गांधी की पक्षधरता के विपरीत उन्होंने ब्राह्मणधर्म की कटु आलोचना की थी। उनका आर्थिक चिन्तन गांधी से ज्यादा से ज्यादा दूर होता चला गया था। गांधीवाद के अमली रूप के अन्तरविरोधों और गांधीवादी अभिजातों के आचरण को उजागर करने में उन्होंने कभी कोई छूट नहीं दी। अपने निजी जीवन में वे नास्तिक थे और हर तरह के धार्मिक कर्मकांड के विरोधी थे। इन तथ्यों की पहले भी बार-बार चर्चा होती रही है और हाल ही में **वीरेन्द्र यादव** ने भी अपने एक लेख *'कुपाठ और विरोध के शोर में प्रेमचन्द'* (तद्भव, अगस्त 2004) में इनका विस्तार से उल्लेख किया है।

प्रेमचन्द के राजनीतिक विचारों में निहित अन्तरविरोधों की ऐतिहासिक विवेचना की जानी चाहिए, लेकिन तथ्यों के प्रति ईमानदार रुख अपनाना ज़रूरी है। इससे भी महत्त्वपूर्ण यह है कि किसी रचनाकार की रचना पर निर्णय उसके राजनीतिक विचारों के आधार पर नहीं दिया जाना चाहिए, बल्कि यह देखा जाना चाहिए कि उसके द्वारा किया गया सामाजिक यथार्थ का कलात्मक पुनर्सृजन कितनी वस्तुपरकता के साथ सामाजिक अन्तरविरोधों को और उसके प्रमुख पक्षों को प्रतिबिम्बित करता है, समाज-विकास की गतिकी को वह किस हद तक आत्मसात् और प्रस्तुत कर पाता है !

प्रेमचन्द को गांधीवादी सिद्ध करने के अतिरिक्त दलित लेखकों और उनके कुछ गैरदलित बड़बोले समर्थकों की आलोचना का एक आधार-तर्क यह भी है कि दलित जीवन के यथार्थ का प्रामाणिक चित्रण केवल एक दलित ही कर सकता है। यदि सचमुच ऐसा ही होता तो अश्वेतों के जीवन और संघर्ष पर **हावर्ड फास्ट** 'फ्रीडम रोड' जैसी महान् कृति की रचना नहीं कर पाते और **काउंट तोल्स्तोय** रूसी किसानों के जीवन के प्रामाणिक चित्र नहीं प्रस्तुत कर पाते और न ही 'आन्ना कारेनिना' में वे स्त्री-प्रश्न को उतनी महान अभिव्यक्ति ही दे पाते। वर्ग-अपचयनवाद (क्लास-रिडक्शनिज़्म) की तर्ज़

पर ही यह एक किस्म का वर्ण-अपचयनवाद ही है। इसके हिसाब से सिर्फ दलित दलितजीवन पर, सवर्ण सवर्णजीवन पर, मज़दूर मज़दूरों के बारे में, मध्यवर्ग मध्यवर्ग के बारे में आधिकारिक ढंग से, उसके पक्ष से, लिख सकता है। ऊपर हम इस बात की चर्चा कर चुके हैं कि किस प्रकार पूँजीवादी युग में सच्चे कलाकार अपनी रचनाओं में अपने राजनीतिक विचारों के साथ हैं, अपने वर्ग-मूलों का भी अतिक्रमण करते रहे हैं। लेकिन प्रेमचन्द की इस आधार पर की जानेवाली आलोचना की आलोचना को और व्यापक और बोधगम्य बनाने के लिए ज़रूरी है कि 'भोगे गए यथार्थ' 'अनुभव की प्रामाणिकता' जैसे पुराने, घिसे हुए नारों-फिकरों की एक बार फिर चर्चा की जाए, जिन्हें दलित लेखकों ने दशकों पुराने नयी कहानी आन्दोलन के मध्यमवर्गीय रोमांटिक सूत्रधारों से उधार लिया है। यथार्थ के वस्तुपरक अवगाहन के लिए उसका प्रत्यक्ष भोक्ता होना अनिवार्य शर्त है—यह संकीर्ण अनुभववाद वस्तुतः यथार्थवाद नहीं बल्कि प्रकृतवाद का बुनियादी तर्क है, जिसका दार्शनिक आधार बुर्जुआ प्रत्यक्षवाद का दर्शन है। यदि भोगे गए यथार्थ से दूरी लेकर, कुछ समय लेकर, उसके बारे में धारणा न बनाई जाए तो वह धारणा वस्तुपरक नहीं हो सकती। निकट से किसी भी वस्तु या परिघटना को खंड-खंड में ही जाना जा सकता है, समग्रता में नहीं। उसके बारे में कई बोध (परसेप्शन) बनाए जा सकते हैं, पर धारणा (कंसेप्शन) नहीं बनाई जा सकती। इसके लिए दक्-काल गत दूरी लेना आवश्यक होता है। इसके विपरीत, कई बार प्रेक्षक की स्थिति भोक्ता से भी अधिक वस्तुपरक हो सकती है। निस्सन्देह, भोक्ता होने के बाद यदि हम प्रेक्षक की तरह दूरी ले सकें तो वह ज़्यादा अनुकूल स्थिति होगी, लेकिन वस्तुपरक ढंग से धारणा बनाने की यह अनिवार्य शर्त नहीं हो सकती।

सवर्ण जाति का एक सामाजिक कार्यकर्ता सही मायने में जातिच्युत होकर दलित खेत-मज़दूरों की बस्ती में जाकर काम करता है और उनके जीवन और संघर्षों से जुड़ता है तो उनके आर्थिक शोषण के साथ ही सामाजिक-जातिगत अपमान के बारे में वह उस दलित अफसर, प्रोफेसर या बुद्धिजीवी से अधिक जानता-समझता है जो दलित होने के दंश को अपने समाज में झेलने के बावजूद आम दलित मेहनतकशों के जीवन से काफ़ी दूर हो चुका है। स्वानुभूति की प्रामाणिकता तभी हो सकती है, जब भोक्ता भोगी गई घटनाओं के वस्तुपरक विश्लेषण में सक्षम हो और यह तब तक नहीं हो सकता जब तक कि उक्त घटना की मूलकारक सामाजिक प्रक्रिया को समझ पाने में सक्षम वैज्ञानिक-ऐतिहासिक जीवन-दृष्टि और पद्धति भोक्ता के पास न हो। स्वानुभूति जीवन-दृष्टि का विकल्प नहीं हो सकती, न ही स्वानुभूति की बात करते हुए तदनुभूति (एम्पैथी) को सिरे से खारिज किया जा सकता है। स्वानुभूति पर अतिरिक्त बल देने के कारण ही दलित साहित्य और दलित राजनीति के पास आवेशपूर्ण प्रतिक्रिया या आत्मरक्षा की मुद्रा तो है, इसी व्यवस्था से रियासतें हासिल करने के तर्क तो हैं, या दलितों के अलग गाँव बसाने या धर्मान्तरण जैसे यूटोपियाई विकल्प तो हैं, लेकिन मुक्ति की ऐसी कोई परियोजना नहीं है जो जातिप्रथा को जड़मूल से समाप्त करने का

व्यावहारिक मार्ग सुझाती हो।

भोगे गए यथार्थ की प्रामाणिकता पर अतिरिक्त बल देनेवाले कुत्सित समाजशास्त्रीय नजरिए की खतरनाक परिणतियों पर सोचने के लिए प्रेरित करने के उद्देश्य से हम **ग्योर्गी लूकाच** की प्रसिद्ध पुस्तक **'समकालीन यथार्थवाद'** से लम्बा उद्धरण देना चाहेंगे, जहाँ उन्होंने यथार्थ-चित्रण की दो प्रविधियों–**'बाहर से'** उद्घाटन और **'भीतर से'** उद्घाटन की विस्तृत चर्चा की है–

"इसमें (यानी इन दो प्रविधियों में–का.) मानव चरित्र की सतही और गहरी पकड़ में भेद का सवाल नहीं है। स्विफ़्ट और साल्तिकोव-श्चेद्रिन जैसे महान व्यंग्यकारों ने हमेशा चरित्र को **'बाहर से'** *ही देखा। वास्तव में अपने व्यंग्य का निशाना बनी दुनिया की तमाम आत्मगत जटिलताओं में जाने से इनकार करना अच्छी व्यंग्यात्मक प्रातिनिधिकता की पूर्वशर्त है। लेकिन मैं जिस विरोध की बात कर रहा हूँ, वह अलग है। "बाहर" की पद्धति से एक लेखक व्यक्ति और व्यक्तिगत द्वन्द्वों पर आधारित एक प्रातिनिधिकता हासिल करता है और इस आधार से वह व्यापक सामाजिक अर्थवत्ता पर पहुँचता है। "अन्दर" की पद्धति सामाजिक अन्तरविरोधों के बीचोंबीच एक आर्किमिडियन बिन्दु खोजने की कोशिश करती है और फिर अपनी प्रातिनिधिकता को इन अन्तरविरोधों के विश्लेषण पर आधारित करती है।*

"अनेक यथार्थवादी लेखक इन दोनों ही पद्धतियों का प्रयोग करते हैं और ये दोनों पद्धतियाँ एक ही कलाकृति में साथ-साथ उपस्थित हो सकती हैं। डिकेंस इसका उदाहरण है। उसने अपने निम्नवर्गीय चरित्रों का उद्घाटन अन्दर से किया है तथा उच्च और मध्यवर्गीय चरित्रों का बाहर से। हो सकता है डिकेंस एक अपवाद हो। लेकिन यदि हम परिवेश की सामाजिक उत्पत्तियों का अध्ययन करना चाहें तो इसका उदाहरण काफ़ी शिक्षाप्रद हो सकता है। यह स्पष्ट है कि एक लेखक का समाज का अपना अनुभव जिस वर्ग पर आधारित होगा, वह उसकी आन्तरिक तस्वीर प्रस्तुत करने की कोशिश करेगा। वहीं दूसरे वर्गों को **बाहर से** *देखा जाएगा। लेकिन यह केवल एक सामान्यीकरण है। मसलन, तोल्स्तोय की विश्वदृष्टि शोषित रूसी किसान जनता के काफी करीब है। लेकिन वे निस्सन्देह कुलीन और अभिजात वर्ग के कुछ हिस्सों का चित्रण* **अन्दर से** *करते हैं।*

लूकाच ने आगे यह चर्चा की है कि सभी लेखक अपने निकटतम अनुभव की दुनिया को प्रायः **अन्दर से** प्रस्तुत करते हैं लेकिन महान यथार्थवादियों के "आन्तरिक" ज्ञान की पहुँच प्रायः इस सीमा का अतिक्रमण करती है। और हमें यह कहने में कोई हिचक नहीं है कि प्रेमचन्द को महान यथार्थवादियों की इस कोटि में रखा जा सकता है।

लूकाच के उक्त लम्बे उद्धरण के पीछे हमारा मन्तव्य यही है कि भोगे गए यथार्थ की एकमात्र प्रामाणिकता की जो शर्त दलित जीवन के यथार्थ चित्रण के लिए प्रस्तुत की जाती है और फिर जिस कसौटी पर प्रेमचन्द को भी खारिज कर दिया जाता है,

उसके सतही, यान्त्रिक, एकांगी और कुत्सित समाजशास्त्रीय चरित्र को भली भाँति पहचाना और समझा जाना चाहिए।

लूकाच का कहना था कि, *"अन्य क्षेत्रों की तरह साहित्य में भी वर्तमान की आलोचनात्मक समझ ही अतीत की समझ की कुंजी है।"* वर्तमान समाज में दलित प्रश्न की केन्द्रीय अन्तर्वस्तु और इसके आधार को समझ पाने में दलित लेखकों की असफलता ही उन्हें प्रेमचन्द के युग के दलित प्रश्न को नहीं समझने देती और उन्हें प्रेमचन्द की अविवेकी आलोचना के मुकाम तक पहुँचा देती है। आज के पूँजीवादी समाज में दलित-प्रश्न का केन्द्रीय सारतत्व उजरती गुलामी (वेज-स्लेवरी) है। क्रमिक विकास के रास्ते (भूमि सम्बन्धों में प्रशियाई जुंकर टाइप रूपान्तरण के रास्ते से) विकसित भारत के रुग्ण-विकलांग पूँजीवाद ने क्रान्तिकारी जनवादी मूल्यों के सृजन-पोषण के बजाय सभी मध्ययुगीन औपनिवेशिक मूल्यों-संस्थाओं को अपना लिया। पहले के बँधुआ गुलाम दलितों का 95 प्रतिशत हिस्सा आज पूँजी का उजरती गुलाम है, जिसके बर्बर शोषण के साथ ही सामाजिक उत्पीड़न पार्थक्य और अपमान की पुरानी प्रक्रिया आज भी जारी है। मात्र पाँच प्रतिशत दलित आबादी पूँजीवादी सुधारों की प्रक्रिया में खुशहाल मध्यवर्ग में शामिल हो गई है जो आर्थिक आधार पर अपने को ठीक-ठाक महसूस करती है, लेकिन सामाजिक अपमान और पार्थक्य को शिद्दत से महसूस करती है और इसलिए इस प्रश्न पर जोर-शोर से आवाज़ उठाती हुई दलित उत्पीड़न के आर्थिक आधार के विश्लेषण का मुखर विरोध करती है या उसके प्रति उपेक्षा का रुख अपनाती है। यह पाँच फीसदी खुशहाल मध्यवर्गीय दलित आबादी यह नहीं समझ पाती कि जब तक 95 प्रतिशत सर्वहारा-अर्द्धसर्वहारा दलित आबादी उजरती गुलामी की बेड़ियों से मुक्त नहीं होगी (और ऐसा वह अन्य जातियों के मेहनतकशों के साथ मिलकर ही कर सकती है) तब तक दलित मध्यवर्ग के सामाजिक अपमान और पार्थक्य की स्थिति को भी समाप्त नहीं किया जा सकता। यानी पूँजीवाद-विरोधी संघर्ष के एजेंडे पर दलित प्रश्न की उपस्थिति अनिवार्य है और दलित प्रश्न को पूँजीवाद-विरोधी संघर्ष से जुड़ना ही होगा। वर्तमान समय में दलित प्रश्न की इस केन्द्रीय कड़ी को नहीं पकड़ पानेवाले दलित लेखक औपनिवेशिक प्राक्-पूँजीवादी संरचना में भी दलित प्रश्न के सारतत्व को नहीं पकड़ पाते। ब्रिटिश भारत में दलित-उत्पीड़न का मूल आधार वह अर्द्धसामन्ती भूमि-सम्बन्ध था जिसके अन्तर्गत बँधुआ-बेगार दलितों को सहस्राब्दियों पुरानी गुलामी यथावत् मौजूद रही। निस्सन्देह ब्राह्मणवाद की वैचारिक-सामाजिक शक्ति उनकी स्थिति को बनाए रखनेवाली सबसे प्रचंड मनोगत शक्ति थी, लेकिन इस ब्राह्मणवाद का आधार भी प्राक् पूँजीवादी भूमि-सम्बन्धों की निरन्तरता में ही मौजूद था। मार्क्सवादियों पर आर्थिक अपचयनवाद की तोहमत लगाते हुए अम्बेडकरवादी दलित लेखक ब्राह्मणवाद की आलोचना और दलित जीवन का यथातथ्य चित्रण करते हुए न तो अतीत के सन्दर्भ

में सामन्ती भूमि-सम्बन्धी को, न ही आज के सन्दर्भ में पूँजीवादी उजरती गुलामी को, चर्चा-आलोचना के केन्द्र में लाते हैं। दलित जीवन के आर्थिक पहलू को यदि उनकी रचना कहीं छूती भी है तो उत्पादन-प्रक्रिया के किसी अलग-थलग ब्योरे के रूप में, या फिर इस तरह के बचकाने काल्पनिक समाधार के रूप में कि दलितों को अपने अलग गाँव बसाने चाहिए, जैसा कि मोहनदास नैमिशराय की एक कहानी में दिखलाया गया है। ऐसा इसलिए कि डॉ. अम्बेडकर ने भी कभी यह समाधान सुझाया था। इसी पोली-दलदली वैचारिक ज़मीन पर खड़े होकर हिन्दी के दलित लेखक प्रेमचन्द की आलोचना करते हैं और मुद्राराक्षसों की बिरादरी उनकी हौसला-अफजाई करती है। ब्राह्मणवाद, वर्णाश्रम व्यवस्था और दलितों के सामाजिक अपमान-पार्थक्य की निर्मम आलोचना प्रेमचन्द भी करते हैं, लेकिन वे यहीं तक रुके नहीं रहते। वे उन अर्द्धसामन्ती भूमि-सम्बन्धों का भी विरोध करते हैं जो उनके समय में ब्राह्मणवादी मूल्यों-संस्थाओं का बुनियादी आधार था। प्रेमचन्द जहाँ दलित जीवन के यथार्थ को सीधे विषय नहीं बनाते, वहाँ भी वे भूमि-सम्बन्धों पर सवाल उठाते हुए और रैडिकल भूमि-सुधार की बात करते हुए काश्तकार किसानों की समस्या के साथ ही दलित प्रश्न के समाधान की परियोजना भी प्रस्तुत करते नज़र आते हैं। प्रेमचन्द ने जाति के उन्मूलन के प्रश्न को व्यापक सामाजिक-आर्थिक परिप्रेक्ष्य में और पूँजीवादी-जनवादी क्रान्ति की व्यापक परियोजना के एक बुनियादी संघटक अवयव के रूप में देखा, जबकि आज के अधिकांश दलित लेखक उसे एक अलग-थलग, स्वतन्त्र-स्वायत्त सामाजिक प्रश्न के रूप में देखते हैं और उनकी रचनाएँ लम्बे समय से उत्पीड़न के यथातथ्य ब्यौरों-विवरणों, क्रोध और आवेश की अभिव्यक्तियों, प्रतिरक्षात्मक उपक्रमों और यूटोपियाई समाधानों के मुकाम पर ठिठकी हुई हैं। ठहराव के जिस मुकाम पर वे खड़े हैं, वहाँ से, आश्चर्य नहीं कि ज्यादा उग्र क्रान्तिकारी दलितवादी बनने के लिए कुछ लोग 'रंगभूमि'-दहन की घोषणा कर डालें। और फिर बची-खुची कोर-कसर पूरी करने के लिए मुद्राराक्षस जैसे लोग हैं ही।

जब भी आलोचना और विरोध की किसी धारा का वैचारिक आधार लम्बे समय तक कमज़ोर बना रहेगा और उस पर पुनर्विचार की कोशिश नहीं होगी तो उसकी तार्किक परिणति के तौर पर ऐसा कोई विचारहीन लेकिन आत्मघाती प्रहसन घटित हो सकता है जैसा 'रंगभूमि-दहन-प्रसंग' और प्रेमचन्द के विरुद्ध मुद्राराक्षसी कुत्सा-वमन के रूप में घटित हुआ है।

'रंगभूमि' का विरोध करनेवाले दलित साहित्य अकादमी के कर्ताधर्ताओं का कहना है कि उपन्यास में जाटव समुदाय के लोगों को 'चमार' सम्बोधित करके उन्हें अपमानित किया गया है। इन लोगों को शायद यह पता भी नहीं कि बिहार, पूर्वी उत्तर प्रदेश में इस जाति के लोग आज भी खुद की जाति चमार या हरिजन ही बताते हैं। 'जाटव' जातिनाम से वे प्रायः परिचित भी नहीं। प्रेमचन्द की कथाभूमि जो जनपद है और

'रंगभूमि' जिस काल की कहानी है, उसमें चमार का जातिसूचक संज्ञा के रूप में इस्तेमाल आम बात है। यह हमारे सामाजिक इतिहास की विशिष्टता है कि कोई शब्द जातिसूचक संज्ञा के रूप में भी इस्तेमाल होता है और सवर्णों द्वारा दी जानेवाली गाली के रूप में भी। 'रंगभूमि' में सामाजिक संरचना को बताने के लिए या फिर किसी पात्र द्वारा सम्बोधन के रूप में ही 'चमार' शब्द प्रयुक्त हुआ है। प्रेमचन्द का दोष यह था कि 1925 में पहली बार चमार दलित जाति के सूरदास को उन्होंने नायक बनाया और संघर्षशील जनता की अथक संघर्षशीलता का उसे प्रतीक बनाया। उस समय न तो दलित सम्बोधन अभी चलन में आया था, न ही हरिजन शब्द ही उतना लोकप्रिय हुआ था।

वीरेन्द्र यादव ने ऊपर उल्लिखित अपने लेख में यह बेहद प्रासंगिक प्रश्न उठाया है कि जिस समय *'निर्मला'* उपन्यास को पाठ्यक्रम से बाहर निकालनेवाले भगवाधारी गिरोह के मुखपत्र *'पाञ्चजन्य'* को सहसा प्रेमचन्द की चिन्ता सताने लगी है और उन्हें "राष्ट्रवाद" का आग्रही बताते हुए अपनाने की कोशिशें तेज हो गई हैं, ठीक उसी समय प्रेमचन्द को सवर्णवादी मानसिकता से ग्रस्त, दलित-विरोधी, नाजी समर्थक सिद्ध करते हुए उन्हें दलितों-मेहनतकशों से छीनकर साम्प्रदायिक फासीवाद के पाले में धकेलनेवालों के असली चेहरों की शिनाख़्त की जानी चाहिए। अपनी मौलिक घोषणाओं को सिद्ध करने के लिए मुद्राराक्षस ने तथ्यों में जो भयंकर शातिराना तोड़-मरोड़ किया है, उसे वीरेन्द्र यादव ने बहुत अच्छी तरह से उजागर किया है, इसलिए उन बातों को यहाँ दुहराने से बेहतर यही होगा कि मित्रों से आग्रह किया जाए कि वे उस लेख को अवश्य पढ़ें। यही नहीं, मुद्राराक्षस के पैंतरापलट को भी वीरेन्द्र यादव ने अच्छी तरह से एक्सपोज़ किया है। दलितों के प्रति गैरज़रूरी अपमानजनक सम्बोधन और उनके जीवन के यथार्थ को शहरी मध्यवर्गीय चश्मे से देखकर किए गए विकृत-अपमानजनक वर्णन के लिए तो वास्तव में मुद्राराक्षस की कुछ कृतियों को जलाने का काम दलित साहित्य अकादमी के सूरमाओं को करना चाहिए था। ग़ौरतलब यह भी है कि मुद्राराक्षस 'रंगभूमि' का और बड़े पैमाने पर विरोध करने का "सद्विचार" ठीक उसी समय उचार रहे हैं जबकि **विजय मोहन सिंह** प्रेमचन्द पर *'गोदान'* उपन्यास में भूमि और किसानों की वास्तविक समस्या से दूर होकर गोदान की भावुक धार्मिक भूमि पर उतर आने का लांछन लगा रहे हैं और **नन्दकिशोर नवल** राजनीतिक-सामाजिक दृष्टि के "दुराग्रह" को छोड़कर, मानवीय संवेदना के व्यापक दायरे के मद्देनज़र **जैनेन्द्र, अज्ञेय** और **निर्मल वर्मा** के कथा-साहित्य को भी प्रेमचन्द की परम्परा में समाविष्ट करने का आग्रह कर रहे हैं।

विज्ञान और दर्शन की एक सामान्य पद्धति यह है कि चीज़ों की वास्तविक पहचान के लिए अन्य चीज़ों से उनके रिश्तों की, उनके अन्तर्सम्बन्धों की पहचान-पड़ताल की जाती है। प्रेमचन्द आज एक ही समय में कुछ नई व्याख्याओं व पुनर्मूल्यांकनों के शिकार हो रहे हैं, कुछ नए विरोधों के निशाना बन रहे हैं और कुछ ऐसी परम्पराओं से उनके जुड़ावों के आविष्कार हो रहे हैं, जिनके बारे में अब तक कोई सोच भी नहीं सकता था। यह सब कुछ ऐसे समय में हो रहा है जब प्रगति और प्रतिक्रिया के बीच की

विभाजक रेखाओं को हर स्तर पर मिटाने और धूमिल करने का खेल हो रहा है और तरह-तरह से विचारधारा के प्रश्न को दरकिनार किया जा रहा है। इसलिए यह समझना कोई कठिन नहीं कि हमले का निशाना प्रेमचन्द नहीं बल्कि जनता की संस्कृति है, उसके मुक्ति संघर्ष की धारा है। जो लोग प्रेमचन्द को दलितों की ऐतिहासिक परम्परा से काटकर अलग करना चाहते हैं वे दलित-संस्कृति और दलित-मुक्ति की किसी भी परियोज़ना के ऐसे शत्रु हैं जो भीतर से घात करते हैं।

कुपाठ और विरोध के शोर में प्रेमचन्द

वीरेन्द्र यादव

*"**गोदान** में प्रेमचन्द भूमि और किसानों की वास्तविक समस्याओं से दूर हटते हुए गाय और गोदान की भावुक भूमि पर उतर आते हैं, जहाँ उसके खेतिहर नायक होरी का 'सपना' बैल नहीं, गाय खरीदना हो जाता है। उसकी तेजस्विनी नायिका धनिया की गाय की पूँछ पकड़कर पति को वैतरणी पार कराने की आकांक्षा भी पूरी नहीं हो पाती।"*–विजय मोहन सिंह, (भेद खोलेगी बात ही, पृ. 16)

"क्या प्रेमचन्द की परम्परा इतनी संकीर्ण है कि उसमें जैनेन्द्र अज्ञेय का समावेश नहीं हो सकता ?... सामाजिक और राजनीतिक दृष्टि छोड़कर एक बार साहित्यिक दृष्टि से जैनेन्द्र, अज्ञेय और निर्मल वर्मा के कथा-साहित्य पर विचार किया जाए और यह देखा जाए कि क्या वे वाकई प्रेमचन्द की मानवीय संवेदना के व्यापक दायरे से बाहर हैं।"–नन्दकिशोर नवल (कसौटी, अंक 10, पृ. 5-6)

"रंगभूमि" का जैसा विरोध किया जा रहा है, उससे ज्यादा बड़े पैमाने पर किया जाना चाहिए।–मुद्राराक्षस (हिन्दुस्तान, लखनऊ, 1 अगस्त, 2004)

उपरोक्त मंतव्यों और दिल्ली की दलित साहित्य अकादमी द्वारा 'रंगभूमि' उपन्यास को जलाए जाने की घटना के साथ प्रेमचन्द एक बार फिर विवादों के घेरे में हैं। दिलचस्प तथ्य यह है कि जिन भगवा ताकतों के इशारे पर मात्र एक वर्ष पूर्व प्रेमचन्द के उपन्यास 'निर्मला' को पाठ्यक्रम से बाहर करने के प्रयास हुए थे, उन्हीं भगवाधारियों के मुखपत्र 'पाञ्चजन्य' को सहसा प्रेमचन्द के अपमान की चिन्ता सताने लगी और जो 'प्रेमचन्द की विरासत' को ओढ़ते-बिछाते थे उनमें से कई विरोध की मुद्रा अपनाने लगे हैं। 'पाञ्चजन्य' के 25 जुलाई, 2004 के अंक में गांधी और प्रेमचन्द के बड़े रेखाचित्रों के साथ 'गांधी और प्रेमचन्द का अपमान' शीर्षक से डॉ. कमलकिशोर गोयनका का एक लेख प्रकाशित हुआ है जिसमें 'निर्मला' उपन्यास के हटाए जाने पर 'वामपंथी लेखकों के अभद्रतापूर्ण प्रदर्शन' की चर्चा के साथ प्रेमचन्द की कहानी 'ठाकुर का कुँआ' पर इन्दिरा गांधी राष्ट्रीय मुक्त विश्वविद्यालय द्वारा तैयार कराए गए पाठ की कुछ विसंगतियों पर ध्यान आकृष्ट करते हुए वामपंथी प्राध्यापकों की पाठ्यक्रम विशेषज्ञ समिति तथा उसका गठन करनेवाले विभाग को जिम्मेदार ठहराया गया है। इसके पूर्व 'पाञ्चजन्य' के 27 जून, 2004 के अंक में भी 'भारत में साम्यवाद की दस्तक : भारतीय

ज्ञान धारा पर प्रहार' शीर्षक लेख के साथ प्रेमचन्द का चित्र प्रकाशित किया गया है जिसके नीचे दर्ज है–'राष्ट्रवाद का पुरजोर आग्रह–मुंशी प्रेमचन्द।' उल्लेखनीय तथ्य यह है कि इस सम्पूर्ण लेख में प्रेमचन्द पर एक-दो सूचनात्मक जानकारी के अलावा कोई मूल्यगत मत अभिव्यक्त किए बिना यह निष्कर्ष प्रतिपादित किया गया है–"विभाजन के बाद शेष बचे देश में स्वतंत्र हिन्दू सत्ता स्थापित होती लेकिन यूरोपीय राष्ट्रवाद के पोषकों ने साम्यवाद के नाम पर ऐसा नहीं होने दिया।"

प्रेमचन्द के 'स्वीकार' और वामपंथ पर प्रहार की यह भगवा मुद्रा और 'रंगभूमि' के विरोध की यह 'दलित' मुद्रा भले ही दो छोरों पर टिकी लगती हो, लेकिन उसका मूल धरातल एक ही है। यह है प्रेमचन्द का वह कुपाठ जिसके निष्कर्ष हैं कि "प्रेमचन्द सवर्णवादी मानसिकता से ग्रस्त थे।"/(मुद्राराक्षस)... "प्रेमचन्द की परम्परा जैसी कोई चीज न थी, जो भी थी वह साहित्य की परम्परा थी।" (नन्दकिशोर नवल)... " 'गोदान' की प्रविधि पर फिल्मी प्रभाव इतना अधिक है कि यह दृश्यबन्ध अनेक स्थलों पर हास्यास्पद हदों तक पहुँच जाता है।" (विजयमोहन सिंह) यह अजब त्रासद विडम्बना है कि जिन प्रेमचन्द को दलित पक्षधरता के कारण अपने जीवन काल में 'ब्राह्मण द्वेषी' व 'हिन्दू द्रोही' कहा गया था, आज उनकी मृत्यु के सात दशकों के बाद दलितों के ही एक खेमे द्वारा उनके उपन्यास 'रंगभूमि' को जलाने का दुस्साहस किया गया है। और इस 'दिव्य दाह' की पुरोहिताई की हड़बड़ी में दलितवाद के गैर दलित सिद्धान्तकार मुद्राराक्षस ने तो कुछ मौलिक घोषणाएँ तक कर डालीं। प्रकारान्तर से उनके निष्कर्ष हैं कि प्रेमचन्द वर्णाश्रमी व्यवस्था, बालिका विवाह और नाजी समर्थक होने के साथ-साथ दलित विरोधी भी थे। प्रेमचन्द की 125वीं जन्मतिथि (31 जुलाई, 2004) के अवसर पर लखनऊ में आयोजित प्रगतिशील लेखक संघ की गोष्ठी में उन्होंने प्रेमचन्द की कुछ तात्कालिक टिप्पणियों के आधे अधूरे हवाले से इसे सिद्ध करने की भ्रमात्मक चेष्टा भी की। अगले दिन समाचार पत्रों में 'रंगभूमि' के विरोध को उचित ठहराते हुए, इस विरोध को उग्रतर करने के उनके बयान भी छपे। 'प्रेमचन्द-पुनर्पाठ क्यों नहीं' शीर्षक अपनी टिप्पणी (राष्ट्रीय सहारा, 8 अगस्त, 2004) में उन्होंने अपने इन विचारों को सूत्रबद्ध भी किया।

बावजूद इस तथ्य के कि देश के प्रमुख दलित बुद्धिजीवी व लेखक तथा अधिकांश दलित संगठनों ने 'रंगभूमि' विरोधी 'दिव्यदाह' की इस मुद्रा को न तो समर्थन दिया और न ही इसे उचित ठहराया; यह तथ्य अवश्य विचारणीय है कि प्रेमचन्द का यह विरोध क्यों ? यहाँ यह तथ्य भी स्मरणीय है कि जनवरी 1925 में प्रकाशित 'रंगभूमि' हिन्दी का वह पहला उपन्यास है जिसका नायक 'सूरदास' चमार दलित जाति का है। यह दलित नायक भारत की संघर्षशील जनता के उस अथक संघर्ष का प्रतीक है जो जीवन के अन्तिम क्षण तक अपनी भूमि की रक्षा करते हुए प्राणोत्सर्ग कर देता है।

'रंगभूमि' के विरोध को लेकर दलित साहित्य अकादमी के प्रवक्ताओं का कहना है कि उपन्यास में जाटव समुदाय के लोगों को चमार उल्लिखित किया गया है जो उनकी भावनाओं को आहत करता है। दो राय नहीं कि जहाँ चमार एक जातिसूचक संज्ञा है,

वहीं भारतीय सवर्ण समाज इसे एक गाली के रूप में भी इस्तेमाल करता है। लेकिन यह विवेक तो रखना पड़ेगा कि कौन इसे जातिसूचक शब्द के रूप में इस्तेमाल कर रहा है, कौन गाली के रूप में ! क्या विडम्बनात्मक नहीं है कि जिस जाति अस्मिता पर दलित आन्दोलन टिका हुआ है उसी जाति सम्बोधन को लेकर प्रेमचन्द पर इतना कोप ! क्या होगा जे.डब्ल्यू. ब्रिग्स की किताब 'चमार' का जिसमें चमार जाति का सम्पूर्ण इतिहास, समाजशास्त्र व संस्कृति दर्ज है। फिर 'रंगभूमि' में तो चमार संज्ञा का प्रयोग सामाजिक संरचना को बताने के लिए किया गया है या पात्रों द्वारा किए गए सम्बोधन के रूप में। उदाहरण के लिए उपन्यास की पात्र जैकब द्वारा यह कहा जाना कि, "अरे अरे चमारो, बैठे मुँह क्या ताकते हो, जाकर साहब को खबर क्यों नहीं देते।" (पृ. 101) या कि "चमारों ने इस तरह दौड़-धूप की मानो उनका कोई अपना इष्ट मित्र हो।" (पृ. 102) उल्लेखनीय तथ्य यह भी है कि 'रंगभूमि' में सूरदास व मिठुआ से लेकर चमार जाति के अन्य गौण पात्रों तक का चित्रण प्रेमचन्द ने सहानुभूति के साथ किया है जबकि ब्राह्मण व अहीर आदि जातियों के विरुद्ध कठोर टिप्पणियाँ की हैं। कारण स्पष्ट है कि वर्णाश्रमी संरचना के शोषण तन्त्र का खुलासा करते हुए उनकी सहानुभूति दलित समुदाय के साथ थी न कि सवर्ण समाज और उनके लठैतों के साथ। दलितेतर जातियों के प्रति उपन्यास की कुछ टिप्पणियाँ यूँ हैं, "मैंने यहाँ तक सुना है कि कितने ही ब्राह्मण, जो जमींदार हैं, घर से खाली हाथ मुकदमे लड़ने चलते हैं, दिन भर कन्या के विवाह के बहाने या किसी सम्बन्धी की मृत्यु का हीला करके भीख माँगते हैं, शाम को नाज बेचकर पैसे खड़े कर लेते हैं, पैसे जल्द रुपए बन जाते हैं और अन्त में कचहरी के कर्मचारियों और वकीलों की जेब में चले जाते हैं।" (पृ. 15) "यहाँ ताड़ी जितनी ही सड़ती है, उतना ही उसका मोल बढ़ता है। सिरका बन जाता है तो रुपए बोतल बिकता है, और बड़े-बड़े जनेऊधारी लोग खाते हैं।" (पृ. 25)

दरअसल प्रेमचन्द अपने कथा-साहित्य में पुरुष आधिपत्य वाले जिस सवर्णवादी समाज का क्रिटीक रचते हैं, वह जाति व वर्णगत संरचना को अनावृत किए बिना संभव नहीं है। वे वर्णाश्रमी व्यवस्था के उस ब्राह्मणवादी घटाटोप का भेदन करते हैं जो हिन्दू समाज की समरसता की आड़ में सवर्ण समाज के आधिपत्य को बरकरार रखता है। 'गोदान' के होरी, महतो, 'सवा सेर गेहूँ' के शंकर कुर्मी व 'सद्‌गति' के दुखी चमार की त्रासद नियति से साक्षात् के लिए जरूरी है कि उस वर्णाश्रमी शोषण तन्त्र को जानना जो ब्राह्मण को शक्ति-सम्पन्न बनाता है और शूद्र को विपन्न। 'सवा सेर गेहूँ' कहानी में विप्र महराज द्वारा भगवान के घर कर्ज चुकाने की धमकी से "शंकर काँप उठा।...एक तो ऋण वह भी ब्राह्मण का, बही में नाम रह गया तो सीधे नरक में जाऊँगा, इस ख्याल से ही उसे रोमांच हो गया। बोला महराज, तुम्हारा जितना होगा यहीं दूँगा, ईश्वर के यहाँ क्यों दूँ, इस जनम में तो ठोकर खा ही रहा हूँ, उस जनम के लिए क्यों काँटे बोऊँ ?" दलित की यह धर्मभीरुता ब्राह्मण महाजन का व्यापारिक कौशल कैसे बन जाती है इस पर 'अछूतों को मंदिरों में जाने देना पाप है—वर्णाश्रम स्वराज संघ

का आन्दोलन' शीर्षक अपनी टिप्पणी में प्रेमचन्द कहते हैं–"किसी ब्राह्मण महाजन के पास उसी का भाई ब्राह्मण असामी कर्ज माँगने जाता है, ब्राह्मण महाजन एक पाई भी नहीं देता, उस पर उसका विश्वास नहीं है। वह जानता है, इसे रुपए देकर इससे वसूल करना मुश्किल हो जाएगा। उसी ब्राह्मण महाजन के पास एक अछूत असामी जाता है और बिना किसी लिखा-पढ़ी के रुपए ले आता है। ब्राह्मण को उस पर विश्वास है। वह जानता है, यह बेईमानी नहीं करेगा।" (विविध प्रसंग, भाग दो, पृ. 449)

यहाँ रोचक तथ्य यह है कि जाति के उल्लेख के कारण 'रंगभूमि' के जलाए जाने के समर्थन में बयान देनेवाले मुद्राराक्षस स्वयं अपने उपन्यास 'दंडविधान' में दलित जातियों का उल्लेख इन शब्दों में करते हैं, "कौन नहीं पकड़ता है चमारटोली की औरत ऐ ? सतीश कि राघव कि इन्दर कि तुम। भंगी चमार साला किसकी औरत किसने छोड़ी है ऐं ?" (दंडविधान, पृ. 21) नाटक 'आला अफसर' में भी वे अपनी पात्र से कहलाते हैं–"मैं धोबन सरकार की हरिजन मेरी जात। मुझ पर ढाता जुल्म है चेयरमैन दिन रात" (पृ. 78) अन्तर मात्र इतना है कि जहाँ प्रेमचन्द जातिगत संरचना को सामाजिक जीवन, आचार-व्यवहार व जीवन शैली के साथ घुला-मिलाकर प्रस्तुत करते हैं, वहीं मुद्राराक्षस इस पर नगरीय मध्यवर्गीय दृष्टि का मुलम्मा चढ़ाते हैं। उदाहरण के लिए दलित जीवन के खान-पान का वर्णन वे अपने उपन्यास में कुछ यूँ करते हैं, "गेहूँ के इस्तेमाल के अकसर वे अकल्पनीय तरीके निकाल लेते थे, मसलन उसके आटे की रोटियाँ बनाने से पहले वे उसे छान लेते थे। चोकर को वे सावधानी से हाँडी में इकट्ठा रखते थे। इस चोकर से किसी खास दिन बहुत खास तरह का पकवान बना लेते थे। चोकर भिगो देने पर दूधिया सफेद पानी निकल आता था। इस पानी को आग में गाढ़ा करने पर एक खास तरह की लेई जैसी बन जाती थी। इसमें थोड़ा-सा गुड़ मिला देने पर एक भद्दी किस्म की जेली व कस्टर्ड के बीच की कोई चीज तैयार हो जाती थी।" (पृ. 39) दलित पाकशास्त्र की इस बानगी के बाद दलित हाउसकीपिंग का वृत्तान्त मुद्राराक्षस के शब्दों में इस प्रकार है–"अन्नू की बीवी ने थोड़ा-सा गोबर फर्श पर रखकर हथेली से फैला दिया। रामचरण ने उस पर लोटे से पानी डाल दिया। फुर्ती के साथ उस गोबर का पतला घोल करने के बाद अन्नू की बीवी ने उसे दूर तक फैला दिया और तुरन्त ही हथेली से दबाव देकर उसे एक तरफ समेटने लगी। इस तरह गोबर समेट लेने के बाद कच्ची जमीन पर गोबर की हल्की साफ परत चिपक गई।" (पृ. 63) जी हाँ, यह और कुछ नहीं दलित द्वारा गोबर से घर लीपने का एक दृश्य है। भले ही जेली व कस्टर्ड तथा पतले घोल की पदावली में परिभाषित इस दलित जीवन शैली का रिश्ता 'दंडविधान' उपन्यास की घुमंतू मुसहर जाति से हो या न हो, इसका रिश्ता दलित यथार्थ के अंग्रेजी बाजार से जरूर है। कोई आश्चर्य नहीं यदि 'जेली व कस्टर्ड' का यह दलित यथार्थ पेंग्विन प्रकाशन द्वारा अंग्रेजी में 'दि हंटेड' नाम से प्रकाशित होकर बाजारू बना। जरूरत है दलित यथार्थ के इस विकृतीकरण व व्यापारीकरण के विरुद्ध दलित अभियान की, न कि प्रेमचन्द को कटघरे में खड़ा करने की।

दलित नेतृत्व की होड़ में मुद्राराक्षस प्रेमचन्द को वैचारिक अखाड़े में खींच ले जाते हैं और वहाँ अम्बेडकर दाँव से उन्हें चित्त करना चाहते हैं। उन्हें प्रेमचन्द से शिकायत है कि वे अपने लेखन में न तो अम्बेडकर का उल्लेख करते हैं और न ही गांधी की आलोचना। दरअसल प्रेमचन्द ने इतना विपुल साहित्य रचा है कि उसे पढ़ने व आत्मसात करने के लिए धैर्य व अन्तर्दृष्टि जरूरी है। यदि यह होता है तो मुद्राराक्षस प्रेमचन्द पर अंबेडकर की अनदेखी का आरोप न लगाते। 19 सितम्बर, 1932 के 'जागरण' में 'गांधी जी का तप' शीर्षक टिप्पणी में प्रेमचन्द ने अम्बेडकर से अन्य बातों के साथ गांधी की प्राण रक्षा के बारे में यह कहा था–"हमें विश्वास है कि डॉ. अम्बेडकर और मि. श्रीनिवासन भी राष्ट्र की इस याचना को अस्वीकार न करेंगे।" (विविध प्रसंग, पृ. 440) इसी प्रकार 'हरिजनों के मंदिर प्रवेश का प्रश्न' शीर्षक टिप्पणी (जागरण, 14 नवम्बर, 32) में उन्होंने लिखा कि–"...डॉ. अम्बेडकर ने महात्माजी से इस विषय में मतभेद प्रकट करते हुए कहा है कि अछूतों को मन्दिर प्रवेश की उतनी जरूरत नहीं है, जितनी इस बात की कि साधारण हिन्दू उनसे सज्जनता का व्यवहार करें और उन्हें अपने बराबर समझें।" (विविध प्रसंग, पृ. 446) 'गोलमेज परिषद में गोलमाल' शीर्षक अपनी टिप्पणी में प्रेमचन्द ने यह भी लिखा–"डॉक्टर साहब तो विद्वान आदमी हैं, क्या वह यह नहीं जानते कि विजेताओं ने हमेशा कमजोरों को दबाया है।" (विविध प्रसंग, भाग दो, पृ. 373)

जहाँ अम्बेडकर से प्रेमचन्द का उपरोक्त संवाद जारी रहा, वहीं उन्होंने 'पूना पैक्ट' के आसपास के 'हंस' के एक अंक में डॉ. अम्बेडकर का चित्र भी मुखपृष्ठ पर प्रकाशित किया। किसी पत्रिका के मुखपृष्ठ पर डॉ. अम्बेडकर का चित्र प्रकाशित होने की यह पहली घटना थी। यहाँ यह उल्लेख इसलिए नहीं कि अब अम्बेडकरवाद की कसौटी पर प्रेमचन्द को खरा सिद्ध किया जाना है, बल्कि इसलिए कि लोगों को जानकारी हो कि प्रेमचन्द किस तरह अपने समय व समाज में हस्तक्षेपकारी भूमिका का निर्वाह कर रहे थे। साथ ही इसलिए भी कि प्रेमचन्द का दलित दृष्टिकोण से कुपाठ करनेवालों के प्रति भी सतर्कता बरती जा सके।

इस सम्बन्ध में मुद्राराक्षस द्वारा दलित प्रसंग में प्रेमचन्द के कुपाठ की यह चर्चा भी आवश्यक है। उन्होंने प्रेमचन्द के दो उद्धरणों द्वारा यह सिद्ध करने की कोशिश की कि दलितों को लेकर प्रेमचन्द की सोच दकियानूसी हिन्दू से आगे की न थी। राष्ट्रीय सहारा (8 अगस्त, 2004) के अपने लेख में मुद्राराक्षस ने लिखा है–"वे (प्रेमचन्द) मानते हैं कि शूद्र में गन्दी आदतें होती हैं, वे गन्दा काम करते हैं यानी शूद्र गन्दा काम अपनी आदत के कारण करता है। बस्ती में मरे जानवर की सफाई करता है, पाखाना उठाता है, यह सब इसलिए कि वह स्वभाव और चरित्र से गन्दा होता है। ब्राह्मण क्षत्रिय पवित्र आदतोंवाले होते हैं, इसलिए पाखाना नहीं उठाते।" प्रेमचन्द के बारे में मुद्राराक्षस के ये निष्कर्ष शरारतपूर्ण और दलितों को भड़कानेवाले हैं। सच यह है कि मुद्राराक्षस के इन निष्कर्षों के ठीक उलट प्रेमचन्द का कहना था–"कहा जाता है कि अछूतों की आदतें

गन्दी हैं, वे रोज स्नान नहीं करते, निषिद्ध कर्म करते हैं आदि। क्या जितने सछूत हैं, वे रोज स्नान करते हैं, क्या कश्मीर और अल्मोड़ा के ब्राह्मण रोज नहाते हैं ? हमने इसी काशी में ऐसे ब्राह्मणों को देखा है, जो जाड़ों में महीने में एक बार स्नान करते हैं। फिर भी वे पवित्र हैं। यह इसी अन्याय का प्रायश्चित है कि संसार के अन्य देशों में हिन्दू मात्र को अछूत समझा जाता है। फिर शराब क्या ब्राह्मण नहीं पीते। इसी काशी में हजारों मदसेवी ब्राह्मण–और वह भी तिलकधारी–निकल आएँगे, फिर भी वे ब्राह्मण हैं। ब्राह्मणों के घरों में चमारियाँ हैं, फिर भी उनके ब्राह्मणत्व में बाधा नहीं आती, किन्तु अछूत नित्य स्नान करता हो, कितना भी आचारवान हो, वह मन्दिर में नहीं जा सकता। क्या इसी नीति पर हिन्दू धर्म स्थिर रह सकता है ?" (विविध प्रसंग, भाग दो, पृ. 449) और यह भी कि "अछूत इसीलिए तो अछूत हैं कि वे जनसमाज के स्वास्थ्य के लिए उनके घरों की सफाई करते हैं, उनकी सेवा करते हैं। उनमें और अछूतों में क्या अन्तर है ? जैसे वे मनुष्य हैं, अछूत भी हैं। यदि अछूत उनके घर का मलमूत्र साफ करते हैं, तो वे भी तो इस कार्य से वंचित नहीं हैं। वे भी तो रोज सुबह सबसे पहले यही काम करते हैं। बाल-बच्चों के घर में प्रायः सभी वर्ण की स्त्रियों को यह कर्म करना पड़ता है। रोग काल में भी मलमूत्र उठाने का काम प्रायः घर के लोग ही करते हैं।...फिर क्यों इस दुर्विचार का पोषण किया जाता है, क्यों अपने ही हाथों अपने पैरों को काटने की कोशिश की जाती है ?...एक स्वार्थ ही इसका कारण है।...वे स्वार्थ के जिस सुन्दर खिलौने से बच्चों की तरह खिलवाड़ कर रहे हैं, वह असल में डायनामाइट है, जो उनकी सात पुश्तों को ध्वस्त कर डालेगा।" (वही, पृ. 441) एक अन्य उद्धरण द्वारा तो मुद्राराक्षस ने प्रेमचन्द के वर्णाश्रमी होने का भ्रम भी पैदा किया। सन्दर्भित उद्धरण यूँ हैं–"भारतीय राष्ट्र का आदर्श मानव शरीर है जिसके मुँह, हाथ, उदर और पाँव ये चार अंग हैं। इनमें से किसी एक अंग के विच्छेद हो जाने से देह अपंग या निर्जीव हो जाएगी। हमारे शूद्र भाई इस देह रूपी राष्ट्र के पाँव ही कट जाएँ, तो देह की क्या गति होगी ?" पूना पैक्ट के पूर्व महात्मा गांधी द्वारा किए गए आमरण अनशन की पृष्ठभूमि में लिखित 'महान तप' शीर्षक लेख के इस अंश को प्रेमचन्द की वर्णाश्रमी मानसिकता का साक्ष्य मानना कुतर्क और कुपाठ का ही नमूना है। कारण यह कि इन पंक्तियों का सन्दर्भ दलितों के लिए 'पृथक निर्वाचन' बनाम 'सम्मिलित निर्वाचन' की बहस और गांधी के उस 'महान तप' से है जिसके दबाव में अंबेडकर को पूना समझौते के लिए सहमत होना पड़ा था। इस लेख को लिखते हुए प्रेमचन्द की प्रमुख चिन्ता गांधी की प्राण रक्षा और अछूतों को हिन्दुओं से अलग न करने की थी। लेख के लिखने के डेढ़ वर्ष बाद प्रेमचन्द ने 8 जनवरी, 1934 के 'जागरण' में दलित प्रसंग पर अपना अन्तिम लेख लिखा जिसका शीर्षक था 'क्या हम वास्तव में राष्ट्रवादी हैं ?' और उपशीर्षक में यह स्थापना की थी– "टके पंथी पुजारी, पुरोहित और पंडे हिन्दू जाति के कलंक हैं।" अपने इस लेख में उन्होंने यह घोषणा की थी कि "राष्ट्रीयता की पहली शर्त वर्णव्यवस्था ऊँच-नीच के भेद और धार्मिक पाखंड की जड़ खोदना है।" (वही, पृ. 476) क्योंकि "हमारा स्वराज्य केवल

विदेशी जुए से अपने को मुक्त करना नहीं है, बल्कि उस सामाजिक जुए से भी–इस पाखंडी (ब्राह्मणवादी) जुए से भी जो विदेशी शासन से कहीं घातक है।" (वही)

वर्णव्यवस्था को जड़ से खोदने के प्रेमचन्द के इस उद्घोष को यदि उनके 'महाजनी सभ्यता' (1936) लेख के साथ पढ़ा जाए तो यह सुस्पष्ट है कि प्रेमचन्द ने किस तरह वर्ण से वर्ग तक की यात्रा तय की थी। इस प्रसंग में यह ध्यान रखना जरूरी है कि प्रेमचन्द, गांधी व अम्बेडकर के समकालीन थे और उनका निधन 1936 में इन दोनों के जीवन काल में ही हो गया था। इसलिए प्रेमचन्द के साहित्य में अम्बेडकर की माँग और उन्हें गांधीवाद की सीमाओं में कैद सिद्ध करना अपने बौद्धिक हठ का परिचय देना है। कारण यह कि प्रेमचन्द के जीवनकाल में अम्बेडकरवाद और गांधीवाद दोनों ही निर्माण की प्रक्रिया में थे। प्रेमचन्द इनके उपजीव्य न होकर इनसे लगातार क्रिया-प्रतिक्रिया करते थे। इस सन्दर्भ में दलित लेखक कंवल भारती का यह निष्कर्ष सटीक है कि "प्रेमचन्द जिस प्रगतिशीलता को लेकर चल रहे थे, वह भले ही अंबेडकरवादी न हो, पर उसके निकट जरूर है।" (दलित विमर्श की भूमिका, पृ. 128) प्रेमचन्द के साहित्यिक व वैचारिक लेखन में अम्बेडकर की माँग कबीर में मार्क्सवाद की माँग सरीखा है। गांधी और अम्बेडकर से प्रेमचन्द को परिभाषित करना प्रेमचन्द को सीमित करना है। विचारणीय प्रश्न यह है कि प्रेमचन्द गांधी की सीमाओं का अतिक्रमण अपने चिन्तन व लेखन में करते हैं या नहीं और अम्बेडकर के दलित सरोकार प्रेमचन्द के समूचे लेखन में अभिव्यक्त होते हैं या नहीं ! जहाँ यह स्वीकार किया जाना चाहिए कि प्रेमचन्द आजादी के आन्दोलन में गांधी की वट-वृक्ष रूपी उपस्थिति व नेतृत्वकारी भूमिका से अभिभूत व प्रभावित थे, वहीं यह तथ्य भी रेखांकित किया जाना चाहिए कि प्रेमचन्द गांधी के धार्मिक व आर्थिक चिन्तन का अतिक्रमण करते हुए अन्ततः वर्गीय सोच व वैज्ञानिक चिन्तन के पक्षधर थे। यह तथ्य भी निर्विवाद है कि समूचे भारतीय साहित्य में वर्णाश्रमी ब्राह्मणवाद की जितनी प्रखर व विपुल आलोचना प्रेमचन्द ने की है उतनी अन्य किसी साहित्यकार ने नहीं। अम्बेडकर की पहली आन्दोलनकारी उपस्थिति 1927 के उस महार आन्दोलन में दर्ज हुई थी जिसमें 'मनुस्मृति' को जलाया गया था। प्रेमचन्द इसके पूर्व 1925 में ही दलित जाति के सूरदास को अपने उपन्यास 'रंगभूमि' में नायकत्व प्रदान कर चुके थे। इन्हीं दिनों (1927) में 'मन्दिर' कहानी की मुख्य पात्र दलित जाति की सुखिया द्वारा दलित आक्रोश की अभिव्यक्ति कुछ यूँ कर सके थे "...तो क्या भगवान ने चमारों को नहीं सिरजा है ? चमारों का भगवान कोई और है ?...मेरे छू लेने से ठाकुर को छूत लग गई। पारस को छूकर लोहा सोना हो जाता है, पारस लोहा नहीं हो सकता ? मेरे छूने से ठाकुरजी अपवित्र हो जाएँगे। मुझे बना तो छूत नहीं लगी ? लो अब कभी ठाकुरजी को छूने नहीं आऊँगी। ताले में बन्द रखो, पहरा बैठा दो।" उल्लेखनीय तथ्य यह है कि दलित सुखिया द्वारा हिन्दू मन्दिर व देवता का यह तिरस्कार प्रेमचन्द ने जब कराया था तब तक अम्बेडकर ने न तो हिन्दू धर्म छोड़ने की घोषणा (1935) की थी और न ही बौद्ध धर्म ग्रहण किया था। सच तो यह है कि प्रेमचन्द का

दलित चिन्तन अम्बेडकर का अनुवर्ती न होकर उनका पूर्ववर्ती नहीं तो सहवर्ती था।

दलित आक्रोश की उक्त अभिव्यक्ति गांधीवादी चिन्तन के अतिक्रमण के बिना सम्भव ही नहीं थी। जहाँ गांधी धर्म और ईश्वर के आग्रही होने के साथ-साथ हिन्दू धर्म की वर्णाश्रमी व्यवस्था के कायल थे, वहीं धर्म और ईश्वर को लेकर प्रेमचन्द के मन में कोई संशय नहीं था। इस सम्बन्ध में उन्होंने अपना स्पष्ट मत अपनी पत्नी शिवरानी देवी से निम्न संवाद के माध्यम से व्यक्त किया है–

"प्रेमचन्द–'भगवान मन का भूत है, जो इनसान को कमजोर कर देता है। स्वावलम्बी मनुष्य ही की दुनिया है। अन्धविश्वास में पड़ने से तो रही-सही अक्ल भी मारी जाती है।'"

"शिवरानी–'गांधीजी तो दिन-रात 'ईश्वर-ईश्वर' चिल्लाते रहते हैं।'"

"प्रेमचन्द–'वह एक प्रतीक भर है। वह देख रहे हैं कि जनता अभी बहुत सचेत नहीं है। और फिर जो जनता सदियों से भगवान पर विश्वास किए चली आ रही है, वह एकाएक अपने विचार बदल सकती है ? अगर एकाएक जनता को कोई भगवान से अलग करना चाहे तो सम्भव भी नहीं। इसी से वे भी शायद भगवान का ही सहारा लेकर चल रहे हैं।'"

"शिवरानी–'आप भले न मानें, दुनिया थोड़े ही नास्तिक हो सकती है ?'"

"प्रेमचन्द–'मेरा कहना झूठ नहीं है। तुम सच मानो जो भी आज धर्म के नाम पर हो रहा है सब अन्धविश्वास है। यह सब मूर्खों को बहकाने के तरीके हैं। तुम खुद सोच सकती हो यह सब स्त्रियों पर मायाजाल चलता है। इसी का नाम अन्धविश्वास है।'" (प्रेमचन्द घर में, शिवरानी देवी, पृ. 112-113) 1928 में हुए इस संवाद के एक वर्ष के अन्दर ही 1929 की होली के अवसर पर प्रेमचन्द ने यह तक कह डाला कि 'ऐसे तंग धर्म में रहना भी नहीं चाहिए।' (पृ. 1936) प्रसंग था हिन्दू समाज में स्त्रियों की स्थिति। स्मरणीय है कि प्रेमचन्द की यह टिप्पणी अम्बेडकर द्वारा हिन्दू धर्म छोड़ने की घोषणा (1935) के पूर्व की है। और लगभग इन्हीं दिनों उन्होंने 'गोदान' का सिलिया चमाईन व पंडित मातादीन का वह प्रसंग लिखा था जिसमें हरखू चमार के साथी पंडित मातादीन का जनेऊ तोड़कर मुँह में हड्डी का टुकड़ा डाल देते हैं। 'गोदान' के इस प्रसंग में 1927 के महार आन्दोलन में अम्बेडकर द्वारा 'मनुस्मृति' जलाए जाने की अनुगूँज सुनी जा सकती है।

ईश्वर से दो-दो हाथ का प्रेमचन्द का यह नास्तिक साहस सिर्फ वैचारिक प्रतिक्रिया तक न सीमित होकर घर परिवार और जीवन में भी दीखता था। बेटी के विवाह के अवसर पर उनके आचरण के बारे में शिवरानी देवी ने कुछ यूँ लिखा है–

"बारात जनवासे गई। मैं उसके बाद बोली–'द्वार-पूजा आपको करनी चाहिए थी।' "

"आप (प्रेमचन्द) बोले–'मुझसे ये रस्में नहीं होंगी।' "

"मैं बोली–'अभी कन्यादान तो आपको करना ही होगा।'"

"आप बोले–'कन्यादान कैसा ? बेजान चीज दान में दी जाती है।...फिर लड़की का दान कैसा ? यह मुझे पसन्द नहीं।' "

"मैं बोली–'इसे करना ही होगा।' "

"आप बोले–'तो फिर मैं अपनी लड़की को दान दूँ ? यह मैं नहीं कर सकता।' "

"मैं बोली–'बच्चों की-सी बात न कीजिए। कन्यादान होता है कि नहीं।' "

"तुमको करना हो करो। मैं नहीं करूँगा।" आखिर किसी तरह मंडप में आए और मैंने ही कन्यादान किया। वे बैठे रहे।"

वैज्ञानिक सोच की जिस तार्किक भूमि पर प्रेमचन्द खड़े थे वहाँ पारम्परिक सोच या आस्था का कोई स्थान नहीं था। आश्चर्य होगा यह जानकर कि उन्होंने तुलसीदास की रामचरितमानस पूरी पढ़ी ही नहीं थी। बनारसीदास चतुर्वेदी को 17 अगस्त, 1935 को लिखे पत्र में उनकी स्वीकारोक्ति है कि सच तो यह है कि मैंने रामायण आद्योपान्त पढ़ी भी नहीं। यह एक लज्जा की बात है, मगर सच बात है।" तुलसी जयन्ती के अवसर पर पंडित बनारसीदास चतुर्वेदी के निमन्त्रण को अस्वीकार करते हुए उन्होंने अपने इसी पत्र में उन्हें लिखा–"तुलसी जयन्ती का सभापतित्व एक ऐसा व्यक्ति करे जिसने कभी तुलसी का अध्ययन नहीं किया और जो उनके नाम के साथ जुड़ी हुई अतिमानव बातों में विश्वास नहीं करता, यह बात ही मुझे हास्यास्पद जान पड़ती है। उन्होंने राम का दर्शन किया और हनुमान का दर्शन किया, यह बन्दरवाली घटना सब ऊलजलूल बातें हैं। लेकिन तुलसीभक्त लोग क्या मेरी यह सब नास्तिकता भरी बातें पसन्द करेंगे ? इससे क्या आता-जाता है कि उनका जन्म विक्रम सम्वत् 10 में हुआ या 20 में या 40 में ? बुद्धि का इतना अपव्यय क्यों जब इतना कुछ करने को है ? वह एक महान कवि थे, उनकी व्याख्या करो, दार्शनिक, मनोवैज्ञानिक, प्राणिशास्त्रीय, शरीरशास्त्रीय (कैसी भी) व्याख्या करो, पर उन्हें भगवान क्यों बताते हो ?" (कलम का सिपाही, पृ. 570-571) अपनी नास्तिक सोच पर मानो अन्तिम मुहर लगाते हुए उन्होंने अपने 18 मार्च, 1936 के पत्र में जैनेन्द्र को लिखा–"तुम आस्तिकता की ओर जा रहे हो, जा नहीं रहे बल्कि पक्के भगत बन रहे हो, मैं सन्देह से पक्का नास्तिक होता जा रहा हूँ।" (वही, पृ. 671)

भावुकता से परे प्रेमचन्द की यह वैचारिक दृढ़ता उनके जीवन व साहित्य की सबसे बड़ी शक्ति है। यह दुर्भाग्यपूर्ण है कि जो अपनी बेटी के विवाह की रस्मों और कन्यादान को लेकर भावुक न हुआ और जो नास्तिकता के सुदृढ़ धरातल पर खड़ा है उसके बारे में विजय मोहन सिंह का लांछन है कि "'गोदान' में प्रेमचन्द भूमि और किसानों की वास्तविक समस्याओं से दूर हटते हुए गाय और गोदान की भावुक भूमि पर उतर आते हैं, जहाँ उसके खेतिहर नायक होरी का 'सपना' बैल नहीं, गाय खरीदना हो जाता है। उसकी तेजस्विनी नायिका धनिया की गाय की पूँछ पकड़कर पति को वैतरणी पार कराने की आकांक्षा भी पूरी नहीं हो पाती।" (भेद खोलेगी बात ही, पृ. 16) गनीमत है कि विजय मोहन सिंह ने होरी का सपना गाय खरीदना बताया वरना निर्मल वर्मा तो होरी

की गाय की लालसा को 'गोदान' की लालसा में बदल देते हैं। लेकिन वे 'गोदान' की 'निर्मल' व्याख्या के ग्रहण से मुक्त इसलिए नहीं हो पाते कि गोदान की जिस लालसा को निर्मल वर्मा होरी की लालसा करार देते हैं, विजय मोहन सिंह उसे धनिया के सिर मढ़ देते हैं। 'गोदान' के इस अन्तिम दृश्य के गहन पाठ और व्याख्या से विजय मोहन सिंह का यह कुपाठ समझा जा सकता है–

"सब कुछ समझकर भी धनिया आशा की मिटती हुई छाया को पकड़े हुए थी। आँखों में आँसू गिर रहे थे...क्या करे, पैसे नहीं हैं, नहीं किसी को भेजकर डाक्टर बुलाती।

"हीरा ने रोते हुए कहा–भाभी दिल कड़ा करो, गोदान करा दो, दादा चले।

"धनिया ने उसकी ओर तिरस्कार की आँखों से देखा। अब वह दिल को और कितना कठोर करे ? अपने पति के प्रति उसका जो कर्म है, क्या वह उसको बताना पड़ेगा ? जो जीवन का संगी था, उसके नाम को रोना ही क्या उसका धर्म है ?

"और कई आवाजें आईं–हाँ, गोदान करा दो, अब यही समय है।

"धनिया यन्त्र की भाँति उठी, आज जो सुतली बेची थी, उसके बीस आने पैसे लाई और पति के ठंडे हाथ में रखकर सामने खड़े दातादीन से बोली–महाराज, घर में गाय है न बछिया, न पैसा। यही पैसे हैं, यही इनका गोदान है।

"और पछाड़ खाकर रो पड़ी।"

उपरोक्त उद्धरण से स्पष्ट है कि धनिया की 'आकांक्षा' 'गाय की पूँछ पकड़कर वैतरणी पार कराने की न होकर' होरी की ही तरह गाय खरीदने की थी। उपन्यास में इसके ठीक पूर्व के अंश में प्रेमचन्द ने स्पष्ट लिखा है–"धनिया भी पगला गई थी, उसे इतनी मेहनत करने से रोकने के बदले खुद उसके साथ बैठी-बैठी सुतली कातती। गाय तो लेनी ही है, रामसेवक के रुपए भी तो अदा करने हैं।" (पृ. 297) रही गोदान की बात तो वह इसे 'अपने पति के प्रति कर्म' के रूप में ग्रहण करती है न कि 'आकांक्षा' के रूप में। ध्यान देने योग्य तथ्य यह भी है कि यह दातादीन महराज वही है जो उसके ऊपर जायदाद की बेदखली का संकट लाया है, और जिसने उसकी बेटी का अधेड़ से विवाह करवाकर बिकवाने का उपक्रम किया है, जो अन्त में गोदान के नाम पर सुतली बटने के प्राप्त बीस आने के मेहनताने की राशि भी वसूल लेता है। यहाँ प्रेमचन्द धार्मिक शोषण के दुष्चक्र में फँसे किसान की जिस त्रासदी की ओर इंगित करना चाहते हैं, विजय मोहन सिंह धनिया की गोदान की आकांक्षा के रूप में उसकी कुव्याख्या करते हैं।

यदि 'गोदान' उपन्यास के समूचे पाठ में विजय मोहन सिंह को भूमि और किसान की वास्तविक समस्या नहीं दिखती तो यह उनकी दृष्टि की सीमा है प्रेमचन्द की नहीं। 'गोदान' का समूचा कथ्य इसी बिन्दु पर आधारित है कि होरी खेतिहर किसान से मजदूर बनने को कैसे विवश हुआ और बदले में होरी जैसे किसानों की ज़मीन हड़पकर दातादीन सरीखे पुरोहित महाजन कैसे बन गए। समूचे उपन्यास में किसानों की दुर्दशा के वर्णन

भरे पड़े हैं। यहाँ महज एक उद्धरण ही किसानों की दुर्दशा समझने के लिए पर्याप्त है– "जेठ के दिन हैं, अभी तक खलिहानों में अनाज मौजूद है; मगर किसी के चेहरे पर खुशी नहीं है। बहुत कुछ तो खलिहान में ही तुलकर महाजनों और कारिन्दों की भेंट हो चुका है और जो कुछ बचा है, वह भी दूसरों का है। भविष्य अन्धकार की भाँति उनके सामने है। उन्हें कोई रास्ता नहीं सूझता। उनकी सारी चेतनाएँ शिथिल हो गई हैं।...सामने जो कुछ मोटा-झोटा आ जाता है, वह खा लेते हैं, उसी तरह जैसे इंजन कोयला खा लेता है। उनके बैल चूनी-चोकर के बगैर नाँद में मुँह नहीं डालते; मगर उन्हें केवल पेट में कुछ डालने को चाहिए, स्वाद से उन्हें कोई प्रयोजन नहीं। उनकी रसना मर चुकी है। उनके जीवन में स्वाद का लोप हो गया है। उनसे धेले-धेले के लिए बेईमानी करवा लो, मुट्ठी भर अनाज के लिए लाठियाँ चलवा लो। पतन की वह इंतहा है, जब आदमी शर्म और इज्जत को भी भूल जाता है।" (गोदान, पृ. 274)

विजय मोहन सिंह को 'गोदान' में न तो किसानों की उपरोक्त दुर्दशा दिखती है और न ही किसान के जीवन में गाय के महत्त्व का अहसास होता है। वे होरी की गाय की लालसा को प्रेमचन्द की भावुक दृष्टि में घटाकर (रिड्यूस) प्रस्तुत करते हैं। जबकि 'गोदान' के कथ्य में ही प्रेमचन्द इसे यूँ स्पष्ट करते हैं, "गऊ उसके (होरी) लिए केवल भक्ति और श्रद्धा की वस्तु नहीं, सजीव सम्पत्ति भी थी क्योंकि कुछ नहीं तो चार-पाँच सेर दूध होगा। गोबर दूध के लिए तरस-तरसकर रह जाता है। इस उमिर में न खाया-पिया तो फिर कब खाएगा। साल भर भी दूध पी ले तो देखने लायक हो जाए। बछवे भी अच्छे बैल निकलेंगे। दो सौ से कम की गोई न होगी। फिर, गऊ से ही तो द्वार की शोभा है।" अब विजय मोहन सिंह के इस तर्क का क्या उत्तर दिया जा सकता है कि होरी का सपना बैल खरीदना न होकर गाय का खरीदना क्यों है ?

यहाँ यह उल्लेख आवश्यक है कि गाय को लेकर प्रेमचन्द की स्वयं की दृष्टि भी होरी की ही तरह उपयोगितावादी थी। शिवरानी देवी ने अपने संस्मरणों में इसका उल्लेख निम्नवत किया है :

"मैं बोली–'हम लोगों की पूजा की चीज गाय है।'"

"आप बोले–'तुम लोग कौन कम हो मुसलमानों से। तुम लोग भी तो भेड़-बकरे देवी की बलि चढ़ाते हो। क्या उस बकरे की जान नहीं होती ? इसी से मैं कहता हूँ कोई धर्म न अच्छा होता है, न बुरा। उन्हीं हिन्दुओं को मैं कहता हूँ जो गाय के पीछे प्राण देते हैं, वही हिन्दू अपने माँ-बाप को रोटियाँ नहीं दे सकते हैं। वही हिन्दू घर की बेटी-बहन को निकाल देते हैं। यह क्या इन्सानियत से दूर करनेवाली बातें नहीं हैं ? फिर भी लोग नाज से कहते हैं, गऊ हमारे पूजने की चीज है। जो माँ को रोटी न दे सके, वह गाय को क्या चारा देगा ?'"(प्रेमचन्द घर में, पृ. 138)

इससे भी आगे बढ़कर प्रेमचन्द का सुस्पष्ट कथन था कि "हिन्दुस्तान जैसे कृषि प्रधान देश के लिए गाय का होना एक वरदान है, मगर आर्थिक दृष्टि के अलावा उसका और कोई महत्त्व नहीं है।" (विविध प्रसंग, पृ. 354) गो-हत्या के बारे में उनकी राय

थी कि "...रही गऊ-हत्या। यह तो मालूम ही है कि अरब में गायें नहीं होतीं। वहाँ तो ऊँट और घोड़े ही पाए जाते हैं। भारत खेती का देश है, और यहाँ गाय को जितना महत्त्व दिया जाए उतना थोड़ा है। लेकिन आज कौलकसम लिया जाए तो शायद ऐसे बहुत कम राजे-महराजे या विदेश में शिक्षा प्राप्त करनेवाले हिन्दू निकलेंगे जो गोमांस न खा चुके हों। अछूत जातियाँ भी गौमांस खाती हैं और आज हम उनके उत्थान के लिए प्रयत्न कर रहे हैं। हमने उनके मन्दिरों में प्रवेश के निमित्त कोई शर्तें नहीं लगाईं और न लगानी चाहिए। हमें अख्तियार है, हम गऊ पूजा करें, लेकिन हमें यह अख्तियार नहीं है, कि हम दूसरों को गऊ पूजा के लिए बाध्य कर सकें। हम ज्यादा-से-ज्यादा यही कर सकते हैं कि गौमांसभक्षियों की न्यायबुद्धि को स्पर्श करें। फिर मुसलमानों में अधिकतर गौमांस वही खाते हैं जो गरीब हैं और गरीब अधिकतर वही लोग हैं, जो किसी जमाने में हिन्दुओं से तंग आकर मुसलमान हो गए थे।" (वही, पृ. 377) तो यह है गाय को लेकर प्रेमचन्द का वह नजरिया जिसे विजय मोहन सिंह 'भावुक' भूमि करार देते हैं।

समूचे 'गोदान' में विजय मोहन सिंह की निगाह मिस मालती और प्रो. मेहता के प्रसंग पर पड़ती है क्योंकि इसका सहारा लेकर 'गोदान' की समूची प्रविधि को फिल्मी करार देने और साथ में यह संकेत करने की छूट मिल जाती है कि ऐसा इसलिए है क्योंकि 'गोदान' लिखते समय शायद वे मुम्बई में फिल्मी कथाएँ लिख भी रहे थे। दो राय नहीं कि 'गोदान' का मालती-मेहता प्रसंग उपन्यास का अपेक्षाकृत कमजोर हिस्सा है और वह समूचे औपन्यासिक वृत्तान्त में उतना रचा-बसा भी नहीं है। लेकिन महज इसी आधार पर समूची उपन्यास प्रविधि को 'फिल्मी' व 'हास्यास्पद' करार देना आलोचकीय तानाशाही का ही नमूना है।

विजय मोहन सिंह को 'गोदान' के 'प्रोटागानिस्ट' प्रो. मेहता के स्त्री सम्बन्धी विचार इतने 'प्रतिगामी' लगते हैं कि 'कोई पोंगापंथी परम्परावादी भी कोसों पीछे छूट जाए।' निश्चित रूप से 'गोदान' के प्रो. मेहता के स्त्री सम्बन्धी विचार 'पोंगापंथी परम्परावादी' हैं लेकिन प्रो. मेहता को विजयमोहन सिंह उपन्यास का 'प्रोटागानिस्ट' क्यों मानते हैं ? इसलिए कि इससे प्रेमचन्द की धुनाई का रास्ता आसान हो जाएगा। अगर प्रो. मेहता के रूप में प्रेमचन्द बोलते हैं तो गोदान की धनिया, झुनिया, नोहरी, पुनिया, पुन्नी को किसने मुखर बनाया है और 'गोदान' की मीनाक्षी के हाथ में हंटर किसने थमाया है जिससे वह अपने पियक्कड़ व ऐयाश जमींदार पति की पिटाई करती है और अदालत में 'गुजारे का दावा' करती है–"वह अब उसके घर में न रहना चाहती थी...मीनाक्षी ने उस पर गुजारे की डिग्री पाई।" (गोदान, पृ. 269) इतना ही नहीं प्रेमचन्द 'गोदान' के पृष्ठों पर नारियों का यह आह्वान भी करते हैं–"अपने को मिटाने से काम नहीं चलेगा ? नारी को समाज कल्याण के लिए अपने अधिकारों की रक्षा करनी पड़ेगी, उसी तरह जैसे इन किसानों को अपनी रक्षा के लिए इस देवत्व का कुछ त्याग करना होगा।" (वही, पृ. 257) यदि 'गोदान' के प्रो. मेहता प्रेमचन्द के स्त्री-सम्बन्धी

विचारों का प्रतिनिधित्व करते हैं तो प्रेमचन्द और शिवरानी देवी के बीच हुए इन संवादों का क्या होगा जिसमें वे यहाँ तक कह डालते हैं कि–"हिन्दू धर्म सबसे ज्यादा स्त्रियों को ही चौपट कर रहा है।...मैं यह भी कहता हूँ कि ऐसे तंग धर्म में रहना भी नहीं चाहिए।" (प्रेमचन्द घर में, पृ. 136) इतना ही नहीं, 1925 में प्रकाशित अपनी कहानी 'नरक का मार्ग' में तो उसकी मुख्य नारी पात्र, जो वेश्यावृत्ति के पेशे में ढकेल दी जाती है, से प्रेमचन्द यहाँ तक कहला देते हैं "...मेरे अधःपतन का अपराध मेरे सिर नहीं, मेरे माता-पिता और उस बूढ़े पर है जो मेरा स्वामी बनना चाहता था। मैं यह पंक्तियाँ न लिखती, लेकिन इस विचार से लिख रही हूँ कि मेरी आत्मकथा पढ़कर लोगों की आँखें खुलें; मैं फिर कहती हूँ, अब भी अपनी बालिकाओं के लिए मत देखो धन, मत देखो जायदाद, मत देखो कुलीनता, केवल वर देखो। अगर उसके लिए जोड़ का वर नहीं पा सकते तो लड़की को क्वाँरी रख छोड़ो, जहर देकर मार डालो, गला घोंट डालो, पर किसी बूढ़े खूसट से मत ब्याहो। स्त्री सब कुछ सह सकती है, दारुण से दारुण दुख, बड़े से बड़ा संकट, अगर नहीं सह सकती तो अपने यौवन की उमंगों का कुचला जाना।" (मानसरोवर, खंड तीन, पृ. 29)

क्या हिन्दू समाज में आज भी पत्नी द्वारा पति की मृत्यु पर चूड़ियाँ न तोड़े जाने की स्वीकृति है ? क्या बेटे के उपस्थित रहते हुए बेटी पिता का दाह-संस्कार कर सकती है, क्या माँ बेटे के रहते हुए बेटी द्वारा अपने क्रियाकर्म किए जाने की इच्छा व्यक्त कर सकती है और बेटी भाई के रहते हुए यह करती भी है ? कितनी पत्नियाँ आज भी पति के लिए व्रत रखने से इनकार करती हैं ? हाँ, यह सब प्रेमचन्द के कथा-साहित्य की स्त्रियाँ कर चुकी हैं, कभी 'सुभागी' के रूप में, कभी 'कुसुम' और कभी किसी अन्य पात्र के रूप में। लेकिन विजय मोहन सिंह की दृष्टि उन कहानियों को नहीं तलाश पाती क्योंकि उनकी स्थापना तो यह है कि "प्रेमचन्द की प्रभुता को चुनौती न देते हुए भी जैनेन्द्र ने हिन्दी कथा-साहित्य की दिशा बदल दी।" और यह भी कि "जैनेन्द्र का उपन्यास 'त्यागपत्र' एक क्लासिक कृति है, जिसके साथ हिन्दी उपन्यास में उस आधुनिकता का आरम्भ होता है जिसे बीसवीं सदी की 'आधुनिकता' कह सकते हैं, जहाँ गहरे अर्थों में प्रश्न तथा शंका करने की गुंजाइश शुरू होती है।" (भेद खोलेगी बात ही, पृ. 18) यहाँ विजय मोहन सिंह से यह जानना दिलचस्प होगा कि 'चाक' की सारंग, 'इदन्नमम्' की मन्दा, 'तिरोहित' की ललना और बच्चो, 'छिन्नमस्ता' की प्रिया तथा 'आवाँ' की नमिता पांडे जैनेन्द्र के 'त्यागपत्र' की मृणाल की परम्परा में हैं या कि प्रेमचन्द की कहानी 'नरक का मार्ग' की नायिका की परम्परा में। मुद्राराक्षस से तो इस प्रसंग में कोई साहित्यिक संवाद सम्भव नहीं क्योंकि प्रेमचन्द को स्त्री-मुक्ति विरोधी करार देने के लिए उनके पास शारदा बिल सम्बन्धी प्रेमचन्द की कोई टिप्पणी सुरक्षित है।

मुद्राराक्षस ने लिखा है कि "पिछली सदी के तीस दशक के प्रारम्भ में भारत की तत्कालीन सरकार ने हरविलास शारदा के प्रयत्नों से बाल विवाह रोकने का कानून बनाया। इनका आर्य समाज सहित हिन्दू संगठनों ने विरोध प्रकट किया। प्रेमचन्द ने

भी इससे असहमति जताई।” (राष्ट्रीय सहारा, 8 अगस्त, 2004) जबकि सच यह है कि इस बिल के प्रस्तावक हरविलास शारदा को बधाई देते हुए प्रेमचन्द ने ‘जागरण’ के अपने लेख में लिखा—“मैं आपको दिल से बधाई देता हूँ। स्त्रियाँ आपकी हमेशा कृतज्ञ रहेंगी, क्योंकि स्त्री और पुरुष दोनों मिलकर जिस सम्पत्ति को जोड़ते हैं, पति के मर जाने के बाद उन्हीं के गोद के बच्चे उनसे मुँह छिपाते हैं। यह प्रस्ताव जिस दिन पास होगा, करोड़ों महिलाएँ आपको हृदय से आशीर्वाद देंगी और आपकी सदैव कृतज्ञ रहेंगी।...मुझे तो आशा है कोई भी विचारवान व्यक्ति इस प्रस्ताव पर असहमति न प्रकट करेगा।” (प्रेमचन्द घर में, पृ. 186) प्रेमचन्द के निधन के चार महीने के बाद जब यह बिल पास हुआ तब शिवरानी देवी ने लिखा, “जिस कानून पर इतनी बहस हुई थी, वह उनके मरने के चार महीने बाद पास हुआ। वह ऐसी मनहूस घड़ी में पेश हुआ था कि उनके मरने के बाद ही वह पास हुआ। वे उसे पास हुआ देखकर कितना खुश होते, ईश्वर ही जानता है।” (उपरोक्त, पृ. 188)

मुद्राराक्षस की खोज यह भी है कि प्रेमचन्द की सहानुभूति उतनी ही नाजीवाद से थी जितनी साम्यवाद से। इसके लिए भी उनके पास प्रेमचन्द की टिप्पणी की सनद सुरक्षित है। बहरहाल समाजवाद, साम्यवाद और नाजीवाद के बारे में प्रेमचन्द की कुछ टिप्पणियाँ यहाँ दृष्टव्य हैं—“हमारा तो यह ख्याल है कि जो समाजवाद का समर्थक नहीं, वह हिन्दू नहीं है...आज संसार में पूँजीवाद की जड़ें खोखली हो रही हैं और उसे अपना अस्तित्व बनाए रखने के लिए समाजवाद से समझौता करना पड़ रहा है। फासिज्म और नाजिज्म इस समझौते के रूप हैं। पर लक्षण बतला रहे हैं कि निकट भविष्य में आजकल का पूँजीवाद जमीन पर पड़ा होगा और उसकी लाश पर समाजवाद की धारा बह रही होगी।” (विविध प्रसंग, खंड दो, पृ. 224-225) ‘जर्मनी में यहूदियों पर अत्याचार’ शीर्षक 10 अप्रैल, 1933 की अपनी टिप्पणी में प्रेमचन्द ने लिखा, “...जर्मनी में नाजी दल ने आते ही आते यहूदियों पर धावा बोल दिया है। यहूदियों की दुकानें लूटी जा रही हैं, यहूदियों की जायदादें जब्त की जा रही हैं, यहूदी विद्वानों और पदाधिकारियों का अपमान किया जा रहा है। मारपीट, खून-खच्चर भी होना शुरू हो गया है और यहूदियों को जर्मनी से भागने भी नहीं दिया जाता।...जर्मनी की जो कुछ उन्नति है उसमें उन्होंने कुछ कम भाग नहीं लिया है, लेकिन अब जर्मनी में उनके लिए स्थान नहीं है।...अधिकार का दुरुपयोग इसी को कहते हैं।” (वही, पृ. 306) इसके पूर्व 20 मार्च, 1933 की ‘जर्मनी का भविष्य’ शीर्षक टिप्पणी में वे यह लिख चुके थे—“यदि एक बार नाजी शासन को जमकर काम करने का मौका मिला तो वह जर्मन के प्रजातन्त्रीय जीवन को, उसकी प्रजातन्त्रीय कामना को अपनी सेना और शक्ति के बल पर इस तरह चूस लेगा कि फिर पच्चीस वर्ष तक जर्मनी में नाजी दल का कोई विरोधी नहीं रह जाएगा।...जर्मनी में नाजी दल की नाजायज सेना का तीव्र दमन और सभी विरोधी शक्तियों को चुनाव के पूर्व कुचल डालना ही नाजी विजय का कारण है/था। यह कहाँ का न्याय है कि वर्गवादियों को जेल भेजकर, विरोधियों को पिटवाकर, मुसोलिनी की

तरह विरोधी पत्रों तक को बन्द कराकर चुनाव कराया जाए और उसकी विजय को राष्ट्र मत की विजय कहा जाए।" (वही, पृ. 300)

हिटलर और नाजी जर्मनी के बारे में प्रेमचन्द की इन सुस्पष्ट टिप्पणियों के बावजूद यदि मुद्राराक्षस को प्रेमचन्द में नाजीवाद के प्रति सहानुभूति दिखती है तो यह उनकी नजर का विस्तार है, इस पर क्या टिप्पणी की जाए। लेकिन यह रहस्यमय अवश्य है कि एकाएक उन्हें एक साथ प्रेमचन्द में इतने गड्ढे कैसे दिखने लगे ? शायद मुद्राराक्षस को यह याद नहीं कि कभी उन्होंने 'होरी कहाँ है ?' शीर्षक अपनी एक टिप्पणी में लिखा था—"गोदान की ऐतिहासिक उपलब्धि यह है कि उसने होरी जैसे एक विराट व्यक्ति से साक्षात् कराया जिसकी विराटता का उदाहरण इसमें मिल सकता है कि होरी में हम इस देश के गाँव का एक किसान देख सकते हैं, उसका इतिहास और संस्कार देख सकते हैं और उसकी नियति को पहचान सकते हैं।...प्रेमचन्द की जगह कोई दूसरा नहीं हो सकता।" (उत्तर प्रदेश, प्रेमचन्द विशेषांक, पृ. 80)

अपनी उपरोक्त टिप्पणी से लेकर 'रंगभूमि' को जलाने के समर्थन तक मुद्राराक्षस ने लम्बी छलाँग लगाई है। आज प्रेमचन्द पर उनका आरोप है कि वे गांधीवाद से मुक्त नहीं होते, लेकिन शायद वे यह भूल गए कि अपने बहुचर्चित नाटक 'आला अफसर' में उन्होंने स्वयं दलितों के उद्धारक के रूप में गांधी की विरुदावलि कुछ यूँ गाई है—"बाबा गांधी ने हम सबको जीवन दिया/ हम हजारों बरस से यहाँ दास हैं/जानवर से भी बदतर हमें है किया" (आला अफसर, पृ. 78) क्या उनसे पूछा जा सकता है कि 'आला अफसर' के इस समूचे दलित प्रकरण में अम्बेडकर का उल्लेख और गांधी की आलोचना क्यों नहीं है ?

मुद्राराक्षस को इन दिनों 'घोड़े की अपनी कहानी' (देखें 'कथाक्रम' जुलाई-सितम्बर, 2004) का रूपक काफी भा रहा है। दलितों की स्वयंभू मसीहाई करते हुए वे स्वयं को घोड़े की भूमिका में देखने लगे हैं। लेकिन सच तो यही है कि वे घोड़ा नहीं हैं, इसलिए जब घुड़सवार की मानसिकता से वे घोड़े की कहानी लिखते हैं तो पिता के बारे में यह सब तो दर्ज करते हैं कि "वे छोटी चीज नहीं थे, ठुमरी-दादरा के बेहद सुरीले गायक थे, और बड़ी नायाब किस्म की चीजें गा लेते थे। ताल वाद्यों में अपनी तरह के उस्ताद थे। अमृतलाल नागर ने उनका साक्षात्कार लिया था।...संगीत नाटक अकादमी ने पिता को लोकनाट्य के लिए अकादमी सम्मान दिया।" लेकिन इस सबके बीच वे यह नहीं बताते कि पिता आजीविका के लिए क्या करते थे ! इसके लिए वे रूपक बाँधते हैं—"दबीरे कामिल होकर फिर वे हथौड़ा चलाने बैठ गए। भड़काई जाती आग के सामने वे यह नहीं जानते थे कि किसने उन्हें आग की लकड़ियों, कोयलों और कंडों में तब्दील कर दिया था।...उनकी पसलियाँ भट्टी में हवा झोंकनेवाली खाल की काली धौंकनी में तब्दील हो गई थीं।...वे आग में हवा फेंकनेवाली पीतल की नली मुँह में लगाकर आग के सामने सीने और गालों को चमड़े की धौंकनी की तरह फुलाते हुए आ बैठते थे।" अगर यह घोड़े की कहानी होती तो सीधे-सीधे कहा जा सकता था कि पिता

आजीविका के लिए अपना जातिगत पेशा सुनारी करते थे। लेकिन सवार की मध्यवर्गीय मानसिकता इसे छुपाती है। वह इसे भाषायी अलंकरण प्रदान करती है। 'घोड़े की अपनी कहानी' में माँ कहीं नहीं है। क्या इसलिए कि उस पर महानता व कलाकारी का मुलम्मा नहीं चढ़ाया जा सकता था और छोटे भाई का तो अस्तित्व ही नदारद है। यह कैसी घोड़ा कथा है जो माँ, भाई और बहन के बिना रची गई है। जो अपनी बचपन कथा कहते हुए भी इतना 'सेलेक्टिव' है, प्रेमचन्द की रचनाओं से उसका यह सुलूक कोई आश्चर्य की बात नहीं !

घोड़े के मुहावरे में जब सवार मानसिकता से कहानी कही जाती है तो न ओम प्रकाश बाल्मीकि या दया पवार जैसी ईमानदारी होती है और न ही नैतिक साहस। होती है सिर्फ एक नाटकीय मुद्रा और ध्यानाकर्षण का कौशल। फिर इसकी वेदी पर चाहे प्रेमचन्द की बलि देनी पड़े या सगे-सम्बन्धियों की। इसी अदा के अन्तर्गत घोड़े की मुद्रा अपनाते हुए सवार मानसिकता से मुद्राराक्षस पहले आचार्य चतुरसेन शास्त्री को नाना घोषित करते हैं, फिर नाना का सगा बड़ा भाई। छोटे भाई प्रख्यात छायाकार पी.सी. लिटिल को विवश होकर प्रचारित करना पड़ता है कि "आचार्य चतुरसेन न तो मेरे नाना थे और न नाना के भाई। सच तो यह है कि मेरी नानी स्कूल की महरिन का काम करती थीं।" यह है उस मध्यवर्गीय मानस की विडम्बना जो दलित मसीहाई की दावेदारी के लिए 'रंगभूमि' के 'दिव्यदाह' में पैशाचिक आनन्द पाता है लेकिन स्वयं अपनी पारिवारिक पृष्ठभूमि के यथार्थ को 'कलाकारी' के मुलम्मे से ढँकता है। यहाँ दिलचस्प तथ्य यह है कि मुद्राराक्षस जिस आचार्य चतुरसेन को अपना नाना प्रचारित करके गौरवान्वित होना चाहते हैं, वे चतुरसेन वही हैं, जिन्होंने 'इस्लाम का विषवृक्ष' सरीखी मुस्लिम विरोधी किताब लिखी थी और जिसके बारे में प्रेमचन्द ने लिखा था—"यह लेखक के विषैले मनोभाव की नंगी तस्वीर है...हम उनसे प्रार्थना करते हैं कि ऐसी जहर और द्रोहभरी रचनाएँ लिखकर, अपनी प्रतिभा को और हिन्दी भाषा को कलंकित न करें।" (विविध प्रसंग, भाग दो, पृ. 416) जरूरत है दलितों के बीच ऐसे ट्राय के घोड़ों (ट्राजन हॉर्स) को बेनकाब करने की न कि प्रेमचन्द के अवदान को नकारने की।

यहाँ दिलचस्प तथ्य यह है कि मुद्राराक्षस जहाँ 'घोड़े के मुहावरे' में प्रेमचन्द को नकारने का उपक्रम करते हैं, वहीं नन्दकिशोर नवल शुद्ध सात्विक परमहंसी मुद्रा अपनाते हुए प्रेमचन्द को सामाजिक, राजनीतिक दृष्टि से विलग करके साहित्यिक दृष्टि से मूल्यांकन का प्रस्ताव रखते हैं। 'प्रेमचन्द का सौन्दर्यशास्त्र' शीर्षक पुस्तक लिखकर उन्होंने कभी जो भूल की थी अब उसका प्रच्छालन करते हुए वे यह घोषणा कर रहे हैं—"प्रेमचन्द की परम्परा जैसी कोई चीज नहीं थी जो थी वह साहित्य की परम्परा थी।" (कसौटी-दस, पृ. 4) वे अब निर्मल वर्मा की तर्ज पर "प्रेमचन्द की परम्परा को 'साहित्य की परम्परा' से विस्थापित करके जैनेन्द्र, अज्ञेय व निर्मल वर्मा को 'प्रेमचन्द की संवेदना के व्यापक दायरे' में शामिल करना चाहते हैं। वे अब पुनः कुलीनतावाद को साहित्य में प्रतिष्ठित करना चाहते हैं। वामपंथी लेखक संगठनों पर उनका आरोप है कि "प्रेमचन्द

पर आयोजित गोष्ठियों में चर्चा का स्थायी मुद्दा होता है : प्रेमचन्द की परम्परा! इस चर्चा ने और कुछ किया हो या नहीं, लेकिन यह अवश्य किया है कि जैनेन्द्र और अज्ञेय कैसे कथाकार को उस परम्परा से बाहर रखा है, बल्कि उन्हें उसका विरोधी बतलाकर साहित्य में वामपंथी झुकाव रखनेवाले पाठकों का ध्यान उनकी तरफ से मोड़ने की कोशिश की है। जैनेन्द्र अज्ञेय के साथ वामपंथी लेखक संगठनों ने अपनी घृणा का पात्र निर्मल वर्मा को बनाया है।...क्या 'प्रेमचन्द की परम्परा इतनी संकीर्ण है कि उसमें जैनेन्द्र, अज्ञेय का समावेश नहीं हो सकता ?" (कसौटी-दस, पृ. 4) यानी कि या तो प्रेमचन्द की परम्परा को खारिज किया जाए नहीं तो जैनेन्द्र, अज्ञेय, निर्मल वर्मा को शामिल किया जाए। जहाँ नन्दकिशोर नवल को यह याद दिलाना जरूरी है कि आज जिन अज्ञेय को वे प्रेमचन्द की परम्परा में शामिल करना चाहते हैं, कभी उन्हीं के बारे में उन्होंने लिखा था कि "अज्ञेय ने प्रेमचन्द के साहित्य की क्रान्तिकारी सामाजिक वस्तु को हमारी आँखों से छिपा देने का भरसक प्रयास किया है।...जब कोई क्रान्तिकारी लेखक साहित्य में प्रतिष्ठित हो जाता है, तो प्रतिक्रियावादी आलोचक उसके साहित्य की इसी तरह गलत व्याख्या करके उसके संदेश को जनता तक पहुँचने से रोका करते हैं।" (प्रेमचन्द का सौन्दर्यशास्त्र, पृ. 25)

प्रेमचन्द का स्वयं का सुस्पष्ट मत था कि राजनीति व समाज के बिना साहित्य की कल्पना नहीं की जा सकती। उन्हीं के शब्दों में "आज तो हिन्दी में साहित्यकार के लिए प्रवृत्ति मात्र अलम् समझी जाती है और किसी प्रकार की तैयारी की उसके लिए आवश्यकता नहीं। वह राजनीति, समाजशास्त्र या मनोविज्ञान से सर्वथा अपरिचित हो, फिर भी वह साहित्यकार है।" इसके बावजूद यदि नन्दकिशोर नवल साहित्य में सामाजिक और राजनीतिक दृष्टि छोड़ने का हठ करते हैं और वे कुलीनतावाद की अपनी "कसौटी" पर प्रेमचन्द को परखना चाहते हैं तो उन्हें अधिकार व स्वतन्त्रता है कि वे अपनी 'कसौटी' पर प्रेमचन्द को खारिज करें, लेकिन इसे समूचे 'हिन्दी साहित्य की परम्परा' तो न करार दें। सच तो यह है कि विजय मोहन सिंह और नन्दकिशोर नवल सरीखे आलोचक मध्यवर्गीय आस्वादपरकता के जिस कुलीन आधुनिकतावादी धरातल पर खड़े हैं वहाँ से प्रेमचन्द को नहीं समझा जा सकता। प्रेमचन्द को स्वयं इस खतरे का अहसास था, इसीलिए उन्होंने 'सुन्दरता की कसौटी बदलने' का आह्वान किया था। सुन्दरता की कसौटी न बदलने का ही परिणाम है कि विजय मोहन सिंह अज्ञेय के 'शेखर' को 'हिन्दी उपन्यास' का 'सत्ता और व्यवस्था विरोधी पहला नायक' करार देते हैं और निर्मल वर्मा 'शेखर' को 'स्वाधीन व्यक्तित्व का सबसे सशक्त प्रतिनिधि प्रतीक' मानते हैं। इस सन्दर्भ में निर्मल वर्मा अत्यन्त साफगोई से यह घोषणा भी करते हैं कि "यथार्थवाद की समूची बहस जो प्रेमचन्द की परम्परा के नाम पर पिछले पचास वर्षों से हिन्दी में चल रही है, क्या आज बिल्कुल अप्रासंगिक नहीं हो गई है ?" लेकिन नन्दकिशोर नवल इस 'निर्मल' नैतिकता के अभाव में प्रेमचन्द की परम्परा में 'जैनेन्द्र अज्ञेय के समावेश' की ही पेशकश कर देते हैं।

'गोदान' के होरी को पंडित दातादीन ने खेत, जमीन-जायदाद से बेदखल किया था, आज हिन्दी साहित्य के महापंडितों द्वारा होरी को साहित्य से बेदखल करने की तैयारी है। हिन्दी साहित्य में 'शेखर' का नायकत्व 'होरी' की बेदखली ही है। अफसोस यह कि 'होरी' की इस बेदखली में इस पंडित दातादीन के साथ 'गोदान' के हरखू चमार के भी कुछ संगी-साथी हैं। यह दृश्य अत्यन्त क्षोभकारी व दुर्भाग्यपूर्ण है।

प्रेमचन्द और समकालीन दलित-दृष्टि

विनोद तिवारी

हिन्दी साहित्य की समकालीन चिन्ता और चिन्तन का मुख्य विषय स्त्री-चेतना और दलित-चेतना को माना जाए तो अतिकथन न होगा। बीसवीं सदी के उत्तरार्द्ध में इस बुनियादी चेतना ने साहित्य की सामाजिकी को 'पाठ' के सहारे नए सिरे से पढ़े जाने और समझे जाने के लिए एक विमर्श खड़ा किया है। पौराणिकता, परम्परा, विरासत, कथा-विषय, नायक-नायिका सबकुछ को नए सिरे से जाँचने-परखने की माँग समकालीन दलित-साहित्य की निर्मित हो रही सैद्धान्तिकी और सौन्दर्यशास्त्र की प्रमुख माँग है। इस दलित विमर्श ने अब तक के सांस्कारिक मनोभूमि के छद्म, शासन-सत्ता के सांस्कृतिक गठजोड़ और 'यथार्थ' की असलियत को खोलते हुए दुख और दुख देनेवाले दोनों को बेनक़ाब किया है और इसी से यह तर्क निकाला गया है कि दलितों की पीड़ा का संसार और उत्पीड़कों की पहचान केवल और केवल मात्र इस पीड़ित जाति के ही रचनाकार कर सकते हैं। इनका स्पष्ट मानना है कि प्रारम्भ से ही इन्हें ज्ञान और सत्ता दोनों से ही वंचित और तिरस्कृत रखा गया। ज्ञान और सत्ता पर जो लोग क़ाबिज थे वे बराबर इस प्रयास में लगे रहे कि पौराणिकता, मिथक, प्रतीक, व्यवस्था, अवधारणाएँ, आदर्श, नैतिकता, मरजाद, त्याग इत्यादि महानताएँ बची ही न रहें वरन् जीवन्त बनी रहें। इस जीवन्तता को बरकरार रखने में ऐसा नहीं था कि केवल एक ही वर्ग प्रयासरत था वरन् 'वर्ग-चेतना' की बात करनेवालों ने भी इनकी जातीय पीड़ा को समझने की कोशिश नहीं की बस 'यथार्थ' का चित्रण करते रहे। अतः दलित साहित्य 'क्लॉज' और 'क्लॉस' दोनों के प्रति सचेत है इसीलिए 'डि-क्लास' को अत्यन्त महत्त्वपूर्ण मानता है और यहीं आकर वह मार्क्सवाद से अलग होते हुए एक उत्तर-आधुनिक विमर्श बन जाता है।

अब इस समूचे विमर्श में सबसे अहम् सवाल उभरता है वह है 'विरासत का सवाल'[1] और इसी सवाल पर इस आलेख में मैंने प्रेमचन्द के 'दलित-बोध' को उनके युगबोध और 'पाठ' के आधार पर ही समझने की कोशिश की है। बोध और स्वानुभूति दलित साहित्य एवं विमर्श के लिए दो महत्त्वपूर्ण पद हैं क्योंकि उपरोक्त सवाल का सम्बन्ध इन पदों से जुड़ा हुआ है। समकालीन दलित दृष्टि में इसके साहित्यकारों और सिद्धान्तकारों की मान्यता है कि गैर-दलित जो साहित्य लिखते हैं उसमें करुणा, सहानुभूति और सदाशयता का चित्रण तो भरपूर है परन्तु दलित-अस्मिता का स्वर

नगण्य है। गैर-दलित साहित्यकार अपने युग-बोध और प्रगतिशील सोच के कारण दलितों की नियति का चित्रण तो करुणा के साथ करते हैं किन्तु उस यातना की नियति के प्रति जो तेवर होना चाहिए वह उनके यहाँ नहीं है, जो निश्चित ही बोध से नहीं अपितु स्वानुभूति से उपजता है। इस सचाई को अजय नावरिया इस तरह से व्यक्त करते हैं "जब भी गैर-दलित लिखता है, वह पात्रों-परिस्थितियों का सृजन बहुत ही भोथरे और लिजलिजेपन के साथ करता है, क्योंकि गैर-दलित साहित्य में दलित सम्माननीय दृष्टि में गोचर नहीं होता ? क्यों वह दीन-हीन आत्मसम्मानविहीन तथा बोदा चित्रित किया जाता है ? दलित साहित्य का यही वैचारिक प्रस्थान बिन्दु है जहाँ वे गैर-दलितों से भिन्न हो जाते हैं।"[2] प्रेमचन्द की दलित-दृष्टि को लेकर जो समकालीन बहस छिड़ी है वह इसी परिप्रेक्ष्य में है। अजय नावरिया का कथन अपने में सचाई को समाहित किए हुए है लेकिन क्या यह सचाई उस अतिचार को प्रमाणित करेगी जो पिछले दिनों 'रंगभूमि' के साथ किया गया। प्रेमचन्द की दलित-दृष्टि में ठीक है कि वह तेवर और प्रखरता नहीं है परन्तु उनके यहाँ दलित नियति के चित्रण की जो ईमानदार पक्षधरता है क्या उसे नष्ट कर, जलाकर हिन्दी साहित्य में दलित सौन्दर्यशास्त्र का निर्माण सम्भव हो पाएगा ? क्या शरण कुमार लिम्बाले जिसे 'आह' का उदात्तीकरण कहते हैं उसे प्रेमचन्द के सृजन-कर्म पर लागू किया जा सकता है ? क्या प्रेमचन्द की विरासत को मात्र इसी तर्क पर ख़ारिज किया जा सकता है जैसा कि मोहनदास नैमिशराय स्थापित करते हैं–"दलित जीवन के चित्रण में जब-जब साहित्य का सृजन हुआ, तब-तब सहानुभूति का दबाव विशेष तौर पर रहा। इसे हम गैर-दलितों द्वारा दलित साहित्य सृजन का प्रथम चरण भी मान सकते हैं। वह इसलिए कि कुछ संवेदनशील गैर-दलित लेखकों ने इस तरह की रचनाएँ समाज को दीं; इस आशा के साथ कि समाज में कुछ परिवर्तन हो और दलितों की स्थिति में थोड़ा बहुत सुधार हो। लेकिन अकेले सहानुभूति से काम नहीं चलता क्योंकि सहानुभूति के पात्र विद्रोह नहीं करते। वे लाचारी और मजबूरी में जीते हैं। तब ऐसे साहित्य की आज के सन्दर्भ में क्या उपयोगिता है ?"[3] अब प्रश्न यह उठता है कि क्या किसी भी साहित्य की उपयोगिता (दलित साहित्य की भी) का निर्धारण केवल 'विद्रोह के सौन्दर्य' से निश्चित होगी तो हमें ठहरकर सोचना पड़ेगा कि कहीं दलित साहित्य का सौन्दर्यशास्त्र विद्रोह का सौन्दर्यशास्त्र तो होकर नहीं रह जाएगा ? ऐसा दलित साहित्यकार और सिद्धान्तकार भी नहीं चाहेंगे। तो प्रेमचन्द जैसे 'कुछ संवेदनशील गैर-दलित लेखकों' को भी अस्वीकृत किए जाने के पीछे किसी तरह की कोई राजनीति या प्रोपेगेंडा तो नहीं न है ? इस राजनीति या प्रोपेगेंडा के पीछे कोई सोची-समझी रणनीति या उद्देश्य भी हो सकता है, किसी तरह का भय भी हो सकता है। दलित साहित्यकार तेजसिंह इसे इस तरह से व्यक्त करते हैं–"इधर जब से हिन्दी क्षेत्र में दलित साहित्य पर चर्चा शुरू हुई है, तभी से हिन्दी साहित्य में दलित चेतना या दलित विमर्श के नाम पर गैर-दलितों द्वारा शोध-कार्य के साथ-साथ काफी संख्या में आलोचनात्मक लेखन होने लगा है। ज़्यादातर ऐसा शोध-लेखन दलित साहित्य को दिग्भ्रमित करने के

लिए किया जा रहा है। गैर-दलित इसी इरादे से हिन्दी साहित्य में दलित-चेतना के नाम पर दलित विमर्श कर रहे हैं ताकि दलित-साहित्य में उनकी चोर दरवाजे से घुसपैठ हो जाए। यह इस हठधर्मिता का ही परिणाम है कि बलात् हिन्दी साहित्य में दलित-चेतना खोजी जाने लगी है। एक समय ऐसा भी आएगा जब उन्हें वेद-उपनिषदों में भी दलित-चेतना दिखाई देने लगेगी। दलितों को यह अप्रत्याशित नहीं लगना चाहिए, जब-जब ब्राह्मणवाद के खिलाफ़ दलित-पिछड़ी जातियों ने विद्रोह की चेष्टा की है या विद्रोह किया है, तब-तब यह प्रक्रिया देखने में आई है।"[4] तेजसिंह के इस वक्तव्य में एक प्रतिक्रियात्मक आवेश है जो वाज़िब हो सकता है, परन्तु जिन रचनाकारों ने बिना किसी आग्रह या संकीर्णता के अपना सृजन-कार्य किया वे क्यों आग्नेय-दृष्टि के शिकार बनाए जा रहे हैं, वरन् यह कोप तो हिन्दी साहित्य में दलित-चेतना खोजनेवालों पर व्यक्त होना चाहिए और उनकी खुफ़ियागीरी और पहरेदारी की जानी चाहिए कि वे चोर दरवाजे से दलितों द्वारा निर्मित दलित साहित्य के सुदृढ़ दुर्ग में घुस न सकें। लेकिन दुर्भाग्य हमारा है कि हिन्दी साहित्य में प्रारम्भ से ही राजनीति और प्रोपेगेंडा का चलन रहा है। उर्दूवाले मानते हैं कि प्रेमचन्द तरक्कीपसन्द लेखक नहीं थे, क्योंकि उनका लगाव आर्यसमाज के सुधार आन्दोलन से था। इलाचन्द्र जोशी यह पहले ही सिद्ध कर चुके हैं कि प्रेमचन्द स्त्री-चरित्रों के अंकन में सफल नहीं हुए हैं। ब्राह्मण-विरोधी होने का आरोप उन पर बहुत पहले ही मढ़ा जा चुका है। हिन्दी की अध्यापकीय परम्परा के स्थापित आलोचक आचार्य नन्ददुलारे वाजपेयी ने प्रेमचन्द के 'कायाकल्प' उपन्यास को आधार बनाते हुए उन्हें हिन्दू-संघटन के नेता के रूप में प्रस्तुत किया है। यही वाजपेयी जी 'भारत' समाचार पत्र में लिखते हैं–"प्रेमचन्द के उपन्यास उनकी प्रोपेगेंडा वृत्ति के कारण काफ़ी बदनाम हैं और हिन्दी के बड़े से बड़े समीक्षक ने उसकी शिकायत की है...प्रेमचन्द जी के सभी समीक्षक जानते हैं कि उनका सबसे बड़ा दोष–जो उनके साहित्य कला को कलुषित करने में समर्थ हुआ है–वही प्रोपेगेंडा है।"

इसके जवाब में प्रेमचन्द ने 'जागरण' समाचार पत्र में लिखा–"हमने तो कभी प्रोपेगेंडा नहीं किया, हमारा बड़ा से बड़ा दुश्मन भी हमारे ऊपर यह आक्षेप नहीं कर सकता।" यही नहीं अन्यत्र भी कई अवसरों पर प्रेमचन्द ने इस प्रोपेगेंडा का विरोध किया है। अपने प्रसिद्ध निबन्ध 'साहित्य का आधार' में वह लिखते हैं–"अगर हम किसानों में रहते हैं या हमें उनके साथ रहने के अवसर मिले हैं तो स्वभावतः हम उनके सुख-दुख को अपना सुख-दुख समझने लगते हैं और उससे उसी मात्रा में प्रभावित होते हैं जितनी हमारे भावों में गहराई है।...अगर इसका अर्थ यह लगाया जाए कि अमुक प्राणी किसानों का या मजदूरों का या किसी आंदोलन का प्रोपेगेंडा करता है, तो यह अन्याय है। साहित्य और प्रोपेगेंडा में क्या अन्तर है, इसे यहाँ प्रकट कर देना जरूरी मालूम होता है। प्रोपेगेंडे में अगर आत्म-विज्ञापन न भी हो तो एक विशेष उद्‌देश्य को पूरा करने की वह उत्सुकता होती है जो साधनों की परवा नहीं करती।" साहित्य और प्रोपेगेंडा का यह अन्तर जितना वाजपेयीजी के जमाने में स्पष्ट था उतना आज भी स्पष्ट

है। प्रेमचन्द साफ़ कह रहे हैं कि प्रोपेगेंडा-वृत्ति अपने विशेष उद्देश्य की पूर्ति में किसी भी स्तर तक उतर सकती है। दरअसल, यह दृष्टि, यह प्रोपेगेंडा-वृत्ति हिन्दी साहित्य में एक नई तरह की अभिजात्यता और कुलीनता (जिसे दलित साहित्यकार एवं चिंतक सूरजपाल चौहान "दलितों में भी एक तरह का 'चमारवाद'[5] कहते हैं।) के अभिमान की वह सोद्देश्य रणनीति है जिससे दलित-साहित्य को बचाना, चोर-दरवाजे की पहरेदारी से ज्यादा प्राथमिक है।

प्रेमचन्द के पहले उपन्यास 'असरारे मआबिद उर्फ देवस्थान रहस्य'[6] में निरन्तर दारू और दारा में डूबी हुई भोग-विलास वाली ज़िन्दगी जी रहे एक महंथ का जो चरित्र बयान किया गया है उसे आज का कोई अखाड़ा-संस्थान या धर्मपीठ साधु-सन्तों का अपमान मानते हुए प्रेमचन्द के ऊपर कुफ्र का आरोप लगा सकता है। अब यहाँ सवाल यह है कि क्या महंथ भोग-लिप्सा को जानने के लिए प्रेमचन्द को महंथगीरी अपनाना जरूरी था, या समाज में प्रसरित इस भ्रष्टता का बोध और चित्रण वह अपनी खुली आँखों से देखकर कर सके थे और साहित्य में उसको व्यक्त करने का जो साहस दिखा सके थे, वह ईमानदार अभिव्यक्ति महत्त्व की है। "जरूरत इसीलिए प्रेमचन्द की विरासत को उसके समूचे पैनेपन तथा समूची वस्तुनिष्ठता के साथ उजागर करने की है, ताकि गैर-राजनीति की खोल में आनेवाली एक स्पष्ट राजनीतिक मानसिकता का पर्दाफ़ाश हो सके और प्रेमचन्द की विरासत को उसकी प्रामाणिकता में पहचाना जा सके।"[7]

प्रेमचन्द के यहाँ जो दलित-दमित पात्र हैं वह कल्पित पात्र नहीं हैं वरन् सृजित पात्र हैं और उनकी वास्तविक सच्चाई अपनी नियति और विद्रोह दोनों की असलियत और सीमाओं के साथ सामने आती है। गोदान में पं. मातादीन और सिलिया के प्रसंग में जिस तरह सिलिया का बाप ठाकुर झिंगुरी सिंह को जवाब देता है वह काबिले गौर है—"झगड़ा कुछ नहीं है ठाकुर, हम आज या तो मातादीन को चमार बनाके छोड़ेंगे या उनका और अपना रकत एक कर देंगे।" और अन्ततः ब्राह्मणवाद का जो सबसे मजबूत चौखटा और दलितों के शोषण का सबसे मजबूत आधार है धर्म, उसे चमारटोली के लोगों ने पं. मातादीन के मुँह में पूरे गाँव के सामने हड्डी का टुकड़ा डालकर नष्ट-भ्रष्ट कर दिया "जिस मर्यादा के बल पर उसकी रसिकता और घमंड और पुरुषार्थ अकड़ता फिरता था, वह मिट चुकी थी। उस हड्डी के टुकड़े ने उसके मुँह को नहीं उसकी आत्मा को भी अपवित्र कर दिया था। उसका धर्म इसी खान-पान, छूत विचार पर टिका हुआ था। आज उस धर्म की जड़ कट गई, अब वह लाख प्रायश्चित करे, लाख गोबर खाए और गंगाजल पिए, लाख दान-पुण्य और तीर्थ-व्रत करे, उसका मरा हुआ धर्म जी नहीं सकता, अगर अकेले की बात होती तो छिपा ली जाती, यहाँ तो सबके सामने उसका धर्म लुटा। अब उसका सिर हमेशा के लिए नीचा हो गया। आज से वह अपने ही घर में अछूत समझा जाएगा।" जिस गोदान में 'धर्म' अपने शोषण के कुचक्र में अन्त-अन्त तक बरकरार रहा, होरी के मरने के बाद जिस तरह उसके 'गोदान' के लिए पं. दातादीन धनिया को विवश करते हैं, वही धर्म इस तरह उपन्यास में नष्ट-भ्रष्ट होता है और सब

चुपचाप तमाशा देखते हैं। क्या आज भी बहुत सारे गाँव में बसनेवाली दलित जातियाँ साहसिकता के इस मुकाम तक पहुँच पाई हैं। यह निरी सहानुभूति नहीं है, सहानुभूति इसके बाद सिलिया के साथ शुरू होती है।

प्रेमचन्द की 'सद्‌गति' कहानी को क्या दलित-विमर्श के नज़रिए से इसलिए ख़ारिज किया जा सकता है कि कहानीकार ने दुखिया की नियति के प्रति किसी तरह का आक्रोश नहीं दिखाया है वरन् सहानुभूति ही सहानुभूति है। हावर्ड फास्ट ने लिखा है कि "साहित्य में रचना-प्रक्रिया हमेशा एक संश्लेषण है, प्रतिलिपि नहीं।"[8] सद्‌गति में दुखिया लकड़ी की गाँठ चीरते-चीरते बेहाल हो जाता है, फिर भी वह उसे चीर रहा है और सोच रहा है—"बाबा ने यह गाँठ कहाँ रख छोड़ी थी कि फाड़े नहीं फटती। कहीं दरार तक तो नहीं पड़ती। मैं कब तक इसे चीरता रहूँगा।" यहाँ यह गाँठ क्या केवल लकड़ी की गाँठ है जिसको चीरने के लिए दुखिया इतना अथक परिश्रम कर रहा है ? या यह सदियों का समुच्चय है जिसे दुखिया का वर्ग आज भी चीर रहा है। क्या समकालीन दलित साहित्य की दृष्टि यहाँ तक नहीं पहुँच रही है। 'कफ़न' को एक दलित-विरोधी कहानी के रूप में प्रचारित-प्रसारित किया जाता है। घीसू और माधव के चित्रण को लेकर तमाम आपत्तियाँ हो सकती हैं परन्तु कहीं भी कहानी में घीसू और माधव नियतिवाद की ओर नहीं झुकते वरन् उनका पूरा व्यवहार जैसे अपनी नियति को ठेंगा दिखा रहा हो। प्रेमचन्द ने इस कहानी में एक 'मोटिफ' के सहारे दलित-वर्ग की नियति का साक्षात्कार कराया है जिसके मूल में है 'अर्थ'। प्रेमचन्द लिखते हैं—"विचित्र जीवन था इनका। घर में मिट्‌टी के दो-चार बर्तनों के सिवा कोई सम्पत्ति नहीं। फटे चीथड़ों से अपनी नग्नता को ढाँके हुए जिए जाते थे। संसार की चिन्ताओं से मुक्त। कर्ज़ से लदे हुए। गालियाँ भी खाते, मार भी खाते, मगर कोई ग़म नहीं।" क्या यह बेफिक्री, वास्तविक है ? अथवा फटेहाल मस्त होने का फ़कीरी अन्दाज़ है ? नहीं सचाई इससे आगे, बहुत गहराई में झकझोरती है—"कैसा बुरा रिवाज़ है कि जिसे जीतेजी तन ढाँकने को चीथड़ा भी न मिले, उसे मरने पर नया क़फन चाहिए।...यही पाँच रुपए पहले मिलते तो कुछ दवा-दारू कर लेते।" यहाँ सहानुभूति और करुणा प्रेमचन्द का उद्‌देश्य नहीं है वरन् उस असलियत पर चोट करना उद्‌देश्य है जहाँ शोषक-जमींदार और पूँजीपति उक्त रिवाज़ का निर्वाह करते हुए सहानुभूति और करुणा का प्रदर्शन कर अपने को गौरवान्वित महसूस करते हैं और शोषित-वर्ग के ऊपर एहसानों का कर्ज़ छोड़ देते हैं जिसकी भरपाई दुखिया की तरह से कई स्तरों पर कराते हैं।

सर्वप्रथम दलित साहित्य को विद्रोह का साहित्य घोषित करनेवाले बाबूराव बागुल दलित साहित्य का उद्‌देश्य स्पष्ट करते हुए लिखते हैं—"भारतीय विचार, समाज और साहित्य-परम्परा वर्ण-व्यवस्था से संबद्ध हैं। इस परम्परा को दलित-साहित्य पूर्णतया नकारता है। वह स्वतः को ज्ञान-विज्ञान और विश्व-साहित्य की उस मानववादी क्रांतिदर्शी परम्परा से जोड़ता है, जिसमें मानव स्वातन्त्र्य के मूल्य पोषित-पल्लवित हुए हैं। वर्ण-व्यवस्था को माननेवाला भारतीय और मातृभाषाभाषी व्यक्ति हमारा कुछ नहीं

लगता पर मनुष्य के लिए संघर्ष करनेवाला, मनुष्य को महानता देनेवाला व्यक्ति, चाहे वह अभारतीय भी हो, तो भी वह हमारा अपना है। कारण, हमारे लेखन का उद्देश्य ही मनुष्य की मुक्ति और महानता है।"[9] क्या प्रेमचन्द की पूरी वैचारिकी, पूरा लेखन उक्त उद्देश्य से भिन्नता रखता है ? क्या प्रेमचन्द जिस मनुष्यता और मानवता का चित्रण अपने उपन्यासों, कहानियों, वैचारिक लेखों, निबन्धों, टिप्पणियों में करते हैं वह सामान्य और दलित मनुष्य की मुक्ति और उसकी महानता का चित्रण नहीं है ? जिस *रंगभूमि* के नायक सूरदास को लेकर इतना विवाद हुआ वह सूरदास क्या केवल भोदा, लिजलिजा, डरपोक और नियतिवादी चरित्र भर है ? ऐसा नहीं है, वह अपनी लड़ाई के लिए जिस गांधीवादी धरमनीति की बात करता है वह भीरुता पैदा करनेवाला धार्मिक पाखंड नहीं है वरन् वह सभी तरह के अत्याचार और अन्याय के विरुद्ध एक ऐसी लड़ाई है जिसमें यह आशावाद है कि अन्ततः इस अन्याय और अत्याचार से उसकी जाति और समाज को मुक्ति मिलेगी। यह सच है कि सूरदास विद्रोह के लिए क्रान्ति की मशाल जलानेवाला क्रान्तिकारी पात्र नहीं है लेकिन किसी भी संघर्ष के लिए जो आत्मबल और दृढ़ता उसके अन्दर है वही उसे महान बनाती है। हाँ, यह जरूर है कि प्रेमचन्द ने उसके इसी आत्मबल और दृढ़ता को जो देवत्व प्रदान किया है उससे उसका संघर्ष उसकी जाति और समाज के लिए किसी चिंगारी का काम नहीं करता वरन् श्रद्धा और महानता की प्रतिभा के रूप में स्थापित कर सबकुछ का शमन कर देता है। यह प्रेमचन्द की अपनी कथा-परिणति हो सकती है लेकिन बावजूद इसके 'रंगभूमि' में पूँजीवाद के खिलाफ़ दलित, पीड़ित, शोषित और वंचित लोगों के लिए सूरदास या प्रेमचन्द के अन्दर जो एक ईमानदार कोशिश है उसे हम कैसे अस्वीकृत कर सकते हैं। इस मायने में समकालीन दलित-दृष्टि की प्रेरणाभूमि के लिए प्रेमचन्द का कृति-व्यक्तित्व एक अलग महत्त्व रखता है। जो विचारधारा या सिद्धान्त को राजनीति और धर्म[10] के आवरण में प्रपंच रचने के उद्देश्य से प्रचारित-प्रसारित करते हैं उन्हें प्रेमचन्द की ईमानदार मानवीय दृष्टि केवल आदर्शवाद ही प्रतीत होगी। प्रेमचन्द को किसी पार्टी, संस्थान, मतवादी संगठन आदि से कोई लगाव नहीं था, हाँ उस प्रत्येक मनुष्यता वाली विचारधारा का वह समर्थन करते थे जो मनुष्य को मनुष्य बनाने की वकालत करती है। दयाराम निगम को सन् 1923 में उन्होंने स्पष्ट लिखा है, "मैं किसी भी पार्टी में नहीं हूँ...मैं तो उस आनेवाली पार्टी का मेंबर हूँ जो कोतहुन्नास की सिरासी तालीम को अपना दस्तूर-उल-अमल बनाए" अर्थात् जो छोटे तबके की आम जनता के राजनीतिक प्रशिक्षण की योजना को कार्यान्वित कर सके। क्या प्रेमचन्द की यह सदिच्छा 1927 ई. में 'दलित-मुक्ति आन्दोलन' के गठन से सम्भव होती दिखी होगी तो उन्हें प्रसन्नता नहीं हुई होगी।

दरअसल, सचाई के प्रति एक और एकमात्र दृष्टि साहित्य की दृष्टि नहीं है वह इतिहास की दृष्टि है। किसी भी वाद या विचारधारा के सन्दर्भ में इस दृष्टि को ले आना एक बात है किन्तु इसे ही एकमात्र दृष्टि मान लेना साहित्य और समाज के साथ जो अन्याय इतिहास में हुए हैं उन्हीं की पुनःस्थापना होकर रह जाएगी।

सन्दर्भ

1. शिवकुमार मिश्र की पुस्तक 'प्रेमचन्द : विरासत का सवाल' से अभिप्रेरित।
2. वसुधा-58 (दलित विमर्श अंक) में अजय नावरिया का लेख 'दलित साहित्य की प्रामाणिकता का प्रश्न'।
3. कल के लिए, दिसम्बर 1998, पृष्ठ 61
4. हंस, जनवरी 2001, 'हिन्दी उपन्यास : दलित-विमर्श का पुनराख्यान' नामक आलेख।
5. कल के लिए, दिसम्बर 1998, पृष्ठ 61
6. यह उपन्यास 1903 ई. से 1905 ई. तक बनारस के उर्दू साप्ताहिक पत्र में सबसे पहले प्रकाशित होना शुरू हुआ था।
7. शिवकुमार मिश्र, 'प्रेमचन्द : विरासत का सवाल', पृष्ठ 104, अरुणोदय प्रकाशन, 1/2165 पूर्वी रामनगर, गली नं. 16, मंडोरी रोड, शाहदरा, दिल्ली, संस्करण-1992
8. हावर्ड फास्ट, 'साहित्य और यथार्थ', अनुवादक–विजय-सुषमा, प्रकाशक–पीपुल लिट्रेसी, दिल्ली, संस्करण 1984
9. बाबूराव बागुल, 'दलित साहित्य : उद्‌देश्य और वैचारिकता', सारिका, मई 1975
10. 'रंगभूमि' में प्रेमचन्द धर्म की वर्तमान अधोगति को स्पष्ट करते हुए कहते हैं, 'अगर अब तक तुम्हें नहीं मालूम है तो अब मालूम हो जाना चाहिए कि धर्म केवल स्वार्थ-संगठन है।'

प्रेमचन्द और स्त्री-प्रश्न

शम्भुनाथ

राष्ट्रवादी आन्दोलनों के युग की स्त्री-चेतना की मुख्य खूबी यह है कि इसमें पुरुष से सहकारिता और संघर्ष दोनों के तत्त्व थे। साम्राज्यवाद के मोर्चे पर सहकारिता और पितृसत्ता के मामले में संघर्ष। यह भारतीय जागरण का असर था कि पुनरुत्थानवादी लोग पितृसत्ता से संघर्ष को धीमा न कर सके। वे स्त्री में शिष्टता, पवित्रता, आज्ञापालन, गृहकाज में दक्षता या 'स्त्रीत्व' की मौजूदगी की कामना करते हुए भी उसे न घर से बाहर निकलकर स्वाधीनता संग्राम में भागीदारी से रोक सके और न शिक्षा और आत्मसम्मान की बलवती होती आधुनिक आकांक्षाओं से। स्त्रीत्व की माँग पितृसत्ता की परम्परावादी योजना थी, जिस तरह भारतीय स्त्रियों को अराजक पाश्चात्य संस्कृति में रंग देना पितृसत्ता की औपनिवेशिक योजना। हम बीसवीं सदी के सत्याग्रहों (1919 और 1929) के दौरान दोनों योजनाओं को विफल होता हुआ देखते हैं।

प्रेमचन्द की साहित्यिक चेतना का निर्माण मुख्य रूप से नवजागरण, दोनों सत्याग्रहों और इनके आसपास की विश्व घटनाओं से हुआ था। उन्होंने हरिसिंह गौड़ द्वारा हिन्दू स्त्रियों के लिए पेश किए गए तलाक बिल का समर्थन करते हुए लिखा था, "ज्यों-ज्यों उनमें शिक्षा का प्रचार हो रहा है, उनमें अपनी वर्तमान अधोगति से विद्रोह उत्पन्न हो रहा है।" (विविध प्रसंग-3)। अब माना जाने लगा था कि स्त्री-पुरुष की इच्छाओं, जरूरतों और क्षमताओं में फर्क नहीं किया जाना चाहिए। उनकी जैविक बनावट में भिन्नता की वजह से स्त्री को समाज में दुर्बल बनाकर नहीं रखा जा सकता और पुरुष को विशेषाधिकार नहीं मिल सकता। प्रेमचन्द ने लिखा, "अब यह स्वीकार किया जाने लगा है कि स्त्री और पुरुष दोनों के अधिकार समान होने चाहिए। अभी तो यह हाल है कि पुरुष में चाहे जितने दोष हों, चाहे वह कितना ही लंपट हो, वह कितना ही अत्याचार करे, औरत के लिए कहीं त्राण नहीं। वह उसकी खबर लेना छोड़ दे, अपनी दूसरी शादी कर ले, किन्तु स्त्री पर उसका अधिकार ज्यों-का-त्यों बना रहता है। स्त्री में रूप न हो, वह फूहड़ हो, उसके सन्तान न होती हो या किसी कारणवश उससे असन्तुष्ट हो तो उसके लिए रास्ता साफ है। लेकिन पुरुष में कितनी ही बुराइयाँ हों, स्त्री के लिए कहीं त्राण नहीं। यह एकतरफा नीति बहुत दिन चली, लेकिन अब नहीं चल सकती।" (वही)। प्रेमचन्द का मकसद तलाक को बढ़ावा देना नहीं था, पितृसत्ता

को तोड़ना था।

प्रेमचन्द गृहस्थी के जनतन्त्रीकरण के पक्षधर थे, "गृहस्थी को जनतन्त्र के कायदों पर चलाना चाहिए। तजुर्बे से यह बात मालूम होती है कि हम जनतन्त्र पर चाहे कितना ही विश्वास क्यों न रखें, हमारे घरों में स्वेच्छाचार का ही राज्य है।" (विविध प्रसंग-3)। एक उदार समाज बनाने के लिए जरूरी है कि भारतीय परिवार का वह लौह ढाँचा बदले, जिसमें स्त्री ही नहीं, बच्चे भी स्वेच्छाचार के शिकार थे। प्रेमचन्द ने यह भी कहा था– बच्चों को स्वाधीन बनाओ !

इसमें सन्देह नहीं कि उस खास दौर में भारत की आजादी का प्रश्न सबसे महत्त्वपूर्ण था। प्रेमचन्द के लिए यह प्रश्न देश की आर्थिक दशा में सुधार और दलितों के प्रति सामाजिक न्याय के साथ स्त्रियों की आजादी से भी जुड़ा था। इसलिए उन्होंने साम्राज्यवाद और सामाजिक विषमताओं का विरोध करते हुए धर्म, विवाह, परिवार, गृहस्थी, सेक्स, नैतिकता आदि से जुड़े प्रश्न संजीदगी से उठाए। उनकी दृष्टि में स्त्रियाँ वर्गों से ऊपर एक अलग 'कैटेगरी' नहीं है। उन्होंने पाश्चात्य संस्कृति में रँगी भारतीय स्त्रियों के बौद्धिक उपनिवेशन के साथ-साथ उनके अमानवीय शौकों की भी निर्मम आलोचना की। उन्हें स्त्री होने की वजह से छूट नहीं दी। यह सही है कि उन्होंने अपने कथा-साहित्य में अन्ततः खेतिहर स्त्रियों को ही केन्द्रीयता दी। इस ओर भी ध्यान जाना चाहिए कि उन्होंने मध्यवर्गीय स्त्रियों को बार-बार विषय बनाया। इसकी एक वजह यह हो सकती है कि स्त्रियाँ सामाजिक और राजनीतिक गतिविधियों में शामिल होने का पर्याप्त अवसर पा गई थीं। वे मुखर थीं, हालाँकि उन मध्यवर्गीय स्त्रियों का बड़ा हिस्सा गृहदासता से जकड़ा था।

भारत में जब आज तक मध्यवर्गीय लड़कियाँ एवं औरतें गृहदासता से पूरी तरह मुक्त नहीं हैं और बड़ों को लगता है कि वे घर से बाहर असुरक्षित हैं, तब बीसवीं सदी की शुरूआती बेला में उनकी दयनीय दशा का अन्दाजा लगाना मुश्किल नहीं है। प्रेमचन्द के आरम्भिक उपन्यास 'वरदान' में रोमानी भावुकता है। यह असफल कैशोर्य-प्रेम की कथा है, जो भारतीय विवाह की विसंगतियों पर भी रोशनी डालती है। विरजन स्त्री-चेतना के इस स्तर पर थी, "हृदय का मिलाप ही सच्चा विवाह है। सिन्दूर का टीका, ग्रन्थि-बन्धन और भाँवरें–ये सब संसार के ढकोसले।" 1912 में यह उपन्यास 'जलवा-ए-ईसार' के नाम से छपा था। इसमें स्वच्छन्दतावाद की साहसिक सूचना है। इसमें प्रेम पीड़ा का ही एक रूप है। यह उपन्यास बताता है कि मध्यवर्गीय स्त्री कितने बन्धनों में फँसी है और उसकी जिन्दगी में कितनी घुटन है। मध्यवर्ग की विपदाग्रस्त विधवा युवती विरजन अपने बन्द घर के जंगले से ही दुनिया देख पाती है। उसे यह देखकर अनोखा लगता है कि गरीब श्रमजीवी स्त्रियाँ घुप अँधेरे में कितनी स्वतन्त्रतापूर्वक गाती हुई काम पर आ रही हैं, "झाँककर देखा तो दस-बारह स्त्रियों का गोल था। सबके हाथों में हंसिया, कन्धों पर गठियाँ बाँधने की रस्सी और सिर पर भुने हुए मटर की छबड़ी थी। ये इस समय जाती थीं, कहीं बारह बजे लौटेंगी। आपस में

गातीं, चुहलें करती चली जाती थीं।" प्रेमचन्द के अधूरे आखिरी उपन्यास 'मंगलसूत्र' में स्थिति भिन्न नहीं है। पुष्पा कमरे की खिड़की से काम पर जाती प्रसन्नमुख स्त्रियों को एकटक देखती है। 'गोदान' में मध्यवर्गीय मालती के बरक्स खेतिहर धनिया को रखकर प्रेमचन्द कह देना चाहते हैं कि स्त्रियों की इन दो दुनियाओं की अलग-अलग समस्याएँ हैं।

उपन्यास मुख्य रूप से मध्यवर्ग की आशा-आकांक्षा, संघर्ष और त्रासदी का रचनात्मक दस्तावेज है। इसके परम्परागत ढाँचे को तोड़कर प्रेमचन्द ने उसे साधारणवर्गीय जीवनकथा का मीडिया बनाया। इसी तरह उन्होंने स्त्री-जीवन को प्रमुखता से विषय बनाया और अपने युग की स्त्री-चेतना को उद्‌घाटित करके उपन्यास में हाशिए की आवाज को सम्मानजनक जगह दी। हमारा ध्यान इस ओर जाना चाहिए कि प्रेमचन्द के कथा-साहित्य में मध्यवर्गीय स्त्री पर कम फोकस नहीं है, क्योंकि वह इतिहास में नई कथारेखाएँ खींच रही थी। इसके अलावा, प्रेमचन्द मध्यवर्गीय स्त्री को केन्द्र में रखकर विवाह, नैतिकता और सेक्स पर ऐसे कोण से विचार करना चाहते थे, जो कूपमंडूकता और औपनिवेशिकता दोनों में से किसी से आक्रान्त न हो।

विवाह आदमी की जिन्दगी का एक निर्णायक तत्त्व है। लेकिन भारतीय समाज में यह सिर का बोझ उतारने के लिए सम्पन्न किया जाता है या किसी पर अंकुश लादने के लिए। इस तरह विवाह का यह मूल उद्‌देश्य ही समाप्त हो जाता है कि स्त्री-पुरुष सहयात्री हों और उनका जीवन तृप्त हो। नतीजतन विवाह अक्सर एकतरफा, क्रूर और अमानवीय संस्था का रूप ले लेता है। स्त्री-पुरुष के बीच वास्तविक प्रेम और सहयोग पनप नहीं पाता। स्त्री के लिए विवाह कई बार बलात्कार का वैधानिक बिस्तर बन जाता है। स्त्री सबकुछ धार्मिक कर्तव्य समझ चुपचाप स्वीकार कर लेती है। उसमें धार्मिक आस्था जितनी गहरी होती है, विद्रोह उतना ही अवरुद्ध होता है। प्रेमचन्द ने विवाह के प्रचलित स्वरूप की आलोचना करके वस्तुतः समाज की अमानवीय व्यवस्था को एक्सपोज किया और स्त्री-पुरुष सम्बन्ध सहित हर सामाजिक मुद्‌दे पर जनतन्त्र की जरूरत बताई। उनकी विवाह की आलोचना 'वरदान', 'सेवासदन', 'प्रतिज्ञा', 'निर्मला' यहाँ तक कि 'गोदान' में भी है। उनकी विवाह की आलोचना का अर्थ विवाह का विरोध नहीं है।

प्रेमचन्द ने विवाह-प्रथा को सम्पूर्ण सामाजिक ढाँचे से जोड़कर देखा। उन्होंने मुख्यतः यह कहना चाहा कि अमानवीय समाज-व्यवस्था और विषमता-आधारित अर्थतन्त्र विवाह जैसी उच्चतर संस्था को अमानवीय बना देते हैं। यही वजह है कि विरजन, सुमन, निर्मला, रतन, गोबिन्दी जैसी स्त्रियाँ घुट-घुटकर जीती हैं। विवाह पुरुष के लिए उतनी नहीं, पर स्त्री के लिए जरूर एक क्रूर और अमानवीय संस्था बन जाती है और वह बाध्यकारी है ही। स्त्री के लिए विवाह एक विनिमय बन जाता है घरेलू सुरक्षा के बदले पुरुष को यौन तृप्ति। उसकी अपनी इच्छाओं का कोई महत्त्व नहीं होता। उसे सिर्फ अपने निर्धारित कर्तव्य पूरे करने पड़ते हैं। आज भी बड़े पैमाने पर भारतीय स्त्रियों की जिन्दगी बचपन में खिलौनेनुमा चूल्हे-चौके और गुड्डे-गुड़ियों के खेल से शुरू होती

है और जिन्दगी के वास्तविक चूल्हे-चौके और बच्चों की परवरिश में खत्म हो जाती है। मुस्लिम औरतों की जिन्दगी की ज्यादा बुरी हालत है, वे अभी भी मध्य युग में हैं। हाल में आया मॉडल निकाहनामा (2005) भी पहले की तरह मर्दों के पक्ष में है। आमतौर पर प्रेमचन्द विवाह को एक ऐसी मानवीय संस्था बनाने के पक्षधर थे, जिसका आधार प्रेम और आपसी समझदारी हो। उसमें पुरुष के साथ स्त्री के व्यक्तित्व के विकास के लिए अवसर हों।

लेकिन प्रेमचन्द कई बार विवाह की आलोचना बहुत कठोरतापूर्वक करते थे। वे अपनी कहानी 'दो सखियाँ' में कहते हैं, "यह व्यक्तियों की स्वाधीनता में बाधक है। यह स्त्रीव्रत और पतिव्रता का स्वाँग रचकर हमारी आत्मा को संकुचित कर देता है। हमारी बुद्धि के विकास में जितनी रुकावट इस प्रथा ने डाली है, उतनी अन्य किसी भौतिक या दैविक क्रान्ति से नहीं हुई। उसने मिथ्या आदर्शों को हमारे सामने रख दिया और आज तक हम उन्हीं पुरानी सड़ी हुई, लज्जाजनक, पाशविक लकीरों को पीटते हैं।" पश्चिम में एक समय विवाह के विरुद्ध बौद्धिक तूफान उठ खड़ा हुआ था। इसे एक धार्मिक कैद माना जा रहा था। प्रेमचन्द खुद अपने निजी जीवन में विवाह से टूटी उम्मीद का फल चख चुके थे। फिर भी विवाह संस्था पर उनके क्रोध की वजह स्त्रीवाद का असर या अराजकतावाद नहीं है। उपर्युक्त कहानी में वे तुरन्त आगे कहते हैं, "पुरुष क्यों चाहता है कि स्त्री का कर्तव्य केवल पुरुष की सम्पत्ति के लिए वारिस पैदा करना है ? उस सम्पत्ति के लिए जिस पर हिन्दू नीतिशास्त्र के अनुसार पुरुष के बाद स्त्री का कोई अधिकार नहीं रहता। समाज की यह सारी व्यवस्था, सारा संगठन सम्पत्ति रक्षा के आधार पर हुआ है। इसने सम्पत्ति को प्रधान और व्यक्ति को गौण कर दिया है। हमारे ही वीर्य से उत्पन्न सन्तान हमारी कमाई हुई जायदाद का भोग करे, इस मनोभाव में कितनी स्वार्थपरता, कितना दासत्व छिपा हुआ है, इसका कोई अनुमान नहीं कर सकता। इस कैद में जकड़ी हुई समाज की सन्तान यदि आज घर में, देश में, संसार में अपने क्रूर स्वार्थ के लिए रक्त की नदियाँ बहा रही है तो क्या आश्चर्य है। मैं इस वैवाहिक प्रथा को सारी बुराइयों का मूल समझता हूँ।"

विवाह मानव सभ्यता की एक महान सामाजिक उपलब्धि है। माना जाता है कि भारत में विवाह एक अधिक पवित्र, उदात्त और टिकाऊ विधान है। यह पश्चिम की फटाफट शादी फटाफट तलाक जैसी चीज नहीं है, सात जन्मों का बन्धन है ! यह प्रेमचन्द थे, जिन्होंने विवाह की यथार्थ भारतीय तस्वीर पेश की, उसकी विसंगतियों को दिखाया। विवाह किस तरह पुरुष को अवसर देता है कि वह स्त्री को व्यक्तिगत सम्पत्ति समझे, विवाह के साथ किसी तरह पुत्राधिकार की धारणा–वारिस की चाह जुड़ी है, विवाह किस तरह स्त्री के व्यक्तित्व और भविष्य को ध्वस्त कर देता है या यह यातना-भरी जिन्दगी का पर्याय बन जाता है, यह सब प्रेमचन्द के लगभग सम्पूर्ण कथा-साहित्य में है। यह सबकुछ उच्च और मध्यवर्ग ही नहीं, दलितों के सन्दर्भ में भी स्पष्ट किया गया है–'रंगभूमि' में भैरो और सुभागी ! विवाह की प्रेमचन्दीय आलोचना

दरअसल पितृसत्ता और व्यक्तिगत सम्पत्ति की आलोचना है।

क्या विवाह का विकल्प है ? 'दो सखियाँ' में विवाह की आलोचना के बाद विकल्प पेश किया गया है पशु-पक्षियों का-सा स्वच्छंद प्राकृतिक जीवन। इसका दार्शनिक रूप है मुक्तभोग। 'गोदान' में मेहता मुक्तभोग की थ्योरी के प्रवक्ता हैं। पूँजीपति खन्ना भी उनकी ताईद करते हैं, 'नई थ्योरी है मुक्तभोग'। पश्चिम के नए नारी-आन्दोलन की चर्चित प्रवक्ता शुलामिथ फायरस्टोन ने 'द डॉयलेक्टिक्स ऑफ सेक्स' में लिखा है, "नारी को मुक्त करने के लिए जरूरी है कि परिवार को जड़ से उखाड़ दिया जाए तथा वैकल्पिक जीवन-पद्धतियों और सामाजिक संस्थाओं का विकास हो।" परिवारविहीनता का ही एक रूप है मुक्तभोग। आज बहुत-सी कामकाजी स्त्रियाँ महानगरों में फ्लैट लेकर अकेली स्वतन्त्र होकर रहती हैं। कई पुरुष विवाह नहीं करते। मुस्लिम स्त्रियाँ सामान्यतः यह विकल्प चुन नहीं पातीं और उन पर कभी भी तलाक की गाज गिर सकती है। हालाँकि आदर्श निकाहनामे पर बहस जारी है और आधुनिक मुस्लिम स्त्रियाँ अपने अधिकारों और स्वतन्त्रता की रक्षा के लिए अपना समानान्तर निकाहनामा पेश कर रही हैं। फिर भी आम मुस्लिम स्त्रियों की दशा काफी खराब है और उनके लिए विवाह मजहबी कैद है। कई हिन्दू पिता दहेज देने में असमर्थ होने की वजह से अपनी लड़कियों का विवाह नहीं कर पाते। भारतीय समाज में इस वजह से कभी-कभी सामूहिक आत्महत्या की घटना देखने को मिलती है या हिन्दू धर्म बेटियों को बूढ़ा कौमार्य ही दे पाता है। दूसरी ओर, भारत में कई स्त्रीवादी स्त्रियों को स्त्रीवाद का प्रचार करते देखा जाता है और अन्ध-पातिव्रत्य का पालन करते भी। आज भी भारतीय जीवन में विवाह एक बड़ा पेचीदा प्रश्न है।

प्रेमचन्द अपने अधूरे अन्तिम उपन्यास 'मंगलसूत्र' में लगता है विवाह को जीवन के एक मुख्य सवाल के रूप में उठाना चाहते थे। पुष्पा अपने पति सन्त कुमार के बुरे लक्षणों का विरोध करते हुए अपने स्वत्व की उद्घोषणा करती है, "यदि मैं तुम्हारी आश्रित हूँ तो तुम भी मेरे आश्रित हो। मैं तुम्हारे घर में जितना काम करती हूँ, उतना ही अगर मैं दूसरों के घर में करूँ तो अपना जीवन निर्वाह कर सकती हूँ।" स्त्री वैवाहिक ढाँचे की विषमता और पुरुष अन्याय के विरुद्ध अब मुखर हो रही है। सम्भवतः प्रेमचन्द ने समग्रता में यही कहना चाहा है कि विवाह का विकल्प विवाह है, एक उच्चतर मानवीय भूमि पर विवाह !

आज स्त्रीवाद में दहेज के विरोध में वह आवाज नहीं है, जो प्रेमचन्द के जमाने में थी। जबकि विवाह को अमानवीय संस्था बनाने में दहेज का सबसे बड़ा हाथ है। यह प्रथा आज भी एक आतंक की तरह चारों तरफ छाई हुई है। इसे एक पुराना, असाध्य और स्वाभाविक रोग मान लिया गया है। कई घरों में बेटियाँ ही अपने पिता की स्थिति पर सटीक विचार न करके यह चाहने लगी हैं कि वे दहेज के रूप में अपनी सम्पत्ति लेकर पिता के घर से विदा हों। यह पारिवारिक रिश्तों पर बाजार का असर है। दहेज की खातिर बहुओं को यातना, ताने और उन पर आत्महत्या के लिए दबाव

बाजार-व्यवस्था की वजह से ही पहले से बढ़े हैं। प्रेमचन्द ने 'सेवासदन' (1918) और 'निर्मला' (1927) में दहेज का प्रश्न मुख्य रूप से उठाया। इसी वजह से सुमन और निर्मला को अनमेल विवाह स्वीकार करना पड़ा था, उनकी जिन्दगी नरक बनी थी। उनके पास भी स्वप्न थे, लेकिन ये गरीबी के बियावान में खो गए। प्रेमचन्द ने इस समस्या पर गहरी चिन्ता व्यक्त की थी, "जब तक लेन-देन समाज में घृणा की दृष्टि से नहीं देखा जाएगा और जनमत उसे जघन्य न समझने लगेगा तब तक यही दशा रहेगी।" (सेवासदन)। मुश्किल यह है कि दहेज प्रथा को सभी जघन्य समझते हैं और सभी घुमा-फिराकर इसमें शामिल भी होते हैं।

प्रेमचन्द की मुख्य चिन्ता थी कि परिवार में स्त्री कैसे आत्मसम्मान हासिल करे। स्त्री से अपेक्षा की जाती है वह सिर्फ अपने पति का सुख देखे, अपनी न सोचे। पति धर्म ही स्त्री-धर्म है। वह यदि अलग से अपने लिए थोड़ी भी खुशी और अपनी पहचान के बारे में सोचती है, पति और बड़ों की नजरों में गिरने लगती है। 'सेवासदन' की सुमन अनमेल विवाह की शिकार थी। उसे गौनिहारिन भोली का गाना सुनना अच्छा लगता था। बस इसी बात से उसका अपने दुआह पति गजाधर प्रसाद से तनाव हो गया, जबकि वे खुद भोली के पास जाकर गाना सुनते थे। सुमन अन्ततः घर से निकाल दी गई। वह वेश्या बन गई। समाज में लौटने पर भी उसका पुराना सम्मान लौट नहीं सका, जबकि उसका भटकाव सामाजिक कुरूपता की देन था। स्त्री की भावमूर्ति एक बार खंडित हो गई, फिर जुड़ नहीं पाती। 'निर्मला' में निर्मला और तोताराम के बीच तनाव रहने लगा, निर्मला उनके जवान बड़े बेटे से अंग्रेजी सीखती थी। 'प्रतिज्ञा' (1929) के दीनानाथ और प्रेमा के बीच तनाव था। दीनानाथ प्रेमा पर सन्देह करते थे, क्योंकि उसके मन में दीनानाथ के ही एक दोस्त एवं समाज-सुधारक अमृत राय के प्रति आदर-भाव था। दीनानाथ संरक्षणवादी और अमृत राय सुधारवादी। यह दो लालाओं की ही नहीं दो जीवन-मूल्यों की भी लड़ाई थी। इसलिए प्रेमा विचार-स्वातन्त्र्य के साथ सोचती है, "मैं किसी की लौंडी नहीं हूँ, किसी के साथ अपनी धारणा नहीं बेची है। प्रेम पति के लिए है, पर भक्ति सदा अमृत राय के साथ रहेगी।" यह स्त्री-चेतना का अद्वितीय रूप है, जो प्रेमचन्द की कलम से व्यक्त हुआ। पत्नी व्यक्ति के रूप में अपना स्वतन्त्र विचार रखे और व्यक्त करे, ऐसा साधारणतः सम्भव होने नहीं दिया जाता। यह निश्चित है कि स्त्री के दिमाग को कैद में रखकर स्त्री-पुरुष सम्बन्ध में मधुरता नहीं आ सकती। स्त्री को भी सोचने का हक है। उसका जीवन पुरुष के निर्णय ढोने के लिए नहीं बना है, यह प्रेमचन्द ने दिखाया।

उपर्युक्त सभी स्त्रियाँ लगातार सन्देह झेलती हैं और तिरस्कृत होती हैं। सुमन को स्थितियों ने वेश्या बना दिया, इस तरह उसकी जिन्दगी ही बिगड़ जाती है। निर्मला को घुट-घुटकर जीना पड़ता है। प्रेमचन्द ने इन उपन्यासों के जरिए दिखाना चाहा कि भारतीय स्त्रियों में स्वत्व की थोड़ी भी भावना जगती है और अपने उत्पीड़ित जीवन में अलग से थोड़ी भी खुशी तलाशती है तो कैसे पुरुष-सत्ता से उनकी टकराहट शुरू हो

जाती है, स्त्री-पुरुष के बीच तनाव बढ़ जाता है। पुरुष कुछ भी करे, उसे आजादी है। स्त्री वही काम करे, उसके लिए भर्त्सना है। समाज में आई गतिशीलता की वजह से स्त्री के भीतर आकांक्षाएँ पैदा होने लगी थीं, पर ये यथार्थ से टकराकर इस तरह टूट जाती थीं कि सुधारवाद एक चूहे की तरह दिखाई देता था।

'प्रतिज्ञा' में प्रेमा के भाई कमलाप्रसाद और उसकी पत्नी सुमित्रा दोनों को एक-दूसरे से शिकायत थी। कमलाप्रसाद ऊब और उकताहट में अपनी जिन्दगी जी रहा था। वह देर से अँधेरी रात घर लौटता था। सुमित्रा कहती है, "स्त्री पुरुष की जूती के सिवा और है क्या ? पुरुष चाहे जैसा हो—चोर हो, ठग हो, व्यभिचारी हो, शराबी हो, स्त्री का धर्म है कि उसकी चरण-रज धोकर पिए !" एक दिन दोनों के बीच टकराहट हो गई। कमलाप्रसाद जनानखाने में नौकर भेजकर सुमित्रा से अपने कपड़े माँगता है। सुमित्रा उसे जवाब देती है कि आकर खुद निकाल लें। वह स्त्री के पुरुष द्वारा सतत उपनिवेशीकरण का विरोध करती है। आखिरकार पुरुष अपने छोटे-छोटे काम खुद कर सकता है, लेकिन उसमें हर चीज के लिए स्त्री को हुक्म देने की आदत है। सुमित्रा की अवज्ञा से कमलाप्रसाद का सामन्ती पुरुष-मन तिलमिला गया। उसके यह कहने पर कि अपने बाप के घर जाकर रहो, स्त्री-अधिकार के साथ सुमित्रा दहाड़ती है, "बाप का घर जब था, तब था। अब यही घर है। मैं अदालत में जाकर 500 रुपए लूँगी लाला, इस फेर में न रहना। पैर की जूती नहीं हूँ कि नई थी तो पहना, पुरानी हो गई तो निकाल कर फेंका।" यह 1929 की आवाज थी। राष्ट्रीय आन्दोलन स्त्री में स्वत्व का अहसास करा रहा था, उसका असर व्यापक था।

हिन्दी समाज में कोई बड़ा सुधारक नहीं हुआ। कुछ सुधारकों ने स्थानीय स्तर पर प्रयास किए भी तो उन्हें संरक्षणवादियों से कड़ा संघर्ष करना पड़ा। सुधार-कार्य का विरोध करने के लिए गुंडे ठीक किए जाते थे। इसलिए हिन्दी क्षेत्र में अधिक सामाजिक गतिशीलता नहीं आ पाई। प्रेमचन्द ने हिन्दी क्षेत्र के सुधारवाद के अन्तर्विरोधों को 'सेवासदन' में खुलकर उभारा है। समाज-सुधारक माने जानेवाले अमीर वर्ग के कई सज्जन वेश्याओं को हटाने और इनके जीवन में सुधार के लिए आवाज बुलन्द करते हैं और उनके पास नाक रगड़ने भी जाते हैं। उनका मुख्य लक्ष्य है अपनी सामाजिक प्रतिष्ठा बढ़ाना। एक धारणा है कि भारत के राष्ट्रवादी अंग्रेजी शासकों के सांस्कृतिक हस्तक्षेप और समाज-सुधारों के विरोधी थे। प्रेमचन्द ने एक दूसरा चित्र रखा है। 'सेवासदन' में पद्मसिंह जब राष्ट्रीय हित की बात करते हैं, सेठ चिम्मनलाल पर व्यावसायिक तौर पर निर्भरशील भगत राम मुँह फेर लेते हैं। इससे स्पष्ट हो सकता है कि पूँजीपति अंग्रेजी राज के प्रत्यक्ष या अप्रत्यक्ष हमेशा पिट्टू बने हुए थे और राष्ट्रीय हित के मुद्दों पर सोचकर खतरा नहीं उठाना चाहते थे। अंग्रेजियत से सराबोर डॉक्टर श्यामाचरण भी अपना स्वतन्त्र मत नहीं रख पाते, क्योंकि वे औपनिवेशिक हितों के संरक्षक हैं। सुधारवाद और राष्ट्रवाद की टकराहट भारतीय गतिशीलता का एकमात्र यथार्थ नहीं है। टकराहट के साथ अन्तर्मिश्रण भी घटित हुआ। एक दौर के बाद

सुधारवाद राष्ट्रीय हितों के साथ जुड़ा और राष्ट्रवाद में समाज-सुधार के लिए जरूरी स्पेस बना। इस अद्भुत सिंथीसिस का बिम्ब गांधी में देखा जा सकता है !

प्रेमचन्द 'सेवासदन' में साफ कर देते हैं कि सुधारवाद के भीतर घुसे औपनिवेशिक तत्त्व न केवल सुधार की तुलना में औपनिवेशिक हित को अधिक प्रधानता देते हैं, बल्कि भारतीय समाज के साम्प्रदायिक विभाजन का षड्यन्त्र भी रचते हैं। सुधार के प्रस्ताव पर मत तैयार करने के लिए नगरपालिका के हिन्दू और मुस्लिम सभासदों की अलग-अलग बैठकें होती हैं। अबुलवफा तवायफों को हटाने के सवाल पर मुस्लिम साम्प्रदायिकता को भड़काता है और चिम्मनलाल हिन्दू साम्प्रदायिकता को। तेग अली सोचते हैं कि इस कदम से वोट पर कितना असर पड़ेगा। सभी अपने-अपने चक्कर में होते हैं। बिट्ठलदास सुमन के वेश्या बनने पर सिर्फ इसलिए चिन्तित थे कि वह उच्च हिन्दू हैं। सुमन की दशा में सुधार नहीं आता। स्त्री-प्रश्न पर सुधारवाद अन्तर्विरोधों और चुनौतियों से घिरा हुआ था। फिर भी मुसलमानों के बीच यदि सैयद शफकत अली, शरीफ हसन जैसे अच्छे लोग थे, हिन्दुओं के बीच पद्मसिंह और रुस्तम भाई जैसे अच्छे लोग थे। प्रेमचन्द ने सुमन के पति का हृदय बदल दिया। वे गजाधर से समाज-सुधारक स्वामी गजानन्द बनकर सोचने लगे, "ईश्वर वह दिन कब लाएगा, जब हमारी जाति में स्त्रियों का आदर होगा।" प्रेमचन्द हृदय-परिवर्तन के आदर्शवादी सिद्धान्त के जरिए समाज में यह विश्वास मजबूत करना चाहते थे कि आदमी बुरे से अच्छा हो सकता है। खासकर जब समाज में आन्दोलन छिड़े हों, ऐसा बिल्कुल सम्भव है।

प्रेमचन्द ने प्रेम में विफलता, दहेज प्रथा, अनमेल विवाह या विधवा विवाह–स्त्री जीवन से सम्बन्धित जिस समस्या को उठाया, विषमतामूलक समाज-व्यवस्था का अनावरण करने के साथ एक भिन्न यौन-नैतिकता भी प्रस्तावित करनी चाही। भारतीय समाज में यौन-शोषण और यौन-कुंठा दोनों बड़े पैमाने पर हैं। विवाह एक क्रूर संस्था के रूप में यौन-शोषण या यौन-कुंठा पनपाता है। एक विषमतामूलक समाज में विवाह की नियति इससे बहुत भिन्न नहीं होती। 'वरदान' में प्रेमचन्द ने दिखाया है कि यौन-दमन और प्रेम की विफलता से किस तरह भावनाओं को सामाजिक आघात पहुँचता है। विफलता के दर्द का भावी जीवन पर खराब असर पड़ता है। निःसन्देह धर्म की यौन-भावनाओं के दमन में संहारक भूमिका है। इसलिए जल्दी विधवा हो जाने के बाद प्रेमाकांक्षी विरजन की आँखों में उसका प्रेमी प्रताप सिर्फ पवित्रता की अग्नि देखता है। नवयुवती विरजन की वेशभूषा ही नहीं बदल जाती, उसकी यौनाकांक्षा भी मिट जाती है। उसकी सास ताने अलग से कसती है, "ये सब आपत्तियाँ बहू की लाई हुई हैं। इसका पौरा बहुत निकृष्ट है।" प्रताप निराशा में साधु हो जाता है। भारत में बहुत अधिक अपराध हैं, यौन-कुंठा है, इसलिए असंख्य साधु हैं।

प्रेमचन्द ने सामाजिक विषमता, आर्थिक संघर्ष और सेक्सुअलटी के अन्तर्सम्बन्ध को पहचाना था। निर्मला गरीब घर से दुआह पति के सम्पन्न घर में आ गई थी। उसका अपने पति के जवान बेटे के प्रति आकर्षण स्वाभाविक था, लेकिन उसके परम्परागत

स्त्री-संस्कारों ने उसे यौन-दमन के लिए प्रेरित किया। स्त्री-धर्म और अतृप्त यौन-आकांक्षा की टकराहट में स्त्री-धर्म जयनाद करता है। निर्मला ने अपने बचपन में जितने ऊँचे सपने देखे थे, शादी के बाद वह अपने सपनों के उतने ही भयावह खँडहर में थी। वह वस्त्र-आभूषणों से लद गई, लेकिन जीवन की तृप्ति से दूर थी। प्रेमचन्द की एक कहानी 'नया विवाह' में मालकिन बूढ़े लाला की अनुपस्थिति में यौन-तृप्ति के लिए अपने रसोइए को चुनती है। इस कहानी में प्रेमचन्द खोखले आदर्शवाद से बँधे दिखाई नहीं देते, स्त्री अपने लिए नया मार्ग तलाशती दिखती है। लेकिन 'निर्मला' में भारतीय स्त्री का घुटन है। वह इतिहास में शान्त है, कुछ बोल नहीं पाती।

भारतीय परिवारों में कलह है, लेकिन स्त्री-पुरुष लड़ लेने के बाद सामान्यतः अपने घर की उसी छत के नीचे होते हैं। वे अलग नहीं होते। निर्मला जीवन त्याग देती है, विवाह की जंजीर नहीं तोड़ पाती। वह कुछ ज्यादा ही सहती और आत्मदमन करती है। विवाह से पहले एक बार उसके वकील पिता और माँ के बीच विवाह के लिए रुपए-पैसे के सवाल पर झगड़ा हुआ। 'तो क्या मैं तुम्हारा गुलाम हूँ'–'तो क्या मैं तुम्हारी लौंडी हूँ' की नौबत आई थी। उदयभानु अपना पुरुष रौब दिखाते हैं, "मैं कमाकर लाता हूँ, जैसे चाहूँ खर्च कर सकता हूँ। किसी को बोलने का अधिकार नहीं है।" कल्याणी जवाब देती है, "तो आप अपना घर सँभालिए। ऐसे घर को मेरा दूर से ही सलाम है, जहाँ मेरी कुछ पूछ नहीं।" लेकिन घर से आत्महत्या करने के लिए पुरुष निकलता है। उदयभानु चले थे नाटक में, लेकिन उनके द्वारा सजा कराया गया एक डाकू सचमुच उनकी हत्या कर देता है।

प्रेमचन्द की आरम्भिक रचनाओं में बहुत अधिक आत्महत्याएँ हैं, घुट-घुटकर जीने के बाद मौत को गले लगाना है। पात्र और परिस्थितियों की टकराहट में पात्र अक्सर टूट जाते हैं। 'वरदान' में विरजन के पति कमलाचरण ने ट्रेन से कूदकर जान दे दी। 'सेवासदन' में दहेज के राक्षस से घबराकर सुमन के पिता नदी में कूदकर जान दे देते हैं। 'निर्मला' में तोताराम का बेटा घर से भागता है और आत्महत्या कर लेता है। निर्मला से जिसकी पहले शादी की बात चली थी, वह आदमी आत्महत्या कर लेता है। निर्मला यौवन में ही ढहकर मिट जाती है। 'प्रेमाश्रम' और 'रंगभूमि' में आत्महत्याएँ हैं। भारतीय परिवार की यह कैसी संरचना है जिसमें भागने, आत्महत्या करने और घुटकर मर जाने की धड़ाधड़ इतनी घटनाएँ होती हैं ? आदमी की जिन्दगी में उम्मीदों की इतनी कम पूँजी क्यों है ? बढ़ती आत्महत्याएँ चिह्न हैं आधुनिक समाज में बढ़ते भय, निराशा और अकेलेपन के। अपनी भावनाओं के अनुरूप पारिवारिक वातावरण न पाकर न जाने कितने लोग जान दे देते हैं। अधिक दहेज न लाने पर ससुराल में कष्ट भोगती नई शादीशुदा युवतियाँ आज भी आग लगाकर आत्महत्या कर लेती हैं। इधर किसान बड़े पैमाने पर आत्महत्या कर रहे हैं। इससे यही साबित होता है कि भारतीय परिवार, नैतिकता और अर्थतन्त्र में अभी भी स्पेस नहीं है। प्रेमचन्द इसी तरह के समाज को बदलना चाहते थे। उनके उपन्यासों में भले ही वकील, अध्यापक, डॉक्टर, मुंशी जैसे

मध्यवर्गीय चरित्र ही ज्यादा हों, पर ये उपन्यास दिखाते हैं कि भारतीय परिवार और समाज कितने अमानवीय होते जा रहे हैं और इनमें स्त्री कितने हाशिए पर है।

स्त्री का सिर्फ लड़कियाँ जनना एक बड़ा अपराध माना जाता है और स्त्री को इसके लिए काफी शर्मिंदगी उठानी पड़ती है। प्रेमचन्द की एक कहानी 'नैराश्य' में निरूपमा के बार-बार बेटी जनने पर परिवार के लोग क्षुब्ध हो उठते हैं और ताने कसते हैं। जब एक बार पुनः लड़ाई हुई और निरूपमा को खबर लगी, उसका हार्ट फेल हो गया। प्रेमचन्द ने इस मामले को पारिवारिक क्रूरता के एक चिह्न और हत्या के रूप में दिखाया।

दलित स्त्रियों पर सवर्णों की निगाह पर एक कहानी है 'घासवाली'। दलित मुलिया बहुत खूबसूरत है। उस पर गाँव के रईसजादे चैतू सिंह की नजर पड़ गई। उसे चैतू सिंह छेड़ता था। वह बिना झुके बोली, "क्या समझते हो महावीर चमार है तो उसकी देह में लहू नहीं है ? मेरा रंग-रूप तुम्हें भाता है। क्या घाट किनारे मुझसे कहीं सुन्दर औरतें नहीं घूमा करतीं ?...मगर वहाँ तुम न जाओगे, क्योंकि वहाँ जाते तुम्हारा दिल दहलता है। मुझसे दया माँगते हो, इसलिए न कि मैं चमारिन हूँ, नीच जात हूँ और नीच जाति की औरत जरा-सी घुड़की-धमकी या जरा-से लालच से तुम्हारी मुट्ठी में आ जाएगी ?" यह दलित स्त्री के आत्मसम्मान की आवाज थी। इस तरह की साहस-भरी आवाजों को प्रेमचन्द ने सुना।

विधवा विवाह के लिए उन्नीसवीं सदी में आन्दोलन छिड़ गया था और इसे कानूनी स्वीकृति मिल गई थी। फिर भी विधवाएँ विवाह नहीं कर पा रही थीं। प्रेमचन्द ने खुद विधवा से विवाह किया था, जो हिन्दी समाज में कम साहस का काम न था। यह सवाल हमेशा मौजूद रहता है, आखिरकार विधवा से कौन विवाह करेगा ? इससे भी बड़ा सवाल है कि जिन संस्कारों में स्त्री जीती है, उनके बीच साँस लेते हुए वह खुद दूसरे विवाह के लिए अपने को कैसे तैयार करे। 'प्रतिज्ञा' (1929) के पुराने औपन्यासिक रूप प्रेमा (1907) में अमृतराय ने एक जवान विधवा पूर्णा से विवाह का निश्चय किया, इतने से समाज में खलबली मच गई। 'प्रतिज्ञा' में यह प्रसंग बदल गया। पूर्णा अपने वैधव्य से डिग नहीं सकी। उसका कुछ नहीं हो पाता। प्रेमचन्द सोचते थे कि स्त्री को नई चेतना की ओर बढ़ने के लिए अपने पुराने संस्कारों से दीर्घ संघर्ष करना होगा। पूर्णा को अकेली पाकर कमलाप्रसाद ने उससे बलात्कार की कोशिश की। यह स्त्री निर्यातन का चरम रूप था। इससे सुधारवादियों की आँख खुली, अन्यथा विधवा विवाह उनके लिए मुद्दा ही न था।

प्रेमचन्द ने इस विषय पर कुछ कहानियाँ भी लिखी हैं। 'बेटोंवाली विधवा' की औरत ने पति के मर जाने के बाद अपने बेटों के लगातार दुर्व्यवहार से दुखी होकर आत्महत्या कर ली थी। बुजुर्ग विधवा सबकुछ होते हुए आज भी कभी अपने इस बेटे, कभी उस बेटे के परिवार में अधनंगी-असहाय भटकती रहती है अथवा नदी-घाटों पर या वृद्धाश्रमों में पड़ी रहती है। बूढ़ी विधवा की जीवन-दशा विधवा विवाह से कम

महत्त्वपूर्ण प्रश्न नहीं है ? 'ग़बन' में विधवा बन जाने के बाद रतन अपनी आर्थिक असहायता से क्षुब्ध होकर कहती है, "मैं किराये की लौंडी थी। लौंडी का घर से क्या सम्बन्ध ! न जाने किस पापी ने यह कानून बनाया था। अगर ईश्वर कहीं है और उसके यहाँ न्याय होता है तो एक दिन उसी के सामने उस पापी से पूछूँगी, क्या तेरे घर माँ-बहनें न थीं ?" 'स्वामिनी' कहानी की श्रमजीवी विधवा रामप्यारी हार नहीं मानती। उसके मन में अपने ही खेत के एक मजदूर से प्रेम पैदा हो जाता है। वह अपनी जिन्दगी के नरक से निकलती है। मध्यवर्गीय परिवारों की तुलना में साधारण वर्ग की श्रमजीवी विधवाओं में स्वतन्त्रता ज्यादा है। वे पर्दा प्रथा से दूर होती हैं, उनके पास आवाज होती है और वे एक हद तक अन्याय का प्रतिवाद कर पाती हैं।

प्रेमचन्द 'प्रतिज्ञा' में इस तथ्य से परिचित हो गए थे, "औरत कमा नहीं सकती, इसलिए उसकी यह दुर्गति है।" सुमित्रा कहती है, "लेकिन मैं कहती हूँ, अगर मर्द अपने परिवार भर को खिला सकता है तो क्या स्त्री अपनी कमाई से अपना पेट भी नहीं भर सकती।" मध्यवर्गीय स्त्री को विचार स्वातन्त्र्य के लिए सबसे पहले आर्थिक आत्मनिर्भरता चाहिए। स्त्रियों के सामने यह प्रश्न आता है—उसे स्वतन्त्रता चाहिए या सुरक्षा ? वे दुविधा में पड़ जाती हैं। इसमें सन्देह नहीं कि कामकाजी स्त्रियाँ अपनी जिन्दगी में अधिक आजाद होती हैं, क्योंकि वे इस धारणा को पलट देती हैं कि पुरुष आर्थिक और हर तरह की सुरक्षा के लिए है और स्त्री पुरुष की यौनतृप्ति और रसोई के लिए। दफ्तर में काम करनेवाली नवयुवतियाँ विवाह के बाद काम नहीं छोड़ना चाहतीं, क्योंकि इससे उनकी स्वतन्त्रता छिन जाएगी। संयुक्त परिवार टूटने के साथ कामकाजी स्त्रियों की संख्या बढ़ने लगी। घर से बाहर निकलकर श्रम करने की वजह से ही निम्न वर्ग की स्त्रियाँ, खासकर दलित स्त्रियाँ सामाजिक रूप से अधिक मुक्त हैं। फिर भी यह एक भ्रान्ति है कि वे पूरी तरह मुक्त हैं। इनके साथ पति क्रूर व्यवहार करने से बाज नहीं आता।

'गोदान' का प्रसंग है, शहर जाते हुए रास्ते में गोबर की भेंट एक कृषक दम्पत्ति से हुई। दोनों झगड़ रहे थे। गोबर के बीच में पड़ने से पुरुष ने गुस्से से कहा, "मेरी औरत है, मैं उसे मारूँगा, काटूँगा। तुम कौन हो बोलनेवाले ?" औरत का रुख भी सहसा बदल गया, "हमारा आपस का मामला है। कभी वह मुझे मारता है, कभी मैं उसे डाँटती हूँ। तुमसे मतलब ?" गोबर अकबका गया। वह 'पुरुषोचित' हो उठा, 'ये औरत मार खाने ही लायक है।' वह खुद भी शहर में अपनी पत्नी झुनिया को पीटता है। भारत में 80 प्रतिशत स्त्रियाँ अपने पति द्वारा कभी-न-कभी जरूर पीटी गई होती हैं। इने-गिने ही पुरुष पिटते होंगे !

"मुझमें जीव है, चेतना है, जड़ क्यों बन जाऊँ ?" प्रेमचन्द की कहानी 'नैराश्य लीला' में स्त्री का यह कथन उसे मुक्ति पथ पर खड़ा कर देता है। बीसवीं सदी के दूसरे दशक से राष्ट्रीय आन्दोलन में आए विस्तार ने सामाजिक क्रान्ति की परियोजना को गति दी थी। इस आन्दोलन में शामिल स्त्री मध्ययुगीन बेड़ियों को अधिक व्यापकता

से तोड़ रही थी और अपने को बदल रही थी। उसका स्त्रीत्व रूपान्तरित हो रहा था। स्त्री अपने जीवन की समस्याओं के साथ सारे समाज की समस्याओं से परिचित हो रही थी। वह सम्पूर्ण मनुष्यता की मुक्ति में अपनी मुक्ति देख रही थी। प्रेमचन्द ने स्त्री जीवन को अपनी औपन्यासिक संवेदना की आँख से देखा और विविधता में देखा। उन्होंने विवाह, परिवार, स्त्री-स्वतन्त्रता, स्त्री-आत्मनिर्भरता, यौन-नैतिकता से जुड़े स्त्री प्रश्नों को राष्ट्रीय-सामाजिक प्रश्नों से अलग करके कभी नहीं देखा, क्योंकि खुद पितृसत्ता स्वायत्त निर्मिति न होकर एक सामाजिक उत्पाद थी।

स्त्री-चेतना के मार्ग में स्त्री की अपनी धार्मिक संरक्षणशीलता, शृंगारप्रियता और औपनिवेशिक आकर्षण कम बाधक नहीं थे। उसमें धर्म के अमृत की जगह जहर ज्यादा भरा था, जिससे उसकी चेतना नीली पड़ गई थी। दूसरी तरफ, स्त्री-स्वतन्त्रता की पश्चिमवादी धारणा एक दूसरे वर्ग की स्त्री में आभिजात्य और अनुत्तरदायित्व पैदा कर रही थी।

'प्रेमाश्रम' में श्रद्धा अपने वैज्ञानिक दृष्टि से सम्पन्न पति प्रेमशंकर से इसलिए अलग रहती है कि विदेश से लौटने के बाद उन्होंने अपना शुद्धि-संस्कार नहीं कराया। वह गंगा के जल में आधी रात खड़ी होकर तपस्या करती है। इस तरह के व्रत-तप, मनौतियाँ हिन्दू स्त्रियाँ आमतौर पर करती रहती हैं। श्रद्धा का अपने गलत विश्वासों से मोहभंग तब होता है, जब जेल से मुक्त गाँववासियों को प्रेमशंकर का जय-जयकार करते सुनती है, "क्या इतने कंठों से निकली शुभेच्छाओं का महत्त्व प्रायश्चित से कम है।" वह अपना हठ छोड़कर प्रेमशंकर के चरणों पर गिर पड़ती है। इसी उपन्यास में जमींदार परिवार की एक विधवा गायत्री अपनी यौनाकांक्षाएँ कृष्ण-लीलाओं के जरिए पूरी करती थी।

आधुनिक भारतीय मनुष्य आमतौर पर सीमान्त मनुष्य है–पुरानी परम्परा और पश्चिमी आधुनिकता की सीमा पर रहनेवाला मनुष्य। वह पश्चिमी आधुनिकता की मार पड़ने पर पुरानी परम्परा की शरण लेता है और पुरानी परम्परा की मार पड़ने पर पश्चिमी आधुनिकता की तरफ भागता है। वह देखता है, सुविधा कहाँ है। 'ग़बन' में ऐसा ही सीमान्त मनुष्य और हमेशा दुविधाग्रस्त रहनेवाला चरित्र रमानाथ है। उसकी पत्नी है जालपा। अब यह कथन भ्रमपूर्ण है कि सामन्ती समाज की नारियों को ही आभूषण बहुत प्रिय हैं। यह स्त्री-धन कहा जाता है। यह भी कहा जाता है कि स्त्री की प्राचीन जंजीरें ही काल-प्रवाह में आभूषण के रूप में अपनी निशानियाँ छोड़ गईं। प्रेमचन्द के एक लघु नाटक 'प्रेम की वेदी' में जेनी उमा के कंगन को गुलामी की हथकड़ी और हीरों से जड़े हार को गुलामी का तौक कहती है। अब के अति-आधुनिक पूँजीवादी समाज में भी पढ़ी-लिखी और बुद्धिवादी स्त्रियाँ महँगे से महँगे गहने पहनती हैं। यह फैशन बढ़ा है। नौजवान कर्ण-कुंडल पहनने लगे हैं, यह उनके मॉड होने का चिह्न है। गहनों के एक से बढ़कर एक ब्रांड और उनका आक्रामक प्रचार है–'स्त्री इसके बिना सम्पूर्ण नहीं होती !' जालपा ने रमानाथ से पूछा, "मैं विलासिनी हूँ, इसी रूप में तो तुम मुझे देखते हो ?"

यदि स्त्री कामुक छवि के बिना अधूरी दिखती है, तो यह किसकी चाहत है ? जालपा राष्ट्रवादी आन्दोलन के असर में रूपान्तरित होकर सोचती है कि स्त्री का सम्मान आभूषण से नहीं उसके राष्ट्रीय विचारों और सामाजिक सेवा से है। इसी असर में 'कर्मभूमि' की सुख-वैभव को सबकुछ समझनेवाली सुखदा भी बदल गई। मुन्नी ने अपने बलात्कार का बदला दो गोरे व्यक्तियों की हत्या करके लिया। सलोनी ने हाकिम पर थूक दिया। यह स्त्रियों की राष्ट्रवादी सक्रियता थी।

स्त्री जिन धर्म-संस्कारों को अपने धर्म-संस्कार समझती है, वे सभी पुरुष-रोपित हैं। 'गोदान' में गोविन्दी श्रद्धा भावना से भरी पवित्रता और एकनिष्ठता की मूर्ति थी। मालती चंचल तितली थी। एक तरफ धार्मिक प्रवचन-कीर्तन पर टूट पड़ती तर्क-शून्य स्त्रियाँ, दूसरी तरफ दृश्य माध्यम के पर्दे पर सेक्स की आतिशबाजी बनी स्त्रियाँ ! दोनों ही भावरूप भिन्न दिखते हुए भी पितृसत्ता और निर्मितियाँ हैं। एक भावरूप पूर्व के मर्द ने निर्मित किया। दूसरा भावरूप पश्चिम के मर्द ने। प्रेमचन्द चाहते थे कि स्त्री न पुराने धर्म-संस्कारों से जकड़ी हो और न वह मातृत्व, सेवा भावना और करुणा से विमुख होकर पश्चिमी स्त्रियों की तरह चंचल, विलासिताप्रिय और अनुत्तरदायी बनें। वह स्त्री के पुरुष-विरोधी बन जाने की जगह स्त्री-पुरुष परस्पर निर्भरता के पक्षधर थे। वह परम्परा और आधुनिकता की अधपकी खिचड़ी नहीं, बल्कि उनके बीच विवेकपूर्ण सामंजस्य चाहते थे। प्रेमचन्द का लेखन पुरुषवादी संस्कारों से बिल्कुल मुक्त है, यह नहीं कहा जा सकता। लेकिन उन्होंने स्त्री-जीवन की एक-एक समस्या पर अपने गहरे सरोकारों के साथ विचार किया, जिसे महज सहानुभूति नहीं कहा जा सकता।

'गोदान' में स्त्री के श्रद्धा और चंचलता इन दो रूपों के बीच एक दिग्भ्रमित चरित्र है मेहता। वह वैयक्तिक दृष्टि से विवाह का विरोधी है और मुक्तभोग का समर्थन करता है। लेकिन महिला सम्मेलन में परम्परावाद का आश्रय लेकर स्त्री-चेतना विरोधी दृष्टि रखता है। उसके एकतरफा वक्तव्य से पूँजीपति खन्ना सहित सभी पुरुष खूब सन्तुष्ट हुए, पर स्त्रियाँ नाराज हो जाती हैं। मेहता कहता है, "हमारी उन्नत विचारोंवाली देवियाँ उस दया और श्रद्धा और त्याग के जीवन से असन्तुष्ट होकर संग्राम और हिंसा के जीवन की ओर दौड़ रही हैं और समझ रही हैं कि यही सुख का स्वर्ग है तो मैं उन्हें बधाई नहीं दे सकता।...क्या आप समझती हैं कि वोटों से मानव जाति का उद्धार होगा या दफ्तरों में और अदालतों में जबान और कलम चलाने से ? इन नकली अप्राकृतिक, विनाशकारी अधिकारों के लिए आप वह अधिकार छोड़ देना चाहती हैं जो आपको प्रकृति ने दिए हैं ?" मालती की छोटी बहन प्रतिवाद में बीच में चिल्ला उठी, "हमें वोट (अधिकार) चाहिए, पुरुषों के बराबर।" कई युवतियों ने आवाज दी, "वोट ! वोट !" प्रेमचन्द ने स्त्री के बदलते मिजाज को पकड़ा और समर्थन में अपना हाथ ऊपर कर दिया।

प्रेमचन्द की दृष्टि में एक और बात थी, शहरी स्त्रियों के स्त्रीवाद में धनिया कहाँ खड़ी है ? धनिया ने गाँव के मुखिया को ललकारा था, "गरीबों को लूटो, उस पर सुराज

चाहिए। अरे जेहल जाने से सुराज नहीं मिलेगा, मिलेगा धरम से, न्याय से।" स्वराज जॉन की जगह गोविन्द का बैठना नहीं है, यह 'आहुति' कहानी की रूपमणि भी कहती है। स्वराज में स्त्रियों की कितनी हिस्सेदारी होगी, इसके साथ प्रेमचन्द यह भी सोचते थे कि वह कितना किसानों और मजदूरों का स्वराज्य होगा। उन्होंने अपने सबसे महान उपन्यास 'गोदान' में भी स्त्री-प्रश्न उठाया और स्वराज्य की उस राष्ट्रवादी संरचना की आलोचना की, जिसमें होरी को रूपा का हाथ बूढ़े रामसेवक के हाथ में देना पड़ गया था। उस राष्ट्रवाद में न दलित थे, न स्त्री थी और न मेहनतकश किसान थे। इस राष्ट्रवाद के पीछे जो पूँजीवाद खड़ा था, उसकी वजह से गोविन्दी पुरुष प्रभुत्ववाद से आक्रान्त हो चुकी थी। उसके लिए पूँजीपति खन्ना का घर असह्य था। फिर भी यह जरूर है कि साम्राज्यवाद-विरोधी आन्दोलन के उस राष्ट्रीय दौर में मध्यवर्गीय शहरी स्त्रियों को परम्परागत श्रद्धावाद, 'स्त्री-धर्म' अथवा 'स्त्रीत्व' की निरर्थकता के साथ आभिजात्यवादी दिखावटी आधुनिकता के खोखलेपन का भी अहसास होने लगा था। वे लैंगिक अन्याय और शोषण को अपने प्रश्नों के घेरे में ला रही थीं।

शहरी मालती ने गाँव में सेवा करते हुए धनिया के दरिद्रता से भरे जीवन को देखा। एक स्त्री ने जब दूसरी स्त्री को देखा, "आज उसके वह रेशमी कपड़े, जिन पर जरी का काम था और वह सुगन्ध से महकता हुआ शरीर और वह पाउडर से अलंकृत मुखमंडल उसे लज्जित करने लगा। उसकी कलाई पर बँधी सोने की घड़ी जैसे उसे अपलक नेत्रों से घूर रही थी। उसके गले में चमकता हुआ जड़ाऊ नेकलेस मानो उसका गला घोंट रहे थे।" मालती तितली से मधुमक्खी बन चुकी थी और वह एक व्यक्तित्वांतरित स्त्री थी। उसकी संवेदना में एक विराट् जगह पैदा हो गई थी। आज की स्त्रियों को रितु बेदी की फैशन ड्रेस, विदेशी ब्रांड के कॉस्मेटिक्स, टाइटन के महँगे आइटम और सोने-प्लेटिनम के गहने कैसे लगते हैं, इसी सवाल के जवाब पर निर्भर करता है कि वे कितनी मुक्त हैं और कितनी अदृश्य रूप से कैद।

प्रेमचन्द ने राष्ट्रीय आन्दोलन के दौर में शहर और गाँव दोनों जगह स्त्री को बदलते हुए देखा था, उसमें व्यापक चेतना लक्षित की थी। स्त्री पितृसत्ता के परम्परागत और औपनिवेशिक दोनों रूपों को चुनौती दे रही थी। उसे सुधारों और कानूनों से शक्ति मिली थी, पर उसके लिए ये काफी न थे। वह विवाह, परिवार, सेक्स और नैतिकता को एक नया अर्थ देना चाहती थी। वह स्त्री और स्त्री के बीच बहुत-सी दीवारें देखती थी और इन्हें तोड़ने के लिए बेचैन थी। वह साम्राज्यवाद के प्रति उदासीन नहीं थी, राष्ट्रवाद या सुराज को लेकर बहुत मुग्ध नहीं थी। वह दुनिया में अपने और भारत को कुछ इस तरह खोज रही थी कि लगता था अच्छे दिन सचमुच आएँगे।

प्रेमचन्द और समकालीन स्त्री-लेखन में निहित विमर्श

मृदुला गर्ग

यह जो विमर्श में लिंग आ जुड़ा है, उसका काफी श्रेय, हिन्दी साहित्य को जाता है। स्त्री-विमर्श की शुरुआत तो, खैर, पश्चिम में हुई। अपने यहाँ जो कुछ फैशन में आता है, उसकी शुरुआत, पचास साल पहले, पश्चिम में ही हुई होती है। पर अपने सुसंस्कृत समाज में इस पद, स्त्री-विमर्श, का फैलाव, शुद्ध देसी तरीके से हुआ है, और उसमें हिन्दी साहित्य की अहम् भूमिका रही है। स्त्री के बारे में, तमाम ऐतिहासिक, सामाजिक, मनोवैज्ञानिक, जैविक अध्ययन करके, नए निष्कर्ष निकालना, टेढ़ा काम है। सो हमने सीधा रास्ता पकड़ा। जो भी स्त्री कहे-लिखे, उसे स्त्री-विमर्श का नाम दे दो। अपने यहाँ किसी और वाद के मुकाबले जातिवाद की ज़्यादा महिमा है। इसलिए विमर्श को जाति से परिभाषित करना, एकदम तर्कसंगत लगता है। ऊँचे पदासीन जन ऐलान कर चुके हैं, विमर्श करना ज्ञानी व सम्माननीय जनों का काम है। गौरांग प्रभु करते हैं तो हम प्रसाद पाते हैं। हम करते हैं, तो स्त्री व दलित नाम के तुच्छ प्राणी, अनुग्रहीत होते हैं। अब इन्हें, जाने क्या सूझी है कि, अपने लिए खुद, सोच-विचार करने लगे हैं। शुरू-शुरू में, हम कुलीन जनों ने इनके लिखे को अश्लील कहकर, इधर-उधर हाशियों में दबाए रखा। इतना ही नहीं, कभी-कभार मौज-मस्ती की खातिर, धर-पकड़ भी करवा दी। पर आज़ाद-ख्याली का कुछ ऐसा समाँ बना, काफी कुछ अंग्रेज़ी में हो रहे लेखन के कारण कि धर-पकड़ या बिरादरी-बाहर करना मुश्किल होने लगा। तो हमने एक नायाब उपाय निकाला। करने दो विमर्श, देने दो मौलिक विचार। जो कहे, एक डिब्बे में बन्द कर दो—लेबल लगा दो, स्त्री-विमर्श। राजनीति हो, समाजशास्त्र हो, विज्ञान या कला हो, हर उस विषय को, जिस पर स्त्री मौलिक विचार करे पूरी तरह नजरंदाज़ कर दो। अंधी आँखों और बहरे कानों से, उसे स्त्री-विमर्श के ढेर में फेंक दो। आप-से-आप सिद्ध हो जाएगा कि स्त्री किसी महत् विषय पर कुछ नहीं कह पाती। स्त्रियाँ, स्त्रियों के मामले में टाँग अड़ाए बगैर नहीं रह सकतीं। जब देखो स्त्री को लेकर टसुए बहाती रहती हैं।

स्त्री होने की दोतरफ़ा सज़ा मिलती है। न हमें पुरुषों के लिए निरापद विषयों पर विमर्श करने का अधिकार है। कानूनन मनाही नहीं है, पर करो तो उसे कोई गम्भीरता से नहीं लेता। न स्त्रियों के लिए खासतौर पर चुने गए विषयों पर विमर्श न करने का अधिकार है। मना करके देखिए, आपको, 'औरत, औरत की सबसे बड़ी दुश्मन होती

है', मुहावरे के कठघरे में उम्रक़ैद हो जाएगी।

गुरुजनों के अनुसार बहुत सारे काम ऐसे हैं, जो मुक्त स्त्री होने के नाते हमें करने चाहिए। जैसे आत्मकथा लिखनी चाहिए। पति से असंवाद होना चाहिए। बच्चे बोझ लगने चाहिए। पुरुषों की कामुक नज़रों से आतंकित होना चाहिए। शोषित होना चाहिए; शोषण के खिलाफ़ लड़े चाहे नहीं, उसका रोना ज़रूर रोना चाहिए। इसी सबको, भाई लोग, स्त्री-विमर्श कहते हैं, और कुछ ठहरकर, जोड़ते हैं, स्त्री-विमर्श में, भाई, विमर्श कम, रोदन ज़्यादा होता है। क्या करें, बेचारियाँ हैं भी तो इस कदर शोषित-दलित। जी हाँ, दलित तो दलित हैं ही और उनका विमर्श दलित विमर्श कहलाता है। पर स्त्रियाँ ? वे दलित ज़रूर मानी गई हैं, पर उनका विमर्श, दलित तक नहीं कहलाता। उसका खाँचा अलग है, हाशिए में हाशिए जैसा।

मैं समझ रही हूँ, बहुत से भाई-बहन यह कहने को कसमसा रहे होंगे कि, स्त्री-विमर्श, वह विमर्श नहीं है, बेवकूफ, जो स्त्री करती है। वह है, जो स्त्री के बारे में होता है। उसे पुरुष भी कर सकता है। यहाँ तक तो ठीक है, महानुभाव, पर मुश्किल यह है कि, अपने यहाँ, पुरुष ही करता है। आज से नहीं, युगों से कर रहा है। पहले माँ-बहन बतलाकर हदें तय कर रखी थीं। अब मुक्त बतलाकर, कर रहा है। पहले गनीमत इतनी थी कि पुरुष का कहा, पुरुष का सोच कहलाता था। और उसे हम स्त्रियाँ नकार सकती थीं। नकारने का आन्दोलन ही तो, आगे चलकर, नारीवाद कहलाया कि, भाई साहब, माफ़ कीजिए, अपना सोच अपने पास रखिए, हम अपने बारे में खुद सोच लेंगी। पर नहीं, आज़ादी के नाम पर विमर्श भी छीन लिया हमसे, शातिर मर्दों और नासमझ औरतों ने।

मुश्किल यह है कि न तो तमाम औरतें हमें एक-जैसी मालूम पड़ती हैं, न सारे मर्द। हो सकता है, औरत-मर्द के बीच जन्मजात फ़र्क हो; उनका स्वभाव, भावनाएँ, प्रतिक्रियाएँ अलग हों। विज्ञान यह सिद्ध कर भी दे, फिर भी, इस सच्चाई को कोई कैसे झुठलाएगा कि एक औरत, दूसरी औरत से उतनी ही फ़र्क हो सकती है, जितना एक मर्द, दूसरे मर्द से। जो लोग इन्सानों को सिर्फ़ देह से आँकते हैं, वे मानते हैं कि मर्द और औरत, जाति से अलग हैं। हमारी मुश्किल यह है कि हमने कभी जाति को तरजीह दी नहीं। यह भी अपने गले नहीं उतरता कि विमर्श देह या जाति से संचालित-संकुचित हो। फिर विमर्श कैसे हुआ ? अर्थशास्त्र का ज्ञान भी काम नहीं आता। कोई पूर्वानुमान ऐसा नहीं मिलता, जो इस विरोधाभास को पचा सके। पूर्वानुमान के सहारे, आप बहुत कुछ कर सकते हैं, पर विमर्श तभी होगा, जब पूर्वानुमान और परिणति के बीच, तार्किक संगति बनी रहेगी। विमर्श में लिंग जोड़ने से तर्क का ही बंटाधार हुआ जाता है।

दरअसल, स्त्री-विमर्श को, हमारे यहाँ स्त्रीवादी लेखन के अर्थ में लिया जाता है। मैं कहना चाहती हूँ, आजकल स्त्रियाँ केवल स्त्रीवादी लेखन नहीं कर रहीं। वे तीन तरह का लेखन कर रही हैं। स्त्रियोचित लेखन, जो स्त्री की पारम्परिक छवि के तिलिस्म का प्रतिपादन कर रहा है। स्त्रीवादी लेखन, जो मुखर और गुस्सैल ढंग से, स्त्री के

यौन-उत्पीड़न व यौनेच्छा को शब्द देते हुए, पुरुष से मुक्त होने का दम भर रहा है। और स्त्री लेखन, जो स्त्री सम्बन्धी नए रूपकों को आत्मसात् करके, उस मुकाम पर पहुँच चुका है, जहाँ वह समाज में जीनेवाले व्यक्ति या समूह की तरह अपनी बात कह रहा है। ऐसा है तो उसकी दृष्टि प्रेमचन्द की दृष्टि से कैसे भिन्न है ? नहीं है।

वह पूरी तरह प्रेमचन्द की परम्परा में मानी जा सकती है, मानी जानी चाहिए। प्रेमचन्द ने जब भी स्त्री का चित्रण किया तो उसे सामाजिक प्राणी माना। 'गोदान' में धनिया और होरी के संघर्ष में कोई अन्तर नहीं है। और तमाम विवेचन-विश्लेषण के बाद, स्त्रीपरक लेखन भी इसी बिन्दु पर पहुँचा है कि स्त्रियाँ मिलकर आधी दुनिया नहीं, समाज बनाती हैं। दरअसल, जब स्त्री रचनाकारों ने अपने को यह छूट दी कि वे सामाजिक व वैयक्तिक यथार्थ की जटिलताओं को आत्मसात् करें, उनसे भागें नहीं, तभी वे उन पुराने प्रचलित रूपकों का पुनर्विवेचन कर पाईं, जिन्होंने उनकी चेतना को जकड़ रखा था। और तभी वे उनकी जगह नए रूपक लाने का साहस कर पाईं। रूपक यथार्थ की उस तलाश में से उभरते हैं, जो सतही न रहकर, हमारे भावबोध और जीवनदृष्टि में रच-बस जाता है। इसलिए हर नए रूपक तक पहुँचने के लिए, एक लम्बी यात्रा तय करनी पड़ती है। सोच, दृष्टि, मूल्य और छवियों के बदलने की लम्बी प्रक्रिया में से, धीरे-धीरे, नए रूपक उभरते हैं।

जिन रूपकों का विवेचन करके, उन्हें दुबारा सर्जित किया गया, उनमें प्रमुख हैं, मातृत्व और अपराधबोध के रूपक। इस विवेचन, विश्लेषण, विखंडन और पुनर्सृजन की यात्रा ने स्त्री-सम्बन्धी विचार को दो अलग मंज़िलों पर पहुँचाया है। एक का सम्बन्ध समाज और व्यावहारिक जीवन से है। दूसरी का, स्त्री के आन्तरिक जीवन से।

सामाजिक चेतना का सर्वाधिक परिष्कृत रूप, हमें उसी बिन्दु पर लाकर खड़ा कर देता है, जहाँ से प्रेमचन्द चले थे। फ़र्क सिर्फ़ इतना आया है कि उसे प्राप्त व आत्मसात करने के दौरान, स्त्री के व्यक्तिगत कार्यकलापों पर छाई बहुत-सी धुन्ध साफ़ हो गई है। और स्त्री के स्वभाव और अनुभव संसार की जटिलताएँ, हमारे समक्ष, स्पष्ट हो गई हैं। दिलचस्प और महत्त्वपूर्ण तथ्य यह है कि केवल सामाजिक सन्दर्भ में ही नहीं, स्त्री-पुरुष सम्बन्ध में निहित शोषक तत्त्व की पड़ताल के लिए भी हम प्रेमचन्द के ऋणी हैं।

प्रेमचन्द की कहानी 'कफ़न' को लें तो उसमें स्त्री-पुरुष सम्बन्ध की एक कड़वी पर सच्ची विवेचना मिलती है। पति और पिता-तुल्य ससुर के मन में, स्त्री के जीने-मरने को लेकर, जो गहरी उदासीनता दिखलाई देती है, वह मात्र अभाव-जनित नहीं है। यह उदासीनता हमारे संस्कारों की देन है, जो पुरुष के स्वभाव का अंग बन चुकी है। सम्भ्रान्त, समृद्ध तबकों में भी, हम इसी प्रकार की उदासीनता या निर्ममता देख सकते हैं। उसकी अभिव्यक्ति का ढंग अलग हो सकता है। पर मूल प्रकृति में वह एक है। उसका स्रोत उस संस्कार में है, जिसमें तमाम कल्याणकारी काम करने का जिम्मा स्त्री के हाथों में है।

किसी के बीमार पड़ने पर, उसकी सेवा का पूरा दारोमदार, गृहिणी के सिर पर आ जाता है। वह खुद बीमार पड़े तो उसकी देखभाल करने के लिए, स्त्री-रिश्तेदारों की खोज शुरू हो जाती है। जर्मेन ग्रियर ने पूर्वी देशों का चित्रण हुए, इसे 'सिस्टरहुड' की संज्ञा दी थी। पर हम जानते हैं, वास्तव में इसके पीछे क्या है। पुरुष तीमारदारी करने में झिझकता है, क्योंकि उसके पास ऐसी कोई परम्परा नहीं है, जो बीमार की सेवा करने, या किसी का पोषण करने का संस्कार, उसके भीतर पैदा करे। जो उसे, स्त्री के कल्याण को अपने स्वार्थ के ऊपर रखने की प्रेरणा दे। बचपन से हर पुरुष कुछ देखता है तो यही कि पुरुष अपने खाने-पीने और आराम को, घर की स्त्रियों की हारी-बीमारी और दुख-दर्द से ज़्यादा महत्त्व देते हैं। देख-देख वह स्वयं भी यही शिक्षा ग्रहण करता है। जो सुख-सुविधा से रहते हैं, वे स्त्री की इच्छा, आकांक्षा, बौद्धिक परिष्कार, दवादारू और भोजन-व्यवस्था के प्रति उदासीन रहते हैं। जो तंगहाली में रहते हैं, वे उसकी भूख और पीड़ा के प्रति निर्मम हो उठते हैं। फिर क्या अचरज है कि अभाव की अति में पुरुष, स्त्री के मरने-जीने के प्रति भी उदासीन हो जाए। वह जानता ही नहीं कि स्त्री के कल्याण का जिम्मा पुरुष का भी हो सकता है।

स्त्री का, स्त्री होने के कारण, पुरुष के हाथों जो शोषण होता है और जो लेखन में चित्रित होने पर, स्त्री-विमर्श कहलाता है, इसी संस्कार की देन है। और उसका चित्रण, प्रेमचन्द के लेखन में सशक्त रूप से हो चुका है।

यहाँ यह याद रखना जरूरी है कि, लेखन में मेरी बतलाई तीनों किस्में, स्त्रियोचित, स्त्रीवादी और स्त्री लेखन, एक-दूसरे से नितान्त पृथक् नहीं हैं। एक लेखिका की अलग कृतियों में ही नहीं, एक ही कृति में, तीनों प्रवृत्तियाँ, मिली-जुली या गड्डमड्ड रह सकती हैं। अलग कालखंडों में, अलग-अलग पाठक एक ही कृति को स्त्रियोचित, स्त्रीवादी या स्त्री के लेखन की तरह आत्मसात कर सकते हैं। कृति के कथ्य व निर्वाह के अलावा, पाठक की मनोवृत्ति और दृष्टि से भी यह फ़र्क पैदा होता है। स्त्री अनुभव हो या मानव स्वभाव और सामाजिक संरचना की अन्य जटिलताएँ, वे इसी प्रकार के बहुआयामी और जटिल कथा-संसार और कथा-समय को जन्म देती हैं। स्त्री के आन्तरिक जीवन की बात करें तो आज लेखिकाओं ने मातृत्व को गर्भाशय की कैद से मुक्त करके पोषक तत्त्व के रूप में स्थापित किया है। बाँझ शब्द का बहिष्कार करते हुए हम कहते हैं कि, हर वह स्त्री ही नहीं, हर वह पुरुष भी, मातृत्व का निर्वाह करता है, जो पोषण करता है। और पोषण, मात्र मानव शिशु का नहीं, किसी ज़रूरतमन्द प्राणी, संस्था, प्रकृति या पर्यावरण का भी हो सकता है।

मातृत्व को पोषक तत्त्व की तरह पहचानने के दो दूरगामी प्रभाव हुए हैं। पहला यह कि, अब मातृत्व, विवाह संस्था का ऋणी नहीं रहा। महाभारत से लेकर अब तक, माँ को महापात्र की तरह, बार-बार प्रतिष्ठित किया गया पर तभी, जब उसने, किसी पुरुष को विधिवत् पिता बनाया। महाभारत में जहाँ एक तरफ अविवाहित माँ ने लांछन के डर से शिशु का परित्याग किया; वहीं दूसरी तरफ़ उसी स्त्री ने विधिवत् विवाह-बन्धन

में बँधे रहकर, अन्य पुरुषों के संसर्ग से पुत्र पैदा करके, महिमामयी माँ का यश कमाया। यानी, सारी दिक्कत, ईमानदारी से मातृत्व के प्राकृत स्वरूप को स्वीकार करने में थी। उसे तभी मान्यता मिल सकती थी, जब पिता बनने को स्वयं ईश्वर राज़ी हो। यूँ भी हर सत्ता को, असली खतरा ईमानदारी से होता है। आज, जब साहित्य में स्त्रियाँ हर खतरा उठाने को तैयार हैं, तो ईमानदारी, खुद एक साहित्यिक मूल्य बन गई है। और वह पुरुष-सत्ता के स्वीकृत रूपकों को चुनौती दे रही है।

दूसरा प्रभाव यह हुआ है कि पुरुष-पात्र अब मात्र शोषक नहीं रहे। वे पोषक भी हैं। लेखिकाएँ अब ऐसे नरों की रचना भी कर रही हैं, जो नर-नारी के सम्बन्धों में परिवर्तन चाहते हैं। जो उन गुणों को आत्मसात करना चाहते हैं, जो युगों तक स्त्रियोचित माने जाते रहे थे। अर्थात्, अर्धनारीश्वर का हमारा प्राचीनतम रूपक, नए अर्थ पा रहा है। करुणा और साहस का; पोषण और विध्वंस का; स्वप्न और कर्म का, गति और कला का; पात्रों में इस तरह समागम हो रहा है कि, हम अलग करके नहीं कह सकते, इनमें से कौन-सा गुण, स्त्री का है और कौन-सा गुण पुरुष का।

मातृत्व के बाद, जिस दूसरे रूपक का विखंडन हुआ है, वह है, अपराधबोध का रूपक। यह अपराधबोध, प्राचीनकाल से देश-विदेश के साहित्य पर छाए, पतिता सूत्र की देन था। नामी-गिरामी, प्रतिभावान पुरुष लेखकों ने सतीत्व से च्युत नारी के पतित रूप को इस शिद्दत से गढ़ा था कि, उदारता और कलात्मक न्याय की माँग के बीच, उसके प्रति, उनके उद्गार बदले ज़रूर, पर पतिता की छवि बरकरार रही। तिरस्कार और अवमानना से आगे बढ़कर, वे उसका चित्रण, सहानुभूति और करुणा से करने लगे। उसका विश्लेषण करके, उसे क्षमा करने को भी तैयार हो गए। पर सिर्फ़ तब, जब वह स्वयं अपराधबोध से ग्रस्त-त्रस्त होने को राज़ी हो।

स्त्रियों के हाथों में कलम आई तो भी अपराधबोध से मुक्ति नहीं मिली। बल्कि, हर प्रयोग के साथ उसका दायरा बढ़ता गया। जैसे-जैसे साहित्य में स्त्री-पात्रों का कर्मक्षेत्र बढ़ा, वैसे-वैसे अपराधबोध भी पाँव फैलाता रहा। पाँव फिसलने से आगे बढ़कर, मित्र बनाने, सफलता पाने, और राजनीति करने आदि पर भी अपराधबोध होने लगा। प्रेमचन्द की शहरी औरतें और बड़े घर की बेटियाँ ऐसे ही अपराधबोध से ग्रस्त थीं। पर इन सबके मूल में, वही, देह की पवित्रता को अक्षुण्ण न रख पाने का आतंक काम कर रहा था।

पचास-साठ के दशक में, स्त्री के रचित साहित्य और स्त्री पर रचित साहित्य, दोनों में, अपराधबोध इस क़दर छाया रहा कि लगता था, स्त्री, पुरुष से नहीं, अपराधबोध से विवाह करती है। पर उसके साथ विरोध की धारा भी फूट रही थी। पहली धारा ने पतिता के पतित होने का जश्न मनाया और औरत की यौनेच्छा को अभिव्यक्ति दी। दूसरी धारा, सत्तर के दशक में फूटी, और वह मुझे ज़्यादा महत्त्वपूर्ण लगती है। उसने स्त्री को मात्र देह, शुद्ध-अशुद्ध, स्वतन्त्र-परतन्त्र कैसी भी, मानने से इनकार किया। और उसके पोषक तत्त्व व प्रज्ञा को स्वर दिया। इस धारा ने स्त्री के पतित होने न होने को,

उसकी देह से नहीं, उसके व्यक्तित्व और सामाजिक कर्म से जोड़कर देखा।

मेरी अपनी समझ में नारीवाद का मतलब है; सबसे पहले, स्त्री की प्रचलित छवि का आकलन करना। उस पर प्रश्नचिह्न लगाना, उसे दुबारा समझने की कोशिश करना। दूसरे, किसी परम्परा को स्वीकार या अस्वीकार करने के लिए, अपनी बुद्धि व भावनाओं का प्रयोग करना, आम राय की नकल का नहीं। तीसरे, कर्मकांड की प्रचलित छवि का आकलन करना। उस पर प्रश्नचिह्न लगाना, उसे दुबारा समझने की कोशिश करना। कर्मकांड के पीछे जो तर्क है, उसे समझना और तय करना कि उस विशेष कर्मकांड की आज कोई प्रासंगिकता है या नहीं। चौथे, कर्म को सामूहिक मानदंडों पर न तोलकर, विवेक के आधार पर तोलना। सामूहिक मानदंड पर खरे न उतरने पर, अपराधबोध न पालना। अपराधबोध महसूस हो तो उस कृत्य पर दुबारा सोचना। ऐसी कुछ और प्रवृत्तियाँ हो सकती हैं। मुद्दे की बात यह है कि हर स्त्री के लिए, नारीवाद का मतलब भिन्न हो सकता है। एक वाक्य में कहें तो नारीवाद का अर्थ है, नारी को एक-दूसरे से भिन्न होने की स्वतन्त्रता देना।

जैसे-जैसे स्त्रियाँ अपनी बुद्धि और विचारशीलता से, पूर्वग्रह के मुखौटे उतारती गईं, उनकी समझ में आने लगा कि जिन मुद्दों को वे स्त्रियों के मुद्दे समझ रही थीं, दरअसल वे सामाजिक मुद्दे हैं। और उनका चित्रण और निदान भी समाज के सन्दर्भ में होना चाहिए। यह भी कि लिंग भेद, बड़े स्तर पर होनेवाले भेद-भाव का एक हिस्सा है। असली लड़ाई स्त्री-पुरुष के बीच नहीं है। समानता और असमानता, निरंकुश सत्ता और मानव अधिकारों के बीच है।

सामाजिक सरोकारों पर कलात्मकता और ईमानदारी के साथ लिखनेवालों में आज स्त्री लेखक अग्रणी हैं।

अन्त में यह कहना भी ज़रूरी है कि अगर प्रतिशत देखा जाए तो स्त्रियोचित और स्त्रीवादी लेखन की तुलना में, वह स्त्री लेखन, जो स्त्री-सम्बन्धी पूर्वग्रहों से मुक्त हो और अलग आकलन की माँग न करता हो, कम मिलेगा।

सवाल यह नहीं है कि लेखिकाएँ स्वयं क्या कहती हैं। अलग आकलन की माँग करती हैं या नहीं ? यह भी नहीं है कि उनका कथ्य पुरुषों के लिखे साहित्य के करीब है या नहीं। या उनके किरदार पुरुष हैं या स्त्रियाँ। सवाल उस चेतना का है जो उनसे सत्य के साथ प्रयोग करवाती है। वैसे ही प्रयोग जैसे कभी प्रेमचन्द ने किए थे। साहित्यिक दृष्टि से वे कम या ज़्यादा उत्कृष्ट हो सकते हैं पर उनकी श्रेष्ठता की कसौटी, स्त्रीवाद नहीं, साहित्यिक उत्कृष्टता है। विमर्श उसका अभिन्न अंग है, क्योंकि विचार रचना का नैसर्गिक अंश होता है। पर यह विमर्श, लिंग से परिभाषित नहीं होता। वह स्त्री-विमर्श नहीं, मात्र विमर्श है। विमर्श शुरू करते ही विषय खुद ईजाद होने लगते हैं और उन्हें स्त्री-पुरुष के बीच विभाजित नहीं करना पड़ता।

प्रेमचन्द की स्त्री-दृष्टि

शशिमुदीराज

उन्नीसवीं शती में जब ज्ञान-विज्ञान की संचित राशि विशेषता की प्रक्रिया में अपनी अलग-अलग पहचान और स्थान बनाने की चेष्टा कर रही थी, राजनीति से समाजशास्त्र, समाजशास्त्र से इतिहास, इतिहास से दर्शन और दर्शन से भौतिक तथा जैविक विज्ञान अलग होकर अपनी-अपनी जगह विशिष्ट विधाओं के रूप में विकसित होने लगे थे तभी इसके विपरीत साहित्य के सन्दर्भ में एकीकरण और संश्लेषण के रूप में दूसरी ही आलोचना-दृष्टि उभरने लगी। यह थी भौगोलिक, सामाजिक, सांस्कृतिक और मनोवैज्ञानिक सन्दर्भों में साहित्य की व्याख्या। वह साहित्य जो दैवी प्रतिभा और सर्जन की रहस्यमय प्रक्रिया से निस्तृत एक स्वायत्त रूप संघटन समझा जाता था। उसे सबसे पहले सामाजिक धरातल पर उतारा 18वीं शती के फ्रेंच दार्शनिक लुई द वोनाल्ड ने यह कहकर कि साहित्य समाज का दर्पण है। इसी परम्परा में 19वीं शती की एक प्रतिभासम्पन्न आलोचिका मदाम दी स्टेल ने एक क्रान्तिकारी निर्णय दिया कि उसी समाज में उपन्यास का विकास हो सकता है जहाँ स्त्रियों का सम्मान और प्रतिष्ठा हो। पौर्वात्य और पाश्चात्य सामाजिक चिन्तन के लम्बे इतिहास में (स्त्री) विषयक हर प्रसंग और आख्यान के बावजूद कोई ऐसा उदाहरण नहीं मिलता जहाँ साहित्य की किसी विधा के साथ स्त्री की सामाजिक भूमिका ऐसे सशक्त क्रिया-प्रतिक्रियात्मक ढंग से जोड़ी गई हो। मानव सभ्यता का समूचा दर्शन और चिन्तन एकबारगी हतप्रभ रह जाता है मदाम दी स्टेल के इस निर्णय पर, लेकिन यह सच है कि मनुष्य समाज और संस्कृति का उत्थान-पतन सिर्फ इस निकष से गुजरता है कि उसमें स्त्री का स्थान क्या है, उसने स्त्री से कैसा व्यवहार किया। मदाम दी स्टेल न केवल इतिहास प्रक्रिया के केन्द्र में स्त्री को स्थापित करती हैं अपितु उसे सामाजिक आदर्शों व नैतिक प्रतिमानों के उतार-चढ़ाव का पेरामीटर बना देती हैं। ऐसी ही क्रान्तिकारिता के बिन्दु पर मनु पहुँच गए थे जब उन्होंने घोषित किया 'यत्र नार्यस्तु पूज्यन्ते रमन्ते तत्र देवता' किन्तु मनु अपने समाज के अन्तर्विरोधों से बच नहीं सके। अपनी स्मृति में स्त्री के लिए जो विधान उन्होंने दिया किस प्रकार जीवन्त गतिशील इकाई से हटाकर उसे सम्पत्ति या कम्मोडिटी में परिवर्तित कर दिया यह इतिहास की स्मृति में सदा सुरक्षित रहेगा। मदाम दी स्टेल यूरोपीय नवजागरण के बाद की प्रखर चेतना से युक्त थी और यह स्थापना देते हुए स्वयं उसको उसकी दूरवर्ती गम्भीर अर्थ-ध्वनि का अनुमान नहीं

था। और प्रेमचन्द उसी शती में भारतीय नवजागरण के आरम्भ की धुँधली विचार-भूमि से उठे थे और बड़े घर की बेटी तथा सेवासदन के रचनातल पर स्त्री चरित्र को पहली बार प्रस्तुत करते समय वे स्वयं नहीं जानते थे कि उसकी यह यात्रा उन्हें कैसी क्रान्तिधर्मी उर्वर सम्भावनाओं की ओर लिए जा रही है। प्रेमचन्द की पहली स्त्री आती है कहानी का सीमित कलेवर लेकर बड़े घर की बेटी के रूप में जिसमें यह स्पष्ट है कि स्त्री ही परिवार के लगाव और अलगाव की निर्णायिका है और परिवार के टूटने या जुड़ने का प्रश्न समस्त समाज की संरचना का निर्णायक है। उपन्यास के विस्तृत फलक पर प्रेमचन्द की यह स्त्री आती है 'सेवासदन' में जिसमें उस विवाह प्रथा पर उँगली रखी गई है जो सभ्यता के इतिहास से कुष्ठ रोग के समान चिपकी है। वह है वेश्यावृत्ति जो उतनी ही पुरानी है जितनी कि मनुष्य सभ्यता है, उसका व्यभिचार है और कुष्ठ रोग है। प्रेमचन्द इस व्यभिचार का सारा दोष पुरुष को ही नहीं देते। अपने यथार्थबोध की हल्की-सी खरोंच स्त्री को भी लगा देते हैं यह कहके कि उसकी सुख-लोलुपता ही उसे वेश्यावृत्ति की ओर प्रवृत्त करती है। 'सेवासदन' में सुमन अपनी यह दुर्बलता स्वीकार करती है। कुछ वर्ष बाद रंगभूमि का अपनी जमीन पर फैक्टरी बनवाने का विरोध करते हुए कहता है मुहल्ले की रौनक जरूर बढ़ जाएगी, रोजगारी लोगों को फायदा भी खूब लेगा। लेकिन जहाँ यह रौनक बढ़ेगी वहाँ ताड़ी-शराब का भी तो परचार बढ़ जाएगा, कसबियाँ भी तो आकर बस जाएँगी, परदेशी आदमी हमारी बहूबेटियों को घूरेंगे, कितना अधरम होगा।

व्यभिचार के समान सदाचार का दायित्व भी स्त्री और पुरुष दोनों पर समान है। 'रंगभूमि' के विनय और सोफिया एकान्त क्षेत्र में उन्मुक्त भाव से रहते हुए भी आपस में शारीरिक सम्पर्क स्थापित नहीं करते। 'कर्मभूमि' के अमरकान्त और सकीना भी ऐसे ही नैतिक आदर्शों से बंधे हैं। प्रेम विलासिता नहीं किन्तु प्रेम में नैतिकता की सुरक्षा पुरुष से अधिक स्त्री पर है। 'सोहाग का शाह' कहानी की सुभद्रा अपने पति से विश्वासघात का अनूठा प्रतिदान देती है। यह ठीक है कि स्त्री नैतिक आदर्शों का समुच्चय है लेकिन प्रेमचन्द उसकी सहज मानवीय आकांक्षाओं को निराकृत नहीं करते। प्रेम की सच्ची अनुभूति के लिए तपस्या आवश्यक है चाहे वह 'कायाकल्प' की रानी देवप्रिया हो या 'कर्मभूमि' की सकीना या 'रंगभूमि' के सोफ़िया यहाँ तक कि अग्निसमाधि की सविमनी अपने पति के दूसरे ब्याह कर लेने पर रोज-रोज की मारपीट के बावजूद उसकी रक्षा में अग्निसमाधि ले लेती है। नवोत्थान की सुधारवादी मनोभूमि आर्यसमाजी संस्कार और गांधीवादी चरित्रीकरण से आरम्भ प्रेमचन्द की रचना-यात्रा में आदर्श का ही अनुपात अधिक है विशेषकर स्त्री प्रसंग में। 'गोदान' के मेहता के विचार यहाँ तक यह स्पष्ट ध्वनित करते हैं कि स्त्री से भारतीय पुरुष और स्वयं प्रेमचन्द की अपेक्षाएँ क्या हैं "संसार में जो कुछ सुन्दर है उसी की प्रतिभा को मैं स्त्री कहता हूँ। मैं उससे यह आशा रखता हूँ कि उसे मार ही डालूँ तो भी प्रतिहिंसा का भाव उसमें न आए, अगर मैं उसकी आँखों के सामने किसी स्त्री को प्यार करूँ तो भी उसकी ईर्ष्या न जागे।" और ऐसी स्त्री है खन्ना की पत्नी गोविन्दी जो खन्ना यदि कोढ़ी और अन्धा

भी हो जाए तो उसकी वफादारी में फर्क न आएगा।

यह अपेक्षा इतनी प्रबल है कि नई सभ्यता की ह्रास-विलास की प्रतिमूर्ति मालती का कायाकल्प हो जाता है। स्पष्ट है कि 'गोदान' में भी प्रेमचन्द अपनी प्रखर वैचारिकता से लगे-लिपटे भावुकता के रेशों को अलग नहीं कर पाते। किन्तु प्रेमचन्द के आदर्श में विनिमय या उपभोग की दृष्टि नहीं। प्रेमचन्द महाजनी सभ्यता की आन्तरिक नीचता को पहचानते थे। पूँजीवादी सभ्यता व्यक्तिगत स्वामित्व और स्वार्थ के बल पर प्रतियोगी सम्बन्धों की सृष्टि करती है—और इसके साथ ही आरम्भ होती है वह अन्धी दौड़ जिसमें मनुष्य मनुष्य का गला काटते संकोच नहीं करता। शिक्षा और संस्कृति जहाँ मनुष्य के आदिम हथियारों को और अधिक पैना करती चलती हैं। औद्योगीकरण और आधुनिकीकरण की प्रक्रिया में, मूल्य, आदर्श प्रेम, सौन्दर्य, घृणा सब विनिमय की वस्तु हैं, उपभोग के उपकरण हैं। 'रंगभूमि' के सूरदास की आशंका सत्य सिद्ध होती है। फैक्टरी के बनते ही मजदूरों में जो नैतिक पतन आरम्भ होता है उसके चलते सुभागी पर बलात्कार की कोशिश होती है। प्रेमचन्द स्त्री का आदर्शीकरण कर विकास की प्रक्रिया में उसे पीछे ले जाना नहीं चाहते बल्कि वे उसके प्रकृत चरित्र और गुणों को सुरक्षित रखना चाहते हैं। माता के दूध की निःस्वार्थ महक, प्रिया के समर्पण की आदिम गमक, सेवा और त्याग की सात्विक वृत्ति से बचाना चाहते हैं। वे बचाना चाहते हैं स्त्री-पुरुष के सम्बन्धों का वह आदिम आवेग जो आज औद्योगिक आधुनिकता की रेत में जल-बिन्दुओं की तरह सूखता जा रहा है। मालती के प्रति रायसाहब खन्ना, मिर्जासाहब, मेहता सभी की एक-सी दृष्टि है—क्रीड़ा दृष्टि या विलास दृष्टि। और उन्हीं मेहता का हृदय शिकार प्रसंग में मिली ग्रामीण बाला के निःस्वार्थ सेवाभाव पर उमड़-उमड़ आता है। औद्योगीकरण की विडम्बना आती है कफ़न में। शोषण और दमन में पिसकर मनुष्य इतना निष्प्राण और निर्भय हो सकता है इसका उदाहरण है कफ़न, जहाँ घीसू और माधो मेहनत-मजदूरी करके उनका पेट पालनेवाली बुधिया की प्रसव-वेदना की चीत्कार सुनते अनजान बने बैठे हैं। दोनों में से एक भी उठकर भीतर उसे देखने जाना नहीं चाहता, कहीं इस बीच दूसरा आलू न खा जाए। इतनी प्रचंड होती है भूख, ऐसी निर्मम होती है वह महाजनी सभ्यता जहाँ स्नेह-सौजन्य और सच्चाई का पुतला मनुष्य, दया-ममता शून्य, जड़ यन्त्र बनकर रह गया है। पेट की आग में सम्बन्ध भी समिधा बन जाते हैं।

लेकिन प्रेमचन्द का दृष्टिकोण परम्परागत पुरुष का दृष्टिकोण नहीं जिसके चलते स्त्री हमेशा से आरोपों के कटघरे में खड़ी ही होती रही है। वे स्त्रीचरित्र की मनोवैज्ञानिक गुत्थियों में गहरे पैठते हैं, उसकी आशाओं-आकांक्षाओं, उसकी प्रेम और घृणा, उसके पाप और पुण्य के वे संवेदनशील निर्णायक हैं, साक्षी हैं। चाहे 'निर्मला' की निर्मला हो या 'सेवासदन' की सुमन, 'गोदान' की दुलारी सहुआईन हो या सोना या सिलिया, 'सौत' कहानी की गोदावरी हो या 'नैराश्यलीला' की कैलाशकुमारी माँ, 'ग़बन' की जालपा, सारे स्त्री पात्र उनकी सहानुभूतिमय तर्क दृष्टि के अधिकारी हैं। प्रेमचन्द के स्त्री चरित्रों की एक और रेखांकनीय विशेषता है उनके विद्रोह का। प्रचलित व्यवस्था और मूल्यों के प्रति

धर्म संस्कार और अर्थ के अभिजात्य के प्रति अन्याय और अनीति के प्रति जो आक्रोश-विद्रोह और ललकार स्त्री पात्रों में दिखाया गया है उसके आगे पुरुष चरित्र निस्तेज दिखाई देते हैं। मृतक भोज में जब पाखंडी धर्माधिकारी पुरोहित और पंच बिरादरी भोज के नाम पर असहाय विधवा और उसके नन्हें-नन्हें बच्चों को निराश्रित कर देते हैं तो एक बुढ़िया खटकिन उन्हें अपने घर में आश्रय देती है। विध्वंस की भुनगी अपने भाग के लिए आग में कूद जाती है। झुनिया को स्वीकार करने के लिए जब गाँव के चौधरी होरी पर दंड लगाते हैं तो उस समय धनिया का आक्रोश ऐतिहासिक प्रसंग बन गया है। होरी जिन पाँवों को सहलाते रहने में ही कुशल समझता है धनिया उन्हें काट फेंकने पर उतारू है। प्रेमचन्द, साहित्य में फेमिनिज्म के प्रबल विरोधी थे। उनका कहना था–मैं लिटरेचर को मैस्कुलिन देखना चाहता हूँ, फेमिनिज्मि चाहे वह किसी सूरत में हो–यह मुझे पसन्द नहीं। इसीलिए शरतचन्द्र कभी उनके प्रिय नहीं हो सके। लेकिन उसके बावजूद प्रेमचन्द ने कैसे अपने स्त्री पात्रों को इतनी ऊँचाई और महानता दे दी यह विचारणीय प्रश्न है। ठीक है कि प्रेमचन्द के नायक शरत के अकर्मण्य नायकों की परम्परा में नहीं आते। लेकिन प्रेमचन्द के स्त्री चरित्र शरत के स्त्री पात्रों की तरह तेजस्वी, जुझारू और मानवीयता के प्रतिमान हैं। यहीं एक ओर चिन्तनीय प्रश्न उठता है कि प्रेमचन्द के स्त्री पात्र चाहे वे किसी भी वर्ग या वर्ण के हों, सबलताओं में और दुर्बलताओं में एक-सी हैं। ईर्ष्या सुशिक्षित आत्मनिर्भर मालती में है तो अनपढ़ गंवार गोदावरी में भी। भोगविलास का आकर्षण अभिजात वर्ग की रानी देवप्रिया में है तो निम्न वर्ण की मोहरी में भी। विद्रोह भुनगी करती है तो वही विद्रोह सोफिया में भी आन्दोलित है। प्रेमचन्द की वर्गचेतना तो बहुचर्चित है। वर्ग चरित्रों की समझ और संवेदना में उन जैसा सशक्त कलाकार दुर्लभ ही होता है। अभिजात वर्ग के स्वार्थी छद्म से लेकर भव्य वर्ग के सुविधाभोगी खोखलेपन और निम्नवर्ग की यन्त्रणा उनकी लेखनी की मार्मिकता में ढली है। तब क्या कारण है कि प्रेमचन्द की स्त्री-दृष्टि में ये सभी वर्ग तिरोहित हो जाते हैं। प्रेमचन्द के स्त्री पात्रों में वर्ग विभेदकता नहीं, कोई ऐसी विशेषता नहीं जो उनकी वर्ग-स्थिति का सूचक है। अपनी मूल भावुकता में सब एक जैसी हैं। क्या प्रेमचन्द स्त्री को किसी वर्गविशेष की सीमाओं में चित्रित नहीं कर सकते थे ? क्या स्त्रियाँ अपने वर्ग चरित्र से शून्य होती हैं ? आज की सामाजिकाधिष्ठित सैद्धान्तिकी की धुरी, यह वर्ग संघर्ष और वर्ग विभेद स्त्री को नहीं घुमाती ? क्या स्त्री चरित्र वास्तव में इतना तरल सर्वव्यापी और परिभाषाहीन है ? इसके साथ ही एक प्रश्न यह भी जुड़ता है कि स्त्री के इस सार्वभौमिक प्रस्तुतीकरण के द्वारा प्रेमचन्द ने उसकी अस्मिता का अपमान ही नहीं किया ? प्रेमचन्द में ही ऐसा जागरूक समय सन्दर्भ है कि वे व्यक्ति को उसके समय से काटकर नहीं देख सकता। साहित्य समाज और राजनीति जिनके लिए एक ही कड़ी है तब स्त्री को इस समय और देश-सन्दर्भ से उन्होंने क्यों विच्छिन्न किया ? यह स्त्री का अवमूल्यन है या नहीं, यह आलोचकों के लिए विचारणीय प्रश्न है।

इसका एक उत्तर उभरता है प्रेमचन्द की युगीन स्थिति में। प्रेमचन्द ऐतिहासिक

निर्णयों के उस बिन्दु पर खड़े थे, मूल्य संक्रमण के उस क्षितिज पर थे जहाँ भारतीय मनीषा समूची इतिहास प्रक्रिया को नए सिरे से विश्लेषित कर रही थी, समस्त अतीत को अपनी निजी वर्गावली दे रही थी। पिछली पीढ़ियों के साथ हिसाब-किताब कर रही थी। यह वह समय था जब युगयुगों से पाँवों तले दबे शूद्र वर्ग को हरिजन कहकर शिरोधार्य किया जा रहा था और यह वह दौर था जब राजा राममोहन राय से लेकर रवीन्द्रबाबू तक हर भारतीय पुरुष स्त्री के प्रति अपने ऋण रोधन के लिए उत्कंठित था। प्रेमचन्द देख रहे थे साहित्यिक और सामाजिक इतिहास के उस कुचक्र को जहाँ स्त्री मनुष्य से सम्पत्ति बना दी गई, वे पढ़ रहे थे आदिकाल में अपहृत भक्तिकाल में तिरस्कृत और रीतिकाल में शोषित स्त्री व्यक्तित्व को। यही नहीं भारतेन्दु, द्विवेदी युग के सुधारवाद के झंडे पर चढ़ी स्त्री उनके आगे भी तिलिस्मी और जासूसी उपन्यासों की उपभुक्त स्त्री बनके समक्ष थी और वे खूब समझ रहे थे प्रकृति और रहस्य के नाम पर स्त्री को मिथक बना देनेवाली छायावादी व्यंजना को। प्रेमचन्द ने स्त्री चरित्र का पुनः सृजन किया अतियथार्थवाद और आदर्शवाद के खतरों से बचाते हुए, लेकिन प्रेमचन्द अपने युग के प्रभाव से बच नहीं सकते थे। घर और परिवार के गिर्द लिपटी अपनी मध्यवर्गीय भावुक मानसिकता को वे स्वयं नहीं तोड़ सकते थे। लेकिन गोदान तक पहुँचते-पहुँचते प्रेमचन्द का यथार्थबोध इतना पैना अवश्य हो उठा कि अपना बनाया मिथक उन्होंने स्वयं तोड़ा धनिया के रूप में। धनिया जो अनपढ़ है, गँवार है, आर्थिक शोषण की शिकार है लेकिन जो आर्थिक बौद्धिक और धार्मिक आभिजात्य के गढ़ों पर विध्वंसक प्रहार करती है। यह वह स्त्री है जो न दरोगा से डरती है, न कानून से, न कर्म से, न बिरादरी से। होरी के घर की तलाशी के प्रसंग पर धनिया की भूमिका अविस्मरणीय है। जिन शब्दों में वह गाँव के चौधरी दल, नोखेराम पटेश्वरी, दातादीन और झिंगुरी सिंह की लोलुपता को धिक्कारती है, दारोगा की खबर लेती है यह प्रसंग होरी की भीरुता और दब्बूपन के पार्श्व में और अधिक निखर उठा है। दातादीन के ब्राह्मण आभिजात्य के आगे उसे अपनी मेहनत की कमाई का गर्व है। वह कहती है भीख माँगे वह, जो भिखमंगे की जात हो। हम तो मजूर ठहरे, कहीं काम करेंगे वहीं चार पैसे पाएँगे। जो सारी बिरादरी को ठोकर मारकर झुनिया को स्वीकार करती है क्योंकि उसका बेटा जिसकी बाँह पकड़कर लाया है वह अब उनके घर की लाज है। वह बिरादरी के चर्चा के कारनामे सरेआम गिना देती है। पुरुष और स्त्री दोनों अपने आपमें अपूर्ण हैं। जिस पुरुष में स्त्रीत्व नहीं, वह अधूरा है और जिस स्त्री में पुरुषत्व नहीं, वह अपूर्ण है। अर्धनारीश्वर की कल्पना इसी को संकेतित करती है। याद कीजिएगा प्रेमचन्द वही हैं जो गोदान ही में यह नैतिक सूत्र देते हैं "नारी के भुज यदि पुरुष में आ जाएँ तो वह देवता हो जाता है लेकिन पुरुष के गुण नारी में आ जाएँ तो वह कुलटा हो जाती है।" लेकिन धनिया के चरित्र में प्रेमचन्द की मनोवैज्ञानिक समझ उनकी नैतिक मान्यता पर विजय पा लेती है। धनिया की सृष्टि ऐसे समय हुई जब प्रसाद की 'कामायनी' की नारी अन्तर्मन और बहिर्मन के द्वन्द्व से जूझ रही थी। वह ठीक से 'ना' या 'हाँ' भी

नहीं कह सकती। वह अपने किसी निर्णय में निःसंशय नहीं। वह अपनी दुर्बलता को बड़े मृदुभाव से वक्ष से लगाए हुए है। यह आज समझ तो पाई है कि मैं दुर्बल स्त्री हूँ। अवयव की सुन्दर कोमलता लेकर मैं सब संहारी हूँ। इसी कामायनी के समकक्ष उभरती है धनिया जो अपने ही नहीं दूसरों के निर्णयों में भी निःसंशय है जो चमार और पंडित दोनों ओर से ठुकराई सिलिया को शरण देती है। स्त्री चरित्र को लेकर गोदान से दो वर्ष पूर्व प्रकाशित 'सुनीता' और गोदान में जो अन्तर है वही अन्तर एक ही समय प्रकाशित कामायनी और गोदान में है। धनिया प्रेमचन्द की निजी उपलब्धि है और उस प्रेमचन्द की उपलब्धि है जिन्होंने अपने व्यक्ति और वर्ग की सीमा का ही नहीं, अपनी समय-सीमा का भी अतिक्रमण किया था। धनिया में नए युग का प्रखर बुद्धिवाद है। सामाजिक, आर्थिक व राजनैतिक चेतना से युक्त आज की स्त्री की प्रखरता उस समय की अनपढ़ महिला धनिया में दिखाई देती है। वस्तुतः प्रेमचन्द अपनी रचनात्मकता के जादुई दर्पण में देख रहे थे अपने से कई दशक बाद की स्त्री को जिसमें सहज स्त्रीत्व है और आवश्यक पौरुष भी। किन्तु धनिया का चरित्र अस्वाभाविक कहीं नहीं है। उसकी सरलता, सादगी, मासूमियत और ममता कई प्रसंगों में झलकती है। रोजमर्रा की झिकझिक में, लड़ाई-झगड़े में भी दोनों को एक-दूसरे से अगाध प्रेम है। झुनिया को गले लगाकर रोते समय प्रेमचन्द लिखते हैं—धनिया जिसने होरी के सिवाय कभी किसी दूसरे पुरुष को आँख भरकर देखा नहीं, आज इस पापिष्ठा को गले लगाए रो रही है। डॉ. हजारीप्रसाद द्विवेदी ने एक बार कहा था—हिन्दी के नायकों में मुझे सर्वाधिक प्रिय है रंगभूमि का सूरदास और मुझे विश्वास है कि यही प्रश्न यदि हिन्दी की नायिकाओं को लेकर उनसे पूछा जाता तो अवश्य धनिया का ही नाम लेते।

होरी की मृत्यु प्रेमचन्द के मोहभंग का ऐतिहासिक क्षण है। गोदान प्रेमचन्द की गांधीवादी आस्था ही नहीं, उनकी आस्था मात्र का गोदान है। भारतीय काव्यशास्त्र में मृत्यु वर्जित है, त्रासदी निषिद्ध है और यह भी विडम्बना है कि श्रेष्ठतम, भारतीय महाकाव्य त्रासदी ही है। गोदान में भी होरी की मृत्यु है। उसकी मृत्यु प्रेमचन्द की पराजय पर मुहर लगा देती है, लेकिन सच तो यह है कि प्रेमचन्द पराजित नहीं, इसलिए कि धनिया जीवित है। धनिया जीवित है होरी की अन्तिम खून सनी कमाई के बीस आने दातादीन के मुँह पर मारने के लिए; धनिया जीवित है होरी के ठंडे निष्प्राण हाथों से गोदान कराने के लिए जैसे पूँजीवाद के विकराल दानों में निस्पन्द होती जाती भारतीय मनुष्यता का गोदान करवा रही है। होरी की मृत्यु प्रेमचन्द के निर्णय का क्षण नहीं। उनके निर्माण का क्षण है धनिया जिसे ऐसे असहाय निर्णय के बिन्दु पर वे खड़ा कर गए हैं। और यह दिशाहारा बिन्दु नहीं। यह वह प्रस्थान बिन्दु है जहाँ से मुक्तिबोध के शब्दों में कहा जाए तो अनेक चौराहे फूटते हैं। प्रेमचन्द की आस्था धनिया में जीवित है और मानवीय संघर्ष और जिजीविषा धनिया में अमर है। विरले ही किसी लेखक ने स्त्री को इतना सम्मान, इतनी समझ, ऐसी खरी पहचान दी होगी जैसी कि प्रेमचन्द ने धनिया के माध्यम से भारतीय स्त्री को दी।

प्रेमचन्द-साहित्य में गांधीवाद और प्रगतिवाद

रामजी तिवारी

युगीन जीवन-बोध की सम्पृक्ति रचनामात्र की अनिवार्यता है। रचनाकार समाज की शुभ-अशुभ, उत्थान-पतन, सुख-दुख, हर्ष-विषाद की स्थितियों की तीव्र अनुभूति के कारण अपने भीतर एक प्रकार की कुरेदन और बेचैनी का अनुभव करता है और अपने समकालीन सामुदायिक जीवन के व्यथा-भार को अपनी संवेदना से छानकर सार्वजनिक स्तर पर व्यंजित करने के साथ ही समस्या की समाधानात्मक सरणियों के अनुसंधान का अनुष्ठान भी करता है। विकासधर्मी मानवीय मूल्यों के प्रति आस्थावान बनाकर भावी सम्भावनाओं के प्रति आश्वस्त करना रचनाकार का स्त्रष्टाधर्म है। इस प्रकार की लक्ष्यधर्मी कलात्मक कृति के प्रेरणा-बीज लोक-जीवन से ग्रहण किये जाते हैं और अनुकरण से लेकर फलात्मक परिणति तक कृति के मूल में लोक-जीवन और लोक-कल्याण का भाव वर्तमान रहता है। जीवन की यथार्थ संवेदना से सम्बद्ध होने के कारण, इस प्रकार की कृतियाँ कलात्मक सम्भावनाओं की न्यूनता में भी प्रभावी होती हैं और अन्यान्य असंगतियों में किसी विराट् सम्भावनाओं का संकेत करती हैं। मुंशी प्रेमचन्द इसी कोटि के ध्येयधर्मी राष्ट्रीय साहित्यकार हैं। वे साहित्य-सृजन को कला का एकान्तिक विलास न मानकर तपस्या मानते हैं। वे साहित्यकार को समाज का झंडा लेकर चलनेवाला सिपाही मानते हैं और सादी जिन्दगी के साथ ऊँची निगाह को उसके जीवन का लक्ष्य मानते हैं। (साहित्य का प्रयोजन, पृ. 18) उनके अनुसार लेखकीय सर्जना की पृष्ठभूमि यथार्थ जीवन के सत्य का साक्षात्कार और उस सत्य से उत्पन्न पीड़ा है। वह जो कुछ भी लिखता है अपनी इसी कुरेदन से लिखता है। (प्रेमचन्द : घर में, पृ. 141) समाज और व्यक्ति को ऊर्ध्वमुख बनाने का दायित्वबोध प्रेमचन्द के समस्त कृतित्व में जीवनानुभूति और कलात्मक सृजन का अद्भुत समीकरण उपस्थित करता है। इस प्रकार की सद्वृत्तियों और संस्कार से सम्पन्न, जनवादी रचनाकार का समस्त युगीन चेतना का दिशा-निर्देश करनेवाले महात्मा गांधी के विशाल व्यक्तित्व और मानवतावादी दृष्टिकोण से प्रभावित होना स्वाभाविक ही था।

चिन्तन के पक्ष से गांधीवाद पर विचार करने से ज्ञात होता है कि "सत्य" की खोज ही उनका जीवनव्यापी सिद्धान्त और अन्तिम लक्ष्य था। "नासतो विद्यते भावो नाभावो विद्यते सतः" में उनका दृढ़ विश्वास था। "सत्य" की प्रतीति "अहिंसा" के सतत अभ्यास

से ही सम्भव है। (गांधी साहित्य, भाग 5, पृ. 119) "अहिंसा", पुनीत एवं व्यापक प्रेम का यथार्थ होने के कारण अनेक धर्मों द्वारा समर्थित प्रेमस्वरूप ईश्वर की कल्पना का सामाजिक स्तर पर व्यावहारिक बोध है; जो अन्य सामाजिक गुणों की भाँति विकसित किया जा सकता है। (युद्ध और अहिंसा, पृ. 141) "अहिंसा" की साधना से प्राप्त "सत्य" की फलात्मक परिणति "सत्याग्रह" में होती है जिसमें सत्याचरण के प्रति आग्रह और अधर्म के प्रति द्वेष एवं कटुत्व से विरहित साग्रह विरोध का भाव रहता है। इसी दृष्टि से महात्मा गांधी "सत्य", "अहिंसा" और "सत्याग्रह" की एकसूत्रता स्थापित करते थे।

प्रत्येक क्षेत्र में रचनात्मक दृष्टि रखने के कारण महात्मा गांधी निरपेक्ष सत्य के साथ ही भौतिक जीवन की विषमताओं और व्यापक मानवीय मूल्यों से सम्बद्ध सापेक्ष "सत्य" की व्यावहारिकता को भी स्वीकार करते थे। "स्वदेशी" का सिद्धान्त उनकी व्यावहारिक दृष्टि की आधार-शिला है। स्वदेश सेवा और स्वधर्माचरण को वे विश्वसेवा और विश्वधर्म का पूरक मानते थे। (गांधी साहित्य, भाग 5, पृ. 171) अपने समकालीन समाज की पुनर्रचना के लिए उन्होंने अपने अहिंसा सिद्धान्त के क्रियात्मक रूप में अठारह सूत्री रचनात्मक कार्यक्रम प्रस्तुत किया, जिसे वे सत्याग्रह का ही एक अंग मानते थे। इस कार्यक्रम में साम्प्रदायिक एकता, अस्पृश्यता निवारण, मद्यपान निषेध, खादी, अन्य ग्रामोद्योग, गाँवों की सफ़ाई, बुनियादी शिक्षा, प्रौढ़ शिक्षा, स्त्रियों की उन्नति, स्वास्थ्य और सफ़ाई की शिक्षा, मातृभाषा प्रेम, राष्ट्रप्रेम, आर्थिक समानता, किसानों, मज़दूरों और विद्यार्थियों का संगठन, आदिवासियों की सेवा, कोढ़ियों की सेवा जैसे महत्त्वपूर्ण कार्यों का समावेश था। (कान्स्ट्रक्टिव प्रोग्राम, इट्स मीनिंग एंड प्लेस) इसी व्यावहारिक दृष्टि की अनुगूँज प्रेमचन्द के साहित्य में प्रभूत मात्रा में मिलती है।

महात्मा गांधी "सत्य" को कला और साहित्य का केन्द्रवर्ती तत्त्व मानते थे और जनसाधारण की संवेदना को वाणी देनेवाले साहित्य को ही श्रेष्ठ साहित्य मानते थे। साहित्य की सोद्देश्यता पर बल देते हुए उन्होंने स्पष्ट कहा था कि साहित्यकार के लिए प्राप्त करनेवाली पहली वस्तु सत्य है, उसके बाद शिव और सुन्दर स्वयं ही प्राप्त हो जाएगा। सच्ची कला केवल रूप का ही नहीं उसके परे जो है उसका भी विचार करती है। (लुइ फिसर : "द लाइफ ऑफ महात्मा गांधी", पृ. 223) उनके अनुसार साहित्य चरस खींचनेवाले से लेकर साक्षर व्यक्ति तक के लिए बोधगम्य होना चाहिए। क्योंकि साहित्य वस्तुतः मनोरंजन का नहीं, आत्मोत्थान और आत्मसाक्षात्कार का साधन है। मुंशी प्रेमचन्द ने अपनी साहित्यिक दृष्टि को स्पष्ट करते हुए "प्रेम-पीयूष" की भूमिका में लिखा है कि "जिस देश के अस्सी फीसदी मनुष्य गाँवों में बसते हों उसके साहित्य में ग्राम जीवन ही प्रधान रूप से चित्रित होना स्वाभाविक है। उन्हीं का सुख राष्ट्र का सुख है। उनका दुख राष्ट्र का दुख है और उन्हीं की समस्याएँ राष्ट्र की समस्याएँ हैं।" साहित्यकार के दायित्व के सम्बन्ध में उनका मत है कि साहित्यकार का उद्‌देश्य समाज को ऊपर उठाना है। साहित्यकार विलासी प्रवृत्ति का नहीं हो सकता क्योंकि जनता की

अदालत में उसे अपनी प्रत्येक कृति के लिए जवाब देना पड़ता है। उनकी मान्यता है कि साहित्यिक आदर्श राष्ट्र की सबसे मूल्यवान सम्पत्ति होते हैं क्योंकि साहित्य ही सभ्यता के विकास का मूलाधार है। (साहित्य का उद्देश्य, पृ. 26)

प्रेमचन्द की घोषणाओं में गांधीवादी विचारधारा की प्रतिध्वनि स्पष्ट सुनाई पड़ती है। प्रेमचन्द पर महात्मा गांधी के व्यावहारिक जीवन-दर्शन का व्यापक प्रभाव पड़ा था। उन्होंने अपनी पत्नी के सामने इस बात को स्वीकार किया कि गांधी जी के महान् गुणों से प्रभावित होकर वे उनके चेले हो गए और "प्रेमाश्रम" उसी प्रभाव के परिणाम के रूप में साकार हुआ। उन्होंने आगे कहा कि "दुनियाँ में मैं महात्मा गांधी को सबसे बड़ा मानता हूँ। उनका भी उद्देश्य यही है कि मज़दूर और काश्तकार सुखी हों, वह भी इन लोगों को आगे बढ़ाने के लिए आन्दोलन मचा रहे हैं। मैं लिख करके उनको प्रोत्साहन दे रहा हूँ। महात्मा गांधी हिन्दू-मुसलमानों की एकता चाहते हैं तो मैं भी हिन्दी और उर्दू को मिलाकर हिन्दुस्तानी बनाना चाहता हूँ।" (प्रेमचन्द : घर में) गोरखपुर की सभा में महात्मा गांधी के आवाहन पर प्रेमचन्द ने अपनी बीस वर्ष की सरकारी नौकरी से त्यागपत्र दे दिया। उसी समय लिखी गई "लाल फीता" कहानी के नायक के त्यागपत्र के माध्यम से उन्होंने अपने त्यागपत्र के कारणों को स्पष्ट किया। गांधीजी की जीवन-दृष्टि भारतीय सांस्कृतिक परम्परा से सम्बद्ध होने के कारण, प्रेमचन्द के संस्कारों के अनुकूल थी। जनता-जनार्दन के प्रति असीम करुणा, नैतिक मूल्यों के प्रति आदर, कर्मयोग में निष्ठा, राष्ट्रीय चेतना, सुधारवादी दृष्टिकोण, ग्राम्य-जीवन के प्रति आकर्षण, साम्प्रदायिक सौहार्द्र, अन्याय के प्रतिकार की दृढ़ता दोनों में समान रूप से वर्तमान थी। गांधीजी से परिचित होने के पूर्व ही प्रेमचन्द इस दिशा में प्रस्थान कर चुके थे। फलतः गांधीवादी दृष्टि को उन्होंने सहज ही स्वीकार कर लिया।

सन् 1920 से 1939 तक का कालखंड भारतीय इतिहास में गांधीयुग के नाम से जाना जाता है। इस अवधि में सृजित प्रेमचन्द की कृतियों में अनेक स्तरों पर गांधीवाद का प्रभाव लक्षित होता है। सन् 1920 के पूर्व की रचनाओं (वरदान, प्रतिज्ञा, सेवासदन तथा कहानियाँ) में ब्रह्मसमाज से आर्यसमाज तक के सुधारवादी विभिन्न संगठनों का प्रभाव उनमें स्पष्ट है। "प्रेमाश्रम" उनकी पहली कृति है जिसमें गांधीवादी प्रभाव स्पष्टतः व्यक्त हुआ और इस प्रभाव को स्वयं प्रेमचन्द ने स्पष्टतः घोषित किया। "प्रेमाश्रम" का स्वरूप लगभग वही है जिस प्रकार के आश्रम की स्थापना का प्रयत्न महात्मा गांधी ट्रान्सवाल, नैटाल और गुजरात में कर चुके थे। चम्पारन की सफलता के बाद गांधीजी का प्रभाव तीव्रता से बढ़ने लगा था और सन् 20 तक आते-आते भारतवर्ष की सम्पूर्ण बौद्धिक चेतना का नियामक बन गया था। युगीन बोध के प्रति जागरूक और संवेदनशील होने के कारण प्रेमचन्द के लेखकीय व्यक्तित्व पर गांधीजी के व्यक्तित्व और कृतित्व का प्रभाव अत्यन्त व्यापक रूप से पड़ा। उनके कथात्मक वाङ्मय में चरित्रों के निर्माण, घटनाओं की बनावट और समाधानात्मक परिणतियाँ आदि कुछ ऐसे बिन्दु हैं जिनसे गांधीवादी प्रभाव स्पष्टतः लक्षित होता है। प्रेमचन्द के कथा-साहित्य में जितने

भी सुधारवादी पात्र आए हैं, उनके भीतर वैयक्तिक और सामाजिक स्तर पर नैतिक मूल्यों के प्रति अटूट आस्था, बौद्धिक और वैचारिक परिवर्तन में विश्वास, संयम, त्याग, लोकसेवा, सत्यनिष्ठा आदि गुण गांधीवादी प्रेरणा पर आधारित हैं। गांधी युग में लिखे गए "प्रेमाश्रम", "रंगभूमि", "कायाकल्प", "निर्मला", "ग़बन" और "कर्मभूमि", उपन्यासों तथा इस युग की अन्यान्य कहानियों में आदर्शवादी प्रभाव स्पष्ट लक्षित होता है। "प्रेमाश्रम" का नायक प्रेमशंकर गांधीवादी आदर्शों का आदर्श प्रतिनिधि है। प्रेमशंकर गांधी की भाँति ही जनसेवा के प्रति अपने को समर्पित करके सादगी और संयमपूर्ण जीवन-पद्धति अपनाता है। अहिंसावादी दृष्टि के कारण वह अपने कुटिल शत्रु के प्रति क्षमाशील है। गांधीवादी रचनात्मकता के अनुसार ग्रामीण क्षेत्र में आश्रम खोलकर ग्रामीण किसानों का संगठन करके उनके जीवन-स्तर को ऊपर उठाने के लिए प्रयत्नशील होता है किन्तु उन्हें उग्र संघर्ष की प्रेरणा नहीं देता। समस्याओं का समाधान महात्मा गांधी की हृदय-परिवर्तन की धारणा के आधार पर हो जाता है जिनका हृदय-परिवर्तन सम्भव नहीं होता उनमें से कुछ आत्महत्या कर लेते हैं। इसी प्रकार के आश्रम की सृष्टि "सेवासदन" में वेश्या-समस्या के समाधान के लिए की जा चुकी थी। प्रेमशंकर अकेले अपने आदर्श गुणों द्वारा सम्पूर्ण समाज का हृदय-परिवर्तन कर देता है। प्रबुद्ध नागरिक ही नहीं, निरक्षर ग्रामीण भी अपनी बुराइयों को छोड़कर रचनात्मक कार्यों में प्रवृत्त हो जाते हैं। प्रेमशंकर के चरित्र से गांधीजी की यह मान्यता सिद्ध हो जाती है कि एक व्यक्ति भी अपने आदर्श आचरण से सम्पूर्ण समाज को सुधार सकता है। अपनी "पशु से देवता" कहानी में भी प्रेमचन्द ने "प्रेमशंकर" के इसी गांधीवादी व्यक्तित्व की प्रतिष्ठा की है।

"रंगभूमि" का सूरदास वस्तुतः गांधीजी का साहित्यिक संस्करण है। गांधीवाद के प्रति प्रेमचन्द की गहन आस्था का सर्वाधिक "एहसास" रंगभूमि में होता है। सत्याग्रह ही इस कृति की मूल प्रेरणा है। महात्मा गांधी, भौतिक धरातल पर रहकर भी आत्मतत्त्व की दृष्टि से आध्यात्मिक धरातल पर रहते थे। सामाजिक और राजनैतिक कार्यव्यापार उनकी प्रखर नैतिकता के परिणाम थे। वे पशुबल की अपेक्षा आत्मबल को महत्त्व देते थे। उनकी मान्यता थी कि "यदि विरोधी उसे बीस बार धोखा दे तो सत्याग्रही को इक्कीसवीं बार उसका विश्वास करने के लिए तैयार रहना चाहिए क्योंकि मनुष्य के स्वभाव में श्रद्धा उसके सिद्धान्त का सार है।" (सर्वोदय तत्त्व-दर्शन, पृ. 139) ईश्वर-भजन में लवलीन होनेवाला सूरदास अपनी भूमि के लिए अहिंसक संघर्ष की सत्याग्रही भूमिका में उतरता है तो किसी व्यक्तिगत लाभ की इच्छा से नहीं बल्कि धन के पीछे पागल होनेवाले पूँजीवादी वर्ग को अनैतिकता से बचाने के लिए और केन्द्रीकरण की ओर उन्मुख औद्योगिक अभियान एवं तज्जनित दुष्परिणामों से ग्रामीण जनता की रक्षा करने के लिए। सूरदास की वृत्तियों और संस्कारों का निर्माण किसी शिक्षा-प्रणाली के द्वारा न होकर भारतीय सांस्कृतिक परम्परा से हुआ था। इसी आधार पर वह जीवन के उच्च एवं उदात्त तत्त्वों का साक्षात्कार कर सका था। कहने की आवश्यकता नहीं कि

गांधीजी भी अन्धकारपूर्ण स्थितियों में प्रकाश के लिए बुद्धि का नहीं सहजज्ञान का आश्रय लेते थे। इसी सहजज्ञान को वे "अन्दर का राम" कहते थे। सूरदास का पवित्र व्यक्तित्व गांधीवादी शीलविषयक तत्त्वों से अनुप्राणित है। वह जॉनसेवक और भैरों जैसे शत्रु के प्रति भी निर्वैर भाव रखता है। साम, दाम, दंड, भेद के उपायों को अवहेलित करता हुआ, सत्याग्रह पर अडिग रहने पर भी सूरदास, यद्यपि अपने संघर्ष में पराजित होता है किन्तु आत्मिक दृष्टि से वह पराजित नहीं होता। अपनी पराजय को क्षणिक विश्राम मानता है और सत्य के साथ होने के कारण अपनी अन्तिम विजय में दृढ़ विश्वास रखता है। अहिंसा के नियमों का कठोरता से पालन करते हुए भी नारी-सम्मान के सन्दर्भ में अहिंसा के नियमों को तोड़कर वह पुलिस की सहायता लेता है। इस कार्य में भी गांधीजी का समर्थन ही है। महात्मा गांधी भी नारी-सम्मान की रक्षा के लिए हिंसात्मक प्रतिरक्षा साधनों के उपयोग की छूट देते थे। (वीमेन एंड सोशल इनजस्टिस, पृ. 192) सूरदास का आत्मबलिदान एक गौरव गाथा का रूप लेकर हृदय-परिवर्तन का आधार बनता और उसकी झोंपड़ी जातीय मन्दिर की गरिमा से मंडित हो जाती है। उसकी प्रतिभा के सम्मुख शत्रु-मित्र एकभाव से श्रद्धावनत हो जाते हैं। "विनय" की सूरदास की प्रति श्रद्धा युवा पीढ़ी पर पड़े गांधीवादी प्रभाव का द्योतक है। श्री अमृतराय ने सूरदास के चरित्र में प्रेमचन्द और गांधी की प्रतिछवि एकसाथ देखी। उनका कहना है कि "सूरदास का सीधा-सादा, सरल, निस्पृह, निर्भीक, सत्यनिष्ठ दैनंदिन रूप प्रेमचन्द का अपना है और उदात्त स्वरूप गांधीजी का।" (कलम का सिपाही, पृ. 327)

"कायाकल्प" का मूल प्रतिपाद्य महात्मा गांधी का आध्यात्मिक और नैतिक पक्ष है। महात्मा गांधी की मान्यता थी कि विचार और इच्छापूर्वक आवश्यकताओं को कम करके ही सच्चे सुधार और सच्ची सभ्यता की कल्पना की जा सकती है। ऐश्वर्य लिप्सा के स्थान पर सन्तोष, अपरिग्रह, अस्तेय, संयम और त्याग की प्रतिष्ठा आवश्यक है। (गांधी साहित्य, भाग 5, पृ. 142) "कायाकल्प" में राजा विशाल सिंह चक्रधर, मनोरमा, अहल्या और रानी देवप्रिया के चरित्र में धनोपासनाजनित व्यापक असन्तोष और चारित्रिक पतन का चित्रण किया गया है। जन्म-पुनर्जन्म, पाप और पुण्य के फल का कर्मविपाक सिद्धान्त और नियतवादी आस्था का आधार भी गांधीवाद है। आवश्यकताओं का सरलीकरण और आत्म-नियन्त्रण ही कुवृत्तियों को रोक सकता है। (कायाकल्प, पृ. 97) "कायाकल्प" का प्रकाशन सन् 1936 में हुआ। सन् 24 से 27 तक का समय हिन्दू-मुस्लिम साम्प्रदायिक संघर्ष की अतिव्याप्ति का समय है। गांधीजी अनेक उपायों से साम्प्रदायिक सौहार्द की प्रतिष्ठा के लिए प्रयत्नशील थे। प्रेमचन्द ने "सेवासदन" और "रंगभूमि" में भी साम्प्रदायिक प्रश्न को उठाया था किन्तु "कायाकल्प" में उन्होंने सम्पूर्ण भारत की साम्प्रदायिक स्थिति उपस्थित करके उसका तटस्थ वैज्ञानिक विश्लेषण किया। वे हिन्दू और मुसलमान दोनों को समान रूप से दोषी मानते थे। उनके अनुसार "दोनों कौमों में कुछ ऐसे लोग हैं जिनकी इज्जत और सरवत दोनों को लड़ाते रहने पर ही कायम है।" (कायाकल्प, पृ. 326) मूल प्रश्न अच्छे-बुरे व्यक्ति का है क्योंकि "बुरे हिन्दू

से अच्छा मुसलमान उतना ही अच्छा है जितना बुरे मुसलमान से अच्छा हिन्दू।" प्रेमचन्द का विश्वास है कि संसार का भावी धर्म सत्य, न्याय और प्रेम के आधार पर बनेगा। साम्प्रदायिक समस्या के साथ राजनैतिक संघर्ष और जन-जाग्रति का भी प्रतिपादन किया गया है और क्रान्तिकारी मजबूरों और गांधीवादी चक्रधर की वार्ता में गांधीवाद की व्यावहारिक अपर्याप्तता का संकेत भी मिलता है। साम्प्रदायिक सौहार्द का समर्थन प्रेमचन्द के तत्कालीन लेखों, "न्याय", "ईदगाह", "दिल की रानी" जैसी कहानियों और "कर्बला" नाटक में भी मिलता है और सभी के समाधानात्मक निष्कर्ष में गांधीजी के हृदय-परिवर्तन सिद्धान्त की प्रतिष्ठा की गई है।

"निर्मला", "प्रतिज्ञा" और "सेवासदन" की श्रृंखला में एक विश्लेषणप्रधान यथार्थवादी त्रासदी है जिसका करुण अन्त निर्मला की मृत्यु के साथ होता है। दहेज-प्रथा के घातक परिणामों के साध्य पर नई पीढ़ी का उद्बोधन गांधीजी की तत्सम्बन्धी धारणा का समर्थन करता है। अन्त में डॉ. सिन्हा के पश्चात्तापजन्य प्रायश्चित और हृदय-परिवर्तन की भूमिका के रूप में कृष्णा और असहयोग आन्दोलन के सक्रिय कार्यकर्ता, गांधीभक्त उसके पति की सृष्टि वस्तुतः गांधीवादी आदर्श के आग्रह का ही परिणाम है।

"ग़बन" की रचना के केन्द्र में आभूषण-प्रेम की प्रवृत्ति को रखा गया है। महात्मा गांधी आभूषण-प्रेम को पराधीनता का प्रतीक और बहुमुखी पतन का कारण मानते थे। आडम्बरहीन सरल जीवन-पद्धति के अनुयायी प्रेमचन्द भी मध्यवर्गीय आडम्बरप्रियता के स्थान पर सादगीपूर्ण जीवन का समर्थन करते हुए आभूषणप्रियता के सम्बन्ध में अपना मत व्यक्त करते हैं कि "आभूषण-प्रेम की प्रथा के कारण होनेवाला आर्थिक, नैतिक, दैहिक, आत्मिक और धार्मिक पतन अकल्पनीय है।" (ग़बन, पृष्ठ 66) "ग़बन" के देवीदीन और रमेश इन्हीं विचारों के प्रतिनिधि हैं और रमानाथ के जीवन की घटना-श्रृंखला इसी का परिणाम। देवीदीन के माध्यम से गांधीजी के स्वदेशी आन्दोलन की झलक भी मिल जाती है और अन्त में जालपा के आत्मबल और आदर्शों में आस्था एवं जोहरा के आकस्मिक हृदय-परिवर्तन में गांधीवादी आदर्श साकार हो गया है। किन्तु यह स्पष्ट है कि "ग़बन" में पूर्ववर्ती कृतियों की अपेक्षा प्रेमचन्द का यथार्थवादी आग्रह सबल हो गया है। परिणामस्वरूप उनका मूलस्वर व्यंग्य का हो गया है।

"कर्मभूमि" का रचनाकाल (1932) भारतीय स्वतन्त्रता आन्दोलन और जनजाग्रति का काल है। इस आन्दोलन में जाति, धर्म, पेशा, वर्ग, वय आदि सभी भेदों को भूलकर, सभी ने भाग लिया। सन् 1928 ई. की बारदोली क्रान्ति की सफलता, सन् 30 का सत्याग्रह आन्दोलन, किसानों का लगानबन्दी आन्दोलन इसी काल की देन है। इसी व्यापक चेतना का प्रकाशन प्रेमचन्द द्वारा "हंस" के सम्पादकीय, "समरयात्रा" की कहानियों और "कर्मभूमि" उपन्यास में हुआ है। इस काल तक आते-आते गांधीवादी सिद्धान्तों की अपर्याप्तता का अनुभव अनेक क्षेत्रों में किया जाने लगा था। यह सन्देह प्रेमचन्द के मन भी घर कर रहा था। परिणामस्वरूप 'कर्मभूमि' की आन्तरिकता के स्थान

पर बाह्यकर्ममय जीवन के संदर्भ में गांधीवाद का व्यावहारिक परीक्षण किया गया। 'कर्मभूमि' का नायक अमरकान्त एक अस्थिर गांधीवादी के रूप में चित्रित किया गया है। उसके व्यक्तित्व की स्त्रियोचित दुर्बलता और प्रेम सम्बन्धों की शिथिलता उसे पूर्ण गांधीवादी नहीं होने देती। लगता है कि स्थितप्रज्ञ, अनासक्त, संकल्पशील सूरदास के व्यक्तित्व के माध्यम से गांधीवादी आदर्शों के परीक्षण के पश्चात् प्रेमचन्द उसका परीक्षण सर्वसाधारण स्तर पर करना चाहते हैं। अमरकान्त मध्यवर्ग के तत्कालीन ढुलमुल-यकीनी गांधीवादी का प्रतिनिधि है जिसकी मूल-प्रवृत्ति स्थिति के प्रति समझौतावादी है, उसकी राजनीतिक दृष्टि एवं चारित्रिक दृढ़ता अविश्वसनीय है। समकालीन युगचेतना के वस्तुदर्शी सर्वेक्षण में अमरकान्त की सृष्टि तत्कालीन मध्यवर्गीय गांधीवादी का अनावृत्त स्वरूप है जिसके प्रति प्रेमचन्द की भूमिका व्यंग्यात्मक है। किन्तु गांधीवाद से प्रभावित जनसमुदाय की होतात्म्य भावना, सामूहिक सत्याग्रह, गाँवों के रचनात्मक कार्यक्रम का चित्रण पूरी आस्था से किया गया है। साथ ही लाला अमरकान्त का हृदय-परिवर्तन, सलीम का उत्सर्गभाव, नैना के प्राणत्याग और शान्तिकुमार के वैयक्तिक त्याग से प्रभावित राष्ट्रीय चेतना, आदर्श पारिवारिक व्यवस्था एवं सदाशयता के चित्रण में गांधीवाद की स्पष्ट छाप है। इतना अवश्य है कि "कर्मभूमि" में गांधीवादी आस्था और सन्देह का द्वन्द्व निरन्तर चलता रहता है।

"गोदान" में यथार्थवाद का प्रभाव और समाजवादी भावना का आग्रह प्रबल हो गया है किन्तु प्रेम-भावना की उदात्तता और उसके द्वारा कायाकल्प की प्रतीति स्थान-स्थान पर लक्षित होती है। मातादीन के विलक्षण हृदय-परिवर्तन में गांधीवादी संस्कार की ही छाप है।

प्रेमचन्द के नारी-पात्रों में भी गांधीवाद का प्रभाव स्पष्ट दिखाई पड़ता है। भारतीय परम्परा, गांधीजी और प्रेमचन्द के नारीविषयक चिन्तन में परस्पर साम्य है। महात्मा गांधी नारी की शक्ति को पहचानते थे। उनको विश्वास था कि "स्त्री त्याग की मूर्ति है। जब वह कोई चीज शुद्ध और सही भावना से करती है तो पहाड़ को हिला देती है।" (स्त्रियाँ और उनकी समस्याएँ, पृष्ठ 31) प्रेमचन्द ने भी अपने नारी-पात्रों में प्रेम की दिव्य अनुभूति, त्याग का उदात्त स्वरूप, कर्मठता, निर्भीकता, आत्मबल आदि गुणों का समावेश किया है। प्रेमचन्द के नारी-पात्र पुरुष के साथ कन्धा मिलाकर जीवन के विविध क्षेत्रों में संघर्ष करते दिखाए गए किन्तु उनके साथ कुछ शर्तें भी हैं। वे उनके दैहिक पावित्र्य, चारित्रिक शुद्धता और वैवाहिक जीवन की पवित्रता के प्रति सदैव सावधान रहते हैं। प्रेमचन्द के साहित्य में वासनामुक्त प्रेम के आध्यात्मिक स्तर पर स्पर्श करनेवाली जो नारी-छवियाँ मिलती हैं, उनके पीछे गांधीवादी चिन्तन की प्रेरणा है। यही कारण है कि 'सेवासदन' से लेकर 'गोदान' तक वैवाहिक जीवन की मर्यादा का कठोर पालन और वेश्याओं तक में हृदय-परिवर्तन के माध्यम से उच्चादर्शों के सन्निवेश की सम्भावना को निरूपित किया गया है।

गांधीवादी प्रभाव के सर्वेक्षण की प्रक्रिया में हम इस निष्कर्ष पर पहुँचते हैं कि

प्रेमचन्द के साहित्य में गांधीवाद का आरोह और अवरोह निरन्तर दिखाई पड़ता है। किन्तु बाह्य जीवन के परिवर्तनों में गांधीवाद की उपयोगिता के प्रति शंकालु होने पर भी वे गांधीवाद के वैयक्तिक शीलविषयक आदर्श के प्रति सतत आस्थावान बने रहे। वस्तुतः वे बाह्य जीवन के कलेवर में गांधीवादी आदर्शों की सनातन आत्मा को रक्षित रखते थे। इस द्वन्द्व के कारण अनेक स्थलों पर कलाकारोचित संयम और मनोवैज्ञानिक गहनता का अभाव भी परिलक्षित होता है।

अनेक समताओं और प्रभावों के होते हुए भी महात्मा गांधी और प्रेमचन्द की प्रवृत्तियों में कुछ मूलभूत अन्तर थे। महात्मा गांधी, मूलतः आध्यात्मिक चेतना के व्यक्ति थे। परिणामस्वरूप प्रत्येक समस्या का समाधान आध्यात्मिक स्तर पर करते थे जबकि प्रेमचन्द की चेतना नैतिकता से संपृक्त होने पर भी ईश्वर की विश्वासी नहीं थी। साम्प्रदायिक द्वेष को भी गांधीजी आत्मिक पतन का परिणाम मानते थे जबकि प्रेमचन्द उसका सम्बन्ध स्वार्थपरता से जोड़ते थे। महात्मा गांधी वेश्या-समस्या का कारण वासनात्मकता और चारित्रिक पतन मानते थे तो प्रेमचन्द मार्क्स के अनुसार आर्थिक स्थिति को उत्तरदायी ठहराते हैं। यही अन्तर प्रेमचन्द की प्रगतिशीलता है जो उन्हें घोर आदर्शवादी स्थिति में वायवीय न बनाकर यथार्थ की ठोस भूमि पर खड़ा करती है। यथार्थ की प्रतिष्ठा करनेवाले प्रेमचन्द वस्तुतः हिन्दी में प्रगतिवाद के जनक हैं।

प्रगतिवाद वस्तुतः मार्क्स द्वारा प्रतिपादित समाजवादी चेतना का साहित्यिक रूपान्तर है। मार्क्स के अनुसार समस्त मानवीय संभावनाओं का आधार आर्थिक व्यवस्था है और कला दर्शन या साहित्य की उत्पत्ति भी मनुष्य के सामाजिक जीवन से होती है, क्योंकि साहित्यकार के लिए अपेक्षित प्रज्ञाशक्ति भी उसके राष्ट्र-धर्म और आर्थिक जीवन का ही सत्व है। उसकी भावसत्ता स्वतन्त्र न होकर सामाजिक घटनाओं से प्रतिध्वनित और झंकृत होती है। अर्थात प्रगतिवादी विचारधारा में व्यक्ति चेतना के स्थान पर सामाजिक चेतना से सम्पन्न साहित्यकार दृश्यमान यथार्थ के भीतर, अभिव्यक्ति के लिए व्याकुल प्रच्छन्न यथार्थ को अभिव्यक्ति देकर, प्रगतिशील शक्तियों के प्रोत्साहन से समाज का वांछित नवनिर्माण संभव बनाता है। इतिहास-बोध के साक्ष्य पर परम्परा की जनवादी प्राणवान धारा को लोक-भूमि पर प्रतिष्ठित करके, कर्ममय जीवन को प्रेरणा प्रदान करते हुए दलित, शोषित एवं उपेक्षित वर्ग की अपेक्षित संभावना का दिशानिर्देश करना साहित्यकार का दायित्व है। रूपवाद और कलावाद के स्थान पर यथार्थ जीवन ही उसका काम्य है। निष्कर्षतः प्रगतिवादी दृष्टि, प्रखर मानवतावादी चेतना से दीप्त होने के कारण "यथार्थवाद" को निर्विकल्प रूप से स्वीकार करती है और सोद्‌देश्यता तथा सामाजिक उपयोगिता को सर्वाधिक महत्त्वपूर्ण निष्कर्ष मानती है।

प्रेमचन्द की प्रगतिवादी चेतना मार्क्सवाद या किसी भी राजनैतिक मताग्रह का परिणाम न होकर समकालीन सामाजिक संवेदना का प्रतिफल है। उनके साहित्य में उपलब्ध प्रगतिवादी तत्त्व किसी सैद्धान्तिक आग्रह के कारण न आकर उनकी प्रगतिशील प्रकृति के कारण क्रमशः विकसित हुए हैं। शोषित और दलित समाज के प्रति अपार

करुणा और सहानुभूति होने के कारण उनके विकास और परिष्कार की चिन्ता और संकल्पशीलता उनमें निरन्तर बनी रहती है। यही उनका प्रगतिवाद है। प्रगतिशीलता को प्रेमचन्द लेखक-स्वभाव मानते थे। प्रेमचन्द दलित, पीड़ित और वंचित व्यक्ति अथवा समूह की हिमायत और वकालत को साहित्यकार का दायित्व बताते हुए उसे आजीवन दीपक की भाँति आलोक फैलाने का निर्देश देते थे। (प्रेमचन्द : घर में, पृ. 227) साहित्य की प्रयोजनीयता के सम्बन्ध में प्रेमचन्द का मत है कि "हमारी कसौटी पर वही साहित्य खरा उतरेगा जिसमें उच्च चिन्तन हो, स्वाधीनता का भाव हो, सौन्दर्य का सार हो, सृजन की आत्मा हो, जीवन की सच्चाइयों का प्रकाश हो–जो हममें गति, संघर्ष और बेचैनी पैदा करे, सुलाए नहीं क्योंकि अब और ज्यादा सोना मृत्यु का लक्षण है।" प्रेमचन्द की यही प्रगतिशीलता उनमें निरन्तर बनी रही। उन्होंने समाज के दलित और उपेक्षित वर्ग पर होनेवाले अत्याचारों के प्रति विद्रोह किया और कथा-साहित्य में गहरी मानवीय संवेदना की स्थिति को सम्भव बनाया। भारतीय सामन्तवाद, पूँजीवाद और ब्रिटिश साम्राज्यवाद के शोषण-चक्र में पिसती हुई जनता का मार्मिक चित्रण, युगों से शोषित और उपेक्षित भारतीय नारी की गहरी व्यथा, किसान, मजदूर, अछूत आदि के प्रति अन्याय, रूढ़िवादिता, अशिक्षा, साम्प्रदायिक संकीर्णता, कर्मकांडी आडम्बर आदि का चित्रण प्रेमचन्द की कृतियों में आरम्भ से ही मिलता है।

प्रगतिशील साहित्यकार के लिए आवश्यक है कि वह समकालीन व्यवस्था में व्यक्ति और समाज में अन्योन्याश्रय स्थापित करके उसे प्रगतिकामी कर्मशीलता की ओर अग्रसर करे। प्रेमचन्द ने अपनी कृतियों में ग्रामीण समस्याओं पर बड़ी सूक्ष्मता से विचार किया और उनकी विपन्नता का करुण चित्र अंकित किया। *प्रेमाश्रम, रंगभूमि, कर्मभूमि, ग़बन* और *गोदान* में ऐसे मर्मस्पर्शी चित्रों की भरमार है।

'प्रेमाश्रम' और 'रंगभूमि' में प्रेमचन्द गांधीवादी आदर्शों से अभिभूत दिखाई पड़ते हैं, किन्तु 'कायाकल्प', 'निर्मला', 'ग़बन', 'कर्मभूमि' में क्रमशः उनका यथार्थवादी आग्रह बढ़ता गया है और प्रतिक्रियावादी शक्तियों के प्रति उनका आक्रोश तीव्र से तीव्रतर होता गया है। 'गोदान' में प्रेमचन्द ने महाजनी हथकंडों पर तीखा प्रहार करते हुए उन सामाजिक जोंकों का चित्रण किया जो अन्यान्य उपायों से किसानों का रक्त चूसा करती हैं। उन्होंने यह समझ लिया था कि कानून के आधार पर किसानों की रक्षा सम्भव नहीं है क्योंकि "कचहरी अदालत उसी के साथ है जिसके पास पैसा है।" (गोदान, पृ. 247) मजदूरों की हड़ताल और मजदूर आन्दोलन के माध्यम से जन-जाग्रति और जनाक्रोश के संकेत भी दिए गए हैं। 'गोदान' के रचना-काल तक प्रेमचन्द की विचारधारा में स्पष्ट अन्तर आ गया था। उन्होंने 26 जनवरी, 1933 के "जागरण" के सम्पादकीय में लिखा है कि वैयक्तिक पूँजी विष की गाँठ है जो संसार भर की बुराइयों का मूल है। एक वर्ष बाद 28 जनवरी सन् 34 में वे इस निर्णय पर पहुँचते हैं कि कम्युनिज्म अर्थात साम्यवाद का विरोध वही करता है जो दूसरों से ज्यादा सुख भोगना चाहता है, जो दूसरों को अपने अधीन रखना चाहता है। गांधीवाद में सन्देह व्यक्त करते हुए वे घोषणा करते हैं कि

अब यह मान लेना पड़ेगा कि जिस चीज को महात्मा गांधी भीतर की आवाज कहते हैं, जिसका मतलब यह होता है कि उसके गलत होने की सम्भावना नहीं, वह बहुत भरोसे की चीज नहीं, क्योंकि उसने एक से अधिक अवसरों पर गलती की है। (जागरण, 19 अप्रैल, 1934) सन् 1936 में "प्रगतिशील लेखक संघ" के अधिवेशन के अवसर पर अध्यक्षीय भाषण करते हुए प्रेमचन्दजी ने घोषित किया कि "अब तो हमें उस कला की आवश्यकता है जिसमें कर्म का सन्देश हो। अतः हमारे पथ में अहंवाद तथा अपने व्यक्तिगत दृष्टिकोण को प्रधानता देना वह वस्तु है जो हमें जड़ता, पतन और लापरवाही की ओर ले जाती है और ऐसी कला हमारे लिए न व्यक्ति रूप में उपयोगी है और न समुदाय रूप में।"

प्रेमचन्द की इस परिवर्तित दृष्टि का प्रतिफलन उनके "गोदान" और अधूरे उपन्यास "मंगलसूत्र", "महाजनी सभ्यता" नामक लेख और "पूस की रात", "उपदेश", "सज्जनता का दंड", "ठाकुर का कुआँ", "डामुल का कैदी", "कफ़न" आदि कहानियों में हुआ है। "गोदान" में आदर्श और यथार्थ का द्वन्द्व आंशिक रूप में वर्तमान है किन्तु 'मंगलसूत्र' में जितने संकेत आ सके हैं उनमें यथार्थ की ही स्वीकृति है। "मंगलसूत्र" के नायक तपस्वी साहित्यकार देवकुमार वस्तुतः स्वयं प्रेमचन्द ही हैं। यथार्थ की कटुताओं से उनका आदर्शवाद के प्रति मोह भंग हो जाता है। सेठ गिरधरदास जैसे शोषक पूँजीपति के प्रति अनास्थित होने के कारण, देवकुमार इस निर्णय पर पहुँचते हैं कि "बेशक वे महाजन के बीस हजार के कर्जदार हैं, नीति कहती है कि उस जायदाद को बेचकर उसके बीस हजार दे दिए जाएँ बाकी उन्हें मिल जाएँ। अगर कानून कर्जदार के साथ न्याय भी नहीं करता तो कर्जदार भी कानून में जितनी खींच-तान हो सके उतना करके महाजन से अपनी जायदाद वापस लेने की चेष्टा करने में अधर्म का दोषी नहीं ठहर सकता।" चिरसंचित आदर्शों को आघात लगने पर भी देवकुमार इस नए जीवन मन्त्र से असीम सन्तोष का अनुभव करते हैं। "महाजनी सभ्यता" में भी शोषण का अन्त करनेवाली नई सभ्यता का स्वागत किया गया है और 'कफ़न' में आदर्शवाद का कफ़न साकार हुआ है।

गांधीवाद और प्रगतिवाद के परिप्रेक्ष्य में अलग-अलग विचार करने पर और दोनों दिशाओं में प्रेमचन्द की उपलब्धियों का आकलन करने पर हम इस निष्कर्ष पर पहुँचते हैं कि प्रेमचन्द किसी भी वाद में पूरी तरह नहीं बैठ पाते। वस्तुतः वे जीवन और जनता के साहित्यकार हैं। जीवन या मनुष्यता के दूरवर्ती अदृश्य को अपनी भविष्यभेदिनी दृष्टि से देखकर प्रतिभिज्ञेय बनाना उनकी सिद्धि है। उनका दृष्टिकोण समय-समय के अनुभव से समृद्ध होते हुए मानव-विकास के प्रति सदैव प्रगतिशील रहा है और संत्रस्त मानवता को आत्मबल प्रदान करता है। राष्ट्रीय चेतना, राष्ट्रभाषा प्रेम, सर्वांगीण विकास, साम्प्रदायिक सौहार्द, मानवीय मूल्यों की प्रतिष्ठा, समतामूलक समाज का संगठन, स्वाभिमान और आत्मबल का विकास, विश्वबंधुत्व आदि उनके साहित्यिक सृजन के प्रेरणा-स्रोत हैं। उनकी विकासमूलक समाजवादी दृष्टि में विश्वास और भावुकता का

अद्‌भुत समन्वय है। परम्परागत मौलिक आदर्शों की रक्षा नवीन वांछित व्यवस्था के प्रति स्वागतभाव ही उनकी प्रगतिशीलता है। साहित्य के माध्यम से शोषणहीन नवीन व्यवस्था के निर्माण की प्रेरणा देना ही उनका लक्ष्य है। ऐतिहासिक विकासक्रम के अनुसार ही उनके साहित्यकार के विकास का मूल्यांकन करना औचित्यपूर्ण है। उनके साहित्य में सुधारवाद, गांधीवाद और प्रगतिवाद विकासक्रम के विभिन्न सोपान हैं।

प्रेमचन्द और गांधीवादी दर्शन

राजम नटराजम पिल्लै

भारतीय राजनीति में गांधीजी की विधिवत सक्रिय भागीदारी सन् 1916 को शुरू हुई। लेकिन भारतीयों की अस्मिता की रक्षा के लिए उनकी छटपटाहट, उनका अहिंसात्मक सत्याग्रह, उनका जुल्मी शासक के खिलाफ असहयोग करने की संघर्ष-प्रणाली विश्व के समक्ष सन् 1904 से ही आने लगी थी। दक्षिण अफ्रीका में पूरे आठ साल तक उन्होंने अंग्रेज शासकों की रंग-भेद नीति के विरुद्ध संघर्ष जारी रखा और यह एक ऐतिहासिक घटना थी। एक विदेशी धरती पर, उस समय के प्रबलतम साम्राज्यवादी शक्ति के समक्ष दीन-दुर्बल गिरमिटिए मजदूरों का यह आन्दोलन अपूर्व था, असाधारण था और उससे भी ज्यादा अभूतपूर्व था इस आन्दोलन का, विद्रोह का सेनापति। बैरिस्टर मोहनदास करमचन्द गांधी ने जिस चारित्रिक दृढ़ता के साथ सत्य और अहिंसा के साधनों को केवल सन्तों की कुटिया की वस्तु न बनाकर अनपढ़, दलित, गरीब जनता को हथियार बना दिया वह एक बेमिसाल कारनामा था। 'गांधीवाद' के सभी प्रमुख तत्त्वों का बीजारोपण तभी हो चुका था और भारत में उसकी अनुगूँज होने लगी थी। रूस के महान चिन्तक-लेखक लियो टालस्टाय से गांधी के पत्रव्यवहार होते थे और उन्होंने स्वयं उनके अहिंसा के प्रयोग की शुभकामनाएँ दी थीं। सिर्फ किसी तात्कालिक लक्ष्य के लिए सत्याग्रह का इस्तेमाल गांधी का लक्ष्य नहीं था, उनके लिए वह जीवन का मूलभूत अंग था इसलिए उन्होंने आश्रमों की स्थापना की। पश्चिम में लगातार मानववादी, समाजवादी और साम्यवादी और आदर्शवादी चिंतकों ने प्रयास किए हैं कि ऐसी आदर्श बस्तियाँ या 'कप्यून' बसाए जाएँ जहाँ संकुचित स्वार्थ और आपाधापी की गलाकाट संस्कृति से अलग हटकर मानववाद का आदर्श जीया जा सके। गांधी का यह प्रयास भारतीय चिन्तकों की ओर से सर्वप्रथम प्रयास माना जाना चाहिए।

सन् 1904 में गांधीजी ने दक्षिण अफ्रीका में सर्वप्रथम 'फिनिक्स आश्रम' की स्थापना की और 1910 में 'टालस्टाय आश्रम' की। इंग्लैंड के जॉन रस्किन की पुस्तक 'अन टू द लास्ट' रूस के टालस्टाय का समग्र युद्ध और शान्ति के दर्शन और अमरीका के कवि चिन्तक थोरो की रंगभेद विरोध में लिए गए 'सविनय कानून भंग' पुस्तक का गांधी पर बहुत प्रभाव पड़ा था। गांधी ने अपने आश्रमों में शारीरिक मेहनत, जीवनोपयोगी शिक्षा और प्राकृतिक चिकित्सा के ज़रिए प्रकृति और सामान्य मनुष्य के

जीवन के साथ तादाम्य साधने का मार्ग अपनाया और जाति, धर्म, लिंग के भेदभाव से परे होकर मानव-मात्र के उद्धार और उन्नयन का लक्ष्य सामने रखा। उनके लिए धर्म, परमेश्वर-सेवा, आत्मासेवा और मानव-सेवा में कोई भेदभाव नहीं था।

मोहनदास करमचन्द गांधी का भारत से सम्पर्क निरन्तर बना हुआ था। उस समय स्वराज आन्दोलन में लाला लाजपत राय, लोकमान्य तिलक, एनी बेसन्ट जैसे नेता अग्रिम पंक्ति में थे। गांधीजी की मानसिकता गोपालकृष्ण गोखले जैसे उदार, मानववादी राष्ट्रवादियों के साथ ज्यादा जुड़ती थी सो उन्होंने गोपालकृष्ण गोखले को अपना 'राजनीतिक गुरु' भी माना था, उन्हें दक्षिण अफ्रीका निमन्त्रित कर अपने आश्रमों और कार्यों की समीक्षा करने के लिए भी कहा था और सन् 1915 को भारत में आ चुकने के बाद उन्हीं की सलाह पर एक वर्ष के लिए सक्रिय राजनीति में प्रत्यक्ष भाग न लेकर भारत-भर की यात्रा कर यहाँ की जनता और समस्या को समझा। 25 मई 1915 को गांधीजी ने अहमदाबाद में 'सत्याग्रहाश्रम' की स्थापना की। 1916 में गांधीजी ने लखनऊ कांग्रेस में शिरकत की तब बिहार के एक कार्यकर्ता ने उन्हें चम्पारन जिले के नील उगानेवाले खेतिहरों की दुरवस्था देखने के लिए बिहार बुलाया और 1917 को वे चम्पारन पहुँचे। जैसे फिर एक बार दक्षिण अफ्रीका के मज़दूरों और मजलूमों का इतिहास उनके सामने आ गया। गांधी ने किसानों की स्थिति का ब्यौरा सरकार को लिख भेजा और गोरे निलहे ज़मींदारों के अत्याचारों पर अंकुश लगाने की विनती की लेकिन सरकार ने गांधी समेत उनके साथियों को जेल में ठूँस दिया। सत्याग्रह आन्दोलन तीव्रतर होता चला गया और आखिरकार सरकार को छः महीने में आन्दोलन और पहला कारावास था और यहाँ से गांधी एक नए युगान्तरकारी नेतृत्व की सूचना देने लगे।

प्रेमचन्द सजग विचारक, गंभीर चिन्तक और गहन सामाजिक सरोकार युक्त पत्रकार और साहित्यकार थे। हिन्दुस्तान में उपलब्ध होनेवाले विश्व के प्रमुख साहित्य विधाओं से उनका परिचय था और मानवतावादी समाजशास्त्रियों और साहित्यकारों की रचनाओं का वे अध्ययन करते रहते थे। निश्चित ही गांधीजी के दक्षिण अफ्रीका के आन्दोलनों और भारत में आने के तुरन्त बाद शुरू किए गए किसान-मजदूर आन्दोलनों से वे अनभिज्ञ नहीं थे। भारतीय स्वराज आन्दोलन के नरम और गरम पक्षों में से 'गरम' पक्ष के लोकमान्य तिलक जैसे नेता उग्र, बेताब युवा वर्ग में ज्यादा लोकप्रिय थे और आम जनता भी उन्हें अपने ज्यादा करीब पाती थी जबकि नरम पक्ष के महादेव गोविन्द रानाडे, गोपालकृष्ण गोखले जैसे नेता गम्भीर, चिन्तनशील बुजुर्ग वर्ग में और फूँक-फूँक कर कदम रखनेवाले मध्यवर्ग में ज्यादा सर्वमान्य थे। गांधी के राजनीतिक क्षेत्र में पदार्पण करने के साथ ही जैसे सभी पक्षों, विचारों का संगम-सा हो गया और राष्ट्रीय आन्दोलन के सामाजिक, आर्थिक, राजनीतिक और सांस्कृतिक पहलुओं पर भी एक नए सिरे से, एक नए दृष्टिकोण से विचार किया जाने लगा।

प्रेमचन्द ने सन् 1916 में गांधीजी के महत्त्व को स्वीकार करते हुए 'कर्मवीर गांधी' की भूमिका में लिखा : "महात्मा गांधी के पदार्पण से भारत के राष्ट्रीय जीवन में एक

विचित्र स्फूर्ति और सजीवता का विकास हो गया है। आपके आने से पहले हमारे नेताओं को व्यावहारिक उद्योग का कोई मार्ग न दिखाई देता था। उनकी सारी सद्भावनाएँ वाक्यों तक ही समाप्त हो जाती थीं। महात्माजी ने हमारे नेताओं को वह मार्ग दिखा दिया। और केवल दिखा ही नहीं दिया, बल्कि स्वयं उसका व्यवहार करके सिद्ध कर दिया कि उस मार्ग पर चलनेवालों को भूलने-भटकने का डर नहीं है। बेतिया और चम्पारन के अन्याय रूपी दुर्गम दुर्ग को तोड़ना क्या सहज था ? अहमदाबाद की घटना भी हमें स्मरण है।"

चम्पारन का किसान सत्याग्रह 1917 को हुआ था और अहमदाबाद के मिल मजदूरों का सफल सत्याग्रह और हड़ताल 1918 की घटना है।

प्रेमचन्द पर गांधीवाद के प्रभाव की मात्रा का मूल्यांकन करते हुए हिन्दी आलोचक और समीक्षक कई बार अपने-अपने मताग्रहों से ग्रस्त रहे हैं। कुछ की विडम्बना यह है कि वे प्रेमचन्द के प्रशंसक हैं लेकिन गांधी और गांधीवाद के आलोचक हैं तो कुछ की विडम्बना यह है कि वे दोनों ही चीज़ों को छोटा करके दिखाना चाहते हैं ताकि उनके मतवाद के अनुकूल रचनाकार या रचना का कद बड़ा दिखे लेकिन उनके दुर्भाग्य से वे प्रेमचन्द की युगसापेक्षता और सन्दर्भयुक्तता को जरा भी घटा नहीं पा रहे हैं। और स्वातन्त्र्योत्तर काल में तो अधुनातन प्रचार-माध्यमों और सरकारी-गैर सरकारी तन्त्रों की बैसाखियों के बावजूद और उपन्यासकारों की लम्बी सूची और उससे भी लम्बी रचनाओं की सूची के बावजूद आज भी प्रेमचन्द ही 'उपन्यास सम्राट' के पद को सुशोभित कर पा रहे हैं। और प्रेमचन्द को गौरव देना है तो उनकी नई समस्याओं, परिस्थितियों की रोशनी में मूल्यांकन किया जाना ज़रूरी है और श्री शम्भुनाथ जैसे विद्वान आलोचक ने 'प्रेमचन्द का पुनर्मूल्यांकन' (प्रकाशन वर्ष : 1988) बड़े प्रखर, सटीक शब्दों में किया है लेकिन समूची समीक्षा में उन्होंने प्रेमचन्द पर गांधी और गांधीवाद के प्रभाव को बड़ी सफाई से तराशकर अलग निकाल दिया है। यहाँ तक कि एकाध बड़ी सामान्य जगह को छोड़ दिया जाए तो प्रेमचन्द युग के राष्ट्रपुरुष गांधी की भूमिका का उल्लेख तक उस ग्रन्थ में नहीं है। और अगर है भी तो वह जवाहरलाल नेहरू आदि की विचारधारा के दूसरे पक्ष के तौर पर है। और उसी साँस में जवाहरलाल को 'छद्म प्रगतिशील' भी कह दिया गया है। विद्वान लेखक स्वयं यह मानता है कि, "भारत दर्शनों का देश रहा है। अतः भारतीय साहित्य में दार्शनिक विचारधारा की अनुपस्थिति की कल्पना नहीं की जा सकती। यह बात दूसरी है कि दार्शनिक विचारधारा और साहित्य का सम्बन्ध तेल और पानी का न होकर मिसरी और पानी का हो।...यह सही है कि सिर्फ विचारधारा के बल पर कोई साहित्य महान नहीं हो सकता, लेकिन बिना विचारधारा के भी कोई साहित्य महान नहीं हो सकता। अव्यवस्थित तथा विकासशील रूप में प्रेमचन्द के कथा-साहित्य में एक विचारधारा थी।" और उसके बाद शम्भुनाथ कहते हैं कि औपनिवेशिक भारतीय समाज अपने जिस महान संघर्ष के दौर से गुजर रहा था, उसमें बड़े नेता और कलाकार ही नहीं हुए, बड़ी आहुतियाँ ही नहीं हुईं, महान दार्शनिक

विचारधाराओं के बीज भी फूटे। साहित्य के क्षेत्र में उनमें अप्रतिम था 'यथार्थवाद'। लेकिन साथ ही चूँकि लेखक यह जानता है कि प्रेमचन्द के जीवन-कार्य को सिर्फ यथार्थवाद की कसौटी पर कतई नहीं मूल्यांकित किया जा सकता इसलिए वह यह भी कह देता है कि "प्रेमचन्द की विचारधारा को कोई नाम देने की जिद गलत है, क्योंकि अपनी समग्रता वह अभी विकासशील दौर में थी।"

याने क्या लेखक यह कहना चाहता है कि चूँकि प्रेमचन्द की मृत्यु सन् 1936 में हो गई सो उनकी विचारधारा अभी ठोस रूप धारण नहीं कर पाई और अगर वे कुछ साल और जीते (कब तक ? देश की आज़ादी मिलने तक 1947 तक ?) तो उनकी विचारधारा को ठोस नाम दिया जा सकता था। कुछ लोगों की यह गम्भीर मान्यता है कि प्रेमचन्द अगर कुछ साल जिन्दा होते तो ज़रूर कम्युनिस्ट या पक्के समाजवादी होते क्योंकि उनका आखिरी पूर्ण उपन्यास 'गोदान' उनके सभी कथा-प्रयोगों का उनके तब तक विकसित जीवन-दर्शन का निचोड़ है और चूँकि गोदान का नायक होरी किसान से काश्तकार और आखिर में दिहाड़ी मज़दूर बनकर, भूख-प्यास-लू से तड़पकर जान दे देता है और उसके किसी सूदखोर महाजन या मानवतावादी मालिकों का हृदय-परिवर्तन नहीं होता सो यह साबित हो जाता है कि प्रेमचन्द का विश्वास आदर्शवाद से उठ चुका था, उनका अपना गढ़ा हुआ 'आदर्शोन्मुख यथार्थवाद' का साहित्यिक लक्ष्य दम तोड़ चुका था और उन्होंने अब नंगे यथार्थवाद से रूबरू होने का फैसला कर लिया था। अपनी इस मान्यता की पुष्टि के लिए वे प्रेमचन्द के अनुजवत समकालीन कथाकार जैनेन्द्र के इस बयान को उद्धृत करते हैं कि मृत्यु शैया पर, प्रेमचन्द ने उनसे यह कहा कि 'आदर्शवाद से काम न चलेगा'। याने प्रेमचन्द ने अगर अपना आगामी उपन्यास 'मंगलसूत्र' पूरा कर लिया होता तो वह कोरमकोर यथार्थवादी होता।

हमारी यह विनम्र मान्यता है कि 'गोदान' को प्रेमचन्द का आखिरी बयान नहीं समझना चाहिए और न ही उनके कथित मृत्यु बयान को उनके जीवन का अन्तिम संदेश। सन् 1936 में स्वराज आन्दोलन टूटा नहीं था। भारतीय राजनैतिक क्षितिज की सरगर्मियाँ कम नहीं हुई थीं। 1932 के दूसरे विश्वयुद्ध का राजनैतिक समीकरणों का बदलाव अभी दूर था। गांधीजी का नेतृत्व अभी इतना सबल था कि 1942 में उन्होंने अंग्रेजों को 'भारत छोड़ो' का अल्टीमेटम दिया और 1947 में लहूलुहान और खंडित ही सही फिर भी एक ऐतिहासिक विजय भारतीय स्वराज आन्दोलन को आजादी के तौर पर हासिल हुई थी। 'गोदान' में होरी की मृत्यु को भ्रम-भंग की निशानी न समझा जाए तो क्या समझा जाए ? 'गोदान' में धर्म-अर्थ-समाज सब पहलुओं से रक्त-शोषण करनेवाले पुरोहित वर्ग, ज़मींदार वर्ग, उद्योगपति वर्ग और नौकरशाह किसी का तो हृदय-परिवर्तन नहीं होता तो फिर उसे प्रेमचन्द की यह दृढ़मूल होती धारणा क्यों न समझा जाए कि 'आदर्शवाद से काम न चलेगा।' यह क्यों न समझा जाए कि प्रेमचन्द, घोषित गांधीवादी कभी नहीं रहे, सक्रिय सत्याग्रही भी नहीं रहे और विचारधारा में गांधीवाद के कभी करीब, कभी दूर होते भी रहे; सो आखिरकार उन्होंने यह चोगा भी

उतार फेंका।

हमारी यह मान्यता है कि प्रेमचन्द बौद्धिक और मानसिक तौर पर सशस्त्र क्रान्ति का पूरा समर्थन नहीं कर पाए और जनचेतना को जगाने और विधायक राष्ट्रीय कार्यों में लगाने के लिए भारतीय सन्दर्भ में गांधीवादी विचारधारा और जीवन प्रणाली से बेहतर कोई विचारधारा उन्हें दिखाई नहीं पड़ी। अपने किसी भी उपन्यास में उन्होंने एक व्यक्ति का एक समुदाय द्वारा अन्याय के खिलाफ शस्त्र उठाने के कदम को गलत भले न बताया हो लेकिन दूरंदेशी के लिहाज से अनुपयुक्त ज़रूर बताया है। 'रंगभूमि' का सूरदास लगातार अपने आसपास के लोगों को हिंसा से रोकता है और व्यापक हिंसा को रोकने के लिए अपनी जान पर खेलता है। 'रंगभूमि' सन् 1924 में लिखी गई रचना है। 'प्रेमाश्रम' का मनहर अपनी पत्नी की सम्मान रक्षा के लिए कारिन्दे की हत्या कर देता है और बाद में पूरे गाँव को उसकी सजा पाते हुए देखकर, स्वयं आत्महत्या कर लेता है। 'प्रेमाश्रम' सन् 1922 में लिखी हुई रचना है। और जहाँ तक होरी की मृत्यु को गांधीवादी मान्यताओं की मृत्यु मानने का सवाल है तो प्रेमचन्द 'रंगभूमि' में जो उनका विराटतम उपन्यास है सन् 1925 में ही अपने दीन-दुर्बल-अंधे भिखारी नायक सूरदास को मरता हुआ दिखा चुके हैं। 'रंगभूमि' में भी तो न उद्योगपति जॉनसेवक का हृदय-परिवर्तन होता है और न ही राजा महेन्द्रप्रताप सिंह का। घटना-चक्र के दौरान इनके जीवन में परिवर्तन आते हैं लेकिन हृदय की भावनाओं में और आचरणों में कोई परिवर्तन नहीं आता। तो फिर 'रंगभूमि' को प्रेमचन्द की मान्यताओं का निचोड़ क्यों नहीं माना जाता ? इसलिए कि उन्होंने उसके बाद 1926 में 'कायाकल्प', 1927 में 'निर्मला', 1929 में 'प्रतिज्ञा', 1939 में 'ग़बन' और 1932 में 'कर्मभूमि' उपन्यास लिखे जिनमें यथार्थ और आदर्श का समन्वय है, कुछ-कुछ व्यक्तियों का हृदय-परिवर्तन भी है और 'कर्मभूमि' में तो सीधे ही गांधीवादी असहयोग आन्दोलन का चित्रण है। याने सन् 1925 में 'रंगभूमि' के नायक सूरदास की मृत्यु को गांधीवाद की मृत्यु कहना कुछ समीक्षकों के लिए असुविधाजनक है और 1936 में 'गोदान' को नायक होरी की मृत्यु को प्रेमचन्द के 'आदर्शवादी' या 'आदर्शोन्मुख यथार्थवादी' सोच की मृत्यु मानना कुछ समीक्षकों के अपने मताग्रह के लिए अनुकूल है।

हमारी मान्यता है कि प्रेमचन्द की सम्पूर्ण सोच, सरोकार और जीवन-प्रणाली गांधी और गांधीवाद से सर्वाधिक प्रभावित हुई है और अपने उपन्यासों की विषय-वस्तु के चयन, पात्र-योजना, भाषा-शैली और उद्देश्य-प्राप्ति के संयोजन में प्रेमचन्द ने मुख्य रूप से गांधी-दर्शन और उसके व्यावहारिक रूप को आधार बनाया है। यहाँ और एक अवधारणा से भी हमारा मतभेद है। प्रेमचन्द पर गांधीवाद के प्रभाव को दर्शानेवाले कुछ समीक्षक उसकी कालावधि को थोड़ा घटाकर भी प्रस्तुत करते हैं।

प्रेमचन्द को, 'युग-संचालक' ही नहीं 'युग-निर्माता' रचनाकार के रूप में विश्व के समीक्षकों और लेखकों ने स्वीकार किया, यहाँ तक कि विश्व-साहित्य में भारतीय जनता के प्रतिनिधि कथाकार के रूप में आज भी सिर्फ प्रेमचन्द का ही नाम लिया जाता है।

यह बात जितनी सच और सहनीय है उतनी ही यह कटु वास्तविकता भी ध्यान में रखने की है कि सन् 1929 से 1936 तक प्रेमचन्द का जीवन कठोर परिश्रम और कड़े संघर्ष का जीवन रहा। हिन्दी साहित्य के प्रचंड मठाधीश समीक्षकों और गुरुडम के बोझ तले दबे आचार्यों ने उन्हें कभी 'कोरा आदर्शवादी' कहकर हाशियों पर ज़लाने की कोशिश की तो कभी उन्हें 'ब्राह्मणविरोधी कायस्थ' बताकर 'जातिवादी' घोषित किया तो कहीं 'गांधीवादी' अयथार्थवादी साबित किया। यही नहीं उनकी कथा-शैली को भी अरोचक या फार्मूलावादी बताकर उनके रचना-कौशल को कमतर बताने की कोशिश की गई। प्रेमचन्दोत्तर काल के जैनेन्द्र कुमार, सच्चिदानन्द वात्स्यायन 'अज्ञेय', यशपाल, भगवतीचरण वर्मा, इलाचन्द्र जोशी जैसे उपन्यासकारों के युग में भरपूर कोशिशें हुईं कि प्रेमचन्द को किसी-न-किसी कसौटी पर कसकर उनकी कीमत कम की जाए। लेकिन प्रेमचन्दोत्तर और विशेषकर स्वातन्त्र्योत्तर काल में आए उपन्यासों की बाढ़ के बाद और बड़ी-बड़ी पत्र-पत्रिकाओं और शासकीय संस्थानों और विश्वविद्यालयों की समितियों का वरदहस्त पा चुकने के बाद भी हिन्दी उपन्यासकारों की जो जमात पाठक-वर्ग के समक्ष है, वे सब मिलकर भी एक प्रेमचन्द के दीर्घ और विराट रचनात्मक अवदान के पासंग नहीं बैठ पाते। सो अब इतिहास-चक्र दूसरी तरफ घूम रहा है। प्रेमचन्द का हाल भी कबीरदास जैसा हो रहा है। जीवन-भर प्रताड़ित अक्खड़-फक्कड़ कबीरदास ने जब अंतरात्मा की 'साखी' बेलाग-दो टूक शब्दों में प्रकट कर दी और लोगों के नेत्रों को दिव्य अंजन लग गया तब एकबारगी कबीरदास 'सन्त' भी हो गए, 'महात्मा' भी और 'भगवान' भी और उनकी मौत के बाद उनके शिष्यों में उनकी अस्थियों को लेकर संघर्ष पैदा हो गया और उन्होंने अस्थियों को बाँट लिया, एक वर्ग ने उन्हें 'हिन्दू' कहकर जलाया, तो एक वर्ग ने 'मुसलमान' कहकर उन्हें कब्र में गाड़ा और ऐसा भेदभाव उनके देहान्त के तुरन्त बाद ही दिखाकर अपने गुरु के उपदेशों को भी जला-गाड़ दिया और यही साबित कर दिया कि 'अरे, इन दोउन राह न पाई'। आज, उसी काशी के वैसे ही एक 'कबीर' को, अपनी ही लुकाठी से घर फूँककर चौराहे पर ढाई आखर की महिमा के बखाननेवाले प्रेमचन्द को कोई 'जनवादी' कहता है तो कोई 'यथार्थवादी' तो कोई 'सम्भावित मार्क्सवादी' और कोई प्रगतिवादी। आदर्शोन्मुख यथार्थवादी तो उन्हें पहले ही से कहा जा रहा था।

हमारी मान्यता यह है कि प्रेमचन्द के जीवन-दर्शन के विधायक तत्त्वों में गांधीदर्शन का सर्वाधिक हिस्सा रहा है। यों विद्वान समीक्षक डॉ. कृष्णचन्द्र पांडेय के इस विचार से हम सहमत हैं कि "किसी भी युगचेता साहित्यकार के लिए विशिष्ट राजनीतिक मतवाद या सिद्धान्त की सीमा में बंधकर लिखना संभव भी नहीं है क्योंकि किसी राजनीतिक विचारधारा को आधार बनाकर लिखने में किसी एक सीमा पर पहुँचने पर लेखक में दुराग्रह आ जाता है जो उसके साहित्य के विकास को बाधित तो करता है साथ ही लेखक के व्यक्त विचारों का, एक मत विशेष का समर्थक होने के कारण, महत्त्व भी कम कर देता है। एक विकासशील साहित्यकार होने के कारण प्रेमचन्दजी ने साहित्य

में व्यक्त अपने विचार में समयानुसार परिवर्तन करके उसे युगानुरूप बनाए रखने का सफल प्रयास किया है। यही कारण है कि प्रेमचन्दजी गांधीवाद से अत्यधिक प्रभावित होते हुए भी कभी गांधीजी या गांधीवाद के अनुयायी नहीं हुए। यही बात प्रेमचन्दजी पर पड़नेवाले अन्य प्रभावों के सम्बन्ध में लागू होती है। इसीलिए प्रेमचन्द कहीं तो सुधारवादी दिखाई पड़ने लगते हैं, कहीं गांधीवादी तो कहीं प्रगतिवादी रूप में सामने आते हैं। वस्तुतः उन्होंने सभी समसामयिक विचारधारा में से लोकमंगल या जनहित की भावना से सम्बन्धित प्रगतिशील तत्त्वों को अपनाकर अपने जीवन-दर्शन का निर्माण किया है। इसलिए उनका जीवन-दर्शन भी विकासवादी जीवन-दर्शन बन गया है।

लेकिन विद्वान लेखक डॉ. कृष्णचन्द्र पांडेय ने ही गांधी की मान्यताओं और आन्दोलनों से अनेक स्थानों पर प्रेमचन्द की सहमति दिखाकर यह सिद्ध कर दिया है कि “यद्यपि सन् 1932-33 के बाद उन पर गांधीवाद का प्रभाव कम होने लगा था किन्तु फिर भी न्यूनाधिक रूप से उन्होंने ‘गोदान’ तक में गांधीवाद का समर्थन किया है।” सत्य और अहिंसा का किसी सामाजिक-राजनीतिक लक्ष्य की प्राप्ति के लिए प्रयोग करने में गांधी का नाम सर्वोपरि है। सत्याग्रही ‘हृदय-परिवर्तन’ के सिद्धान्त पर विश्वास करता है। और इस गांधीवादी सिद्धान्त की दृढ़ आस्था अन्तिम पूर्ण उपन्यास ‘गोदान’ तक बनी रही। ‘गोदान’ में ब्राह्मण पुरोहित महाराज देवीदीन का बेटा मातादीन आखिरकार चमारिन सिलिया के साथ अपने प्रेम-सम्बन्धों को निबाहने के लिए, उसके घर रहने लगता है, आधुनिक मूल्यों वाली फैशनपरस्त ‘तितली व्यक्तित्व वाली’ डॉ. मालती विनम्र भारतीय रमणी बन जाती है। हृदय-परिवर्तन का सिद्धान्त प्रेमचन्द के प्रथम उपन्यास ‘सेवासदन’ में है और वृहत् उपन्यास ‘प्रेमाश्रम’ में भी। गांधी विदेशी शिक्षा प्रणाली, विदेशी औद्योगीकरण, शहरीकरण के प्रबल विरोधी थे, प्रेमचन्द ने ज़मींदार-किसान, अमीर-गरीब का भेद तो दिखाया है लेकिन उसे वर्ग-भेद का रूप नहीं दिया है और न ही वर्ग-संघर्ष और क्रान्ति के ज़रिए उसका समाधान प्रस्तुत किया। अहिंसात्मक सत्याग्रह और हृदय-परिवर्तन ही उनके समाज-परिवर्तन के साधन रहे थे। जहाँ ऐसा होने की सम्भावना नहीं है वहाँ उन्होंने यथार्थ का दामन नहीं छोड़ा है लेकिन हिंसा को प्रश्रय नहीं दिया है। प्रेमचन्द गांधी के ‘वर्ग समन्वय’ के सिद्धान्त पर, ‘ट्रस्टीशिप’ के सिद्धान्त पर भी यकीन करते थे। वे कभी आतंकवाद या हिंसक क्रान्तिकारी आन्दोलन का समर्थन नहीं कर सके। सत्याग्रह आन्दोलन के ही अंगरूप रचनात्मक कार्यक्रम, चरखा-कताई, खादी-बिक्री, ग्राम सेवा आदि कार्य प्रेमचन्द को प्रिय थे।

प्रेमचन्द पर गांधीवादी चिन्तन और आन्दोलन का सबसे बड़ा प्रभाव उनके नारीविषयक दृष्टिकोण में देखा जा सकता है। निश्चित ही गांधी से पूर्व आर्यसमाज ने वेश्या-उद्धार, विधवा-विवाह, स्त्री-शिक्षा के क्षेत्र में उतरी और पंजाब में बड़ी मात्रा में काम किया था। लेकिन सार्वजनिक क्षेत्र में, राष्ट्रीय आन्दोलन में महिलाओं की बहुत बड़ी संख्या में भागीदारी गांधी के सत्याग्रह-आन्दोलन के दौरान ही हुई। गांधी ने समाज के किसी भी अंग को उपेक्षा से नहीं देखा और उपेक्षित रहने भी नहीं दिया। इसीलिए

अछूतोद्धार-'हरिजन-सेवा' और नारी-जागृति उनके कार्यक्रम के दो प्रमुख अंग थे। गांधी मानते थे कि "समाज के प्रत्येक अंग को स्वभाग्य निर्णय का पूर्ण अधिकार मिलना चाहिए वह चाहे नारी हो या पुरुष... ।" इसीलिए उन्होंने नारियों को भी सामाजिक एवं राजनैतिक आदि सभी क्षेत्रों में पुरुष के समकक्ष स्थान देते हुए उन्हें उस परम्परा से मुक्त होने में पूर्ण सहायता दी जिसके कारण समाज में उनकी स्थिति बड़ी दयनीय हो गई थी। किन्तु इतना होने पर भी उन्होंने कभी भारतीय मर्यादा का उल्लंघन नहीं किया। यही कारण है कि वे नारी-स्वातन्त्र्य का समर्थन करते हुए उनका कार्य-क्षेत्र मूलतः घर ही रहे ऐसा मानते थे। इस प्रकार यदि हम समष्टि रूप से देखें तो यह पता चलता है कि भारतीय मर्यादा की सीमा के अन्दर ही स्त्रियों को समान अधिकार, उन्नति का समान अवसर देते हुए राजनीतिक क्षेत्र में अर्थात् स्वातन्त्र्य संग्राम में भाग लेने का सर्वप्रथम अवसर गांधी ने ही दिया था। इस दिशा में प्रेमचन्दजी पर गांधी के प्रभाव की स्पष्ट झलक 'कर्मभूमि' उपन्यास में (सुखदा, मुन्नी, नैना, रेणुका देवी, सकीना, पठानिन) दिखाई पड़ती है। किन्तु प्रेमचन्द ने कहीं भी पाश्चात्य सभ्यता के प्रभाव में आकर स्त्रियों के स्वच्छंद या विलासिनी रूप का समर्थन न करके सर्वत्र उसकी आलोचना करते हुए उन्हें भारतीय मर्यादा के अन्दर ही सीमित रखने का समर्थन किया है। प्रेमचन्दजी ने गांधी के अनुसार ही स्त्री-जाति को अहिंसा का प्रतीक मानते हुए उन्हें हिंसा से दूर रहने की बात कही है।

प्रेमचन्द : जनवादी साहित्य और भाषा की समस्या

नमिता सिंह

जनवादी साहित्य और उसकी भाषा का अन्तर्द्वन्द आज के प्रगतिशील साहित्य की प्रमुख चिन्ताओं में से एक है। न केवल साहित्य, परन्तु देश भर में भाषा का प्रश्न एक विकराल रूप में जब-तब खड़ा हो जाता है। भाषा का साम्प्रदायीकरण करने के प्रयास भी पिछले समय से होते रहे हैं और इसे धर्म से जोड़ने का प्रयास साम्प्रदायिक राजनीति ने किया है। इसलिए समय-समय पर विभिन्न क्षेत्रों और संप्रदायों की ओर से उठाए जा रहे भाषा सम्बन्धी-विवादों में क्षेत्रीय जनता की सहानुभूति प्राप्त करने के लिए सिद्धान्तहीन तुष्टीकरण की नीति राजनीतिक दलों द्वारा अपनाई जाती रही है।

देश की एक राष्ट्रीय भाषा के प्रश्न के साथ ही साथ रचनात्मक लेखन की भाषा का प्रश्न भी प्रेमचन्द के लिए उतना ही महत्त्वपूर्ण था जितना आज लेखकों के लिए होना चाहिए। अहिन्दीभाषी प्रदेशों की कट्टर हिन्दीविरोधी राजनीति या हिन्दी प्रदेशों में समय-समय पर तेज होते उर्दू विरोधी आन्दोलन या पिछले वर्षों में आसाम में गैर-आसामी विरोध जैसे अनेक आन्दोलनों की पृष्ठभूमि में यह प्रश्न और भी विचारणीय हो जाता है। अतः यहाँ समस्या दो स्तरों पर है; एक राष्ट्रीय भाषा के प्रश्न के रूप में तथा दूसरी जनवादी साहित्य की भाषा के रूप में।

आधुनिक हिन्दी की खड़ी बोली का रूप उस राष्ट्रीय चेतना के फलस्वरूप विकसित हुआ जिसका फैलाव 19वीं शताब्दी के उत्तरार्द्ध में हुआ। मुगलकाल में फारसी जो राजशाही से जुड़े आभिजात्य वर्ग की भाषा थी, उसे स्थानीय भाषाओं के साथ मिलना पड़ा था ताकि राजतन्त्र से जुड़े लोगों के बीच सम्पर्क हो सके। यह मिली-जुली भाषा (हिन्दी-उर्दू) सम्पर्क भाषा के रूप में विकसित हुई और फैली। शाहजहाँ के समय से इस 'अशुद्ध' भाषा के शुद्धीकरण के प्रयास किए गए जो औरंगजेब के बाद के पतनशील मुगल साम्राज्य के कमजोर बादशाहों के समय में ज्यादा तेज हो गए। फलस्वरूप एक ओर जहाँ यह मिली-जुली 'भाखा' (हिन्दी-उर्दू, जिसमें संस्कृत शब्दों का समावेश आवश्यकतानुसार हो रहा था) विकसित हो रही थी, वहीं दूसरी ओर एक अन्य वर्ग में यह फारसी और अरबी के शब्दों में बोझिल हो रही थी और इस रूप में मुस्लिम-बहुल विशिष्ट, आभिजात्य वर्ग की भाषा बन रही थी। इन दोनों समानान्तर धाराओं का मूल आधार वही फारसी था, वही एक व्याकरण तन्त्र था। पहली धारा (भाखा) ही आज

की इस विकसित खड़ी बोली का उद्गम स्थल बनी जब कि दूसरी धारा उर्दू के रूप में प्रचलित हुई।

अंग्रेजी शासन के दौरान फारसी और फिर उर्दू को भी उसी प्रकार प्रश्रय प्राप्त हुआ जैसा मुगल काल में था। अंग्रेजों द्वारा भारत के औद्योगीकरण के फलस्वरूप एक अंग्रेजी पढ़ा-लिखा वर्ग उभरकर आया जो पाश्चात्य विचारों की आधुनिकता से लैस था। 1857 के स्वतन्त्रता आन्दोलन के फलस्वरूप 19वीं सदी के उत्तरार्द्ध से ही अनेक सामाजिक आन्दोलन शुरू हुए। ब्रह्मसमाज, प्रार्थना समाज, रामकृष्ण मिशन, आर्यसमाज जैसे इन सभी आन्दोलनों के प्रवर्तक राजाराम मोहनराय, महादेव रानाडे, स्वामी विवेकानन्द, स्वामी दयानन्द आदि आधुनिक मूल्यों के हिमायती और समाज-सुधारक थे। स्पष्ट या अस्पष्ट रूप में, कमोबेश ये सभी आन्दोलन धार्मिक मूल्यों पर ही आधारित थे। इसीलिए एक समय बाद यही आन्दोलन जड़ और प्रतिक्रियावादी हो गए। उदीयमान पूँजीवाद के उदारवादी दर्शन के फलस्वरूप इन सामाजिक, धर्म-सुधार आन्दोलनों ने धर्मक्षेत्र में उदारवादी दृष्टिकोण का प्रवेश कराया और जनता के प्रथम राष्ट्रीय जागरण के परिणामस्वरूप ये आन्दोलन उभरकर आए।

मध्यवर्गीय पढ़े-लिखे लोगों के बीच अपेक्षाकृत अधिक लोकप्रिय आर्यसमाज का आधुनिक दर्शन प्राचीन वेदों पर आधारित था, उस समय की हिन्दी की प्रचलित पहली धारा (हिन्दी-उर्दू) को संस्कृतनिष्ठ बनाने का काफी हद तक श्रेय आर्यसमाज को भी जाता है।

राष्ट्रीय चेतना के उदय के साथ ही अतीत के गौरव और धार्मिक पुनरुत्थानवादी चेतना का भी प्रभाव बढ़ा। कांग्रेस इस समय भारतीय जनमानस की मुक्ति आकांक्षा की प्रतिनिधि के रूप में जाने-अनजाने काम कर रही थी। कांग्रेस के लड़ाकू राष्ट्रवादियों के प्रयासों से सम्राट् अशोक, चन्द्रगुप्त महान, राणा प्रताप, शिवाजी आदि राष्ट्रीय नायकों के रूप में प्रतिष्ठित किए जाने लगे। तिलक के नेतृत्व में गणपति पूजोत्सव (1893) और शिवाजी-उत्सव (1895) आरम्भ किए गए। हिन्दू धर्म और हिन्दू इतिहास की परम्पराओं को स्वराज आन्दोलन का आधार बनाने के लिए नए राष्ट्रवाद के प्रणेताओं की बाद में कड़ी आलोचना हुई। परन्तु नरमदलियों के समझौतावादी रुख और उसके बावजूद अंग्रेजों की व्यापक दमननीति के कारण तिलक के नेतृत्व में लड़ाकू स्वराजवादी अधिक लोकप्रिय हो गए।

मुगल साम्राज्य के पतन के कारण के रूप में स्वयं सत्ता हथियानेवाले अंग्रेजों को मुस्लिम समुदाय ने कभी माफ नहीं किया। अंग्रेजी शिक्षा के प्रचार व प्रसार के प्रभावों से इसलिए वह बहुत समय तक अछूते रहे और राष्ट्रीयधारा में बहुत देर से आए। कांग्रेस पर गरमदली नेताओं के कब्जे और उनकी हिन्दू धर्म की पुनरुत्थानवादी प्रवृत्तियों के कारण ज्यादातर मुसलमान (जो उनकी आबादी का एक तिहाई थे) राष्ट्रीय आन्दोलन से विमुख हो गए (ए.आर. देसाई—भारतीय राष्ट्रवाद की सामाजिक पृष्ठभूमि, पृ. 292)

विकसित होते हिन्दी गद्य के कथ्य और भाषा पर उपरोक्त पृष्ठभूमि का प्रभाव

स्पष्ट दीखता है। उस समय तक न केवल पढ़ा-लिखा मुस्लिम समुदाय लेकिन आभिजात्य हिन्दू वर्ग का भी एक बड़ा हिस्सा फारसीबहुल उर्दू को फैशन की चीज समझता था। इसके बावजूद राष्ट्रीय चेतना के प्रभाव में एक दूसरा वर्ग इस हिन्दी को संस्कृत की रेती से शुद्ध कर रहा था। गद्य साहित्य के विषय भी हिन्दू धर्म और संस्कृति की श्रेष्ठता को स्थापित कर रहे थे और साथ ही मुसलमानों को आक्रामक, नीच और घृणित रूपों में प्रस्तुत कर रहे थे। किशोरीलाल गोस्वामी कृत 'हृदय हारिणी' वा आदर्श रमणी (1890), लवंगलता वा आदर्श बाला (1890), दुर्गादास खत्री का अनंगपाल (1917), महता लज्जाराम शर्मा का आदर्श हिन्दू (1915), हिन्दू गृहस्थ (1904), मिश्रबन्धु का वीरमणि (1917) ऐसी की कृतियाँ हैं। इसके साथ ही यदि एक ओर हिन्दी (या हिन्दवी) में निरन्तर संस्कृत का प्रयोग बढ़ रहा था तो दूसरी ओर अंग्रेजों की अलगाववादी राजनीति तथा मुस्लिम लीग के प्रभाव के फलस्वरूप मुसलमानों में उर्दू के प्रति आग्रह बढ़ रहा था और वे फिर एक बार उसे फारसी और अरबी से बोझिल कर रहे थे। भाषा का यह संघर्ष इस युग में चल रहे दो प्रमुख भारतीय सम्प्रदायों का संघर्ष था जो वास्तव में उस समय ब्रिटिश सामाज्यवाद की देन था। आज भी इस पतनशील पूँजीवादी व्यवस्था में यह हिन्दू-मुस्लिम साम्प्रदायिक संघर्ष अन्य अनेक रूपों के साथ-साथ हिन्दी-उर्दू के विवाद के जरिए सिर उठा लेता है।

प्रेमचन्द ने इस उभरते राष्ट्रीय संकट को पहचाना था। स्वयं प्रेमचन्द उर्दू से हिन्दी में आए थे। उन्होंने महसूस किया कि धीरे-धीरे भारत में भाषा आम लोगों में आगे बढ़ेगी और रहेगी, उसकी लिपि हिन्दी की देवनागरी ही हो सकती है, न कि फारसी सम्मत उर्दू। अधिकाधिक लोगों तक पहुँचने का आग्रह उन्हें उर्दू से हिन्दी में लाया। राष्ट्रीय आन्दोलन में उभर रही साम्प्रदायिक धाराएँ उन्होंने पहचानीं और भविष्य के उस संकट को उन्होंने महसूस किया। इसीलिए भारतीय जनता के लिए एक सम्पर्क भाषा, एक राष्ट्रीय भाषा, की आवश्यकता को उन्होंने पहचाना था।

अपनी इस इच्छा को उन्होंने जब भी मौका मिला, प्रचारित किया। इस मामले में उन्होंने कबीर जैसा रुख अपनाया और कट्टर, संस्कृतनिष्ठ हिन्दी और कट्टर फारसी युक्त उर्दू दोनों का ही विरोध किया और कहा कि "जब भारत शुद्ध हिन्दू होता तो उसकी भाषा शुद्ध हिन्दी होती" (कुछ विचार : पृष्ठ 129)। इसी जगह उन्होंने यह भी कहा कि मैं अपने अनुभव से इतना अवश्य कह सकता हूँ कि उर्दू को राष्ट्रभाषा के स्टैन्डर्ड पर लाने में हमारे मुसलमान भाई हिन्दुओं से कम इच्छुक नहीं हैं (कुछ विचार : पृ. 130)। उर्दू को भी वे सरल और साह्य बनाने के पक्ष में थे और उन्होंने उर्दू वालों से कहा कि..."क्या आप समझते हैं कि ऐसी जटिल उर्दू भाषा मुस्लिम जनता में भी लोकप्रिय हो सकती है ?" (कुछ विचार : पृ. 131)।

यह वह समय था जब अधिकांश नेतृत्वकारी मुस्लिम वर्ग मुस्लिम लीग के साथ जुड़ चुका था और मुस्लिम व्यापक राष्ट्रीय धारा से कटकर एक अलग धारा के रूप में चल रही थी। मुस्लिम लीग (1906) के बाद कट्टरपंथी हिन्दू महासभा (1924) भी

बन चुकी थी और दोनों तरफ से अपनी-अपनी अलग भाषा और संस्कृति की पहचान और स्थापना का जोर चल रहा था। प्रेमचन्द महसूस कर रहे थे कि राष्ट्रीय नेता राष्ट्र भाषा के प्रश्न पर उदासीन हैं और वे इसे छोटा और महत्त्वहीन मसला समझते हैं। वास्तव में भाषा का प्रश्न जहाँ एक ओर व्यापक रूप से जनजीवन के साथ अपने को जोड़ने का साधन है, वहीं एक राष्ट्र भाषा का सवाल अलगाववादी राजनीति का भी विरोध करता है। इस एक राष्ट्रभाषा का स्वरूप क्या हो, यह एक बहस का विषय हो सकता है परन्तु एक राष्ट्रभाषा के विचार का विरोध कहीं पर भी प्रगतिशील या जनवादी नहीं कहा जा सकता। 'भाषाशास्त्र में मार्क्सवाद' नामक अपने लेख में स्टालिन ने भी बार-बार इस बात पर जोर दिया है। मार्क्स और लेनिन का हवाला देते हुए कहा है कि एक राष्ट्र की एक राष्ट्रभाषा के सवाल पर किसी समाजवादी देश में दो राय हो ही नहीं सकतीं। यह बात भी सही नहीं है कि हर समाज की अपनी एक अलग भाषा होती है और सामाजिक परिवर्तन के साथ भाषा भी बदल जाती है। भाषा किसी समाज की अधिरचना के रूप में नहीं है वरन् वह तो उस एक यन्त्र के समान है जो हर सामाजिक व्यवस्था में लोगों की सेवा करती है। दूसरी क्षेत्रीय और उपभाषाएँ उस एक राष्ट्रभाषा की सहायक होती हैं, कारण वे व्यापक रूप से जनसम्पर्क का साधन नहीं बन सकतीं (स्टालिन : भाषाशास्त्र में मार्क्सवाद, अनु. शशिप्रकाश, पृ. 12)।

भारत में शिक्षित, उच्चवर्ग अंग्रेजी भाषा के प्रयोग से अपने-आपको साधारण जन से अलग कर विशिष्टता कायम करता है। इंग्लैंड में भी शताब्दियों तक अंग्रेज लार्ड फ्रांसीसी भाषा का बोलचाल में प्रयोग करते थे, जबकि आम जनता अंग्रेजी बोलती थी। कालान्तर से फिर सभी वर्गों की सामान्य भाषा अंग्रेजी हो गई। एक समय तक ज़ार के दरबारी और उच्चवर्गीय समाज में रूसी अभिजातों पर भी फ्रांसीसी की झक सवार थी पर रूसी क्रान्ति के बाद समाजवादी समाज में रूसी ही एक राष्ट्रीय भाषा के रूप में स्थापित हुई। इंग्लैंड में भी अपने पूँजीवादी विकास और अपनी औपनिवेशिक सत्ता को बनाए रखने के लिए इस फ्रांसीसी की सनक का खत्म होना एकता के लिए अनिवार्य था जिससे अंग्रेजी आम भाषा के रूप में प्रचलित हुई।

भारत में परिस्थितियाँ भिन्न रही हैं। यहाँ के वर्गीय समाज में बुर्जुआ विकास भी पूरा और नियोजित ढंग से नहीं हो पाया। एक स्थिति के बाद पुरानी सामन्ती-व्यवस्था के अवशेष ज्यों के त्यों रह गए और पूँजीवाद के सहायक के रूप में कार्यरत हो गए। हमारे यहाँ शासक वर्ग के हाथों में सम्प्रदायवाद, जातिवाद और भाषा के विवाद हथियारों के रूप में हैं जिनका इस्तेमाल उसके द्वारा अपनी सत्ता और अस्तित्व के लिए होता है। हिन्दुस्तान के सन्दर्भ में भाषा का प्रश्न बहुत महत्त्वपूर्ण है। किसी समाज और उसके साहित्य में भाषा अपने आपमें अकेला अवयव नहीं है। किसी समाज की सांस्कृतिक चेतना का संवाहक उसका साहित्य तथा उसकी भाषा होती है। अलग-अलग कालखंडों में इसकी ऐतिहासिक भूमिका है। पराधीन भारत में राष्ट्रवादी चेतना का संचार अपनी निज की भाषा, उसके साहित्य, उसके प्राचीन गौरव तथा उसके गौरवशाली राष्ट्रनायकों

की स्थापना से ही सम्भव था। राष्ट्रीय स्वाधीनता आन्दोलन में यह मुद्दे प्रमुखता से रेखांकित हुए और उनका इस्तेमाल राष्ट्रीयता के स्वरूप निर्धारण के लिए करना सम्भवतः औपनिवेशिक सत्ता की संस्कृति से टक्कर लेने के लिए आवश्यक था। एक ओर अंग्रेजी भाषा साहित्य का प्रचार-प्रसार ब्रिटिश सत्तावर्ग द्वारा हो रहा था तथा अंग्रेजी पढ़ा-लिखा नया मध्यवर्ग उभर रहा था जो अंग्रेजी भाषा के ज़रिए विश्व साहित्य के अलावा पश्चिमी ज्ञान-विज्ञान व सामाजिक दर्शन-अध्ययन से परिचित हो रहा था। दूसरी ओर समाजसुधार आन्दोलन लगातार शिक्षा के व्यापक प्रचार-प्रसार में लगे थे और अपनी भाषा में शिक्षा देने की आवश्यकता पर बल दे रहे थे। समयगत द्वन्द्वात्मकता के विभिन्न प्रकार के प्रभावों से समाज प्रभावित हो रहा था। इन सभी प्रयासों का एक निश्चित उद्देश्य औपनिवेशिक सत्ता के विरुद्ध व्यापक जनजागरण और राष्ट्रीयता का प्रचार-प्रसार तो था ही।

इसीलिए भारत जैसे बहु-सांस्कृतिक राष्ट्र को एकता के सूत्र में बाँधने के लिए राष्ट्रभाषा हिन्दी की परिकल्पना राष्ट्रीय आन्दोलन का आधार बनी जिसने साहित्य के साथ-साथ राष्ट्रीय आन्दोलन को जनसाधारण से जोड़ने का अद्भुत काम किया। राष्ट्रनायक गांधी के साथ-साथ प्रेमचन्द जैसे भविष्यद्रष्टा, जनसाहित्य के प्रणेता ने भी एक राष्ट्रभाषा के महत्त्व को समझा और उसके माध्यम से जनसाधारण को राष्ट्र के अहम् सवालों से जोड़ा। प्रेमचन्द भी राष्ट्रीय भाषा के प्रति बुद्धिजीवियों की उदासीनता का कारण अंग्रेजी भाषा का बढ़ता हुआ प्रचार और आत्मसम्मान की कमी मानते थे, बम्बई के राष्ट्रभाषा सम्मेलन (27 नवम्बर 1934) में स्वागताध्यक्ष की हैसियत से दिए गए भाषण में उन्होंने स्पष्ट कहा कि "राष्ट्रभाषा केवल रईसों की भाषा नहीं हो सकती। उसे किसानों और मजदूरों की भी बनना पड़ेगा। जैसे अमीरों और रईसों से ही राष्ट्र नहीं बनता उसी तरह उनकी गोद में पली हुई भाषा राष्ट्र की भाषा नहीं हो सकती।"

राष्ट्रीय भाषा का स्वरूप क्या हो ? इस पर भी प्रेमचन्द बहुत स्पष्ट थे। उनका समन्वित विचार बहुत उपयोगी और व्यावहारिक था। शुद्ध हिन्दी शुद्ध उर्दू जैसी दो संप्रदायवादी माँगों के बीच उन्होंने कहा कि 'न हिन्दी न उर्दू, बल्कि राष्ट्रभाषा सिर्फ हिन्दुस्तानी हो सकती है' (कुछ विचार : पृ. 111) सच भी है, भाषा का शब्द-भंडार, परिवर्तन के प्रति सर्वाधिक संवेदनशील होने के नाते लगभग सतत परिवर्तन की स्थिति में रहता है। भाषा की संरचना, उसका मूल शब्द-भंडार कई समय खंडों या युगों की उपज होते हैं। अतः हिन्दी का आज का रूप, जो न केवल उर्दू मिश्रित है, पर समयगत परिस्थितियों के अनुसार जिसने अंग्रेजी भाषा के अनगिनत शब्दों को भी अपने में मिला लिया है, वह आम 'हिन्दुस्तानी' ही हिन्दुस्तान की कौमी भाषा का स्थान ले सकती है। प्रेमचन्द ने इस 'हिन्दुस्तानी' कौमी भाषा की जरूरत को एक मिशन के तौर पर लिया और उसका प्रचार किया। उन्होंने इस पर भी क्षोभ प्रकट किया, हिन्दी वाले इस पर तुले हैं कि हम हिन्दी से भिन्न भाषाओं के शब्दों को हिन्दी में किसी तरह घुसने ही

न देंगे। (हिन्दी वालों को) 'मनुष्य' से प्रेम है पर 'आदमी' से घृणा, 'त्यागपत्र' ठीक है पर 'इस्तीफा' गलत। इसी तरह उर्दू वाले 'खुदा' को मानते हैं पर 'ईश्वर' को नहीं, 'कसूर' ठीक है पर 'अपराध' गलत, 'खिदमत' सही है पर 'सेवा' गलत। इस तरह हमने हिन्दी और उर्दू के दो अलग-अलग कैम्प बना लिए हैं; (कुछ विचार : पृ. 113)।

आर्यसमाज के अन्तर्गत आर्यभाषा सम्मेलन के वार्षिक अवसर पर लाहौर में भी उन्होंने कट्टर हिन्दीवादी दृष्टिकोण का विरोध किया और अमीर खुसरो की कुछ कविताएँ उद्धृत कीं जो उर्दू के साथ हिन्दी के खूबसूरत मिलन का नमूना थीं। इसी तरह उनकी सलाह थी कि उर्दू के अनेक शब्द जिनके लिए हिन्दी में शब्द नहीं है, लिये जा सकते हैं। मसलन 'सेक्स' के लिए हिन्दी में कोई एक शब्द नहीं है जबकि उर्दू में स्त्री-पुरुष सम्बन्धों के लिए 'जिन्स' का प्रयोग होता है और जिससे जिन्सी और जिन्सियत शब्द बने हैं। सबसे सुविधाजनक बात तो यही है कि हिन्दी, उर्दू का व्याकरण तन्त्र एक जैसा है। इसी तरह 'उपस्थित' के लिए 'मौजूद', 'संकल्प' के लिए 'इरादा' या 'कृत्रिम' के लिए 'बनावटी' अधिक उपयुक्त है।

उनकी यह सही मान्यता थी कि भाषा और साहित्य का भेद भारतीय जनता को भिन्न-भिन्न प्रान्तीय जत्थों में बाँटे हुए है। भाषाओं के आधार पर प्रान्तीयता के जज्बात पैदा होते हैं और 'सूबा सूबे वालों के लिए। जिला जिले के लिए और फिर हिन्दू, हिन्दू के लिए, मुस्लिम, मुस्लिम के लिए, ब्राह्मण-ब्राह्मण के लिए, कायस्थ-कायस्थ के लिए-जैसी सदाएँ उठने लगती हैं। इतनी दीवारों और कोठरियों के अन्दर कौमियत कै दिन साँस ले सकेगी' (कुछ विचार : पुष्ठ 90-91)।

प्रेमचन्द एक भविष्यदृष्टा के रूप में विकसित हो रहे पूँजीवादी समाज के खतरों को समझ रहे थे। आज विभिन्न क्षेत्रों से घोर प्रान्तीयता की लपटें उठ रही हैं। हिन्दी-उर्दू विवाद साम्प्रदायिक दंगों की शक्ल ले रहे हैं और क्षेत्रीय भाषाओं की आड़ में प्रतिक्रियावादी तत्त्व सक्रिय हो रहे हैं। इस दृष्टि से आज से लगभग सत्तर साल पहले प्रेमचन्द के आम हिन्दुस्तानी भाषा को एक राष्ट्रीय भाषा के रूप में प्रतिष्ठित करने के अथक प्रयास सराहनीय हैं तथा ऐतिहासिक दृष्टि से महत्त्वपूर्ण भी हैं। उन्होंने 'हंस' पत्रिका का प्रकाशन इसी मकसद से शुरू किया था जिसमें हर भाषा के नए और पुराने साहित्य की अच्छी चीज देने की और हिन्दुस्तानी को एक सम्पर्क भाषा के रूप में स्थापित करने की उन्होंने कोशिश की (कुछ विचार : पृ. 90)। क्षेत्रीय भाषा के साहित्य को क्षेत्रीयता के दायरे से निकालकर व्यापक बनाना भी उद्देश्य था। इस संदर्भ में बंगला के श्री प्रियरंजन सेन को लिखे एक पत्र में उन्होंने कहा था–"बंगला साहित्य अब केवल प्रान्तीय नहीं रह गया है। बड़े-बड़े लेखक किसी एक ही प्रान्त या देश के नहीं होते। जब हम लोग एक राष्ट्र के रूप में हैं तब हमें बंकिम का भी उतना ही अभिमान होना चाहिए जितना इकबाल या जोश का (हंस, प्रेमचन्द स्मृति अंक–पृ. 897-898, 1937)।

आधुनिक समाज और राष्ट्रभाषा का प्रश्न

राष्ट्रीयता, संस्कृति और साहित्य के सवाल वर्तमान परिप्रेक्ष्य में भी उतने ही महत्त्वपूर्ण हैं जितना औपनिवेशिक सन्दर्भ में राष्ट्रीय आन्दोलन के समय में थे। आज सम्पर्क भाषा, राजभाषा और मातृभाषा के रूप में इन सवालों का समाधान प्रस्तुत करने का प्रयत्न हो रहा है। न केवल सत्ता दल बल्कि सम्प्रदाय आधारित राजनीति करनेवालों ने खतरनाक ढंग से उर्दू को मुसलमानों की भाषा के रूप में स्थापित करने की कोशिश की है। इसी राजनीति के तहत हिन्दूवादी राजनीति ने पंजाबी सूबा के निर्माण के समय पंजाब में गैर-सिखों की भाषा हिन्दी के रूप में स्थापित करने का प्रयास किया जिसने वहाँ के पूरे माहौल में उबाल पैदा कर दिया और अन्ततः यह अकाली राजनीति की सत्ता नीति का आधार बना। महाराष्ट्र में घोर साम्प्रदायिक और उग्रवादी तेवर की शिवसेना ने भी क्षेत्रीय राजनीति के केन्द्र में मराठी भाषा को स्थापित किया। यही भाषा और संस्कृति को दबाने और कुचलकर अधिनायकवादी राजनीति स्थापित करने के प्रयास ने बाँगला देश को पाकिस्तान की सत्ता से संघर्ष करने पर मजबूर किया। दरअसल भाषा और संस्कृति का भी एक राजनीतिक दर्शन है। शोषण, दमन और सत्ता के अधिनायकत्व का हथियार विरोधी पक्ष को सांस्कृतिक रूप से पददलित करना होता है। हर विजेता, पराजित पक्ष की संस्कृति को नष्ट-भ्रष्ट कर उसकी चेतना को विजित करना चाहता है। यह प्रक्रिया आदिकाल से चली आ रही है। आदिम समाज से प्रचलित है। अपने समाज में विजेता आर्यों और द्रविड़ समाज के बीच से लेकर मुगल साम्राज्य और हिन्दू समाज के संघर्षों से होता हुआ भारत में ब्रिटिश साम्राज्य और राष्ट्रीय मुक्ति आन्दोलन तक यही ऐतिहासिक प्रक्रिया दुहराई जाती रही है।

भाषा, साहित्य और धार्मिक विश्वास व्यापक संस्कृति के हिस्से हैं जो किसी भी समाज की सांस्कृतिक-सामाजिक चेतना का निर्धारण करते हैं। ईस्ट पाकिस्तान की बाँगला संस्कृति को नकारकर उर्दू भाषा थोपने की प्रक्रिया ने बड़े संघर्ष का सूत्रपात किया जो अंततः बाँगला देश के निर्माण का कारण बना। आज भी पूर्वोत्तर राज्यों की पृथक् सांस्कृतिक पहचान या दक्षिण के राज्यों के राजनीतिक दलीय संघर्ष में भाषा एक अहम् मुद्दा बन जाता है।

इसी तरह से हिन्दी पट्टी के राज्यों की सांस्कृतिक पहचान जो हिन्दुस्तानी भाषा के रूप में है वह भी राजस्थानी और मैथिली जैसी क्षेत्रीय भाषाओं की सुगन्ध समाहित किए हुए है। मध्यप्रदेश, छत्तीसगढ़, झारखंड के आदिवासी क्षेत्रों की आज पृथक् जातीय पहचान उनकी भाषा और संस्कृति के जरिए व्यापक धरातल ग्रहण कर रही है।

आजाद हिन्दुस्तान में जहाँ विविध राष्ट्रीयताओं का संगम है, प्रेमचन्द की एक राष्ट्रभाषा की पहचान एक सम्पर्क भाषा के रूप में, एक जनभाषा के रूप में प्रतिबिम्बित होता है। यह भी उतना ही सच है, जो प्रेमचन्द कहते थे कि जनभाषा के बिना, साधारण जन से एकाकार किए बिना कोई राष्ट्र, कोई संस्कृति फलफूल नहीं सकती, कोई राष्ट्र

विकास नहीं कर सकता। असल मसला जनता की भाषा बनाम आभिजात्य भाषा के वर्चस्व का है। प्रेमचन्द ने बार-बार मध्यवर्ग और उच्चवर्ग में तथा नेतृत्वकारी वर्ग में अंग्रेजी के बढ़ते वर्चस्व का विरोध किया। जाहिर है उनकी चिन्ता वाजिब थी कि जनसाधारण को राष्ट्रीय आन्दोलन का, समाज-सुधार आन्दोलनों का हिस्सा बनाने के लिए संवाद अंग्रेजी में नहीं हो सकता। उसके लिए अपनी भाषा, एक राष्ट्रीय भाषा की ही जरूरत है।

आधुनिक परिप्रेक्ष्य में प्रेमचन्द के राष्ट्रभाषा के विचारों को इसी रूप में समझा जा सकता है जहाँ सभी क्षेत्रीय भाषाओं, उनके साहित्य और संस्कृति के विकास के प्रयास हों, उन्हें राष्ट्रीय स्तर पर उचित स्थान मिले। एक सामान्य सम्पर्क भाषा के रूप में हिन्दी की अनिवार्यता तो आवश्यक है। भाषा को राजनीति का शिकार बनाना राष्ट्रीय एकता के लिए घातक होगा।

प्रेमचन्द : रचनात्मक साहित्य और भाषा

जाहिर है कि जब प्रेमचन्द न शुद्ध हिन्दी और न ही शुद्ध उर्दू, बल्कि आम बोलचाल में प्रचलित हिन्दुस्तानी भाषा को राष्ट्रभाषा के रूप में देखना चाहते थे, जो कि एक जनवादी कथाकार के नाते उनका धर्म भी था और व्यावहारिकता भी, तो उनके साहित्य में भी भाषा का यह रूप दिखाई देता। प्रेमचन्द के सम्पूर्ण लेखन में उनका वैचारिक क्रम बहुत स्पष्ट है। वे विभिन्न समाज-सुधार आन्दोलनों, आर्यसमाज आन्दोलन, फिर गांधीवादी दर्शन के प्रभाव से होते हुए मार्क्सवादी चेतना के बहुत करीब पहुँचते हैं जो उनकी दलित और शोषित जनता के प्रति गहन प्रतिबद्धता का प्रमाण है (डॉ. कुँवरपाल सिंह, उत्तरार्द्ध–13, पृ. 11)। भाषा के सन्दर्भ में भी उनकी रचनाओं में यह परिवर्तन लगातार दिखाई पड़ता है। स्टालिन ने अपने 'भाषाशास्त्र में मार्क्सवाद' नामक लेख में स्पष्ट किया है कि चिन्तन-प्रक्रिया से सीधी जुड़े होने के नाते भाषा चिंतन के परिणामों और ज्ञानात्मक सक्रियता की उपलब्धियों को एकत्र करती है, उन्हें शब्दों का आधार देती है, (अनु. शशिकांत, पृ. 24)। प्रेमचन्द की भी प्रारम्भिक रचनाओं के विषय नितान्त सामाजिक हैं। उर्दू के संस्कार की वजह से उनमें उर्दू शब्दों की अधिकता है (प्रेमाश्रम 1907, वरदान 1915)। वरदान में उर्दू के अलावा संस्कृत के तत्सम शब्दों का भी प्रयोग प्रेमचन्द ने किया है। यह आर्यसमाज आन्दोलन का समय था जिसका प्रभाव प्रेमचन्द पर उनके आरम्भिक रचनाकाल में काफी तीव्र था। संभवतः इसीलिए संस्कृत शब्दों के प्रयोग का आग्रह कहीं-कहीं बहुत तीव्र हो गया जो अक्सर अस्वाभाविक है तथा खटकने तक की स्थिति में है। उदाहरण के लिए, 'निदान दोनों रसोईघर की इतिश्री करके उठे' (वरदान, पृ. 21), अथवा अपने घर के मंडलांतर्गत उनकी एक न चलती थी, (वरदान, पृ. 22) अथवा, 'खून सूख गया' की जगह 'रुधिर शुष्क हो गया'। इसके बाद 'सेवासदन' (1917) में संस्कृत शब्दों का प्रयोग अपेक्षाकृत कम है। सेवासदन की भाषा

काफी प्रभावपूर्ण है। *प्रेमाश्रम, रंगभूमि, कायाकल्प, निर्मला,* फिर *ग़बन, कर्मभूमि* और विशेष रूप से गोदान में धीरे-धीरे उनकी भाषा स्वाभाविक और जीवन्त होती चली गई। इन कृतियों में न तो संस्कृतनिष्ठ हिन्दी और न ही भारी-भरकम उर्दू के शब्दों के प्रति उनका विशेष आग्रह है। निरन्तर उनकी भाषा प्रवाहमयी और सरस होती गई है जो जनजीवन के निकट है और जिसे वह 'हिन्दुस्तानी' का दर्जा देते हैं। उसमें हिन्दी भी है, उर्दू भी है और आम बोलचाल का मुहावरा भी। 'गोदान' उनके उपन्यासों की इस विशिष्ट भाषा का, लोकभाषा की सुगन्ध लिए आम बोलचाल की भाषा का सर्वोच्च नमूना है और यही उसका सौन्दर्य और विशेषता है। वैचारिक धरातल पर अन्त में मार्क्सवाद के निकट पहुँचे हुए प्रेमचन्द के सम्मुख अब भारतीय पूँजीवाद का चरित्र स्पष्ट हो चुका था। इसके आधार पर ही गाँवों में छोटे किसान के भूमिहीन होने या शहर का मजदूर बनने की प्रक्रिया वह समझ चुके थे। साम्राज्यवादी शासकों के शोषण के साथ-साथ बीच के दलाल जमींदार और महाजनों के शोषण की तिहरी चक्की में पिसते किसान की दुर्दशा से भी वह अच्छी तरह परिचित थे और दुखी थे। अपनी इसी चेतना और संवेदना के फलस्वरूप एक वर्गहीन, शोषणविहीन समाज की आकांक्षा उन्होंने पाली और रूस जैसा ही किसानों और मजदूरों के राज्य का सपना उन्होंने देखा (प्रेमाश्रम, महाजनी सभ्यता)। यही वह दृष्टि थी जिसके आधार पर विकसित हो रही महाजनी सभ्यता के भविष्य के अमानुषिक रूप की सटीक कल्पना वह कर सके। जाहिर है कि उनकी दृष्टि और वैचारिकता की यह ऊँचाइयाँ भाषा के रूप में भी उभरकर आतीं क्योंकि उनका साहित्य जनता का साहित्य था, उनका लेखन जनता को समर्पित लेखन था। 'गोदान' की जीवंत भाषा सचमुच जनजीवन की भाषा है। भाषा की यही सहजता 'ग़बन' में भी मिलती है। न केवल राजनीतिक, पर संवेदनात्मक स्तर पर भी सर्वहारा वर्ग से प्रतिबद्धता के, जिनसे अनुभव के स्तर पर उनका सीधा साक्षात्कार था, उनकी भाषा खुद ब खुद उस (सर्वहारा) वर्ग को सम्प्रेषित करने में सफल हो पाई। 'अबेर हो गई तो मालिक से भेंट न होगी', 'मर्द साठे पर पाठे होते हैं' जैसी उक्तियाँ पूरे उपन्यास में बिखरी पड़ी हैं। सहुआइन जो महाजनी करती हैं, होरी से इकन्नी रुपया ब्याज भी लेती हैं और एक पैसा नहीं छोड़तीं, वह गाँव-रिश्ते से उससे परिहास भी कर लेती है– 'चुप ही रहना नहीं तो डेढ़ सौ गाली दूँगी। लड़का परदेस कमाने लगा, एक दिन नेवता भी न खिलाया। सेंतमेंत में भाभी बनाने को तैयार।' कहानी 'कफ़न' जो मानव-संवेदना को झकझोरती है, स्तब्ध करती है उस कठिन कहानी को ग्राह्य और संवेदनशील बनाने में उनकी सहज, दिल को छूती भाषा का भी योगदान है। मेरी नज़र में 'कफ़न' वर्गीय समाज की विद्रूपताओं की पर्तें खोलती हुई अद्भुत कहानी है और वैसी ही अद्भुत उसकी भाषा है।

प्रेमचन्द ने जो कुछ लिखा, विशेष रूप से बाद की रचनाएँ, वह एक प्रतिबद्ध, राजनैतिक चेतना से लैस साहित्यकार का एक आदर्श था, एक लक्ष्य था और साहित्य उस लक्ष्य की पूर्ति का एक साधन था। उनकी प्रतिबद्धता का आभास उस प्रसंग से

मिलता है जहाँ उन्होंने अपनी बीमारी के दौरान अपनी पत्नी से कहा था, 'हम और तुम दोनों किसानों का काम करेंगे क्योंकि जो हालत आज काश्तकारों की है, जब तक कोई उनके बीच में रहकर काम नहीं करेगा तब तक उनको सुधारना बहुत मुश्किल है...जो काम उनके बीच में रह करके साल-दो साल में हो सकता है वह लम्बी-लम्बी स्पीचों से काफी दिनों में भी होना कठिन है' (प्रेमचन्द : घर में, शिवरानी देवी प्रेमचन्द : पृ. 172)।

हमारे जनवादी कथाकारों में कितने हैं, जो कलम के साथ-साथ किसानों, मजदूरों के संगठनों में काम करने को तैयार हैं। इने-गिने जो करते हैं उनके कथ्य और भाषा में कोई अंतर्विरोध भी नहीं है। यह सच है कि आज का सार्थक साहित्य, दलित-शोषित वर्ग से सहानुभूति रखनेवाले मध्यवर्ग की मानसिकता बनाने का काम भी करता है ताकि वह किसानों और मजदूरों के संघर्षों में सक्रिय भागीदारी कर सके पर क्या आज का जनवादी साहित्य अपने कथ्य के स्तर पर, अक्सर केवल सिर्फ मध्यवर्गीय ही होकर नहीं रह जाता ? उस पहनाए हुए कथ्य और विषयों में क्या अति सुसंस्कृत भाषा या अंग्रेजों के बोझ से लदी भाषा कृत्रिम और बेजान होने की वजह से कोई संवेदना जगाने में सफल होती है ? अक्सर आंचलिकता का आग्रह भाषा के प्रवाह को बाधित करता है। इन दिनों 'ग्रामीण परिवेश पर लिखा कथा-साहित्य ही असली साहित्य है' जैसी अवधारणा हमारे अनेक सम्पादकों और आलोचकों द्वारा स्थापित की जा रही हैं। इसके प्रभाव में कभी लगता है कि अपनी स्वाभाविक गति से हटकर समस्त कथा-साहित्य की धारा गाँवों का रुख कर रही है। अक्सर रचनाओं में प्रवासी दृष्टि से गाँवों को देखने की प्रवृत्ति चल पड़ी है। आधुनिक समाज जो अनेक दिशाओं से वैश्वीकरण के प्रभावों को कहीं प्रत्यक्ष तो कहीं अप्रत्यक्ष रूप से ग्रहण कर रहा है, वह लेखन में भी प्रतिबिम्बित होता है। आलोचक-संपादकों द्वारा थोपी ग्रामीण परिवेश की अनिवार्यता के साथ कथानक को शहरी मध्य या उच्च मध्यवर्ग के चश्मे से देखते हुए स्थानीय बोली की भरमार ग्रामीण परिवेश की समस्याओं के प्रति किसी भी प्रकार से आश्वस्त नहीं करती। मैत्रेयी पुष्पा का 'चाक' ब्रज क्षेत्र के एक गाँव की कहानी है जहाँ प्रभावी स्थानीय बोली और लोकसाहित्य का सरस संगम है। लेकिन ग्रामीण कथानक और परिवेश शहरी उच्चवर्गीय ढाँचे में कसा हुआ नजर आता है। इसी तरह 'पटरंग पुराण' में मृणाल पांडे ने पूरे कथानक को कूर्मांचल की भाषा से इतना बोझिल बना दिया कि कथावस्तु भाषा के जाल में बिखरकर रह गई है। जैसे केवल गाने, फोटोग्राफी और स्टंट के बल पर बिना कहानी के कोई फिल्म नहीं चल सकती, उसी तरह केवल भाषा और शिल्प के बल पर कोई रचना स्थायी प्रभाव नहीं छोड़ सकती। यहाँ प्रभावोत्पादकता तात्कालिक होती है लेकिन 'गोदान' और 'कफ़न' जैसी कालजयी रचनाओं में सशक्त कथानक के अनुरूप ही रची-पगी, संवेदनशील भाषा उसका कलेवर निर्मित करती है और विश्व-साहित्य का हिस्सा बनती है। क्या 'कफ़न' के समान कोई रचना हमें स्तब्ध करती है जो हमें उस अमानुषिक यथार्थ की ओर सोचने पर मजबूर करे ? इसीलिए वे भारी-भरकम लादे हुए

कथानक खरड़-बरड़ शोर करते हुए ऊपर से ही निकल जाते हैं। आज के साहित्य के अंतर्विरोध कथ्य और भाषा के हैं, विचार और अनुभव के हैं, यथार्थवाद के सैद्धान्तिक और व्यावहारिक पक्ष के हैं। ग्रामीण कथानक और उसमें ढेर सारे ग्रामीण शब्दों की भरमार ही हमें उस जीवन की वास्तविकता का दर्शन नहीं कराती। प्रतिबद्धता और वैचारिकता के स्तर पर जो फर्क प्रेमचन्द और रेणु में है, वही उनकी भाषा में भी स्पष्ट है। प्रेमचन्द उस चलती हुई भाषा के मुहावरों को सुगन्ध की तरह इस्तेमाल करते हैं तथा जीवन की समस्याओं को प्रमुखता देते हैं। रेणु में ये जीवन के सामने लगे प्रश्नचिह्न, पीछे हो जाते हैं और सबसे आगे, मुख्य रहती है वहाँ की लोकभाषा, जिसकी वजह से वह प्रेमचन्द के समान जनजीवन के कथाकार न कहलाकर 'आंचलिक' घोषित कर दिए जाते हैं। प्रेमचन्द के पास जहाँ चेतनासम्पन्न दृष्टि है, अनुभव जनित यथार्थ है, और संवेदना है, वहाँ भाषा खुद एक शक्ति बन जाती है और जनजीवन से जुड़े हुए रूप में प्रस्तुत होती है। दृष्टिहीनता के अभाव में, केवल अनुभव का यथार्थ रेणु के यहाँ भाषा का भारी-भरकम लबादा ओढ़ लेता है या 'चाक'-जैसी कृति धीरे-धीरे अपना प्रभाव खोने लगती है।

यह मेरा निश्चित मत है कि भाषा का संस्कार कहीं न कहीं उसकी लेखकीय विशिष्टता के छिपे हुए मनोभावों की ओर इशारा करता है। कथ्य में तो नहीं, क्योंकि वह सप्रयास है, भाषा के रूप में अक्सर हमारा लेखकीय आभिजात्य और अहम् अनायास ही मुखर हो जाता है। माओ ने येनान गोष्ठी के भाषण में बुद्धिजीवियों से स्पष्ट कहा था कि 'आप अति विशिष्ट न होकर देश के लाखों मजदूरों, किसानों और सैनिकों में से ही एक हैं।' स्वयं प्रेमचन्द उस बात को महसूस करते हैं और कहते हैं कि 'हम चाहे उर्दू लिखें या हिन्दी, जनसाधारण के लिए नहीं लिखते, बल्कि एक सीमित वर्ग के लिए लिखते हैं। यही कारण है कि हमारी साहित्यिक रचनाएँ जनसाधारण को प्रिय नहीं होतीं (कुछ विचार, पृ. 112)

निरन्तर बढ़ती हुई राजनैतिक चेतना और समाज के शोषित-पीड़ित वर्ग के प्रति अपने जुड़ाव और लगाव के कारण प्रेमचन्द का लेखन सामाजिक और राजनैतिक परिप्रेक्ष्य में भारतीय जनमानस के प्रतिनिधि के रूप में उभरकर आने लगा, इसके साथ ही साथ उनकी भाषा भी जनसाधारण की भाषा का स्वरूप ग्रहण करने लगी जिसका निश्चित उद्देश्य था–ज्यादा से ज्यादा लोगों तक अपनी बात पहुँचाना। उन्होंने भाषा सम्बन्धी वर्गीय भावना के सम्बन्ध में भी कहा था–'विदेशी भाषा सीखकर अपने गरीब भाइयों पर रोब जमाने के दिन तेजी से विदा होते जा रहे हैं, प्रतिभा का और बुद्धिबल का जो दुरुपयोग हम सदियों से करते आए हैं, जिसके बल पर हमने एक अमीरशाही स्थापित कर ली है और अपने को साधारण जनता से अलग कर दिया है, वह अवस्था अब बदलती जा रही है।' (राष्ट्रभाषा और उसकी समस्याएँ–कुछ विचार : पृ. 125)।

परन्तु यह अंग्रेजी का जुआ तो उच्च वर्ग से सरकता हुआ अब मध्यवर्ग तक आ गया है। बुर्जुआ शासन ने ढेर सारी लाइनें खींच रखी हैं वर्ग विभाजन की। मध्यवर्गीय

जनता का एक छोटा वर्ग अगर सिर्फ अंग्रेजों के बल पर उस लाइन को पार कर ऊपर का पाला छू सकता है तो ऐसा वह जरूर करेगा। क्या हमारा रचनात्मक लेखन भी विशिष्टता की इस मध्यवर्गीय मानसिकता से नहीं पीड़ित है, वरना आज भी ढेरों ढेर, जनता से जुड़ा होने का दावा करनेवाला साहित्य भाषा के आभिजात्य से क्यों मंडित है ? न केवल अन्तर्मन में लेखकीय विशिष्टता का भाव, लेकिन कभी संवेदना के धरातल पर, तो कभी अनुभव के स्तर पर समस्याओं और प्रश्नों से साक्षात्कार का अभाव ही इसके कारण हो सकते हैं। अनुभव तो तभी यथार्थ से जुड़ेगा जब लेखक कलम के साथ-साथ जनसमस्याओं से भी अपनी सक्रिय भागीदारी निभाएगा। जिस भाषा में हम बुद्धिजीवियों और विद्वानों की सभा गोष्ठियों में बोलते हैं अगर यह भाषा हमने कहीं गाँव के नौजवान संगठनों में, किसान सभा की मीटिंगों में या फैक्टरी मजदूरों के बीच बोली तो हम सिर्फ उपहास का ही पात्र बनते हैं और हमारे पास रह जाता है सिर्फ 'बुद्धिजीवी' नाम का एक दम्भी खोल। हमारे 'सारगर्भित' भाषण पर साधारणजन जमहाइयाँ लेता नजर आता है। वैचारिकता से लैस हमारे अनेक रचनाकार और समीक्षक भी अपने पांडित्य प्रदर्शन से पाठकों को आक्रांत करने की लालसा से मुक्त नहीं दिखाई देते। प्रेमचन्द की भाषा, विशेष रूप से बाद की रचनाओं की भाषा हमारे सामने ऐसे ही अनेक विचारणीय प्रश्न उठाती है। हमें अपनी कमियों की ओर सोचने पर विवश करती है और आज के लेखकों की प्रतिबद्धता पर कुछ प्रश्नचिह्न लगाती है।

सच है 'प्रेमचन्द ने हमें केवल जनता का साहित्य ही नहीं दिया बल्कि वह साहित्य कैसी भाषा में लिखा जाए, उसका पथ निर्देश भी किया। जनता द्वारा बोले जानेवाले कितने ही शब्दों को उनकी कुटिया, मड़ैया से घसीटकर सरस्वती मन्दिर में लाए और यूँ ही कितने अनधिकृत शब्दों को जो केवल बड़प्पन का बोझ लिए हमारे सिर पर सवार थे, इस मन्दिर से बाहर किया' (रामवृक्ष बेनीपुरी–हंस–प्रेमचन्द स्मृति अंक 1937, पृ. 83)।

प्रेमचन्द के कथा-साहित्य में प्रकृति

पी.वी. विजयन

प्रेमचन्द द्वारा चित्रित प्रकृति उनके समीक्षकों से उपेक्षित वस्तु है। इस उपेक्षा का मुख्य कारण यह है कि प्रेमचन्द का प्रमुख प्रतिपाद्य प्रकृति नहीं, मनुष्य है। उनके साहित्य में मनुष्य की तलाश है, प्रकृति की आराधना या अन्वेषण नहीं। इसीलिए हिन्दी के आलोचकों ने जब धरती-पुत्रों के कटु तिक्त जीवनानुभवों के समर्थ कथाकार प्रेमचन्द के कृतित्व को कई कोणों से देखने-परखने का प्रयत्न किया तो उन्होंने कहीं भी प्रेमचन्द-साहित्य में वर्णित प्रकृति की ओर दृष्टिपात करने की आवश्यकता नहीं समझी। आज, क्योंकि प्रेमचन्द के कृतित्व की प्रमुख विशेषताओं के विश्लेषण और मूल्यांकन का काम बहुत कुछ हो चुका है, उनके कृतित्व के अब तक अनदेखे गौण पक्षों का अध्ययन उचित ही नहीं, आवश्यक भी है। प्रेमचन्द के सृजनात्मक कृतित्व को समग्रता से समझने के लिए इस प्रकार का अध्ययन उपादेय रहेगा।

मानव-जीवन के यथार्थ कथाकार के नाते प्रेमचन्द ने मानव-जीवन से सम्पृक्त संवेदनशील प्रकृति की ओर भी दृष्टिपात किया है। उनके कथासाहित्य में प्रकृति के अनेक वैविध्यमय चित्र लक्षित होते हैं। उनके सूक्ष्म प्रकृति-पर्यवेक्षण का परिचय देनेवाले रम्य, कोमल और रुद्र, प्रचंड प्राकृतिक दृश्य-बिम्ब उनके साहित्य में बिखरे पड़े हैं। ऐसे प्राकृतिक दृश्य-बिम्ब प्रेमचन्द के सौन्दर्य प्रेमी अन्तर्कवि की ओर इशारा करते हैं।

इसमें कोई सन्देह नहीं है कि प्रेमचन्द में प्रकृति के प्रति लगाव था। किन्तु उनका प्रकृति-प्रेम प्रकृति-सुषमा को देखकर मनुष्य को विस्मृत करनेवाले कल्पनाशील छायावादी कवि का प्रकृति-प्रेम नहीं था। उन्होंने कहीं भी प्राकृतिक सौन्दर्य पर मुग्ध होकर मनुष्य को विस्मृत नहीं किया, बल्कि मानव-जीवन से सम्पृक्त संवेदनशील प्रकृति के नाना रूपों का पर्यवेक्षण किया है।

प्रेमचन्द का जन्म बनारस के निकटवर्ती 'लमही' गाँव में हुआ था। स्वभावतः महानगरीय परिवेश में पले व्यक्ति की अपेक्षा ग्रामीण परिवेश में पला व्यक्ति प्रकृति के प्रति अधिक हार्दिक निकटता महसूस करता है। गाँव में जन्मे प्रेमचन्द को गाँव के चारों तरफ फैले विविध प्राकृतिक दृश्यों को देखने का अवसर मिला था। उन्होंने आत्मकथा में प्राकृतिक बिम्बों में अपने जीवन का परिचय यों दिया है–"मेरा जीवन सपाट समतल मैदान है जिसमें कहीं गढ़े तो हैं, पर टीलों, पर्वतों, घने जंगलों, गहरी घाटियों और

खँडहरों का स्थान नहीं है।" अपने जीवन को प्राकृतिक बिम्बों के माध्यम से व्यक्त करने के इस प्रयत्न में भी प्रेमचन्द का, प्रकृति के प्रति लगाव लक्षित होता है।

प्रेमचन्द के प्रकृति-चित्रों के मूल में दो विशेषताएँ दृष्टिगत होती हैं। 1. देशप्रेम, 2. सौन्दर्य-बोध।

आधुनिक हिन्दी साहित्य में प्रकृति-प्रेम के उद्रेक का एक कारण राष्ट्रीय आन्दोलन के सहचर रूप में जन-मानस में भारत की प्रकृति के प्रति उद्‌भूत आकर्षण है। देशप्रेम के अंग के रूप में भारत की प्राकृतिक सुषमा के प्रति जन-मन में स्वाभाविक अनुरक्ति स्फुरित हुई। लहलहाते खेतों, हरिताभ वनस्पतियों, जंगलों, चट्टानों, पर्वतों और नदियों के प्रति अनुराग देशप्रेम के अन्तर्गत आता है। देश भर के साहित्यकारों ने इस रूप में भी देशप्रेम की अभिव्यक्ति की है। देशप्रेम का प्रस्तुत रूप प्रेमचन्द में भी दिखाई देता है। उन्होंने अपनी धरती से प्यार किया है। अपने देश के पर्वतों और नदियों के सौन्दर्य का उन्होंने विविध प्रसंगों में अंकन किया है। कहीं कथाकार के रूप में कथा की पृष्ठभूमि के चित्रण के प्रसंग में उन्होंने प्रकृति का वर्णन किया है, कहीं कुछ पात्रों के माध्यम से नानारूपात्मक प्रकृति के खंड-चित्र रेखांकित किए हैं। देश के पर्वतों और नदियों के प्रति प्रेम प्रेमचन्द ने कई स्थानों में प्रकट किया है। 'रंगभूमि' की सोफिया के निम्नलिखित शब्दों में प्रेमचन्द का ही हृदय बोलता है, "मुझे तो पहाड़ी देशों से विशेष प्रेम है। पहाड़ों के दामन में बसे हुए गाँव, पहाड़ों की गोद में चरनेवाली भेड़ें और पहाड़ों से गिरनेवाले जल-प्रपात, ये सभी दृश्य मुझे काव्यमय प्रतीत होते हैं। मुझे मालूम होता है, वह कोई दूसरा ही जगत है, इससे कहीं शान्तिमय और शुभ्र। शैल मेरे लिए एक मधुर स्वप्न है।"

'कर्मभूमि' का निम्नांकित प्रकृति-चित्रण पहाड़ और नदी के प्रति प्रेमचन्द के सहज अनुराग को व्यंजित करता है। "उत्तर की पर्वत श्रेणियों के बीच एक छोटा-सा रमणीय पहाड़ी गाँव है। सामने गंगा किसी बालिका की भाँति हँसती-उछलती, नाचती-गाती दौड़ती चली जाती है। पीछे ऊँचा पहाड़ किसी वृद्ध योगी की भाँति जटा बढ़ाए, श्याम गम्भीर, विचारमग्न खड़ा है।" स्पष्ट है कि प्रेमचन्द ने पर्वत और नदी को जड़ रूप में नहीं, चेतन रूप में चित्रित किया है।

विंध्याचल के वर्णन के साथ प्रेमचन्द ने 'वरदान' उपन्यास शुरू किया है। "विंध्याचल पर्वत मध्यरात्रि के निबिड़ अन्धकार में कालदेव की भाँति खड़ा है। उस पर उगे हुए छोटे-छोटे वृक्ष इस प्रकार दृष्टिगोचर होते थे मानो उसकी जटाएँ हैं और अष्टाभुज देवी का मंदिर, जिसके कलश पर श्वेत पताकाएँ वायु की मन्द-मन्द तरंगों से लहरा रही थीं, उस देव का मस्तक है।" विदित है कि पर्वत में अलौकिक सौन्दर्य देखने की प्रकृति प्रेमचन्द में विद्यमान है।

गंगा भारत की पुण्य नदी है। भारतीय जनता में उसके प्रति बड़ी श्रद्धा-भक्ति है। प्रेमचन्द की कृतियों के अध्ययन से लगता है कि उनके मन में गंगा के प्रति लगाव रहा है। उन्होंने गंगा के कोमल और कठोर दोनों रूपों का मनोयोग से वर्णन किया है। यहाँ

पर 'ग़बन' में वर्णित प्रयाग की गंगा का सुन्दर रूप स्मरणीय है। "नीचे स्वर्णमयी गंगा, लाल, काले, नीले आवरण में चमकती हुई, मन्द स्वरों में गाती, कहीं लपकती, कहीं झिझकती, कहीं चपल, कहीं गम्भीर अनन्त अन्धकार की ओर चली जा रही है मानो बहुरंजित बालस्मृति, क्रीड़ा और विनोद की गोद में खेलती हुई, चिन्तामय, संघर्षमय, अन्धकारमय भविष्य की ओर चली जा रही हो।" इसी उपन्यास में वर्षा और बाढ़ के दिनों में उमड़ी गंगा का रुद्र रूप निम्नलिखित शब्दों में द्रष्टव्य है। "वह कृशांगी गंगा इतनी विशाल हो सकती है, इसका वह (जोहरा) अनुभव भी न कर सकती थी। लहरें उन्मत्त होकर गरजतीं, मुँह से फेन निकालती, हाथों उछल रही थीं, चतुर फिकैती की तरह पैंतरे बदल रही थीं, कभी एकदम आगे जातीं, फिर पीछे लौट पड़तीं और चक्कर खाकर फिर आगे को लपकतीं।"

प्रेमचन्द के प्रकृति-प्रेम का प्रसार, पर्वतों, नदियों तक सीमित नहीं है। उनका प्रकृति-प्रेम पशु-पक्षी, द्रुमलतादि, प्रकृति की अन्यान्य वस्तुओं तक व्याप्त है। 'शिकारी राजकुमार' शीर्षक कहानी का यह वर्णन उल्लेखनीय है। "वहीं कदम्बकुंज की घनी छाया में जहाँ सर्वदा मृगों की सभा सुशोभित रहती, नदी की तरंगों का मधुर स्वर सर्वदा सुनाई दिया करता है, जहाँ हरियाली पर मधुर थिरकता, कपोतादि पक्षी मस्त होकर झूमते, लताद्रुमादि से सुशोभित संन्यासी की एक छोटी-सी कुटी थी।" प्रेमचन्द ने अपनी कृतियों में प्रसंगानुसार भारत की विराट प्राकृतिक सुषमा का रेखांकन किया है। यहाँ के जंगल, पहाड़, नदियाँ, पशु-पक्षी और द्रुमलताओं का उन्होंने सूक्ष्म पर्यवेक्षण किया है। उनका यह प्रकृति-प्रेम उनके देशप्रेम का ही अंग लगता है।

प्रेमचन्द के कल्पनाशील अन्तर्कवि की ओर इंगित करनेवाले प्रकृतिचित्र उनके उपन्यासों और कहानियों में उपलब्ध हैं। प्रकृति के उन दृश्य-बिम्बों से उनकी प्रकृति-पर्यवेक्षण की क्षमता, कल्पना-शक्ति और उदात्त सौन्दर्यबोध का पता चलता है। प्रेमचन्द की सृजनात्मक समृद्धि का काल छायावाद का उत्कर्ष-काल है। प्रेमचन्द छायावादी कविता के प्रशंसक नहीं थे। छायावाद की अतीतोन्मुखी दृष्टि प्रेमचन्द की समाजोन्मुख यथार्थवादी दृष्टि के अनुकूल नहीं थी। फिर भी वे छायावादी कवियों के प्रकृति-प्रेम और अभिव्यक्ति भंगिमा के विरुद्ध थे, ऐसा नहीं लगता। इतना ही नहीं, प्रेमचन्द साहित्य में अभिव्यंजित प्रकृति-सौन्दर्य और उस प्रकृति-सौन्दर्य की अभिव्यक्ति के लिए प्रेमचन्द से अपनाई लाक्षणिक अभिव्यक्ति-पद्धति, इन दोनों की ओर दृष्टिपात करने पर ऐसा लगता है कि प्रेमचन्द छायावादी कविता से एकदम अप्रभावित नहीं थे। प्रेमचन्द ने छायावादी कवियों के समान प्रकृति के कतिपय दृश्य-बिम्बों का कलात्मक अंकन किया है।

मानवीकरण छायावादी कविता की मोहक विशेषता है। प्रकृति में मानवीय व्यापार का आरोप मानवीकरण है। प्रेमचन्द ने अपनी रचनाओं में कहीं-कहीं प्रकृति का मानवीकरण किया है। 'सेवासदन' की निम्नलिखित पंक्तियों में प्रकृति का मानवीकरण हुआ है। "मन्द वायु गंगा की लहरों पर क्रीड़ा कर रही है, उन्हें गुदगुदा रही है। वह

अपने करुण नेत्रों से मुस्कराती और कभी खिलखिलाकर हँस पड़ती है, जब उसके मोती के दाँत चमक उठते हैं।" सदन के झोंपड़े में नवजात पुत्र की छठी का उत्सव मनाया जाता है। प्रस्तुत प्रसंग की पृष्ठभूमि में प्रकृति का उपर्युक्त मानवीकृत चित्र अंकित है। प्रकृति के अत्यन्त सुन्दर मानवीकरण के लिए 'गोदान' का निम्नलिखित उद्धरण द्रष्टव्य है। "नदी के किनारे चाँदी का फर्श बिछा हुआ था और नदी रत्न-जटित आभूषण पहने, मीठे स्वरों में गाती, चाँद को और तारों को और सिर झुकाए नींद माते वृक्षों को अपना नृत्य दिखा रही थी।"

उपर्युक्त दोनों उदाहरणों से स्पष्ट है कि प्रेमचन्द ने छायावादी कवियों के समान नदी का मानवीकरण किया है।

प्रेमचन्द-साहित्य में अंकित प्रकृति-चित्र कहीं भी मूल संवेदना से असम्पृक्त नहीं है। वे कथा की गति या पात्र की मनोदशा से जुड़े हुए हैं। 'घरजमाई' कहानी का प्रकृति-वर्णन उदाहरण के लिए स्मरणीय है। प्रस्तुत कहानी में प्रेमचन्द ने तारों का मानवीकरण किया है। उन्होंने तारों को बालकों के रूप में कल्पित किया है। यथा–"रात भीग चुकी थी। अनन्त आकाश में तारे बालकों की भाँति क्रीड़ा कर रहे थे। कोई नाचता था, कोई उछलता था, कोई हँसता था, कोई आँखें मींचकर फिर खोल देता था। रह-रहकर कोई साहसी बालक सपाटा भरकर एक पल में उस विस्तृत क्षेत्र को पार कर लेता था और न जाने कहाँ छा जाता था।" कहानी का नायक हरिधन ससुराल के उपेक्षा भरे व्यवहार से खिन्न होकर रात में कुएँ के पास जाकर लेटता है और आसमान की ओर देखता है। आकाश में बालकों की भाँति क्रीड़ारत नक्षत्रों को देखकर उसके मन में बचपन की स्मृतियाँ जागती हैं। उसकी मनोदशा के बदलाव में बचपन की स्मृतियाँ प्रेरक बन जाती हैं। यहाँ कहानीकार ने नक्षत्रों के मानवीकरण द्वारा बचपन की स्मृतियाँ जगाकर पात्र की मनोदशा को बदलने का कार्य किया है। प्रेमचन्द ने प्रसंगानुसार प्राकृतिक बिम्बों का विधान किया है। उनके कुछ दृश्य-बिम्ब भावी घटना की ओर इशारा करने में सक्षम हैं तो कुछ मनुष्य और प्रकृति में सामंजस्य उपस्थित करने में समर्थ हैं। 'माँ' कहानी का प्रस्तुत दृश्य-बिम्ब देखिए। "गगन-पथ का चिरगामी पथिक लपकता हुआ विश्राम की ओर चला जाता था जहाँ सन्ध्या ने सुनहरा फर्श सजाया था और उज्ज्वल पुष्पों की सेज बिछा रखी थी।" आदित्य और उसकी पत्नी करुणा के मिलन के नाटकीय प्रसंग में प्रस्तुत दृश्यांकन हुआ है। आदित्य ने देश के लिए कारावास भोगा था। वह जेल से छूटकर आ रहा था। उसकी पत्नी करुणा प्रिय के प्रगाढ़ आलिंगन के लिए विह्वल उसकी प्रतीक्षा में खड़ी है। इस प्रसंग के उपयुक्त ही यहाँ प्रेमचन्द ने प्रकृति का चित्रण किया है।

प्रेमचन्द ने कई स्थानों में बड़ी कुशलता के साथ मनुष्य की विशेष स्थिति और मनोदशा के साथ सामंजस्य करते हुए प्रकृति का वर्णन किया है। 'सती' कहानी में संग्राम-भूमि से पराजित रतूसिंह अपनी पत्नी से मिलने आता है। कहानीकार ने उस समय की प्रकृति का यों चित्रांकन किया है। "संध्या हो गई। सूर्य भगवान किसी हारे

हुए सिपाही की भाँति मस्तक झुकाए कोई आड़ खोज रहे थे।"

'घासवाली' कहानी में प्रेमचन्द ने उद्दीपक प्रकृति का वर्णन किया है। घास छीलनेवाली मुलिया के रूप-सौन्दर्य पर मोहित पागल प्रेमी चैनसिंह भावावेग में उसका हाथ पकड़ लेता है। प्रस्तुत घटना के उल्लेख के पहले प्रेमचन्द ने उद्दीपक प्रकृति की ओर दृष्टिपात किया है। "प्रभात का समय था, पवन आम की बौरों की सुगन्धि से मतवाला हो रहा था। आकाश पृथ्वी पर सोने की वर्षा कर रहा था।" विदित है, यह मोहक प्रकृति चैनसिंह को बेचैन करने में सहायक बनती है।

प्रेमचन्द ने छायावादी कवियों से प्रयुक्त प्रकृति-चित्रण की विविध शैलियों को अपनाया है। कहीं उन्होंने प्रकृति का प्रतीकात्मक प्रयोग किया है तो कहीं अलंकार रूप में प्रकृति को ग्रहण किया है। कहीं उपदेश देने के विचार से या गहन जीवनानुभव की अभिव्यक्ति के लिए प्रकृति का उपयोग किया है। 'सेवासदन' में अपनी बहन शान्ता की दारुण दशा देखकर क्षुब्ध सुमन सदन से कहती है–"तुम्हारे ही निर्दय हाथों ने इस फूल को यों मसला है, तुमने अपने पैरों से इस पौधे को यों कुचला है।" यहाँ फूल और पौधा शान्ता के लिए प्रयुक्त प्रतीकात्मक शब्द हैं। 'धोखा' कहानी में भी प्रेमचन्द ने व्यक्ति के चेहरे में बिम्बित भाव की व्यंजना के लिए प्राकृतिक प्रतीकों का विधान किया है। अन्तःपुर में राजकुमारी प्रभा से मिलने उसका पति राजकुमार हरिश्चन्द्र पहुँचता है। वहाँ पर शोकमग्न बैठी राजकुमारी का चित्र प्रेमचन्द ने इस प्रकार खींचा है– "उसकी आँखों से आँसू की नदी बह रही थी। पति ने प्रेम के मद में मत्त होकर घूँघट हटा दिया, दीपक था, पर बुझा हुआ, फूल था, पर मुरझाया हुआ।" यहाँ अप्रसन्न राजकुमारी के सुन्दर मुख की कान्तिहीनता की ओर संकेत करते हुए कवि-हृदय रखनेवाले कहानीकार ने बुझे हुए दीपक, मुरझाए हुए फूल जैसे प्राकृतिक प्रतीकों को प्रस्तुत किया है।

मानव-सौन्दर्य के अंकन में कवियों ने प्रकृति के उपकरणों को अपनाया है। मानव के रूप-सौन्दर्य के चित्रण में प्रकृति का सर्वाधिक प्रयोग छायावादी कवियों ने किया है। प्रेमचन्द ने भी मानव-सौन्दर्य के वर्णन में प्रकृति का उपयोग किया है। उन्होंने नारी के रूपांकन में ही नहीं, पुरुष के सौन्दर्य-चित्रण में भी प्राकृतिक वस्तुओं से सहारा लिया है। 'लैला' कहानी में उन्होंने लैला का सौन्दर्य प्रकृति के माध्यम से यों व्यंजित किया है। "लैला के रूप-लालित्य की कल्पना करनी हो तो उषा की प्रफुल्ल लालिमा की कल्पना कीजिए, जब नील गगन स्वर्ण प्रकाश से रंजित हो जाता है, बहार की कल्पना कीजिए जब बाग में रंग रंग के फूल खिलते हैं और बुलबुलें गाती हैं।" 'सेवासदन' में सदन के सौन्दर्य को रेखांकित करते हुए प्रेमचन्द ने लिखा है, "यह बाग का कमली पौधा नहीं, वन का सुदृढ़ वृक्ष था।" सदन के वीरता से दीप्त पौरुषमय व्यक्तित्व को रूपांकित करने के लिए उपन्यासकार ने उसे वन के सुदृढ़ वृक्ष के रूप में कल्पित किया।

प्राकृतिक वस्तुओं को उपमान के रूप में भी प्रेमचन्द ने कहीं-कहीं प्रयुक्त किया है। उदाहरणार्थ "यह अनुपम सौन्दर्य सुधा की भाँति पवित्र, हिम के समान निष्कलंक और वनकुसुम की भाँति अनिंद्य था।" प्रकृति के चित्रण में कहीं-कहीं उन्होंने मूर्त्त उपमेय

के लिए अमूर्त्त उपमान का प्रयोग किया है। उदाहरण प्रस्तुत है, "सामने की पर्वतमाला दर्शनतत्व की भाँति अगम्य और अत्यन्त फैली हुई मानो ज्ञान का विस्तार कर रही हो, मानो आत्मा उस ज्ञान को, उस प्रकाश को, अगम्यता को, उसके प्रत्यक्ष विराट रूप में देख रही हो।" इस प्रकार की उपचार वक्रता के उदाहरण प्रेमचन्द-साहित्य में उपलब्ध हैं।

प्रेमचन्द ने मानव-प्रकृति के साथ-साथ मानवेतर प्रकृति का भी निरीक्षण किया था। उन्होंने शिशिर, वसन्त, ग्रीष्म, वर्षा इत्यादि विभिन्न ॠतुओं का वर्णन किया है। उनके ॠतुवर्णन के उदाहरण के रूप में ग्रीष्म का यह वर्णन देखिए जिसमें विभिन्न दृश्य-बिम्बों के साथ-साथ उपचार वक्रता का भी सौन्दर्य लक्षित होता है। "गर्मी का आरम्भ हुआ। प्रातःकाल समीर के झोंके, दोपहर की लू जलती हुई लपट। डालियाँ फलों से लदीं। फिर वह समय आया जब दिन को न सुख था, न रात को नींद। दिन तड़पता था, रात जलती थी, नदियाँ बधिकों के हृदयों की भाँति सूख गईं। वन के पशु मध्याह्न की धूप में प्यास के कारण जिह्वा निकाले पानी की खोज में इधर-उधर दौड़ते फिरते थे।"

प्रेमचन्द ने अपने कथा-साहित्य में अधिकतर प्रकृति-चित्रण में अलंकृत भाषा अपनाई है। प्रकृति-सौन्दर्य के रूपायन में उन्होंने लक्षणा और व्यंजना की अनेकविध घटनाएँ बिखेरनेवाले पद-बंधों की रचना की है। कहीं उन्होंने लययुक्त भाषा का भी प्रयोग किया है। सचमुच उनके सारे प्रकृति-चित्र उनके अन्तर्कवि की ओर संकेत करते हैं। उनके साहित्य में अंकित विविध प्राकृतिक दृश्य-बिम्बों के अध्ययन से यह विदित होता है कि प्रेमचन्द अपनी समकालीन छायावादी कविता से बिल्कुल असम्पृक्त नहीं थे और उनके भीतर एक सौन्दर्य-प्रेमी कवि विद्यमान थे।

प्रेमचन्द की कुछ अल्प चर्चित कहानियाँ

प्रभात त्रिपाठी

प्रेमचन्द की जिन कहानियों पर मैं लिखना चाहता हूँ, वे अविस्मरणीय कहानियाँ नहीं हैं, पर उनके विषय और शिल्प यह संकेत देते हैं, कि जीवनानुभवों को दर्ज़ करने के मामले में, प्रेमचन्द थोड़े 'एडवंचर' से भी काम लेते थे। उनकी भाषा वहाँ निरी तथ्यधर्मी नहीं होती थी। उनका यथार्थ-बोध इन कहानियों में भी सक्रिय है। यह मानव-स्वभाव और साहित्य-बोध की ज़रूरतों से उलझता हुआ यथार्थ है। जिन चरित्रों को इनमें वे इरादतन रचते हैं, वे परिवेश के वास्तविक परिप्रेक्ष्य में रचे गए नहीं लगते। पात्रों का आन्तरिक द्वन्द्व हमें ज़रूर यह याद दिलाता है, कि सोद्देश्यता के बावजूद कहानी की गति में, जड़ यान्त्रिकता नहीं, कुछ 'कन्ट्राइंड' वे ज़रूर लगती हैं। हूबहूपन से यों भी किसी गल्प की गतिकी को पूरी तरह से थामा नहीं जा सकता। संवेदनात्मक तथा वैचारिक अन्तर्वस्तु का दबाव ही, इन कथाओं को ज़ाहिर अतिरंजना और ड्रामाई अन्दाज़ प्रदान करता है। खासकर इस अर्थ में कि हम उसके किस्से को, जीते जागते संसार की गतिविधियों से कुछ भिन्न रूप में देखने के लिए, कथा की बनावट के द्वारा ही प्रेरित किए जा रहे होते हैं।

अतिकल्पना के मुहावरे में, मानव-स्वभाव के वैचित्र्य और वैविध्य का जायजा लेनेवाली इन कहानियों में, प्रेमचन्द की मूल्यचेतना तो वही है, जो उनकी बहुचर्चित और निश्चय ही अधिक कलात्मक कहानियों में है, पर यहाँ हम पाते हैं कि अपने कथ्य की प्रयोजनमूलक प्रासंगिकता भर से वे सन्तुष्ट नहीं हैं। वे यह कोशिश करते लगते हैं कि कहानी की परम्परागत किस्सागोई और आधुनिक यथार्थबोध को इस तरह से जोड़कर रखें, ताकि समग्र कथा में रचे-बसे प्रसंगों को, सामूहिक अवचेतन (कलेक्टिव सबकांशस) में संचित स्मृति-बिम्बों के रास्ते समझा जा सके। इसके अलावा आधुनिक व्यक्ति-मन के द्वन्द्व और अन्तःसंघर्ष को भी नये ढंग से समझने का रास्ता मिल सके। इन कहानियों को लिखते हुए, प्रेमचन्द अपनी संवेदना के भाव-पक्ष की तुलना में, मानव-स्वभाव और वस्तुस्थिति के वैचारिक अधिग्रहण और लगभग रूपकात्मक सम्प्रेषण को अधिक महत्त्व देते प्रतीत होते हैं। तब भी यह लगता है कि प्रयोजन की एकलक्ष्यता के चलते, वे ऐसे रूपकों को, अर्थ के अधिक खुले अवकाश में विचरने नहीं देते। उनका अपना आदर्श ही जैसे उन्हें अर्थ की अनेकस्तरीयता की सृष्टि से रोकता है।

सर्वप्रथम उनकी 'ज्वालामुखी' नामक कहानी से कुछ उद्धरण लें :

"मैं केवल अंग्रेजी पत्रों के वांटेड कॉलमों को देखा करता। जीवन-यात्रा की फिक्र सवार थी। मेरे दादा या परदादा ने किसी अंग्रेज को गदर के दिनों में बचाया होता, अथवा किसी इलाके के ज़मींदार होते तो कहीं 'नॉमिनेशन' के लिए उद्योग करता। पर मेरे पास कोई सिफारिश न थी।"

"मुझे यहाँ रहते एक महीना हो गया पर अभी तक मुझ पर यह रहस्य न खुला कि यह सुन्दरी कौन है ? मैं किसका सेवक हूँ ? इसके पास इतना अतुल धन, ऐसी-ऐसी विलास-सामग्रियाँ कहाँ से आती हैं ?"

"रमणी के चेहरे पर जलती हुई आग की-सी कान्ति थी। वह दोनों हाथ फैलाए कामोन्मत्त होकर मेरी ओर बढ़ी। उसकी आँखों से आग की चिनगारियाँ निकल रही थीं।"

"निस्सन्देह यह तुम्हारे पूर्वकर्मों का फल था, जिसने आज तुम्हारी रक्षा की।"

"उनके शरीर मनुष्यों के-से थे लेकिन चेहरों का रूपान्तर हो गया था। कोई कुत्ते से मिलता था, कोई गीदड़ से, कोई बनबिलाव से, कोई साँप से। एक स्थान पर एक मोटा स्थूल मनुष्य, एक दुर्बल शक्तिहीन मनुष्य के गले में मुँह लगाए उसका खून चूस रहा था। एक ओर दो गिद्ध की सूरतवाले मनुष्य, एक सड़ी हुई लाश पर बैठे, उसका मांस नोच रहे थे। एक जगह एक अजगर की सूरतवाला मनुष्य, एक बालक को निगलना चाहता था, पर बालक उसके गले में अटका हुआ था।"

इन उद्धरणों से यह स्पष्ट है कि कथा-नायक उस समय का एक बेकार नवयुवक है, जो इन स्वप्न-चित्रों के माध्यम से अपनी व्यथा-कथा कहना चाहता है। प्रेमचन्द इस कथा में जो घटनात्मक आयोजन करते हैं, और उसके लिए जिस तरह की स्थितियाँ और भाषा चुनते हैं, वह उनकी प्रसिद्ध कहानियों से भिन्न है, पर उनका आदर्शवाद या कि एक तरह की उपदेशात्मकता इस कहानी में भी सक्रिय है। एक बेकार नवयुवक की कथा के प्रसंगों में उन्होंने, ऐसे आकस्मिक मोड़ों और झटकों की सृष्टि की है, जिससे यह कतई आभास नहीं होता कि उसके बेकार जीवन की त्रासदी को, यथार्थ के ब्यौरों में उपस्थित करना उनका उद्देश्य है। इसके बदले वे भारतीय युवा के जीवन के संघर्ष को, समय और अस्तित्व के नैतिक प्रश्नों से जोड़ने में ज़्यादा दिलचस्पी लेते हैं। कथा में जिस धनाढ्य और सुन्दरी रमणी के सेवक के रूप में, कथा-नायक को नौकरी करते दिखाया गया है, वह हाड़-मांस की स्त्री के रूप में नहीं, बल्कि लाभ-लोभ और उन्माद-उपभोग के प्रतीक के रूप में उभरती है। क्या यह, प्रेमचन्द के इस कथा-विन्यास का मुख्य प्रयोजन है कि इस फैन्टेसी और जीवन-वास्तव के परस्पर-सामीप्य के माध्यम से वे, समृद्धि के नरक की ओर खिंचे चले जाते, नवयुवक-पीढ़ी को चेतावनी देना चाहते हैं ? क्या ऐसे प्रसंगों से भरी इस कथा को उन्होंने सभ्यता-समीक्षा के माध्यम के रूप में चुना है ? क्या वे मानव-मन के उपचेतन में सक्रिय भोग की लालसा को, मध्यवर्ग के सामुदायिक अनुभवों की भाषा के रूप में लिखना चाहते हैं ? क्या वे बताना चाहते

हैं कि वर्जनाग्रस्त भारतीय समाज में सक्रिय कामोन्माद किस क़दर खतरनाक साबित हो सकता है ? अगर ऐसा है, तो उस खतरे के निराकरण के लिए वे पूर्वजन्म के प्रभाव तथा चमत्कारी संन्यासी के चरित्र को कथा में किस उद्‌देश्य से जगह दे रहे हैं ?

जब हम प्रेमचन्द द्वारा लिखित ऐसी कोई कहानी पढ़ते हैं, तो बहुधा हम उन्हें उनकी अवयस्क रचनाओं के रूप में लेकर, उन्हें खारिज़ कर देते हैं। यह रवैया प्रेमचन्द के सर्जनात्मक व्यक्तित्व की विशालता, और उस विशालता में मौजूद अन्तर्विरोधों को सार्थक ढंग से समझने में बाधाएँ पैदा करता है, जबकि प्रेमचन्द के जीवन-बोध, कला-बोध और उनके संस्कारी मन के रिश्ते की समझ के लिए ये कहानियाँ मददगार साबित हो सकती हैं। एक दूसरी कहानी 'सेवा-मार्ग' की कुछ पंक्तियाँ लें :

"उसे अपने हृदय में उच्च विचारपूर्ण प्रकाश का आभास हो रहा था। उसने दोनों हाथ जोड़कर भक्तिभाव से कहा, भगवती तुमने मेरी बारह वर्ष की तपस्या पूरी की, किस मुख से तुम्हारा गुणानुवाद गाऊँ ? मुझे संसार की वे अलभ्य वस्तुएँ प्रदान हों, जो इच्छाओं की सीमा और मेरी अभिलाषाओं का अन्त है। मैं वह ऐश्वर्य चाहती हूँ, जो सूर्य को भी मात कर दे।"

यह 'सेवा-मार्ग' नामक कहानी का एक अंश है। नायिका "तारा ने बारह वर्ष तक दुर्गा की तपस्या की, न पलंग पर सोई, न केशों को सँवारा, न नेत्रों में सुरमा लगाया," कल्पना करें कि इस कथा के श्रोता, वे ही लोग हैं, जो आज भी बड़े चाव से और थोड़े-थोड़े भक्तिभाव से भागवत कथा या सत्यनारायण की कथा सुनते हैं, और इस कल्पना में आगे बढ़ते हुए यह सहज ही महसूस किया जा सकेगा, कि न सिर्फ़ श्रोताओं के लिहाज से, बल्कि 'पाठकों' के लिहाज से भी, यह कहानी उनके साथ सहज तादात्म्य स्थापित करने में सफल होगी। आधुनिक साहित्यबोध या मूल्यांकन पद्धति में अदीक्षित (अनट्यूटड) पाठक समुदाय इसे सहज भाव से स्वीकार करेगा, लेकिन एक प्रबुद्ध और जिज्ञासु पाठक को तो देवी के वरदान से शुरू होती इस कहानी के शुरू में ही सवालिया निशान नज़र आएँगे। इसके अलावा भी इसमें कई ऐसी बातें हैं जो इसे प्रचलित कहानियों से अलग कर देती हैं। पर 'ज्वालामुखी' जैसी कथा के साथ इसकी समरूपता एकदम ज़ाहिर है। बेशक इसकी नायिका 'तारा' 'ज्वालामुखी' की नायिका की तरह शोषण की प्रतिनिधि नहीं है। प्रेमचन्द की ऐसी कथाओं में फैन्टेसी का इस्तेमाल अनिवार्य चाहे न हो, आकर्षक वह ज़रूर है। यह भी बार-बार महसूस होता है कि प्रेमचन्द के मन में, कहानी के व्यापक सम्प्रेषण का लक्ष्य रहा होगा। भारत के मध्यवर्ग की पौराणिक मनोरचना से वे अच्छी तरह परिचित थे। सम्भवतः यह उनकी रचनाकांक्षा भी रही होगी कि वे साहित्य की इस विधा को परम्परा-प्रदत्त औजारों से भी पुष्ट करें। इसलिए ही ऐसी कहानियों में उन्होंने न सिर्फ़, अस्वाभाविक और चमत्कारिक प्रसंगों की योजना की है, बल्कि प्रायः हर कहानी में मूल्य-प्रतिष्ठा के लिए उन्होंने चमत्कारी साधुओं-संन्यासियों की उपस्थिति भी दर्शायी है। 'ज्वालामुखी' में संन्यासी के ही उपदेश से, बेकार युवक शोषक युवती के चंगुल से छुटकारा पाता है। 'सेवा-मार्ग' की नायिका

तारा भी, एक संन्यासी के प्रति अपने आकर्षण तथा दैहिक लोभ की घटना के बाद ही पूर्णरूपेण सेवा के प्रति समर्पित होने का रास्ता चुनती है। अलावा इसके इसी बिन्दु पर हमें यह भी याद करना चाहिए कि स्वयं प्रेमचन्द की सृजनात्मक मनोरचना में तिलिस्मी कथाओं का अच्छा-खासा योगदान है।

प्रश्न इन कहानियों के आदर्शवादी होने या न होने का नहीं है, बल्कि यह है कि क्या इस तरह की अतिकल्पना से रचित कहानियाँ उनके रचना-संसार को समृद्ध करती हैं ? क्या प्रेमचन्द ने ऐसी कहानियाँ रूपगत और विषयगत अद्वितीयता हासिल करने के लिए लिखी हैं ? क्या इस कारण ये कहानियाँ लिखी गई हैं कि कथा के सामाजिक आशय को सहजता के साथ पाठक तक पहुँचाया जा सके ? मैं इन सभी सवालों के जवाब हाँ में देना चाहूँगा। प्रेमचन्द के बाद मुक्तिबोध जैसे लेखक भी, जन-मानस की धार्मिक-पौराणिक मनोरचना तथा चमत्कारी प्रसंगों का उपयोग, अपने राजनीतिक प्रयोजन की पुष्टि के लिए करते हैं। इसमें कोई बुराई नहीं है, पर प्रेमचन्द, अपनी फैन्टेसी का अति-सरलीकरण कर देते हैं, जिससे उसका प्रभाव थोड़ा मन्द हो जाता है। ऐसी कहानियों के सन्दर्भ में एक प्रश्न यह भी उठाया जा सकता है कि आखिर प्रेमचन्द ने इस तरह के स्त्री-रूपों का चित्रण क्यों किया है ? क्या ज्वालामुखी की ज्वालामयी के जरिए, वे स्त्री को पाप की खान बताना चाहते हैं ? या तारा जैसी स्त्री के माध्यम से वे यह कहना चाहते हैं कि स्त्री का (ही) धर्म ही सेवा धर्म है ? क्या स्त्री के बारे में उनके विचार मध्ययुगीन दकियानूसी के विचार ही हैं ?

लेकिन इसके पहले कि हम ऐसे प्रश्नों का कोई निष्कर्षात्मक उत्तर दें, हमें प्रेमचन्द की ऐसी कुछ और कहानियों की दुनिया से गुज़रना चाहिए, जो यथार्थवादी शिल्प से भिन्न हैं। इनमें तीसरी प्रमुख कहानी है, 'शिकारी राजकुमार'। पूर्वोक्त दोनों कहानियों से कुछ अलग प्रेमचन्द इस कल्प-कथा में, स्त्री पात्रविहीन संसार की रचना करते हैं। पर यहाँ भी दिव्य और चमत्कारी संन्यासी मौजूद है। शिकार के लिए निकला राजकुमार रास्ता भटक गया है। थकान से चूर अवस्था में उसकी मुलाक़ात एक संन्यासी से होती है। उसका सामान्य परिचय ही प्रेमचन्द देते हैं। पर घनघोर जंगल में उसकी इस मौजूदगी में एक तरह के चमत्कारी संयोग की कल्पना तो है ही। यह संन्यासी, शिकारी राजकुमार को, शिकार के वास्तविक लक्ष्यों का पता देता हुआ रात के जंगल में घुमाता है। पूरा वातावरण, शहरी या ग्रामीण परिवेश का संकेत नहीं करता, पर जंगल में नित्य घटनेवाले जिन 'कांडों' का उल्लेख कहानी में किया जाता है, वे सभ्य शहरी जीवन की गिरावट का संकेत ही देते हैं। सामाजिक पतन के तीन दृश्य, संन्यासी, राजकुमार को दिखाते हैं। पहले दृश्य में साधारण डाकुओं से साक्षात्कार होता है। दूसरे में धर्म का धन्धा करनेवाले एक महन्त की पोल खुलती है। तीसरे दृश्य में स्वयं राजकुमार के राज्य के सूबेदार, अन्याय और घूसखोरी को बढ़ावा देते दिखाई पड़ते हैं। महत्त्वपूर्ण यह है, कि शिकारी राजकुमार को सही शिकार के ये लक्ष्य, जीवन-वास्तव के चित्रों से नहीं, बल्कि कल्पना के चित्रों से दिखाए जाते हैं। अपने यथार्थ के आग्रह के लिए प्रेमचन्द

सारे संसार में विख्यात हैं, पर इन तीनों ही कहानियों में जीवन के दहशतनाक यथार्थ के सम्प्रेषण के लिए, उन्हें अपनी किस्सागोई को अति कल्पना में ढालने की ज़रूरत क्यों पड़ी ?

इस प्रश्न का उत्तर दोटूक शब्दों में देना सम्भव नहीं है। प्रेमचन्द अपनी साहित्यिक महत्त्वाकांक्षा के चलते, प्रयोगधर्मिता के इस रास्ते पर चले होंगे—ऐसा अनुमान किया जा सकता है। पर तब भी यह प्रश्न मन में बना रहता है, कि सामाजिक प्रयोजन की प्रगतिशीलता के बावजूद, इन कथाओं में चमत्कारिक आस्तिकता की योजना क्यों की गई है ? क्या इन्हें प्रेमचन्द के विचारों-विश्वासों का प्रतीक माना जा सकता है ? मेरा ख्याल है कि वैचारिक प्रगतिशीलता के बावजूद प्रेमचन्द के मन में, ऐसे संस्कार भी सक्रिय रहे हैं, जिनके चलते उनकी प्रगतिशीलता को प्रश्नबिद्ध किया जा सकता है। पर तब भी हम यह महसूस करेंगे, कि अपने और हर सामान्य भारतीय के अनुभव को, उसकी विविधता और व्यापकता में दर्ज़ करने की प्रतिज्ञा, उनके लिए कहीं अधिक ज़रूरी थी। परिवेशगत यथार्थ के ब्यौरों में लिखी गई उनकी कुछ ऐसी कहानियाँ भी हैं, जिन्हें पढ़कर लगता है, कि प्रगतिशीलता के प्रदर्शन के निमित्त, वे आत्मानुभव और वस्तुस्थिति को झुठलाने की चतुराई से दूर थे।

यह भी गौरतलब है कि सिर्फ़ इस तरह की फैन्टेसीधर्मी कथाओं में प्रेमचन्द, चमत्कारिक प्रसंगों को जगह नहीं देते, बल्कि पूरी तरह से यथार्थवादी शैली का इस्तेमाल करते हुए भी, ऐसी कहानियाँ लिखते हैं, जिससे यह सन्देह होता है कि इन संयोगों का इस्तेमाल महज तकनीक या हिकमत की तरह ही वे नहीं कर रहे हैं। उदाहरण के लिए उनकी कहानी 'मूठ' ली जा सकती है। मूठ चलाना या 'बान' चलाना, आज इक्कीसवीं सदी में भी उत्तर भारत के गाँवों और कस्बों की जनता के बीच एक लोकप्रिय अन्धविश्वास है। 'मूठ' चलाकर ओझा, खोये या चुराए धन का पता तो लगाता ही है, चोर को सख्त सजा भी 'मूठ' चलने से अपने आप मिल जाती है। अपनी इस कहानी में प्रेमचन्द एक पढ़े-लिखे मध्यवर्गीय डॉक्टर को इस कथा के केन्द्रीय पात्र के रूप में चुनते हैं। जीवन्त ब्यौरों के साथ उसके कंजूस और दकियानूस चरित्र की रेखाएँ उकेरते मुख्य घटना या प्रसंग से जब पाठक को परिचित कराते हैं; तब तक इस बात का जरा भी आभास नहीं देते कि कहानी का प्रसंग 'मूठ' चलाने जैसी घटना की ओर मुड़ने जा रहा है। और जब पाँच सौ रुपयों की चोरी के बाद (ये रुपए डॉक्टर को शेयर के लाभांस के रूप में मिले थे) वे इस कंजूस डॉक्टर की बेचैनी का चित्रण करते हैं, तब भी हम कहानी के शीर्षक और अन्तर्वस्तु के जोड़ का कोई संकेत नहीं पाते। पर इसके बाद डॉक्टर की कंजूसी और पैसा-प्रेम की बेचैनी को बहुत प्रभावी विडम्बना की भाषा में लिखते प्रेमचन्द उसे ओझा की ओर मोड़ देते हैं। फिर ओझा के मूठ चलाने, जगिया के मरणासन्न होने, तथा फिर से आकर बुद्धू ओझा के 'मूठ फेरने' की कथा वे विस्तार से कहते हैं, पर उस विस्तृति में कहीं भी आलोचनात्मक विडम्बना का स्वर मुखर नहीं लगता है। यही नहीं, अपनी एक दूसरी कहानी 'पूर्व-संस्कार' में, वे एक बछड़े की

आकस्मिक मृत्यु को स्वर्ग-नरक और पुनर्जन्म जैसे विश्वासों से जोड़ते हैं।

इस तरह के घटना-प्रसंगों को क्या प्रेमचन्द के आरम्भिक लेखन का कच्चापन कहा जाए, या यह माना जाए कि स्वयं उनके रचनाशील मन में ऐसे संस्कार मौजूद थे। यह प्रेमचन्द की प्रतिबद्ध प्रतिभा है कि वे ऐसे संस्कारों को, कला और विचार की प्रक्रियाओं से गुज़रने का अवकाश देते हैं। शायद इन या ऐसे प्रसंगों के सहारे वे भारतीय जीवन में व्याप्त संस्कारों को झकझोरना भी चाहते थे। शायद इन कहानियों को लिखते हुए, वे स्वयं अपने संस्कारग्रस्त मन को भी झकझोर रहे थे। चाहे जो हो, ये कहानियाँ प्रेमचन्द के कथा-संसार के वैविध्य और परिवेश के बहुविध तथा बहुस्तरीय यथार्थ के साथ उनके 'एडवंचरस' मुठभेड़ की प्रतीक भी हैं।

'निर्मला' का औपन्यासिक महत्त्व

सुवास कुमार

बीसवीं सदी के आरम्भिक चार दशक प्रेमचन्द का रचनाकाल रहे हैं। देश अंग्रेजों का गुलाम था। समाज का सामन्ती ढाँचा दम तोड़ रहा था। नया पूँजीवाद जन्म ले रहा था। 1957 की स्वतन्त्रता के लिए पहली लड़ाई और भारतेन्दु-युगीन हिन्दी नवजागरण प्रेमचन्द के रचनाकाल की पृष्ठभूमि थे। आर्य समाज तथा कई अन्य समाज सुधार से सम्बन्धित संस्थाएँ कार्यरत थीं। राजनीति-क्षेत्र में क्रान्तिकारी देशभक्तों का कार्य चल रहा था और कांग्रेस पार्टी में नई सक्रियता दिखाई दे रही थी। देश के राजनीतिक क्षितिज पर महात्मा गांधी का उदय हो चुका था।

प्रेमचन्द सामाजिक एवं राजनीतिक दृष्टि से अत्यन्त चेतनासम्पन्न एवं जागरूक साहित्यकार थे। पत्रकारिता से वे लगभग पूरे लेखन काल से जुड़े रहे थे। एक सजग लेखक और पत्रकार के रूप में उन्होंने सामाजिक व्यवस्था को जड़ एवं पंगु बनानेवाले तमाम तत्त्वों का सक्रिय विरोध किया। देश-काल से ऐसे प्रभावित होनेवाले साहित्यकार समाज को भी रचनाओं से प्रभावित करते हैं। प्रेमचन्द अपने जमाने की सामाजिक, नैतिक, राजनैतिक, आर्थिक सभी समस्याओं से पूर्णतः अवगत थे। अपने चारों ओर की उथल-पुथल से उनके भीतर भी एक प्रकार की मानसिक क्रान्ति उत्पन्न हो रही थी। नवम्बर-दिसम्बर 1905 में उन्होंने 'जमाना' में प्रकाशित अपने लेख में लिखा था, "वर्तमान शासन प्रणाली का यह परिणाम हो रहा है कि हमारी शारीरिक और मानसिक शक्ति दिन-ब-दिन छीजती जा रही है। हम दैन्य और अपमान का जीवन स्वीकार करने को बाध्य किए जाते हैं, पग-पग पर हमको इस बात की याद दिलाई जाती है कि हम एक दलित जाति के जन हैं, हमारी स्वाधीनता का बेदर्दी से गला घोटा जा रहा है। आजादी हमेशा लड़कर ली जाती है। भीख माँगने से आजादी नहीं मिलती...जिस दिन मुल्क कुर्बानी के रास्ते पर चल पड़ेगा, आजादी रखी हुई है।" प्रेमचन्द अपने युग के हर प्रकार के राजनीतिक, सामाजिक, सांस्कृतिक आन्दोलन को रचनात्मक आधार पर अपने साहित्य में उतार रहे थे और अनेक दृष्टियों से उसकी अगुआई भी कर रहे थे। 'जीवन में साहित्य का स्थान' शीर्षक में उन्होंने बताया था कि, "साहित्यकार का लक्ष्य केवल महफिल सजाना और मनोरंजन का साधन जुटाना नहीं है।" उनका महत्त्वपूर्ण लेखन समाज और जनता से जुड़ा हुआ लेखन था। वे मानते थे कि "इंटेलिजेंशिया में

जो कुछ शक्ति और प्रभाव है, वह जनता से ही आता है। उससे अलग होकर वे हाकिम की सूरत में ही रह सकते हैं, खादिम की सूरत में जनता में होकर नहीं। उनकी आवाज उनकी है, उसमें जन-समूह की आवाज की गहराई, गरिमा और गम्भीरता नहीं है। वे अपने प्रतिनिधि हैं, जनता के नहीं।" देश की जनता का सुख ही उनका उद्देश्य था। साहित्य का आधार वे जीवन को मानते थे। समाज को रूढ़िमुक्त करना, जनता को जागरूक बनाना, अन्याय का विरोध करना उनके लेखन का लक्ष्य था। उनका समग्र लेखन सोद्देश्य और सामाजिक यथार्थ से जुड़ा हुआ था। अपने समकालीन सामाजिक जीवन की विसंगतियों को उन्होंने उखाड़कर रख दिया था। जीवन की वास्तविक समस्याओं का समाधान ढूँढ़ने के लिए उनमें रचनात्मक बेचैनी थी।

प्रेमचन्द का 'निर्मला' उपन्यास इलाहाबाद से प्रकाशित पत्रिका 'चाँद' में 1924-26 में धारावाहिक रूप से छपा था। हिन्दी में यह 1927 में पुस्तकाकार प्रकाशित हुआ था। 1929 में उर्दू में प्रकाशित हुआ। यह एक नायिका-प्रधान उपन्यास था, अतः यह स्वाभाविक ही था कि महिलाओं की पत्रिका 'चाँद' में इसका धारावाहिक प्रकाशन हुआ था। इस समाज में घुटती हुई नारी की पीड़ा को उन्होंने गम्भीरता से महसूस किया था और नारी के विभिन्न रूपों को अपनी रचनाओं में अभिव्यक्ति दी थी। उनकी ऐसी रचनाओं में 'निर्मला' एक महत्त्वपूर्ण कड़ी है। मध्यवर्ग की जीवन-परिस्थितियों और विसंगतियों को लेकर प्रेमचन्द ने कई उपन्यास रचे हैं। 'निर्मला' में भी मध्यवर्गीय समाज के अन्तर्विरोधों को उन्होंने अत्यन्त पैनी निगाहों से देखा है। 'निर्मला' में उन्होंने मध्यवर्गीय परिवार की अनेक समस्याएँ उठाई हैं। विवाह, दाम्पत्य और परिवार से सम्बन्धित अनेक समस्याएँ 'निर्मला' में विवेच्य हैं। पुरुष-प्रधान समाज में नारी की परम्परागत दुरवस्था से लेकर दहेज, बेमेल विवाह, स्त्री-पुरुष के सामाजिक सम्बन्ध, पुत्र पर पिता के आधिपत्य, विधवा-जीवन आदि समस्याओं को आलोचकों ने 'निर्मला' उपन्यास में विवेचित पाया है। मुख्य रूप से निर्मला का प्रतिपाद्य मध्यवर्गीय परिवारों में नारी का दमित, विवश और शोषित जीवन प्रस्तुत करना रहा है। नारी-मुक्ति अर्थात नारी के व्यक्तित्व-विकास का प्रश्न जैसी विशाल समस्या भी प्रेमचन्द के चित्रण से जुड़ती हुई प्रतीत होती है। दाम्पत्य जीवन और पारिवारिकता से जुड़ी इन्हीं सारी समस्याओं की भित्ति पर 'निर्मला' उपन्यास की कथा का भवन खड़ा किया गया है।

हमारे समाज में, विशेषकर मध्यवर्ग में, विवाह के सन्दर्भ में दहेज की बड़ी समस्या खड़ी रही है और तमाम कानूनों के बावजूद इसे अब तक मिटाया नहीं जा सका है। 'निर्मला' उपन्यास के नाम से ही दहेज का जिक्र आता है। वकील बाबू उदय भानु लाल अपनी बड़ी बेटी निर्मला के विवाह के लिए महीनों से बातचीत चलाते आ रहे थे। "दहेज उनके सामने कठिन समस्या थी" क्योंकि वकील साहब खर्चीले स्वभाव के थे। वे दहेज-प्रथा के सैद्धान्तिक रूप से विरोधी भी नहीं थे। दहेज की माँग पूरी करना उनके वश की बात नहीं थी, लेकिन अपनी ही स्थिति के मुताबिक विवाह में कर्ज लेकर भी खर्च करने को वे बुरा नहीं समझते थे। आखिरकार उन्हें भालचन्द्र सिन्हा मिले जिन्होंने

वकील साहब की दरियादिली से प्रभावित होकर कह दिया कि उन्हें दहेज की परवाह नहीं। सिन्हाजी दुनियादार आदमी थे। वे दहेज नहीं लेने की उदारता दिखाकर एक ही तीर से दो शिकार कर रहे थे। उन्हें पता था कि वकील साहब शादी में खुले हाथ खर्चा करेंगे ही। फिर वकील के घर में सम्बन्ध होने से उन्हें और भी मामले-मुकदमे में फायदे होते। हमारे यहाँ विवाह केवल दो व्यक्तियों को ही नहीं, दो भिन्न परिवारों को भी जोड़ता है। सिन्हा दहेज नहीं लेकर वकील साहब पर एहसान नहीं कर रहे थे, बल्कि इससे उन्हें दोहरा लाभ था।

अतः दहेज स्थूलतः नहीं लिया-दिया जाकर भी वैवाहिक सम्बन्धों में रूप बदलकर प्रस्तुत रहता है। प्रत्यक्ष रूप से यहाँ न तो दहेज माँगा जाता है और न ही दिया जाता है फिर भी सारा कारोबार दहेज का ही है। हम यहाँ दहेज का ऐसा निर्गुण रूप पाते हैं जो बड़ा ही शक्तिशाली है। इसके सामने व्यक्ति का कोई महत्त्व नहीं रह जाता। कन्या के सारे ऐब दहेज की शक्ति से अच्छाइयाँ बन जाते हैं और दहेज के अभाव में सारे गुण भी अवगुण मान लिए जाते हैं। भालचन्द्र सिन्हा बड़े घाघ आदमी थे। उन्हें दहेज का नाम लिए बिना ही वकील साहब से बहुत कुछ मिलने की आशा थी। लेकिन जब वकील साहब का अचानक हादसे में इन्तकाल हो गया तो सिन्हा को उस रिश्ते से मिलनेवाले लाभ की उम्मीद भी जाती रही। उन्होंने बहाने से उस रिश्ते को तोड़ दिया। लेकिन दहेज की तब भी निन्दा करते रहे। भालचन्द्र सिन्हा जैसे खुर्राट व्यक्ति तो दहेज की निन्दा करके भी अपनी आँखें दहेज पर गड़ाए रखते हैं। दहेज की बुराई करने में वे सबसे आगे हैं। उनका कहना है कि–"बुरा रिवाज है, बेहद बुरा ! मेरा बस चले तो दहेज लेनेवालों और दहेज देनेवालों दोनों ही को गोली मार दूँ, हाँ साहब, साफ गोली मार दूँ चाहे फाँसी ही क्यों न हो जाए! पूछो आप लड़के का विवाह करते हैं कि उसे बेचते हैं।" इस तरह दहेज में लम्बी तकरीर करनेवाले भालचन्द्र सिन्हा का असली मंसूबा जाहिर हो जाता है जब वे बहाने से वकील साहब की विधवा की ओर से आया निर्मला के लिए विवाह का प्रस्ताव ठुकरा देते हैं। सिन्हा की पत्नी अपनी भीतरी इच्छा को इस प्रकार से अभिव्यक्त करती है "जब दूसरी जगह हुआ हजार नगद मिल रहे हैं तो वहाँ क्यों न करूँ ? उनकी लड़की कोई सोने की थोड़े ही है। वकील साहब जीते होते तो शरमाते-शरमाते पन्द्रह-बीस हजार दे मरते। अब वहाँ क्या रखा है ?" यह तो हुईं माँ-बाप की बातें। इसके साहबजादे, डाक्टरी की उच्च शिक्षा लेनेवाले युवक, भी कुछ कम नहीं। भुवन मोहन अपनी माँ से निर्लज्जतापूर्वक कहता है–"कहीं ऐसी जगह शादी करवाइए कि खूब रुपए मिलें। और न सही एक लाख तो हो। वहाँ अब क्या रखा है। वकील साहब रहे ही नहीं, बुढ़िया के पास अब क्या होगा ?" इसमें इस युवक को शर्म नहीं होती कि उसे शादी के नाम पर बेचा जाए। उसकी इच्छा है कि "किसी धनी लड़की से शादी हो जाती, तो चैन से कटती। मैं ज्यादा नहीं चाहता; बस एक लाख नगद हो; या फिर कोई ऐसी जायदाद वाली मिले जिसके एक ही लड़की हो।" यह है नवपूँजीवादी लोभ और उसकी सामन्ती मानसिकता जो पैसों की जितनी फिक्र करती

है उसकी रत्ती भर भी भावी दुल्हन की भावनाओं की नहीं करती। वह दहेज के लिए पत्नी की फटकार और गालियाँ सुनने को राजी है और उसे दुधारू गाय की लात मानता है। उसे पता है कि "धन सौ ऐबों को छिपा देगा। दहेज का एक और समाजशास्त्र है। लोग निश्चित दहेज के द्वारा एक निश्चित सामाजिक स्तर के परिवार में अपना सम्बन्ध स्थापित करते हैं। भुवन मोहन है कि–"जो गरीब है उसे गरीबों के ही यहाँ सम्बन्ध करना चाहिए।" किन्तु वह यह भूल जाता है कि मध्यवर्ग के परिवारों को धनी या गरीब बनते देर नहीं लगती है, क्योंकि यह बड़ा ही अस्थिर वर्ग होता है। मध्यवर्ग से निम्न वर्ग में लुढ़कने का एक कारण दहेज प्रथा भी रही है। परिणामस्वरूप लड़कियों को बोझ माना जाता है। ऐसे समाज में बेटी को अशुभ समझा जाता था। घरवालों को किसी तरह लड़की का बोझ उतारकर फेंकने की चिन्ता होती थी और बूढ़े, लालची, अपंग आदि से शादी करके मानो जीते-जी उसे आग या कुएँ में झोंक देते थे। निर्मला के साथ भी यही सलूक होता है जिसकी पहली पत्नी तीन बच्चे छोड़कर गुजर गई थी।

बाद में चलकर घटना-विधान से निर्मला का परिचय डॉक्टर भुवन मोहन सिन्हा और उसकी पत्नी सुधा से हुआ। सुधा को पता था कि भुवन की पहली निश्चित की हुई शादी दहेज के कारण टूट गई थी। उसे पता चल गया कि उसके पति डॉक्टर सिन्हा की शादी निर्मला से ही होनेवाली थी। उसने अपने पति को यह बात बताकर उसे खूब आड़े हाथों लिया। प्रेमचन्द ने दहेज की समस्या का अपने ढंग से समाधान डॉक्टर सिन्हा का हृदय-परिवर्तन कराकर प्रस्तुत किया है जो आदर्शवादी ढंग है साथ ही अविश्वसनीय भी। सुधा के रूप में उन्होंने एक अत्यन्त आदर्श चरित्र खड़ा कर दिया है। उसके कारण निर्मला की छोटी बहन कृष्णा का ब्याह दहेज के बिना ही भुवन के छोटे भाई से हो जाता है। इसे स्वयं प्रेमचन्द असाधारण और अविश्वसनीय घटना मानते हुए बताते हैं– "कृष्णा का विवाह ऐसे सम्पन्न घराने में क्यों हुआ ? उसकी (निर्मला की) माता के पास तो दहेज के नाम पर कौड़ी भी न थी और इधर बूढ़े सिन्हा साहब जो अब पेंशन लेकर घर आ गए थे, बिरादरी में महालोभी मशहूर थे। वह अपने पुत्र का विवाह ऐसे दरिद्र घराने में करने पर राजी कैसे हुए। किसी को सहसा विश्वास न आता था।" इसी बीच निर्मला के पति मुंशी तोताराम भी निर्धन हो चुके थे। "कन्या के जन्म ने तो रही-सही कसर भी पूरी कर दी, सर्वनाश ही कर डाला।" विवाह के पश्चात पहली सन्तान को कन्या रूप में पाकर लोगों को बोझ का ही अनुभव होता है। निर्मला को भी अपनी बच्ची की चिन्ता हो रही थी, वह सोचती थी, "इस बेचारी का न जाने क्या हाल होगा ? ईश्वर ने यह विपत्ति सिर डाल दी। मुझे तो इसकी जरूरत न थी। जन्म ही लेना था तो किसी भाग्यवान के घर जन्म लेती।" इस गरीबी में निर्मला के गहने उसके और बच्ची के भविष्य के लिए रक्षा-कवच जान पड़ते थे। वह सोचती थी कि "इसी से वह अपनी नाव को भी पार लगा देगी और अपनी बच्ची को भी किसी-न-किसी घाट पहुँचा देगी।" धीरे-धीरे परिस्थिति ने ऐसी करवट बदली कि वे गहने भी नहीं रहे। अब निर्मला का स्वभाव बिल्कुल बदल गया। वह एक-एक कौड़ी दाँत से पकड़ने लगी। "नन्हें से शिशु

का भविष्य विराट् रूप धारण करके उसके विचार-क्षेत्र पर मँडराता रहता।" यह दहेज की ही माया थी। गरीबी और घर की परिस्थितियों ने उसे चिड़चिड़ा बना दिया था। उसे बच्ची की सूरत से भी घृणा होने लगी। दहेज ने उसके जीवन के भूत-वर्तमान और भविष्य तीनों का सर्वनाश कर डाला।

समाज में बेमेल विवाह की समस्या का सीधा सम्बन्ध दहेज की समस्या से जुड़ा हुआ है। दहेज के अभाव में कन्या की शादी आँख मूँदकर अयोग्य वर से किसी तरह निबटा दी जाती है। वर से ज्यादा ऐसे विवाहों में घर या सम्पत्ति को महत्त्व मिल जाता है। कन्या के बोझ को किसी तरह अपने सिर से अन्यत्र पटककर मुक्ति पाने की कोशिश से बेमेल विवाह जन्म लेते हैं। निर्मला की माँ कल्याणी सोचती थी कि "अब अच्छे घर की जरूरत न थी, अच्छे वर की जरूरत न थी। अभागिनी को अच्छा घर-वर कहाँ मिलता। अब तो किसी भाँति लड़की को पार लगाना था–उसे कुएँ में झोंकना था।" मध्यवर्गीय जीवन की यही विडम्बना है कि उसे अपने अनगत भविष्य की रक्षा के लिए वर्तमान को होम कर देना पड़ता है। कल्याणी तो भविष्य की चिन्ता से व्याकुल थी। उसके पास "मकान था, कुछ नगद था, कई हजार के गहने थे, लेकिन उसे अभी दो लड़कों का पालन-पोषण करना था, उन्हें पढ़ाना-लिखाना था। एक कन्या और भी चार-पाँच साल में विवाह करने योग्य हो जाएगी। इसीलिए वह कोई बड़ी रकम दहेज में न दे सकती थी, आखिर लड़कों को भी तो कुछ चाहिए।" फलस्वरूप निर्मला के लिए कुछ 'सस्ते' में पट जानेवाले लड़के देखे जाते हैं। बिना दहेज के सुन्दर, स्वस्थ, युवा लड़के भी मिल रहे थे लेकिन जात-पाँत तथा सामाजिक 'नैतिकता' का बन्धन वहाँ आड़े आ जाता है। आखिर एक 'उत्तम खानदान के पुराने रईस' का रिश्ता कल्याणी को मंजूर होता है। "लड़का रईस है। उम्र कोई पैंतीस साल होगी। तीन-चार सौ की आमदनी होगी। पहली स्त्री मर चुकी है, उससे तीन लड़के भी हैं।" कल्याणी सोचती है कि पैंतीस साल की उम्र कोई ज्यादा नहीं। वह पंडित से कहती है, "आप ईश्वर का नाम लेकर वकील साहब को टीका कर आइए। आयु कुछ अधिक है, लेकिन मरना-जीना विधि के हाथ में है। पैंतीस साल का आदमी बुड्ढा नहीं कहलाता। अगर लड़की के भाग्य में सुख भोगना बना है, तो जहाँ जाएगी सुखी रहेगी, दुख भोगना है, तो जहाँ जाएगी दुख झेलेगी। हमारी निर्मला को बच्चों से प्रेम है। उनके बच्चों को अपना समझेगी। आप शुभ मुहूर्त्त देखकर टीका कर आएँ।" इस तरह पन्द्रह साल की निर्मला की शादी अधेड़ वकील तोताराम से कर दी जाती है।

यहीं से निर्मला के जीवन के दुखान्त का प्रारम्भ होता है। निर्मला की अपनी उम्र से लगभग तिगुनी आयु का, पिता समान पति मिला था, जिसके सामने उठने-बैठने में भी संकोच और लिहाज होता था। वह तोताराम से वैसा मुक्त व्यवहार नहीं कर पाती थी जैसा अपनी उम्र के पति से करती। तोताराम के प्रति निर्मला के हृदय में सहज स्नेह नहीं था, सम्मान का भाव अवश्य था। तोताराम निर्मला का सम्पूर्ण समर्पण पाना चाहते थे। इसके लिए अपनी उम्र का उन्हें खयाल न था। निर्मला को रिझाने के लिए तोताराम

मिठाइयाँ, आभूषण और अन्य तोहफ़े लाया करते। सिनेमा, सरकस, थियेटर और सैर-सपाटे पर ले जाते। प्रेम भरी लम्बी-लम्बी बातें करते जो निर्मला को हास्यास्पद और जुगुप्साजनक मालूम पड़ती थीं। निर्मला को माँ पर गुस्सा आता जिसने इस बूढ़े से बाँध दिया। उसे तोताराम पर भी क्रोध आता जिसे बुढ़ापे में शादी का शौक चर्राया था। उपन्यासकार लिखते हैं कि, "बाँका सवार बूढ़े लद्दू टट्टू पर सवार होना कब पसन्द करेगा, चाहे उसे पैदल ही क्यों न चलना पड़े? निर्मला की दशा उसी बाँके सवार की-सी थी। वह उस पर सवार होकर उड़ना चाहती थी, उस उल्लासमयी विद्युतगति का आनन्द उठाना चाहती थी, टट्टू के हिनहिनाने और कनौतियाँ खड़ी करने से क्या आशा होती ?" इस प्रकार हम पाते हैं कि तोताराम-निर्मला दम्पत्ति में शारीरिक और मानसिक दोनों ही दृष्टियों से काफी अन्तर था—वहाँ शरीर और मन का कोई मेल न था।

इस बेमेल विवाह के मर्मवेधी चित्र प्रेमचन्द ने उपस्थित किए हैं। निर्मला के हृदय की प्यास को सन्तुष्ट करने में असफल तोताराम के हास्यास्पद और दयनीय व्यवहारों का प्रेमचन्द ने बड़ा ही मनोवैज्ञानिक वर्णन किया है। निर्मला तोताराम से चिढ़ने लगी थी और तोताराम के पास बैठना उसे अच्छा नहीं लगता था। "वह अपना रूप और यौवन उन्हें न दिखाना चाहती थी, क्योंकि वहाँ देखनेवाली आँखें न थीं। वह उन्हें इन रसों का आस्वादन लेने योग्य ही न समझती थी। कली प्रभात-समीर ही के स्पर्श से खिलती है। दोनों में समान सामरस्य है। निर्मला के लिए वह प्रभात-समीर कहाँ था ! इसका परिणाम यह हुआ कि निर्मला अपना अधिकांश समय तोताराम की छाया से अलग बिताने लगी। इस नवयुवती के मन में रोमांस की भावना मिट गई और वहाँ अस्वाभाविक रूप से वात्सल्य भाव के अंकुर फूटने लगे। प्रेमचन्द लिखते हैं, "निर्मला का तृषित हृदय प्रणय की ओर से निराश होकर इस अवलम्ब ही को गनीमत समझने लगा, बच्चों के साथ हँसने-बोलने में उसकी मातृ-कल्पना तृप्त होती थी। पति के साथ उसे हँसने-बोलने में संकोच, जो घोर अरुचि तथा घोर अनिच्छा होती थी, यहाँ तक कि वह उठकर भाग जाना चाहती, उसके बदले बालकों के सच्चे, सरल स्नेह से चित्त प्रसन्न हो जाता था।"

निर्मला की इस मनोवृत्ति से तोताराम दुखी थे। वे एकान्त सेवी और विषयी जीव थे। "दिन भर के कठिन मानसिक परिश्रम के बाद उनका चित्त आमोद-प्रमोद के लिए लालायित हो जाता; लेकिन जब अपनी विनोद वाटिका में प्रवेश करते और फूलों को मुरझाया, पौधों को सूखा और क्यारियों से धूल उड़ती हुई देखते, तो उनका जी चाहता क्यों न इस वाटिका को उजाड़ दूँ ?" "तोताराम ने केश रँगना शुरू किया, सुरमा लगाकर छैला बनने लगे। वीरता की डींगें हाँकने लगे। लेकिन निर्मला पर इसका प्रतिकूल ही प्रभाव पड़ा।" निर्मला को सन्देह होने लगा कि कहीं इन्हें उन्माद का रोग तो नहीं हो रहा है।...निर्मला पर इस पागलपन का और तो क्या रंग जमता, हाँ, उसे उन पर दया आने लगी। क्रोध और घृणा का भाव जाता रहा। क्रोध और घृणा उस पर होती है, जो अपने होश में हो। पागल आदमी तो दया का ही पात्र है। वह बात-बात में उनकी

चुटकियाँ लेती, उनका मजाक उड़ाती, जैसे लोग पागलों के साथ किया करते हैं। हाँ इसका ध्यान रखती थी कि वह समझ न जाएँ। जब एक रोज तोताराम ने देर से लौटकर निर्मला को अपनी वीरता की एक मनगढ़न्त कहानी सुनाई कि उन्हें तीन बलिष्ठ चोरों ने घेर लिया था मगर अपनी छड़ी से उन्होंने तीनों की ऐसी धुनाई की कि वे भाग गए तो निर्मला को जरा भी विश्वास न हुआ। उसने तोताराम की छड़ी देखी जिस पर खरोंच का कोई निशान नहीं था। तभी रुक्मिणी के घर से साँप निकला और तोताराम बुरी तरह से घबड़ा गए। मंसाराम ने साँप को मार दिया। फिर तोताराम अपनी वीरता की डींगें हाँकने लगे। निर्मला को यह देखकर भय हुआ कि कहीं सचमुच ही तोताराम को कोई भीषण रोग तो नहीं हो गया ? उसने सोचा, "मैं इनकी सेवा कर सकती हूँ, सम्मान कर सकती हूँ, अपना जीवन इनके चरणों में अर्पित कर सकती हूँ, लेकिन वह नहीं कर सकती, जो मेरे किए नहीं हो सकता। अवस्था का भेद मिटाना मेरे वश की बात नहीं।" लेकिन इस दिन के बाद निर्मला ने मन मारकर परिस्थितियों से समझौता कर लिया। कर्त्तव्य-पथ पर अपने जीवन को न्योछावर कर देने का उसने निश्चय कर लिया। अपने दुर्भाग्य को स्वीकार करना बड़ी त्रासदायक स्थिति थी। "उसे ज्ञात हुआ कि मेरे लिए जीवन का कोई आनन्द नहीं। उसका स्वप्न देखकर क्यों इस जीवन को नष्ट करूँ। संसार के सब प्राणी सुख-सेज पर तो नहीं सोते ? मैं भी उन्हीं अभागों में हूँ।...उम्र भर का कैदी कहाँ तक रोएगा ? ऐसे भी तो कौन देखता है ? किसे उस पर दया आती है ? रोने से काम में हर्ज होने के कारण उसे और यातनाएँ ही तो सहनी पड़ती हैं।" इस तरह निर्मला का व्यक्तित्व पूरी तरह दमित होता चला गया। वह पति का विरोध नहीं कर सकती थी। उसके लिए ऊपर से प्रेम और श्रृंगार का दिखावा भी करती। यहाँ तक कि जब पति के मन में मंसाराम को लेकर निर्मला के चरित्र पर सन्देह हुआ तब भी खुलकर वह प्रतिवाद नहीं कर सकी।

बेमेल विवाह के कारण ही इस उपन्यास की त्रासद घटनाएँ घटित होती हैं। रुपयों के बल पर एक अधेड़ व्यक्ति नवयौवना को पत्नी बनाता है और अपनी क्षमता को नजरअन्दाज करके पत्नी के चरित्र पर सन्देह करता है। इस बेमेल विवाह ने पिता के हृदय से वात्सल्य-भाव को छीन लिया और अपने ही बेटे के चरित्र पर शंका के अंकुर वहाँ फूटने लगे। इस संशय ने आखिरकार बेटे की जान ही ले ली।

अनमेल विवाह ने समाज और परिवार के मानवीय सम्बन्धों को बुरे ढंग से प्रभावित किया है। सौतेली माँ की सौतेली सन्तानें समाज में नीची नजरों से देखी जाती हैं। निर्मला अपने अच्छे स्वभाव से सौतेली माँ का ठप्पा दूर करना चाहती है पर इसमें सफल नहीं हो पाती। उस पर पति, परिवार और पास-पड़ोस के सभी लोग सन्देह करते हैं। बाद में चलकर वह सौतेली माँ की भूमिका और मनोविज्ञान में अपने को सहजतापूर्वक ढाल लेती है और सियाराम को सताने लगती है। उसके अत्याचारों से घबड़ाकर वह मासूम बालक घर से भाग खड़ा होता है। फिर बालक की खोज में तोताराम भी घर छोड़ देते हैं। अकेली, अनाथ, असहाय निर्मला का भरी जवानी में प्राणान्त हो जाता है।

प्रेमचन्द ने अपने हर उपन्यास में नारी को विशेष महत्त्व देकर प्रस्तुत किया है। उन्होंने समाज में औरत को बँधुआ मजदूर से भी बुरी अवस्था में देखा था। अपनी सैकड़ों कहानियों और उपन्यासों में निम्न मध्यवर्ग की नारी की पीड़ा को उन्होंने शब्द दिए हैं। मध्य तथा उच्च वर्ग की नारी की अवस्था तो निम्न वर्ग की नारियों से भी दयनीय है। निम्न वर्ग की नारियाँ श्रम करती हैं अतः वे पुरुषों की उस हद तक गुलाम नहीं होतीं जिस हद तक उच्च तथा मध्य वर्ग की पराश्रित महिलाएँ होती हैं। प्रेमचन्द ने 'शिकार' तथा 'सुभागी' कहानियों में नारी-मुक्त को श्रम तथा आर्थिक स्वतन्त्रता की दिशा में देखा है। उच्च वर्ग की महिलाओं का कोई व्यक्तित्व नहीं होता, वे या तो सजावट का सामान होती हैं, अथवा वासना की पुतलियाँ। मध्यवर्ग की नारियाँ समाज की समस्त बाधाओं, बन्धनों और "नैतिकता" की सड़ाँध को झेलती रहती हैं।

उपन्यास के आरम्भ में ही लड़की एक समस्या बनकर खड़ी हो जाती है क्योंकि उसका विवाह करना होता है। निर्मला अपनी बहन कृष्णा से एक तल्ख सचाई बयान करती है कि, "हम लड़कियाँ हैं, हमारा घर कहीं नहीं होता।" माँ-बाप-भाई-बहन वाला भरा-पूरा घर छोड़कर उसे ससुराल जाना पड़ता है। वहाँ भी इस पर शासन होता है। मनु महाराज ने (मनुस्मृति में) कहा कि स्त्री को कुँवारेपन में पिता के अधीन, यौवन में पति के अधीन, वार्धक्य में पुत्र के अधीन रहना चाहिए और किसी भी अवस्था में स्वतन्त्रता की कामना नहीं करनी चाहिए। पिता का घर सभी का अपना घर नहीं होता और पति का घर भी पति के नहीं रहने पर उससे छीन लिया जाता है। एक असुरक्षा बोध स्त्री को जन्म से मृत्युपर्यंत, जीवन भर होता रहता है। फलस्वरूप वह कैसा भी पति क्यों न हो, उसी पुरुष के आश्रय में सुरक्षा पाती है।

निर्मला की माँ कल्याणी अपने सामन्ती मनोवृत्ति के तानाशाह पति की बातों का विरोध करती है तो पति उसे घर से निकल जाने को कहता है। पति उदय भानु लाल पुरुषसत्तात्मक मानसिकता की साकार मूर्ति है। उसका कहना है कि, "मैं कमाकर लाता हूँ, जैसे चाहूँ खर्च कर सकता हूँ।" घर से निकलने का निश्चय करके भी कल्याणी अपने दुधमुँहे बच्चे की ममता के कारण नहीं निकल पाती। यह संस्कारबद्ध नारी-जीवन की अनिवार्य विवशता है। कल्याणी को जो तकलीफ उसका पति जीते-जी दे रहा था, उससे कई गुणा अधिक उसने मरकर, कल्याणी को विधवा बनाकर दी। विधवा की हमारे समाज में अत्यन्त गईगुजरी हालत होती है। अतः यह आकस्मिक नहीं है कि प्रेमचन्द के पूरे कथा-साहित्य में विधवाओं की कराह भरी हुई है। उनकी हिन्दी की पहली कहानी 'पंच परगेश्वर' में विधवा के साथ होनेवाले अन्याय को लेकर पंचायत बुलाने की कथा है। प्रेमचन्द के हर उपन्यास में विधवा चरित्र मिलेंगे। 'निर्मला' में भी कल्याणी और रुक्मिणी जैसी निःसन्तान विधवाएँ हैं। कल्याणी सन्तानोंवाली विधवा है तो रुक्मिणी निःसन्तान। अतः कल्याणी को सन्तानों के लिए कष्ट उठाना पड़ता है। रुक्मिणी को उसके पति परिवारवाले निकाल देते हैं और वह भाई के यहाँ द्वितीय कोटि की नागरिक के रूप में शरण पाती है। क्रोधित होने पर तोताराम रुक्मिणी से बेहिचक कह देता है,

"क्यों बहिन, तुम्हें इस घर में रहना है या नहीं ? अगर रहना है तो शान्त होकर रहो।" विधवापन तो मानो करुणा का पर्याय ही है। इसीलिए प्रेमचन्द लिखते हैं, "विधवा का विलाप और अनाथों का रोना सुनाकर हम पाठकों का दिल न दुखाएँगे। जिसके ऊपर पड़ती है, वह रोता है, विलाप करता है, पछाड़ें खाता है।"

पुरुषप्रधान समाज में नारी के व्यक्तित्व विकास की समस्या को प्रेमचन्द बहुत जटिल पाते हैं। निर्मला जब अपने सौतेले बेटे मंसाराम से अंग्रेजी पढ़ना चाहती है तो पति तोताराम उसके चरित्र पर गम्भीर शंका करने लगते हैं। पुरुष स्त्री के रूप में व्यक्तित्वहीन सौन्दर्य की कल्पना करता है।

समाज में पुरुषों का स्त्रियों के प्रति ऐसा भाव सामन्ती व्यवस्था की देन था। पुरुष स्त्री को विलास का खिलौना मात्र समझता था। नारी को अपने अधीन रखने का भला इससे सरल तरीका और क्या हो सकता था कि उसे अपने व्यक्तित्व विकास के अवसर ही न दिए जाएँ। औरत को दुनिया के घर की चारदीवारी के भीतर रसोईघर और शयनकक्ष तक ही सीमित कर दिया गया। उसे आभूषणों से, गिरस्ती के कामों से, प्यार करना सिखाया गया। उसे आनन्द पाने का माध्यम बनाकर छोड़ दिया गया। तोताराम निर्मला के लिए मिठाइयाँ और गहने लाते थे। उसे सैर-सपाटे, सिनेमा-थियेटर में बहलाए रखते थे। लेकिन पत्नी का अंग्रेजी सीखना उन्हें गवारा नहीं था। शिक्षा से नारी व्यक्तित्ववान बनती है। यह मौका नहीं देकर पत्नी को गुलाम बनाकर रखा जा सकता है। नारी शिक्षित होकर अपने पैरों पर खड़ी हो सकती है। आर्थिक रूप से स्वतन्त्र होने पर नारी पुरुष की परतन्त्रता नहीं सहेगी। अतः सामन्तवाद ने नारी को शिक्षा क्षेत्र से बहिष्कृत कर रखा था। हमारे समाज में स्त्री और शूद्र समान रूप से सताए जाते रहे हैं। इस प्रकार सदियों से दबाई गई नारी आसानी से सिर उठा नहीं पाती। संस्कारों और रिवाजों के भारी बोझ उसके सिर पर होते हैं। 'निर्मला' उपन्यास में सुधा को छोड़कर बाकी सभी स्त्री पात्र परम्परागत नारी की विवश मूर्तियाँ हैं। यह भी एक कारण है कि हमें सुधा का ओजस्वी चरित्र अविश्वसनीय प्रतीत होता है।

सुधा के माध्यम से प्रेमचन्द ने 'निर्मला' उपन्यास में नारी-मुक्ति की दिशा टटोलनी चाही है। सुधा का चरित्र आद्यन्त आदर्शवादी है। सुधा पढ़ी-लिखी स्त्री है। उसमें आत्म-सम्मान और सामाजिकता का भाव है। उसे पता चलता है कि दहेज के कारण निर्मला का ब्याह डॉक्टर सिन्हा यानी उसके पति से नहीं हो पाया था। वह पति को फटकारती है। उसकी नजरों में दहेज लेने के अपराधी वर और उसके पिता दोनों हैं। किन्तु वर अधिक अपराधी है। ऐसे व्यक्ति को वह लोभी और कायर समझती है और पति से कहती है, "दुर्भाग्यवश ऐसा ही एक प्राणी मेरा पति है, और मेरी समझ में नहीं आता कि किन शब्दों में उसका तिरस्कार करूँ।" यह तेज-तर्रार औरत अपने पति को इस बात के लिए राजी कर लेती है कि वह अपने भाई का ब्याह बिना दहेज के निर्मला की बहन कृष्णा से कर दे। सुधा निर्मला की हर तरह से सहायता करती है। उसे अपने पति से प्रेम है। सिन्हा भी सुधा को बहुत चाहता है। लेकिन उसका सामन्ती स्वभाव

निर्मला को असहाय पाकर उसे अपनी वासना का शिकार बनाना चाहता है। पोल खुल जाने के भय से वह आत्महत्या कर लेता है। इसका पता सुधा को चल जाता है किन्तु पति की मृत्यु पर उसे स्वाभाविक दुख नहीं था। वह स्त्री और पुरुष की दैहिक स्तर पर भी एक-दूसरे में विश्वास देखना चाहती थी। एक बदचलन व्यक्ति की पत्नी होने के 'सौभाग्य' से वह वैधव्य को बुरा नहीं समझती थी। वह सुधा के मुँह से भविष्य में आनेवाली नारी की आवाज थी जिसे प्रेमचन्द इस उपन्यास में सुन रहे थे। 'ग़बन' में तो मानो जालपा के रूप में सुधा के व्यक्तित्व को ही यथार्थ तथा विश्वसनीय बनाकर पेश करते हैं।

स्त्री-पुरुष के स्वस्थ सम्बन्धों को प्रेमचन्द निर्मला तथा मंसाराम के माध्यम से व्यक्त करते हैं किन्तु इसे तोताराम की बीमार मानसिकता सन्देह से देखती है। निर्मला के प्रति सिन्हा का रुख उस सामन्ती दृष्टि का परिचायक है, जो औरत को भोग की वस्तु-मात्र मानता है।

प्रेमचन्द विवाह-संस्था का जो रूप वर्तमान में देखते हैं वह गँदलाया हुआ है। विवाह के माध्यम से मानो पुरुष यानी पति को पत्नी पर शारीरिक, मानसिक हर तरह का अत्याचार करने का लाइसेंस मिल जाता है। पत्नी गोया पति की जरखरीद गुलाम बनकर रह जाती है। उसे पति के इशारों पर चलना पड़ता है, अन्यथा उसकी कोई गति नहीं। इस प्रकार नारी के व्यक्तित्व को प्रस्फुटित करने का अवसर देने के बदले विवाह उसे कैदखाने में डाल देता है।

हालाँकि नारी-मुक्ति का आन्दोलन प्रेमचन्द के समय में विश्वव्यापी रूप नहीं ले पाया था और न भारत में विदेशी दासता की मुख्य समस्या के कारण इस ओर सूक्ष्मता से ध्यान देने का वह समय ही था, फिर भी प्रेमचन्द ने देश की मुक्ति की भाँति नारी-मुक्ति की समस्या को अपने रचनाकार के समक्ष हमेशा विद्यमान रखने की कोशिश की है। यह उसके सर्जक की जागरूकता का परिचायक है।

इस प्रकार हम पाते हैं कि प्रेमचन्द ने 'निर्मला' उपन्यास में निम्नवर्गीय व्यक्तियों, परिवारों और समाज की कई समस्याएँ उठाकर कथावस्तु का निर्माण किया है। यह सच है कि 'निर्मला' उपन्यास में दहेज और बेमेल विवाह की समस्या महत्त्वपूर्ण है और रचना के केन्द्र में है फिर भी समाज और व्यक्ति के जीवन से जुड़ी संश्लिष्ट समस्याएँ भी वहाँ महत्त्वपूर्ण ढंग से उपस्थित होती हैं। प्रेमचन्द समस्या को एकायामी रूप में कभी प्रस्तुत नहीं करते। वे बताना चाहते हैं कि अगर दहेज के पर्याप्त रुपए कल्याणी के पास होते और भुवन मोहन शर्मा से निर्मला का विवाह हो गया होता फिर भी निर्मला सुखी नहीं रह सकती थी। कल्याणी भुवन से ब्याह की बात टूटने की बात जानकर सोचती है, "सचमुच यह तो प्रसन्न होने की बात है कि ऐसे कुपात्र से सम्बन्ध नहीं हुआ, रंज की कोई बात नहीं। ऐसे कुमानुसों के बीच में बेचारी निर्मला की क्या गति होती। अपने नसीबों पर रोती। लड़का भी लोभी है। बड़ी अच्छी बात हुई, नहीं तो बेचारी को उम्र भर रोना पड़ता।" बाद में चलकर जब सुधा को डॉक्टर सिन्हा की पत्नी बनकर दुख

भोग करते हुए प्रेमचन्द दिखाते हैं तो इसका मतलब है कि विवाह-समस्या को सिर्फ दहेज की समस्या में सीमित करके वे नहीं देखना चाहते।

इस तरह प्रेमचन्द मुख्य समस्या के साथ जुड़ी हुई अन्य समस्याओं को भी दृष्टिपथ में रखते हैं। 'निर्मला' में उन्होंने विवाह की बहुआयामी समस्याओं को विवेच्य बनाया है और इसके लिए व्यक्ति, परिवार और समाज के आपसी रिश्तों की छानबीन की है। अपने एक पत्र में उन्होंने लिखा भी था कि 'निर्मला' उपन्यास की रचना का उद्देश्य समाज की बुराइयों का पर्दाफाश करना है।

'गोदान' की सृजनशीलता

रामबक्ष

'गोदान' प्रेमचन्द की सर्वश्रेष्ठ औपन्यासिक कृति तो है ही, सम्पूर्ण हिन्दी उपन्यास साहित्य की सर्वाधिक स्वीकृति कृति भी है। इसको पढ़ते हुए—बार-बार पढ़ते हुए कभी-कभी मन में यह सवाल उठता है कि लेखक ने इसकी रचना कैसे की होगी ? क्या इसकी कथा की परिणति पूर्वनिर्धारित थी ? लेखक ने सारी बातें उपन्यास लेखन-प्रक्रिया से पूर्व निश्चित कर ली थीं ? या कुछ बातें उन्होंने पहले से सोच ली थीं, कुछ निष्कर्षों पर लेखक पहले ही पहुँच गया था और शेष छोटी-मोटी बातें लेखन के दौरान जुड़ गई थीं ? बीच की कड़ियों में संगति बिठाने का काम बाद में किया था ? या संपूर्ण कथा अपने स्वाभाविक निष्कर्षों की तरफ स्वयं बढ़ती चली गई अर्थात लेखन के दौरान बहुत-सी बातें 'गोदान' से जुड़ गईं ? कहीं ऐसा तो नहीं है कि उपन्यास का पूर्वनिर्धारित हिस्सा अधिक प्रभावशाली है और बाद में जोड़ा गया हिस्सा सामान्य विवरण मात्र है ? इस दृष्टि से 'गोदान' को पढ़ने पर कुछ बातें हमारे सामने स्पष्ट होती जाती हैं।

पहली बात तो यह कि होरी का मरना पूर्वनिर्धारित लगता है। जिस करुण अन्दाज और स्वर में यह उपन्यास चलता है, जिस तरह से वह आत्मीयों की प्रताड़ना झेल रहा है, जिस तरह वह अपने दुश्मनों से घिरा हुआ है, उसमें उसके ज़िन्दा रहने की सम्भावना बहुत कम लगती है। वैसे तो उसका शीर्षक ही मृत्यु के पश्चात दिया जानेवाला दान 'गोदान' नायक के मरने की घोषणा करता है।

दूसरे, रायसाहब को जीवन के खेल में पराजित होना है। यह भी तय-सा है। टूटता हुआ सामन्ती वर्ग नष्ट होगा। यह लेखक की भविष्यवाणी-सी है। इसलिए सारे 'मन्सूबे' पूरे हो जाने के बाद रायसाहब को परास्त दिखाया गया है। न भी दिखाया जा सकता था। उनके चरित्र का खुला अन्त भी हो सकता था, जैसा कि दातादीन, झिंगुरीसिंह, नोखेराम या पटेश्वर के जीवन को यथावत् छोड़कर उपन्यास आगे बढ़ जाता है। खन्ना की मिल जला दिए जाने के बावजूद उसका जीवट बना हुआ है। लेखक ने उसके जीवट को नहीं तोड़ा। सारे उपन्यास में प्रेमचन्द ने बहुत सावधानी से रायसाहब को बचाए रखा, उपन्यास के अन्त होने से पहले उनके सारे सपने पूरे करवाए और तब प्रयासपूर्वक उनके 'जीवट' को तोड़ा। उन्हें पराजित दिखाने का सुख लिए बिना प्रेमचन्द नहीं रहेंगे—यह अंदेशा बराबर बना रहता है।

मेहता और मालती के चरित्र में उन्होंने सम्भावनाएँ बनाए रखीं। उनके सम्बन्धों को निश्चित दिशा देकर चरित्र को भविष्य के लिए खुला रखा। सिर्फ एक तंखा को यथावत शक्तिशाली रखकर प्रेमचन्द ने अवश्य यथार्थवादी दृष्टि का परिचय दिया। सब जगह से पिट-पिटाकर भी वह रायसाहब के पुत्र का पैरोकार बन गया। उसका अभी भविष्य है। उपन्यास के सारे पात्र बदले, कुछ टूटे, कुछ झुक गए, कुछ नष्ट हो गए, परन्तु मि. तंखा एकमात्र ऐसे पात्र हैं, जिन्होंने अपनी कार्यशैली नहीं बदली। उनका काम अभी चल रहा है।

अब यदि यूँ देखें तो 'गोदान' में कथा का विकास नहीं होता। जो घटनाएँ घटती हैं, वे होरी के चरित्र में रंग भरने के लिए सायास लाई हुई होती हैं। वे घटनाएँ होरी के जीवन की दिशा नहीं बदलतीं। होरी को समझने में सहायता देती हैं। दरअसल होरी का चरित्र उपन्यास की रचना से पूर्व निर्मित हो चुका है। उपन्यास लेखन के दौरान, उपन्यास की कथा में उसका विकास नहीं होता। वह अपरिवर्तनशील पात्र है। धनिया में भी कोई विकास नहीं होता। सारे उपन्यास में वह लगभग एक ही जैसी रहती है। उपन्यास के अन्त में उसमें परिवर्तन होता है जब होरी मर जाता है और धनिया पछाड़ खाकर गिर पड़ती है।

इस कोण से यदि उपन्यास के सारे पात्रों को देखें तो गोबर में परिवर्तन होता है (हालाँकि यान्त्रिक परिवर्तन लगता है), झुनिया का रूप बदलता रहता है, मेहता और मालती भी बदलते हैं। शेष पात्रों में दातादीन, नोखे, पटेश्वरी, झिंगुरीसिंह, खुर्शेद, ओंकारनाथ, गोविन्दी, नोहरी, सिलिया यथावत बने रहते हैं। हाँ, मातादीन में छोटा-मोटा हृदय-परिवर्तन का आभास मिल सकता है।

जहाँ तक लेखक की 'टोन' का प्रश्न है, पूरे उपन्यास में कोई परिवर्तन नहीं होता। गाँव कथा में करुण दृष्टि और शहर कथा में हल्का हास्य और बारीक व्यंग्य–यह स्थायी भाव की तरह बराबर बना रहता है। गाँव कथा में आया हुआ हास्य-विनोद भी अन्ततः करुणा के रंग को गाढ़ा करने के ही काम आता है।

इतने सप्रयोजन कथानक में लेखक अच्छा उपन्यास कैसे लिख गया ? आश्चर्य होता है।

'गोदान' में घटनाएँ और क्रियाएँ बहुत कम हैं। यदि पृष्ठों की गिनती की जाए तो 300 पृष्ठों के उपन्यास में 50 पृष्ठों में भी घटनाएँ नहीं घटतीं। इसमें अधिकतर बातचीत है। सभी पात्र वर्तमान देश-दशा पर एक स्वर में चर्चा करते हैं और अपनी-अपनी राय देते हैं। वे कोई एक समस्या उठा लेते हैं, फिर उसका हिस्सा एक-एक पात्र को दे दिया जाता है, उसे वह अपनी बारी आने पर बोल देता है। सारी चर्चा से एक सम्मिलित निष्कर्ष निकलता है। कोई पात्र अलग से अपनी बात नहीं कहता। होरी भी वही कहता है, जो हीरा कहता है या भोला कहता है। कभी-कभी तो दातादीन और रायसाहब भी उसी समस्या के किसी बड़े या छोटे बिन्दु को उठाकर उस सम्मिलित लेखकीय निष्कर्ष को पुष्ट करते हैं।

'गोदान' की मुख्य कथा के साथ-साथ कई छोटी-छोटी अवान्तर कथाएँ भी हैं। मसलन नोहरी-नोखेराम, भोला का प्रकरण, चुहिया-गोबर, झुनिया या कोदई और उसकी पत्नी आदि। उपन्यास-कला की दृष्टि से ये प्रकरण अत्यन्त यथार्थवादी हैं, ऐसे प्रकरण और अधिक होने चाहिए थे परन्तु ये सभी उपन्यास को नया अर्थ नहीं देते। ये न भी आते तो भी रचना का अर्थ क्षीण नहीं होता। आ गए, तो बुरे नहीं लगे। ऐसे दो-चार प्रकरण और आ जाते तब भी उपन्यास की कथा में खप जाते। इनका कोई स्वतन्त्र अस्तित्व एवं कोई निर्णायक भूमिका न होने से रचना के कलेवर में वृद्धि तो करते हैं, परन्तु रचना के अर्थ का विस्तार करने में सक्षम नहीं हो पाते।

दरअसल प्रेमचन्द की दिलचस्पी जीवन की प्रतिमा गढ़ने में नहीं रही। वे रचना में जीवन की पुनर्रचना करना नहीं चाहते। हालाँकि 'गोदान' का महत्त्व इसीलिए है कि इसमें उन्होंने होरी और धनिया की प्रतिमा का निर्माण किया। वे चरित्र-निर्माण में रुचि नहीं लेते। वे तो रचना में अपने विचारों की अभिव्यक्ति करना चाहते हैं। वे उसमें विचार करते हैं, चिंतन करते हैं, समस्या को समझना चाहते हैं। वे जीवन को व्यक्त करना नहीं चाहते, जीवन को समझना चाहते हैं। इस प्रक्रिया में चरित्र-निर्माण हो जाता है। यह उनका उद्देश्य नहीं। यह साथ-साथ अपने आप हो जाता है। यह बाई-प्रोडक्ट है। इसलिए प्रेमचन्द जल्दी से जल्दी प्रतिमा का निर्माण करके आगे बढ़ जाते हैं। ये प्रतिमाएँ कम महत्त्वपूर्ण हैं, सो बात नहीं। छोटा काम किया है, यह भी नहीं। प्रतिमा-निर्माण के कार्य में लगे हुए किसी अन्य लेखक की तुलना में प्रेमचन्द की ये प्रतिमाएँ कमजोर हैं, सो भी नहीं। बात यह है कि एक लेखक, लेखक के रूप में स्वयं क्या करना चाहता है ? प्रेमचन्द प्रतिमा-निर्माण में लगे रहना नहीं चाहते, वे प्रतिमाओं से वैचारिक चिन्तन चाहते हैं।

बड़े रचनाकार इसीलिए महान होते हैं, क्योंकि वे अपनी रचनाओं में विविध मानव प्रतिमाओं का निर्माण कर जाते हैं। प्रसाद ने यदि 'कामायनी' में श्रद्धा, मनु, इड़ा या लज्जा की प्रतिमा का निर्माण न किया होता और सिर्फ समरसता या आनन्द के ही गीत गाते रहते तो पन्त की तरह उनका महत्त्व भी समय बीतने के साथ कम होता जाता। प्रसाद का महत्त्व श्रद्धा-मनु-इड़ा-लज्जा की मानवीय प्रतिमा के कारण आगे भी बना रहेगा।

इस दृष्टि से देखा जाए तो हम प्रेमचन्द का 'गोदान' उसमें व्यक्त विचारों के कारण शायद नहीं पढ़ते। गो कि प्रेमचन्द ने बहुत अच्छी-अच्छी बातें लिखी हैं। उस समय ये विचार अद्भुत, मौलिक एवं क्रान्तिकारी प्रतीत हुए होंगे। हिन्दीभाषी पाठकों के बड़े वर्ग की वैचारिक भूख को इस उपन्यास ने मिटाया होगा। परन्तु, आज ये सारी बातें सहज स्वीकृत सामान्य ज्ञान का अंग हो गई हैं। उन बातों से अब कोई बहस पैदा नहीं हो सकती। कोई उत्तेजना, जोश, उमंग, उल्लास निर्मित नहीं होता। उनमें अब रचनात्मक आनन्द नहीं बचा। होली के बहाने की गई नकल अब उतनी रंगीन तथा आकर्षक नहीं लगती। जाहिर है कि इस वैचारिक स्वीकृति के लिए प्रेमचन्द को बहुत संघर्ष करना

पड़ा। प्रगतिवाद ने इसके लिए लम्बी वैचारिक लड़ाई लड़ी। जो भी हुआ। 'गोदान' का वह हिस्सा आज के व्यवस्था-विरोधी पाठक के सहज स्वीकृत ज्ञान का अंग बनकर अपनी सृजनात्मकता खो चुका है। आज हम उस हिस्से को जल्दी-जल्दी पढ़कर आगे बढ़ जाना चाहते हैं।

'गोदान' का सशक्त हिस्सा वे मानव-प्रतिमाएँ हैं, जो लेखक ने निर्मित कीं। उनके चरित्र का ढाँचा, मानव-चरित्र की लेखकीय समझ हमें आज भी मुग्ध कर देती है। यदि हम होरी-धनिया, दातादीन, रायसाहब आदि की विशाल मानव-प्रतिमाएँ छोड़ भी दें (हालाँकि उनका सृजन अद्भुत है) तो भी प्रेमचन्द ने कैसे पहचाना होगा तंखा को ? कहाँ से ढूँढ़ निकाला होगा उन्होंने मालती के पिता को ? कहाँ खोजा होगा चुहिया को, कोदई को या नोहरी को, ये सभी छोटी-बड़ी मानव-प्रतिमाएँ प्रेमचन्द की अद्भुत सृष्टि हैं।

यदि प्रेमचन्द युग की समस्याएँ समाप्त हो जाएँगी, ग्रामीण जीवन बदल जाएगा (काफी बदल भी गया है) तब क्या प्रेमचन्द का कोई महत्त्व नहीं रहेगा। जब न शोषण रहेगा न अत्याचार, तब प्रेमचन्द को कोई क्यों पढ़ेगा ? यदि प्रेमचन्द की गणना से इतिहास चलता तो प्रेमचन्द अप्रासंगिक हो गए होते। प्रेमचन्द के विचारों के कारण नहीं, उनके द्वारा निर्मित मानव-प्रतिमाओं से मिलने हम बार-बार 'गोदान' में जाते हैं।

वैचारिक आग्रह के कारण 'गोदान' की वर्णन कला भी प्रभावित हुई है। वे किस्सागो मशहूर हैं। परन्तु 'गोदान' में उनका विचारक किस्सागो पर हावी है। वे उपन्यास के विविध हिस्सों की शुरुआत एक सफल किस्सागो की तरह करते हैं। बड़ी उमंग और उत्साह से वे भूमिका बाँधते हैं, पाठक को लपेटते हैं, आकर्षित करते हैं। थोड़ी देर तक यह क्रिया-व्यापार चलता है। फिर झट से अपना रूप बदल लेते हैं। किस्सागो को चुप करा देते हैं और विचारक का बाना पहनकर लेखक समाज का विश्लेषण करने लग जाता है।

'गोदान' की रचना दो वर्षों में हुई। रुक-रुककर उन्होंने इसे पूरा किया। लगातार लिखे गए लेखन और रुक-रुककर लिखे गए लेखन में फर्क होता है। लगातार लिखे गए लेखन में तारतम्य रहता है। संगति बैठी रहती है, बिठानी नहीं पड़ती। जबकि रुक-रुककर लिखे गए लेखन में स्वर टूट जाता है, फिर-फिर उसे साधना पड़ता है। कथा के सूत्र को फिर से पकड़ने के लिए नए सिरे से भूमिका बाँधनी पड़ती है। वे बार-बार ऐसा करते हैं। करना पड़ता है। यह मशक्कत उपन्यास में दिखाई देती है।

इस कारण वे कई बार पात्र के चरित्र को भूल जाते हैं। उसके बारे में कुछ का कुछ लिख देते हैं। संगति नहीं बैठती। पाठक हैरान और परेशान। अभी-अभी क्या कहा था और अब क्या कह रहे हैं ? हो क्या रहा है ? मालती के बारे में पिछले पृष्ठों में क्या कह आए हैं ? आज एकदम उलटी बात कह दी। खन्ना की पत्नी का नाम तो कामिनी बताया था, अब यह उसे गोविन्दी बताए जा रहे हैं। भूल गए। झुनिया के बारे में नितान्त विरोधी बातें थोड़े-से अन्तराल के बाद मिल जाती हैं ?

ऐसा लगता है कि प्रेमचन्द ने लिखे हुए को दुबारा नहीं लिखा। उसे संशोधित-सम्पादित नहीं किया। उसकी भाषा पर, कला पर मेहनत नहीं की। कर लेनी चाहिए थी। पृ. 297 पर होरी कहता है अभी तो दस बजे होंगे। यह घड़ी की चेतना होरी की नहीं हो सकती। प्रेमचन्द की हो सकती है। प्रेमचन्द का 'गोदान' यदि जैनेन्द्र लिखते तो दस नहीं बजते। अज्ञेय लिखते तब भी यह नहीं होता। यहाँ तक कि रेणु और हजारीप्रसाद द्विवेदी लिखते तब भी दस नहीं बजाते। कुछ और करते।

उस समय प्रेमचन्द कुछ बीमार रहने लगे थे। वैसे भी लिखना शारीरिक साधना भी है। लिख दिया, वही क्या कम है ? अब दुबारा कौन लिखे ? कैसे लिखे ? समय कहाँ है ? शरीर में ताकत कहाँ है ? जिसे शुरू कर दिया उस उपन्यास को पूरा करना है। यही लक्ष्य है। इसलिए पिछले अध्यायों को पढ़ने की जरूरत भी उन्होंने नहीं समझी। कलम उठाई और आगे लिखते चले गए। इसलिए कथानक की रेखा सीधी नहीं खिंच पाई, चरित्र थोड़े टेढ़े-मेढ़े हो गए। पाठक सीधा समझ लेंगे। लेखक को विश्वास है और यह विश्वास गलत भी नहीं है।

हिन्दी में बहुत कम लेखक हुए हैं, जिनकी रचनाओं में उनका युग पुनर्जीवित हो उठता है। जमींदारी-प्रथा में रहनेवाले किसान प्रेमचन्द की रचनाओं में सजीव रूप में दिखाई देते हैं। आजादी के बाद नयी भूमि-व्यवस्था–सेटलमेंट का कार्य सारे भारतवर्ष में कमोबेश हुआ ही है। हिन्दीभाषी प्रान्तों में बिहार के अलावा उत्तर प्रदेश, मध्य प्रदेश, राजस्थान, हरियाणा–सभी प्रान्तों में हुआ। परन्तु हिन्दी में सिर्फ फणीश्वरनाथ रेणु की रचनाओं के कारण बिहार का सेटलमेंट अब भी सजीव रूप में हमारे सामने उपस्थित है। है, यही क्या कम है ?

गोदान : एक नव-औपनिवेशिक पाठ

पी. रवि

"लेकिन आधुनिक औद्योगिक व्यवस्था के आरोहण के हर पग पर किसानों के हित की बलि चढ़ाई जाती है, चाहे नर्मदा जैसे बड़े बाँधों से हो, राष्ट्रीय राजमार्गों के लिए भूमि अधिग्रहण से हो, औद्योगिक नगर बसाने के लिए हो या महानगरों या अभयारण्यों का प्रसार हो, सभी में किसानों का ही विस्थापन होता है। एक तरह से वर्तमान सभ्यता में विस्थापन किसानों की नियति बन गई है। जो लोग कृषि को उद्योगों का दर्जा देने की वकालत करते हैं, वे या तो इसके निहितार्थ से अनभिज्ञ हैं या जानबूझकर बड़े उद्योगों और बड़े औद्योगिक फार्मों के विकास के लिए छोटे किसानों का अस्तित्व मिटाने का वातावरण बना रहे हैं। कृषि भूमि को हदबन्दी कानून से मुक्त करने और कृषि में देशी और विदेशी पूँजीनिवेश के लिए दरवाजा खोलने की पहल को इसी पृष्ठभूमि में देखा जाना चाहिए। एक बार यह शुरू हुआ तो धीरे-धीरे विपन्न होते छोटे किसान अपनी जमीन बड़े पूँजीवादी प्रतिष्ठानों के हाथ बेच देंगे और फिर आजीविका की तलाश में भटकेंगे।"—सच्चिदानन्द सिन्हा—भूमंडलीकरण की चुनौतियाँ (पृ. 125-126)

'गोदान' समाज को समय के साथ जोड़नेवाला उपन्यास है। यही प्रस्तुत रचना का महत्त्व है। हमारे इतिहास ग्रन्थों में समाज को समेटने की क्षमता बहुत विरल है। 'गोदान' उपन्यास में इस गुण के होने के कारण वर्षों पहले आचार्य हजारीप्रसाद द्विवेदी ने कहा था कि उत्तर भारत को जानने के लिए वहाँ जाने की ज़रूरत नहीं, 'गोदान' पढ़ना काफी है। लेकिन हमने उस इतिहास तत्त्व को सही ढंग से समझने का प्रयास नहीं किया। बाद में हमारे तथाकथित इतिहास ग्रंथों पर प्रश्न करते हुए विजयदान देथा ने 'गोदान' को भारत का इतिहास कहा है। 'प्रेमचन्द की बस्ती' नामक पुस्तक में उन्होंने लिखा है कि "खैर, इस तरह की समस्त इतिहास पुस्तकों को एक समय रद्दी करार दिया जाएगा और जब हमारे राष्ट्र का सच्चे माने में इतिहास लिखा जाएगा तो उस सही इतिहास की यथार्थ सामग्री न डॉक्टर ईश्वरीप्रसाद की पुस्तकों से मिलेगी, न रायबहादुर गौरीशंकर हीराचन्द ओझा की कृतियों में और न डॉट के राजस्थान में, उसके लिए योग्य सामग्री प्राप्त होगी—मुंशी प्रेमचन्द की रचनाओं में। 'गोदान' हमारे देश का इतिहास है। 'कर्मभूमि' हमारे राष्ट्र की सच्ची कहानी है। मनोहर, बलराज, कादिर खाँ, सलोनी, मुन्नी, गूदड़ चौधरी, होरी, धनिया हमारे समाज की विकसित परम्परा के अधिष्ठाता हैं और

ज्ञानशंकर, दुखरन भगत, पटेश्वरी, दातादीन, झिंगुरी सिंह, नोखेराम, मंगरू साहु, दुलारी सहुआइन आदि विकास गति में रोक लगानेवाले खलनायक हैं। ये सड़ती हुई मृतप्राय सामन्ती व्यवस्था के हिमायती हैं–और होरी, धनिया, बलराज, मनोहर और सलोनी काकी नई व्यवस्था के अग्रदूत। इन्हीं दो व्यवस्थाओं के पारस्परिक संघर्ष का नाम इतिहास है। और जिसकी दृष्टि इस संघर्ष की नब्ज़ पहचान लेती है–वही सच्चा इतिहासकार है। 'गोदान' में इसी रोगी समाज की इसी नस की पहचान की गई है।" (पृ. 170)

औद्योगिक क्रान्ति के साथ साम्राज्यवादी-उपनिवेशवादी शक्तियों का हमला शुरू हुआ था। अपने औद्योगिक उत्पादों के लिए मंडी की खोज में निकली ये शक्तियाँ फिर उक्त मंडी की स्थिरता की करतूतों में लगी रहीं। इसके लिए वे उन देशों व राज्यों की निजी संस्कृति को, जीवन रीति को, आर्थिक-सामाजिक व्यवस्था को तोड़ने लगीं। साथ ही अपने उपनिवेशी हितों के लिए नई सामाजिक-सांस्कृतिक-राजनीतिक-आर्थिक व्यवस्था को आसीन करने लगीं। लॉर्ड विलियम बेंटिक के 1829 का प्रस्ताव–ज़मींदारी प्रथा के कार्यान्वयन सम्बन्धी, और लॉर्ड मैकाले का शिक्षा पद्धति सम्बन्धी प्रस्ताव भी इसी के सशक्त प्रमाण हैं। उपनिवेशी हितों का आगमन यहाँ के किसानों को, खेती-बारी को उजाड़ता रहा। अलावा इसके यहाँ के कुटीर उद्योग एवं परम्परागत धन्धे नाशोन्मुख होने लगे। उपनिवेशन की यह प्रक्रिया आज उत्तर-नव-उपनिवेशी दौर में पूर्णता की ओर अग्रसर होने लगी है। भूमंडलीकरण इस उपनिवेशन की प्रक्रिया का नया रंगीन एवं तिलिस्मी रूप है। उदारीकरण, निजीकरण, खुला बाज़ार, आर्थिक परिष्कार आदि इसके मुख्य नारे हैं। हकीकत यह है कि इस उदारीकरण के मूल में उदारता नहीं है। खुले बाज़ार में व्यापार होता है। व्यापार शब्द का और एक अर्थ है क्षुद्र काम। बाज़ार की संस्कृति परस्पर बाँटकर खाने की नहीं है। वहाँ की संस्कृति अन्यों से किसी-न-किसी तरह छीनकर खाने की है। वहाँ उदारता के लिए जगह कहाँ है। ऐसा स्वप्न देखना, बातें करना महज ढोंग है। ऐसे बाज़ार में भारत का सुन्दर भविष्य ढूँढ़ना–सत्तर प्रतिशत से अधिक किसानों-मज़दूरों का भविष्य–कहाँ तक तर्कसंगत होगा ?

इस भूमंडलीकृत साईबर विश्व में होरी ही बात करना, उसके बारे में सोचना असंगत है ? क्या आज भी भारत के बहुसंख्यक होरी नहीं हैं ? सत्तर प्रतिशत से अधिक लोग आज भी यहाँ खेती-बारी से जूझते हुए जीवन बिताने का प्रयास करते हैं। भारत उन्हीं लोगों पर टिका है और भारत की बुनियादी संस्कृति उन्हीं की है, चाहे अनेकों ने उसे बिगाड़ने का प्रयास किया हो। यह कहने की ज़रूरत नहीं है कि किसान, खासकर भारतीय किसान भीषण संकट में है। देशी सरकार उस संकट के निदान के लिए आवश्यक कदम भी नहीं उठाती है। शायद इसलिए कि हमारी सरकार, जो जनतन्त्री नाम से जानी जाती है, आज एक अभिकर्ता मात्र रह गई है। वह उपनिवेशी शक्तियों द्वारा नियन्त्रित बहुराष्ट्रीय आर्थिक संस्थाओं, विश्वव्यापार संघटनों, गैट (Gatt), पैटेन्ट आदि की शर्तों के अनुसार शासन करती है और उन्हीं के निर्देशानुसार उदारीकरण,

निजीकरण, खुला बाज़ार आदि का स्वागत करती रहती है। पाँच बीघे के किसान होरीराम में सहजता, सादगी और विवेक हैं। साथ ही परम्परा से अर्जित मानवीय मूल्यों को संशोधित एवं संवर्द्धित करने की संवेदना भी है। इसके सहारे वह जीना चाहता था। परन्तु जिस परिस्थिति में वह जी रहा था, वह उसे जीने नहीं देता था। उस विधान में उतनी करुणा एवं सहानुभूति नहीं थी, वह पूर्णतया अमानुषिक हो गया था। रायसाहब के शब्दों एवं कर्मों में, दातादीन की दृष्टि में, नोखेराम की करतूतों में, साहूकारों के व्यवहारों से यही व्यक्त होता है। दूसरी तरफ होरी राज नहीं चाहता, भोग-विलास नहीं चाहता, खाली मोटा-झोटा पहनना और मोटा-झोटा खाना चाहता था। अन्यों की उन्नति में वह कभी कुढ़ता या जलता नहीं। उसकी इच्छाएँ सीमित थीं। उपन्यासकार बीच-बीच में होरी की ऐसी विशिष्ट संस्कृति का उल्लेख करते हैं। उपन्यास के आरम्भिक भाग में प्रेमचन्द लिखते हैं कि "किसान पक्का स्वार्थी होता है, इसमें सन्देह नहीं। उसकी गाँठ से रिश्वत के पैसे बड़ी मुश्किल से निकलते हैं।...लेकिन उसका सम्पूर्ण जीवन प्रकृति से स्थायी सहयोग है। वृक्षों में फल लगते हैं, उन्हें जनता खाती है, खेती में अनाज होता है, वह संसार के काम आता है, गाय के थन में दूध होता है, खुद वह पीने नहीं जाती, दूसरे ही पीते हैं, मेघों से वर्षा होती है, उससे पृथ्वी तृप्त होती है। ऐसी संगति में कुत्सित स्वार्थ के लिए कहाँ स्थान ? होरी किसान था और किसी के जलते हुए घर में हाथ सेंकना उसने सीखा ही न था।" वर्तमान युग में क्या ऐसे मानवमूल्यों को इनकार किया जा सकता है ? चाहे इस कुसमय में उसका अनुसरण करना मुश्किल क्यों न हो। होरी की ही बातों पर फिर से ध्यान दीजिए। "किसी भाई का नीलाम पर चढ़ा हुआ बैल लेने में जो पाप है, वह इस समय तुम्हारी गाय लेने में है।" होरी भोला की संकट-स्थिति समझकर कहता था। घर आकर परिवारवालों से वह कहता है कि "क्या हुआ, दस-पाँच मन भूसा चला जाएगा, बेचारे को संकट में पड़कर अपनी गाय तो न बेचनी पड़ेगी।" बाहर से देखने पर यह आदर्श लगेगा, लेकिन वह कृषक जीवन का आत्मांश ही था। धन को हाथ का मैल कहता हुआ होरी अन्तिम समय में भी इससे विचलित नहीं होता है। "इस ज़माने में मोटा होना बेहयायी है। सौ को दुबला करके तब एक मोटा होता है। ऐसे मोटेपन में क्या सुख ? सुख तो जब है कि सभी मोटे हों।" यही उसका संस्कार है। प्रेमचन्द स्पष्ट शब्दों में कहते भी हैं कि "संकट की चीज़ लेना पाप है, यह बात जन्म-जन्मान्तरों से उसकी आत्मा का अंश बन गई थी।" स्थायी जीर्णावस्था, जो मनुष्य के आत्मसम्मान को उदासीनता में बदल देती है, से संघर्ष करने की शक्ति उसे अपने इस संस्कार से प्राप्त हुई है।

ज़मीन और गाय किसान की संस्कृति का आधार है। उसके लिए ज़मीन जान से प्यारी है। उसे सुरक्षित रखना वह अपना कर्त्तव्य समझता है। इस सिलसिले में वह साहूकारों से ही नहीं सबसे ऋण लेता है, चिरौरी करता है। इस जन्म में सुख की प्रतीक्षा की क्या ? पेट भरने की आशा तक न रखनेवाला होरी फिर भी उसी प्रयास में जूझता रहता है। गाय उसके सिर्फ गोमाता या सम्पत्ति ही नहीं, बल्कि उसका सबसे बड़ा

अरमान है। "हर एक गृहस्थ की भाँति होरी के मन में गऊ की लालसा चिरकाल से संचित चली आती थी। यही उसके जीवन का सबसे बड़ा स्वप्न, सबसे बड़ी साध थी।" जब मेहमान के रूप में गाय आती है तब कर्ज़, सूद, भूख, अभाव आदि के काले बादलों से घिरे होरी के चेहरे पर सूरज निकलता है। वह दौड़-दौड़कर सबका सत्कार कर रहा था। इतना विनम्र, इतना प्रसन्नचित्त वह कभी नहीं था। शोषण, कर्ज़, सूद, धर्मभीरुता, बिरादरी का मोह आदि होरी को मनुष्य जीवन से वंचित कर देते हैं। फिर भी वह अपने भीतर ही भीतर मनुष्यता को बचाए रखता है। वह कभी भी सामाजिक विधि-निषेधों, रूढ़ियों और अन्य तंत्रों को मनुष्यता के आड़े नहीं आने देता है। झुनिया को वह सांत्वना देता है कि "डर मत बेटी, डर मत। तेरा घर है, तेरा द्वार है, तेरे हम हैं, आराम से रह।" इस प्रकार डाँड देकर, बेदखली सहकर झुनिया और सिलिया को पनाह देता है। इतना होने पर भी वह बिरादरी से अलग होना नहीं चाहता है। "बिरादरी से पृथक् जीवन की वह कल्पना ही न कर सकता था। शादी-ब्याह, मुंडन-छेदन, जन्म-मरण सबकुछ बिरादरी के हाथ में है। बिरादरी उसके जीवन में वृक्ष की भाँति जड़ जमाए हुए थी और उसकी नसें उसके रोम-रोम में बिंधी हुई थीं। बिरादरी से निकलकर उसका जीवन विशृंखल हो जाएगा—तार-तार हो जाएगा।"

होरी ही नहीं, सारे किसान परेशानी में हैं। शोषण, अत्याचार, उत्पीड़न से किसान त्राहि-त्राहि कर रहे हैं। "ऐसा एक आदमी भी नहीं, जिसकी रोनी सूरत न हो, मानो उनके प्राणों की जगह वेदना ही बैठी उन्हें कठपुतलियों की तरह नचा रही हो।...जीवन में न कोई आशा है, न कोई उमंग, जैसे उनके जीवन के सोते सूख गए हों और सारी हरियाली मुरझा गई हो।" होरी कह रहा था कि "खाया नहीं, उड़ाया नहीं, लेकिन उपज न हो और जो हो भी, वह कौड़ियों के मोल बिके, तो किसान क्या करें ?" दूसरी ओर सामाजिक न्याय से बेखबर या उसे अनदेखा करनेवाले विकास का आगमन होता है, जो किसानों एवं खेती-बारी तथा यहाँ के छोटे-बड़े उद्योग-धंधों को उजाड़ता है। इसकी पहचान करता सजग किसान रामसेवक कहता भी है कि "एक-न-एक हाकिम रोज नए-नए बढ़ते जाते हैं। एक डाक्टर कुँओं में दवाई डालने के लिए आने लगा है। एक दूसरा डाक्टर कभी-कभी आकर ढोरों को देखता है, लड़कों का इम्तहान लेनेवाला इसपिट्टर है, न जाने किस-किस महकमे के अफसर हैं, नहर के अलग, जंगल के अलग, ताड़ी-सराब के अलग, गाँव सुधार के अलग, खेती-विभाग के अलग। कहाँ तक गिनाऊँ ? पादरी आ जाता है, तो उसे भी रसद देना पड़ता है, नहीं शिकायत कर दे। और जो कहो कि इतने महकमों और इतने अफसरों से किसान का कुछ उपकार होता हो, तो काम को नहीं।" आज तो विकास चरम स्थिति की ओर तेजी से बढ़ रहा है। शासन जनता के हाथ में है। 'गोदान' में रामसेवक कहता है—"थाना-पुलिस, कचहरी-अदालत सब हैं हमारी रक्षा के लिए, लेकिन रक्षा कोई नहीं करता। चारों तरफ लूट है। जो गरीब है, बेकस है, उसकी गर्दन काटने के लिए सभी तैयार रहते हैं।" इस तरह के विकास का विरोध 'डूब' (वीरेन्द्र जैन का उपन्यास) का मुख्य पात्र माते करता है,

जिसे रामसेवक का उत्तराधिकारी कह सकते हैं। इस विकास नीति से किसानों को बचाने के लिए अनुदान, रियायत आदि की सख्त ज़रूरत है। जैसा कि सच्चिदानन्द सिन्हा लिखते हैं कि "...छोटे किसान संरक्षित बाज़ार के भीतर ही अस्तित्व में रह सकते हैं जहाँ विशाल उत्पादकों की प्रतिस्पर्धा से उन्हें लागत से कम भाव पर अपना उत्पादन बेचने की मज़बूरी न हो। लेकिन यह उन्मुक्त वैश्विक व्यवस्था के भीतर सम्भव भी नहीं। इसलिए छोटे किसानों के अस्तित्व—यानी इस देश की दो-तिहाई आबादी के अस्तित्व की रक्षा देश को वैश्विक बाज़ार की स्पर्धा से बचाने से ही सम्भव है।" (भूमंडलीकरण की चुनौतियाँ, पृ. 126) इस सन्दर्भ में यह भी ध्यान देने योग्य बात है कि विश्वबैंक की हाल की वार्षिक रिपोर्ट में गरीबी को गम्भीर समस्या के रूप में स्वीकार किया गया है और कहा कि भूमंडलीकरण इसका हल नहीं है। विडम्बना यह है कि हल के बारे में प्रस्तुत रिपोर्ट भी मौन है। जनतन्त्र की जनता के हाथ में धन नहीं, धन विश्वबैंक, आई.एम.एफ., ए.डी.बी. के हाथों में है, ये धन को हाथ का मैल नहीं मानते हैं। ये धन को सबसे अमोलक एवं ताकतवर मानते हैं, सिद्ध करते हैं।

'गोदान' में शोषक-शक्तियों के केन्द्र में रायसाहब हैं। वे सिर्फ एक ज़मींदार मात्र नहीं हैं। वे साम्राज्यवादी-उपनिवेशी सरकार के अभिकर्ता हैं। साम्राज्यवादी शक्तियों ने अपना उल्लू सीधा करने के लिए पहले ज़मींदार वर्ग का निर्माण किया था। "उन्होंने (अंग्रेजों ने) भारत की भूमि पर ही एक ऐसे वर्ग को उत्पन्न किया जो उनके शोषण का पक्का, स्वामिभक्त चाकर बन गया। यह वर्ग था ज़मींदारों का। भारत की आर्थिक भूमि पर ज़मींदारी प्रथा एक विदेशी पौधा था। इस पौधे को अंग्रेजों ने ग्राम्य-सामाजिक-आर्थिक व्यवस्था को नष्ट करने के बाद लगाया था। लॉर्ड विलियम बैंटिक ने 8 नवम्बर 1829 के भाषण में परमानेंट ज़मींदारी व्यवस्था के विषय में कहा कि "इससे (परमानेंट सेटलमेंट) एक ऐसे धनवान ज़मींदारों का समूह पैदा हो गया जो ब्रिटिश राज्य को चलाने में अपना हित देखता है और उसका सारे जनसमूह पर भी पूरा अधिकार है।" गोदान के रायसाहब इसी ज़मीदार वर्ग के प्रतिनिधि हैं—जो एक ओर राज्यसत्ता की मेहरबानी और दूसरी तरफ किसानों के गहरे परिश्रम के शोषण पर जीवित हैं। रायसाहब सरकार के प्रति, हुक्कामों के प्रति जितने विनम्र हैं उतने ही किसानों के प्रति कठोर और क्रूर हैं।" (प्रेमचन्द की बस्ती, पृ. 120, कोमल कोठारी के लेख से) कभी वह भेड़िया-बकरी की खाल ओढ़कर होरी से बातें करते हैं और उन बातों में धार्मिक-शोषकों-सी वश्यता एवं उदारता है। वे होरी और उसके वर्ग की संस्कृति की तरफदारी तक करते हैं जिससे होरी पिघल जाता है। जब बेगार देते मज़दूरों द्वारा रोटी की माँग की जाती है तब वे भेड़िया बन जाते हैं। इसकी खबर को अखबार से रोकने के लिए वे सम्पादक पं. ओंकारनाथ को बड़ी रिश्वत भी देते हैं। सरपंच होरी से डाँड वसूल करते हैं तब उन पर भी वे टूट तो पड़ते हैं, परन्तु उसे वसूल करने का प्रयास भी करते हैं। साम्राज्यवादी सरकार का चाकर रायसाहब दूसरी ओर लोकप्रिय बनने का रास्ता भी जानते हैं। राष्ट्रीय आन्दोलन में हिस्सा लेकर वे जेल जाकर अपने असामियों

के बीच आदरणीय भी बनते हैं। इस तरह राष्ट्रवादी की पोशाक पहने रायसाहब सरकार की चाकरी की उपेक्षा तो नहीं करते हैं। इस शोषण तन्त्र के पीछे उपनिवेशी सरकार और ज़मींदारों की मिली-भगत है। "रायसाहब राष्ट्रवादी होने पर भी हुक्काम से मेल-जोल बनाए रखते थे। उनकी नज़रें और डालियाँ और कर्मचारियों की दस्तूरियाँ जैसी की तैसी चली आती थीं।" रायसाहब के इस व्यक्तित्व के बारे में कोमल कोठारी ने लिखा है कि "रायसाहब बीसवीं सदी के छंटे हुए ज़मींदार हैं, जो जनतन्त्र और समानता की दुहाई देते हुए अपना उल्लू गाँठने में लगे रहते हैं। लेकिन रायसाहब के शोषक रूप के पीछे जो शक्ति दिखाई देती है, वह उनके व्यक्तित्व की ही न होकर सामन्ती साम्राज्यवादी शोषण की संगठित शक्ति है।" (वही, पृ. 122) आज के जनतन्त्री शासक की स्थिति इससे भिन्न नहीं है। रायसाहब की भाँति वह भी उपनिवेशी शक्तियों का अभिकर्ता बन रहा है। उन्हीं के निर्देशानुसार ही यहाँ के जनतन्त्र को चलाता है। अमेरिका जैसे विकसित देशों में किसानों को चालीस प्रतिशत अनुदान दिया जाता है। उसी वक्त यहाँ किसानों के अनुदानों एवं रियायतों को खत्म करने का प्रयास जारी है। इस साजिश में दोनों की मिली-भगत है। विदेशी शासनकाल में अधिकारी लोग 'जनता को हमेशा अपनी कार का पेट्रोल समझते थे।' वर्तमान जनतन्त्र में भी जनता शासकों के ऐशो-आराम का साधन मात्र है। रायसाहब के समान मि. खन्ना, मि. मालती आदि भी जेल जाते हैं, अपने मतलब के लिए ही। मालती यह बात खुलकर कहती भी है। ये लोग इस तरह के राष्ट्रीय आन्दोलनों को अपवाद मात्र मानते हैं, क्योंकि उनका विश्वास यह है कि धन के सामने सब कुछ (राष्ट्र-राज्य या अन्य संविधान) हेच हैं। स्वातंत्र्योत्तर भारत में जारी उपनिवेश की प्रक्रिया और वर्तमान भूमंडलीकरण भी इसके प्रमाण ही हैं। धीरे-धीरे ज़मींदारी प्रथा क्षीण होने लगी फिर भी उपनिवेश का कार्य जारी है। अन्तर इतना है कि ज़मींदार की जगह प्रथा क्षीण होने लगी फिर भी उपनिवेशन का कार्य जारी है। अन्तर इतना है कि ज़मींदार की जगह देशी सरकारों और पूँजीपतियों ने ले ली है। स्वाधीनता के पूर्व ही पूँजी अपनी पकड़ को मजबूत करने लगी थी। इससे अवगत रायसाहब कहते हैं कि "हम नाम के राजा हैं। असली राजा हमारे बैंकर हैं।" इस वक्त खन्ना, झिंगुरी सिंह, श्यामबिहारी, तंखा आदि ताकतवर बन जाते हैं। इसमें किसी को भी और राय नहीं है। मि. चन्द्रप्रकाश खन्ना से प्रो. मेहता के शब्द हैं "लक्ष्मीपतियों की बदौलत ही हमारी बड़ी-बड़ी संस्थाएँ चलती हैं। राष्ट्रीय आन्दोलन को दो-तीन साल तक किसने इतनी धूमधाम से चलाया। इतनी धर्मशालाएँ और पाठशालाएँ कौन बनवा रहा है ? आज संसार का शासन-सूत्र बैंकरों के हाथ में है। सरकार उनके हाथ का खिलौना है।" हमेशा यह सच ही रहा है कि शासक, शासक के औजार और शासन व्यवस्था सब धनिकों के हितैषी हैं। स्वतन्त्रता-पूर्व भारत में ही नहीं आज भी यही स्थिति है। अपने जीवनोपार्जन को बरकरार करने हेतु हड़ताल करते ग्रामीण किसानों और आदिवासियों के—चाहे नर्मदा बाँध का विरोध हो या कोला के विरोध में हो—पक्ष में न सरकार है, और न अदालत है। इनका संघर्ष भी क्षुधा मिटाने का है न

कि ऐशो-आराम के लिए। आज की बहुराष्ट्रीय कम्पनियों तथा झिंगुरी सिंह की हँसी में अन्तर भी नजर नहीं आता है। पंडित के पूछने पर झिंगुरी सिंह ज़ोर से हँसा–"तुम क्या कहते हो पंडित, क्या तब संसार बदल जाएगा ? कानून और न्याय उसका है, जिसके पास पैसा है।"

बाज़ार का नियन्त्रण भी ऐसी ही शक्तियों के हाथ में है। वहाँ विदेशी उत्पन्नों की भरमार है। देशी उत्पन्न लगभग नहीं के बराबर हो गए हैं। यदि कहीं बचा-कुचा है उसकी माँग भी नहीं है। इसलिए देशी उद्योग उजड़ गया साथ ही बेरोज़गारी की समस्या काबू के बाहर हो गई। हर कहीं निजीकरण का कार्य ज़ोरों पर चल रहा है। सार्वजनिक संस्थाएँ बिक गई हैं। मज़दूर संघटन भी शिथिल होने लगे हैं। क्यों हर कहीं बड़ी-बड़ी मशीनें हैं, मज़दूरों की ज़रूरत कम हो गई है। इसलिए क्षुधा मिटाने की भागदौड़ से कम मजूरी पर भी मज़दूर काम करने को मज़बूर हो गए हैं। साम्राज्यवादी शासन के वक्त की हालत इससे भिन्न तो नहीं, यही गोदान व्यक्त करता है। गोबर बड़ी आशा के साथ शहर पहुँच गया था। "उस दिन बाज़ार में चार-पाँच सौ मज़दूरों से कम न थे। राज और बढ़ई और लोहार और बेलदार और खाट बुननेवाले और टोकरीवाले और संगतराश सभी जमा थे। गोबर यह जमघट देखकर निराश हो गया। इतने सारे मजूरों को कहाँ काम मिल जाता है।" खन्ना के मिल-मज़दूरों के आपसी झगड़े, जो भूख मिटाने के लिए, पूँजीपतियों के लिए अपने वर्ग की हत्या करने को भी तैयार होते हैं। होरी और अन्य किसान दातादीन जैसों की मजूरी करने को ही नहीं बल्कि सड़क के लिए लू की परवाह किए बिना पत्थर तोड़ने जाते हैं।

पाश्चात्य देशों में स्त्री स्वत्व की चर्चा जोरों पर चल रही थी और यहाँ आर्य समाज के नेतृत्व में नारी-उत्थान का काम शुरू हो गया था। स्त्रियों को राष्ट्रीय आन्दोलनों में हिस्सेदार बनाने का श्रम भी हो रहा था। गोदान ने इसे भी समेटने का कार्य किया है। फ्रांस, जर्मनी, इटली जैसे देशों की भाँति यहाँ भी वीमेंस लीग की स्थापना मालती करती है। पाश्चात्य शिक्षा प्राप्त सरोजा, मीनाक्षी जैसे पात्र वीमेन्स लीग एवं समाचार पत्रों से प्रेरणा और ऊर्जा लेकर आगे कदम रखती हैं। मीनाक्षी ज़मींदारी-महाजनी सभ्यता से छुटकारा पाना चाहती है, जहाँ स्त्री मात्र एक अलंकरण है।"...पत्रों में स्त्रियों के अधिकारों की चर्चा पढ़-पढ़कर उसकी आँखें खुलने लगी थी। वह जनाना क्लब में आने-जाने लगी। वहाँ कितनी ही शिक्षित ऊँचे कुल की महिलाएँ आती थीं। उनमें वोट और अधिकार और स्वाधीनता और नारी जागृति की खूब चर्चा होती थी...। मीनाक्षी कानूनी सलाह पाकर अपने लम्पट पति पर गुजारे का दावा भी करती है। शिक्षित स्त्रियाँ आत्मसम्मान के लिए नौकरी की तलाश करने लगीं। गोविन्दी अपने पूँजीपति खन्ना की उपेक्षा के कारण नौकरी की बात तक सोचती है। "दस-बीस रुपए कमा लेना ऐसा क्या मुश्किल है। अपने पसीने की कमाई तो खाऊँगी, फिर तो कोई मुझ पर रोब न जमाएगा। यह महाशय इसलिए तो इतना मिज़ाज़ करते हैं कि वह मेरा पालन करते हैं। मैं खुद अपना पालन करूँगी।" सरोजा तो पुरुषों से सलाह तक स्वीकार करने के

पक्ष में नहीं है। उसके अनुसार स्त्रियाँ विवाह को पेशा बनाना नहीं चाहतीं, प्रेम के आधार पर विवाह करना चाहती हैं। इस तरह अपने अधिकारों के प्रति सजग, शोषण तन्त्रों की पहचान करती, अपने पाँव पर खड़ा होना चाहती स्त्री को प्रेमचन्द प्रस्तुत करते हैं। दूसरी ओर झुनिया, धनिया जैसी ग्रामीण स्त्रियाँ हैं, जो अपने सहज विवेक एवं अनुभवों के आधार पर पुरुष वर्चस्व से लड़ती हैं और उनका आदर भी करती हैं। उनके लिए लड़ना और प्रेम करना दोनों जीवन के अंग हैं। विधवा झुनिया समाज और परिवार के अलिखित कानूनों की परवाह किए बिना गोबर से प्रेम करती है। फिर भी वह अपने पति का गुलाम नहीं होने को तैयार होती है। गोबर के अत्याचारों का विरोध करती झुनिया कहती है कि "सर्वस्व तो तभी पाओगे, जब अपना सर्वस्व दोगे। दोनों ओर से प्यार निभे तो वह निभाने को तैयार है—अन्यथा फिर वह जो चाहे सो करने में स्वतन्त्र है। अगर तुम इधर-उधर लपके, तो मेरी भी जो इच्छा होगी वही करूँगी।" धनिया तो मन्नू भंडारी के शब्दों में कहें तो क्रान्ति है। वह एक ओर होरी को अपना हीरा समझती है तो दूसरी ओर उसे भोंदू तक कहती है। वह होरी पर इतना अधिकार इसलिए जमाती है कि होरी उसके लिए उतना प्यारा है। वहाँ दोनों एक-दूसरे को मानते हैं, समझते भी हैं। यही उनकी खूबी भी है।

गोदान विश्वग्राम बनाम भारतीय ग्राम को प्रस्तुत करता आदिआख्यान है। उसमें पूँजी को मूल्यवान समझती विश्वग्राम की संस्कृति के आगे धन को हाथ का मैल समझती ग्रामीण संस्कृति को प्रस्तुत किया गया है। यह सही है कि आज उपनिवेशवादी हमले के आगे कुछ भी टिक नहीं पाता है। फिर भी उसके आर्थिक एवं सांस्कृतिक पक्ष हमें शान्त नहीं कर देते हैं न हमारे सवालों के उत्तर देते हैं। विश्वग्राम असल में विश्व-बाज़ार ही है। उस बाज़ार में बहुसंख्यक भारतीय के लिए क्या स्थान है ? इतिहास हमें शान्त नहीं रहने देता है। क्योंकि पूँजी के चरित्र में उदारता नामक शब्द भी नहीं है। दूसरी ओर वह देश के सांस्कृतिक वैविध्य को मिटा रहा है। वहाँ गाँव की होली, दीवाली सभी का बाज़ारीकरण होता है। इससे उसका सांस्कृतिक मूल्य गायब होता है। गोदान में होली का जो चित्र है उसमें किसी भी तरह का दबाव नहीं है। बिलकुल विपरीत परिस्थिति में भी गाँव में होली सही ढंग से मनाई जाती है। यह भी सही है कि रायसाहब द्वारा आयोजित पर्वों, उत्सवों के पीछे वणिक्-बुद्धि ही काम करती है। यहाँ व्यावसायीकरण की घुसपैठ का रेखांकन किया गया है। आजकल यह भी ध्यान देने योग्य बात है कि हमारे पर्वों, त्योहारों को बाज़ार ही मनाता है, यानी वही उसकी तैयारी करके हमें बुला रहा है। वह चेहराविहीन झुंड संस्कृति का प्रचार-प्रसार ही कर रहा है। हर कहीं यान्त्रिकता और तेज़ हो रही है, साथ-ही-साथ वह हमारी सोचने की शक्ति को भी मिटा दे रहा है।

'मन्त्र' का महत्त्व

अखिलेश

'मन्त्र' प्रेमचन्द की ऐसी कहानी है जिसे सर्वाधिक लोकप्रिय कहानियों में सुमार किया जाता है लेकिन उसे गम्भीर कलात्मक कृति का दर्जा नहीं हासिल है। कम से कम प्रेमचन्द की *कफ़न, पूस की रात, सद्गति, ठाकुर का कुआँ, शतरंज के खिलाड़ी* आदि की शृंखला में तो कतई नहीं। इसकी एक वजह यह भी हो सकती है कि उपर्युक्त कहानियाँ विशुद्ध यथार्थवादी हैं जबकि 'मन्त्र' को प्रेमचन्द के आदर्शवादी मिजाज के हृदय-परिवर्तन वाले साहित्य में डाल दिया गया है। देखने की बात है कि क्या वाकई ऐसा है ! क्या यह 'नमक का दारोग़ा' की तरह ही हृदय-परिवर्तन और आदर्शवाद के नुस्खों की कहानी है ?

प्रेमचन्द के साहित्य में अनगिनत स्थलों पर हृदय-परिवर्तन की घटनाएँ हैं। उपन्यासों में, और कहानियों में भी। हृदय-परिवर्तन की प्रक्रिया बुरे व्यक्ति के भले बनने की यात्रा होती है। क्रूर के दयालु बनने की, दुश्चरित्र के चरित्रवान बनने की, शैतान के साधु बनने की होती है। प्रेमचन्द के यहाँ भी ऐसा हुआ है लेकिन 'मन्त्र' में ऐसा कुछ भी नहीं है। 'मन्त्र' का मुख्य चरित्र 'भगत' खल पात्र नहीं है। डॉक्टर चड्ढा के बेटे को साँप काट लेता है तो उसका इलाज न करने के फैसले से, इलाज करने तक की यात्रा, हृदय-परिवर्तन नहीं है। क्योंकि जब भगत इलाज न करने की ठानता है तब भी वह एक तरह से इलाज करने की ही सोच रहा है। जाड़े की रात में उसका बेचैन होना, व्यग्रता से उसका दरवाज़ा खोलकर बाहर निकलना यह उसके भीतर की मनुष्यता के ही कारण हैं न कि शैतान कारण। इसलिए भगत के इनकार का इकरार में रूपांतरण वस्तुतः अलसाई हुई आत्मा का जागरण है, ठिठके हुए कदमों का मार्च है–घटियापन का महानता में बदलाव नहीं। इसके समानान्तर 'नमक का दारोग़ा' को देखें तो वहाँ एक तस्कर का हृदय-परिवर्तन है जबकि 'मन्त्र' में भगत जो कुछ क्षणों के लिए अपने सहज कर्त्तव्य को भूल गया था, पुनः याद कर लेता है। इसलिए जहाँ 'नमक का दारोग़ा' एक अविश्वसनीय और गढ़न्त लगती है, वहीं 'मन्त्र' स्वाभाविक और वास्तविक। दूसरी बात, कहा जा सकता है कि 'मन्त्र' में भी अन्तिम पैराग्राफ में हृदय-परिवर्तन है। भगत द्वारा अपने मृत पुत्र को जीवित कर दिए जाने पर डॉक्टर चड्ढा अतीत में भगत के प्रति किए गए अपने दुर्व्यवहार और क्रूरता पर पश्चात्ताप और क्या है। फिर चड्ढा का

यह मनोभाव–"उसकी सज्जनता ने मुझे ऐसा आदर्श दिखा दिया है, जो अब से जीवितपर्यन्त मेरे सामने रहेगा" भी तो हृदय-परिवर्तन की चाशनी में डूबा हुआ है। यहाँ उल्लेखनीय है कि 'मन्त्र' का अन्तिम पैराग्राफ डॉ. चड्ढा के हृदय-परिवर्तन का द्योतक न होकर बेटे के जीवन की आशा त्याग चुके चड्ढा में बेटे का जीवन बच जाने के कारण उत्पन्न आह्लाद को प्रकट करता है। यहाँ आप दो बातों पर गौर करें। एक, प्रेमचन्द के यहाँ हृदय-परिवर्तन के स्थल पाठक पर तीव्र भावुकता का प्रभाव छोड़ते हैं जबकि 'मन्त्र' में चड्ढा का संलाप वैसा प्रभाव नहीं देता। दो, प्रेमचन्द की हृदय-परिवर्तनवाली कहानियों से यदि हृदय-परिवर्तन की घटना को निकाल दें तो कहानी पूरी नहीं होती और कहानी का पूरा संगठन भरभराकर गिर पड़ेगा। जैसे कि 'पंच परमेश्वर' या 'नमक का दारोगा' से हृदय-परिवर्तन की घटना को बाहर करेंगे तो उनका पूरा विन्यास लड़खड़ा जाएगा, लेकिन ज़रा 'मन्त्र' के कथित हृदय-परिवर्तन के अंश को यानी कि आख़िरी पैराग्राफ को हटाकर देखें। हैरत होती है कि कहानी को कोई नुकसान नहीं होता है बल्कि वह अधिक निखर उठती है।

दूसरा मुद्दा आदर्शवाद है। क्या 'मन्त्र' की रचना के पीछे किसी ख़ास आदर्श की स्थापना है ? 'मन्त्र' प्रेमचन्द की यथार्थवादी धारा की रचना न होकर आदर्शवादी छौंक की कथा है ? नहीं है। किसी व्यक्ति के आदर्श उसके सामने स्पष्ट होते हैं। आदर्शवादी अपने आदर्श को छिपाता नहीं, उसका प्रवक्ता होता है। 'मन्त्र' कहानी में आदर्शवादी स्थिति क्या दिखती है। भगत अपने जवान और इकलौते मरणासन्न बेटे को लेकर हर जगह से निराश होकर डॉक्टर चड्ढा के घर पहुँचता है। वह डॉक्टर के गोल्फ खेलने का वक़्त था। उनके इलाज न करने से बेटा मर जाता है। बाद में इन्हीं डॉक्टर चड्ढा का बेटा साँप काटने से मरणासन्न है। बल्कि वह लोगों की दृष्टि में मर भी चुका है। उसे स्वस्थ करने, साँप का विष समाप्त करने की मन्त्र विद्या केवल भगत के पास है। और अन्ततः भगत अपने शत्रु डॉक्टर के पुत्र को अपनी मन्त्र विद्या से ठीक कर देता है।

दिलचस्प यह है कि पूरी कहानी में भगत यही चाहता है कि वह चड्ढा के बेटे को ठीक न करे। उसे मरते देखकर वह डॉक्टर से अपना बदला ले। आदर्शवादी कहानियों में या तो चरित्र अपने आदर्श में डूबा होता है या अधिक हुआ तो उसके अवचेतन में आदर्शवादी भाव होते हैं और चेतन में आदर्श। दोनों के द्वन्द्व में आदर्श की जय होती है। जबकि मन्त्र में तो उलटा है। यहाँ भगत के चेतन में है कि डॉक्टर चड्ढा के बेटे को मरने दे। वह सिद्धान्ततः भी इसे उचित मानता है। बल्कि एक कदम आगे की भी क्रूरता है उसमें कि डॉक्टर के यहाँ पहुँचकर उसकी बरबादी का तमाशा देखे। लेकिन उसके अवचेतन में नीति का देवता घात लगाए बैठा था जो ऐन वक़्त पर भगत को कर्त्तव्य निभाने के लिए विवश कर देता है। इसलिए 'मन्त्र' न तो आदर्शवादी कहानी है न यथार्थवादी न आदर्शोन्मुख यथार्थवादी बल्कि वह इन स्थूलताओं से मुक्त संश्लिष्ट संवेदनात्मकता की रचना है जिसको रूढ़ अलंकरणों से विभूषित करना मुमकिन

नहीं है।

जब भगत को चड्ढा के बेटे को साँप काट लेने की सूचना मिलती है तो उसकी कुछ प्रतिक्रियाएँ–

"तो न जाओगे ? हमने जो सुना था, सो कह दिया।"

"अच्छा किया–अच्छा किया। कलेजा ठंडा हो गया, आँखें ठंडी हो गईं। लड़का भी ठंडा हो गया होगा ?"

बुढ़िया ने कहा, "इतनी रात गए जाड़े-पाले में कौन जाएगा ?"

"अरे, दोपहर ही होता तो मैं न जाता। सवारी दरवाज़े पर लेने आती, तो भी न जाता। भूल नहीं गया हूँ। पन्ना की सूरत आज भी आँखों में फिर रही है। इस निर्दयी ने उसे एक नज़र देखा तक नहीं।"

"चड्ढा ने मेरे साथ कौन-सी नेकी कर दी है, जो वहाँ जाऊँ ! वह आकर पैरों पड़े, तो भी न जाऊँ।"

"नहीं री, ऐसा पागल नहीं हूँ कि जो मुझे काँटे बोए उसके लिए फूल बोता फिरूँ।"

ऐसे अन्य स्थल भी हैं। लेकिन उसके अवचेतन में मुफलिस की सनातन नैतिकता है। उसके चेतन और अवचेतन के द्वन्द्व की रोचक परिणति तब होती है जब वह चड्ढा के बेटे को ठीक करने के लिए कदम बढ़ाता है। वह अपने इस मानवीय कर्म पर इतना शर्मिन्दा है कि जैसे घोर पाप कर रहा है। वह अपनी बुढ़िया पत्नी से छिपकर किसी की जान बचाने का गुनाह करने निकलता है। और अन्त में जब डॉक्टर का लड़का बच जाता है और भगत की चारों ओर तलाश होने लगी तो 'भगत लपका हुआ घर चला जा रहा था कि बुढ़िया के उठने के पहले पहुँच जाए।' यानी कि अभी भी छुपाए रखना चाहता था कि उसने डॉक्टर चड्ढा के बेटे की जान बचाई। क्या कोई आदर्शवादी रुझान की कहानी ऐसे होती है।

आख़िर 'मन्त्र' में प्रेमचन्द का मंतव्य क्या है ? 'मन्त्र' का केन्द्रीय तत्त्व क्या है ? किसी भी श्रेष्ठ रचना के बारे में इस तरह का प्रश्न अनुत्तरित रह जाता है और मन्त्र के साथ भी यही है। क्योंकि यह कहानी एक साथ अनेक आयामों, अर्थों से टकराती है। जैसे कि मन्त्र एक धरातल पर मामूली मनुष्य के भीतर बसी हुई सनातन नैतिक चेतना की कहानी है तो दूसरे धरातल पर भावनाओं की भूमि पर हिंसा के विरुद्ध अहिंसा की पक्षधरता की कहानी बन जाती है तो तीसरे धरातल पर यह आभिजात्य संस्कृति की क्रूरता बनाम जनसंस्कृति की उत्कट मनुष्यता की कथा भी है। इसी प्रकार 'मन्त्र' की और भी टीकाएँ प्रस्तुत की जा सकती हैं। यही वजह है कि मन्त्र की कथा में द्वन्द्व की कई छवियाँ हैं। जैसे भगत और चड्ढा का द्वन्द्व, भगत का स्वयं से द्वन्द्व, भगत का बुढ़िया या अपने आस-पास के वातावरण से द्वन्द्व।

लेकिन यह भी सच है कि बहुस्तरीय बोध की रचना का भी एक रंग ऐसा होता है जो सबसे अधिक चटख होता है। मन्त्र में वह 'अभिजन संस्कृति बनाम जन संस्कृति की टकराहट' के रूप में है। इसी बिन्दु पर यह कहानी हमारे आज के वक़्त

के लिए—लालच, स्वार्थ और आडम्बर वाले दौर के लिए—अत्यन्त प्रासंगिक हो जाती है।

भगत अपने मर रहे बेटे को इलाज के लिए लेकर डॉक्टर चड्ढा के यहाँ आता है। उसने 'द्वार पर पड़ी हुई चिक से झाँका। ऐसी साफ-सुथरी ज़मीन पर पैर रखते हुए भय हो रहा था कि कोई घुड़क न बैठे।' एक ही देश के एक ही समय के दो मनुष्यों का फ़र्क़ जीवन स्तर ध्यान देने योग्य है। चड्ढा के आवास में भगत को पैर रखने में संकोच हो रहा है। इतना ही नहीं, "डॉक्टर साहब को सामने खड़े देखकर भी उसे कुछ कहने का साहस न हुआ।" क्या शान है अभिजन की कि उसके सामने अपना दुख कहने में भी किसी को डर लगे।

ज़ोर देने की ज़रूरत है कि डॉक्टर का भगत के लड़के को देखने से इनकार केवल एक डॉक्टर की क्रूरता मात्र नहीं है। ध्यान देने की बात है कि वह फीस को लेकर इनकार नहीं करता, यह बात भी नहीं है कि उसके पास ढेर सारे मरीज हों और वह तुरन्त भगत के बेटे को नहीं देख सकता, यह भी नहीं कि उसे इलाज के लिए भगत के घर जाने का कष्ट उठाना हो, भगत तो लड़के को लेकर आया है। अगर इस तरह के कारण होते तो ग़नीमत थी। कारण यह है कि यह डॉक्टर के गोल्फ का समय है। डॉक्टर के इनकार करने की शैली देखें तो साफ़ हो जाएगा कि प्रेमचन्द क्या कहना चाहते हैं—

डॉक्टर साहब ने सिगार जलाकर कहा, "कल सबेरे आओ, कल सबेरे, हम इस वक़्त मरीजों को नहीं देखते।"

बूढ़े ने घुटने टेककर ज़मीन पर सिर रख दिया और बोला, "दुहाई है सरकार की, लड़का मर जाएगा हुज़ूर, चार दिन से आँखें नहीं..."

डॉक्टर चड्ढा ने कलाई पर नज़र डाली। केवल दस मिनट समय और बाकी था। गोल्फ स्टिक खूँटी से उतारते हुए बोले, "कल सबेरे आओ, कल सबेरे, यह हमारे खेलने का समय है।"

भगत और डॉक्टर के प्रसंग का समापन अन्ततः इन पंक्तियों से प्रेमचन्द कहते हैं : "मगर डॉक्टर साहब ने उसकी ओर मुँह फेरकर देखा तक नहीं। मोटर पर बैठकर बोले—कल सबेरे आना।"

डॉक्टर भगत से तीन संवाद इस प्रसंग में करते हैं। पहले संवाद में सिंगार पीते हुए बात कहते हैं, दूसरे में खूँटी से गोल्फ स्टिक उतारते हुए और तीसरा मोटर में बैठकर। ज़ाहिर है कि यहाँ चड्ढा डॉक्टर की निर्ममता का प्रतिनिधि न होकर खास वर्ग की निर्ममता का प्रतिनिधि है।

प्रेमचन्द भगत की विशेषता बताते हैं : "वह उन पुराने ज़माने के जीवों में था जो लगी हुई आग को बुझाने, मुर्दे को कंधा देने, किसी के छप्पर को उठाने और किसी कलह

को शान्त करने के लिए सदैव तत्पर रहते थे।"

यहाँ प्रेमचन्द न केवल भगत और डॉक्टर या दो संस्कृतियों का अन्तर बता रहे हैं बल्कि जब वह भगत को पुराने ज़माने के जीवों में बता रहे हैं तो इससे आशय उस नए ज़माने के संवेदनहीन चेहरे का उद्घाटन भी है जिसमें लोगों के दुःख-दर्द में शामिल होने की प्रथा लुप्तप्राय हो रही है। कहना न होगा कि क्या कुछ इसी प्रकार का संकट हम अधिक भयानक रूप से आज के नए ज़माने में नहीं अनुभव कर रहे हैं।

एक अन्य बात की ओर ध्यान देना ज़रूरी है कि 'मन्त्र' मात्र अमानवीयता बनाम मानवीयता की कहानी नहीं है, इसे समझने की दृष्टि इससे भी मिलती है कि प्रेमचन्द जहाँ-जहाँ डॉक्टर चड्ढा या भगत का ज़िक्र करते हैं, वहाँ वातावरण का भी चित्रण करते हैं, इस प्रकार कि उनके वर्गीय आधार प्रकट हों। चड्ढा के बारे में ऊपर ज़िक्र हो चुका है। भगत की आर्थिक स्थिति का एक चित्रण है : "एक बूढ़ा और बुढ़िया अंगीठी के सामने बैठे जाड़े की रात काट रहे थे। बूढ़ा नारियल पीता था और बीच-बीच में खाँसता था। बुढ़िया दोनों घुटनियों में सिर डाले-डाले आग की ओर ताक रही थी। एक मिट्टी के तेल की कुप्पी ताक पर जल रही थी। घर में न चारपाई थी न बिछौना। एक किनारे थोड़ी-सी पुआल पड़ी हुई थी। इसी कोठरी में एक चूल्हा था। बुढ़िया दिन भर उपले और सूखी लकड़ियाँ बटोरती थी। बूढ़ा रस्सी बटकर बाजार में बेच आता था। यही उनकी जीविका थी। उन्हें न किसी ने रोते देखा, न हँसते। उनका सारा समय जीवित रखने में कट जाता था।"

इतनी ग़रीबी कि भगत के पास रस्सी बटने के लिए सन नहीं है। साह उधार देगा नहीं, क्योंकि पहले से काफ़ी उधार है। लेकिन मुफलिस भगत चड्ढा के बेटे को ठीक करने से इनकार कर देता है। जबकि उसे दस हजार की धनराशि मिलती। और जब ठीक कर देता है तो बिना बताए चुपके से लौट आता है। तमाकू भी उनकी नहीं अपनी निकालकर पीता है। वह यश का भी आकांक्षी नहीं था। क्योंकि "सभी लोग भगत के दर्शनों के लिए उत्सुक हो उठे, मगर अन्दर जाकर देखा, भगत का कहीं पता न था।" "भगत की चारों ओर तलाश होने लगी, और भगत लपका हुआ घर जा रहा था।"

उपर्युक्त विश्लेषण के बाद भी यदि पूछा जाए कि 'मन्त्र' का केन्द्रीय विषय क्या है, तो उत्तर होगा कि कोई एक केन्द्रीय विषय नहीं है। बहुस्तरीय विषयवाली कहानी है 'मन्त्र।'

प्रेमचन्द की कहानियों का नाट्य-रूपान्तरण

सनत कुमार

प्रेमचन्द की कहानियों का नाट्य-रूपान्तरण किसी भी रंगकर्मी के लिए चुनौती भरा काम है। प्रेमचन्द की दृष्टि को समझना तो आवश्यक है ही क्योंकि उसका ही एक रूप कहानी है तो दूसरा रूप नाटक है। सामाजिक यथार्थ पर उनकी निरन्तर विकसित समझ और समीक्षा का अध्ययन अनिवार्य है। 'मंगलसूत्र' तथा अन्य उत्तरकालीन रचनाओं के पाठ और वर्तमान संदर्भ में पुनर्पाठ ही हमारी कला को एक दिशा दे सकते हैं। इस संदर्भ में मुझे अमृतराय का एक कथन याद आ रहा है। 'धर्मयुग' के प्रेमचन्द जन्म शताब्दी विशेषांक के लिए (27 जुलाई 1980) हिमांशु जोशी द्वारा लिखे गए एक साक्षात्कार में अमृतराय से पूछा गया था कि 'आज इन परिस्थितियों में प्रेमचन्द यदि ज़िन्दा होते तो उन्हें कैसा लगता ?' अमृतराय ने जवाब में कहा था–'जाहिर बात है कि बहुत बुरा लगता। एक प्रतिक्रिया गहरे दुख की होती दूसरी गुस्से की। बेच वह अपने को पाते नहीं। सच्चाई जो यों ही उजागर है, उनकी आँखों में छिपती तो भी कैसे ? अपने लेखन के स्तर पर वह ज़रूर कड़े से कड़े शब्दों में अपनी बात कहना चाहते... ।' हिमांशु जोशी का अन्तिम प्रश्न था, "सम्भवतः इन स्थितियों में निश्चय ही वह 'गोदान' से भी प्रखर कृतियाँ देश को देते...?" उत्तर में अमृतराय कहते हैं कि "वह तो स्पष्ट है। मंगलसूत्र में उन्होंने अन्यायपूर्ण समाज के मूल्यों को चुनौती दी। उससे तो यही लगता है कि यदि वह आदमी आज जिन्दा होता तो और भी आग उगल रहा होता। इसमें भी शक नहीं कि उसे पकड़कर जेल में डाल दिया होता।" नाट्य-रूपान्तरण पाठ-पुनर्पाठ से गुजरकर साकार होता है इसलिए वर्तमान संदर्भ में लेखक की रचनात्मकता का अन्वेषण ज़रूरी है। नाट्य-रूपान्तर के समय प्रेमचन्द की उपरोक्त मानसिकता को केन्द्र में रखना आवश्यक है।

मैं यदि किसी नाटक का रंग आलेख तैयार करता हूँ या किसी कहानी-कविता का नाट्य-रूपान्तरण तो रचना के मंचन के काल को नज़रअन्दाज नहीं कर सकता हूँ। इसलिए मैं हूबहू रूपान्तरण के बजाय रचना को अपने समय से जोड़ना पसंद करता हूँ क्योंकि अतीत में लिखी रचना मात्र अतीत राग नहीं हो सकती है। वर्तमान के अणुओं-परमाणुओं से सम्पृक्त होकर ही वह एक चुनौतीपूर्ण, बेचैन करनेवाली रचना बनती है।

प्रेमचन्द ने अपने साप्ताहिक पत्र 'जागरण' के 11 दिसम्बर 1932 के अंक में 'हतभागे किसान' नाम से एक सम्पादकीय लिखा था। 'सवा सेर गेहूँ' पढ़ते हुए हमें उस सम्पादकीय की याद ताज़ा हो उठती है। प्रेमचन्द लिखते हैं, "भारत के अस्सी फीसदी आदमी खेती करते हैं...राष्ट्र के हाथ में जो कुछ विभूति है वह इन्हीं किसानों और मज़दूरों की मेहनत का सदका है। हमारे स्कूल और विद्यालय, हमारी पुलिस और फ़ौज, हमारी अदालतें और कचहरियाँ सब उन्हीं की कमाई के बल पर चलती हैं, लेकिन वही जो राष्ट्र के अन्न और वस्त्रदाता हैं भर पेट अन्न को तरसते हैं, जाड़े-पाले में ठिठुरते हैं और मक्खियों की तरह मरते हैं...आपको खोजने से भी हृष्टपुष्ट आदमी न मिलेगा, न किसी की देह पर मांस है न कपड़ा मानो चलते-फिरते कंकाल हों और तो और उन्हें रहने की जगह नहीं। नीची दीवारों पर रखी हुई फूस की झोंपड़ियों के अन्दर वह, उसका परिवार, भूसा, लकड़ी, गाय-बैल सबके सब पड़े हुए जीवन के दिन काट रहे हैं।..." मैंने यहाँ सम्पादकीय के अल्पांश को ही प्रस्तुत किया है।

मैंने मुंशी प्रेमचन्द की दो कहानियों के नाट्य-रूपान्तरण जन्म शताब्दी वर्ष 1980 में किए थे। "'सवा सेर गेहूँ' तथा 'ठाकुर का कुआँ' दोनों नाटक 80-81 में तथा बाद के वर्षों में भी भारत भर में अनेक मंडलियों द्वारा खेले गए थे तथा पत्र-पत्रिकाओं में प्रकाशित-पुनर्प्रकाशित होते रहे थे। 'सवा सेर गेहूँ' तो आज भी खेला जाता है और मुझे यदा-कदा इसकी सूचना मिलती रहती है। कुछ मंडलियों ने तो अभिमान के रूप में इस नाटक को लगातार लम्बे समय तक गाँव-गाँव जाकर खेला। रतलाम का 'जननाट्य मंच' ऐसी ही मंडली है, यद्यपि मैंने इसका प्रयोग देखा नहीं है।

'सवा सेर गेहूँ' के प्रारम्भ में ही पंडित का कथन है..."सिर्फ धूल चढ़ाने से मोक्ष मिल जाएगा ? क्यों ? पाप कट जाएगा क्या ? देवता को चाहिए दक्षिणा। फसल कटे 28 घंटे हो गए हैं। मेरे घर पर खलिहानी देते जान निकल रही है, अरे उस वणिकपुत्र ने सत्यनारायण की पूजा नहीं की, दक्षिणा नहीं दी तो सारा जहाज़ डूब गया। सम्पूर्ण सम्पत्ति जल में। पिता-पुत्र जल में। जल-समाधि। लीलावती ने भोग लगाया, दक्षिणा दी तब जहाज भी ऊपर आ गया और पिता-पुत्र भी मिल गए तो...देवता को चाहिए दक्षिणा और हम हैं देवता के अवतार—बोलो हरे राम बोलो, हरे कृष्ण ! सत्यनारायण की पूजा का सन्दर्भ और देवता की धारणा का विस्तार मूल में नहीं है लेकिन धर्म के नाम पर शोषण को उजागर करने के लिए यह विस्तार ज़रूरी था। गेहूँ का थैला लिए देहाती मंच पर आते हैं, पंडित को दक्षिणा के रूप में देते हैं और यह गीत गाते रहते हैं...

'देवता को चाहिए दक्षिणा
हम हाड़ मांस गलाकर काम करते हैं,
और देवता को खुश रखते हैं...
क्योंकि देवता को चाहिए दक्षिणा..."

पूरे नाटक की केन्द्रीय धारणा और केन्द्रीय गति (जहाँ तक यथार्थ के चित्रण का

सवाल है) यही है। नाटक के अन्त में भी यही गीत है–

'देवता को चाहिए दक्षिणा
इसलिए बहाओ खून पसीना...'

गीतों का प्रयोग मैंने शंकर और देहातियों की स्थिति-मनःस्थिति को समझाने के लिए किया था। देहातियों और झोंपड़ी के द्वारा बोले गए पद्यात्मक संवाद से शंकर का संघर्ष स्पष्ट होता था। जैसे–

'झोंपड़ी एक : शंकर ने हंडिया फोड़ दी तम्बाकू ली।
झोंपड़ी दो : और चिलम तोड़ दी एक पैसा रोज की बचत की।
झोंपड़ी तीन : तोड़ दिया हुक्का और दोपहर का चबेना भी बन्द।
झोंपड़ी चार : हड्डी गलानेवाली सर्दियों में शंकर ने नंगे बदन काम किया।
झोंपड़ी एक : मूसलाधार पानी में, और गरम लू में नंगे बदन काम किया।
झोंपड़ी दो : काम करता रहा शंकर, गलता रहा शंकर, पड़ता, गिरता मरता, गलता रहा शंकर।...'

शंकर की श्मशान-यात्रा के जुलूस तथा समूह गान 'देवता को चाहिए दक्षिणा...' के बाद फ्रीज़ हो जाता है पूरा दृश्य। इसी फ्रीज़ के बाद मैंने नाटक को समसामयिक रंग देने की कोशिश की है। फ्रीज़ के पूर्व तक मैंने कहानी के सन्दर्भों का ही विस्तार किया है। प्रेमचन्द ने भारतीय समाज के मुख्य अंतर्विरोध-सामंतवादी व्यवस्था (इसमें वर्ण व्यवस्था तो है ही) और उसमें पिसते किसान की जीने की आकांक्षा को अभिव्यक्त किया है। लेकिन प्रेमचन्द का समग्र साहित्य पढ़ें, चिन्तन का सार समझने की कोशिश करें तो भारतीय देशी शासक वर्ग के चरित्र की 'पहचान' से हम अनजान नहीं रहेंगे। गोदान में वे भावी शासक वर्ग को 'पहचान' रहे थे, जिसमें खन्ना साहब, रायसाहब अन्य जमींदार आदि शामिल थे। इसीलिए मैंने फ्रीज़ के बाद राजनीतिक अंतर्विरोध को काल-प्रतिनिधियों द्वारा बोले गए नारों से व्यक्त करने की कोशिश की। नेपथ्य से शंकर की पत्नी की करुण ध्वनि ही सुनाई देती है, जो स्थिति की विडम्बना के लिए पर्याप्त है। मेरा यह मानना है कि सामाजिक अंतर्विरोध के मूल में आर्थिक-राजनीतिक अंतर्विरोध रहते हैं इसीलिए नारों में प्रलोभन है, बहकाऊपन है, और भड़काऊपन भी है।

फ्रीज़ की स्थिति में ही श्मशान यात्रा के जुलूस में से दो व्यक्ति मंच के अगले मध्यभाग में खड़े हो जाते हैं। वे काल-प्रतिनिधि हैं। पहले के हाथ में एक तोपी टोगी है।

"पहला : 1942, 43, 44
दूसरा : (टोपी पहनकर) अंग्रेजो भारत छोड़ो !
करुण ध्वनि
दूसरा : 1950, 52, 54
पहला : (टोपी पहनकर) हरित क्रान्ति, हरित क्रान्ति, हरित क्रान्ति !

(करुण ध्वनि)

पहला : 1965, 1966, 1967

पहला : (टोपी पहनकर) गरीबी हटाओ। गरीबी हटाओ, गरीबी हटाओ
(करुण ध्वनि)

दूसरा : 1977, 1978

पहला : पहला–(टोपी पहनकर)-अन्त्योदय, अन्त्योदय, अन्त्योदय।
(करुण ध्वनि)"

...मैं हर प्रयोग में या पुनर्लेखन में शासक वर्ग के नारों का प्रयोग करता रहा था। नाटक को अन्तिम दृश्य से प्रासंगिकता भी मिलती। मुझे याद है, 1982 के बाद डोंबिवली में एक लेखक संघ के अधिवेशन में इस नाटक का प्रदर्शन हुआ था। देखनेवालों में इस्मत आपा (चुगताई), मुजफ्फर अली, डॉ. शिवकुमार मिश्र तथा मुम्बई के जाने-माने साहित्यकार, रंगकर्मी तथा फिल्मकार थे। नाटक खत्म होते ही इस्मत आपा ने भावविभोर होकर मुझे तथा निर्देशक को गले लगा लिया। उन्होंने भावावेश में अति उत्साह से मुजफ्फर अली से कहा कि 'मुजफ्फर, तुम्हें इस नाटक पर फिल्म बनाना चाहिए'।

कुछ वर्ष पूर्व ही मैंने अपने ताजा पुनर्लेखन में शासक वर्ग के बदलते चरित्र पर एक टिप्पणी और जोड़ दी है।

"पहला : 1997, 1998, 1999, 2000, 2001, 2002, 2003।

दूसरा : (टोपी पहनकर) कमंडल...कमंडल...
कमंडल (कबड्डी-शैली में)

पहला : त्रिशूल...त्रिशूल...त्रिशूल

दूसरा : कमंडल वहीं जमेगा त्रिशूल जहाँ गड़ेगा

पहला : (नाचते हुए) रक्त जहाँ बहेगा, कमल वहीं खिलेगा।
कमंडल...कमंडल...कमंडल...(कबड्डी शैली में)
(करुण ध्वनि...)"

'ठाकुर का कुआँ' में मैंने स्वतन्त्र भारत में उपस्थित छूआछूत की कट्टरता को केन्द्र में रखा है जो प्रेमचन्द की कहानी का केन्द्रीय कथ्य है। पेड़ के साथ बात करते हुए गंगी प्रेमचन्द की समाज-समीक्षा को ही व्यक्त करती है। पेड़ के साथ बात करना गंगी के अकेलेपन की विडम्बना को और ज्यादा उजागर करता है। इस नाटक के अन्त में गंगी के पराजय-बोध से उपजा क्रोध और आशावाद है। मैंने अखबार विक्रेताओं (हॉकरों) की खबरों से तत्कालीन समय पर राजनीतिक टिप्पणी की थी।

अखबार विक्रेता–हरित क्रान्ति, हरित क्रान्ति, एक गाँव, एक कुआँ, दैनिक...(गंगी के सिसकने तथा 'कौर है रे' की ठाकुर की आवाज क्रम से आती है) यह सिलसिला आगे भी चलता है। 'एक गाँव, एक पनघट' 'सबको नाज, सबको पानी' आदि, आदि तथा ठाकुर की गरजने की, गंगी की सिसकी की आवाज़ क्रम से आती रहती है। यह

नाटक इसी टिप्पणी से समाप्त होता था। लेकिन इधर बहुराष्ट्रीय कम्पनियों के बढ़ते साम्राज्य, उदारीकरण की नीति और पानी बचाने तथा गाँव-खेत बचाने के लिए केरल, गुजरात आदि प्रदेशों में चल रहे जन-प्रतिरोध आन्दोलनों ने भारत समाज के संकट को और अधिक चुनौतीपूर्ण बना दिया है। पिछले वर्ष ही इस नाटक के अन्त में, मैंने एक दृश्य जोड़ा है–

"एक अट्टहास के साथ अचानक एक बड़ा जाल मंच पर फेंका जाता है जिसके अन्दर सभी ग्रामीण–ठाकुर, पंडित, जोखू, गंगी जैसे दलित फँस जाते हैं। हाहाकार में फँसे हुओं का जाल से मुक्ति का प्रयत्न। शूटबूटधारी दो आदमी डालर यूरो की हैट लगाए प्रकट होते हैं।..." यहाँ मुख्य अंतर्विरोध सामंतवादी मूल्य नहीं हैं। उदारीकरण और विदेशी कम्पनियों का जाल पूरे भारतीय समाज के लिए चुनौती बन गया है, जिसे भारतीय जन आपस में एकाकार, साझे संघर्ष द्वारा ही 'चिन्दे-चिन्दे' कर सकते हैं। अन्तिम संवाद इस प्रकार से है–

गंगी : "कायरों की तरह मरना है ? आपस में और लड़ना है ? तुम सब मसान का रस्ता बतानेवालों के पैर चाटोगे? एका क्यों नहीं करते ?"

ठाकुर-वामन : "एका से ये जाल फटेगा ?"

गंगी : "फटेगा ? चिन्दे-चिन्दे हो जाएगा। बस हमारी छूत लगने का डर नहीं हो तुम्हें तो ? तुम्हारे दिल-दिमाग पर पुराने जमाने से लगे ताले टूटे तो...!"

'सवा सौ' के वर्ष में और बाद में भी हम प्रेमचन्द को इसी प्रकार याद कर सकते हैं, उनकी रचनाओं को अपने समय के साथ जोड़ते हुए...उनके विकासवादी चिन्तन को आगे बढ़ाते हुए। और सूत्र उनके अपार साहित्य से ही मिल जाते हैं।

प्रेमचन्द के नाटकों को पढ़ते हुए

सुशीला गुप्ता

श्री जनार्दनराय नागर ने लिखा है, "प्रेमचन्द राजमन्दिर नहीं गए उस दिशा से वे एक बालक के समान भय खाते थे, किन्तु झोंपड़ियों में वे निःसंकोच चले जाते थे। तन्हा गरीबों में उनको चिरन्तन मनुष्य ही सीदता हुआ मिलता था। शव के जलते हुए मुर्दे से प्रेमचन्द जीवन के आशावान मनोरथों को तलाशा करते थे। मानव के शाश्वत अगाध में भरे मनोहर काम्य स्वप्नों को जलती हुई चिता से बटोरते थे। राख के ढेर से वे मनुष्य की आह को अपनी अपलक पलकों से सींचते थे।...एक आग उनके सीने में जलती रहती थी। इस आग में...दमन और स्वार्थ का सिंहासन जलता रहता था। वे गन्दी झोंपड़ियों के साये में इन्सान के दर्शन की प्रतीक्षा में सदैव खड़े रहे। (प्रेमचन्द : जो भूले नहीं भूलते, जनार्दनराय नागर, *प्रेमचन्द : कुछ संस्मरण,* सम्पादक : कमलकिशोर गोयनका, पृष्ठ 84) यही है प्रेमचन्द का ज़िन्दगी से रिश्ता। जिस ज़िन्दगी को सजाने-सँवारने के फेर में अनेक साहित्यकार उस ज़िन्दगी की तह तक ही नहीं पहुँच पाते उस ज़िन्दगी के प्रति प्रेमचन्द का वह रुख ही उनका असली परिचय है।

प्रेमचन्द के नाटकों की भी रचनात्मक ऊर्जा का जो खास स्रोत है, वह है उनका किसानों, मज़दूरों, शोषितों-पीड़ितों की मुश्किलों और भावनाओं से उनके जीवन की विसंगतियों से एकाकार होना। यह काम जितना आसान प्रतीत होता है, उतना है नहीं, लेकिन जिसने यह वृत्ति शामिल कर ली या जिसमें यह वृत्ति अनायास आ गई, उसे अपने लेखन में तीर-तुक्का नहीं भिड़ाना पड़ता, वह सहज की कालयजी कृति का रचयिता बन जाता है।

कहते हैं, एक बार एक चित्रकार डॉक्टर के पास गया। डॉक्टर के लाख परीक्षण के बाद भी पता नहीं लगा कि उस चित्रकार को बीमारी क्या है। इस चित्रकार ने डॉक्टर के पास अपना एक नग्न चित्र बनाकर एक जगह छोटा-सा धब्बा लगाते नोट के साथ भेज दिया कि 'यहाँ दुखता है।' डॉ. नामवर सिंह की हार्ष में 'दर्द से छटपटाते हुए व्यक्ति और समाज को यह न पता हो कि दर्द कहाँ है और क्या है तो उसके लिए दुखती रग पर हाथ रख देना बहुत कठिन बात है। (कहानी; नई कहानी, डॉ. नामवर सिंह, पृष्ठ 32) किसी व्यक्ति या समाज के लिए जो काम कठिन होता है, वही काम प्रेमचन्द के लिए स्वाभाविक या स्वतःस्फूर्त था। जो दर्द और पीड़ा प्रेमचन्द आसानी से आत्मसात कर

लेते थे, उसे देखकर तत्कालीन समाज चुप्पी साध लेता था और तत्कालीन ब्रिटिश सरकार दिखाता या...समझकर जुल्म ढाने में कोई कोर-कसर न छोड़ती थी। प्रेमचन्द ने अपने नाटकों में बेजुबानों को वाणी दी और जुल्मी शासकों की गलत नीतियों का खुलकर पर्दाफाश किया। वे बेचारे और असहाय मनुष्य के अंतरंग को पा लेते थे, उसकी पीड़ा पर अपनी हमदर्दी का शीतल फाहा लगा देते थे, इसीलिए उनके नाटक पाठकों को झकझोरकर रख देते हैं।

1 जनवरी 1988 को स्वर्गीय सफ़दर हाशमी ने एक नुक्कड़ नाटक खेला था 'हल्ला बोल'। यह नाटक समाज की विसंगतियों पर तीखा प्रहार है जिसे कुछ शातिर लोग बर्दाश्त नहीं कर सके और उन्होंने हाशमी की क्रूर हत्या कर दी। उनकी शोकाकुल पत्नी ने अपने सीने पर पत्थर रखकर अगले दिन इस नाटक का शेष अंश मंचित किया। सोचने की बात है कि कोई नाटक किसी अपराधी को इतना विक्षुब्ध कैसे कर सकता है कि वह उसे मंचित करनेवाले के प्राण ही ले ले ! तो फिर यह बात कैसे उठायी जा सकती है कि नाटक दर्शकों पर पर्याप्त असर नहीं डालते।

एक बार धनतेरस के दिन दिल्ली की हिन्दी प्रचारिणी सभा की ओर से प्रेमचन्द का अभिनन्दन-समारोह आयोजित किया गया था। समारोह की कार्यवाही चल ही रही थी कि एक पंजाबी सज्जन उठ खड़े हुए। उन्होंने उपस्थित जन-समुदाय को सम्बोधित करते हुए कहा कि प्रेमचन्द के मुझ पर बड़े एहसान हैं, क्योंकि व्यापार में बहुत अधिक घाटा लगने पर जब मैं अपनी ज़िन्दगी से निराश हो गया था अचानक मेरे हाथ में प्रेमचन्द की 'मन्त्र' कहानी पड़ी। इस कहानी ने मेरी ज़िन्दगी में ऐसा मन्त्र फूँका कि कुछ ही दिनों में मैंने अपना व्यापार फिर से सँभाल लिया। [प्रेमचन्द का दिल्ली प्रवास, ऋणभचरण जैन (*प्रेमचन्द : कुछ संस्मरण,* पृष्ठ 25)] बात यहाँ कहानी की है, क्योंकि प्रेमचन्द का कथा-साहित्य ही ज्यादातर पाठक पढ़ते आ रहे हैं। कहने की आवश्यकता नहीं कि उनके नाटक भी प्रभावशाली हो सकते हैं, बशर्ते लोग उन्हें पढ़ें। अपने प्रमुख नाटक 'संग्राम' के मंचन के बारे में स्वयं प्रेमचन्द ने बड़ी ही विनम्रता से उसकी सीमाओं की ओर संकेत कर दिया है। वे लिखते हैं "मुझे विश्वास है कि यह नाटक रंगभूमि पर खेला जा सकता है। हाँ रसज्ञ स्टेज मैनेजर को कहीं-कहीं काट-छाँट करनी पड़ेगी। मेरे लिए नाटक लिखना ही कम दुस्साहस का काम न था। उसे स्टेज के योग्य बनाने की धृष्टता अक्षम्य होगी। मगर मेरी खताओं का अन्त अभी नहीं हुआ। मैंने एक तीसरी खता (इनकी दृष्टि में दूसरी खता कवित्व-शक्ति से वंचित होना है) भी की है। संगीत से सर्वथा अनभिज्ञ होते हुए भी मैंने जहाँ कहीं जी में आया है, गसे दे दिए हैं। ('संग्राम' की भूमिका, पृष्ठ 5) कितने अलग दिखाई देते हैं प्रेमचन्द दूसरे नाटककारों से, जो नकली संवेदना और आधे-अधूरे भाषा-ज्ञान के बल पर लिखी गई अपनी कृति की प्रशंसात्मक भूमिकाएँ विद्वानों से लिखवाया करते हैं और झूठी प्रशस्तियों की ख़ातिर एड़ी-चोटी का पसीना एक कर देते हैं।

'संग्राम' नाटक में प्रेमचन्द ने ग्रामीण समाज का जीना-जागता यथार्थ चित्र प्रस्तुत

किया है। एक ओर हलधर किसान है तो दूसरी ओर सबल जमींदार है। ज़मींदार हलधर को 200 रुपयों के लिए गिरफ्तार करवा देता है और उसकी पत्नी राजेश्वरी को अपने आश्रय में रख लेता है। सबल की पत्नी ज्ञानी चेतन नामक ढोंगी साधु के चंगुल में फँस जाती है। हलधर गाँववालों की मदद के बल पर जेल से मुक्त होता है। परिस्थितियाँ ऐसा मोड़ लेती हैं कि वह सबल और उसके भाई कंचन के प्राणों की रक्षा करता है। ज्ञानी चेतन साधु की पोल खुलने पर आत्महत्या कर लेती है। नाटक के अन्त में ज्ञानी की बदौलत हलधर को पता लगता है कि राजेश्वरी निष्कलंक है। सबल को अपनी भूल का अहसास होता है और वह गाँव की सारी ज़मीन असामियों के नाम दर्ज कराके तीर्थ-यात्रा पर चला जाता है।

प्रेमचन्द ने इस नाटक में मानव-जीवन के सभी पहलू उजागर किए हैं। "सबल ज़मींदार राजेश्वरी के रूप-सौन्दर्य पर आसक्त तो हो जाता है, लेकिन जब भी उसे एकान्त मिलता है, स्वयं का विश्लेषण करता है–'मेरी प्रौढ़ावस्था है, पैंतालीसवें वर्ष में हूँ। एक लड़के का बाप हूँ, जो छः-सात वर्षों में जवान होगा। ईश्वर ने दिए होते तो चार-पाँच सन्तानों का पिता हो सकता था। यह लोलुपता है, छिछोरापन है। इस अवस्था में इतना विचारशील होकर भी मैं इतना मलीन-हृदय हो रहा हूँ। किशोरावस्था में तो मैं आत्मशुद्धि पर जान देता था, फूँक-फूँककर कदम रखता था, आदर्श जीवन व्यतीत करता था और इस अवस्था में जब मुझे आत्मचिन्तन में मग्न होना चाहिए, मेरे सिर पर यह भूत सवार हुआ है।' "('संग्राम' की भूमिका, पृष्ठ 13) अन्यत्र वह सोचता है, 'आज ऐसा कोई असामी नहीं है, जिसके घर में मैं अपने दुष्टाचरण का तीर न चला सकूँ। मैं कानून के बल पर, भय के बल पर, प्रलोभन के बल से अपना अभीष्ट पूरा कर सकता हूँ।" ('संग्राम' की भूमिका, पृष्ठ 47)

'संग्राम' नाटक में किसानों का वैसा ही मर्मस्पर्शी चित्रण है जैसा 'गोदान' उपन्यास में। प्रेमचन्द ने अपनी दोनों कृतियों में सामाजिक और राजनीतिक व्यवस्था की चीर-फाड़ की है। इसी विशेषता के कारण उनकी 'कफ़न' कहानी को पाठक भुला नहीं पाते। सबलसिंह जब शीतलपाटी पर लेटे हुए 'उमोक्रेसी' नामक ग्रंथ की कुछ पंक्तियाँ पढ़ता है तो न केवल प्रेमचन्द-कालीन समाज का चित्र प्रस्तुत होता है, बल्कि वर्तमान समाज की यथास्थिति पर भी प्रकाश पड़ता है। वह यही तो पढ़ता है–'प्रजा अपने प्रतिनिधि कितनी सावधानी से ही क्यों न चुने, पर अन्त में सत्ता गिने-गिनाए आदमियों के ही हाथों में चली जाती है। सामाजिक और राजनैतिक व्यवस्था ही ऐसी दूषित है कि जनता का अधिकांश मुट्ठीभर आदमियों के वशवर्ती हो गया है। जनता इतनी निर्बल इतनी अशक्त है कि इन शक्तिशाली पुरुषों के सामने सिर नहीं उठा सकती। यह व्यवस्था सर्वथा अपवादमय, विनष्टकारी और अत्याचारपूर्ण है। आदर्श व्यवस्था यह है कि सबके अधिकार बराबर हों...इस सबल-निर्बल संग्राम में जनता की दशा बिगड़ती चली जाती है। इसका सबसे भयंकर परिणाम यह है कि जनता आत्मसम्मान-विहीन होती जाती है, उसमें प्रलोभनों का प्रतिकार करने, अन्याय का सिर कुचलने की सामर्थ्य नहीं।

('संग्राम' की भूमिका, पृष्ठ 46)

पुलिस जनता के ऊपर कितने जुल्म ढाती है, इस बात को प्रेमचन्द से बढ़कर कौन जानता था। इस प्रकार का कितना अहंकार हो सकता है, इसका एक नमूना 'संग्राम' नाटक में इस प्रकार है, 'आजकल बड़े आदमी को जब चाहे, फाँस ले। कोई कितना भी मुअज़िज हो, अफ़सरों के यहाँ उसकी कितनी भी रसाई हो, इतना कह दीजिए हुजूर यह भी सुराज को हामी है, बस सारे हुक्काम उसके जानी दुश्मन हो जाते हैं।' ('संग्राम' की भूमिका, पृष्ठ 96) प्रेमचन्द के इन शब्दों को वर्तमान संदर्भों में लागू करके देखें– चाहे झोंपड़पट्टियाँ गिराने का मामला है; चाहे घूसखोरी का मामला हो, चाहे नाबालिग लड़कियों की इज्जत लूटने का मामला हो। रोज़ कार्यालय जाते समय मुझे एक बैनर दिखाई देता है, जिस पर लिखा है, "पुलीस आया, भागो।" लिंग-प्रयोग की दृष्टि से वाक्य गलत है, लेकिन तीर विष-बुझा है।

लेकिन 'संग्राम' नाटक की एक बात सच है कि उसके गलत पात्र या तो पश्चात्ताप करते दिखाई देते हैं और सुधर जाते हैं या आत्महत्या कर लेते हैं (पुलिस को छोड़कर)। फ़ैज़ अहमद फ़ैज़ की ये पंक्तियाँ अनायास याद आ जाती हैं–

"जख्म भर जाएगा
ग़म न कर, ग़म न कर
दिन निकल आएगा
ग़म न कर, ग़म न कर
अब खुल जाएगा
रात ढल जाएगी
ग़म न कर, ग़म न कर
रुत बदल जाएगा
ग़म न कर, ग़म न कर। (सारे सुखन हमारे–फ़ैज़ अहमद फ़ैज़)

'कर्बला' एक क्रान्तिकारी नाटक है। इस ऐतिहासिक और धार्मिक नाटक के नायक हज़रत अली के बेटे और हज़रत मुहम्मद के नवासे हुसैन हैं, जिन्हें उर्दू-फारसी के साहित्य में वही स्थान प्राप्त है, जो हिन्दी के साहित्य में राम और कृष्ण को प्राप्त है। हुसैन पवित्रता और ईमानदारी की राह पर चलनेवाले मुसलमान थे, इसके विपरीत यज़ीद कुत्सित वृत्ति का अत्याचारी पुरुष था। उसे हुसैन से इसलिए ख़ौफ था कि वे बड़े लोकप्रिय थे। यज़ीद चाहता था कि हुसैन उसके नाम पर बैयत लें, अर्थात उसे ख़लीफ़ा के रूप में स्वीकार करें, लेकिन वे इस बात को मरते दम तक क़बूल न कर सके। कूफ़ा नदी के किनारे प्यास के मारे तड़पते अपने भाई-बन्धुओं और अजीज साथियों समेत वे कत्ल कर दिए गए।

14 फ़रवरी 1924 को प्रेमचन्द ने 'कर्बला' नाटक के बारे में 'ज़माना' के सम्पादक दयानारायण निगम को लिखा था, "यह क़िस्सा निहायत दिलचस्प है, निहायत दर्दनाक !...इसका यक़ीन रखिए कि मैंने एहतेराम (आदर) को कहीं नज़र-अन्दाज़

(उपेक्षित) नहीं होने दिया। एक-एक लफ़्ज़ पर इस बात का ख़्याल रखा है कि मुसलमानों के मज़हबी एहसासात को सदमा न पहुँचे। मक़सद है पोलिटिकल बाहमी इत्तेहाद (आपसी एकता) को बढ़ाना और कुछ नहीं...मैं दावे के साथ कह सकता हूँ कि उर्दू में ऐसा दिलचस्प ड्रामा न होगा। डॉ. ज़बान की फ़साहत (सरलता) मेरे इम्कान (बस) में नहीं। वाक़िया खुद ही इतना दिलचस्प और दर्दनाक है कि ड्रामे के लिए मौज़ूँ है।" (प्रेमचन्द-तर्पण-भाणक-टाला, पृष्ठ 126)

'कर्बला' नाटक हिन्दू-मुस्लिम एकता की दृष्टि से अनुपम पुस्तक है। इसमें प्रेमचन्द ने कर्बला के युद्ध और मुस्लिम संस्कृति का चित्रण तो किया ही है, कुछ हिन्दुओं को भी हुसैन के साथ युद्ध करते हुए और प्राणोत्सर्ग करते हुए दिखाया है। नाटक में हिन्दुओं की वीरता का उल्लेख कपोल-कल्पित नहीं है। प्रेमचन्द ने स्वयं माना है कि कर्बला के संग्राम में हिन्दुओं का भाग लेना ऐतिहासिक घटना है। उन्होंने लिखा है, "पाठक इसमें हिन्दुओं का प्रवेश देखकर चकित होंगे, परन्तु वह हमारी कल्पना नहीं है, ऐतिहासिक घटना है। कुछ लोगों का ख़याल है, महाभारत के बाद अश्वत्थामा के वंशधर वहीं जा बसे थे। कुछ लोगों का यह भी मत है, ये लोग उन हिन्दुओं की सन्तान थे, जिन्हें सिकन्दर यहाँ से क़ैद कर ले गया। जो कुछ हो, इस बात के ऐतिहासिक प्रमाण हैं कि कुछ हिन्दू भी हुसैन के साथ कर्बला के संग्राम में सम्मिलित होकर वीरगति को प्राप्त हुए थे।" ('कर्बला' की भूमिका, पृष्ठ 6)

'कर्बला' नाटक में हुसैन की शहादत का प्रेमचन्द ने बड़ा मर्मस्पर्शी वर्णन किया है। हुसैन कहते हैं–

"हम पाक न करते, तो जहाँ पाक न होता,
कुछ ख़ाक की दुनिया में सिवा ख़ाक न होता।
बेटा हूँ अली का व नेवासा रसूल का।" ('कर्बला' की भूमिका, पृष्ठ 26)

यज़ीद का सिपाही शिमर अपने सिपाहियों को ललकारते हुए कहता है–"तुफ़्र है तुम पर ऐ जवानो ! एक प्यादा भी तुमसे नहीं मारा जाता ! तुम अब नाहक डरते हो। हुसैन में अब जान नहीं है, उनके हाथ नहीं उठते, पैरा थर्रा रहे हैं, आँखें झपकी जाती हैं, फिर भी तुम उनको शेर समझ रहे हो।" ('कर्बला' की भूमिका, पृष्ठ 269) दरअसल होता यह है कि जो भी सिपाही हुसैन के क़त्ल के लिए आगे बढ़ता है, उसे सामने हुसैन नहीं, खुद रसूल पाक नज़र आते हैं। हुसैन की शहादत पर आधारित यह दुखान्त नाटक ऐसे वीर का चित्र प्रस्तुत करता है, जिसकी दारुण कथा श्रोताओं और पाठकों को गौरव की अनुभूति कराती है। बक़ौल प्रेमचन्द 'दुखान्त' नाटकों में शोक और हर्ष के भावों का विचित्र रूप से समावेश हो जाता है। हम नायक को प्राण त्यागते देखकर आँसू बहाते हैं, किन्तु वह आँसू करुणा के नहीं, विजय के होते हैं। दुखान्त नाटक आत्मबलिदान की कथा है और आत्मबलिदान केवल करुणा की वस्तु नहीं, गौरव की भी वस्तु है। ('कर्बला' की भूमिका, पृष्ठ 7) पाठकों में गौरव जगानेवाला यह नाटक अपने तरह का अकेला नाटक है, जो मुस्लिम संस्कृति को रेखांकित करता है और सर्वधर्मसमभाव का

संदेश देता है।

प्रेमचन्द का तीसरा नाटक है 'प्रेम की वेदी'। इस नाटक में मिसेज़ गार्डन अपनी बेटी जेनी का विवाह विलियम से करना चाहती हैं, लेकिन वह विवाह से इनकार कर देती है, एक तो वह विवाह को गुलामी समझती है और दूसरे विलियम उसकी दृष्टि में मूर्ख है। वह अपनी सहेली के घर आना-जाना शुरू करती है तो उसके पति योगराज पर आसक्त हो जाती है। उमा की मृत्यु के बाद योगराज उससे विवाह से इनकार कर देता है। वियोग में योगराज का प्राणान्त हो जाता है। उसकी मृत्यु के बाद जेनी को बड़ा पश्चात्ताप होता है।

प्रेमचन्द अपने स्वयं के अनुभव के बल पर यह मानते थे कि यदि पति-पत्नी के मन का मेल न हो तो विवाह जीवन की एक बड़ी त्रासदी बन जाता है। जेनी विवाह को तब तक गुलामी मानती है, जब तक उसे योगराज से प्रेम नहीं हो जाता। वह कहती है, 'मेरा तो विचार है, जिन स्त्रियों में कोई व्यक्तित्व नहीं है, कोई उत्साह नहीं है, आदर्श नहीं है, उन्हें विवाह कर लेना चाहिए, लेकिन जिनमें अपने विचार हैं, अपना व्यक्तित्व है, अपनी इच्छा है, जिन्हें कीर्ति और ख्याति की लालसा है, उन्हें अविवाहित रहना चाहिए। अपनी हस्ती को पति की हस्ती में डुबा देना, इतना बड़ा त्याग है, जो मैं नहीं कर सकती हैं।' [प्रेम की वेदी (प्रेमचन्द रचनावली, भाग 90) पृष्ठ 378)] लेकिन योगराज से प्रेम हो जाने पर वह उससे कहती है, "मैं कभी किसी से प्रेम कर सकूँगी, इसकी मैंने कल्पना तक न की थी। प्रेम मेरे लिए विनोद और परिहास की वस्तु था, तुमने मेरे हृदय में प्रेम की ज्योति जलाई और अब उस पिछले जीवन की याद करती हूँ, तो मालूम होता है, कितना नीरस, कितना अस्वाभाविक था, लेकिन इसका कोई इलाज नहीं। विधि हमारे और तुम्हारे बीच में खड़ी है और...। [प्रेम की वेदी (प्रेमचन्द रचनावली, भाग 90) पृष्ठ 402]

'प्रेम की वेदी' नाटक में प्रेमचन्द ने धर्म की सटीक व्याख्या की है। वे महात्मा गांधी के धर्म-सम्बन्धी व्याख्यान से प्रभावित थे। गांधीजी ने लिखा है, "थोड़े या बहुत अंशों में सभी धर्म सच्चे हैं। सबकी उत्पत्ति एक ही ईश्वर से हुई है, परन्तु सब धर्म अपूर्ण हैं, क्योंकि वे अपूर्ण मानव-माध्यम के द्वारा हम तक पहुँचे हैं। हम सब अपने-अपने धर्म में रहकर पूर्णता प्राप्त करने का प्रयत्न करें। इस प्रकार की योजना में एकमात्र चरित्र ही मनुष्यता की कसौटी होगा।" (मेरे सपनों का भारत, महात्मा गांधी, पृष्ठ 273) प्रेमचन्द भी जेनी के माध्यम से उस धर्म को धर्म नहीं मानते जो मनुष्य के बीच ऐसी दीवार खड़ी कर देता है, जिसे पार नहीं किया जा सकता। "आख़िर सम्पूर्ण जगत् की एक ही आत्मा तो है। धर्म का यह भेद क्या आत्मा की एकता को मिटा सकता है ?" [प्रेम की वेदी (प्रेमचन्द रचनावली, भाग 10, पृष्ठ 413) वास्तव में धर्म का काम है मनुष्य को एक-दूसरे से जोड़ना—'हिन्दू, मुस्लिम, सिक्ख, ईसाई आपस में हैं भाई-भाई' को सिद्ध करना। लेकिन आज का आलम यह है कि धर्म के नाम पर, सामाजिक स्तर पर, राष्ट्रीय स्तर पर, अंतर्राष्ट्रीय स्तर पर मानव-मानव में भेद उत्पन्न हो गया है और

कट्टर धर्मावलम्बियों ने आतंकवाद को बढ़ावा दे रखा है।

जैसा लेख के प्रारम्भ में इस बात का उल्लेख किया गया है, प्रेमचन्द स्वयं अपने नाटक 'संग्राम' को पूरी तरह मंचन-योग्य नहीं मानते। 'कर्बला' के बारे में भी उन्होंने कहा है, "ड्रामे दो किस्म के होते हैं, एक किरअत (पढ़ने) के लिए, एक स्टेज के लिए। यह ड्रामा महज़ (मात्र) पढ़ने के लिए लिखा गया था, खेलने के लिए नहीं।" (प्रेमचन्द-दर्पण-माणकटाला, पृष्ठ 127) 'प्रेम की वेदी' नाटक के मंचन के सम्बन्ध में कमोबेश यही विचार है। लेकिन नाटक सशक्त हों और दर्शक जागरूक हों (जैसा मराजी नाटकों के साथ होता है) तो प्रेमचन्द के नाटकों का सफल मंचन क्यों नहीं हो सकता ?

"हाँ–मैं सावित्री बाई" जैसा एकल नाटक जब सभागृह में बिजली गुल हो जाने पर भी सफलतापूर्वक खेला जा सकता है (देखिए कथादेश, मार्च 2004, अंक सुधा अरोड़ा द्वारा प्रस्तुत 'औरत की दुनिया') तो आवश्यक तामझाम के साथ प्रेमचन्द के नाटकों का मंचन अवश्य हो सकता है।

'समरथ को नहिं दोष गुसाईं' आज के समाज का सबसे बड़ा सच हो गया है। जो स्वयं को समर्थ मानता है, वह अपने खीसे में सारे अधिकार और अपनी मुट्ठी में सारी सुविधाएँ रखता है–उनके हथकंडों पर प्रहार करने के लिए प्रेमचन्द के नाटकों का मंचन आज के समय की सबसे बड़ी ज़रूरत है, इस ज़रूरत के साथ कि उनकी प्रस्तुति के लिए समर्पित भाव से काम करनेवाले कुछ नाट्यकर्मी आगे आएँ।

सौन्दर्य का नया मेयार

श्रीप्रकाश शुक्ल

10 अप्रैल, 1936 को प्रगतिशील लेखक संघ के पहले सम्मेलन की अध्यक्षता करते हुए प्रेमचन्द ने कहा था कि 'हमें सुन्दरता की कसौटी बदलनी होगी' और जब हम आज के दिन इस पक्ष पर विचार करने को सोच रहे हैं, तब यह एक सुखद संयोग है कि यह वर्ष (2006) प्रेमचन्द का 125वाँ जयन्ती वर्ष है। इस रूप में सौन्दर्य के इस मेयार को समझना प्रेमचन्द के साहित्यिक रुझान को समझना है। हमें इस बात को समझना होगा कि प्रेमचन्द ने न केवल यह व्याख्यान दिया था, बल्कि उनका समग्र लेखन सौन्दर्य की इसी कसौटी पर कसा जाता रहा है जिसमें श्रमिक हैं, किसान हैं, दलित हैं और स्त्रियाँ भी। यह वह समय था जब समन्वय (सन्तुलन भी) में ही सौन्दर्य की बात की जाती थी। प्रेमचन्द आरम्भ से ही महसूस करने लगे कि संघर्ष ही वास्तविक सौन्दर्य है क्योंकि संघर्ष के दायरे में ही सामूहिक क्रियाएँ अभिव्यक्त होती हैं। सच्चा साहित्य वह है जो इस संघर्ष को व्यक्त करे। जाहिर सी बात है जहाँ संघर्ष होगा, वहाँ कर्म होगा, जीवन की वास्तविक क्रियाएँ होंगी। तब सौन्दर्य एक प्रकार की क्रिया ही है और साहित्य इस रूप में सकर्मक क्रिया है न कि अकर्मक। सौन्दर्य के इसी क्रियात्मक पक्ष को प्रेमचन्द व सज्जाद जहीर ने अपनी तरह से पहचाना था और महसूस किया था कि सच्चा साहित्य वह ही है जो तड़प व हरकत पैदा करे।

आज प्रेमचन्द ही निशाने पर हैं। उनका मूल्यांकन उनके भीतर से नहीं, बाहर से होता है। यह वास्तव में लेखक की जड़ों में न जाकर अपनी जड़ों को उसमें धँसाना है। (और यदि यह 'जड़' भी शुष्क व नीरस है, तो फिर कहना ही क्या !) यह ही 'फासीवाद' का नया दलित अवतार है जिसमें 'आजादी' व 'जनतन्त्र' के वे सभी मूल्य बेमानी साबित हो रहे हैं जिनके लिए इन लोगों ने संघर्ष किया। इसके कारण सौन्दर्य का यह पक्ष, सम्भव है खंडित हो जाए और फिर चुपके से जड़वादी सौन्दर्य अपना फैलाव करे। इसलिए आज यह सबसे अधिक जरूरी हो गया है कि इन्हें समझा ही न जाए, इन्हें प्रस्तुत भी किया जाए। यह "प्रगतिशील रूह" के साथ जीनेवाले सभी व्यक्तियों के लिए जरूरी है। 'यह दया व धर्म की परीक्षा का नहीं, न्याय परीक्षा का युग है (प्रेमचन्द, कर्मभूमि) और 'न्याय पक्ष' में यह सामाजिक न्याय तो है ही, संवेदनशील लोगों का एक बौद्धिक न्याय भी है कि वे चीजों को उसके सही रूप में समझें।

स्वयं प्रेमचन्द के रंगभूमि का नायक 'सूरदास' दलित है और स्वाभिमान के कारण उसके टूटने में ही सौन्दर्य का नया पक्ष भी खड़ा होता है, क्योंकि यह अपने वर्ग को आनेवाले दिनों में ताकत भी देता है। सौन्दर्य, जब संघर्ष से जुड़ता है तो वह कर्म से भी जुड़ता है। लेकिन इस विवादित उपन्यास के बारे में प्रायः यह बात अनदेखी रह जाती है कि इस उपन्यास में, (अन्य उपन्यासों की तरह) वास्तविक समस्या तो धर्म की समस्या है, वही धर्म जो आज तक विवादित है। यहाँ ईसाई धर्म के अछूत प्रसंग को उठाया गया है और यह आश्चर्य का विषय तो है ही कि ईसाई धर्म के पहले आ जाने के बावजूद पहली टकराहट इस्लाम व हिन्दू धर्म में ही होती है। इस टकराहट में ईसाई धर्म चुपचाप काम कर रहा था। प्रेमचन्द इस बात से अवगत हैं और यह पक्ष किसी और उपन्यास में नज़र नहीं आता। इस रूप में यह पूर्णतः एक तरफ धर्म के वास्तविक स्रोत तक जाता है, तो दूसरी तरफ इसलाम व हिन्दू धर्म के बीच की अपनी स्थिति को ठीकठाक करता साम्प्रदायिक विरोधी भी बन पड़ता है। यूँ 'धर्म' इसकी प्रमुख चिन्ता है और यह भी कि यहाँ 'हिन्दूधर्म' को एक श्रेष्ठ धर्म भी बताया गया है किन्तु यह वह हिन्दू धर्म है जिसकी उदारता, सहिष्णुता व सामुदायिकता को एक तरफ बढ़-चढ़के बताया गया है, तो दूसरी तरफ उसके 'वर्ण व्यवस्था' रूपी विसंगति को रेखांकित भी किया गया है। यहीं से दलित पीड़ा उसकी अपनी सहानुभूति का हिस्सा बनती है। इस रूप में प्रेमचन्द 'वर्ण व्यवस्था' की आंतरिक विसंगतियों के दायरे में ही दलित चिन्ता तक पहुँचते हैं और यहीं पर वे व्यवस्थित व श्रेष्ठ हैं। यह ही प्रेमचन्द की 'आत्महनन' की प्रक्रिया है, जो शुरू से ही उनकी रचनाओं में दिखाई देती है। 'आत्महनन' की इस ठोस प्रक्रिया से 'परहित' तक पहुँचना एक बड़ी बात है, किन्तु 'आत्महित' की प्रक्रिया से 'आत्महनन' से जुड़ना, फिर 'परहित' की बातें करना एक छोटी बात है जिसे मुद्रास्फीति के इस दौर में विवेकवान विचारकों को सोचना होगा।

इस रूप में प्रेमचन्द पर बात करते समय यह नहीं भूलना चाहिए कि वे पहले साहित्यकार हैं जिन्होंने भारतीय परम्परा के उस दार्शनिक एवं भक्तिमय (जिसमें शंकराचार्य की आध्यात्मिकता प्रमुख है) का साहित्यिक प्रतिवाद किया है जिसका खुद का आधार धर्म एवं नैतिकता है। इस रूप में उन्होंने भक्ति व दर्शन की बुनियाद पर खड़े अनगिनत मानवतावादी सम्प्रदायों (जिसमें स्वयं गांधी भी शामिल हैं) का प्रतिवाद किया है जो वर्ण व्यवस्था के आदिम एवं आधुनिक समर्थक रहे हैं। स्वयं 'रंगभूमि' को इसी नजरिए से पढ़े जाने की जरूरत है जहाँ 'धार्मिक आध्यात्मिकता' का सघन प्रतिवाद 'धार्मिक मनुष्यता' के आधार पर किया गया है। दलित चिन्तन इसी प्रतिवाद की परिणति है न कि इसका आधार ! जिन लोगों ने दलित विमर्श को ही इसका आधार बनाकर प्रेमचन्द का प्रतिवाद करने की कोशिश की है, उन लोगों ने प्रेमचन्द साहित्य के मूल को पलटने की कोशिश की है। *हम जोर देकर कहना चाहते हैं कि प्रेमचन्द के यहाँ दलित चेतना आधार नहीं है, बल्कि यह उनके लेखन की उपलब्धि है। कुछ लोग कभी उपलब्धि को 'आधार' मानकर प्रेमचन्द को संकीर्ण बनाते हैं, तो कभी 'आधार'*

को 'उपलब्धि' मानकर सवर्णवादी ! यह वास्तविक रूप से अपनी नासमझी को प्रेमचन्द पर प्रत्यारोपित करने जैसा है।

इस रूप में सौन्दर्य का नया मेयार धर्म के विखंडित होते जाने की प्रक्रिया में खड़ा होता है और जैसे-जैसे यह प्रभावहीन होता गया है, वैसे संघर्ष व श्रम की प्रतिष्ठा बढ़ती गई है। इस सौन्दर्य का मतलब ही है मनुष्य के सोए हुए देवत्व को जगाना, उसकी अनुभूति की तीव्रता को बढ़ाना। उसकी 'न्यायबुद्धि' को जागृत करना और तभी 'जीवन संग्राम' में सौन्दर्य देखने की ललक पैदा हो सकेगी जिसमें झोंपड़े व खँडहर भी अनुभूति के विषय बन सकेंगे। इस अनुभूति के दायरे में ही प्रेमचन्द ने 'पराजितों' में भी आत्मगौरव के भाव को जगाने की कोशिश की थी।

प्रेमचन्द : भारतीय कथाकार

ए. अरविन्दाक्षन

बहुभाषी देश होने से भारत की भिन्न-भिन्न भाषाओं में लिखनेवाले लेखकों को लेकर यह सवाल अक्सर उठ खड़ा होता है कि भारतीय लेखक कौन है ? सरल ढंग से यही कहा जा सकता है कि भारत का प्रत्येक साहित्यकार 'भारतीय' विशेषण के योग्य है। अपनी-अपनी भाषिक अस्मिता के बावजूद प्रत्येक भाषा में लिखनेवाले रचनाकारों को भारतीय साहित्यकार की भूमिका में प्रस्तुत होना पड़ता है। लेकिन यह कोई ऐसी सीमा नहीं है जिसके तहत साहित्यकार को अपना अस्तित्व खो देना पड़े। एक भारतीय साहित्यकार हिन्दी, बंगला, मलयालम या किसी भी भारतीय भाषा का साहित्यकार भी है। सही मायने में वह उसी भाषा का रचनाकार है जिसमें वह रचता है। इस विशाल भूप्रदेश का प्रत्येक साहित्यकार 'भारतीय साहित्यकार' है।

'भारतीय' विशेषण को भौगोलिकता की सामान्यता के अलावा एक विशेष अर्थ भी प्राप्त है। विशेष अर्थ का सम्बन्ध शब्द प्रयोग की उदात्तता से नहीं है। भारतीयता को उदात्तीकृत करने का मतलब उसका सरलीकरण है। सरलीकरण किसी भी स्थिति के मूल तक पहुँचने में बाधक सिद्ध हो सकता है। अतः भारतीयता को ठोस यथार्थ के रूप में लिया जाना चाहिए। वह यथार्थ जो हमारे इतिहास से पूरी तरह से संपृक्त हो और जीवन-परिवेश की सह-स्थितियों से सदैव स्पन्दित हो। स्पष्ट है कि यथार्थ एक सघन एवं समग्र दृष्टि है। इस अर्थ में किसी साहित्यकार का 'भारतीय' होना सरल कार्य नहीं है, जो रचनाकार अपनी संस्कृति, भाषा और अपने परिवेश से परिचित है वही भारतीय साहित्यकार बन सकता है। अपनी भाषा में पूरी तरह जीनेवाले साहित्यकार ही भारतीय कहलाने योग्य हैं। भाषिक अस्मिता के नष्ट होने का सवाल इसमें नहीं है। यहाँ पर अपनी भाषा की पहचान का गहरा अर्थ है। जो जिस भाषा में रचता है वह उसी में तल्लीन होता है। तल्लीनता भाषा-प्रेम का सतही और खोखला रूप नहीं है। भाषा के उक्त सन्दर्भ में यथार्थ दृष्टि की परिणति देखी जा सकती है।

'भारतीय साहित्यकार' होने के लिए साहित्यकार को अपनी भाषा में शिखर रचनाएँ प्रस्तुत करनी पड़ती हैं। रचनाओं की शिखरता को सुनिश्चित करने में व्यापक दृष्टि का योग रहता है। अपने आस-पड़ोस, अपने परिवेश से वह बहुत कुछ ग्रहण करता है और वह भीतर-ही-भीतर विकास करता जाता है। यह विकास उस रचनाकार-व्यक्ति का

विकास भर नहीं है, वह सांस्कृतिक दृष्टि का विकास है। वस्तुतः यह संवेदना का विकास है। संवेदनात्मक विकास अपनी भाषा से ही सम्भव है। अपनी ही स्थितियों में आबद्ध रहकर वह विकसित होता है। भारतीय साहित्यकारों का यह भाषायी उल्लंघन बहिरंग नहीं है। अपनी भाषा की विशिष्टता में पूरी तरह निमग्न, अपने जीवन-यथार्थ के समान्तर चलते किसी भी प्रादेशिक भाषा के साहित्यकार के अन्दरूनी विकास में भारतीय होने का उपक्रम बना हुआ है। इस अर्थ में, जो साहित्यकार अपनी भाषा के प्रति निष्ठावान है, अपने परिवेश के प्रति आतुरता से जुड़ा है उसमें हम भारतीयता का संस्पर्श अनुभव कर सकते हैं।

भारतीय सांस्कृतिक दृष्टि है। यह वह संस्कृति है जो हमारी मिट्टी की बनी हुई है। हमारे जल, वनस्पति और वायु से ही उसका सम्बन्ध है। यहाँ साँस लेते लोगों की सदियों से चली आनेवाली मनुष्य-सापेक्ष-दृष्टि को हम संस्कृति कह सकते हैं। समय-समय पर इस संस्कृति को सामान्य जीवन से हटाने के षड्यन्त्र रचे गए हैं। आज भी उसे असंख्य अन्धाधुन्ध तन्त्रों से आवृत्त रखने के षड्यन्त्र रचे जा रहे हैं। पर उसका जीवनापेक्षी स्वर उसे बचाता आया है जिसे हम सही अर्थ में भारतीय संस्कृति की संज्ञा से अभिहित करते हैं। उसमें प्राचीनताएँ हैं; पर रूढ़ियों से मुक्त। उसमें नवीनताएँ हैं; पर खोखली और उभरती दृष्टियों से मुक्त। भारतीय संस्कृति को इसी ढंग से परिभाषित करना ठीक होगा। वह हमारी प्रखर समाजोन्मुखी आकांक्षाओं और सहज जीवनकामनाओं की स्वाभाविक अभिव्यक्ति है। उसका नैरन्तर्य हमारे लिए मूल्यवान वस्तु है। जो साहित्यकार उस नैरन्तर्य को आत्मसात करता है, अपने रक्त में विलीन करता है वह संस्कृति का सही उन्नायक है। जब एक साहित्यकार अपनी भाषा में अपने भूप्रदेश के किसी कोने में बैठकर सांस्कृतिक स्वत्व के इस अंश को शब्द देता है तो वह भारतीय साहित्यकार की श्रेणी में आ जाता है।

भारतीयता और भारतीय संस्कृति जब हमारी व्यापक सामाजिक आकांक्षा के साथ जुड़ती है तब वह असम्प्रेषणीय नहीं रहती। सामाजिक आकांक्षा मात्र एक वायवीय स्थिति नहीं है। वह हमारी सचेतनता का परिचायक है। ठोस यथार्थ पर आधारित ऐतिहासिक प्रक्रियाओं और बहुसंख्यक लोगों की मेधाशक्ति और उनके संघर्ष के साथ जुड़ी वास्तविक कामना है। सांस्कृतिक आदान-प्रदान इसी सन्दर्भ में सम्भव है। अयथार्थ एवं अभिजात स्थितियों की अवास्तविकताओं की चकाचौंध में सांस्कृतिक आदान-प्रदान उपभोगवादी संस्कृति का चमकता हुआ, बालसुलभ कुतूहलताओं को जगाने में सक्षम जादुई परिदृश्य ही जुटा सकता है। ऐसी हालत में सांस्कृतिक विघटन बहुत जल्द हो जाता है। सांस्कृतिक विघटन से बचने का यही एक तरीका है कि जनकामनाओं पर आधारित प्रतिरोधी शक्तियों को सुनिश्चित करना। इसे सामाजिक अवास्तविकताओं के विरुद्ध जारी किए गए संघर्षों के नैरन्तर्य के रूप में देखना होगा और इसी को हम प्रखर सांस्कृतिक संघर्ष भी कह सकते हैं। भारत की भिन्न-भिन्न उपराष्ट्रीयताओं को जोड़ने के लिए सांस्कृतिक संघर्ष को जगाना जरूरी है। विभिन्न राष्ट्रीयताओं के बीच

भारतीयता की कामना का मूल्य है। अन्यथा भारतीयता नारों और घोषणाओं की खोखली आवाजों की परिणति मात्र रह जाएगी। वस्तुतः आज की हमारी त्रासदी यही है।

ऊपर यह सूचित किया जा चुका है कि अपनी भाषा के प्रति पूरी निष्ठा भारतीय दृष्टि का पहला रचनात्मक संकेत है। अतः प्रत्येक भाषा में अगम्भीर रचनाओं का जो सिलसिला है उसे सांस्कृतिक विघटन ही समझा जाना चाहिए। वह सिर्फ उस भाषा का विघटन नहीं है। अगम्भीर साहित्य के निर्माण के पीछे कई अयाचित स्थितियाँ हैं। कारोबार के साथ जोड़कर उन्हें सरलीकृत नहीं किया जाना चाहिए। कारोबार उसका स्पष्ट रूप है। उसके नेपथ्य में अयाचित अवस्थाओं का एक और सशक्त रंगमंच है। अतः अगम्भीर रचनाएँ हर युग में, हर समय सांस्कृतिक विघटन के साधन जुटाती रही हैं। गम्भीर रचनाएँ, चाहे वह किसी भी भारतीय भाषा की रचना हों, अपने रचने का परिचय गम्भीर सांस्कृतिक कर्म के रूप में देती हैं। उसमें प्रादेशिकता का अपना एक अलग घटक रहता है। उसमें भाषिक चेतना की इन्द्रधनुषी छटाएँ होती हैं। परन्तु उसका प्रत्येक सन्दर्भ जीवनापेक्षी कामना से सम्बन्धित होने से व्यापक सांस्कृतिक आदान-प्रदान का अभिन्न अंग है। ऐसे अवसरों पर रचनाएँ जिन व्यापक धरातलों की खोज करती हैं उन्हें हम भारतीय कहते हैं। यह कहा जा सकता है कि भारतीयता आरोपित देश-प्रेम का कोई नुस्खा नहीं है। वह हमारी गम्भीर सांस्कृतिक दृष्टि की सुनिश्चित जीवनोन्मुखी अवधारणा है।

प्रेमचन्द की प्रसिद्धि का कारण यह नहीं है कि वे भारत के बहुसंख्यकों की भाषा में लिखनेवाले साहित्यकार हैं। भाषा की बहुसंख्यकता या अल्पसंख्यकता न किसी साहित्यकार की प्रसिद्धि का मापदंड है और न अन्य भाषायी प्रदेशों में उनके प्रचार का मापदंड। हिन्दी प्रदेश में प्रेमचन्द पर्याप्त मात्रा में पढ़े गए। लेकिन प्रेमचन्द अपने भाषा-प्रदेशों तक सीमित रचनाकार नहीं हैं। उन्होंने अपनी भाषायी सीमाओं का उल्लंघन किया। यह भी विदित बात है कि यह जान-बूझकर किया गया कोई कार्य नहीं है। जैसे संकेतित है कि उन्होंने अपनी भाषा में निष्ठा के साथ लिखा। यह समझकर उन्होंने नहीं लिखा कि मैं भारतीय साहित्य का निर्माता बनूँगा। भारतीय साहित्य को परिभाषित करने के लिए भी उन्होंने कोई कार्य किया नहीं है। लेखन उनकी अनिवार्यता थी। बचपन से कथा-कहानियों में उनका मन रमता रहा कि यहाँ तक अपने जीवन के अभावों को भी वे भूल जाते थे। यों कहा जा सकता है कि कथा-परिदृश्यों से होकर उनके मानसिक जगत् का जैविक विकास हुआ। जब उनका संसार विस्तृत होता गया, अनुभव गहराने लगे तो उन्हें शब्दबद्ध करने की त्वरा उनमें बलवती होती गई और सम्भवतः उनका साहित्य उसी अनिवार्य त्वरा का प्रतिफल है।

प्रेमचन्द में लेखनकार्य के प्रति जो निष्ठा है वह उनकी आस्थाओं की अभिव्यक्ति है। यही आस्था उन्हें भारतीय साहित्यकार बनाती है। उनकी इस आस्थावादी दृष्टि में जीवन के अनेक प्रामाणिक अनुभव हैं, यथार्थ के कई आयाम हैं और अनुभवों के

आभ्यन्तरीकरण के कई क्षितिज हैं। प्रेमचन्द की आस्था मनुष्यकेन्द्री है। वे जिस परिवेश के सदस्य हैं उसके अन्य सदस्यों एवं समानधर्माओं के साथ उनका गहरा सम्बन्ध रहा है। ये सदस्य सामान्य हैं। वे हाशिये पर जीते लोग हैं। प्रेमचन्द के परिवेश में एकदम सामान्य व्यक्तियों की कतार ही हम देख पाते हैं। बड़े समाज के लोगों को उन्होंने लिया है प्रसंगवश, लेकिन उन्होंने सामान्य लोगों का ही वृत्तान्त सुनाया। सामान्य कथा से वृत्तान्त की तरफ वे इसलिए बढ़ते गए कि उन्हें पूरी तरह प्रक्षेपित किया जा सके। दरअसल प्रेमचन्द लघु समाज के चितेरे हैं। उनका परिवेश भी लघु समाज का है। लगातार उन्होंने उस लघु समाज को तरजीह दी। लघु समाज की सामान्य जीवनस्थितियों को प्रेमचन्द ने अपना विषय बनाया। विषय स्वीकृति भी उनकी यान्त्रिक नहीं है। यह कहना अधिक उचित लगता है कि उनका विषय धीरे-धीरे विकसित होता है। वह किसी प्रकार की आदर्शवादी मुद्रा का प्रक्षेपण नहीं है। सुदूर गाँवों एवं ग्रामीणों और उनके जीवन संघर्ष के साथ जूझते रचनाकार के रूप में प्रेमचन्द हिन्दी पाठकों के लिए परिचित होते गए और लघु समाज के पक्षधर के रूप में वे भारतीय पाठकों के लिए परिचित लेखक भी होते गए।

इधर एक समकालीन कवि (मंगलेश डबराल) ने लिखा कि 'महान् रचना हारे हुए लोग करते हैं या वे लोग जिनमें ग्लानिबोध बचा हो' इस कथन में 'हारे हुए लोगों' का विशेष महत्त्व है। यह पराजय इतिहास की देन है। हमारा इतिहास यह बता रहा है कि हाशिये पर स्थित लोगों का इतिहास अभी लिखा जाना बाकी है। उन्हें हम हारे हुए मान सकते हैं। ये महती आकांक्षाओंवाले खोखले या टुच्चे लोग नहीं हैं। ये महती दृष्टिवाले सामान्य लोग हैं जिनके पास अपनी जीवनी शक्ति के अलावा कुछ नहीं है। दृढ़तर संकल्प उनकी अन्तश्चेतना है। इसलिए कठोर स्थितियों के बीच भी वे अपनी जीवनी-शक्ति का परिचय देते हैं जो व्यक्ति-समूहों की अभिव्यक्ति नहीं, बृहत्तर समाज की अभिव्यक्ति होती है। उनकी अभिव्यक्ति रचनात्मक भी होती है क्योंकि पराभूत भावना के बीचों-बीच जीवन की गति को, उसकी अर्थवत्ता को वे सहजतापूर्वक परिभाषित करते हैं। वे अपनी हार को मानते हैं। पर वे अपनी अन्तश्चेतना में उसे बोझ के समान ढोते नहीं हैं। ये ऐसे लोग हैं जो हमारे लघु समाज के सदस्य हैं, जिनके पास हमारे लोक-जीवन और लोक-संस्कृति की समृद्ध सम्पदा है। एतदर्थ वे महान् रचना में बखूबी संलग्न हो पा रहे हैं। प्रेमचन्द इसी के सहभागी हैं।

इतिहास इसका साक्षी है कि समय की धारा में प्रायः अनैतिक अवशेष प्रवहमान दीखते हैं। एक सुदृढ़ समाज नैतिकता के बल पर ही खड़ा हो सकता है। अनैतिक अवशेष उसके प्रवाह को गँदला कर देते हैं। उन अनैतिक अवशेषों के चिन्हों के प्रति नैतिक मानस में वितृष्णा और असहमति झलकती है। इसे सहज प्रतिक्रिया ही माना जा सकता है। नैतिक मानस अक्सर उन अनैतिक अवशेषों के सामने अवसादग्रस्त हो जाता है जिससे वह ग्लानिबोध का शिकार भी हो जाता है। ग्लानि का यह एहसास भी हमारी वितृष्णा और असहमति का सूचक है। महान् रचना की अभिव्यक्ति ग्लानि

या आन्तरिक पीड़ा की प्रतिक्रिया है। यह प्रतिक्रिया सिर्फ उन लोगों में मौजूद है जो लोक-दृष्टि से संपृक्त हैं। महान् रचनाएँ विलासपूर्ण जीवन की आलंकारिकताओं से जन्म नहीं ले सकतीं। कृत्रिम सौन्दर्य रचनात्मक भी नहीं हो सकता। अकृत्रिम सौन्दर्य, जो प्रामाणिक होता है, जीवनदायी शक्ति से ओतप्रोत रहता है। महान् रचनाओं का स्थापत्य उसी पर आधारित है। प्रेमचन्द को भारतीय कथाकार कहने के पीछे यही तर्क विद्यमान है। उनकी विषयवस्तु का संकेत किया गया है जिसके अन्तर्गत कई जीवन्त गाँव हैं। ग्रामीण जीवन की ध्वनियों और गन्धों से लेकर उनकी आचारसंहिताओं और प्रतिक्रियाओं का विस्तार है। निम्न-मध्यवर्गीय जीवन की गतिशीलताएँ हैं। कुल मिलाकर उनकी विषय-वस्तु में देशीय अस्मिता का वातावरण स्पन्दित मिलता है। देशीय अस्मिता उनकी रचनात्मक सम्भावना में इसलिए बदल सकी कि उसमें उपर्युक्त सूचित 'हारे हुए लोगों' की कहानी का सन्निवेश वे कर सके हैं। अपनी रचनाओं में प्रेमचन्द तटस्थ नहीं हैं। उन्हें हम संलग्न तटस्थतावाले रचनाकार मान सकते हैं। उनकी संलग्नता एक प्रकार से प्रखर वैचारिकता की भी परिणति है। अपने समय के साथ चलने के कारण प्रेमचन्द की रचनाओं में ग्लानिबोध का आभास मिलता है। ग्लानिबोध उनके जीवन-दर्शन का अभिन्न अंग है। सम्भवतः उन्हें भारतीय मानने के लिए यह भी हमारे लिए सहायक है।

प्रेमचन्द का ग्लानिबोध आत्ममुग्ध स्थिति की उपज नहीं है और न उनके अपने सामान्य परितापों की शाब्दिक अभिव्यक्ति। यह उनकी गहरी सामाजिक दृष्टि की संवेदनात्मक परिणति है। समय के बृहत्तर आयामों को साथ लेकर चलनेवाले प्रेमचन्द शाब्दिक सहानुभूति या भावुकता के प्रदर्शक नहीं हो सकते हैं। उनकी सहानुभूति पक्षधरता में परिवर्तित होती गई। इसलिए उनकी दृष्टि बराबर एक बड़े देश की संवेदना के साथ तादात्म्य प्राप्त करने लगी। यह विदित बात है कि त्रासद अनुभव को सहानुभूति में परिवर्तित किया नहीं जा सकता। त्रासद अनुभवों को प्रस्तुत करने के लिए रचनाकार को गहन जीवन-स्थितियों की पहचान आवश्यक है। प्रेमचन्द की यही शक्ति है। कई दशकों की त्रासदियों के वे रचनाकार हुए जिनके साथ हमारी आम जनता का सम्बन्ध है। इसी प्रकरण में प्रेमचन्द अपने भाषिक दायरे का अतिक्रमण करते हैं।

अपनी भाषा का अतिक्रमण तभी एक साहित्यकार कर पाता है जब वह अपने अन्दर पूरी तरह से झकझोरता अनुभव करे और अपने झकझोरते अनुभवों को रचनात्मक अनुभवों में परिवर्तित कर सके। जब कथा ने उनके व्यक्तित्व को रूपायित किया तो वे कथा को रूपायित करने लगे। कथा को रचने की क्रिया को जब उन्होंने गम्भीर सांस्कृतिक कर्म के रूप में लिया तो उनकी भाषा की सीमाएँ टूटने लगीं। कथा की आन्तरिक स्थितियों को जब वे पहचानने लगे तो उनकी भाषा की सीमाएँ नहीं रह गईं। भाषा-अतिक्रमण का यही सांस्कृतिक पहलू है। भारतीय कथाकार भाषा की प्रादेशिकता से सदैव परे दीखते हैं।

भारतीय साहित्यकार होना प्रेमचन्द की अपेक्षा नहीं है। उनकी महत्त्वाकांक्षा सार्थक

समाज की सर्जना से जुड़ी है। उसमें भाषा या भाषा की भौगोलिकता का सवाल अहम नहीं है। अहम बात सामाजिक गति को सार्थक दिशा देना मात्र है। उनकी प्रारम्भिक रचनाओं से लेकर अन्तिम रचना तक उक्त गति का सही दिशा-निर्देश मिलता है। उनकी अन्वेषित दिशा कभी असार्थक नहीं रही। उसका क्रमिक विकास भी हुआ है। यह विकास केवल अन्दाज़ भर नहीं है। उसकी जैविक स्थिति का एहसास हम उनकी प्रत्येक रचना में अनुभव कर सकते हैं। समाज की सही अवधारणा को भी उन्होंने जोड़ा। हमारे समाज का खुला आकाश, खुली हवा और खिलती वनस्पति के कलाकार के रूप में वे हमारे सामने आते हैं तो उनकी भाषा हिन्दी की अपनी स्वच्छन्दता और खूबसूरती के बावजूद ऐसा प्रतीत होता है कि वे एक आम भाषा में लिख रहे हैं। अर्थात् अपनी भाषा में प्रेमचन्द का समाज और देश मानवीय अनुभवों के चिन्ह ढूँढ़ रहे हैं।

'पूस की रात' की संवेदना की लक्षित भाषा क्या सचमुच हिन्दी है ? कतई नहीं। 'कफ़न' की भी ऐसी स्थिति है। कुछ वर्ष पहले प्रेमचन्द की 'कफ़न' शीर्षक कहानी के आधार पर बंगला के प्रसिद्ध फिल्मी निर्देशक मृणाल सेन ने एक फिल्म बनाई थी। वह तेलुगु में भी बनायी गई थी। शीर्षक 'ओका ओरी-कथा'। यह एक उदाहरण पर्याप्त है कि इससे यह साबित होता ही है कि किस प्रकार प्रेमचन्द ने अपने अभ्यन्तर यथार्थ के जरिए भाषायी सीमाओं को तोड़ लिया है। प्रेमचन्द की इसी खोज ने सम्भवतः मृणाल सेन को आकर्षित किया प्रतीत होता है। इसी तरह एक और उदाहरण प्रस्तुत किया जा सकता है। सत्यजित रॉय ने 'शतरंज के खिलाड़ी' पर जो फिल्म बनाई, जो यद्यपि हिन्दी, उर्दू, अंग्रेजी का मिश्रण थी, भाषायी महत्त्व से परे रही। उसकी एक अलग भाषा है। प्रेमचन्द ने सचमुच इन कहानियों में इतिहासबद्ध भाषा का चयन किया है। इतिहास की पहचान के माध्यम से ही यह भाषा हमें सम्प्रेषणीय हो जाती है। भारतीयता का यह इतिहास ही वे सृजित कर रहे थे जिसकी अपनी भाषा थी।

'रंगभूमि' के कथा-परिदृश्य का इतिहास कुछ पुराना हो गया है। पर उसका वास्तविक इतिहास ? वह अब भी तरोताज़ा है। 'रंगभूमि' वस्तुतः एक प्रतिरोधी कथा उपस्थित करता है। पूँजीवाद और बाज़ारवाद के घिनौने रिश्ते की पहचान और उसको प्रतिरोधित करने का साहसी उद्यम 'रंगभूमि' को आज भी एक नयी पठनीयता प्रदान करता है। 'मनोवृत्ति' शीर्षक कहानी नारी के स्वत्व पर बल देती है। लेकिन वह कहानी पुरुष-मूल्यों को खोजती और परिभाषित करती है। प्रेमचन्द उस समाजशास्त्र से परिचित थे कि कौन-सा मूल्य समाज पर हावी है। इसलिए उन्होंने जालपा, सोफिया और मालती जैसी महिलाओं की परिकल्पना की। यही उनका विकल्प था। 'गोदान' भारतीय कृषकों के इतिहास की कथा है। सामन्तवादी संस्कृति की भी कथा है। इसलिए उसका वाचन आज भी सम्भव है और हमें प्रतीत होता है कि हम अपने कल के इतिहास से नहीं, आज के इतिहास से गुज़र रहे हैं। अनुभव का यह ठोसपन उनकी भारतीय दृष्टि है।

प्रेमचन्द की भारतीयता में स्थानीय रंगों की भरमार और राष्ट्रीय इतिहास के 'स्पेस' भी उपलब्ध हैं। अपनी गाथाओं में भारत के बृहद् इतिहास को ही वे सम्मिलित कर रहे हैं। इसलिए होरी की त्रासदी, निर्मला का कारुणिक अंत, रमानाथ का घिनौनापन, सूरदास का स्थैर्य आदि कुछ उत्तर भारतीय कथापात्रों के वैशिष्ट्य मात्र नहीं हैं। महाभारत की कथा के पात्रों या रामायण के पात्रों के समान नये-नये विकल्पों के साथ ये हमारी आकांक्षाओं और संघर्षों में विलीन हो जाते हैं। प्रेमचन्द की कथाएँ, कथाओं की भंगिमाओं में रचित भारतीय संस्कृति-गाथाएँ हैं।

●●●